1000 lettres
au quotidien

Laurence de Percin
Isabelle Gallay

1000 lettres au quotidien

ÉDITIONS DE VECCHI S.A.
52, rue Montmartre
75002 PARIS

Avertissement

L'ouvrage que vous avez entre les mains a pour but de faciliter les démarches quotidiennes du lecteur en lui donnant des pistes de recherche et en lui permettant de profiter au mieux des recours qui s'offrent à lui. Toutefois, il est conseillé, selon les problèmes spécifiques — et souvent uniques — de chaque lecteur, de prendre l'avis des personnes compétentes, hommes de loi, administrations, associations, etc., pour obtenir les renseignements les plus complets et les plus précis possible en fonction d'éventuels changements intervenus dans les textes en question.
Les courriers proposés ici ne sont que des modèles et ne doivent en aucun cas être reproduits à l'identique sans l'aval d'un spécialiste. En effet, depuis la date de remise du manuscrit par l'auteur et la date de publication de cet ouvrage les textes et leur interprétation ont pu évoluer.
De nouvelles dispositions sont introduites continuellement dans les législations nationale, internationale et européenne concernant le droit civil, le droit commercial, le droit pénal, le droit du travail, le droit fiscal, etc. À ces réformes législatives s'ajoutent les modifications ponctuelles qui font que le " droit " est en perpétuelle évolution.
Nous informons les lecteurs que cet ouvrage prend en compte les lois et les aménagements administratifs promulgués à la date de remise du manuscrit par les auteurs en décembre 2003.

L'Editeur

Les auteurs tiennent à remercier pour son aide précieuse Pïerre-Gilles Bellin à la rédaction de cet ouvrage et plus particulièrement pour les parties Régler les litiges et Le Logement.

Introduction

Pour envoyer ses voeux, demander un congé ou une allocation, informer son employeur d'une décision ou même résoudre un début de conflit, une lettre est plus utile qu'un appel téléphonique. Le courrier postal comporte en effet de nombreux avantages : il peut faire plaisir, être influent, tempérer une colère. Il constitue aussi une preuve, il laisse le temps de la réflexion à son destinataire, et il appelle une réponse écrite, donc claire, qui elle-même est une autre preuve, de bonne ou de mauvaise foi.

Dans un conflit d'intérêts, privilégier la négociation est souvent une meilleure option pour obtenir gain de cause qu'une procédure en justice, souvent longue, forcément coûteuse, moralement éprouvante et dont l'issue n'est pas toujours sûre. Si les courriers des deux parties recherchent systématiquement un terrain d'entente et sont correctement rédigés, le recours à la justice est rarement nécessaire.

Avant toute chose, il s'agit de s'assurer que l'on est dans son bon droit. Puis il faut savoir rédiger une lettre, tout en constituant un dossier pour avoir des arguments et au cas où la négociation tournerait au litige. Pour les lettres, vous n'avez plus qu'à faire votre choix parmi les centaines de modèles proposés dans cet ouvrage. Ils sont accompagnés des principaux textes réglementaires, documents et formulaires officiels (tous téléchargeable sur Internet), qui vous permettront de savoir quels sont vos droits et quelles sont aussi vos obligations.

En cas de litige, le recours au tribunal doit rester l'ultime étape de votre démarche. Il arrive pourtant que l'action en justice soit inéluctable ; un chapitre complet clôt par conséquent cet ouvrage, qui énumère les différentes procédures, de la médiation au procès en passant par la conciliation.

Alors à vos plumes (ou à vos claviers) et bonne chance dans vos démarches !

Quelques rappels avant de commencer

Les grandes règles de la correspondance

Correspondance privée, simple lettre de demande de renseignement ou d'information, lettre pour régler un litige grand ou petit, en France le courrier postal s'organise toujours selon des règles très anciennes qui n'ont que peu évolué depuis un siècle. La révolution introduite par le courrier électronique n'y a – pour l'heure – rien changé, car ce dernier évolue, nous allons le voir, selon d'autres règles beaucoup moins strictes et qui influencent peu les formes très classiques du courrier traditionnel.
Quel que soit son objet, qu'elle soit envoyée par courrier simple ou en recommandé, une lettre s'organise donc toujours de la même manière :

Prénom et nom de l'auteur de la lettre
Son adresse
(Éventuellement) **son téléphone**
(Le cas échéant) **son adresse e-mail**

Nom du destinataire
Son adresse

Lieu et date de la rédaction du courrier

(Pour les courriers professionnels et les litiges)
Lettre recommandée avec accusé de réception
Ou **Lettre recommandée AR**
Ou en abrégé : **LAR**

Formule d'appel : **Monsieur, Madame, Mademoiselle** *(disposée en retrait par rapport au corps de la lettre (sur les différentes formules d'appel selon la position du destinataire, voir page 48).*

Le corps du texte est ensuite découpé en différents paragraphes (un par idée), séparés par une ligne blanche et commençant en principe en retrait, en alignement sur la formule d'appel.

Formule de politesse ou de salutation finale, reprenant la formule d'appel (voir page suivante).

Signature

(toujours apposée à la main, y compris lorsque la lettre est faite par traitement de texte)
(Éventuellement) PJ : (qui signifie « Pièce(s) jointe(s) », suivi de la liste des documents joints au courrier)

Les différentes formules d'usage

Les formules courantes

Monsieur
Cher Monsieur *(avec deux majuscules)*
Chère Madame *(avec deux majuscules)*

Jamais *de Mon cher monsieur ni de Ma chère madame,* car ces mots comportent, on le voit, déjà des possessifs : « mon-sieur », « ma-dame ».

Pour un couple : **Madame, Monsieur**
Pour une jeune fille : **Mademoiselle** *(jamais de Chère Mademoiselle)*

Et pour finir brièvement

Cordialement
Bien cordialement
Bien à vous
Amicalement
Amitiés
Très affectueusement
Mille baisers

Les formules d'appel et les formules de politesse

Même si vous êtes d'une nature anticonformiste, ne négligez jamais les usages – toujours très importants, surtout si votre destinataire siège dans les hautes sphères de la société ou de l'État et que vous comptez bien user de votre bon droit en envoyant ce courrier. En effet, aujourd'hui encore, connaître les formules d'appel et de politesse et savoir les utiliser à bon escient sera un premier gage de votre sérieux et une garantie de recevoir une réponse.
Voici les principales formules d'appel et de politesse à connaître.

<table>
<tr><th>Titre</th><th>Formules d'appel</th><th>Formules de politesse</th></tr>
<tr><td>Connaissance</td><td>Monsieur, Madame</td><td rowspan="9">Veuillez agréer, (reprenez la formule d'appel), l'expression de mes salutations distinguées

ou
Veuillez agréer, (formule d'appel), l'expression de mes respectueuses salutations

ou
Je vous prie d'agréer, (formule d'appel), l'expression de mes sentiments très respectueux

ou
Recevez, je vous prie, l'assurance de ma parfaite considération

ou
Je vous prie de bien vouloir agréer, (formule d'appel), l'expression de ma considération distinguée

ou
Recevez mes sentiments les meilleurs</td></tr>
<tr><td>Enseignant</td><td>Monsieur ou Madame</td></tr>
<tr><td>Chef d'entreprise</td><td>Monsieur le Directeur</td></tr>
<tr><td>Directeur ou directrice de crèche</td><td>Monsieur le Directeur
Madame la Directrice</td></tr>
<tr><td>Chef d'établissement scolaire</td><td>École primaire :
Monsieur le directeur
Madame la directrice
Collège :
Monsieur le Principal
Madame le (ou la) Principal(e)
Lycée :
Monsieur ou Madame le proviseur</td></tr>
<tr><td>Professeur agrégé en faculté ou en médecine</td><td>Monsieur le Professeur
Madame le Professeur</td></tr>
<tr><td>Maire, député
Sénateur
Conseiller général
Conseiller régional
Préfet, sous-préfet
Recteur d'académie
Doyen, ministre
Curé, pasteur, rabbin, imam</td><td>Monsieur ou Madame le (jamais « la ») + le titre (exemple : Monsieur le Député)</td></tr>
<tr><td>Ministre de la justice

Premier Ministre
Chef d'État

Ambassadeur
Ambassadrice
Procureur de la République
Haut fonctionnaire</td><td>Monsieur le Garde des Sceaux
Monsieur le Premier Ministre
Monsieur le Président de la République
Monsieur l'Ambassadeur
Madame l'Ambassadrice
Monsieur le Procureur
Monsieur le Directeur général</td></tr>
<tr><td>Premier président (tribunal, cour)</td><td>Monsieur le Premier Président</td></tr>
</table>

Président d'un organisme (tribunal, cour, conseil d'administration)	Monsieur le Président	
Notaire, avocat Commissaire priseur Académicien	Maître	ou Agréez mes meilleurs sentiments
Médecin, dentiste Vétérinaire	Docteur	
Cardinal Pape Général, colonel	Éminence Votre Sainteté ou Très Saint Père Mon Général / Mon Colonel *(si vous êtes un homme)* Général / Colonel *(si vous êtes une femme)*	

Le courrier électronique

Ponctuer son courrier électronique avec les Smileys

Dans certains e-mails, vous avez sans doute déjà rencontré des signes « bizarres » ponctuant les phrases de votre correspondant ; des signes du genre :-) ou ;-) ou encore :-(
Eh bien, il ne s'agit pas de bugs ni d'un problème de manipulation du clavier, il s'agit de Smileys...
Trouvant leur origine dans le verbe anglais *to smile* (« sourire »), les Smileys sont constitués d'une suite de signes typographiques permettant aux internautes d'enrichir leur propos par la figuration d'une émotion ou de l'état d'esprit dans lequel ils sont au moment de la rédaction du message.
Pour lire les Smileys, rien de plus simple : il suffit de pencher la tête vers la gauche ! Des visages vous apparaissent alors, traduisant une expression. Ainsi deux yeux « : », un nez « - » et une bouche souriante «) », expriment votre contentement « :-) ».
Outre le fait qu'ils peuvent être compris pratiquement dans toutes les langues, les Smileys présentent l'intérêt de donner une « intonation » à une phrase écrite et sont des sortes de clins d'œil expressifs (de tristesse « :-(» ou de joie « :-) », complices « ;-) » ou moqueurs « :-D ») à l'attention de votre correspondant.
Utilisés judicieusement, ils peuvent rendre un texte plus parlant et lui donner une dimension humaine supplémentaire ! Les Smileys peuvent indiquer toutes sortes d'humeurs. Vous en trouverez quelques exemples ci-dessous.

Smileys heureux

- :-) simple sourire
- :-))) sourire très heureux
- :-D rire
- :-D))) rire très fort
- :'-) pleurs de joie
- :-> sourire sarcastique
- ;-) clin d'œil, sourire complice
- :-7 rire jaune
- > :-> ton taquin, humour noir

Smileys mécontents

- :-(tristesse, mécontentement
- :-(((grande tristesse, grande contrariété
- :-[esprit boudeur, vexé
- :-e déception
- :-/ scepticisme
- :'-(pleurs
- :-@ cris

Quelques autres Smileys

- :-o étonnement ou ton choqué
- d :-) félicitations (tirer son chapeau)
- :-* bisou
- |-O bâillement
- :-% malade
- :-X motus et bouche cousue

Les formulaires téléchargeables

De plus en plus de formulaires sont téléchargeables au format PDF.
Pour les consulter, il vous faut installer auparavant sur votre ordinateur le logiciel « Adobe Acrobat Reader ». Certains sites proposent de télécharger gratuitement ce logiciel à partir de leurs pages.
Certains de ces formulaires sont dits « simples », c'est-à-dire qu'il s'agit de formulaires à imprimer, puis à remplir manuellement.

D'autres sont des formulaires « avec saisie en ligne ». Vous avez alors la possibilité de remplir les zones directement sur votre ordinateur, et de les imprimer ensuite. Pour les utiliser :

- 1re étape : ouvrez le formulaire en cliquant sur son numéro ;
- 2e étape : remplissez le formulaire en tapant les renseignements demandés dans les champs prévus à cet effet ;
- 3e étape : imprimez le formulaire rempli ;
- 4e étape : vérifiez que le formulaire rempli ne comporte aucune erreur. Veillez bien ensuite à signer le formulaire et faites-le parvenir à l'adresse indiquée.

Vous pouvez sauvegarder vos formulaires «.pdf » sur votre disque dur.

Quelques conseils pour un courrier bien présenté

Avant d'écrire un courrier manuscrit, le mieux est toujours de commencer par faire un brouillon, de manière à y exposer ses idées le plus clairement et logiquement possible. Faites des phrases simples, courtes et précises. Vous n'écrivez pas un roman !
Si vous utilisez le traitement de texte, nul besoin de brouillon, mais là, un conseil : une fois le texte de la lettre mis au point (avec l'aide de cet ouvrage), imprimez-le et relisez-le plusieurs fois attentivement sur papier. Vous trouverez sûrement encore des choses à changer ou à préciser et quelques petites fautes d'orthographe à corriger !
Lorsque le texte est définitif, passez à la rédaction finale.
Que la lettre soit manuscrite ou informatisée, n'oubliez pas de laisser des marges pour aérer le corps du texte et rendre la lecture plus facile ou plus agréable :

- en haut, 2 à 4 cm ;
- en bas, 3 à 5 cm ;
- à gauche, 2 à 4 cm (et des retraits pour débuter chaque nouveau paragraphe, voir modèle plus haut) ;
- à droite, 1 à 2 cm.

Dernières recommandations

• N'oubliez pas la ponctuation, qui permet de préciser le sens de vos phrases et de favoriser la fluidité de la lecture.

• Restez simple dans vos formulations : « je vous prie de bien vouloir » est à préférer à « j'ai l'honneur de vous demander d'avoir l'amabilité de… ».

• Enfin, surtout pour les « accros des SMS », oubliez les abréviations ! Elles sont souvent incompréhensibles à qui n'en a pas l'usage, et deviennent finalement insupportables à ceux qui restent attachés aux bonnes vieilles règles de grammaire et d'orthographe apprises à l'école élémentaire !

Argent

Les questions d'argent sont toujours des questions importantes. Vos courriers doivent donc être parfaitement rédigés, envoyés dans les délais et accompagnés des justificatifs nécessaires. Les modèles proposés dans les pages qui suivent ne doivent pas être recopiés à la légère. Ils doivent plutôt vous servir de structure à partir de laquelle vous devez bâtir votre propre lettre. N'oubliez pas de rappeler les références des courriers antérieurs.

Dettes

Déclaration de contrat de prêt (formulaire Cerfa n° 10142*05)

Vous pouvez télécharger ce formulaire à l'adresse :
http://www.impots.gouv.fr (voir page 17-18))

Reconnaissance de dette

Rien de plus naturel que d'aider un membre de sa famille à surmonter une difficulté financière passagère. En raison du lien de parenté, vous pouvez avoir scrupule à demander que l'accord soit scellé par écrit.

Or, d'une part, si un différend survient par la suite, l'écrit reste le meilleur moyen pour vous de prouver la réalité du prêt. D'autre part, la loi impose, dès lors que la somme prêtée dépasse 800 €, l'établissement d'un écrit, qui peut prendre la forme soit d'un acte sous seing privé - la fameuse « reconnaissance de dette » -, soit d'un acte notarié (établi par un notaire).

Une simple feuille de papier suffit dès lors que figure la signature de l'emprunteur, précédée d'une mention - écrite de sa main - indiquant le montant en chiffres et en lettres de la somme prêtée.

Il est recommandé d'apporter un maximum de précisions concernant les conditions du prêt : montant, intérêts éventuels, date de remboursement (échéance unique ou échéances successives - mensuelles, trimestrielles, annuelles... - en cas de remboursement fractionné), montant des échéances.

Reconnaissance de dette [1]

Je soussigné(e), ... (nom et prénom de l'emprunteur), né(e) le . . . . (date et lieu de naissance), **demeurant à** . . . . (adresse complète), **reconnais devoir à M.** (ou/et Mme) . . . . (nom, prénoms du prêteur), **demeurant à** . . . . (adresse complète) **la somme de** . .

. . € (en lettres et en chiffres) [2], **qu'il** (ou elle) **m'a versée, ce jour, par chèque n° . . . . , tiré sur la banque . . . . , daté du . . . .** . . . (ou en espèces, ou par virement à mon compte à la banque...).

Je m'engage à lui rembourser cette somme :
(indiquez ensuite les modalités de remboursement : en une seule ou en plusieurs fois, ainsi que les dates d'échéance)

en une seule fois, au plus tard le . . . .

ou

en . . . . **versements d'égal montant, répartis comme suit :**
– **premier versement à la date du** . . . . ;
– **deuxième versement à la date de** . . . . ;
– etc.

Ce prêt se fera sans intérêt (ou : « avec un intérêt égal à . . . . % par an depuis ce jour jusqu'à celui du paiement »).

... [3]

Fait à . . . . , **le** . . . . , **en** . . . . **exemplaires**

Signature de l'emprunteur

1. À établir en autant d'originaux qu'il y a de parties, plus un pour l'enregistrement.
2. Attention ! En cas de différence entre la somme en chiffres et celle en lettres, c'est celle en lettres qui prévaut.
3. Si la reconnaissance de dette est dactylographiée, il est impératif que l'emprunteur ajoute de sa main : « Je reconnais devoir la somme de . . . . € » (en lettres et en chiffres) et qu'il appose, à la suite, sa signature.

Mise en demeure de payer la dette (modèle n° 1)

Alors que la date de remboursement est passée, la personne à qui vous avez prêté de l'argent traîne à vous rembourser, en dépit de vos nombreuses relances. Adressez-lui une lettre de mise en demeure afin de pouvoir faire courir les intérêts de retard (2,27 % en 2004). Par ailleurs, la loi vous impose de mettre en demeure votre débiteur de payer, préalablement à toutes poursuites.

Vos nom, prénoms
Votre adresse
Votre numéro de téléphone
Votre adresse e-mail

Lettre recommandée avec AR

Coordonnées du débiteur

...........(lieu), ...date)

Objet : mise en demeure de payer

cerfa

N° 10142 * 05
N° 50058 # 05

Liberté • Égalité • Fraternité
RÉPUBLIQUE FRANÇAISE

N° 2062
DGI

Déclaration de contrat de prêt

(Code général des impôts : article 242 *ter* 3, article 49 B de l'annexe III et article 23 L de l'annexe IV)

I. DÉSIGNATION DU DÉCLARANT (intermédiaire ou à défaut emprunteur)

Nom et prénom ou raison sociale, profession :

Adresse complète :

II. RENSEIGNEMENTS CONCERNANT LES CONDITIONS DU PRÊT ET LES PARTIES AU CONTRAT

Conditions du prêt				Noms, prénoms et adresses complètes (y compris code département) des parties ÉCRIVEZ EN CAPITALES
Date 1	Durée 2	Taux 3	Montant en principal 4	5
				A Créancier ou porteur ou prêteur
				B Débiteur ou émetteur ou emprunteur

C Observations

D Années	20	20	20	20	20	20	20	20	20	20
Montant annuel des intérêts exigibles										
Montant annuel du principal remboursé										
Années	20	20	20	20	20	20	20	20	20	20
Montant annuel des intérêts exigibles										
Montant annuel du principal remboursé										

A .... le .... *Signature :*

MINISTÈRE DE L'ÉCONOMIE
DES FINANCES ET DE L'INDUSTRIE

Monsieur **(ou Madame)**,

En date du . . . . , vous m'avez signé une reconnaissance de dette pour le prêt d'une somme de . . . . €, que je vous ai consenti.
Ce document indique que vous deviez me rembourser cette somme le . . . .

Or, à ce jour, et en dépit de plusieurs rappels par téléphone, vous ne vous êtes toujours pas acquitté de votre dette.

En conséquence, je vous mets en demeure, par la présente lettre envoyée en recommandé avec accusé de réception, de me payer la somme due dans les huit jours à compter de la réception de ce courrier. À défaut, je me verrai dans l'obligation de saisir la justice [1].

Je vous rappelle qu'à compter de cette mise en demeure commence à courir un intérêt légal de retard (de 2,27 % en 2004).

Veuillez agréer, Monsieur (ou Madame), l'expression de mes salutations distinguées.

Votre signature

P.J. : copie de la reconnaissance de dette.

1. Si le débiteur continue à faire la sourde oreille, en dépit de votre mise en demeure, vous pouvez engager une procédure d'injonction de payer (voir partie « Régler tous les litiges », page 745).

Mise en demeure de payer la dette (modèle n° 2)

Vos nom, prénoms
Votre adresse
Votre numéro de téléphone
Votre adresse e-mail

Lettre recommandée avec AR

Coordonnées du débiteur

.... **(lieu)**, ...**(date)**

Objet : mise en demeure de payer

Monsieur **(ou Madame)**,

En date du . . . . , vous m'avez signé une reconnaissance de dette pour le prêt d'une somme de . . . . €, que je vous ai consenti.
Ce document indique que vous auriez dû me rembourser cette somme en . . . . mensualités de . . . . €, le . . . . de chaque mois.
Or, à ce jour, et en dépit de plusieurs rappels par téléphone, vous ne m'avez toujours pas réglé les mensualités du . . . . février et du . . . . mars (par exemple).

En conséquence, je vous mets en demeure, par la présente lettre envoyée en recommandé avec accusé de réception, de me payer les échéances dues dans les huit jours à compter de la réception de ce courrier. À défaut, je me verrai dans l'obligation de saisir la justice [1].

Je vous rappelle que, à compter de cette mise en demeure, commence à courir un intérêt légal de retard (de 2,27 % en 2004).

Veuillez agréer, Monsieur (ou Madame), l'expression de mes salutations distinguées.

Votre signature

P.J. : copie de la reconnaissance de dette.

1. Si le débiteur continue à faire la sourde oreille, en dépit de votre mise en demeure, vous pouvez engager une procédure d'injonction de payer (voir partie « Régler tous les litiges », page 745).

Demande de dossier à la commission de surendettement

Confronté à de graves difficultés financières, vous n'arrivez plus à faire face aux différentes dettes (loyer, emprunts...) contractées auprès de plusieurs créanciers. La loi du 31 décembre 1989, dite « loi Neiertz », relative au traitement des situations de surendettement vous permet de saisir la commission de surendettement pour déclencher l'ouverture de la procédure de surendettement, totalement gratuite.

Il existe une commission de surendettement par département, siégeant à la succursale de la Banque de France la plus proche de votre domicile. Vous devez vous y rendre afin d'y retirer un dossier de « déclaration de surendettement ». Si vous ne pouvez pas vous déplacer, vous pouvez téléphoner ou écrire pour demander qu'on vous envoie ce dossier chez vous.

La commission est dotée de nombreux pouvoirs lui permettant d'élaborer un plan d'apurement de vos dettes. Elle pourra proposer un rééchelonnement des paiements, un report, voire la suppression des intérêts.

Vos nom, prénoms
Votre adresse
Votre numéro de téléphone
Votre adresse e-mail

Secrétariat de la commission de surendettement
de . . . . . **(département)**
Banque de France de . . . .
(Son adresse)

. . . . **(lieu)**, ... **(date)**

Monsieur **(ou Madame)**,

Souhaitant bénéficier de la procédure de traitement des situations de surendettement prévue aux articles L.331-1 et suivants du Code de la consommation, je vous serai reconnaissant(e) de bien vouloir m'adresser un dossier de déclaration de surendettement.

Vous en remerciant par avance, je vous prie de croire, Monsieur (ou Madame), à l'expression de mes salutations distinguées.

Votre signature

Déclaration de surendettement à la commission

Après avoir rempli votre dossier de « déclaration de surendettement », vous devez le renvoyer à la commission de surendettement de votre département.

Vos nom, prénoms
Votre adresse
Votre numéro de téléphone
Votre adresse e-mail

Secrétariat de la commission de surendettement
de . . . . . **(département)**
Banque de France de . . . .
(Son adresse)

. . . . **(lieu)**, ... **(date)**

Monsieur (ou Madame),

Suite à de graves difficultés financières, je ne peux plus faire face au paiement de mes différentes dettes et souhaite bénéficier de la procédure de traitement des situations de surendettement prévue aux articles L.331-1 et suivants du Code de la consommation.

À cette fin, vous trouverez ci-joint un dossier complet composé du formulaire de « déclaration de surendettement » et de tous les justificatifs nécessaires pour expliquer mon impossibilité à faire face au règlement de mes dettes et charges à venir.

Je me tiens à votre disposition pour toute information complémentaire utile à l'instruction de mon dossier.

Vous en souhaitant bonne réception, je vous prie de croire, Monsieur (ou Madame), à l'expression de mes salutations distinguées.

Votre signature

Contestation du refus de la commission de surendettement

La commission de surendettement commence par examiner la recevabilité de votre demande. Elle vérifie que les conditions pour bénéficier de la procédure sont bien réunies : votre « impossibilité manifeste » de régler vos dettes, l'origine non professionnelle de vos dettes, votre « bonne foi »... Elle peut également vous demander des justificatifs supplémentaires.
À l'issue de cet examen, elle va prendre une décision dont elle doit vous informer - ainsi que vos créanciers - en indiquant ce qui l'a motivée.

En cas de rejet de votre demande, la commission vous envoie une lettre précisant les motifs de sa décision et vous informant que cette dernière peut faire l'objet d'un recours devant le juge de l'exécution dans les quinze jours suivant sa notification.

Si vous souhaitez donc contester la décision de la commission, adressez vos observations motivées, par lettre recommandée avec accusé de réception, au secrétariat de la commission, qui va les transmettre au juge de l'exécution (du tribunal de grande instance).

Le jugement qu'il rend vous est notifié ainsi qu'à vos créanciers. Sa décision n'est pas susceptible d'appel mais peut faire l'objet d'un pourvoi en cassation.

Le dossier, accompagné d'une copie du jugement, est renvoyé à la commission dont la décision a été contestée.

Vos nom, prénoms
Votre adresse
Votre numéro de téléphone
Votre adresse e-mail

Lettre recommandée avec AR [1]

Secrétariat de la commission de surendettement
de . . . . . **(département)**
Banque de France de . . . .
(Son adresse)

. . . . **(lieu)**, ... **(date)**

Objet : contestation de la décision de la commission de surendettement

Monsieur (ou Madame),

Je soussigné(e), ... **(indiquez vos nom et prénom)**, ... **(indiquez votre profession)**, demeurant à . . . . **(donnez votre adresse complète)**, conformément aux dispositions de l'article R.331-8 du Code de la consommation [2], déclare contester la décision de la commission de surendettement concernant l'irrecevabilité de ma demande d'examen de ma situation financière au regard de la procédure de traitement des situations de surendettement, prévue aux articles L.331-1 et suivants du même code.

Cette décision de refus d'ouverture de la procédure m'a été notifiée le . . . . **(date de réception de la lettre recommandée)**.

Je la conteste pour les raisons suivantes : . . . . **(exposez notamment vos difficultés financières)**.

Je demande que ma déclaration soit transmise au juge de l'exécution avec mon dossier.

Fait à . . . . , le . . . .

Votre signature

1. Vous devez obligatoirement adresser votre recours dans les quinze jours suivant la réception de la décision de la commission de surendettement.

2. Article R.331-8 du Code de la consommation : « La commission examine la recevabilité de la demande. Elle se prononce par une décision motivée qui est notifiée au débiteur et aux créanciers par lettre recommandée avec demande d'avis de réception. La lettre indique que la décision peut faire l'objet d'un recours, dans un délai de quinze jours à compter de sa notification, par déclaration remise ou adressée par lettre recommandée avec demande d'avis de réception au secrétariat de la commission.

« Cette déclaration, signée de son auteur, indique ses nom, prénoms, profession et adresse ainsi que la décision attaquée. Le secrétariat de la commission adresse copie de la déclaration au juge de l'exécution et lui transmet le dossier.

« Le juge statue après avoir recueilli ou demandé les observations des parties.

« Le secrétariat-greffe notifie la décision statuant sur le recours au débiteur et à ses créanciers par lettre recommandée avec demande d'avis de réception. Il en envoie copie par lettre simple à la commission en lui renvoyant le dossier.

« La décision du juge n'est pas susceptible d'appel. »

Impôts

Demande de délais de paiement

En raison de graves problèmes financiers (récente perte d'emploi, naissance de jumeaux, décès de votre conjoint...), vous avez des difficultés pour payer vos impôts. Vous pouvez solliciter de l'administration fiscale, en expliquant clairement vos raisons et en joignant les justificatifs prouvant votre situation précaire, des délais de paiement.

Vos nom, prénoms
Votre adresse
Votre numéro de téléphone
Votre adresse e-mail

Lettre recommandée avec AR

M. le comptable du Trésor
Adresse

.... **(lieu)**, ... **(date)**

Objet : demande de délais de paiement

Monsieur le comptable du Trésor,

Devant faire face, actuellement, à de graves difficultés financières en raison de . . . . **(expliquez les raisons de vos problèmes financiers et joignez tous les justificatifs qui peuvent attester de leur réalité ; exemples : copie de la lettre de licenciement, extrait de l'acte de naissance de vos enfants, extrait de l'acte de décès de votre conjoint**...), je suis dans l'impossibilité d'acquitter, dans les délais impartis, les sommes qui me sont réclamées par l'avis d'imposition dont je vous joins la photocopie.

En conséquence, j'ai l'honneur de solliciter un étalement de paiement pour l'impôt dont je suis redevable au titre de l'année, je vous propose de vous verser un premier acompte de . . . . € (chèque n° . . . . ci-joint).

Vous remerciant de bien vouloir prêter attention à ma requête, je vous prie de croire, Monsieur le comptable du Trésor, à l'expression de ma considération distinguée.

Votre signature

P.J. : photocopie de l'avis d'imposition ;
Photocopies des justificatifs prouvant mes difficultés financières ;
Chèque n° . . . . de . . . . €.

Demande de remise gracieuse

En raison de difficultés financières graves, liées à des motifs sérieux (chômage, décès du conjoint, etc.), vous êtes dans l'impossibilité de payer votre impôt à la date prévue, en totalité ou en partie, même avec des délais de paiement. Vous pouvez alors demander une remise gracieuse.

Pour l'obtenir, vous devez envoyer à votre centre des impôts, dès réception de l'avis d'imposition :

- une lettre expliquant vos difficultés financières ;
- une photocopie de l'avis d'imposition ;
- tous les documents permettant de justifier de la réalité de votre situation difficile (montant de vos ressources actuelles, montant total des impôts à payer, loyers, dettes, etc.).

Vos nom, prénoms
Votre adresse
Votre numéro de téléphone
Votre adresse e-mail

Lettre recommandée avec AR

M. **(ou Mme)** . . . .
Directeur du centre des impôts de . . . .
Adresse

. . . . **(lieu)**, ... **(date)**

Objet : demande de remise gracieuse

Monsieur le Directeur **(ou Madame la Directrice)**,

Je suis assujetti(e) à l'impôt sur le revenu (ou « **à la taxe d'habitation »... Indiquez la nature de l'impôt)**, comme l'indique l'avis d'imposition dont je vous joins la photocopie.
Or, devant faire face, actuellement, à de graves difficultés financières en raison de . . . . **(expliquez les raisons de vos problèmes financiers et joignez tous les justificatifs qui peuvent attester de leur réalité ; exemples : copie de la lettre de licenciement, extrait de l'acte de naissance de vos enfants, extrait de l'acte de décès de votre conjoint**...), je suis dans l'impossibilité d'acquitter les sommes qui me sont réclamées.
En conséquence, j'ai l'honneur de solliciter, à titre gracieux, la remise ou la réduction la plus large possible des sommes réclamées.
Vous remerciant de bien vouloir prêter attention à ma requête, je vous prie de croire, Monsieur le Directeur, à l'expression de ma considération distinguée.

Votre signature

P.J. : photocopie de l'avis d'imposition ;
Photocopies des justificatifs prouvant mes difficultés financières.

Demande de dispense du deuxième acompte provisionnel

Vous estimez que votre imposition pour 2004 sera inférieure à celle de l'année précédente, vous avez alors le droit de ne pas verser le deuxième tiers (ou de le réduire). Pour cela, vous devez adresser, quinze jours avant la date d'exigibilité du versement de ce tiers, une lettre au comptable du Trésor de votre lieu d'imposition.
Mais attention à ne pas vous tromper dans vos calculs : s'il s'avère que l'impôt finalement dû est supérieur d'au moins 10 % à l'estimation que vous avez faite, vous devrez payer la pénalité de 10 % sur les sommes non versées.

Vos nom, prénoms
Votre adresse
Votre numéro de téléphone
Votre adresse e-mail

Lettre recommandée avec AR

M. le comptable du Trésor
Adresse

. . . . **(lieu),** . . . . **(date)**

Objet : demande de dispense du deuxième acompte provisionnel

Monsieur le comptable du Trésor,

Après calcul, il apparaît que les sommes que j'aurai à payer au titre de l'impôt sur le revenu pour l'année 2004 devraient être inférieures à celles de l'année précédente.

En conséquence, je vous informe, par la présente, de ma volonté de ne pas payer mon deuxième tiers provisionnel, conformément aux dispositions de l'article 1664, 4°, du Code général des impôts [1].
Je vous prie de croire, Monsieur le comptable du Trésor, à l'expression de ma considération distinguée.

Votre signature

1. Article 1664, 4° : « Le contribuable qui estime que le montant du premier versement effectué au titre d'une année est égal ou supérieur aux cotisations dont il sera finalement redevable pourra se dispenser du second versement prévu pour cette année. »

Demande de remise de la pénalité de retard

Vos nom, prénoms
Votre adresse
Votre numéro de téléphone
Votre adresse e-mail

Lettre recommandée avec AR

M. le comptable du Trésor
Adresse

. . . . **(lieu)**, ... **(date)**

Objet : demande de remise de la pénalité de 10 %

Monsieur le comptable du Trésor,

N'ayant pas réglé mon impôt sur le revenu (ou : ma taxe d'habitation) dans les délais impartis, je suis donc redevable de la majoration de retard de 10 %.

Or, devant faire face, actuellement, à de graves difficultés financières en raison de . . . . **(expliquez les raisons de vos problèmes financiers et joignez tous les justificatifs qui peuvent attester de leur réalité ; exemples : copie de la lettre de licenciement, extrait de l'acte de naissance de vos enfants, extrait de l'acte de décès de votre conjoint...)**, je vous serais reconnaissant(e) de bien vouloir m'accorder, à titre gracieux, la remise de cette pénalité.

Vous remerciant de bien vouloir prêter attention à ma requête, je vous prie de croire, Monsieur le comptable du Trésor, à l'expression de ma considération distinguée.

Votre signature

P.J. : photocopie de l'avis d'imposition ;
Photocopies des justificatifs prouvant mes difficultés financières.

Impôt sur le revenu : demande d'abandon de la mensualisation

Vos nom, prénoms
Votre adresse
Votre numéro de téléphone
Votre adresse e-mail

Lettre recommandée avec AR

M. le comptable du Trésor
Adresse

. . . . **(lieu)**, ... **(date)**

Vos références sur votre avis d'imposition

Objet : demande d'interruption de mensualisation

Monsieur le comptable du Trésor,

Réglant actuellement mon impôt sur le revenu par prélèvements mensuels, je souhaiterais désormais annuler cette mensualisation et interrompre les prélèvements effectués sur mon compte bancaire **(ou postal)** n° . . . .

En effet, j'ai décidé de reprendre pour l'année . . . . **(précisez l'année)** un paiement traditionnel en trois tiers provisionnels.

Je vous prie de croire, Monsieur le comptable du Trésor, à l'expression de ma considération distinguée.

Votre signature

Demande de réduction de vos prélèvements mensuels

Vos nom, prénoms
Votre adresse
Votre numéro de téléphone
Votre adresse e-mail

Lettre recommandée avec AR

M. le comptable du Trésor
Adresse

. . . . **(lieu)**, ... **(date)**

Vos références sur votre avis d'imposition

Objet : demande de diminution des prélèvements mensuels

Monsieur le comptable du Trésor,

Après calculs, il apparaît que les sommes que je dois payer au titre de l'impôt sur le revenu pour l'année 2004 devraient être inférieures à celles de l'année précédente.

En conséquence, je vous demande, par la présente, de bien vouloir m'indiquer les démarches à accomplir afin que le montant de mes prélèvements mensuels soit réduit.

Je vous prie de croire, Monsieur le comptable du Trésor, à l'expression de ma considération distinguée.

Votre signature

Demande de suspension des prélèvements mensuels

Vos nom, prénoms
Votre adresse
Votre numéro de téléphone
Votre adresse e-mail

Lettre recommandée avec AR

M. le comptable du Trésor
Adresse

. . . . **(lieu)**, ... **(date)**

Vos références sur votre avis d'imposition

Objet : demande de suspension des prélèvements mensuels

Monsieur le comptable du Trésor,

Après calcul, il apparaît que les sommes que je dois payer au titre de l'impôt sur le revenu pour l'année 2004 devraient être très inférieures à celles de l'année précédente. D'ailleurs, à ce jour, les prélèvements mensuels déjà effectués couvrent totalement ce que je dois au titre de l'impôt pour 2004.

En conséquence, je vous demande, par la présente, de bien vouloir m'indiquer les démarches à accomplir afin que mes prélèvements mensuels à venir soient suspendus.
Je vous prie de croire, Monsieur le comptable du Trésor, à l'expression de ma considération distinguée.

Votre signature

Formulaire de déclaration de détention d'un téléviseur en vue de l'acquittement de la redevance télévision

Vous détenez un poste de télévision ? Dans tous les cas, vous devez le déclarer à votre centre de redevance.
Vous pouvez télécharger le formulaire : http://www.impots.gouv.fr cliquer sur (Redevance télévision), « lire le document », s'ouvre une fenêtre en bas de laquelle on peut cliquer, dans la rubrique « en savoir plus », sur « formulaire de déclaration d'un poste de télévision ».]

Redevance audiovisuelle : demande de paiement fractionné

Depuis le 1er janvier 2002, il est possible de payer en trois fois le montant de la redevance. Les prélèvements interviennent en trois échéances : le 1er février, le 1er juin et le 1er octobre. Vous devez en faire la demande par lettre simple à votre centre régional de perception de la redevance dont vous dépendez, avant le 10 décembre de l'année en cours. La demande prend alors effet l'année suivante (pour la redevance 2004, il fallait faire votre demande avant le 10 décembre 2003).

Vos nom, prénoms
Votre adresse
Votre numéro de téléphone
Votre adresse e-mail

Centre régional de perception
de la redevance audiovisuelle [1]
Adresse

. . . . **(lieu)**, ... **(date)**

Référence : **numéro de compte redevance** [2]

Objet : demande de paiement fractionné de la redevance audiovisuelle

Monsieur **(ou Madame)**,

Conformément à la possibilité offerte par l'article 17-II du décret n° 92-304 du 30 mars 1992, relatif à la perception de la redevance audiovisuelle (modifié par le décret n° 2001-459 du 23 mai 2001) [3], je souhaite acquitter le paiement de la redevance audiovisuelle en trois fois.

À cet effet, je vous joins un chèque de . . . € et vous enverrai ensuite, le . . . . des deux prochains mois, un chèque du même montant.

Vous remerciant de bien vouloir prêter attention à ma requête, je vous prie de croire, Monsieur (ou Madame), à l'expression de ma considération distinguée.

Votre signature

1. Cette lettre est à adresser avant le 10 décembre au centre régional de perception de la redevance audiovisuelle dont vous dépendez, pour être prise en compte l'année suivante.
2. Ce numéro figure sur vos avis d'échéance.
3. Article 17 du décret du 30 mars 1992 : « I. – Sous réserve des dispositions de l'article 4 du présent décret et des dispositions qui suivent, la redevance est acquittée annuellement et d'avance en une seule fois et pour une année entière.
« II. – La redevance peut être acquittée au moyen de trois prélèvements effectués les 1er février, 1er juin et 1er octobre de l'année civile au titre de laquelle elle est due, sur demande du redevable formulée avant le 10 décembre de l'année précédant celle de l'exigibilité de la taxe, sauf lors de l'ouverture d'un compte redevance.
« Ces prélèvements sont effectués sur un compte de dépôt ou d'épargne ouvert par le redevable dans un des établissements habilités au titre du paiement mensuel de l'impôt sur le revenu.
« Lorsque la date du prélèvement est un dimanche, un jour férié ou un jour de fermeture de l'établissement dépositaire, le prélèvement est effectué le premier jour ouvrable suivant cette date.
« III. – Le paiement fractionné est reconduit tacitement chaque année, sauf renonciation écrite du redevable adressée à son centre de redevance avant le 1er novembre pour effet l'année suivante.
« IV. – Il est mis fin au paiement fractionné en cas de décès du redevable ou en cas de rejet de deux prélèvements, consécutifs ou non.
« V. – Lorsqu'un prélèvement n'est pas opéré à la date prévue, il est appelé avec le prélèvement suivant.
« VI. – La majoration prévue à l'article 19 du présent décret est appliquée aux seules sommes non acquittées après la date limite de paiement de l'échéance du compte. »

Redevance audiovisuelle : demande de délai de paiement

Vos nom, prénoms
Votre adresse
Votre numéro de téléphone
Votre adresse e-mail

Lettre recommandée avec AR

Centre régional de perception
de la redevance audiovisuelle
Adresse

. . . . **(lieu)**, ... **(date)**

Référence : **numéro de compte redevance**

Objet : demande de délai pour le paiement de la redevance audiovisuelle

Monsieur **(ou Madame)**,

Je viens de recevoir mon avis de redevance audiovisuelle d'un montant de . . . €, à régler avant le . . . .

Or, devant faire face, actuellement, à de graves difficultés financières en raison de . . . . **(expliquez les raisons de vos problèmes financiers et joignez tous les justificatifs qui peuvent attester de leur réalité ; exemples : copie de la lettre de licenciement, extrait de l'acte de naissance de vos enfants, extrait de l'acte de décès de votre conjoint...)**, je suis dans l'impossibilité d'acquitter immédiatement les sommes qui me sont réclamées.

En conséquence, j'ai l'honneur de solliciter de votre bienveillance un report du paiement de ma redevance.

Vous remerciant de bien vouloir prêter attention à ma requête, je vous prie de croire, Monsieur **(ou Madame)**, à l'expression de ma considération distinguée.

Votre signature

P.J. : photocopie de l'avis de redevance audiovisuelle ;
Photocopies des justificatifs prouvant mes difficultés financières.

Redevance audiovisuelle : demande de remise gracieuse

Vos nom, prénoms
Votre adresse
Votre numéro de téléphone
Votre adresse e-mail

Centre régional de perception
de la redevance audiovisuelle
Adresse

. . . . **(lieu)**, ... **(date)**

Référence : **numéro de compte redevance**

Objet : demande de remise gracieuse

Monsieur **(ou Madame)**,

Je viens de recevoir mon avis de redevance audiovisuelle d'un montant de ...... €, à régler avant le . . . .

Or, devant faire face, actuellement, à de graves difficultés financières en raison de . . . . **(expliquez les raisons de vos problèmes financiers et joignez tous les justificatifs qui peuvent attester de leur réalité ; exemples : copie de la lettre de licenciement, extrait de l'acte de naissance de vos enfants, extrait de l'acte de décès de votre conjoint…)**, je suis dans l'impossibilité d'acquitter la somme qui m'est réclamée.

En conséquence, j'ai l'honneur de solliciter de votre bienveillance une remise gracieuse de ma redevance audiovisuelle.

Vous remerciant de bien vouloir prêter attention à ma requête, je vous prie de croire, Monsieur **(ou Madame)**, à l'expression de ma considération distinguée.

Votre signature

P.J. : photocopie de l'avis de redevance audiovisuelle ;
Photocopies des justificatifs prouvant mes difficultés financières.

Redevance audiovisuelle : demande d'exonération

Vous avez droit à être exonéré du règlement de la redevance audiovisuelle, si :
- vous êtes âgé(e) de 65 ans révolus le 1er janvier de l'année d'exigibilité de la redevance, et si vous remplissez certaines conditions de revenus et à condition que vous viviez seul(e) ou avec votre conjoint, ou le cas échéant avec des personnes à charge figurant sur votre déclaration de revenus ou avec d'autres personnes ne dépassant pas un certain plafond de revenus ;
- ou si vous êtes invalide au taux minimum de 80 %, et que vos revenus ne dépassent pas un certain plafond.

Vos nom, prénoms
Votre adresse
Votre numéro de téléphone
Votre adresse e-mail

Lettre recommandée avec AR

Centre de redevance audiovisuelle
Adresse

. . . . **(lieu)**, ... **(date)**

Référence : numéro de compte redevance

Monsieur **(ou Madame)**,

Remplissant les conditions pour bénéficier de l'exonération de la redevance audiovisuelle car . . . . **(indiquez votre situation ; exemple : vous êtes âgé(e) de plus de 65 ans et votre revenu net imposable est inférieur au plafond)**, je vous demande d'avoir l'obligeance de m'accorder cette exonération.

Vous trouverez ci-jointe une copie de l'avis de redevance audiovisuelle ainsi que les pièces justifiant mon bon droit.

Je me tiens à votre disposition pour tout autre renseignement pouvant vous être utile.

Dans l'attente de votre réponse, je vous prie de croire, Monsieur (ou Madame), à l'expression de ma considération distinguée.

Votre signature

Pièces à joindre :
– photocopie de l'avis de redevance audiovisuelle ;
– photocopies des pièces justifiant votre demande.

Redevance audiovisuelle : refus de payer (modèle n° 1)

Vos nom, prénoms
Votre adresse
Votre numéro de téléphone
Votre adresse e-mail

Centre régional de perception
de la redevance audiovisuelle
Adresse

. . . . **(lieu)**, ... **(date)**

Monsieur **(ou Madame)**,

Je viens de recevoir mon avis de redevance audiovisuelle d'un montant de ....€, à régler avant le . . . .
Or, je vous informe, ainsi que je vous l'avais déjà signalé par un courrier en date du . . . . , que depuis que ma télévision est tombée en panne je ne l'ai pas remplacée.

En conséquence, je vous demande de bien vouloir prendre acte de cette situation pour l'avenir.

Je vous prie de croire, Monsieur **(ou Madame)**, à l'expression de ma considération distinguée.

Votre signature

Redevance audiovisuelle : refus de payer (modèle n° 2)

Vos nom, prénoms
Votre adresse
Votre numéro de téléphone
Votre adresse e-mail

Centre régional de perception
de la redevance audiovisuelle
Adresse

. . . . **(lieu)**, ... **(date)**

Monsieur (ou Madame),

Je viens de recevoir mon avis de redevance audiovisuelle d'un montant de...... €, à régler avant le . . . .

Or je vous informe que l'appareil de télévision concerné par cet avis est le deuxième en ma possession. Je m'acquitte donc déjà de la redevance sous la référence suivante : . . . .

En conséquence, je vous demande de bien vouloir prendre acte de cette situation et de supprimer la demande de paiement.

Je vous prie de croire, Monsieur **(ou Madame)**, à l'expression de ma considération distinguée.

Votre signature

Contestation d'un avis d'imposition (impôt sur le revenu)

En lisant votre avis d'imposition (concernant l'impôt sur le revenu, la taxe d'habitation ou la taxe foncière), vous estimez que le montant de l'impôt est erroné ou encore que vous n'auriez pas dû être taxé.

Que l'erreur provienne du service des impôts ou de vous-même (vous vous êtes trompé en remplissant votre déclaration de revenus), prenez contact avec le centre des impôts qui gère votre dossier, soit par téléphone (mais une confirmation écrite vous sera réclamée) ; soit en vous déplaçant aux jours et heures de réception indiqués sur votre avis d'imposition (un rendez-vous en dehors de ces heures peut toutefois vous être accordé) ; soit, enfin, par écrit (préférez, même si cela n'est pas obligatoire, l'envoi en recommandé avec avis de réception) au centre des impôts (à ne pas confondre avec le Trésor public) dont l'adresse figure sur votre avis d'imposition.

Joignez-y une photocopie de l'avis d'imposition que vous contestez ainsi que toutes pièces justificatives permettant d'étayer votre demande (exemple : photocopie de la résiliation du contrat de bail prouvant que vous n'habitiez plus le logement visé par la taxe au 1er janvier de l'année de l'imposition, fiche familiale d'état civil en cas d'erreur sur le nombre de personnes à charge...). Indiquez également le numéro de téléphone ainsi que les heures auxquelles vous pouvez être joint(e).

Vos nom, prénoms
Votre adresse
Votre numéro de téléphone
Votre adresse e-mail

Lettre recommandée avec AR

Centre des impôts de . . . .
Adresse

. . . . **(lieu)**, ... **(date)**

Référence : impôt sur le revenu, année . . . . [1]

Monsieur (ou Madame),

Je vous adresse par la présente une réclamation concernant mon avis d'imposition relatif à l'impôt sur le revenu de l'année . . . .

En effet, j'ai remarqué qu'une erreur a été commise dans le calcul du montant de mes impôts pour les revenus de l'année . . . . **(expliquez quelle est l'erreur que vous avez constatée, commise par l'administration ou par vous-même)**.

En conséquence, je vous demande d'avoir l'obligeance d'examiner mon dossier. Je joins, à l'appui de ma demande les justificatifs suivants : . . . . **(énumérez-les et n'oubliez pas de les joindre)**.

(En cas de demande de « sursis de paiement »)
Par ailleurs, je vous demande de bien vouloir me permettre de surseoir au paiement des sommes contestées, à savoir . . . . €.

Je me tiens à votre disposition pour tout autre renseignement pouvant vous être utile. À cette fin, vous pouvez me joindre durant les heures de bureau au . . . . **(numéro de téléphone)**.
Dans l'attente de votre réponse, je vous prie de croire, Monsieur (ou Madame), à l'expression de ma considération distinguée.

Votre signature

Pièces à joindre :
– documents prouvant votre situation.

1. Vous devez impérativement respecter les délais. Pour l'impôt sur le revenu, vous devez faire votre réclamation avant le 31 décembre de la deuxième année qui suit celle de la mise en recouvrement de l'impôt contesté. Exemple : pour contester une imposition mise en recouvrement en 2002 (date indiquée au recto de l'avis d'imposition), vous devez vous manifester avant le 31 décembre 2004.

Contestation d'un avis d'imposition (impôt foncier)

En lisant votre avis d'imposition, vous estimez que le montant de l'impôt est erroné ou encore que vous n'auriez pas dû être taxé. (Voir page précédente la démarche à entreprendre.)

Vos nom, prénoms
Votre adresse
Votre numéro de téléphone
Votre adresse e-mail

Lettre recommandée avec AR

Centre des impôts de . . . .
Adresse

. . . . **(lieu)**, ... **(date)**

Référence : taxe foncière, année . . . . [1]

Monsieur (ou Madame),

Je vous adresse par la présente une réclamation concernant mon avis d'imposition relatif à la taxe foncière de l'année . . . . et concernant mon habitation principale située au . . . . **(adresse complète)**.

En effet, âgé de plus de 75 ans **(ou : titulaire de l'allocation aux adultes handicapés...)**, et mon revenu net imposable s'élevant à . . . . € [2], je devrais être totalement exonéré(e) de taxe foncière.

En conséquence, je vous demande d'avoir l'obligeance de m'accorder le dégrèvement correspondant au montant de cette taxe, soit . . . . €.

Vous trouverez ci-joints les documents justifiant ma situation.

Je me tiens à votre disposition pour tout autre renseignement pouvant vous être utile.

Dans l'attente de votre réponse, je vous prie de croire, Monsieur **(ou Madame)**, à l'expression de ma considération distinguée.

Votre signature
Pièces à joindre :
– documents prouvant votre situation.

1. Vous devez impérativement respecter les délais. Pour la taxe foncière, vous devez faire votre réclamation avant le 31 décembre de l'année suivant l'année de la mise en recouvrement de l'impôt contesté. Exemple : vous pouvez contester votre taxe foncière mise en recouvrement en 2003, jusqu'au 31 décembre 2004.
2. Pour la taxe foncière 2003, votre revenu net imposable de 2002 doit être inférieur à 7 046 € (+ 1 882 € pour chaque demi-part supplémentaire).

Contestation d'un avis d'imposition (taxe d'habitation) (modèle n° 1)

En lisant votre avis d'imposition, vous estimez que le montant de l'impôt est erroné ou encore que vous n'auriez pas dû être taxé. (Voir page 33 la démarche à entreprendre.)

Vos nom, prénoms
Votre adresse
Votre numéro de téléphone
Votre adresse e-mail

Lettre recommandée avec AR

Centre des impôts de . . . .
Adresse

. . . . **(lieu)**, ... **(date)**

Référence : taxe d'habitation, année . . . . [1]

Monsieur **(ou Madame)**,

Je vous adresse par la présente une réclamation concernant mon avis d'imposition relatif à la taxe d'habitation de l'année . . . .

En effet, âgé de plus de 60 ans **(ou RMI...)**, et mon revenu net imposable s'élevant à . . . . € [2], je devrais être totalement exonéré(e) de taxe d'habitation.

En conséquence, je vous demande d'avoir l'obligeance de m'accorder le dégrèvement correspondant au montant de cette taxe, soit . . . . €.

Vous trouverez ci-joints les documents justifiant ma situation.

Je me tiens à votre disposition pour tout autre renseignement pouvant vous être utile.

Dans l'attente de votre réponse, je vous prie de croire, Monsieur **(ou Madame)**, à l'expression de ma considération distinguée.

Votre signature

1. Vous devez impérativement respecter les délais. Pour la taxe d'habitation, vous devez faire votre réclamation avant le 31 décembre. Pour la taxe d'habitation 2003, votre revenu net imposable de 2002 doit être inférieur à 7 046 € (+ 1 882 € par demi-part supplémentaire).

Contestation d'un avis d'imposition (taxe d'habitation) (modèle n° 2)

En lisant votre avis d'imposition, vous estimez que le montant de l'impôt est erroné ou encore que vous n'auriez pas dû être taxé. (Voir page 33 la démarche à entreprendre.)

Vos nom, prénoms
Votre adresse
Votre numéro de téléphone
Votre adresse e-mail

Lettre recommandée avec AR

Centre des impôts de . . . .
Adresse

. . . . **(lieu)**, ... **(date)**

Référence : taxe d'habitation, année . . .

Monsieur **(ou Madame)**,

Je vous adresse par la présente une réclamation concernant un avis d'imposition relatif à la taxe d'habitation de l'année . . . . , pour un appartement situé . . . . **(adresse exacte)**.

En effet, j'ai déménagé de ce logement le . . . . **(date)**, et c'est désormais au nouvel occupant **(si vous connaissez son nom, indiquez-le)** de s'acquitter de cette taxe.

En conséquence, je vous demande de prendre en compte cette nouvelle situation.

Vous en remerciant, je vous prie de croire, Monsieur **(ou Madame)**, à l'expression de ma considération distinguée.

Votre signature

Taxe d'habitation : demande d'explications

Vos nom, prénoms
Votre adresse
Votre numéro de téléphone
Votre adresse e-mail

Lettre recommandée avec AR

Centre des impôts fonciers de . . . . [1]
Adresse

. . . . **(lieu)**, ... **(dat)**

Référence : taxe d'habitation, année . . . .

Monsieur **(ou Madame)**,

Propriétaire d'un appartement situé à . . . . **(indiquez l'adresse complète)**, je souhaiterais connaître le détail des éléments ayant servi au calcul de la valeur locative de mon logement.

En conséquence, je vous saurais gré de bien vouloir me communiquer la copie de la fiche d'évaluation cadastrale correspondant à mon habitation.

Je vous prie de croire, Monsieur (ou Madame), à l'expression de ma considération distinguée.

Votre signature

P.J. : photocopie de l'avis d'imposition de taxe d'habitation.

1. Il s'agit du centre des impôts fonciers du lieu de situation de votre habitation.

Changement d'adresse

Vos nom, prénoms
Votre adresse
Votre numéro de téléphone
Votre adresse e-mail

Lettre recommandée avec AR

Centre des impôts de . . . .
Adresse

. . . . **(lieu)**, ... **(date)**

Monsieur **(ou Madame)**,

Devant déménager le . . . . **(date de votre déménagement)**, j'ai l'honneur de vous informer qu'à compter de cette date ma nouvelle adresse sera désormais : . . . .

Je vous prie de croire, Monsieur (ou Madame), à l'expression de ma considération distinguée.

Votre signature

Banque

Demande d'ouverture d'un compte bancaire

Vos nom, prénoms
Votre adresse
Votre numéro de téléphone

Nom du directeur de l'agence bancaire
Coordonnées de l'agence

. . . . **(lieu)**, ... **(date)**

Objet : demande d'ouverture d'un compte bancaire

Monsieur **(ou Madame)**,

N'ayant actuellement pas de compte bancaire, je sollicite vos services pour ouvrir un compte de dépôt, conformément à l'article L.312-1 du Code monétaire et financier [1], de manière à pouvoir y effectuer des versements et des retraits réguliers.

Je vous demande donc de bien vouloir m'accorder un entretien, au cours duquel je pourrai signer les documents liés à cette ouverture de compte.

Je vous saurai également gré de me faire savoir quels justificatifs je dois vous fournir à l'occasion de cette entrevue [2].

Dans cette attente, veuillez agréer, Monsieur **(ou Madame)**, l'expression de mes salutations distinguées.

Votre signature

1. Article L.312-1 du Code monétaire et financier (loi n° 2001-1168 du 11 décembre 2001, article 13-I, 1°, Journal officiel du 12 décembre 2001) : « Toute personne physique ou morale domiciliée en France, dépourvue d'un compte de dépôt, a droit à l'ouverture d'un tel compte dans l'établissement de crédit de son choix ou auprès des services financiers de la Poste ou du Trésor public. »
2. Article L.312-1 du Code monétaire et financier : « L'ouverture d'un compte intervient après remise auprès de l'établissement de crédit d'une déclaration sur l'honneur attestant le fait que le demandeur ne dispose d'aucun compte. »

Procuration sur un compte

Vos nom, prénoms
Votre adresse
Votre numéro de téléphone
Référence de votre compte

Nom du chargé de compte
Coordonnées de l'agence bancaire

. . . . **(lieu)**, ... **(date)**

Objet : demande de procuration sur un compte

Monsieur **(ou Madame)**,

Souffrant de . . . . **(énoncez brièvement les circonstances de l'incapacité)**, je ne peux pas me rendre moi-même à votre agence.

Je vous demande donc de bien vouloir accepter que je donne procuration . . . . **(définitive ou provisoire)** à . . . . **(nom et prénoms de votre mandaire)**, sur mon compte courant n° . . . .

Vous trouverez ci-joint le document signé de ma main, attestant cette procuration.

Avec mes remerciements, veuillez agréer, Monsieur (ou Madame), l'expression de mes salutations distinguées.

Votre signature

Procuration

Je soussigné(e) . . . . **(nom, prénoms)**
Né(e) le . . . .
Demeurant . . . . **(adresse)**
Titulaire du compte n° . . . .
Donne procuration à . . . . **(nom, prénoms du mandataire)**
Né(e) le . . . .
Demeurant . . . . **(adresse)**
À effet d'effectuer toute opération sur mon compte désigné ci-dessus.

À . . . . , le . . . .

Bon pour pouvoir
Votre signature

Bon pour accord
Signature du mandataire

Résiliation de la procuration

Vos nom, prénoms
Votre adresse
Votre numéro de téléphone
Référence de votre compte

LAR

Nom du chargé de compte
Coordonnées de l'agence bancaire

. . . . **(lieu)**, ... **(date)**

Objet : résiliation de ma procuration en faveur de . . . . **(nom du mandataire)**

Monsieur **(ou Madame)**,

Par la présente, je vous prie de bien vouloir procéder, à dater de ce jour, à la résiliation de la procuration que j'ai accordée par courrier du . . . . à M. **(ou Mme, ou Mlle)** . . . . , le . . . . **(date de la procuration)**.

Dans cette attente, veuillez agréer, Monsieur (ou Madame), l'expression de mes salutations distinguées.

Votre signature

Demande de relevé d'identité bancaire

Vos nom, prénoms
Votre adresse
Votre numéro de téléphone
Référence de votre compte

Nom du chargé de compte
Coordonnées de l'agence bancaire

. . . . **(lieu)**, ... **(date)**

Objet : demande de relevé d'identité bancaire

Monsieur **(ou Madame)**,

Ayant utilisé tous les relevés d'identité bancaires fournis dans mon chéquier **(ou : Ne disposant pas de chéquier)**, je me trouve dans la nécessité de justifier mes coordonnées bancaires.

En conséquence, je vous prie de bien vouloir m'adresser plusieurs relevés, de telle sorte que je puisse en disposer à l'avenir pour d'autres demandes.
Avec mes remerciements, recevez, Monsieur **(ou Madame)**, mes sentiments les meilleurs.

Votre signature

Demande de chéquier

Vos nom, prénoms
Votre adresse
Votre numéro de téléphone
Référence de votre compte

Nom du chargé de compte
Coordonnées de l'agence bancaire

. . . . **(lieu)**, ... **(date)**

Objet : demande de chéquier

Monsieur **(ou Madame)**,

Ne pouvant me déplacer à votre agence et ne bénéficiant pas du renouvellement automatique de chéquier, je vous prie de bien vouloir m'adresser par courrier . . . . **(nombre)** carnet(s) de chèques **(précisez : carnet de 25 ou 50 chèques, de format standard, de format de poche...)**.

Avec mes remerciements, recevez, Monsieur **(ou Madame)**, mes sentiments les meilleurs.

Votre signature

Mise à l'encaissement de chèques

Vos nom, prénoms
Votre adresse
Votre numéro de téléphone
Référence de votre compte

Nom du chargé de compte
Coordonnées de l'agence bancaire

. . . . **(lieu)**, ... **(date)**

Objet : mise à l'encaissement de chèques

Monsieur **(ou Madame)**,

Vous trouverez ci-joint . . . . chèque(s) à déposer sur mon compte n° . . . . [1].

Avec mes remerciements, recevez, Monsieur **(ou Madame)**, mes sentiments les meilleurs.

Votre signature

1. Avant de les envoyer, n'oubliez pas d'endosser vos chèques, c'est-à-dire de les signer au dos.

Demande de découvert occasionnel

Vos nom, prénoms
Votre adresse
Votre numéro de téléphone
Référence de votre compte

Nom du chargé de compte
Coordonnées de l'agence bancaire

. . . . **(lieu)**, ... **(date)**

Objet : demande de découvert occasionnel

Monsieur **(ou Madame)**,

Rencontrant aujourd'hui des difficultés financières passagères : . . . . **(expliquez précisément pourquoi)**, je vous prie de bien vouloir m'accorder une autorisation de découvert occasionnel de . . . . €, du . . . . au . . . . 2004. En effet, à cette date, je dois percevoir une somme de . . . . €, qui me permettra de régulariser ma situation.
Dans l'attente de votre réponse, que j'espère favorable, veuillez agréer, Monsieur **(ou Madame)**, l'expression de mes respectueuses salutations.

Votre signature

Demande de reconduction d'une autorisation de découvert

Vos nom, prénoms
Votre adresse
Votre numéro de téléphone
Référence de votre compte

Nom du chargé de compte
Coordonnées de l'agence bancaire

. . . . **(lieu)**, ... **(date)**

Objet : demande de reconduction d'une autorisation de découvert

Monsieur **(ou Madame)**,

Vous avez bien voulu m'accorder une autorisation de découvert le . . . . **(date)**. Contrairement à ce que je pensais alors, ma situation financière ne s'est malheureusement pas rétablie aussi vite.

Je sollicite donc de vos services la reconduction de cette autorisation jusqu'au . . . . 2004, date à laquelle je m'engage à avoir retrouvé une situation financière stable.

Dans l'attente de votre réponse, que j'espère favorable, veuillez agréer, Monsieur (ou Madame), l'expression de mes respectueuses salutations.

Votre signature

Demande de virement automatique

Vos nom, prénoms
Votre adresse
Votre numéro de téléphone
Référence de votre compte

Nom du chargé de compte
Coordonnées de l'agence bancaire

. . . . **(lieu)**, ... **(date)**

Objet : demande de virement

Monsieur **(ou Madame)**,

Je vous prie de bien vouloir mettre en place un virement automatique . . . . **(hebdomadaire, mensuel, trimestriel…)** de . . . . €, ... euros (indiquez la somme en chiffres puis en lettres) depuis mon compte n° . . . . , vers le compte de M. **(ou Mme ou Mlle)** . . . . , dont les références bancaires sont les suivantes : . . . . **(RIB joint)**.

J'ajoute que je souhaite que ce virement automatique soit effectué chaque . . . . **(jour de prélèvement)**.

Avec mes remerciements, recevez, Monsieur **(ou Madame)**, mes sentiments les meilleurs.

Votre signature

P.J. : un RIB du destinataire du virement

Annulation d'un virement automatique

Vos nom, prénoms
Votre adresse
Votre numéro de téléphone
Référence de votre compte

LAR

Nom du chargé de compte
Coordonnées de l'agence bancaire

. . . . **(lieu)**, ... **(date)**

Objet : annulation d'un virement automatique

Monsieur **(ou Madame)**,

Je vous demande d'annuler, à dater de ce jour : . . . . **(date du courrier)**, le virement automatique mis en place à ma demande depuis le . . . . pour la somme de . . . . €, ... euros **(reprenez la somme en lettres)** à destination du compte de M. **(ou Mme ou Mlle)** . . . .

Dans cette attente, je vous prie d'agréer, Monsieur **(ou Madame)**, l'expression de mes salutations distinguées.

Votre signature

Contestation d'un relevé bancaire

Vos nom, prénoms
Votre adresse
Votre numéro de téléphone
Référence de votre compte

Nom du chargé de compte
Coordonnées de l'agence bancaire

. . . . **(lieu)**, ... **(date)**

Objet : contestation d'un relevé bancaire

Monsieur **(ou Madame)**,

En recevant mon relevé de compte, je constate que . . . . **(objet de la contestation : mauvais report d'un débit ou d'un crédit, double écriture...)**.

Il s'agit sûrement d'une erreur de votre part. J'ai moi-même regardé dans mes dépenses et mes versements d'argent mais je n'y ai rien trouvé qui corresponde à cette écriture.

C'est la raison pour laquelle je sollicite une explication, ainsi qu'une correction de cette erreur, qui j'espère n'aura pas d'incidence sur la situation réelle de mon compte.

Dans cette attente, je vous prie d'agréer, Monsieur **(ou Madame)**, l'expression de mes salutations distinguées.

Votre signature

P.J. : une copie du relevé de compte litigieux

Contestation d'un prélèvement

Vos nom, prénoms
Votre adresse
Votre numéro de téléphone
Référence de votre compte

Nom du chargé de compte
Coordonnées de l'agence bancaire

. . . . **(lieu)**, ... **(date)**

Objet : contestation d'un prélèvement

Monsieur **(ou Madame)**,

En recevant mon relevé de compte, je constate que la somme de . . . . € a été prélevée à tort sur mon compte. En effet, je n'ai donné aucun ordre de la sorte dans les mois écoulés.

Je vous prie donc de bien vouloir me fournir une explication concernant ce prélèvement, et de recréditer sans délai mon compte de cette somme qui n'aurait pas dû être retirée.

Dans cette attente, je vous prie d'agréer, Monsieur **(ou Madame)**, l'expression de mes salutations distinguées.

Votre signature

P.J. : une copie du relevé de compte litigieux

Demande d'annulation d'une autorisation de prélèvement mensuel

Vos nom, prénoms
Votre adresse
Votre numéro de téléphone
Référence de votre compte

Nom du chargé de compte
Coordonnées de l'agence bancaire

LAR

. . . . **(lieu),** . . . . **(date)**

Objet : annulation d'un prélèvement

Monsieur **(ou Madame)**,

Depuis le . . . . . . **(date du début de l'autorisation de prélèvement)**, j'autorise la société . . . . à effectuer chaque mois sur mon compte un prélèvement de . . . . €.

Or je souhaite désormais payer mes factures par un autre moyen de paiement. Je l'ai d'ailleurs fait savoir à la société . . . . par courrier en date du . . . . **(copie jointe)**.

Je vous demande donc de bien vouloir procéder, à compter de ce jour, à l'annulation de mon autorisation de prélèvement.

Dans cette attente, je vous prie d'agréer, Monsieur **(ou Madame),** l'expression de mes salutations distinguées.

Votre signature

P.J. : une copie du courrier d'annulation d'autorisation de prélèvement à la société . . .

Contestation de frais bancaires

Vos nom, prénoms
Votre adresse
Votre numéro de téléphone
Référence de votre compte

Nom du chargé de compte

Coordonnées de l'agence bancaire

. . . . **(lieu)**, ... **(date)**

Objet : contestation de frais

Monsieur **(ou Madame)**,

En recevant mon relevé de compte, je constate que la somme de . . . . € a été prélevée sur mon compte à titre de frais pour . . . . **(motif de la facturation de frais bancaires)**.

Or il me semble que nous étions tombés d'accord sur la gratuité de cette opération. Ce prélèvement ne me semble donc justifié en aucune manière.

Je vous demande donc de bien vouloir procéder sans délai au remboursement de ces frais.

Dans cette attente, je vous prie d'agréer, Monsieur **(ou Madame)**, l'expression de mes salutations distinguées.

Votre signature

Contestation d'agios

Vos nom, prénoms
Votre adresse
Votre numéro de téléphone
Référence de votre compte

Nom du chargé de compte
Coordonnées de l'agence bancaire

. . . . **(lieu)**, ... **(date)**

Objet : contestation d'agios

Monsieur **(ou Madame)**,

Par courrier daté du . . . . , vous me faites savoir que votre taux d'agios est fixé à . . . . %[1].

Si ce taux correspond à celui qui est inscrit sur ma convention de compte, il est toutefois bien supérieur à celui sur lequel nous étions tombés d'accord ensemble lors de notre entrevue du . . . . . . **(date)** dernier, à la suite de laquelle nous avons signé un document commun, que je vous joins en copie.

En conséquence, je vous prie de bien vouloir rectifier cette erreur, et de m'envoyer par retour du courrier un document attestant que nous sommes bien d'accord sur le taux de . . . . %.

Dans cette attente, je vous prie d'agréer, Monsieur **(ou Madame)**, l'expression de mes salutations distinguées.

Votre signature

P.J. : copie du document signé le . . . .

1. Les agios sont les frais prélevés par la banque au jour le jour durant toute la durée d'un découvert non autorisé. Ils comprennent les intérêts conventionnels, divers frais, les commissions, les rémunérations directes ou indirectes comptabilisées par la banque. Le taux fixé est donc un taux effectif global (TEG).

Opposition à un chèque ou à un chéquier

Vos nom, prénoms
Votre adresse
Votre numéro de téléphone
Référence de votre compte

Nom du chargé de compte
Coordonnées de l'agence bancaire

. . . . **(lieu)**, ... **(date)**

LAR

Objet : opposition sur chèque **(ou sur un chéquier)**

Monsieur **(ou Madame)**,

Par la présente, je vous confirme [1] que je fais opposition au chèque n° . . . .
(ou au chéquier dont les chèques sont numérotés de . . . . à . . . .).

En effet, je constate qu'il n'est plus en ma possession, sans que je puisse affirmer si je l'ai perdu ou s'il m'a été volé.

Dans l'attente de votre réponse, je vous prie d'agréer, Monsieur (ou Madame), l'expression de mes salutations distinguées.

Votre signature

1. Faites d'abord opposition immédiatement par téléphone à votre agence.

Opposition à une carte bancaire

Vos nom, prénoms
Votre adresse
Votre numéro de téléphone
Référence de votre compte
Référence de votre carte bancaire

LAR

Nom du chargé de compte
Coordonnées de l'agence bancaire

. . . . **(lieu)**, ... **(date)**

Objet : opposition à ma carte bancaire

Monsieur **(ou Madame)**,

Par la présente, je vous confirme [1] que je fais opposition à ma carte bancaire n° . . . . , dont la date d'expiration était fixée au . . . . . .

En effet, je constate qu'elle n'est plus en ma possession, sans que je puisse affirmer si je l'ai perdue ou si elle m'a été volée. Je précise que mon numéro de code ne figurait aucunement sur ma carte, ni par ailleurs sur moi.

Dans l'attente d'une autre carte, je vous prie de bien vouloir agréer, Monsieur (ou Madame), l'expression de mes salutations distinguées.

Votre signature

1. Faites d'abord opposition immédiatement par téléphone en appelant (de jour comme de nuit) le centre d'opposition des cartes bancaires.

Chèque sans provision : demande de levée de l'interdit bancaire

Vos nom, prénoms
Votre adresse
Votre numéro de téléphone
Référence de votre compte

Nom du chargé de compte
Coordonnées de l'agence bancaire

. . . . **(lieu)**, ... **(date)**

Objet : demande de levée de l'interdit bancaire [1]

Monsieur **(ou Madame)**,

À la suite de l'incident qui s'est produit sur mon compte le . . . . et qui a provoqué le rejet du chèque **(ou des chèques)** n° . . . . par vos services, vous m'avez envoyé un courrier recommandé en date du . . . . m'enjoignant de ne plus émettre de chèque et de restituer mes chéquiers [1].

Dès réception de cette lettre, j'ai immédiatement régularisé ma situation en approvisionnant mon compte au moyen de . . . . **(rappelez par quel moyen : virement, chèque...)**, de manière à vous permettre de procéder au paiement de ce(s) chèque(s) dès que leurs bénéficiaires, que j'ai prévenus par téléphone, les représenteront à leur banque.
ou
Dès réception de cette lettre, j'ai immédiatement régularisé ma situation en réglant directement les bénéficiaires des chèques, en échange de quoi ils m'ont remis les chèques incriminés, que je vous restitue ci-joint comme preuve de paiement.

Cette régularisation ayant eu lieu dans le délai imposé dans votre courrier, et moi-même n'ayant encore jamais eu d'incident de paiement de cette sorte, je vous prie de bien vouloir lever l'interdit bancaire dont je fais actuellement l'objet [2] et de me faire parvenir une attestation de régularisation dans les meilleurs délais [3].

Dans cette attente, je vous prie d'agréer, Monsieur **(ou Madame)**, l'expression de mes salutations distinguées.

Votre signature

P.J. : le(s) chèque(s) rejeté(s)

1. Procédure (article L.131-73 du Code monétaire et financier) : la banque adresse une lettre d'injonction pour signaler l'incident, en précisant le numéro et le montant du chèque en cause et le solde du compte à la date du rejet. Elle peut demander de restituer tous les carnets de chèques et vous interdire d'émettre de nouveaux chèques.
2. Dans les deux jours qui suivent le rejet, la banque signale l'incident à la Banque de France, qui recense tous les comptes, et informe les autres banques de la mise en place de l'interdit bancaire. Elle inscrit les références du compte sur le fichier central des chèques. Tout commerçant pourra alors refuser les chèques. Lorsque tous vos chèques sans provision et toutes vos pénalités ont été payés, la banque dispose de deux jours pour en informer la Banque de France.
À savoir : quand un incident de paiement intervient sur un compte joint, tous les titulaires se retrouvent interdits non seulement sur le compte joint mais aussi sur leurs comptes personnels. Toutefois, si d'un commun accord un responsable des incidents de paiement sur ce compte a été désigné auparavant, alors l'interdit est appliqué au compte joint et n'est étendu qu'aux comptes personnels du responsable pré-désigné.
3. Une fois la situation réglée, la banque doit adresser une attestation de régularisation. La levée de l'interdiction est effective lorsque tous les comptes sont régularisés. À défaut de quoi la personne est interdite bancaire pendant cinq ans. Elle peut toutefois régulariser sa situation à tout moment pendant cette période.
Attention aux pénalités : il ne doit y en avoir aucune si l'on n'a pas émis de chèque sans provision dans les douze mois précédents et si l'on a régularisé sa situation dans les deux mois du rejet.
Un chèque sans provision de moins de 50 € ne peut être taxé d'une amende de plus de 30 €.

Chèque sans provision : demande de certificat de non-paiement

Vos nom, prénoms
Votre adresse
Votre numéro de téléphone
Référence du chèque sans provision : . . . .

LAR

Nom du chargé de compte
Coordonnées de l'agence bancaire

. . . . **(lieu)**, ... **(date)**

Objet : demande de certificat de non-paiement

Monsieur **(ou Madame)**,

Le chèque n° . . . . émis par M. **(ou Mme, ou Mlle)** . . . . m'a été retourné par vos soins avec la mention « sans provision ».

Le délai qui lui est accordé par la loi pour régulariser sa situation est aujourd'hui écoulé. J'ai représenté ce chèque, mais je me suis de nouveau heurté(e) à un refus de paiement.
Par ailleurs, j'ai essayé à plusieurs reprises d'entrer en contact avec l'émetteur du chèque mais ma demande d'accord amiable est restée infructueuse.

Je vous demande donc de bien vouloir m'adresser un certificat de non-paiement (1), de manière à me permettre d'engager une procédure de recouvrement par l'intermédiaire d'un huissier (2).

Dans cette attente, je vous prie d'agréer, Monsieur (ou Madame), l'expression de mes salutations distinguées.

Votre signature

P.J. : – une copie du chèque sans provision ;

– une copie de l'avis de défaut d'approvisionnement du compte.

1. Le certificat de non-paiement est un titre exécutoire, qui permet donc à un huissier d'engager immédiatement une procédure de saisie auprès du débiteur.
2. Votre banque dispose de quinze jours pour vous adresser ce certificat.

Non-renouvellement d'une carte bancaire

Vos nom, prénoms
Votre adresse
Votre numéro de téléphone
Référence de votre compte
Référence de votre carte bancaire

LAR

Nom du chargé de compte
Coordonnées de l'agence bancaire

. . . . **(lieu)**, ... **(date)**

Objet : non-renouvellement de ma carte bancaire

Monsieur **(ou Madame)**,

Je vous informe que, pour des raisons personnelles, à compter de sa date d'expiration, je ne souhaite pas renouveler ma carte bancaire, dont vous trouverez les références ci-dessus ainsi que celles de mon compte courant.
En conséquence, je vous demande aussi de vous abstenir de prélever de cotisation pour cette carte sur mon compte.

Veuillez agréer, Monsieur **(ou Madame)**, l'expression de mes salutations distinguées.

Votre signature

Modèle de dénonciation de la convention de compte joint

Vos nom, prénoms
Votre adresse
Votre numéro de téléphone
Référence du compte joint

LAR

Nom du chargé de compte
Coordonnées de l'agence bancaire

. . . . **(lieu)**, ... **(date)**

Objet : dénonciation de la convention de compte joint

Monsieur **(ou Madame)**,

Je dispose avec M. **(ou Mme, ou Mlle)** . . . . d'un compte joint **(références ci-dessus)**, pour lequel nous avons signé ensemble une convention.

Or certaines clauses de cette convention ne me conviennent plus : . . . .
(expliquez précisément).

Je vous informe par la présente que je dénonce officiellement cette convention et que je souhaite en conséquence soit procéder à la rédaction d'une nouvelle convention, soit procéder à la fermeture de ce compte.

Dans l'attente de votre réponse sur la suite à donner à ma demande, je vous prie d'agréer, Monsieur **(ou Madame)**, l'expression de mes salutations distinguées.

Votre signature

Clôture d'un compte bancaire par son titulaire

Vos nom, prénoms
Votre adresse
Votre numéro de téléphone
Référence de votre compte

LAR

Nom du chargé de compte
Coordonnées de l'agence bancaire

. . . . **(lieu)**, ... **(date)**

Objet : clôture du compte n° . . . . [1]

Monsieur **(ou Madame)**,

Je vous informe par la présente que, pour des raisons qui me sont personnelles, je souhaite clôturer mon compte courant, dont vous trouverez les références ci-dessus, et ce, à compter de la date de réception de ce courrier par vos services. Je résilie donc aussi ma carte bancaire [2].

Je laisse la somme qui y figure actuellement, en prévision des chèques et des prélèvements qui doivent encore être présentés. Lorsque l'ensemble sera payé, je vous prie de bien vouloir m'adresser un dernier relevé de compte, ainsi qu'un chèque représentant le solde inscrit à ce compte le dernier jour.

Je joins les carnets de chèques non utilisés que je détiens encore.

Enfin, ayant consulté ma convention de compte, j'ai trouvé des frais de clôture relativement raisonnables. Je compte donc sur vous pour m'appliquer strictement le montant prévu [3].
Avec mes remerciements, veuillez agréer, Monsieur **(ou Madame)**, l'expression de mes salutations distinguées.

Votre signature

1. Avant de clôturer votre compte, vous devez en ouvrir un autre ailleurs et faire transférer tous vos versements et prélèvements sur le nouveau compte. Attention ! cela prend donc un certain temps : comptez au moins deux mois. N'oubliez rien, sinon les dernières opérations seront rejetées.
2. Relisez votre contrat, il doit comporter un délai de préavis. En outre, la cotisation annuelle ne sera pas remboursée.
3. Les frais dépendent des banques. Comme elles n'aiment pas qu'on les quitte, elles ne font pas de cadeau. Mais on peut négocier avec la banque d'accueil pour qu'elle prenne en charge une partie des frais de transfert.

Fermeture du compte par la banque : demande d'allongement de délai

Vos nom, prénoms
Votre adresse
Votre numéro de téléphone
Référence de votre compte

LAR

Nom du chargé de compte
Coordonnées de l'agence bancaire

. . . . **(lieu)**, ... **(date)**

Objet : fermeture de mon compte bancaire [1]

Monsieur **(ou Madame)**,

Vous m'avez récemment fait savoir, par courrier recommandé du . . . . , que vous alliez procéder à la fermeture de mon compte courant.
Le préavis que vous m'avez accordé arrive à son terme, mais je n'ai pas terminé de faire transférer tous mes services sur mon nouveau compte.

Je vous demande donc de bien vouloir m'accorder un mois supplémentaire, de manière à ne pas me mettre dans la situation particulièrement pénible de vous voir refuser le paiement de certains prélèvements.

Dans cette attente, je vous prie d'agréer, Monsieur **(ou Madame)**, l'expression de mes salutations distinguées.

Votre signature

1. Une banque peut à tout moment fermer un compte sans avoir à se justifier. Mais elle doit respecter un délai de préavis d'un ou deux mois (en principe, c'est prévu dans la convention de compte) pour permettre au client d'ouvrir un autre compte ailleurs et d'y faire transférer ses prélèvements.

Refus d'ouverture d'un compte bancaire : recours auprès de la banque

Vos nom, prénoms
Votre adresse
Votre numéro de téléphone

Nom du chargé de compte [1]
Coordonnées de l'agence bancaire

. . . . **(lieu)**, ... **(date)**

Objet : refus d'ouverture d'un compte bancaire

Monsieur **(ou Madame)**,

Vous m'avez fait savoir par courrier daté du . . . . que vous refusiez de procéder à l'ouverture d'un compte de dépôt à mon nom dans votre établissement.

Pourtant je n'en ai encore aucun, alors que j'en ai un besoin urgent.

Je vous rappelle que l'article L.312-1 du Code monétaire et financier prévoit que tout citoyen a le droit de disposer au minimum d'un compte courant. Je n'ai jusqu'à présent fait l'objet d'aucun problème financier. Je vous demande donc de bien vouloir reconsidérer la question.

Je me tiens à votre disposition si vous souhaitez que je vous expose de vive voix ma situation et mes garanties.

Dans cette attente, je vous prie d'agréer, Monsieur **(ou Madame)**, l'expression de mes salutations distinguées.

Votre signature

1. Lettre à envoyer à toutes les agences qui ont opposé leur refus.

Refus d'ouverture d'un compte bancaire : recours auprès de la Banque de France

Vos nom, prénoms
Votre adresse
Votre numéro de téléphone

Banque de France
Adresse de l'agence départementale

LAR

. . . . **(lieu)**, ... **(date)**

Objet : refus d'ouverture d'un compte bancaire

Monsieur **(ou Madame)**,

Ayant contacté, puis relancé différents établissements bancaires (liste jointe) pour demander à me faire ouvrir un compte de dépôt, je me suis chaque fois heurté(e) à un refus.
J'ai néanmoins le besoin urgent de disposer d'un tel compte.

Comme la loi m'y autorise, je fais donc appel à vos services pour que vous me désigniez un établissement auprès duquel je trouverai satisfaction [1].

Dans cette attente, je vous prie d'agréer, Monsieur (ou Madame), l'expression de mes salutations distinguées.

Votre signature

P.J. : – la liste des établissements contactés ;
– leur avis de refus.

1. En cas de refus de la part de l'établissement choisi, la personne peut saisir la Banque de France afin qu'elle lui désigne soit un établissement de crédit, soit les services financiers de la Poste, soit ceux du Trésor public. Ces dispositions s'appliquent aux interdits bancaires.

Demande de report de l'échéance d'un emprunt

Vos nom, prénoms
Votre adresse
Votre numéro de téléphone
Références du contrat

Nom de l'établissement de crédit
Son adresse

LAR

. . . . **(lieu)**, ... **(date)**

Objet : demande de délai de paiement

Monsieur **(ou Madame)**,

J'ai contracté avec votre établissement le . . . . **(date)** un emprunt de . . . . € pour l'achat de . . . .

Jusqu'à ce jour, je n'ai eu aucun problème de remboursement mais je fais provisoirement face à quelques difficultés financières. Je ne suis donc pas en mesure de payer l'échéance prévue le . . . . , pour la somme de . . . . €.

Je vous demande donc de bien vouloir accepter de reporter cette échéance au plus tard le . . . . , date à laquelle je pense être en mesure de satisfaire à mes obligations envers votre établissement.

Dans l'attente de votre réponse, que j'espère favorable, je vous remercie de votre compréhension et vous prie de croire, Monsieur **(ou Madame)**, à l'assurance de ma parfaite considération.

Votre signature

Crédit à la consommation : rétractation

Vos nom, prénoms
Votre adresse
Votre numéro de téléphone
Références du contrat

Nom de l'établissement de crédit
Son adresse

LAR

. . . . **(lieu)**, ... **(date)**

Objet : annulation de mon crédit à la consommation

Monsieur **(ou Madame)**,

Pour des raisons qui me sont personnelles et conformément à la législation, je souhaite renoncer à cette offre, puisque le délai de sept jours qui m'est accordé pour le faire n'a pas encore expiré.

Je vous prie aussi de bien vouloir me restituer sous huit jours mon chèque d'acompte de . . . . €, versé le . . . .

Dans cette attente, je vous prie d'agréer, Monsieur **(ou Madame)**, l'expression de mes salutations distinguées.

Votre signature

Crédit à la consommation : remboursement par anticipation

Vos nom, prénoms
Votre adresse
Votre numéro de téléphone
Références du contrat

Nom de l'établissement de crédit
Son adresse

LAR

. . . . **(lieu)**, ... **(date)**

Objet : remboursement par anticipation de mon crédit à la consommation

Monsieur **(ou Madame)**,

J'ai contracté avec votre établissement le . . . . **(date)** un crédit à la consommation pour un montant de . . . . € pour l'achat de . . . . Le montant restant dû s'élève à . . . . €.

Pour des raisons qui me sont personnelles et conformément à l'article L.311-29 du Code de la consommation [(1)] qui m'en donne le droit, je souhaite à présent procéder à son remboursement intégral **(ou partiel)**. Vous trouverez donc ci-joint un chèque de . . . . €.

Je vous rappelle que cet emprunt est lié à l'achat d'un bien de consommation. En conséquence, je ne vous dois aucune pénalité.

Dans l'attente des modalités de ce remboursement anticipé, je vous prie d'agréer, Monsieur **(ou Madame)**, l'expression de mes salutations distinguées.

Votre signature

P.J. : le chèque de remboursement

1. Article L.311-29 du Code de la consommation : « L'emprunteur peut toujours, à son initiative, rembourser par anticipation sans indemnité, en partie ou en totalité, le crédit qui lui a été consenti. Toutefois, le prêteur peut refuser un remboursement partiel anticipé inférieur à un montant fixé par décret.
« Le premier alinéa ne s'applique pas aux contrats de location, sauf si ces contrats prévoient que le titre de propriété sera finalement transféré au locataire. »

Transformation d'un crédit « revolving » en crédit classique

Vos nom, prénoms
Votre adresse
Votre numéro de téléphone
Références du contrat

Nom de l'établissement de crédit
Son adresse

LAR

. . . . **(lieu)**, ... **(date)**

Objet : transformation de mon crédit « revolving » en crédit classique

Monsieur **(ou Madame)**,

J'ai bien reçu vos propositions concernant le renouvellement de mon crédit revolving auprès de votre établissement.

Pour des raisons qui me sont personnelles, je ne souhaite plus bénéficier de ce crédit ni de la réserve d'argent mise à ma disposition.

Conformément à l'article L.311-9 du Code de la consommation (1), j'ai le droit de demander le remboursement du capital que je vous dois, selon un taux et des mensualités fixes. En conséquence, je vous prie de bien vouloir me faire parvenir le tableau d'amortissement correspondant.

Dans cette attente, je vous prie d'agréer, Monsieur **(ou Madame)**, l'expression de mes salutations distinguées.

Votre signature

1. Article L.311-9 du Code de la consommation : « Lorsqu'il s'agit d'une ouverture de crédit qui, assortie ou non de l'usage d'une carte de crédit, offre à son bénéficiaire la possibilité de disposer de façon fractionnée, aux dates de son choix, du montant du crédit consenti, l'offre préalable n'est obligatoire que pour le contrat initial. Elle précise que la durée du contrat est limitée à un an renouvelable et que le prêteur devra indiquer, trois mois avant l'échéance, les conditions de reconduction du contrat. Elle fixe également les modalités du remboursement, qui doit être échelonné, sauf volonté contraire du débiteur, des sommes restant dues dans le cas où le débiteur demande à ne plus bénéficier de son ouverture de crédit. L'emprunteur doit pouvoir s'opposer aux modifications proposées, lors de la reconduction du contrat, jusqu'au moins vingt jours avant la date où celles-ci deviennent effectives, en utilisant un bordereau-réponse annexé aux informations écrites communiquées par le prêteur. En cas de refus des nouvelles conditions de taux ou de remboursement proposées lors de la reconduction du contrat, l'emprunteur est tenu de rembourser aux conditions précédant les modifications proposées le montant de la réserve d'argent déjà utilisé, sans pouvoir, toutefois, procéder à une nouvelle utilisation de l'ouverture de crédit. »

Crédit immobilier : annulation de l'emprunt à cause du vendeur

Vos nom, prénoms
Votre adresse
Votre numéro de téléphone
Références du contrat

Nom de l'établissement de crédit
Son adresse

LAR

. . . . **(lieu)**, ... **(date)**

Objet : annulation de mon emprunt

Monsieur **(ou Madame)**,

J'ai contracté avec votre établissement le . . . . **(date)** un crédit immobilier d'un montant de . . . . € pour l'achat de . . . .

Cependant, le propriétaire de ce bien vient de se rétracter. La vente ne pouvant avoir lieu, je vous demande de bien vouloir résilier mon contrat de prêt. Croyez que j'en suis moi-même désolé(e).

Ma demande d'annulation intervenant moins de quatre mois après la signature de l'offre de prêt, je vous rappelle qu'aucune pénalité ne peut m'être imputée.

Dans l'attente de l'attestation d'annulation, je vous prie d'agréer, Monsieur **(ou Madame)**, l'expression de mes salutations distinguées.

Votre signature

Crédit immobilier : remboursement par anticipation

Vos nom, prénoms
Votre adresse
Votre numéro de téléphone
Références du contrat

Nom de l'établissement de crédit
Son adresse

LAR

. . . . **(lieu)**, ... **(date)**

Objet : remboursement par anticipation de mon crédit immobilier

Monsieur **(ou Madame)**,

J'ai contracté avec votre établissement le . . . . **(date)** un crédit immobilier pour un montant de . . . . €.
Pour des raisons qui me sont personnelles, je souhaite à présent procéder à son remboursement intégral **(ou partiel)**.

En conséquence, je vous demande de m'adresser les modalités et de me préciser la somme que je vous dois, compte tenu des pénalités prévues par mon contrat.

Dans cette attente, je vous prie d'agréer, Monsieur **(ou Madame)**, l'expression de mes salutations distinguées.

Votre signature

Association

Tout le monde est de près ou de loin concerné par la possibilité de créer ou de devenir membre d'une des 800 000 associations recensées en France. Vous trouverez ici les modèles qu'il vous faut pour en créer une ou y adhérer, pour la faire vivre, la gérer ou la modifier. Les règles sont les mêmes quelle que soit la taille de l'association : ce sont celles de la loi 1901.

Attention cependant ! Les modèles et les statuts types que vous trouverez dans ce chapitre ne sont que des exemples. Chaque association ayant ses propres particularités et modalités de fonctionnement, la rédaction des statuts des formulaires et des différents documents officiels concernant votre propre association doit être faite sur mesure.

(Pour une meilleure information, reportez-vous aux guides *Créer et gérer une association* de Vincent Allard et *Choisir un statut de société* de Laurence de Percin, aux Éditions De Vecchi.)

Modèle de statuts d'une association loi 1901

Titre I – FONCTION ET OBJET DE L'ASSOCIATION

Article 1 – Dénomination

Il est fondé entre les adhérents aux présents statuts une association régie par la loi du 1er juillet 1901 et le décret du 16 août 1901 dénommée : . . . .

Article 2 – Objet social

Cette association a pour but . . . . **(description)**

Article 3 – Siège social

Le siège social est fixé au . . . . , et pourra être transféré :
– par simple décision du conseil d'administration ;
– par l'assemblée générale.

Article 4 – Durée

La durée de l'association est . . . . **(si elle est limitée, précisez les dates)**

Titre II – COMPOSITION

Article 5 – Les membres

– Membres d'honneur
– Membres bienfaiteurs
– Membres actifs ou adhérents
Pour adhérer, il convient de . . . .

Article 6 – Cotisation

Une cotisation annuelle doit être acquittée par les adhérents, dont le montant est fixé par . . . .

Article 7 – Perte de qualité de membre

La qualité de membre se perd par :
– le non-paiement de la cotisation dans un délai de . . . mois après sa date d'exigibilité ;
– le décès ;
– la démission, qui doit être adressée par écrit au conseil d'administration ;
– la radiation pour motif grave.
Les décisions concernant la radiation sont prises par les instances concernées suivant les modalités du règlement intérieur.

Titre III – RESSOURCES DE L'ASSOCIATION

Article 8 – Ressources

Les ressources de l'association se composent :
– des cotisations annuelles versées par les membres. Les modalités sont données par le règlement intérieur ;
– des dons manuels ;
– du produit lors de manifestations exceptionnelles, tombola, etc. ;
– des ventes ou prestations faites aux membres ;
– des subventions.

Titre IV – ADMINISTRATION

Article 9 – Conseil d'administration

L'association est dirigée par un conseil de . . . membres pour une période de . . . . , rééligibles par l'assemblée générale.
L'assemblée générale élit un président, un trésorier, un secrétaire. **(Il peut être utile de prévoir des remplaçants, vice-président, trésorier adjoint, secrétaire adjoint...)**
Le président est habilité à représenter l'association dans tous actes de la vie civile et a qualité pour ester en justice.

Article 10 – Réunion du conseil d'administration

Le conseil d'administration se réunit deux fois par an au minimum. Les décisions sont prises à la majorité des voix.
Un procès-verbal doit être établi à l'issue de chaque réunion.

Article 11 - Assemblée générale

L'assemblée générale est composée de tous les membres à jour de leurs cotisations **(définissez les dates de réunion)**.
Le fonctionnement de cette assemblée, sa composition, ses compétences, ses pouvoirs, son mode de convocation peuvent être définis par le règlement intérieur.
Le président préside l'assemblée et expose la situation morale de l'association.
Le trésorier rend compte de sa gestion et soumet le bilan à l'approbation de l'assemblée.
L'assemblée élit chaque année les responsables de l'association.

Article 12 – Assemblée générale extraordinaire

Si besoin est, ou sur demande de la moitié plus un des membres, le président doit convoquer une assemblée générale extraordinaire suivant les modalités prévues par le règlement intérieur.

Titre V – DISPOSITIONS DIVERSES

Article 13 – Dissolution

La dissolution de l'association sera prononcée par l'assemblée générale extraordinaire atteignant un quorum des deux tiers et à une majorité des deux tiers des voix présentées et entérinée par le conseil d'administration.

Article 14 – Règlement intérieur

Le conseil d'administration établit un règlement intérieur fixant les dispositions nécessaires à l'application de chaque article des statuts. Le règlement intérieur est soumis à l'assemblée générale pour approbation.

Article 15 – Actions en justice

Le président a qualité pour ester en justice, en demande avec l'accord du conseil d'administration et à sa seule diligence en défense, et pour former tous appels ou pourvois. Il devra obtenir l'accord du conseil d'administration pour transiger.
Le conseil d'administration peut aussi désigner toute autre personne pour ester en justice.

Fait à . . . . , le . . . .

Signatures :
Le Président **Le Trésorier** **Le Secrétaire**

Procès-verbal de création d'une association

Le . . . . , les membres de l'association dénommée . . . . (nom complet de l'association) se sont réunis en assemblée constitutive et ont adopté les statuts ci-annexés.

Jusqu'à la première assemblée générale, les membres du premier conseil d'administration et du bureau sont :
– M . . . . , président ;
– M . . . . , trésorier ;
– M . . . . , secrétaire ;
(et s'il y a des administrateurs)
– M . . . . , administrateur ;
– M . . . . , administrateur.

Signatures :

Le Président **Le Trésorier** **Le Secrétaire**

Déclaration d'une association

Préfecture [1] de . . . .
Date : . . . .
Objet : déclaration de création d'une association

Monsieur le préfet **(ou sous-préfet, ou président du tribunal)**,

Conformément aux dispositions de l'article 5 de la loi du 1er juillet 1901 et de l'article premier de son décret d'application du 16 août 1901, nous avons l'honneur de procéder à la déclaration de l'association dénommée . . . . , dont le siège est situé . . . .

Cette association a pour objet :

. . . .
. . . .

Les personnes chargées de son administration ou de sa direction sont :

PRÉSIDENT :
Nom . . . . prénoms . . . . , de nationalité . . . . , domicilié à . . . . exerçant la profession de . . . .

TRÉSORIER :
Nom . . . . prénoms . . . . , de nationalité . . . . , domicilié à . . . . exerçant la profession de . . . .

SECRÉTAIRE :
Nom . . . . prénoms . . . . , de nationalité . . . . , domicilié à . . . . exerçant la profession de . . . .

Vous trouverez ci-joints deux exemplaires des statuts de l'association, dûment approuvés par nos soins.
Nous vous demandons de bien vouloir nous délivrer récépissé de la présente déclaration et vous prions, Monsieur le préfet (ou sous-préfet, ou président du tribunal) d'agréer l'expression de nos salutations distinguées.

Fait à . . . . , le . . . .

Signatures :
Le Président **Le Trésorier** **Le Secrétaire**

Pièces à joindre :
– deux exemplaires des statuts datés et signés par au moins deux des membres du bureau ;
– le formulaire de demande d'insertion au *Journal officiel* rempli et signé par celui qui va déclarer l'association (voir page suivante) ;
– une attestation justifiant l'établissement du siège social (une copie du bail ou un accord écrit du propriétaire, du locataire ou du responsable des locaux, voir modèle page 65).

1. La déclaration doit être faite par l'un des fondateurs ou dirigeants à la préfecture du département ou à la sous-préfecture de l'arrondissement où l'association détient son siège social. Pour les associations dont le siège social est à Paris, la déclaration se fait à la Préfecture de Police. Pour celles qui se créent en Alsace et en Moselle, elle se fait au tribunal d'instance.

Formulaire de demande d'insertion au Journal officiel

Modèle A **CREATION D'ASSOCIATION**

Insertion au JOURNAL OFFICIEL
des avis de création d'association

NOTE EXPLICATIVE

Pour effectuer la déclaration de création de votre association, vous devez utiliser l'imprimé ci-joint. Ensuite, transmettre cet imprimé, dûment rempli, directement à la préfecture ou sous-préfecture du département dont dépend le siège social de l'association.

Les services préfectoraux transmettront directement à la Direction des Journaux officiels l'avis qui sera publié dans un délai d'un mois.

LE FORMULAIRE PROPOSE PAR YEBA

Bien que reprenant scrupuleusement l'intégralité du document original, le formulaire que nous vous proposons ici n'a rien d'officiel. D'ailleurs, il n'existe en ligne aucune version officielle de ce formulaire. Sur les imprimés fournis par les services préfectoraux, figurent :

- Sur les 3 coupons ci-contre : un code-barre accompagné d'un identifiant composé de 7 chiffres + 1 lettre majuscule,
- Sur la page de description, case **24 &2** : le même identifiant que sur les 3 coupons.

Ces informations sont destinées à faciliter le traitement du dossier. Il nous est impossible de faire figurer ces données uniques d'identification sur le présent document.

Le présent document est disponible sur le oueb à l'adresse suivante :
http://www.yeba.org/fiches/modeles/JO_Modele_A.pdf

A RETOURNER AUX SERVICES PREFECTORAUX
AVEC LE TEXTE A INSERER

Modèle **A**

CREATION D'ASSOCIATION ...., le 20

J'ai l'honneur de vous adresser la demande ci-contre pour l'insertion au *Journal officiel* de la déclaration de création de l'association (1) :

....

....

(1) Titre complet de l'association.

A CONSERVER PAR LE DECLARANT

............................, le 20

Paiement de la somme de :

Mode : ....

N° de chèque : ....

A JOINDRE AU REGLEMENT

Veuillez établir dès à présent votre règlement de 35,83 ¤ - 235 F à l'ordre de l'agent comptable des *Journaux officiels* par chèque bancaire ou postal accompagné **uniquement** de ce *coupon* à adresser à :

M. l'agent comptable des Journaux officiels,
26, rue Desaix, 75727 PARIS CEDEX 15,

ou par virement : RIP 30041 00001 0906313 D 020 42.

Titre de l'association : ....

....

Attestation d'autorisation de siège social ou de domiciliation

Je soussigné, ... **(nom, prénom)**, propriétaire **(ou locataire)** demeurant à . . . . **(adresse complète)**, autorise l'association . . . . **(nom de l'association)** à fixer **(ou à domicilier)** son siège social dans le local situé . . . . **(adresse complète)** dont je suis propriétaire [1] **(ou locataire)**.

Fait à . . . . le . . . .

Signature :

1. S'il s'agit de domicilier l'association dans une copropriété, il faut auparavant vérifier dans le règlement de copropriété si l'exercice d'une activité associative y est autorisé. Si ce n'est pas le cas, il faudra domicilier l'association ailleurs.

Association

Bulletin d'adhésion à une association

En-tête : logo de l'association
Adresse
Téléphone
e-mail

Nom de l'adhérent . . . .
Adresse . . . .
Code postal : . . . . Ville : . . . .
Tél. : . . . . Portable : . . . . Bureau : . . . .
E-mail : . . . .
Profession : . . . .
Date de naissance : . . . .

Cotisations (cocher la case correspondante)
❐ . . . .
❐ . . . .
❐ . . . .
(énumérez les différents tarifs selon ce que les statuts définissent comme types d'adhérents)

Date : . . . . Signature :

Joignez votre règlement par chèque à l'ordre de . . . . **(coordonnées bancaires de l'association ou de son représentant)** et retournez votre adhésion à l'adresse suivante : . . . .

(Ajoutez si besoin est)
J'autorise / Je n'autorise pas la communication de mon nom, de mon adresse postale et électronique (e-mail) à des fins d'échange avec d'autres adhérents.

Convocation à l'assemblée générale ordinaire

Madame, Monsieur,
En votre qualité de membre . . . . **(actif, de droit, bienfaiteur...)**, vous êtes invité(e) à assister ou à vous faire représenter [1] à l'assemblée générale ordinaire de l'association dénommée . . . . , qui se tiendra le . . . . à . . . . heures dans les locaux du siège social sis . . . . **(adresse)**.

Ordre du jour :
1. Rapport financier et approbation des comptes de l'exercice . . . . clos en date du . . . . , arrêté par le conseil d'administration du . . . . ;
2. Affectation du résultat de l'exercice . . . . ;
3. Rapport moral pour l'exercice . . . . ;
4. Quitus aux membres du conseil d'administration de l'exécution de leur mandat pour l'exercice . . . .

Signature :
Le Président

1. Voir plus loin le modèle de pouvoir à annexer à la convocation.

Convocation à une assemblée générale extraordinaire

Madame, Monsieur,
En votre qualité de membre . . . . **(actif, de droit, bienfaiteur...)**, vous êtes invité(e) à assister ou à vous faire représenter [1] à l'assemblée générale extraordinaire de l'association dénommée . . . . qui se tiendra le . . . . à . . . . heures dans les locaux du siège social sis . . . . **(adresse)**.

Ordre du jour :
– . . . . ;
– . . . .

Signature :
Le Président

1. Voir ci-dessous le modèle de pouvoir à annexer à la convocation.

Modèle de pouvoir à annexer aux convocations

Je soussigné(e) . . . . , agissant en qualité de membre . . . . **(actif, de droit, bienfaiteur...)** de l'association dénommée . . . . , donne pouvoir à M. **(Mme, Mlle)** . . . . pour me représenter, connaissance prise de l'ordre du jour, à l'assemblée générale ordinaire **(ou extraordinaire)** qui aura lieu le . . . . à . . . . heures.
En conséquence, j'autorise M. **(Mme, Mlle)** . . . . à assister en mon nom à l'assemblée, à signer les feuilles de présence et toutes autres pièces, à prendre

part à toutes les délibérations, à émettre tout vote sur les questions portées à l'ordre du jour, et généralement à faire le nécessaire.

Fait à . . . . , le . . . .

Signature :

Demande de congé pour activité d'intérêt général

Le salarié, membre d'une association et désigné comme représentant de celle-ci pour siéger dans une instance, consultative ou non, peut obtenir de son employeur le temps nécessaire pour participer aux réunions de cette instance.
Ce congé de représentation ne peut dépasser neuf jours par an. Il peut être fractionné en demi-journées. Il est assimilé à une période de travail effectif. En revanche, l'employeur n'est pas tenu de maintenir sa rémunération. Dans ce cas, le salarié peut être indemnisé par l'État.

Vos nom, prénoms
Votre adresse
Votre numéro de téléphone
Votre adresse e-mail

Lettre recommandée avec AR

Nom et coordonnées de votre employeur
ou du responsable des ressources humaines

. . . . **(lieu)**, ... **(date)**

Objet : demande de congé pour activité d'intérêt général [1]

Monsieur **(ou Madame)** . . . . ,

Je vous informe qu'en tant que membre de l'association . . . . sise à . . . ., j'ai été désigné comme son représentant légal . . . . pour siéger à . . . . **(nommez l'instance à laquelle participe l'association)**.

Cette instance se réunit le . . . . **(date)** de . . . . heures à . . . . heures. En conséquence, je vous demande de bien vouloir m'accorder . . . . **(durée du congé)**, afin de remplir cette obligation.

Dans l'attente de votre accord, je vous prie de croire, Monsieur **(ou Madame)** . . . . , à l'expression de mes salutations distinguées.

Votre signature

1. Adressez votre demande de congé à votre employeur au moins quinze jours à l'avance.

Demande de congé pour activité d'intérêt général : accord de l'employeur

Nom et coordonnées de l'employeur
ou du responsable des ressources humaines

Lettre recommandée avec AR

Nom, prénoms de votre employé
Son adresse

. . . . **(lieu)**, ... **(date)**

Objet : acceptation de congé pour activité d'intérêt général [1]

Monsieur **(ou Madame)** . . . . ,

J'accuse réception de votre lettre datée du . . . . par laquelle vous sollicitez un congé pour activité d'intérêt général, pour une durée de . . . . , à compter du . . . .

J'ai le plaisir de vous informer de mon accord. Vous pourrez donc vous absenter de l'entreprise du . . . . **(date de début du congé)** au . . . . **(date de fin du congé)**.

Je vous prie de croire, Monsieur **(ou Madame)** . . . . , à l'expression de mes salutations distinguées.

Votre signature

Demande de congé pour activité d'intérêt général : refus du congé par l'employeur

L'employeur peut refuser ce congé s'il estime qu'il est préjudiciable à la bonne marche de l'entreprise, ou en invoquant le nombre de salariés ayant déjà bénéficié de ce congé.

Nom et coordonnées de l'employeur
ou du responsable des ressources humaines

Lettre recommandée avec AR

Nom, prénoms de votre employé
Son adresse

. . . . **(lieu)**, ... **(date)**

Objet : refus du congé pour activité d'intérêt général [1]

Monsieur **(ou Madame)** . . . . ,

J'accuse réception de votre lettre datée du . . . . par laquelle vous sollicitez un congé individuel de formation, pour une durée de . . . . , à compter du . . . .

Je suis désolé de vous apprendre que je ne peux vous autoriser à vous absenter de l'entreprise, dans le cadre de ce congé.
En effet, jusqu'à cette date, votre absence serait préjudiciable à la bonne marche de l'entreprise **(indiquez précisément en quoi cette absence serait préjudiciable)**.

Je vous prie de croire, Monsieur **(ou Madame)** . . . . , à l'expression de mes salutations distinguées.

Votre signature

1. Le refus doit être notifié dans les quatre jours qui suivent la réception de la demande. Il doit être motivé et peut être contesté devant le conseil de prud'hommes (voir la partie « Régler tous les litiges »).

Formulaire de demande de subvention

Présentation de votre association 1.2

Renseignements d'ordre administratif et juridique

Pour un renouvellement, ne compléter que les informations nouvelles ou nécessitant une mise à jour

Déclaration en préfecture : le __ __ ____

à ....

Date de publication au Journal officiel : __ __ ____

Objet de votre association :

....

....

....

....

Votre association dispose-t-elle d'un agrément administratif ?

❒ non

❒ oui, en ce cas vous préciserez le(s)quel(s) :

Type d'agrément :	attribué par :	en date du :
....	....	__ __ ____
....	....	__ __ ____
....	....	__ __ ____

Votre association est-elle reconnue d'utilité publique ?

❒ non

❒ oui

Votre association dispose-t-elle d'un commissaire aux comptes ?

❒ non

❒ oui

Composition du bureau et du conseil d'administration :

....

....

....

....

2

Déclaration de modification des statuts

Préfecture [1] de . . . .
Date . . . .
Objet : déclaration de modification des statuts
Référence : . . . . **(numéro du dossier)**

Monsieur le préfet **(ou sous-préfet, ou président du tribunal)**,

Conformément aux dispositions de l'article 5 de la loi du 1er juillet 1901 et de l'article 3 de son décret d'application du 16 août 1901, nous avons l'honneur de déclarer les modifications apportées par l'assemblée générale du . . . . aux statuts annexés à la déclaration de notre association dénommée . . . . en date du . . . .

Vous trouverez ci-joint deux exemplaires du texte de ces modifications **(ou des nouveaux statuts)**, dûment approuvés par nos soins.

Nous vous demandons de bien vouloir nous délivrer récépissé de la présente déclaration et vous prions, Monsieur le préfet **(ou sous-préfet, ou président du tribunal)** d'agréer l'expression de nos salutations distinguées.

Fait à . . . . , le . . . .

Signatures :
Le Président Le Secrétaire

Pièces à joindre :
– deux exemplaires des statuts modifiés, signés ;
– extrait du procès-verbal d'assemblée générale.

1. La déclaration doit être faite à la préfecture du département ou à la sous-préfecture de l'arrondissement où l'association détient son siège social. Pour les associations dont le siège social est à Paris, la déclaration se fait à la Préfecture de Police. Pour celles qui se créent en Alsace et en Moselle, elle se fait au tribunal d'instance.

Déclaration d'acquisition d'un bien immobilier

Préfecture [1] de . . . .
Date . . . .
Objet : déclaration d'acquisition d'un bien immobilier
Référence : . . . . **(numéro du dossier)**

Monsieur le préfet **(ou sous-préfet, ou président du tribunal)**,

Conformément aux dispositions de l'article 3-4e du décret du 16 août 1901, nous avons l'honneur de vous faire connaître que l'association dénommée . . . . , dont le siège est situé . . . . et qui a été déclarée le . . . . , a procédé à l'acquisition suivant acte authentique en date du . . . . , établi par Maître . . . . , notaire à . . . . , d'un immeuble sis à . . . . **(ville)**, rue . . . . au n° ......, moyennant le prix principal de . . . . . .€.

Vous trouverez ci-joint un état descriptif **(ou la désignation)** dudit immeuble, qui sera utilisé conformément au but statutaire de notre association.

Nous vous demandons de bien vouloir nous délivrer récépissé de la présente déclaration et vous prions, Monsieur le préfet **(ou sous-préfet, ou président du tribunal)** d'agréer l'expression de nos salutations distinguées.

Fait à . . . . , le . . . .

Signatures :
Le Président — Le Trésorier (ou le Secrétaire)

1. La déclaration doit être faite à la préfecture du département ou à la sous-préfecture de l'arrondissement où l'association détient son siège social. Pour les associations dont le siège social est à Paris, la déclaration se fait à la Préfecture de Police. Pour celles qui se créent en Alsace et en Moselle, elle se fait au tribunal d'instance.

Déclaration de l'aliénation d'un bien immobilier

Préfecture [1] de . . . .
Date . . . .
Objet : déclaration de l'aliénation d'un bien immobilier
Référence : . . . . **(numéro du dossier)**

Monsieur le préfet **(ou sous-préfet, ou président du tribunal)**,

Conformément aux dispositions de l'article 3-4e du décret du 16 août 1901, nous avons l'honneur de vous faire connaître que l'association dénommée . . . . , dont le siège est situé . . . . et qui a été déclarée le . . . . , a procédé à l'aliénation suivant acte authentique en date du . . . . , établi par Maître . . . . , notaire à . . . . , d'un immeuble sis à . . . . **(ville)**, rue .... au n° ......, moyennant le prix principal de . €

Vous trouverez ci-joint un état descriptif **(ou la désignation)** dudit immeuble, qui sera utilisé conformément au but statutaire de notre association.

Nous vous demandons de bien vouloir nous délivrer récépissé de la présente déclaration et vous prions, Monsieur le préfet **(ou sous-préfet, ou président du tribunal)** d'agréer l'expression de nos salutations distinguées.

Fait à . . . . , le . . . .

Signatures :
Le Président — Le Trésorier **(ou le Secrétaire)**

1. La déclaration doit être faite à la préfecture du département ou à la sous-préfecture de l'arrondissement où l'association détient son siège social. Pour les associations dont le siège social est à Paris, la déclaration se fait à la Préfecture de Police. Pour celles qui se créent en Alsace et en Moselle, elle se fait au tribunal d'instance.

Lettre de démission d'un membre du bureau

Vos nom, prénoms
Votre adresse
Votre numéro de téléphone

Lettre recommandée avec AR

Nom et coordonnées de votre employeur
ou du responsable des ressources humaines

. . . . **(lieu)**, ... **(date)**

Objet : démission

Mesdames et Messieurs les membres du bureau,

Je vous fais part de mon intention de démissionner du poste que j'occupe au bureau de l'association dénommée . . . . à compter du . . . .
Conformément aux statuts, je conserverai ce poste jusqu'à la nomination de mon successeur qui doit intervenir dans les deux prochains mois.

Veuillez agréer, Mesdames et Messieurs, l'expression de mes salutations distinguées.

Votre signature

Acceptation de la démission d'un membre par le bureau

Nom et coordonnées de l'association

Lettre recommandée avec AR

Nom, prénoms du démissionnaire
Son adresse

. . . . **(lieu)**, ... **(date)**

Objet : acceptation de la démission

Monsieur **(ou Madame)**,

Le bureau de l'association a pris acte de votre volonté de démissionner du bureau. Après en avoir délibéré, il a été décidé d'accepter votre démission.

Conformément aux statuts, nous vous demandons de conserver ce poste jusqu'à la nomination de votre successeur qui interviendra très prochainement.

Veuillez agréer, Monsieur **(ou Madame)**, l'expression de nos salutations distinguées.

Signature :
Le Président

Déclaration de changement de composition du bureau

Préfecture [1] de . . . .
Date . . . .
Objet : déclaration de changement de personnes
Référence : . . . . **(numéro du dossier)**

Monsieur le préfet **(ou sous-préfet, ou président du tribunal)**,

Conformément aux dispositions de l'article 5 de la loi du 1er juillet 1901 et de l'article 3 de son décret d'application du 16 août 1901, nous avons l'honneur de vous faire savoir que lors de la séance de son conseil d'administration **(ou de l'assemblée générale)** en date du . . . . l'association dénommée . . . . , dont le siège est situé au . . . . , et déclarée le . . . . , a procédé au renouvellement de son bureau, composé désormais comme suit :

PRÉSIDENT **(sortant réélu ou entrant)** :
Nom . . . . prénoms . . . . , de nationalité . . . . , domicilié à . . . . exerçant la profession de . . . .

TRÉSORIER **(sortant réélu ou entrant)** :
Nom . . . . prénoms . . . . , de nationalité . . . . , domicilié à . . . . exerçant la profession de . . . .

Secrétaire **(sortant réélu ou entrant)** :
Nom . . . . prénoms . . . . , de nationalité . . . . , domicilié à . . . . exerçant la profession de . . . .

Nous vous demandons de bien vouloir nous délivrer récépissé de la présente déclaration et vous prions, Monsieur le préfet **(ou sous-préfet, ou président du tribunal)** d'agréer l'expression de nos salutations distinguées.

Fait à . . . . , le . . . .

Signatures :
Le Président   Le Secrétaire

Pièce à joindre :
– l'extrait du procès-verbal d'assemblée générale rendant compte du vote.

1. La déclaration doit être faite par l'un des dirigeants à la préfecture du département ou à la sous-préfecture de l'arrondissement où l'association détient son siège social. Pour les associations dont le siège social est à Paris, la déclaration se fait à la Préfecture de Police. Pour celles qui se créent en Alsace et en Moselle, elle se fait au tribunal d'instance.

Appel de cotisation

(Rédigé sur une feuille à en-tête de l'association.)

M. **(Mme, Mlle)** . . . . **(prénom et nom de l'adhérent)**
Son adresse complète
. . . . **(lieu)**, ... **(date)**

Madame, Monsieur,

L'assemblée générale du . . . . **(date de la dernière assemblée)** a fixé le montant de la cotisation pour l'année 200. . , à :

. . . . € pour les adhérents . . . . ;
. . . . € pour les adhérents . . . . ;
. . . . € pour les adhérents . . . . ;
. . . . € pour les adhérents . . . .
(énumérez les différentes catégories d'adhérents)

Conformément à l'article . . . . de nos statuts, la cotisation annuelle devra être payée en espèces ou par chèque bancaire ou postal avant le . . . . auprès de notre trésorier, M. **(ou Mme ou Mlle)** . . . .
Je vous rappelle que toute participation à l'une des activités que nous proposons est subordonnée à ce paiement.

Dans cette attente, nous vous prions d'agréer, Madame, Monsieur, l'expression de nos salutations distinguées.

Signature du président

Lettre de rappel

(Rédigée sur une feuille à en-tête de l'association.)

M. **(Mme, Mlle)** . . . . **(prénom et nom de l'adhérent)**
Son adresse complète

. . . . **(lieu)**, ... **(date)**

Madame, Monsieur,

Je vous rappelle que, conformément à l'article . . . . de nos statuts, la cotisation annuelle devait être payée avant le . . . .

Sauf erreur de notre part, le règlement de cette cotisation ne nous est pas encore parvenu. Or, pour pouvoir continuer à bénéficier des services de notre association, il est indispensable que vous soyez à jour de votre cotisation annuelle.

En conséquence, vous voudrez bien nous faire parvenir votre règlement dans les plus brefs délais, ou nous faire savoir par courrier si vous ne souhaitez pas renouveler votre adhésion.

Dans cette attente, nous vous prions d'agréer, Madame, Monsieur, l'expression de nos salutations distinguées.

Signature du président ou du trésorier

Recherche d'un sponsor

(Rédigée sur une feuille à en-tête de l'association)

Nom du responsable du sponsoring [1]
Nom et adresse de l'entreprise

. . . . **(lieu)**, ... **(date)**

Monsieur **(ou Madame)** [2],

L'association dont je suis le président **(ou la présidente)** a pour objet de . . . . **(énoncez l'objet de l'association)**. Son activité de . . . . est basée à . . . . **(commune)** et vise essentiellement . . . . **(décrivez le type d'adhérents)**.

Nous travaillons actuellement à un projet de . . . . **(manifestation, tournoi…)** qui doit avoir lieu . . . . **(date ou période précise)** à . . . . **(lieu)**. À cet effet, nous sommes à la recherche de partenaires financiers et publicitaires.

Si ce partenariat vous intéresse, je me tiens à votre disposition pour vous rencontrer, de manière à vous présenter plus en détail à la fois notre association et notre projet et à étudier avec vous les différentes possibilités de participation.

Dans cette attente, je vous prie d'agréer, Madame, Monsieur, l'expression de nos salutations distinguées.

Signature du président

1. Renseignez-vous bien : n'écrivez pas à une personne qui a quitté l'entreprise depuis longtemps ou qui n'est plus au poste où vous lui écrivez.
2. Là aussi, renseignez-vous : ce peut être « Monsieur le Président », « Monsieur le directeur », « Monsieur le gérant », « Madame la présidente », « Madame la directrice », etc. ; mieux vaut le savoir pour tomber juste.

Engagement d'une procédure d'exclusion d'un membre

(Rédigé sur une feuille à en-tête de l'association.)

M. **(Mme, Mlle)** . . . . **(prénom et nom de l'adhérent)**
Son adresse complète

Lettre recommandée avec AR

. . . . **(lieu)**, ... **(date)**

Monsieur **(ou Madame)**,

Lors de votre adhésion, vous vous êtes engagé(e) à respecter les statuts et le règlement intérieur de notre association. Malheureusement nous constatons que votre comportement est incompatible avec ces éléments fondamentaux, et met en péril son fonctionnement.

En effet, ... **(rappelez précisément les événements qui provoquent l'exclusion)**.
Conformément à l'article . . . . de nos statuts, ces faits, que nous considérons comme graves, nous ont amenés à envisager l'éventualité de votre exclusion.
Pour faire valoir votre point de vue et, si vous le souhaitez, fournir une explication sur les faits **(ou le comportement)** qui vous sont reprochés, nous vous invitons à vous présenter à la réunion du . . . . **(organe compétent : bureau ou conseil d'administration ou conseil de discipline)**, qui se tiendra le . . . . à . . . . (date et heure), à l'issue de laquelle une décision définitive sera prise.
Nous vous rappelons que vous êtes autorisé(e) à vous faire assister par la personne de votre choix.

Dans cette attente, nous vous prions d'agréer, Madame, Monsieur, l'expression de nos salutations distinguées.

Signature du Président

Notification d'exclusion

(Rédigée sur une feuille à en-tête de l'association.)

M. **(Mme, Mlle)** . . . . **(prénom et nom de l'adhérent)**
Son adresse complète

Lettre recommandée avec AR

. . . . **(lieu)**, ... **(date)**

Monsieur **(ou Madame)**,

Par courrier du . . . . **(date de la lettre d'engagement de la procédure)**, vous avez été informé(e) de l'engagement d'une procédure d'exclusion à votre égard.

Lors de la réunion du . . . . **(organe compétent : bureau ou conseil d'administration ou conseil de discipline)**, qui s'est tenue en votre présence le . . . . (date de la réunion), vous avez pu exposer vos arguments.
Ou
Vous ne vous êtes pas présenté(e) à la réunion du . . . . **(organe compétent : bureau ou conseil d'administration ou conseil de discipline)**, qui s'est tenue le . . . . (date de la réunion), mais vous avez présenté des observations écrites.
Ou
Vous ne vous êtes pas présenté(e) à la réunion du . . . . **(organe compétent : bureau ou conseil d'administration ou conseil de discipline)**, qui s'est tenue le . . . . (date de la réunion), à laquelle vous n'avez même pas tenu à présenter des observations écrites.

À l'issue de cette réunion, les membres du . . . . **(bureau ou conseil d'administration ou conseil de discipline)**, après en avoir délibéré, ont décidé que votre participation aux activités de l'association ne pouvait plus se poursuivre, compte tenu de l'état d'esprit qui doit régner parmi ses membres.

Nous avons donc le regret de vous informer que le . . . . **(bureau ou conseil d'administration ou conseil de discipline)** a donc pris la décision de prononcer votre exclusion.

Veuillez agréer, Monsieur **(ou Madame)**, l'expression de nos salutations distinguées.

Signature du président

Logement

Acheter un logement, gérer ses remboursements, le faire rénover grâce à des aides : il s'agit de poser des actes, le plus souvent juridiques, qui vont vous engager pour des années, avec des réelles conséquences dans votre vie quotidienne. En ce qui concerne la copropriété, il s'agira là d'organiser une vie démocratique, en la fondant sur des documents sûrs. Il faudra, qu'en ligne de mire, vous gardiez ces objectifs fondamentaux : maintenir ou améliorer votre confort, maîtriser les charges qui, dans ces collectivités, ont une tendance irrépressible à s'envoler. Vous trouverez ici des lettres qui vous guideront, pas à pas, dans toutes les démarches nécessaires...

Achat

Promesse unilatérale de vente

Dans ce cadre, l'acheteur verse un dépôt de garantie mais peut ne pas acheter le bien immobilier ; il perd alors son dépôt de garantie. Le vendeur, lui, est tenu de lui vendre le bien et ne peut changer d'avis.

Entre les soussignés :
– le promettant, ... **(nom, prénom, nom de jeune fille pour les femmes mariées, date et lieu de naissance, nationalité et, éventuellement, profession des intéressés ; pour un couple marié doivent aussi figurer les date et lieu du mariage et la nature du régime matrimonial)**
et
– le bénéficiaire, ... **(nom, prénom, nom de jeune fille pour les femmes mariées, date et lieu de naissance, nationalité et, éventuellement, profession des intéressés ; pour un couple marié doivent aussi figurer les date et lieu du mariage et la nature du régime matrimonial)**,

Il a été convenu ce qui suit :
Le promettant (en s'obligeant et en obligeant ses héritiers, ayants droit et ayants cause, solidairement entre eux) promet de vendre au bénéficiaire, dans le délai et dans les conditions indiqués ci-après, les biens et droits dont la désignation suit :
– les biens et droits immobiliers d'habitation ci-après désignés dépendant d'un immeuble à usage principal d'habitation, sis . . . . **(adresse postale)** sur un terrain de forme . . . . . **(description)** et de contenance superficielle cadastrale de . . . . mètres carrés **(en chiffres)**, comprenant . . . . bâtiment(s) **(en chiffres)**. Cet immeuble figure au cadastre de la commune de . . . . **(nom)** sous la référence . . . . **(chiffres)** et dans la superficie de . . . . hectares, ares et centiares **(en chiffres)** ;
– le lot . . . . **(numéro. À noter que ce paragraphe ne vaut que pour un appartement)**, se composant de . . . . **(description très précise, en indiquant l'étage, la position sur le palier – à droite, à gauche, etc. –, le nombre de pièces, le nombre de mètres carrés si la hauteur entre le plancher et le plafond est supérieure à 1,80 m, sans oublier les balcons, terrasses)**, et le lot . . . . **(s'il y a une cave, un débarras séparé, un box, une place de parking, etc.)**, se composant de . . . . **(description très précise)**, pour . . . . millièmes (donnez les millièmes de chacun des lots, pour la répartition des charges).
Le bénéficiaire accepte la faculté qui lui est offerte, mais ne prend, quant à présent, aucun engagement d'acquérir.
Tel que le bien existe et se comporte, sans aucune exception ou réserve, le bénéficiaire (l'acquéreur) déclarant bien connaître le bien (pour l'avoir vu et visité).

État descriptif de division, règlement de copropriété (s'il s'agit d'un immeuble en copropriété ; cette clause n'est pas valable pour une maison individuelle)
L'immeuble dont dépendent les biens et droits immobiliers sus-désignés est soumis au statut de la copropriété des immeubles bâtis résultant de la loi 65-557 du 10 juillet 1965 et du décret 67-223 du 17 mars 1967, portant règlement d'administration publique pour ladite loi, ainsi que de la loi du 13 décembre 2000.
Il a fait l'objet d'un règlement de copropriété contenant l'état descriptif de division établi suivant l'acte reçu par Maître . . . . **(nom du notaire)**, dont une expédition a été publiée à la conservation des hypothèques de . . . . **(ville)**, le . . . . **(date)**, sous les références . . . . **(précisez)**.
Le bénéficiaire reconnaît avoir parfaite connaissance des dispositions du règlement de copropriété sus-visé.
Il déclare dès à présent s'obliger à en faire son affaire personnelle.

Conditions de réalisation
Durée : la vente présentement promise devra être réalisée dans les conditions ci-après déterminées, au plus tard le . . . . **(date)**.
Passé cette date, la présente promesse sera considérée comme nulle et non avenue, le promettant sera de plein droit libre de tout engagement à l'égard du bénéficiaire sans qu'il soit besoin de mise en demeure préalable, sauf application des dispositions ci-après, sous le titre « versement de dépôt de garantie ».
La réalisation de la vente ne résultera valablement que :
– soit d'un acte authentique dressé par le ministère ou avec le concours de l'un des notaires associés sus-nommés, avec paiement effectif du prix exigible comptant et de la provision sur frais dont le montant aura été indiqué par le notaire rédacteur ;
– soit de la notification du promettant au domicile ci-après élu, par acte extrajudiciaire ou lettre recommandée avec avis de réception à la requête du bénéficiaire, de sa demande de réalisation de la vente promise, précédée de la consignation en l'office notarial dénommé en tête des présentes, du prix exigible comptant et de la provision sur frais telle que déterminée ci-dessus.
Le dépôt du prix et des frais pourra être remplacé en tout ou en partie par une attestation émanant d'un établissement financier, que celui-ci tient à la disposition du notaire rédacteur pour le compte du bénéficiaire, les sommes nécessaires au financement total ou partiel du prix d'acquisition et des frais correspondants **(clause à ne mettre qu'en cas de prêt d'un établissement bancaire)**.
L'attention du bénéficiaire est spécialement attirée sur l'intérêt qu'il a à demander la réalisation de la vente par acte authentique avant l'expiration du délai ci-dessus stipulé, afin de lui permettre, au cas où cette vente ne pourrait être régularisée pour une raison quelconque par le promettant, de faire sommation à ce dernier de réaliser ladite vente dans le délai convenu.

Modalités de la vente
La vente sera réalisée suivant les modalités ci-après :
– L'acquéreur sera propriétaire des biens et droits immobiliers vendus, à compter du jour de la signature de l'acte authentique de vente et il en aura la jouissance par la prise de possession réelle et la libre disposition : lesdits biens et droits immobiliers étant libres de toute location ou occupation quelconque (personnes et biens).
Le promettant déclare sous sa responsabilité qu'il n'a délivré aucun congé à qui que ce soit en vue de la vente des biens dont il s'agit ou en vue de la reprise desdits biens, pour les habiter lui-même ou ses ayants droit.

– L'acquéreur devra exécuter en tant qu'elles s'appliquent aux biens et droits immobiliers vendus, les différentes charges, conditions et stipulations du règlement de copropriété ci-dessus relaté.
– L'acquéreur prendra les biens et droits immobiliers dans l'état où ils se trouveront lors de l'entrée en jouissance, sans pouvoir exercer aucun recours ni pétition contre le vendeur pour quelque cause que ce soit, sans garantie de la solidité du sol et du sous-sol et sans aucune garantie pour bon ou mauvais état de l'immeuble ou locaux privatifs, vices de toute nature apparents ou cachés, erreur de désignation ou différence de contenance, toute différence dans ladite contenance, en plus ou en moins, ne pouvant excéder un vingtième (clause valable si le vendeur est un particulier, non un professionnel).
– L'acquéreur souffrira les servitudes passives, apparentes ou occultes, continues ou discontinues pouvant grever l'immeuble dont dépendent les biens et droits dont il s'agit, sauf à s'en défendre et à profiter en retour de celles actives, s'il en existe.
À cet égard, le promettant déclare qu'à sa connaissance il n'existe aucune servitude autre que celles résultant de la mise en copropriété et des énonciations du règlement de copropriété dont il a été donné communication à l'acquéreur (pour un immeuble en copropriété) et de celles résultant de l'urbanisme, de la situation naturelle des lieux et de la loi **(pour un immeuble en copropriété et une maison individuelle)**.
– L'acquéreur acquittera à compter du jour de l'entrée en jouissance les impôts, contributions, redevances et charges de toute nature concernant les biens et droits immobiliers vendus et continuera toutes assurances et tous traités, contrats et abonnements concernant les locaux privatifs vendus ou l'immeuble dont ils dépendent et plus généralement se substituera au vendeur à compter du jour de l'entrée en jouissance pour tout ce qui concerne les biens et droits immobiliers vendus.
– L'acquéreur paiera tous les frais, droits et émoluments de l'acte de vente et de ses suites.

CHARGES DE COPROPRIÉTÉ ET TRAVAUX (cas d'un immeuble en copropriété, non d'une maison individuelle)

L'acquéreur supportera les charges de copropriété afférentes aux biens et droits immobiliers acquis à compter de son entrée en jouissance.
De convention expresse entre les parties, tous travaux décidés par le syndicat des copropriétaires antérieurement à ce jour seront supportés par le promettant.
En cas de réalisation de la présente promesse, l'acquéreur ne supportera que sa quote-part dans les travaux décidés à compter de ce jour.
En cas de réunion d'une assemblée des copropriétaires entre aujourd'hui même et le jour de la réalisation de la vente, le promettant devra en informer le bénéficiaire et lui communiquer l'ordre du jour de cette assemblée.
Le bénéficiaire pourra alors donner des instructions écrites au promettant qui devra, dans ce cas, assister à la réunion des copropriétaires et émettre un vote conforme aux instructions du bénéficiaire.
Le promettant pourra, s'il le préfère, donner pouvoir au bénéficiaire à l'effet de le représenter à cette assemblée.
Si le promettant ne respectait pas ces engagements, la charge des travaux votés avant la réalisation de la vente serait supportée par le promettant, le bénéficiaire ne supportant que le coût des travaux votés après la réalisation de la vente par acte authentique.

Prix de la vente éventuelle

La vente, en cas de réalisation, aura lieu moyennant le prix principal de . . . . euros (. . . . euros) **(rédigez le montant d'abord en toutes lettres, puis en chiffres dans la parenthèse)**.

Lequel prix sera payable comptant le jour de la réalisation des présentes par acte authentique.

Versement de dépôt de garantie

En considération de la promesse formelle qui est faite au bénéficiaire par le promettant et en contrepartie du préjudice qui en résulterait pour ce dernier en cas de non-réalisation, le bénéficiaire a versé la somme de : . . . . euros (. . . . euros) **(écrivez la somme d'abord en toutes lettres, et redonnez-la en chiffres dans la parenthèse)** à l'instant même.

Le promettant, dont l'engagement résultant des présentes est ferme et définitif, ne pourra en aucun cas se refuser à réaliser la vente en se prévalant de l'article 1590 du Code civil et en offrant de restituer le double de la somme versée à titre de dépôt de garantie.

Le dépositaire ne pourrait restituer l'indemnité au bénéficiaire sans aucune autorisation quelle qu'elle soit que si la promesse de vente ne pouvait être réalisée par suite de l'exercice d'un droit de préemption.

Conditions suspensives

Les parties soumettent formellement les effets de la présente promesse aux conditions suspensives suivantes :

– de la délivrance, avant la date ci-dessus fixée pour l'expiration de la présente promesse de vente : d'une note de renseignements d'urbanisme en vue de mutation d'immeuble sans modification de son état datant de trois mois et établissant qu'il n'existe sur l'immeuble aucune servitude de nature à en déprécier à quelque titre que ce soit, la valeur, ou d'en restreindre le droit d'utilisation ; et de la justification de la purge du droit de préemption s'il en existe, résultant au profit de l'administration ou de tous tiers quelconques, étant ici précisé que la présente promesse de vente sera prorogée jusqu'à l'expiration du délai de purge dudit droit ;

– de l'inexistence de charges hypothécaires ou privilégiées pour un montant supérieur au prix ci-dessus stipulé ou d'inscription d'hypothèque judiciaire pour lesquelles l'engagement de dégrèvement du titulaire de ces charges réelles ne serait pas obtenu contre délégation du prix de la vente présentement promise ;

– de l'absence de toute modification à la situation locative de l'immeuble à la date de la levée d'option ou de réalisation de la présente promesse. À défaut de réalisation de l'une des conditions suspensives ci-dessus stipulées, les présentes seront de plein droit nulles et non avenues sans indemnités de part ni d'autre et le promettant sera tenu de restituer immédiatement et sans délai au bénéficiaire le montant du dépôt de garantie effectué comme il est dit ci-dessus ; ces conditions suspensives étant stipulées en faveur du bénéficiaire, celui-ci aura toujours la faculté d'y renoncer ;

– la présente promesse de vente est consentie et acceptée sous la condition suspensive de l'obtention par le bénéficiaire, de tout établissement financier, d'un prêt d'un montant maximum de . . . . euros (. . . . euros) **(montant en lettres, suivi par le montant en chiffres dans la parenthèse)**, pour une durée minimale de . . . . ans **(en chiffres)** et un taux d'intérêt maximal de . . . . %.

En conséquence, le bénéficiaire s'oblige à déposer une demande d'emprunt dans les sept jours de la signature des présentes, à entreprendre toutes démarches nécessaires pour l'obtention du crédit et à en tenir informé le promettant.
Pour se prévaloir de la présente condition suspensive, le bénéficiaire devra notifier au promettant la lettre dudit établissement financier refusant le crédit.
À défaut de cette notification, adressée par acte extrajudiciaire ou lettre recommandée avec avis de réception avant le . . . . **(date)**, le bénéficiaire sera tenu au paiement du dépôt de garantie à titre de clause pénale.
En outre, la présente condition suspensive est stipulée en faveur du bénéficiaire qui pourra toujours y renoncer si bon lui semble.

DÉCLARATIONS
Le promettant déclare :
– qu'il dispose de sa pleine capacité ;
– que rien ne s'oppose à la vente dont il s'agit ;
– que l'immeuble ci-dessus désigné ou les biens dont ils dépendent ne font pas l'objet d'un arrêté de péril et ne sont pas déclarés insalubres ;
– que les biens et droits immobiliers, objet de la présente promesse, sont libres de tous privilèges et hypothèques conventionnelles, judiciaires ou légales ;
– qu'il s'oblige à rapporter la mainlevée de toutes inscriptions qui se révéleraient ultérieurement et à en supporter les frais de purge ;
– qu'il a été informé des incidences fiscales de la vente présentement promise dans le cadre de la réglementation en vigueur.

PUBLICITÉ FONCIÈRE
Cet acte pourra être publié au bureau des hypothèques compétent au choix de l'une ou l'autre des parties intervenantes aux présentes et aux frais de cette dernière.

DOMICILE
Pour l'exécution des présentes et de leurs suites, notamment pour toutes significations se rapportant aux présentes, les parties font élection de domicile en leur demeure respective sus-indiquée.

Date et signatures, avec reprise des paraphes **(initiales)** posée sur toutes les pages

Promesse synallagmatique de vente

Dans ce cadre, acheteur et vendeur s'engagent l'un et l'autre à échanger le bien. Pour l'acheteur, il reste des conditions suspensives qui lui permettent de renoncer à l'achat ; par exemple, le refus des banques de lui accorder un prêt.

ENTRE LES SOUSSIGNÉS :
– le promettant, ... **(nom, prénom, nom de jeune fille pour les femmes mariées, date et lieu de naissance, nationalité et, éventuellement, profession des intéressés ; pour un couple marié doivent aussi figurer les date et lieu du mariage et la nature du régime matrimonial)**
et

– le bénéficiaire, ... **(nom, prénom, nom de jeune fille pour les femmes mariées, date et lieu de naissance, nationalité et, éventuellement, profession des intéressés ; pour un couple marié doivent aussi figurer les date et lieu du mariage et la nature du régime matrimonial)**,

Il a été convenu ce qui suit :
Le vendeur, en s'obligeant à toutes les garanties ordinaires et de droit, vend à l'acquéreur, qui l'accepte, aux conditions suspensives suivantes, les biens dont la désignation suit :
– les biens et droits immobiliers d'habitation ci-après désignés dépendant d'un imeuble à usage principal d'habitation, sis. . . . . **(adresse postale)** sur un terrain de forme . . . . **(description)** et de contenance superficielle cadastrale de . . . . mètres carrés (en chiffres), comprenant . . . . bâtiment(s) (en chiffres). Cet immeuble figure au cadastre de la commune de . . . . . . (nom) sous la référence . . . . . . **(chiffres)** et dans la superficie de . . . . hectares, ares et centiares **(en chiffres)** ;
– le lot . . . . **(numéro. À noter que ce paragraphe ne vaut que pour un appartement)**, se composant de . . . . **(description très précise, en indiquant l'étage, la position sur le palier – à droite, à gauche, etc. –, le nombre de pièces, le nombre de mètres carrés si la hauteur entre le plancher et le plafond est supérieure à 1,80 m, sans oublier les balcons, terrasses)**, et le lot . . . . **(s'il y a une cave, un débarras séparé, un box, une place de parking, etc.)**, se composant de . . . . **(description très précise)**, pour . . . . millièmes **(donner les millièmes de chacun des lots, pour la répartition des charges)**.
Tel que le bien existe et se comporte, sans aucune exception ou réserve, le bénéficiaire (l'acquéreur) déclarant bien connaître le bien (pour l'avoir vu et visité).

ÉTAT DESCRIPTIF DE DIVISION, RÈGLEMENT DE COPROPRIÉTÉ (s'il s'agit d'un immeuble en copropriété ; cette clause n'est pas valable pour une maison individuelle)
L'immeuble dont dépendent les biens et droits immobiliers sus-désignés est soumis au statut de la copropriété des immeubles bâtis résultant de la loi 65-557 du 10 juillet 1965 et du décret 67-223 du 17 mars 1967, portant règlement d'administration publique pour ladite loi, ainsi que par la loi du 13 décembre 2000.
Il a fait l'objet d'un règlement de copropriété contenant état descriptif de division établi suivant acte reçu par Maître . . . . **(nom du notaire)**, dont une expédition a été publiée à la conservation des hypothèques de . . . . **(ville)** le . . . . **(date)**, sous les références . . . . **(donnez les chiffres)**.
Le bénéficiaire reconnaît avoir parfaite connaissance des dispositions du règlement de copropriété sus-visé.
Il déclare dès à présent s'obliger à en faire son affaire personnelle.

CONDITIONS DE RÉALISATION
La réalisation de la vente ne résultera valablement que :
– soit d'un acte authentique dressé par le ministère ou avec le concours de l'un des notaires associés sus-nommés, avec paiement effectif du prix exigible comptant et de la provision sur frais dont le montant aura été indiqué par le notaire rédacteur ;
– soit de la notification du promettant au domicile ci-après élu, par acte extrajudiciaire ou lettre recommandée avec avis de réception à la requête du bénéficiaire, de sa demande de réalisation de la vente promise, précédée de la consignation en l'office notarial dénommé en tête des présentes, du prix exigible comptant et de la provision sur frais telle que déterminée ci-dessus.

Le dépôt du prix et des frais pourra être remplacé en tout ou en partie par une attestation émanant d'un établissement financier, que celui-ci tient à la disposition du notaire rédacteur pour le compte du bénéficiaire, les sommes nécessaires au financement total ou partiel du prix d'acquisition et des frais correspondants **(clause à ne mettre qu'en cas de prêt d'un établissement bancaire)**.
L'attention du bénéficiaire est spécialement attirée sur l'intérêt qu'il a à demander la réalisation de la vente par acte authentique avant l'expiration du délai ci-dessus stipulé, afin de lui permettre, au cas où cette vente ne pourrait être régularisée pour une raison quelconque par le promettant, de faire sommation à ce dernier de réaliser ladite vente dans le délai convenu.

MODALITÉS DE LA VENTE

La vente sera réalisée suivant les modalités ci-après :
– L'acquéreur sera propriétaire des biens et droits immobiliers vendus, à compter du jour de la signature de l'acte authentique de vente et il en aura la jouissance par la prise de possession réelle et la libre disposition : lesdits biens et droits immobiliers étant libres de toute location ou occupation quelconque (personnes et biens).
Le promettant déclare sous sa responsabilité qu'il n'a délivré aucun congé à qui que ce soit en vue de la vente des biens dont il s'agit ou en vue de la reprise desdits biens, pour les habiter lui-même ou ses ayants droit.
– L'acquéreur devra exécuter en tant qu'elles s'appliquent aux biens et droits immobiliers vendus, les différentes charges, conditions et stipulations du règlement de copropriété ci-dessus relaté.
– L'acquéreur prendra les biens et droits immobiliers dans l'état où ils se trouveront lors de l'entrée en jouissance, sans pouvoir exercer aucun recours ni pétition contre le vendeur pour quelque cause que ce soit, sans garantie de la solidité du sol et du sous-sol et sans aucune garantie pour bon ou mauvais état de l'immeuble ou locaux privatifs, vices de toute nature apparents ou cachés, erreur de désignation ou différence de contenance, toute différence dans ladite contenance, en plus ou en moins, ne pouvant excéder un vingtième **(clause valable si le vendeur est un particulier, non un professionnel)**.
– L'acquéreur souffrira les servitudes passives, apparentes ou occultes, continues ou discontinues pouvant grever l'immeuble dont dépendent les biens et droits dont s'agit, sauf à s'en défendre et à profiter en retour de celles actives, s'il en existe.
À cet égard, le promettant déclare qu'à sa connaissance il n'existe aucune servitude autre que celles résultant de la mise en copropriété et des énonciations du règlement de copropriété dont il a été donné communication à l'acquéreur (pour un immeuble en copropriété) et de celles résultant de l'urbanisme, de la situation naturelle des lieux et de la loi **(pour un immeuble en copropriété et une maison individuelle)**.
– L'acquéreur acquittera à compter du jour de l'entrée en jouissance les impôts, contributions, redevances et charges de toute nature concernant les biens et droits immobiliers vendus et continuera toutes assurances et tous traités, contrats et abonnements concernant les locaux privatifs vendus ou l'immeuble dont ils dépendent et plus généralement se substituera au vendeur à compter du jour de l'entrée en jouissance pour tout ce qui concerne les biens et droits immobiliers vendus.

– L'acquéreur paiera tous les frais, droits et émoluments de l'acte de vente et de ses suites.

CHARGES DE COPROPRIÉTÉ ET TRAVAUX (cas d'un immeuble en copropriété, non d'une maison individuelle)

L'acquéreur supportera les charges de copropriété afférentes aux biens et droits immobiliers acquis à compter de son entrée en jouissance.

De convention expresse entre les parties, tous travaux décidés par le syndicat des copropriétaires antérieurement à ce jour, seront supportés par le promettant.

En cas de réalisation de la présente promesse, l'acquéreur ne supportera que sa quote-part dans les travaux décidés à compter de ce jour.

En cas de réunion d'une assemblée des copropriétaires entre aujourd'hui même et le jour de la réalisation de la vente, le promettant devra en informer le bénéficiaire et lui communiquer l'ordre du jour de cette assemblée.

Le bénéficiaire pourra alors donner des instructions écrites au promettant qui devra, dans ce cas, assister à la réunion des copropriétaires et émettre un vote conforme aux instructions du bénéficiaire.

Le promettant pourra, s'il le préfère, donner pouvoir au bénéficiaire à l'effet de le représenter à cette assemblée.

Si le promettant ne respectait pas ces engagements, la charge des travaux votés avant la réalisation de la vente serait supportée par le promettant, le bénéficiaire ne supportant que le coût des travaux votés après la réalisation de la vente par acte authentique.

PRIX DE LA VENTE ÉVENTUELLE

La vente, en cas de réalisation, aura lieu moyennant le prix principal de . . . . euros (. . . . euros) **(rédigez le montant d'abord en toutes lettres, puis redonnez-le en chiffres dans la parenthèse)**.

Lequel prix sera payable comptant le jour de la réalisation des présentes par acte authentique.

VERSEMENT DE DÉPÔT DE GARANTIE

En considération de la promesse formelle qui est faite au bénéficiaire par le promettant et en contrepartie du préjudice qui en résulterait pour ce dernier en cas de non-réalisation, le bénéficiaire a versé la somme de : . . . . euros (. . . . euros) **(écrivez la somme d'abord en toutes lettres, et redonnez-la en chiffres dans la parenthèse)** à l'instant même.

Le promettant, dont l'engagement résultant des présentes est ferme et définitif, ne pourra en aucun cas se refuser à réaliser la vente en se prévalant de l'article 1590 du Code civil et en offrant de restituer le double de la somme versée à titre de dépôt de garantie.

Le dépositaire ne pourrait restituer l'indemnité au bénéficiaire sans aucune autorisation quelle qu'elle soit que si la promesse de vente ne pouvait être réalisée par suite de l'exercice d'un droit de préemption.

CONDITIONS SUSPENSIVES

Les parties soumettent formellement les effets de la présente promesse aux conditions suspensives suivantes :

– de la délivrance, avant la date ci-dessus fixée pour l'expiration de la présente promesse de vente : d'une note de renseignements d'urbanisme en vue de mutation d'immeuble sans modification de son état datant de trois mois et éta-

blissant qu'il n'existe sur l'immeuble aucune servitude de nature à en déprécier à quelque titre que ce soit, la valeur, ou d'en restreindre le droit d'utilisation ; et de la justification de la purge du droit de préemption s'il en existe, résultant au profit de l'administration ou de tous tiers quelconques, étant ici précisé que la présente promesse de vente sera prorogée jusqu'à l'expiration du délai de purge dudit droit ;
– de l'inexistence de charges hypothécaires ou privilégiées pour un montant supérieur au prix ci-dessus stipulé ou d'inscription d'hypothèque judiciaire pour lesquelles l'engagement de dégrèvement du titulaire de ces charges réelles ne serait pas obtenu contre délégation du prix de la vente présentement promise ;
– de l'absence de toute modification à la situation locative de l'immeuble à la date de la levée d'option ou de réalisation de la présente promesse. À défaut de réalisation de l'une quelconque des conditions suspensives ci-dessus stipulées, les présentes seront de plein droit nulles et non avenues sans indemnités de part ni d'autre et le promettant sera tenu de restituer immédiatement et sans délai au bénéficiaire le montant du dépôt de garantie effectué comme il est dit ci-dessus ; ces conditions suspensives étant stipulées en faveur du bénéficiaire, celui-ci aura toujours la faculté d'y renoncer ;
– la présente promesse de vente est consentie et acceptée sous la condition suspensive de l'obtention par le bénéficiaire, de tout établissement financier, d'un prêt d'un montant maximum de . . . . euros (. . . . euros) **(montant en lettres, suivi par le montant en chiffres dans la parenthèse)**, pour une durée minimale de . . . . ans (en chiffres) et un taux d'intérêt maximal de . . . . %.
En conséquence, le bénéficiaire s'oblige à déposer une demande d'emprunt dans les sept jours de la signature des présentes, à entreprendre toutes démarches nécessaires pour l'obtention du crédit et à en tenir informé le promettant.
Pour se prévaloir de la présente condition suspensive, le bénéficiaire devra notifier au promettant la lettre dudit établissement financier refusant le crédit.
À défaut de cette notification, adressée par acte extrajudiciaire ou lettre recommandée avec avis de réception avant le . . . . (date), le bénéficiaire sera tenu au paiement du dépôt de garantie à titre de clause pénale.
En outre, la présente condition suspensive est stipulée en faveur du bénéficiaire qui pourra toujours y renoncer si bon lui semble.

DÉCLARATIONS

Le promettant déclare :
– qu'il dispose de sa pleine capacité ;
– que rien ne s'oppose à la vente dont il s'agit ;
– que l'immeuble ci-dessus désigné ou les biens dont ils dépendent ne font pas l'objet d'un arrêté de péril et ne sont pas déclarés insalubres ;
– que les biens et droits immobiliers, objet de la présente promesse, sont libres de tous privilèges et hypothèques conventionnelles, judiciaires ou légales ;
– qu'il s'oblige à rapporter la mainlevée de toutes inscriptions qui se révéleraient ultérieurement et à en supporter les frais de purge ;
– qu'il a été informé des incidences fiscales de la vente présentement promise dans le cadre de la réglementation en vigueur.

PUBLICITÉ FONCIÈRE

Cet acte pourra être publié au bureau des hypothèques compétent au choix de l'une ou l'autre des parties intervenantes aux présentes et aux frais de cette dernière.

Domicile
Pour l'exécution des présentes et de leurs suites, notamment pour toutes significations se rapportant aux présentes, les parties font élection de domicile en leur demeure respective sus-indiquée.

Date et signatures, avec reprise des paraphes **(initiales)** posée sur toutes les pages

Demande de prêt immobilier

Vos nom, prénoms
Votre adresse

Nom du chargé de clientèle
Adresse de la banque

. . . . **(lieu)**, ... **(date)**

Monsieur **(ou Madame)**,

J'ai l'honneur de vous demander un prêt d'un montant de . . . . euros **(donnez la somme en chiffres)**, concernant **(choisissez ce qui vous correspond)** ;
– l'acquisition d'un appartement **(ou d'une maison)** au . . .. **(adresse)** ;
– le financement de travaux de rénovation dans mon appartement **(ma maison)** au . . . . **(adresse)** ;
– l'acquisition de . . .. **(indiquez s'il s'agit d'une voiture, d'un bien, etc.)**.

Je vous prie de trouver ci-joints mes trois derniers relevés d'impôt sur le revenu, ma déclaration fiscale pour l'année en cours, ainsi que mes relevés de salaire de cette même année et la photocopie de mon contrat de travail.
En vous remerciant par avance, je vous prie d'agréer, Monsieur (ou Madame), l'expression de mes salutations distinguées.

Votre signature

Remboursement anticipé de crédit

Vos nom, prénoms
Votre adresse

Nom du chargé de clientèle
Adresse de la banque

LAR

. . . . **(lieu)**, ... **(date)**

Monsieur **(ou Madame)**,

J'ai souscrit le . . . . **(jour, mois et année)** un prêt de . . . . euros **(montant en chiffres)** pour une durée de . . . . années, dont les échéances mensuelles sont de . . . . euros.
Je souhaite à présent le rembourser totalement **(ou : en partie, pour la somme de . . . . euros)**.

Vous trouverez ci-joint le chèque correspondant à ce remboursement.

En vous remerciant par avance de me faire parvenir les documents confirmant ce remboursement, je vous prie d'agréer, Monsieur **(ou Madame)**, l'expression de mes salutations distinguées.

Votre signature

Aides financières

Demande de subvention pour travaux à l'Agence nationale pour l'amélioration de l'habitat (Anah)

Logement

Locataire, mais aussi propriétaire - occupant ou bailleur -, vous pouvez faire financer 20 % de vos travaux, dans la limite de 11 000 euros, par l'Anah, sous réserve de certaines conditions de ressources (17 347 euros pour deux personnes dans le cas d'un propriétaire occupant, par exemple). On contacte l'Anah à la direction départementale de l'équipement (DDE) de son lieu de résidence.

Lettre de demande de subvention

Vos nom, prénoms
Votre adresse

Direction départementale de l'équipement (DDE)
Agence nationale pour l'amélioration de l'habitat
Adresse

LAR

. . . . **(lieu)**, ... **(date)**

Madame, Monsieur,

À la suite de travaux que je projette, veuillez trouver ci-jointe une demande de subvention dûment remplie, et accompagnée des pièces justificatrices requises.

En vous remerciant par avance de prêter toute votre attention à ce dossier, je vous prie d'agréer, Madame, Monsieur, l'expression de mes salutations distinguées.

Votre signature

Pièces à joindre :
– le formulaire Cerfa n° 11468*01, complété et signé ;
– les justificatifs demandés dans ce formulaire.

Demande simplifiée de subvention pour travaux (Formulaire Cerfa n° 11468-01 « Demande subvention Anah »)

Voir ci-contre.

Demande d'une allocation de logement familial (ALF) à la caisse d'allocations familiales

Cette allocation est destinée à aider familles et jeunes couples à payer leur loyer ou leurs remboursements mensuels d'emprunt contractés pour l'achat d'un logement ou des travaux, s'ils sont propriétaires. Elle peut facilement représenter une aide de 150 euros par mois. Pour en bénéficier, remplissez conjointement avec votre propriétaire bailleur ou votre organisme de prêt le formulaire Cerfa 11362*02. Vous pouvez le télécharger sur www.caf.fr, ou vous le procurer à votre caisse d'allocations familiales. Renvoyez-le en joignant la lettre suivante.

Lettre de demande

Vos nom, prénoms
Votre adresse

Caisse d'allocations familiales
Adresse

. . . . **(lieu)**, ... **(date)**

Madame, Monsieur,

Éprouvant de réelles difficultés à payer mon loyer **(ou à rembourser mon emprunt)**, je souhaiterais bénéficier de l'allocation de logement familial.
Pour cela, veuillez trouver ci-joint le formulaire Cerfa 11362*02, accompagné des pièces justificatives requises.

En vous remerciant par avance de prêter toute votre attention à ce dossier, je vous prie d'agréer, Madame, Monsieur, l'expression de mes salutations distinguées.

Votre signature

Demande d'allocation de logement familial (Formulaire Cerfa n° 11362*02)

Formulaire Cerfa n° 11362*02 à demander à la CAF

cerfa

11468*01

DEMANDE SIMPLIFIEE DE SUBVENTION POUR TRAVAUX

Délégation
N° de dossier
Date de dépôt

Réservé à l'ANAH

1 DEMANDEUR

☐ Madame et/ou Monsieur [1] : ____________

☐ Adresse : ____________

Code postal |_|_|_|_|_| Commune ____________

☐ Téléphone : |_|_|_|_|_|_|_|_|_|_|

☐ Télécopie : |_|_|_|_|_|_|_|_|_|_|

☐ Mél. : @

2 MONTANT DES TRAVAUX ENVISAGÉS ☐ **Francs** ☐ **Euros**

____________ **HT** ____________ **TTC**

3 SITUATION DE LOGEMENT

☐ Adresse: ____________

Code postal |_|_|_|_|_|

Commune ____________

☐ Ce logement est **vacant** ☐ **occupé** ☐

☐ **Année d'achèvement** de l'immeuble : |_|_|_|_|

☐ **Nombre** de logements ou de locaux de l'immeuble : |_|_|_|

☐ **Date** de la dernière subvention de l'ANAH |_|_|/|_|_|/|_|_|_|_| (si le logement à déjà été subventionné) :

4 MAIN-D'ŒUVRE (à remplir uniquement si une mission rémunérée est confiée à un maître-d'œuvre)

☐ Nom et raison sociale : ____________

☐ Adresse: ____________

☐ Téléphone : |_|_|_|_|_|_|_|_|_|_|

☐ Télécopie : |_|_|_|_|_|_|_|_|_|_|

☐ Mél : @

5

☐ Recours à un mandataire pour le dépôt du dossier : Oui ☐ Non ☐

☐ Recours à un mandataire pour percevoir les fonds : Oui ☐ Non ☐

En cas de réponse positive à ces questions, devront être joints au dossier une procuration pour le dépôt du dossier et/ou un mandant de gestion pour la gestion des fonds.

Fait à : le : Signature(s) : [1]

(1) En cas de régime matrimonial de communauté de biens, les deux époux doivent déposer et signer ensemble la demande, en cas d'usufruit, nue-propriété, tous les titulaires d'une fraction du droit de propriété doivent déposer et signer ensemble la demande.

"La loi n° 78-17 du 6 janvier 1978 relative aux fichiers nominatifs garantit un droit d'accès et de rectification des données auprès des organismes destinataires du formulaire"

RSVP➔

Demande de versement direct aide au logement

ALLOCATIONS FAMILIALES

11362*02

Accord commun (allocataire - propriétaire ou prêteur)

L'allocation de logement peut être versée directement au propriétaire-bailleur ou à l'organisme de prêt. Dans ce cas, elle est déduite du montant du loyer ou des remboursements de prêt. Pour celà, vous devez compléter cette demande avec votre propriétaire-bailleur ou votre prêteur.

⚠ *Cette demande concerne uniquement les logements locatifs (hors foyers) qui répondent aux caractéristiques de la décence (décret 2002-120 du 30 janvier 2002).*

L'accord commun

Cet accord est valable pour une année au moins.
Ensuite, il sera reconduit tacitement tant que les deux signataires ne l'auront pas conjointement remis en cause.

■ **L'allocataire** : je soussigné(e)

Nom ____________ Prénom ____________

Adresse ____________

Code postal ____________ Commune ____________

demande que tous les paiements d'allocation de logement dus soient versés directement à la personne désignée ci-dessous.

■ **Le propriétaire-bailleur ou le prêteur** : je soussigné(e)

(ou le mandataire éventuellement)

Nom ou raison sociale ____________

Joignez un relevé d'identité bancaire, postal ou d'épargne

Adresse ____________

Référence du logement : ____________

m'engage en contrepartie de mon accord à signaler à la Caisse tout impayé dans les 3 mois suivant son apparition et immédiatement le départ de l'allocataire du logement concerné ou la rupture du contrat de prêt.

Je prends connaissance, qu'à défaut, je devrai rembourser à la Caisse, l'allocation de logement versée indûment

A ____________ Le |_|_| |_|_| |_|_|_|_|

Signature de l'allocataire

A ____________ Le |_|_| |_|_| |_|_|_|_|

Signature et cachet du propriétaire ou du prêteur

S 7154c

Emplacement réservé à la Caf

W 5020001X Demande du 11/02/2004

VERDIR N° allocataire : ☐☐☐☐☐☐☐

Travaux de sortie d'insalubrité : demande de subvention

Il est possible de bénéficier de cette aide si l'on occupe son logement depuis au moins deux ans, s'il s'agit de sa résidence principale, si ses ressources ne dépassent pas un certain plafond et si le logement est situé dans un immeuble « ayant fait l'objet d'une déclaration d'insalubrité remédiable par arrêté préfectoral ». La subvention est cumulable avec le prêt conventionné ouvrant droit à l'aide personnalisée au logement.

Vos nom, prénoms
Votre adresse

Direction départementale de l'équipement (DDE)
Demande de subvention pour travaux
de sortie d'insalubrité
Adresse

. . . . **(lieu)**, ... **(date)**

Madame, Monsieur,

Occupant à titre principal mon logement depuis au moins deux ans, et celui-ci ayant fait l'objet d'un classement préfectoral pour insalubrité « remédiable », je me permets de vous solliciter pour une subvention de sortie d'insalubrité. Je vous joins ma déclaration de revenu de l'année dernière.
Pourriez-vous m'adresser au plus vite le dossier de demande de subvention ?

En vous remerciant par avance de prêter toute votre attention à ce dossier, je vous prie d'agréer, Madame, Monsieur, l'expression de mes salutations distinguées.

Votre signature

Opérations d'isolation acoustique : demande de subvention

Un important bruit quotidien, lié aux transports terrestres, emplit toute la journée votre logement. Vous pouvez obtenir une subvention accordée par l'État pour les opérations d'isolation acoustique. Pour obtenir le dossier de demande, il faut contacter soit sa mairie, soit sa préfecture.

LETTRE À LA MAIRIE

Vos nom, prénoms
Votre adresse

Mairie de . . . . **(ville)**
M. **(ou Mme)** le Maire

Adresse

. . . . **(lieu)**, ... **(date)**

Monsieur **(ou Madame)** le maire,

Souffrant au quotidien d'un bruit constant dû à la route qui passe devant mon domicile, je souhaiterais bénéficier de la subvention qu'accorde l'État pour encourager les travaux d'isolation acoustique.
Pour cela, pourriez-vous m'adresser au plus vite le dossier de demande de subvention afin que je réunisse les pièces justificatives ?

En vous remerciant par avance de prêter toute votre attention à ce dossier, je vous prie d'agréer, Monsieur **(ou Madame)** le maire, l'expression de mes salutations distinguées.

Votre signature

Lettre à la préfecture

Vos nom, prénoms
Votre adresse

Préfecture de . . . . **(ville)**
M. **(ou Mme)** le préfet
Adresse

. . . . **(lieu)**, ... **(date)**

Monsieur **(ou Madame)** le Préfet,

Souffrant au quotidien d'un bruit constant dû à la route qui passe devant mon domicile, je souhaiterais bénéficier de la subvention qu'accorde l'État pour encourager les travaux d'isolation acoustique.
Pour cela, pourriez-vous m'adresser le dossier de demande de subvention afin que je réunisse les pièces justificatives ?

En vous remerciant par avance de prêter toute votre attention à ce dossier, je vous prie d'agréer, Monsieur **(ou Madame)** le Préfet, l'expression de mes salutations distinguées.

Votre signature

Travaux d'adaptation ou de rénovation : demande de subvention à votre caisse de retraite

Retraité du régime général de la Sécurité sociale ou de certains autres régimes, locataire ou petit propriétaire aux ressources inférieures à un montant fixé par chaque caisse, vous pouvez obtenir pour votre résidence principale une subvention de votre caisse pour des travaux de rénovation ou d'adaptation (exemple : plomberie, chauffage, isolation, peintures, etc.). Adressez un formulaire Cerfa n° 11375*01 (téléchargeable sur www.caf.fr) au centre Pact (protection, amélioration, conservation et transformation de l'habitat) de votre département, dont l'adresse vous sera donnée par votre caisse de retraite. Joignez-y la lettre suivante.

Vos nom, prénoms
Votre adresse

Centre Pact
Adresse

. . . . **(lieu)**, ... **(date)**

Madame, Monsieur,

Retraité(e) propriétaire d'un petit logement où je réside principalement, ne disposant que de faibles revenus, je souhaite faire effectuer quelques travaux de rénovation :
– . . . . **(expliquez en quoi consistent les travaux envisagés. Exemple : mise en conformité de l'installation électrique aux normes actuelles)**.

Vous trouverez ci-joint le plan de mon logement, un extrait de mon titre de propriété, ma déclaration de revenus, ainsi que le formulaire Cerfa 11375*01 et les divers autres justificatifs qu'il demande.

En vous remerciant par avance de prêter toute votre attention à ce dossier, je vous prie d'agréer, Madame, Monsieur, l'expression de mes salutations distinguées.

Votre signature

Demande de subvention au titre de la protection architecturale

Propriétaire, vous souhaitez entreprendre des travaux de restauration architecturale. Si vous voulez bénéficier d'une subvention, vous devez tout d'abord obtenir l'avis favorable de l'architecte des bâtiments de France (numéro de téléphone au service de l'urbanisme de votre mairie). Contactez ensuite la direction départementale de l'équipement (DDE).

Vos nom, prénoms
Votre adresse

Direction départementale de l'équipement (DDE)
Demande de subvention au titre de la protection architecturale
Adresse

. . . . **(lieu)**, ... **(date)**

Madame, Monsieur,

Désirant rénover un bien situé . . . . **(adresse)**, consistant en une maison classée, et ayant obtenu un avis favorable sur présentation du projet de l'architecte de M. **(ou Mme)** l'architecte des bâtiments de France, je vous adresse une demande de subvention au titre de la protection architecturale. En effet, ces travaux, indispensables à la protection de la maison, sont, en raison de leur dimension esthétique, particulièrement onéreux.

Vous trouverez ci-joints les plans et l'avis de M. l'architecte des bâtiments de France, ainsi que les copies des devis d'artisans, certifiées conformes.
Vous pouvez me contacter, aux heures de bureau, au . . . . **(téléphone)**.

Pourriez-vous m'adresser au plus vite le dossier correspondant à cette demande ?

En vous remerciant par avance de prêter toute votre attention à ce dossier, je vous prie d'agréer, Madame, Monsieur, l'expression de mes salutations distinguées.

Votre signature

Prêt à l'amélioration de l'habitat

Ce prêt, qui peut représenter jusqu'à 80 % des dépenses, ne peut dépasser 1 067,14 euros. Pour y avoir droit, vous devez être accédant à la propriété ou propriétaire, sans conditions de ressources, et vos travaux doivent avoir un caractère de nécessité : ne concernant que l'habitation principale, ils doivent être de réparation, d'assainissement et d'amélioration, de mise en état d'habitabilité de pièces inutilisées, d'isolation thermique, etc. Vous pouvez demander ce prêt à la caisse d'allocations familiales de votre domicile, à l'organisme qui verse les prestations familiales ou au centre d'information sur l'habitat agréé par l'Agence nationale pour l'information sur le logement (Anil) le plus proche de chez vous, en joignant le formulaire Cerfa n° 11382*02 (téléchargeable sur le site www.caf.fr).

Lettre de demande

Vos nom, prénoms
Votre adresse

Caisse d'allocations familiales
Adresse

. . . . **(lieu)**, ... **(date)**

Madame, Monsieur,

Souhaitant entreprendre des travaux urgents, nécessaires pour que mon logement réponde aux normes d'habitabilité actuelles, je me permets de solliciter de votre part un prêt à l'amélioration de l'habitat.

À cette fin, je joins à cette lettre le formulaire Cerfa 11382*02, l'ensemble des pièces justificatives qu'il réclame avec, en particulier, les copies des devis et des factures des travaux certifiées conformes.

En vous remerciant par avance de prêter toute votre attention à ce dossier, je vous prie d'agréer, Madame, Monsieur, l'expression de mes salutations distinguées.

Votre signature

Formulaire de demande de prêt (Cerfa n° 11382*02)

Formulaire Cerfa n° 11382*02 à demander à la CAF.

Aide personnalisée au logement (APL)

Vivant seul, marié, pacsé, avec ou sans personne à charge, travailleur ou chômeur, vous êtes propriétaire d'un logement occupé avec votre famille qui est votre résidence principale et qui ne sert qu'à l'habitation. Si simplement vous êtes accédant, et que votre logement a été construit, acquis ou amélioré grâce à un prêt d'accession sociale (Pas) ou un prêt conventionné (PC), vous pouvez alors avoir droit à l'aide personnalisée au logement (APL). Celle-ci est fonction de votre niveau de ressources et du nombre de personnes vivant dans le logement, du mode de financement de votre prêt et de la date de sa signature, et du montant des remboursements mensuels.
Pour la demander, remplissez le formulaire Cerfa n° 10840*03 (téléchargeable sur www.caf.fr, ou à vous procurer à votre caisse d'allocations familiales) en joignant la lettre suivante :

Lettre de demande

Vos nom, prénoms
Votre adresse

Caisse d'allocations familiales
Adresse

. . . . **(lieu)**, ... **(date)**

Madame, Monsieur,

Éprouvant de réelles difficultés à rembourser mon emprunt d'accession à la propriété, je souhaiterais bénéficier de l'aide personnalisée au logement.

À cette fin, je joins à ce courrier le formulaire Cerfa 10840*03, accompagné des pièces justificatives requises.

En vous remerciant par avance de prêter toute votre attention à ce dossier, je vous prie d'agréer, Madame, Monsieur, l'expression de mes salutations distinguées.

Votre signature

FORMULAIRE DE DEMANDE D'AIDE PERSONNALISÉE AU LOGEMENT

Formulaire Cerfa 10840*03 à demander à la CAF.

Construction

DÉCLARATION DE TRAVAUX

Vos nom, prénoms
Votre adresse

Nom du maire
Adresse de la mairie

LAR

. . . . **(lieu)**, ... **(date)**

Monsieur **(ou Madame)** le maire,

Veuillez trouver ci-jointe une déclaration de travaux, concernant un projet au . . . . **(adresse)** que je soumets à votre attention.

En vous remerciant par avance de faire suivre ce courrier, je vous prie d'agréer, Monsieur **(ou Madame)** le maire, l'expression de mes salutations distinguées.

Votre signature

Déclaration de clôture

Vos nom, prénoms
Votre adresse

Nom du maire
Adresse de la mairie

LAR

. . . . **(lieu)**, ... **(date)**

Monsieur **(ou Madame)** le maire,

Veuillez trouver ci-jointe une déclaration de clôture, que je voudrais installer au . . . . **(adresse)** et que je soumets à votre attention.

En vous remerciant par avance de faire suivre ce courrier, je vous prie d'agréer, Monsieur **(ou Madame)** le maire, l'expression de mes salutations distinguées.

Votre signature

Permis de construire

Vos nom, prénoms
Votre adresse

Nom du maire
Adresse de la mairie

LAR

. . . . **(lieu)**, ... **(date)**

Monsieur **(ou Madame)** le maire,

Veuillez trouver ci-jointe une demande de permis de construire, concernant un projet au . . . . **(adresse)**, que je soumets à votre attention.

En vous remerciant par avance de faire suivre ce courrier, je vous prie d'agréer, Monsieur **(ou Madame)** le maire, l'expression de mes salutations distinguées.

Votre signature

Permis de construire une maison individuelle

Vos nom, prénoms
Votre adresse

Nom du maire
Adresse de la mairie

LAR

. . . . **(lieu)**, ... **(date)**

Monsieur **(ou Madame)** le maire,

Veuillez trouver ci-jointe une demande de permis de construire une maison individuelle, concernant un projet au . . . . **(adresse)**, que je soumets à votre attention.
En vous remerciant par avance de faire suivre ce courrier, je vous prie d'agréer, Monsieur **(ou Madame)** le maire, l'expression de mes salutations distinguées.

Votre signature

Demande de devis à un maître d'œuvre

Vous demandez un devis à un maître d'œuvre (le professionnel qui coordonne la totalité d'un ouvrage de construction ou de rénovation) :

Vos nom, prénoms
Votre adresse

Nom et adresse de l'entrepreneur

. . . . **(lieu)**, ... **(date)**

Monsieur **(ou Madame)**,

Je vous demande un devis pour la maison que je souhaite faire édifier à . . . . **(adresse)**.
Vous trouverez les plans de l'architecte ci-joints.

En vous remerciant de me répondre au plus vite, je vous prie d'agréer, Monsieur **(ou Madame)**, l'expression de mes salutations distinguées.

Votre signature

Logement

Demande de devis à un artisan

Vous demandez un devis à un artisan, pour des travaux particuliers dans votre demeure.

Vos nom, prénoms
Votre adresse

Nom et adresse de l'entrepreneur

. . . . **(lieu)**, ... **(date)**

Monsieur **(ou Madame)**,

Je vous demande un devis pour effectuer les travaux suivants à . . . . **(adresse)** :
– . . . . **(détail de ces travaux. Exemple : la pose d'une canalisation d'évacuation des eaux usées de la salle de bains à la canalisation de l'immeuble, qui passerait sous le plancher du salon)**.
Je suis à votre disposition au . . . . **(téléphone)** pour la prise d'un rendez-vous, afin que vous puissiez estimer l'ouvrage à accomplir.

En vous remerciant de venir au plus vite, je vous prie d'agréer, Monsieur **(ou Madame)**, l'expression de mes salutations distinguées.

Votre signature

Annonce de dépassement de devis : refus

L'artisan indique qu'il a mal estimé les travaux et qu'il va dépasser son devis. Vous ne pouvez accepter.

Vos nom, prénoms
Votre adresse

Nom et adresse de l'entrepreneur

LAR

. . . . **(lieu)**, ... **(date)**

Monsieur **(ou Madame)**,

Vous avez commencé des travaux à mon domicile, à . . . . **(adresse)**.
Vous m'annoncez que le devis sera dépassé, alors que je ne vous ai fait aucune demande supplémentaire.
Je ne peux hélas accepter ce dépassement. Pouvez-vous cependant finir ces travaux au plus vite ou, si cela n'est pas possible, me restituer les acomptes **(où l'acompte)** que je vous ai versés.

En vous remerciant de me répondre au plus vite, je vous prie d'agréer, Monsieur **(ou Madame)**, l'expression de mes salutations distinguées.

Votre signature

Dépassement de délai d'exécution normal des travaux

Vous avez fait appel à un artisan pour qu'il effectue des travaux chez vous. Les artisans sont toujours en retard, mais dans ce cas le délai dépasse ce qui est généralement admis (quelques semaines).

Vos nom, prénoms
Votre adresse

Nom et adresse de l'entrepreneur

LAR

. . . . **(lieu)**, ... **(date)**

Monsieur **(ou Madame)**,

Vous avez commencé des travaux à mon domicile, à . . . . **(adresse)**.
Or, à ce jour, ceux-ci ne sont toujours pas achevés. Je connais bien la pression qui pèse sur l'emploi du temps des artisans, mais l'importance du retard, soit . . . . semaines **(donnez le chiffre)**, est telle que cela pose à présent problème.

Je vous demande donc de reprendre les travaux au plus vite, et, si vous ne le pouvez pas, de m'indiquer un artisan qui aurait davantage de disponibilités.

En vous remerciant de me répondre rapidement, je vous prie d'agréer, Monsieur **(ou Madame)**, l'expression de mes salutations distinguées.

Votre signature

Copropriété

Règlement de copropriété d'un immeuble : modèle

. . . . **(date)**

RÈGLEMENT DE COPROPRIÉTÉ

Nom du syndic

Adresse de l'immeuble

Nom et adresse du notaire chez lequel le règlement peut être déposé (si un notaire est choisi)
Bureau des hypothèques de . . . . **(adresse)**
Numéro de dépôt : . . . . **(en chiffres)**
Publié et enregistré le . . . . . . **(date)**
Référence : . . . . **(numéro)**

Maître . . . . **(nom)**, notaire à . . . . **(ville)**, soussigné, a reçu en la forme authentique le présent acte, à la requête de . . . . **(si un notaire est choisi. Suivent ensuite les noms et adresse du syndic bénévol, s'il s'agit d'un syndic bénévole, et sinon du syndic professionnel)**.

PARTIE PRÉLIMINAIRE

Article 1 : désignation
Le présent règlement de copropriété s'applique à un ensemble immobilier édifié sur un terrain sis à . . . . **(adresse du terrain)**, cadastré . . . . **(références du cadastre)** pour . . . . mètres carrés **(superficie)**.
Un diagnostic technique a été réalisé avant la mise en copropriété de l'immeuble, puisque celui-ci date de plus de 15 ans, conformément à l'article 74 de la loi du 13 décembre 2000, et a constaté l'état apparent de la solidité du clos et du couvert et l'état des conduites et canalisations collectives, ainsi que des équipements communs et de sécurité **(cas d'un immeuble de plus de 15 ans, sinon ne mettez pas ce paragraphe)**.

Article 2 : description
L'ensemble, objet des présentes, sera composé de :
– un corps de bâtiment, dit bâtiment « A », ... **(suit la description extérieure précise du bâtiment, donnant sa position par rapport à la rue X, indiquant la présence ou non d'une cour, d'un jardin, etc.)**, comprenant :

Logement

• au sous sol : . . . . **(nombre de caves, présence ou non d'une chaufferie, d'autres pièces, etc.)** ;

• au rez de chaussée : . . . . **(nombre d'appartements, autres pièces communes dont l'usage doit être précisé)** ;

• au premier étage : . . . . **(nombre d'appartements, autres pièces communes dont l'usage doit être précisé)** ;

• au deuxième étage : . . . . **(nombre d'appartements, autres pièces communes dont l'usage doit être précisé)** ;

• . . . . **(de même pour tous les autres étages)**.
– un corps de bâtiment, dit bâtiment « B », ... **(suit la description extérieure précise du bâtiment, qui peut ne pas être un bâtiment d'habitation mais par exemple trois garages accolés, donnant sa position par rapport à la rue X, indiquant la présence ou non d'une cour, d'un jardin, etc.)**, comprenant :

• . . . . **(décrivez comme ci-dessus)**.
– un jardin **(éventuellement, mais cela peut être une courette, un appentis ou tout autre chose)**.
Plans
Sont demeurés annexés après mention, savoir :
– un plan d'ensemble du terrain ;
– un plan des caves du bâtiment A ;
– un plan du rez-de-chaussée du bâtiment A ;
– un plan des premier, deuxième, **(etc.)** étages du bâtiment A ;
– . . . . **(même chose éventuellement pour les autres bâtiments, B, C, etc., s'il y a lieu)**.

PREMIÈRE PARTIE : PARTIES PRIVATIVES ET COMMUNES

SECTION I : définition des « parties privatives »

Article 3 : les parties privatives sont celles qui sont affectées à l'usage exclusif de chaque copropriétaire, c'est-à-dire :
les locaux compris dans son lot avec tous leurs accessoires, notamment :
– les carrelages, dalles et en général tous revêtements ;
– les plafonds et les parquets (à l'exception des gros œuvres qui sont parties communes) ;
– les cloisons intérieures avec leurs portes ;
– les portes palières, les fenêtres et portes-fenêtres, les persiennes et volets, les appuis des fenêtres ;
– les enduits des gros murs et cloisons séparatives ;
– les canalisations intérieures ;
– les installations sanitaires des salles de bains, des cabinets de toilette et water-closets ;
– les installations de la cuisine, éviers, etc. ;
– les placards et penderies ;
– l'encadrement et le dessus des cheminées, les glaces, etc.
Et, en résumé, tout ce qui est inclus à l'intérieur des locaux, la présente désignation n'étant qu'énonciative et non limitative. Les parties privatives sont la propriété exclusive de chaque copropriétaire.

Les séparations entre les appartements, quand elles ne font pas partie du gros œuvre, et les séparations des caves, seront mitoyennes entre les copropriétaires voisins.

SECTION II : définition des parties communes

Article 4 : les parties communes sont celles qui ne sont pas affectées à l'usage exclusif d'un copropriétaire déterminé.
Elles comprennent, notamment :
– la totalité des sols, c'est-à-dire l'ensemble du terrain, en ce compris le sol des parties construites et des cours ;
– les fondations, les gros murs de façade et de refend, les murs pignons, mitoyens ou non ;
– le gros œuvre des planchers, à l'exclusion du revêtement du sol ;
– les couvertures des immeubles ;
– les souches des cheminées ;
– les combles ;
– les conduits de fumée (coffres et gaines), les têtes de cheminées, les tuyaux d'aération des water-closets et ceux de ventilation des salles de bains ;
– les tuyaux de chute et d'écoulement des eaux pluviales, ménagères et usées et du tout-à-l'égout, les conduits, prises d'air, canalisations, colonnes montantes et descendantes d'eau, de gaz, d'électricité (sauf toutefois les parties de ces canalisations se trouvant à l'intérieur des appartements ou des locaux, en dépendant et pouvant être affectées à l'usage exclusif de ceux-ci) ;
– le couloir de circulation, poste de lavage et tous autres dégagements des boxes ;
– le vestibule et couloir d'entrée, l'escalier, la cage et les paliers, le cabinet d'aisance.
Tous les accessoires de ces parties communes, tels que les installations d'éclairage, les glaces, tapis, paillassons (non compris les tapis-brosses sur les paliers d'entrée, qui seront parties privatives).
Cette énonciation est purement énonciative et non limitative.
Les parties communes sont l'objet d'une propriété indivise entre l'ensemble des copropriétaires.

Article 5 : les parties communes et les droits qui leur sont accessoires ne peuvent faire l'objet, séparément des parties privatives, d'une action en partage ni d'une licitation forcée.

Article 6 : accessoires aux parties communes
Sont accessoires aux parties communes :
– le droit de surélever un bâtiment affecté à l'usage commun ou comportant plusieurs locaux qui constituent des parties privatives différentes, ou d'en affouiller le sol ;
– le droit d'édifier des bâtiments nouveaux dans des cours, parcs ou jardins constituant des parties communes ;
– le droit de mitoyenneté afférent aux parties communes.

DEUXIÈME PARTIE : ÉTAT DESCRIPTIF DE DIVISION

L'ensemble immobilier fait l'objet de . . . . lots **(donnez le nombre de lots)**, à savoir :
– pour le bâtiment A : . . . . lots **(indiquez le nombre)**, numérotés de 1 à . . . . **(donnez le numéro du lot le plus élevé)** ;

– pour le bâtiment B **(s'il y a un bâtiment B)** : . . . . lots (redonnez le nombre), numérotés de 1 à . . . . **(donnez le numéro du lot le plus élevé)** ;
– . . . . **(et ainsi de suite s'il y a lieu, c'est-à-dire s'il y a des bâtiments C, D, etc. ; donnez un numéro de lot au jardin s'il existe)**.
La désignation de ces lots est établie ci-après. Elle comprend, pour chacun d'eux, l'indication des « parties privatives » réservées à la jouissance exclusive de leur propriétaire, et une quote-part indivise des parties communes. Cette quote-part est exprimés en millièmes (n/1 000).
Observation est faite ici que les numéros des caves et garages contenus dans cette désignation après l'indication du numéro du lot, se réfèrent exclusivement aux indications portées sur les plans ci-annexés, à l'exclusion de toutes autres et notamment de tout numérotage pouvant être apposé sur les portes de ces locaux.
Les lots de l'ensemble, objet des présentes, comprennent :

1 – Corps de bâtiment dénommé bâtiment A : . . . . **(description extérieure et indication de son emplacement. Exemple : immeuble à usage d'habitation élevé le long de la rue Aristide-Bertrand)**.

Au rez-de-chaussée
– Lot numéro un (1) : . . . . **(description du lot. Exemple : à gauche en entrant dans l'immeuble, un studio composé d'une pièce, d'une cuisine, de WC, d'une salle de bains)**. Et les . . . ./1 000 des parties communes **(exemple : « Et les 137/1 000 des parties communes »)**.
– Lot numéro deux (2) : . . . . **(description du lot. Exemple : à droite en entrant dans l'immeuble, un débarras de 4 mètres carrés)**. Et les . . . ./1 000 des parties communes **(exemple : « Et les 5/1 000 des parties communes »)**.

Au premier étage
– Lot numéro trois (3) : . . . . **(description du lot. Exemple : à gauche en montant l'escalier, un studio composé d'une entrée, d'une pièce, d'une cuisine, de WC)**. Et les . . . ./1 000 des parties communes **(exemple : « Et les 97/1 000 des parties communes »)**.
– . . . . **(et ainsi de suite pour chaque lot du bâtiment A, en précisant de manière systématique l'étage, en suivant le modèle)**.

Au sous-sol
– Lot numéro huit (8) **(par exemple)** : la cave numéro un. Et les . . . ./1 000 des parties communes **(exemple : « Et les 4/1 000 des parties communes)**.
– Lot numéro neuf (9) : la cave numéro deux. Et les . . . ./1 000 des parties communes **(exemple : « Et les 4/1 000 des parties communes)**.
– . . . . **(et ainsi de suite pour chaque cave correspondant à un lot de copropriétaire, en suivant le modèle)**.

Total des millièmes pour le corps de bâtiment A : . . . ./1 000 **(exemple : 504/1 000, chiffre représentant l'addition de tous les millièmes précédents)**.

2 – Corps de bâtiment dénommé bâtiment B : . . . . **(description extérieure et indication de son emplacement. Exemple 1 : immeuble à usage d'habitation élevé en fond de parcelle, et séparé du bâtiment A par une courette intérieure. En ce dernier cas, puisqu'il s'agit d'un troisième immeuble, précisez le niveau ou l'étage avant chaque description d'appartement, comme dans le « 1 ».**

Exemple 2 : bâtiment à usage de garages).

– Lot numéro quatorze (14) **(par exemple)** : . . . . **(description du lot. Exemple : un box). Et les . . . ./1 000 des parties communes (exemple : 21/1 000)**.
– Lot numéro quinze (15) (par exemple) : . . . . **(description du lot. Exemple : un double box). Et les . . . ./1 000 des parties communes (exemple : 42/1 000)**.
– . . . . **(et ainsi de suite, en suivant le modèle)**.

Total des millièmes pour le corps de bâtiment B : . . . ./1 000.

3 – . . . . **(ici, description de la troisième composante de la copropriété, s'il y en a une. Exemple 1 : « Corps de bâtiment dénommé C : immeuble à usage d'habitation perpendiculaire aux bâtiments A et B, clôturant la parcelle au nord ». En ce dernier cas, puisqu'il s'agit d'un troisième immeuble, précisez le niveau ou l'étage avant chaque description d'appartement, comme dans le « 1 »Exemple 2 : « Jardin »)**.

– Lot numéro dix-sept (17) **(par exemple)** : . . . . **(description du lot. Exemple : un jardinet, pouvant être transformé en parking)**. Et les . . . ./1 000 des parties communes (exemple : 14/1 000).
– . . . . **(et ainsi de suite, en suivant le modèle)**.

Total des millièmes pour le corps de bâtiment C : . . . ./1 000.

Total général des millièmes : mille millièmes **(ce total doit toujours être égal à mille)**.

TROISIÈME PARTIE : RÈGLEMENT DE COPROPRIÉTÉ

Article 7 : destination de l'immeuble
L'immeuble est destiné à l'usage d'habitation.

SECTION I : usage des parties privatives

Article 8 : chacun des copropriétaires aura le droit de jouir comme bon lui semblera des parties privatives comprises dans son lot, à la condition de ne pas nuire aux droits des autres copropriétaires et de ne rien faire qui puisse soit compromettre la solidité de l'immeuble, soit porter atteinte à sa destination et sous les réserves qui vont être ci-après formulées.

a – Occupation

Les appartements ne pourront être qu'occupés bourgeoisement ou affectés à l'exercice d'une profession libérale.
La location en meublé d'appartements entiers est autorisée. En revanche, la transformation des appartements en chambres meublées destinées à être louées à des personnes distinctes est interdite.
Les copropriétaires et occupants devront veiller à ce que la tranquillité de l'immeuble ne soit à aucun moment troublée par leur fait, celui des personnes de leur famille, de leurs invités, de leurs clients ou de gens à leur service.
Ils ne pourront avoir aucun animal malfaisant, malodorant, malpropre ou criard.

b – Bruits

L'usage des appareils de radiophonie, électrophones, est autorisé sous réserve de l'observation des règlements de ville et de police.

Tout bruit ou tapage nocturne, de quelque nature que ce soit, troublant la tranquillité des ocupants, est formellement interdit, alors même qu'il aurait lieu dans l'intérieur des appartements.

c – Utilisation des fenêtres

Il ne pourra être étendu de linge aux fenêtres, aucun objet ne pourra être posé sur le bord des fenêtres. Les vases à fleurs devront être fixés et reposer sur des dessous étanches, de nature à conserver l'excédent d'eau, pour ne pas détériorer les murs ni incommoder les voisins ou passants.

d – Harmonie des immeubles

Les portes d'entrée des appartements, les fenêtres et persiennes, les garde-corps, balustrades, rampes et barres d'appui des fenêtres, même la peinture et d'une façon générale tout ce qui contribue à l'harmonie de l'ensemble, ne pourront être modifiés bien que constituant une partie privative sans le consentement de la majorité des copropriétaires délibérant comme il sera dit plus loin.

La pose des stores est autorisée, sous réserve que la teinte soit celle adoptée à la majorité par les copropriétaires.

Les tapis-brosses sur les paliers d'entrée, quoique fournis par chaque copropriétaire, devront être d'un modèle unique. Le tout devra être entretenu en bon état et aux frais de chacun des copropriétaires.

e – Antenne

Une antenne collective radio et une antenne collective de télévision seront installées sur le toit, mais le raccordement devra être effectué aux frais de chaque copropriétaire.

L'installation d'antennes individuelles extérieures ne sera pas autorisée.

f – Plaques indicatrices

Les personnes exerçant une profession libérale dans l'immeuble pourront apposer dans le vestibule d'entrée une plaque indiquant au public leur nom, leur profession et le lieu où elles exercent leur activité. Le modèle de cette plaque sera arrêté par le syndic, qui fixera l'emplacement où elles pourront être apposées.

g – Réparation et accès des ouvriers

Les copropriétaires devront souffrir sans indemnité l'exécution des réparations qui deviendraient nécessaires aux parties communes quelle qu'en soit la durée et, si besoin est, livrer accès aux architectes, entrepreneurs et ouvriers chargés de surveiller, conduire ou faire ces travaux.

h – Libre accès

En cas d'absence prolongée, tout occupant devra laisser les clés de son appartement à une personne résidant effectivement à . . . . **(nommez la ville où se trouve l'immeuble)**, dont l'adresse devra être portée à la connaissance du syndic et qui sera autorisée à pénétrer dans l'appartement durant cette absence pour parer aux cas urgents.

i – Entretien des canalisations d'eau et robinetterie

Afin d'éviter les fuites d'eau et les vibrations dans les canalisations, les robinets et chasses de cabinets d'aisance devront être maintenus en bon état de fonctionnement et les réparations exécutées sans retard.

Pendant les gelées, il ne pourra être jeté d'eau dans les conduits extérieurs d'évacuation.

Lors de chute de neige ou en cas de verglas, le nettoyage du trottoir sera assuré par les copropriétaires.

j – Responsabilité

Tout copropriétaire restera responsable à l'égard des autres copropriétaires des conséquences dommageables entraînées par sa faute ou sa négligence et celle d'un de ses préposés, ou par le fait d'un bien dont il est légalement responsable.

k – Ramonages

Les conduits de fumée et les appareils qu'ils desservent devront être ramonés suivant les règlements d'usage.

L'utilisation des poêles à combustion lente est formellement interdite.

Chaque copropriétaire sera responsable de tous les dégâts occasionnés à l'immeuble par un feu de cheminée qui se serait déclaré dans ses locaux. Dans cette hypothèse, tous travaux de réparation et de reconstruction devront être faits sous la surveillance de l'architecte de l'immeuble.

l – Surcharge des planchers

Il ne pourra être placé ni entreposé aucun objet dont le poids excéderait la limite de charge des planchers, afin de ne pas compromettre leur solidité ou celle des murs et de ne pas détériorer ou lézarder les plafonds.

m – Modifications

Chaque copropriétaire pourra modifier, comme bon lui semblera, la disposition intérieure de son appartement, mais en cas de percement de gros murs de refend, il devra faire exécuter les travaux sous la surveillance de l'architecte de l'immeuble dont les honoraires seront à sa charge : il devra prendre toutes les mesures nécessaires pour ne pas nuire à la solidité de l'immeuble et il sera responsable de tous affaissements et dégradations qui se produiraient du fait de ces travaux.

SECTION II : usage des parties communes

Article 9 : chacun des copropriétaires usera librement des parties communes suivant leur destination, mais sans faire obstacle aux droits des autres copropriétaires.

Aucun des copropriétaires ou occupants de l'ensemble ne pourra encombrer les entrées, vestibules, paliers et escaliers, ni laisser séjourner quoi que ce soit sur ces parties de l'ensemble.

Le tapis de l'escalier, s'il en existe, pourra être enlevé tous les ans en été, pendant une période de trois mois, sans que les copropriétaires puissent réclamer une indemnité quelconque.

Les livraisons dans l'immeuble de provisions, matières sales ou encombrantes, vins en fûts, etc., devront être faites le matin avant 10 heures.

Il ne devra être introduit dans l'immeuble aucune matière dangereuse, insalubre ou malodorante.

D'une manière générale, les copropriétaires devront respecter toutes les servitudes qui grèvent ou qui pourront grever la propriété.

Chaque copropriétaire sera personnellement responsable des dégradations faites aux parties communes, soit par son fait, soit par le fait de son locataire, de son personnel ou des personnes se rendant chez lui.

SECTION III : charges

Article 10 : les dispositions du présent chapitre vont :

– définir les différentes catégories de charges ;

et, pour chacune de ces catégories, fixer :
– les lots entre lesquels elles doivent être réparties ;
– et la quotité que devra en supporter chacun de ces lots.

Sous-section 1 : charges générales

Article 11 : les charges générales comprennent toutes celles qui ne sont pas considérées comme spéciales.
Impôts : les impôts, contributions et taxes sous quelque forme et dénomination que ce soit, auxquelles seront assujetties toutes les parties communes de l'ensemble, et même celles afférentes aux parties privatives tant que, en ce qui concerne ces dernières, le service des contributions directes ne les aura pas réparties entre les divers copropriétaires.
Services communs de l'ensemble immobilier :
– les honoraires du syndic et les frais nécessités par le fonctionnement du syndicat ;
– les honoraires de l'architecte pour l'entretien courant des parties communes générales ;
– les salaires du concierge avec leurs annexes et avantages en nature (logement, chauffage, éclairage, ainsi que toutes rémunérations aux personnes de service) (s'il y en a), charges du nettoyage ou de l'entretien des parties communes générales, les cotisations fiscales et sociales afférentes à ces salaires et rémunérations ;
– les frais d'éclairage, de nettoyage et d'entretien des entrées et cours communes ;
– l'achat, l'entretien et le remplacement des poubelles ;
– l'entretien et la réparation de la loge du concierge et des autres locaux à l'usage des services communs ;
– les frais d'entretien et de remplacement de l'installation électrique à usage commun, la location, la pose et l'entretien des compteurs à usage collectif ;
– l'entretien de la grille d'entrée sur rue, l'entretien des murs mitoyens, les frais de nettoyage de la chaussée, partie commune, l'entretien de la cour (s'il y en a).
La présente énumération est purement énonciative et non limitative.

Article 12 : les charges générales seront réparties entre les copropriétaires, au prorata des quotes-parts de copropriété contenues dans les lots **(attention : la loi du 13 décembre 2000 a complété l'article 10 de la loi n° 65-557 du 10 juillet 1965 en obligeant à préciser, dans le règlement, les éléments et méthodes du calcul des quotes-parts de parties communes et de répartition des charges)**.
Toutefois, les copropriétaires qui aggraveront les charges générales par leur fait, celui de leurs locataires ou des gens à leur service, supporteraient seuls les frais et dépenses ainsi occasionnés.

Sous-section 2 : charges d'entretien, de réparation et de reconstruction des bâtiments

Article 13 : les charges d'entretien, de réparation et de reconstruction comprennent :
– les frais des réparations de toute nature, grosses ou menues, à faire aux gros murs **(sauf cependant les menues réparations à faire aux gros murs à l'intérieur des appartements)**, à la toiture, aux têtes de cheminées, aux canalisations d'eau, de gaz et d'électricité, aux tuyaux du tout-à-l'égout, à ceux d'écoulement des eaux pluviales, à ceux conduisant les eaux ménagères au tout-à-l'égout **(sauf pour les**

parties extérieures à l'usage exclusif et particulier de chaque appartement aux locaux en dépendant), aux portes d'entrée, descentes de caves ;
– les réparations nécessitées par les engorgements dans les conduits des cabinets d'aisance, et celles nécessitées aux conduits de fumée pour les feux de cheminée, lorsque la cause ne pourra en être exactement déterminée ;
– les frais de ravalement des façades ;
– les primes d'assurance énumérées au chapitre relatif aux assurances ;
– et, d'une manière générale, tous frais directs ou indirects d'entretien, de réparation ou de reconstruction des bâtiments.

Sous-section 3 : ventilation et répartition

Article 14 : les dépenses d'entretien, de réfection, de reconstruction des bâtiments seront ventilées selon qu'elles s'appliquent à l'un ou l'autre des corps de bâtiment (s'il existe plusieurs corps de bâtiment).

Article 15 : les charges d'entretien, de réparation et de reconstruction s'appliquant à l'ensemble immobilier seront réparties entre tous les copropriétaires selon la proportion de millièmes qu'ils détiennent.

Sous-section 4 : recouvrement des charges

Article 16 : selon la loi du 13 décembre 2000, les frais engagés par le syndicat de copropriété à l'encontre d'un copropriétaire ayant aggravé les charges communes seront imputables uniquement au copropriétaire défaillant.

Sous-section 5 : budget et comptes

Article 17 (budget prévisionnel) : le syndicat de copropriété votera chaque année un budget prévisionnel concernant les dépenses de gestion courante avec des appels de fonds trimestriels. Les charges seront à compter du 1er janvier 2002 calculées sur la base du budget prévisionnel faisant l'objet de quatre appels égaux.
Selon l'article 14-1 de la loi du 13 décembre 2000, le budget prévisionnel réunit l'ensemble des dépenses de fonctionnement courant de l'année à venir, détermine un calendrier d'appels des provisions nécessaires, et fixe au premier jour du trimestre l'exigibilité des provisions.
En application de l'article 14-2 de la loi du 13 décembre 2000, un budget de travaux réunira l'ensemble des dépenses qui ne sont pas comprises dans le budget prévisionnel.
Les articles 14-1 et 14-2 sont entrés en vigueur le 1er janvier 2002.

Article 18 (plan comptable spécifique) : les comptes du syndicat devront être tenus en conformité avec un plan comptable spécifique afin de répondre à des objectifs de transparence et de meilleure lisibilité pour les copropriétaires, et ce à partir du 1er janvier 2004.
Selon l'article 14-3 de la loi du 13 décembre 2000, seront obligatoirement appliquées dans toutes les copropriétés des règles de tenue des comptes et d'information des copropriétaires. L'article 14-3 est entré en vigueur le 1er janvier 2004.
Pour l'harmonisation des obligations budgétaires et comptables du syndic avec les nouvelles obligations du syndicat en la matière, on se reportera à l'article 18, alinéa 4 de la même loi. Les obligations comptables entreront en application dès le 1er janvier 2004.

Article 18-1 (compte bancaire séparé) : selon l'article 77 de la loi de 2000, les

règlements des copropriétaires seront versés sur un compte séparé ouvert au nom du syndicat des copropriétaires sauf décision contraire de l'assemblée générale prise à la majorité des articles 25 (50 % des voix de tous les copropriétaires) et 25-1 (valable depuis le premier trimestre 2002), et seulement dans le cas où l'immeuble est géré par un syndic professionnel.
Cette obligation s'applique immédiatement aux mandats des syndics postérieurs à la date de promulgation de la loi. Elle s'applique à partir du 31 décembre 2002 pour les mandats en cours à la date de promulgation de la loi.

QUATRIÈME PARTIE : MUTATIONS DE PROPRIÉTÉ, LOCATIONS ET MODIFICATIONS DES LOTS

Article 19 (opposabilité du règlement aux copropriétaires successifs) : le présent règlement de copropriété et les modifications qui pourraient y être apportées seront, à compter de leur publication aux fichiers immobiliers, opposables au ayants cause à titre particulier des copropriétaires.

Article 20 (mutations entre vifs) : en cas de mutation entre vifs à titre onéreux ou gratuit, le nouveau copropriétaire est tenu, vis-à-vis du syndicat, du paiement des sommes mises en recouvrement postérieurement à la mutation, alors même qu'elles sont destinées au règlement des prestations ou des travaux engagés ou effectués antérieurement à la mutation. Il ne peut exiger la restitution des sommes par lui versées à quelque titre que ce soit.
Lors de la mutation à titre onéreux d'un lot, et si le vendeur n'a pas présenté au notaire un certificat du syndic ayant moins d'un mois de date, attestant qu'il est libre de toute obligation à l'égard du syndicat, avis de la mutation doit être donné au syndic de l'immeuble, par lettre recommandée avec avis de réception, à la diligence de l'acquéreur. Avant l'expiration d'un délai de huit jours de la réception de cet avis, le syndic peut former, au domicile élu, par acte extrajudiciaire, opposition au versement des fonds pour obtenir le paiement des sommes restant dues par l'ancien propriétaire. Cette opposition, à peine de nullité, énoncera le montant de la créance et contiendra élection de domicile dans le ressort du tribunal de grande instance de la situation de l'immeuble. Aucun paiement ou transport amiable ou judiciaire de tout ou partie du prix ne sera opposable au syndic ayant fait opposition dans ledit délai.

Article 21 (mutation par décès) : en cas de mutation par décès, les héritiers et ayants droit doivent, dans les deux mois du décès, justifier au syndic de leurs qualités héréditaires par une lettre du notaire chargé de régler la succession. Si l'indivision vient à cesser par suite d'un acte de partage, cession ou licitation entre héritiers, le syndic doit en être informé dans le mois de cet événement, par une lettre du notaire rédacteur de l'acte contenant les nom, prénom, profession et domicile du nouveau copropriétaire, la date de la mutation et celle de l'entrée en jouissance.

Article 22 (élection de domicile) : en toute hypothèse, le nouveau copropriétaire est tenu de faire une élection de domicile dans la notification constatant la mutation de propriété intervenue à son profit, faute de quoi ce domicile sera considéré de plein droit comme étant élu dans l'immeuble.

Article 23 (location, autorisation d'occuper) : le copropriétaire qui consentira une location de son lot ou autorisera un tiers à l'occuper devra donner connaissance au bénéficiaire du présent règlement et l'obliger à en exécuter les prescriptions.

Article 24 (location, responsabilité) : le copropriétaire bailleur restera solidairement responsable du fait ou de la faute de ses locataires ou sous-locataires. Il demeurera seul redevable de la quote-part afférente à son lot dans les charges définies au présent règlement, comme s'il occupait personnellement les lieux loués.

Article 25 (modification des lots) : les copropriétaires pourront échanger entre eux des éléments détachés de leurs lots ou en céder aux propriétaires voisins. Ils auront la faculté de modifier en conséquence la quote-part des charges de toute nature afférentes aux locaux en question, à la condition que le total reste inchangé.
Toutefois, la nouvelle répartition des charges résultant des modifications ainsi effectuées sera, par application de l'article 12 de la loi du 10 juillet 1965, soumise à l'approbation de l'asssemblée statuant à la majorité prévue par l'article 24 de ladite loi.
Bien entendu, tout copropriétaire de plusieurs lots jouira de la faculté de modifier la composition de ces lots, mais sous les mêmes conditions.
Toute modification des lots devra faire l'objet d'un acte modificatif de l'état descriptif de division.

CINQUIÈME PARTIE

SECTION I : syndicat, objet, membres, fonctionnement général, dénomination, durée, siège

Article 26 : la collectivité des copropriétaires est constituée en un syndicat doté de la personnalité civile.
Ce syndicat a pour objet la conservation de l'immeuble et l'administration des parties communes.
Il a qualité pour agir en justice tant en demandant qu'en défendant, contre certains des copropriétaires.

Article 27 : les décisions qui sont de la compétence du syndicat sont prises par l'assemblée des copropriétaires et exécutées par le syndic comme il sera expliqué plus loin.

Article 28 : le syndicat des copropriétaires est régi par la loi 65-557 du 10 juillet 1965.

Article 29 : il a pour dénomination « syndicat des copropriétaires de l'immeuble » du . . . . **(indiquez l'adresse de l'immeuble)**.
Le syndicat prendra naissance dès qu'il existera au moins deux copropriétaires différents. Il continuera tant que les locaux composant l'ensemble appartiendront à plusieurs copropriétaires différents. Ce syndicat prendra fin si la totalité de l'ensemble vient à appartenir à une seule personne.

SECTION II : assemblée générale des copropriétaires, convocation, dates et formes

Article 30 : les copropriétaires se réuniront en assemblée générale au plus tard six mois après la date à laquelle le syndicat aura pris naissance. Dans cette première réunion, l'assemblée nommera le syndic et fixera le chiffre de sa rémunération.

Avant la réunion de la première assemblée générale, le poste de syndic sera assuré par l'ancien propriétaire, ou son représentant.

Article 31 : par la suite, les copropriétaires se réuniront en assemblée générale sur convocation du syndic.
Le syndic convoquera l'assemblée générale des copropriétaires chaque fois qu'il le jugera utile et au moins une fois par an.

Article 32 : le syndic devra en outre convoquer l'assemblée générale chaque fois que la demande lui en sera faite par les copropriétaires possédant ensemble au moins le quart des parties communes ou par le conseil syndical. Cette demande lui sera adressée par lettre recommandée. Le syndic devra convoquer l'assemblée générale pour une date qui ne pourra être éloignée de plus d'un mois de celle à laquelle il aura reçu cette lettre.

Article 33 : faute par le syndic de satisfaire à cette obligation, cette convocation pourra être faite par les signataires de la demande ou le plus diligent d'entre eux. L'assemblée ainsi convoquée pourra révoquer le syndic sans aucune formalité.

Article 34 : les convocations seront adressées aux copropriétaires par lettres recommandées, envoyées à leur domicile et mises à la poste au moins quinze jours avant la date de réunion.
Ces lettres indiqueront le lieu, la date, l'heure de la réunion et l'ordre du jour de l'assemblée. Elles pourront également être remises aux copropriétaires contre émargement d'un état. Cette remise devra être effectuée dans les délais sus-indiqués. Elle dispensera de l'envoi de lettres recommandées aux copropriétaires ayant émargé.

Article 35 : tant qu'une mutation intervenue n'aura pas été notifiée au syndic, les convocations seront valablement faites à l'égard du ou des nouveaux propriétaires, au domicile de l'ancien propriétaire ou au domicile par lui élu.

Section III : tenue des assemblées

Article 36 : l'assemblée générale se réunit au lieu fixé par la convocation. Elle élit son président. Est élu celui des copropriétaires ayant recueilli le plus grand nombre de suffrages. En cas d'égalité entre eux, le président est désigné par le sort parmi les copropriétaires présents ayant recueilli le plus grand nombre de suffrages. Le syndic, son conjoint et ses préposés ne peuvent présider l'assemblée.

Article 37 : il est formé un bureau composé de deux scrutateurs et d'un secrétaire. Les fonctions de scrutateurs sont remplies par les deux membres de l'assemblée présents et acceptants qui possèdent et représentent le plus grand nombre de quotes-parts de copropriété, tant en leur nom que comme mandataires.
Le bureau désigne un secrétaire qui peut être pris en dehors des copropriétaires.

Article 38 : il est tenu une feuille de présence. Elle contient les noms et domiciles des copropriétaires présents ou représentés, le nombre des quotes-parts de copropriété possédées par chacun d'eux, et les quotes-parts qui leur incombent dans les diverses charges. Cette feuille est certifiée par le bureau. Elle est déposée au cabinet du syndic et doit être communiquée à tout copropriétaire le requérant.

Article 39 : les propriétaires peuvent se faire représenter par un mandataire de leur choix, habilité par une simple lettre. Toutefois, le syndic, son conjoint et ses

préposés ne peuvent recevoir mandat pour représenter un copropriétaire. En outre, aucun mandataire ne peut représenter plus de trois copropriétaires, sauf si le total des voix dont il dispose lui-même et de celles de ses mandants n'excède pas 5 % des voix du syndicat.
Les représentants légaux des mineurs, interdits ou autres incapables, participent aux assemblées en leur lieu et place.
En cas d'indivision ou d'usufruit d'un lot, les intéressés doivent être représentés par un mandataire commun qui sera, à défaut d'accord, désigné par le président du tribunal de grande instance, à la requête de l'un d'entre eux ou du syndic.

Article 40 : il ne peut être mis en délibération que les questions inscrites à l'ordre du jour porté sur les convocations.

Article 41 : les délibérations de l'assemblée générale sont constatées par les procès-verbaux inscrits sur un registre spécial et signés par les membres du bureau. Les copies ou extraits de ces procès-verbaux à produire en justice ou ailleurs sont certifiés par le syndic.

Section IV : règles de majorité

Article 42 : dans les assemblées générales, chacun des copropriétaires dispose d'autant de voix qu'il possède de quotes-parts de copropriété.
Chacun des associés propriétaires de lots dispose d'un nombre de voix égal à la quote-part dans les parties communes correspondant au lot dont il a la jouissance.

Article 43 : toutefois, lorsqu'un copropriétaire possède plus de la moitié des quotes-parts de parties communes appartenant à tous les copropriétaires, le nombre de voix dont il dispose est réduit à la somme des voix des autres copropriétaires.

Article 44 : lorsqu'aux termes du présent règlement les frais qui seraient entraînés par l'exécution de la décision mise aux voix n'incombent qu'à certains seulement des copropriétaires, seuls ces copropriétaires prennent part au vote, et ce, avec un nombre de voix proportionnel à leur participation aux frais.

Section V : décisions ordinaires (article 24 de la loi de 1965)

Article 45 : les décisions de l'assemblée générale sont prises à la majorité des voix dont disposent les copropriétaires ou associés, présents ou représentés, ayant, en vertu du présent règlement, voix délibératives au sujet de la résolution mise aux voix.

Article 46 : ces décisions ordinaires concernent, en application dudit règlement, la gestion des parties communes, le fonctionnement des services collectifs et des éléments d'équipements communs et, plus généralement, toutes les questions intéressant la copropriété autres que celles exigeant une majorité renforcée et visée aux articles suivants.

Article 47 : selon la loi du 13 décembre 2000, les abstentions ne sont plus comptabilisées dans le décompte des voix (50 % des voix des copropriétaires présents ou représentés). Seules les voix exprimées sont utilisées dans le calcul de la majorité des présents ou représentés.

Article 48 : l'assemblée générale détermine à la majorité des voix de tous les copropriétaires un montant des marchés et des contrats à partir duquel s'impose au syndic une mise en concurrence des entreprises (loi du 13 décembre 2000).

SECTION VI : décisions prises à la majorité absolue des voix (article 25 de la loi de 1965)

Article 49 : l'assemblée générale réunie sur première convocation ne peut adopter qu'à la majorité des voix de tous les copropriétaires les décisions concernant :
a – toute délégation de pouvoir de prendre l'une des décisions visées à l'article précédent relatif à l'administration courante de l'immeuble. Cette délégation peut être donnée au syndic, au conseil syndical ou à toute autre personne ; elle ne peut porter que sur un acte ou une décision déterminée, mais peut toutefois autoriser son bénéficiaire à décider de certaines dépenses jusqu'à un montant dont elle fixe le maximum. Elle ne peut, en aucun cas, priver l'assemblée générale de son pouvoir de contrôle sur l'administration de l'immeuble et le syndic. Il doit être rendu compte à l'assemblée de l'exécution de la délégation ;
b – l'autorisation donnée à certains copropriétaires d'effectuer à leurs frais des travaux affectant les parties communes ou l'aspect extérieur de l'immeuble et conformes à la destination de celui-ci ;
c – la désignation ou la révocation du syndic et des membres du conseil syndical, ainsi que le renouvellement de leurs fonctions ;
d – les conditions auxquelles sont réalisés les actes de disposition sur les parties communes de l'immeuble ou sur des droits accessoires à ces parties communes, lorsque ces actes résultent d'obligations légales ou réglementaires, telles que celles relatives à l'établissement de cours communes, d'autres servitudes ou à la cession de droits de mitoyenneté ;
e – les modalités de réalisation et d'exécution des travaux rendus obligatoires en vertu de dispositions législatives ou réglementaires. La loi du 13 décembre 2000 ajoute que, pour le vote des travaux à caractère obligatoire, si seul le tiers des voix de tous les copropriétaires et non la majorité a été obtenu, la même assemblée peut procéder à un second vote à la majorité des personnes présentes ;
f – la modification de la répartition des charges visées à l'alinéa premier de l'article 10 de la loi du 10 juillet 1965, rendue nécessaire par un changement de l'usage d'une ou plusieurs parties privatives ;
g – les travaux d'économie d'énergie portant sur l'isolation thermique du bâtiment, le renouvellement de l'air, le système de chauffage et la production d'eau chaude et amortissables sur une période inférieure à dix ans ;
h – la pose, dans les parties communes, de canalisations, de gaines et la réalisation d'ouvrages permettant d'assurer la mise en conformité des logements avec les normes de salubrité, de sécurité et d'équipement définies par la réglementation en vigueur relative à l'amélioration de l'habitat ;
i – les travaux d'accessibilité aux personnes handicapées à mobilité réduite, sous réserve qu'ils n'affectent pas la structure de l'immeuble ou ses éléments d'équipement essentiels ;
j – les copropriétaires sont tenus de participer aux charges entraînées par les services collectifs et les éléments d'équipement communs en fonction de l'utilité que ces services et éléments présentent à l'égard de chaque lot ;
k – l'installation ou l'adaptation d'une ou plusieurs antennes collectives permettant

de bénéficier d'une plus large ou d'une meilleure réception des émissions de radiodiffusion et de télédiffusion ;
l – l'installation de compteurs divisionnaires d'eau froide.

Article 50 : si l'assemblée générale n'a pas décidé à la majorité prévue à l'article précédent, mais que le projet a recueilli au moins le tiers des voix de tous les copropriétaires composant le syndicat, la même assemblée peut décider à la majorité prévue à l'article 24 de la loi de 1965 (voir ci-dessus) en procédant tout de suite à un second vote. Lorsque le projet n'a pas recueilli au moins le tiers des voix de tous les copropriétaires, une nouvelle assemblée générale, si elle est convoquée dans le délai maximal de trois mois, peut statuer à la majorité de l'article 24 (selon la loi du 13 décembre 2000).

SECTION VII : décisions exigeant une double majorité

Article 51 : l'assemblée générale ne peut adopter qu'à la majorité des membres du syndicat représentant au moins les deux tiers des voix des décisions concernant :
a – les actes d'acquisitions immobilières ainsi que les actes de disposition sur les parties communes ou les droits accessoires sur ces parties communes autres que ceux visés à l'article 49 ci-dessus ;
b – la modification du présent règlement de copropriété, dans la mesure où il concerne la jouissance, l'usage et l'administration des parties communes ;
c – les travaux immobiliers comportant transformation, addition ou amélioration à l'exception de ceux visés aux b, e, g, h, i de l'article 49 ;
d – les travaux à effectuer sur les parties communes en vue d'améliorer la sécurité des personnes et des biens au moyen de dispositifs de fermeture permettant d'organiser l'accès de l'immeuble ainsi que les périodes de fermeture totale de l'immeuble, compatibles avec l'exercice d'une activité autorisée par le règlement de copropriété ;
e – la transformation du syndicat en syndicat coopératif.

SIXIÈME PARTIE : SYNDIC

SECTION I : nomination, révocation et rémunération

Article 52 : le syndic est nommé et révoqué par l'assemblée générale des copropriétaires. Il peut être choisi parmi les copropriétaires ou en dehors d'eux. Il est rééligible.

Article 53 : l'assemblée générale fixe la rémunération du syndic et détermine la durée de ses fonctions. Cette durée ne peut être supérieure à trois ans.

Article 54 : jusqu'à la réunion de la première assemblée des copropriétaires prévue à l'article 30 ci-dessus, l'ancien propriétaire exercera à titre provisoire les fonctions de syndic à compter de l'entrée en vigueur du présent règlement. Il aura droit de ce chef à une rémunération annuelle.

Article 55 : si le syndic avait l'intention de se démettre de ses fonctions, il devrait en aviser le conseil syndical trois mois au moins à l'avance.

SECTION II : attributions

Article 56 : le syndic est chargé :
a – d'assurer l'exécution des dispositions de règlement de copropriété et des délibérations de l'assemblée générale ;
b – d'administrer l'immeuble, de pourvoir à sa conservation, à sa garde et à son entretien et, en cas d'urgence, de faire procéder de sa propre initiative à l'exécution de tous travaux nécessaires à la sauvegarde dudit immeuble ;
c – de tenir le carnet d'entretien de l'immeuble, selon l'article 18 de la loi du 13 décembre 2000 ;
d – de représenter le syndicat dans tous les actes de la vie civile et en justice.
D'une manière générale, le syndic est investi des pouvoirs qui lui sont conférés par la loi du 18 juillet 1965 et notamment par l'article 18 de cette loi.
Le syndic agira dans les conditions qui seront éventuellement définies par le décret qui sera pris pour l'application de la loi du 10 juillet 1965.

Article 57 : seul responsable de sa gestion, le syndic ne peut se faire substituer. L'assemblée générale statuant à la majorité prévue par l'article 25 de la loi du 10 juillet 1965 peut autoriser une délégation de pouvoirs à une fin déterminée. En cas d'empêchement du syndic pour quelque cause que ce soit ou en cas de carence de sa part à exercer les droits et actions du syndicat, les fonctions du syndic seraient assurées par le syndic suppléant désigné par l'assemblée générale. À défaut, un mandataire provisoire serait désigné par action de justice.

SEPTIÈME PARTIE : CONSEIL SYNDICAL

Section I : nomination, révocation

Article 58 : en vue d'assurer une liaison entre les copropriétaires et le syndic et de faciliter à ce dernier l'administration de l'ensemble, il est constitué un conseil syndical choisi obligatoirement parmi les copropriétaires.

Article 59 : les membres de ce conseil sont élus pour une durée de trois ans par l'assemblée générale. Ils sont rééligibles, leurs fonctions sont gratuites. Ils peuvent être révoqués par l'assemblée générale.

Article 60 : le conseil syndical élit un président. Il se réunit à la demande du président ; il peut se réunir, en outre, à toute époque, à la demande de l'un quelconque de ses membres ou à celle du syndic.

Article 61 : les décisions du conseil syndical sont prises à la simple majorité à condition que la moitié au moins de ses membres soient présents ou représentés.

Article 62 : le conseil syndical peut se compléter lorsque le nombre de ses membres vient à tomber au-dessous de deux, sauf ratification par la plus prochaine assemblée générale de la nomination effectuée par cooptation.

Section II : attributions

Article 63 : le conseil syndical donne son avis au syndic ou à l'assemblée générale sur les questions pour lesquelles il est consulté ou dont il se saisit lui-même. L'assemblée générale arrête le montant des marchés et des contrats à partir desquels la consultation du conseil syndical est rendue obligatoire.

Article 64 : le conseil syndical contrôle la gestion du syndic, notamment la comptabilité du syndicat, la répartition des dépenses, les conditions dans lesquelles sont passés et exécutés les marchés et tous autres contrats, ainsi que l'élaboration du budget prévisionnel dont il suit l'exécution.
Un ou plusieurs membres du conseil, habilités à cet effet par ce dernier, peuvent prendre connaissance et copie, au bureau du syndic, après lui en avoir donné avis, de toutes pièces, documents, correspondances, registres se rapportant à la gestion du syndic, et d'une manière générale à l'administration de la copropriété. Ils peuvent se faire assister, pour l'exercice de ces investigations, par tout technicien désigné par le conseil syndical.
Le conseil reçoit, en outre, sur sa demande, communication de tout document intéressant le syndicat.

Article 65 : le conseil syndical peut également recevoir d'autres missions ou délégations de l'assemblée générale statuant aux conditions prévues par l'article 70 du présent règlement.

Article 66 : le conseil syndical présente chaque année à l'assemblée générale un rapport d'activité portant notamment sur les avis qu'il a donnés au syndic au cours de l'exercice écoulé, sur le contrôle de la gestion du syndic et sur l'exécution des missions et délégations que l'assemblée aurait pu lui confier.

Section III : délibérations

Article 67 : les délibérations du conseil syndical sont constatées par des procès-verbaux.

Article 68 : lorsque les membres du conseil, présents à une réunion, ne sont pas unanimes, le procès-verbal mentionne les différentes thèses qui ont été présentées et les motifs allégués à l'appui de chacune d'elles. Il indique, pour chacune de ces thèses, le nombre des membres du conseil qui se sont prononcés en sa faveur. Le cas échéant, le procès-verbal indique en outre le nombre de membres du conseil qui se sont abstenus.
Lorsqu'il s'agit de se prononcer sur la régularité de la gestion du syndic, le conseil syndical arrête son avis à la majorité des membres présents à la délibération. En cas de partage des voix, celle du président est prépondérante.

Article 69 : les procès-verbaux, inscrits sur un registre ouvert à cet effet, sont signés par les membres du conseil ayant assisté à la réunion.

Article 70 : le président du conseil syndical doit délivrer, à tout copropriétaire et au syndic, à leur demande, la copie du procès-verbal de toute délibération prise par le conseil syndical.

Section IV : assurances

Article 71 : le syndicat sera assuré contre :
a – l'incendie, la foudre, les explosions, les dégâts causés par l'électricité et le gaz, les dégâts des eaux et les bris de glace (avec renonciation au recours contre les copropriétaires de l'immeuble occupant un appartement, local ou garage, ou contre les locataires et occupants de ces locaux) ;
b – le recours des voisins et le recours des locataires ;

c – la responsabilité civile pour dommages causés aux tiers par l'ensemble immobilier (défaut de réparations, vices de construction ou de réparations, etc.).

Article 72 : les questions relatives aux assurances seront débattues et tranchées par les copropriétaires à qui incomberont le paiement des primes. Ils décideront notamment du chiffre des risques à assurer et du choix de la ou des compagnies. Les polices seront signées par le syndic en exécution des résolutions de l'assemblée générale.

Article 73 : les copropriétaires qui estimeraient insuffisantes les assurances ainsi décidées pourront toujours souscrire, en leur nom personnel, une assurance complémentaire. Ils en paieront seuls les primes, mais auront seuls droits à l'indemnité à laquelle elle pourrait donner lieu.

Article 74 : chaque copropriétaire sera tenu d'assurer, en ce qui concerne son propre lot, le mobilier qui y est contenu contre l'explosion du gaz, les accidents causés par l'électricité et les dégâts des eaux.

Article 75 : en cas de sinistre, les indemnités allouées en vertu des polices générales seront encaissées par le syndic en présence d'un des copropriétaires désignés par l'assemblée générale, à charge pour le syndic d'en effectuer le dépôt en banque dans les conditions à déterminer par cette assemblée.

Article 76 : les indemnités de sinistre seront, sous réserve des droits de créanciers inscrits, affectées par privilège aux réparations ou à la reconstruction. Au cas où elles seraient supérieures aux dépenses résultant de la remise en état, telle qu'elle sera finalement décidée par l'assemblée générale, le syndic conserverait l'excédent à titre de réserve spéciale jusqu'à ce que l'assemblée générale statue sur son affectation.

HUITIÈME PARTIE : DÉCISIONS EXTRAORDINAIRES

SECTION I : modification du règlement de copropriété

Article 77 : l'assemblée générale peut modifier le présent règlement de copropriété dans la mesure où il concerne la jouissance, l'usage et l'administration des parties communes.

Article 78 : les décisions prises dans le cadre de l'article précédent sont adoptées par l'assemblée générale à la majorité des membres du syndicat représentant au moins les deux tiers des voix.

Article 79 : l'assemblée générale ne peut, à quelque majorité que ce soit, imposer à un copropriétaire une modification à la destination de ses parties privatives ou aux modalités de leur jouissance, telles qu'elles résultent du règlement de copropriété.

Article 80 : toutefois, la participation des copropriétaires aux charges entraînées par les services collectifs et les éléments d'équipement doit demeurer fonction de l'utilité que ces services et éléments présentent à l'égard de chaque lot.
Quant à la participation des copropriétaires aux charges relatives à la conservation, à l'entretien et à l'administration des parties communes, elle doit rester proportionnelle aux valeurs relatives des parties privatives comprises dans leurs lots telles que ces valeurs résultent, lors de l'établissement de la copropriété, de la consistance, de la superficie et de la situation des lots sans égard à leur utilisation.

En conséquence :
a – lorsque des travaux ou des actes d'acquisition ou de dispositions sont décidés par l'assemblée générale statuant à la majorité exigée par la loi, la modification de la répartition des charges ainsi rendue nécessaire peut être décidée par l'assemblée générale statuant à la même majorité.
À défaut de décision de l'assemblée générale modifiant les bases de la répartition des charges dans les cas ci-dessus prévus, tout copropriétaire pourra saisir le tribunal de grande instance de la situation de l'immeuble à l'effet de faire procéder à la nouvelle répartition rendue nécessaire ;
b – lorsqu'un changement de l'usage d'une ou plusieurs parties privatives rend nécessaire la modification de la répartition des charges entraînées par les services et les éléments d'équipement collectifs, cette modification est décidée, savoir : par une assemblée générale réunie sur première convocation, à la majorité des voix de tous les copropriétaires et, à défaut de décision dans ces conditions, par une nouvelle assemblée générale statuant à la majorité des voix des copropriétaires présents ou représentés.

NEUVIÈME PARTIE : AMÉLIORATION, ADDITION, SURÉLÉVATION, RECONSTRUCTION

Article 81 : les améliorations, additions de locaux privatifs, ainsi que l'exercice du droit de surélévation, seront effectués, le cas échéant, dans les conditions prévues aux articles 30 à 37 de la loi du 10 juillet 1965.

Article 82 : l'assemblée générale des copropriétaires, statuant à la double majorité prévue à l'article 26 (c'est-à-dire à la majorité des membres du syndicat représentant au moins deux tiers des voix), peut, à condition qu'elle soit conforme à la destination de l'immeuble, décider toute amélioration, telle que la transformation d'un ou plusieurs éléments d'équipement existants, l'adjonction d'éléments nouveaux, l'aménagement de locaux affectés à l'usage commun ou la création de tels locaux.
Elle fixe alors, à la même majorité, la répartition du coût des travaux et de la charge des indemnités prévues à l'article 83 ci-après en proportion des avantages qui résulteront des travaux envisagés pour chacun des copropriétaires, sauf à tenir compte de l'accord de certains d'entre eux pour supporter une part de dépenses plus élevée.
Elle fixe, à la même majorité, la répartition des dépenses de fonctionnement, d'entretien et de remplacement des parties communes ou des éléments transformés ou créés.
Lorsque l'assemblée générale refuse l'autorisation prévue à l'article 49 b, tout copropriétaire ou groupe de copropriétaires peut être autorisé par le tribunal de grande instance à exécuter, aux conditions fixées par le tribunal, tous travaux d'améliorations visés à l'alinéa premier ci-dessus ; le tribunal fixe en outre les conditions dans lesquelles les autres copropriétaires pourront utiliser les installations ainsi réalisées. Lorsqu'il est possible d'en réserver l'usage à ceux des copropriétaires qui les ont exécutées, les autres copropriétaires ne pourront être autorisés à les utiliser qu'en versant leur quote-part du coût de ces installations, évalué à la date où cette faculté est exercée.

Article 83 : sous réserve des dispositions existant dans la loi, la décision prise oblige les copropriétaires à participer, dans les proportions fixées par l'assemblée, au paiement des travaux, à la charge des indemnités prévues par la loi, ainsi qu'aux dépenses de fonctionnement, d'administration, d'entretien et de remplacement des parties communes ou des éléments transformés ou créés.

Article 84 : la part du coût des travaux, des charges financières y afférentes et des indemnités incombant aux copropriétaires qui n'ont pas donné leur accord à la décision prise peut n'être payée que par annuités égales au dixième de cette part.
Lorsque le syndicat n'a pas contracté d'emprunt en vue de la réalisation des travaux, les charges financières dues par les copropriétaires payant par annuités sont égales au taux légal d'intérêt en matière civile.
Toutefois, les sommes visées au précédent alinéa deviennent immédiatement exigibles lors de la première mutation entre vifs du lot de l'intéressé, même si cette mutation est réalisée par voie d'apport en société.
Les dispositions qui précèdent ne sont pas applicables lorsqu'il s'agit de travaux imposés par le respect d'obligations légales ou réglementaires.

Article 85 : la décision prévue à l'article 30 (de la loi) n'est pas opposable au copropriétaire opposant qui a, dans le délai prévu à l'article 42, alinéa 2, saisi le tribunal de grande instance en vue de faire reconnaître que l'amélioration décidée présente un caractère somptuaire eu égard à l'état, aux caractéristiques et à la destination de l'immeuble.

Article 86 : la surélévation ou la construction de bâtiments aux fins de créer de nouveaux locaux à usage privatif ne peut être réalisée par les soins du syndicat que si la décision en est prise à l'unanimité de ses membres.
La décision d'aliéner aux mêmes fins le droit de surélever un bâtiment exige, outre la majorité prévue à l'article 82, l'accord des copropriétaires de l'étage supérieur du bâtiment à surélever et, si l'immeuble comprend plusieurs bâtiments, la confirmation par une assemblée spéciale des copropriétaires des lots composant le bâtiment à surélever, statuant à la majorité indiquée ci-dessus.
Si le règlement de copropriété stipule une majorité supérieure pour prendre la décision prévue à l'alinéa précédent, cette clause ne peut être modifiée qu'à cette même majorité.

Article 87 : les copropriétaires qui subissent par suite de l'exécution des travaux de surélévation prévus à l'article 86, un préjudice [...], ont droit à une indemnité. Celle-ci, quant à la charge de l'ensemble des copropriétaires, est répartie selon la proportion initiale des droits de chacun dans les parties communes.

Article 88 : toute convention par laquelle un propriétaire ou un tiers se réserve l'exercice de l'un des droits accessoires (visés par la loi, dans son article 3) autre que le droit de mitoyenneté devient caduque si ce droit n'a pas été exercé dans les dix années qui suivent ladite convention.
Si la convention est antérieure à la promulgation de la présente loi, le délai de dix ans court de ladite promulgation.
Avant l'expiration de ce délai, le syndicat peut, statuant à la majorité prévue à l'article 25 (de la loi), s'opposer à l'exercice de ce droit, sauf à en indemniser le titu-

laire dans le cas où ce dernier justifie que la réserve de droit comportait une contrepartie à sa charge.
Toute convention postérieure à la promulgation de la présente loi et comportant réserve de l'un des droits visés ci-dessus, doit indiquer, à peine de nullité, l'importance et la consistance des locaux à construire et les modifications que leur exécution entraînerait dans les droits et charges des copropriétaires.

Article 89 : en cas de destruction totale ou partielle, la reconstruction serait décidée et, le cas échéant, opérée dans les conditions et avec les effets prévus aux articles 38 à 40 de la loi du 10 juillet 1965.

DIXIÈME PARTIE : MODIFICATION DES STRUCTURES JURIDIQUES

Article 90 (constitution de syndicats secondaires) : les copropriétaires dont les lots composent l'un des bâtiments pourront, réunis en assemblée générale, décider la constitution entre eux d'un syndicat dit secondaire. Cette éventuelle décision serait prise dans les conditions et avec les effets prévus à l'article 27 de la loi du 10 juillet 1965.

Article 91 (constitution de copropriétés distinctes) : si la division en propriété du sol se révélait possible, les copropriétaires dont les lots composeront l'un des bâtiments pourraient demander que ce bâtiment soit retiré de la copropriété initiale pour constituer une copropriété séparée. La décision serait alors prise dans les conditions et avec les effets prévus par l'article 29 de la loi du 10 juillet 1965.

ONZIÈME PARTIE : DISPOSITIONS FINALES

Article 92 (publicité foncière) : le présent règlement de copropriété sera publié au . . . . **(indication du bureau des hypothèques)** conformément à la loi du 10 juillet 1965, et aux dispositions légales portant réforme de la publicité foncière.
Il en sera de même de toutes modifications pouvant être apportées par la suite au présent règlement.

Article 93 (élection de domicile) : pour l'application du présent règlement de copropriété, les parties aux présentes font élection de domicile, savoir :
– dont acte établi sur . . . . pages **(donnez le nombre précis)** ;
– fait et passé à . . . . **(indiquez ville et adresse, et éventuellement le nom de l'étude notariale en ajoutant la mention « en l'étude du notaire soussigné)** ;
– après lecture des présente par . . . . **(donnez le nom du clerc de notaire, avec alors la mention « clerc de notaire, habilité et assermenté à cet effet », ou du notaire s'il y a lieu)**, les signatures des parties ont été recueillies ;
– l'an . . . . **(donnez la date et l'année en lettres)** ;
– par le clerc habilité qui a signé le même jour **(s'il s'agit d'un clerc et si cela a lieu devant notaire)** ;
– et le présent acte a été également signé le même jour par Maître . . . . **(indiquez le nom du notaire)**, notaire soussigné **(si le règlement est pris devant notaire)** ;

(Suivent les signatures des copropriétaires.)

Convocation à une assemblée générale

Vous êtes syndic bénévole et vous devez convoquer une assemblée générale ordinaire. Vous adressez une lettre avec accusé de réception à chaque copropriétaire, quinze jours au moins avant la date de la future réunion :

Vos nom, prénoms
Votre adresse

Nom du copropriétaire
Adresse du copropriétaire

LAR

. . . . **(lieu)**, ... **(date)**

Monsieur **(ou Madame)**,

L'assemblée générale des copropriétaires du . . . . **(précisez l'adresse de l'immeuble)** se tiendra le . . . . **(date)** à . . . . **(heure)** au . . . . **(adresse précise du lieu de la réunion)**.

L'ordre du jour comporte :
– quitus aux comptes du syndic pour l'année écoulée ;
– présentation du budget prévisionnel ;
– renouvellement du syndic ;
– . . . . **(ajoutez les points non obligatoires de l'ordre du jour, du remplacement de la porte d'entrée de l'immeuble aux problèmes posés par la sortie des poubelles)**.

Si vous désirez voir ajouter des points à l'ordre du jour, nous vous prions de nous les communiquer au plus vite par lettre recommandée avec accusé de réception.

Je vous prie d'agréer, Monsieur **(ou Madame)**, l'expression de mes salutations distinguées.

Votre signature

Demande de réunion de l'assemblée générale annuelle

L'assemblée doit se réunir, selon la loi, au moins une fois par an. Vous êtes copropriétaire et n'avez pas vu l'assemblée générale se réunir depuis plus d'un an.

Vos nom, prénoms
Votre adresse

Nom du syndic
Adresse du syndic

LAR

. . . . **(lieu)**, ... **(date)**

Monsieur **(ou Madame)**,

Nous attirons votre attention sur le fait que l'assemblée générale des copropriétaires du . . . . **(adresse de l'immeuble)** ne s'est pas réunie depuis plus d'un an.
Selon la loi, il faut donc convoquer cette assemblée.

À cette occasion, j'aimerais que l'assemblée évoque les points suivants, qu'il faudrait inscrire à l'ordre du jour :
– . . . . **(énumérez les points et thèmes dont il faudra débattre. Exemple : installation de compteurs individuels d'eau froide)**.

En vous remerciant par avance de convoquer prochainement cette assemblée, je vous prie d'agréer, Monsieur **(ou Madame)**, l'expression de mes salutations distinguées.

Votre signature

Demande de réunion d'une assemblée générale extraordinaire

Un propriétaire réunissant au moins 25 % des voix peut demander, selon la loi, la convocation d'une assemblée générale extraordinaire.

Vos nom, prénoms
Votre adresse

Nom du syndic
Adresse du syndic

LAR

. . . . **(lieu)**, ... **(date)**

Monsieur **(ou Madame)**,

Je me permets de vous demander de réunir une assemblée générale extraordinaire des copropriétaires du . . . . **(adresse de l'immeuble)**, comme le règlement m'y autorise.

À cette occasion, j'aimerais que l'assemblée évoque les points suivants, qu'il faudrait inscrire à l'ordre du jour :
– . . . . **(énumérez les points et thèmes dont il faudra débattre. Exemple : installation de compteurs individuels d'eau froide)**.

En vous remerciant par avance de convoquer prochainement cette assemblée, je vous prie d'agréer, Monsieur **(ou Madame)**, l'expression de mes salutations distinguées.

Votre signature

Assemblée générale : demande d'inscription d'un sujet à l'ordre du jour (modèle n° 1)

Une assemblée générale des copropriétaires est prévue sous peu et vous venez de recevoir la convocation. Vous souhaitez faire poser, par exemple, une antenne parabolique.

Vos nom, prénoms
Votre adresse

Nom du syndic
Adresse du syndic

LAR

. . . . **(lieu)**, ... **(date)**

Monsieur **(ou Madame)**,

À l'occasion de la prochaine réunion de l'assemblée générale des copropriétaires du . . . . (adresse de l'immeuble), j'aimerais que soit évoqué le point suivant, qu'il faudrait inscrire à l'ordre du jour :
– . . . . **(exposez votre demande. Exemple : « demande d'autorisation pour l'installation d'une antenne parabolique à côté de la fenêtre ouest du troisième étage, côté cour (lot n° 240) »)**.

En vous remerciant par avance, je vous prie d'agréer, Monsieur **(ou Madame)**, l'expression de mes salutations distinguées.

Votre signature

Assemblée générale : demande d'inscription d'un sujet à l'ordre du jour (modèle n° 2)

Une assemblée générale des copropriétaires est prévue sous peu et vous venez de recevoir la convocation. Vous souhaitez faire d'importants travaux : par exemple, l'ajout d'un balcon.

Vos nom, prénoms
Votre adresse

Nom du syndic
Adresse du syndic

LAR

. . . . **(lieu)**, ... **(date)**

Monsieur **(ou Madame)**,
À l'occasion de la prochaine réunion de l'assemblée générale des copropriétaires du . . . . **(adresse de l'immeuble)**, j'aimerais que soit évoqué le point suivant, qu'il faudrait inscrire à l'ordre du jour :
– . . . . **(exposez votre demande. Exemple : « demande d'autorisation de l'installation d'un balcon au troisième étage de l'immeuble (lot n° 240), donnant sur la rue, long de 3,5 m et large de 0,65 m (vue perspective des changements apportés à la façade ci-jointe, plus plan)** »).

En vous remerciant par avance, je vous prie d'agréer, Monsieur **(ou Madame)**, l'expression de mes salutations distinguées.

Votre signature

Assemblée générale : modèle de mandat

Vous ne pouvez pas vous rendre à l'assemblée générale des copropriétaires, mais vous pouvez donner mandat à un copropriétaire - dont vous savez qu'il sera présent - pour vous représenter.

Vos nom, prénoms
Votre adresse

. . . . **(lieu)**, ... **(date)**

Je soussigné(e), ... **(prénom, nom et adresse)**, donne mandat à M. (ou Mme) . . . . **(nom, prénom et adresse)** de me représenter et de voter en mes lieu et place à l'assemblée générale du . . . . **(date)** pour l'immeuble du . . . . **(adresse)**.

Votre signature

Déménagement

Lettre à EDF-GDF

Vos nom, prénoms
Votre adresse

Agence EDF-GDF
Adresse

. . . . **(lieu)**, ... **(date)**

Madame, Monsieur,

Je vous informe que mon déménagement aura lieu le . . . . **(date)**.

Je suis à la disposition de vos agents, si ceux-ci souhaitent prendre rendez-vous afin de venir relever mon compteur.

En vous remerciant par avance, je vous prie d'agréer, Madame, Monsieur, l'expression de mes salutations distinguées.

Votre signature

Lettre au service des eaux

Vos nom, prénoms
Votre adresse

Nom et adresse du service des eaux

. . . . **(lieu)**, ... **(date)**

Madame, Monsieur,

Je vous informe que mon déménagement aura lieu le . . . . **(date)**.

Je suis à la disposition de vos agents si ceux-ci souhaitent prendre rendez-vous pour venir relever mon compteur.
En vous remerciant par avance, je vous prie d'agréer, Madame, Monsieur, l'expression de mes salutations distinguées.

Votre signature

Lettre à France Télécom

Vos nom, prénoms
Votre adresse

France Télécom
Adresse de votre agence

. . . . **(lieu)**, ... **(date)**

Madame, Monsieur,

Je vous informe que mon déménagement aura lieu le . . . . **(date)**.
Je souhaiterais fermer ma ligne à cette date.

Ma nouvelle adresse sera . . . . **(adresse)**.

En vous remerciant par avance, je vous prie d'agréer, Madame, Monsieur, l'expression de mes salutations distinguées.

Votre signature

Lettre à votre banque

Vos nom, prénoms
Votre adresse

Nom du chargé de clientèle
Adresse de votre agence bancaire

. . . . **(lieu)**, ... **(date)**

Monsieur **(ou Madame)**,

Je vous informe que mon déménagement aura lieu le. . . . . . . **(date)**.
Je souhaiterais transférer mon compte dans l'agence la plus proche de mon nouveau domicile, dont l'adresse sera . . . . **(adresse)**.

Je vous remercie par avance de m'adresser au plus vite mes nouveaux relevés d'identité bancaire, afin que je puisse prévenir les organismes qui prélèvent ou virent automatiquement de l'argent sur mon compte, ainsi que des lettres types pour les prévenir, si votre établissement en tient à la disposition de sa clientèle.

Je vous prie d'agréer, Monsieur **(ou Madame)**, l'expression de mes salutations distinguées.

Votre signature

Lettre aux organismes prélevant ou virant automatiquement de l'argent sur votre compte bancaire

Vos nom, prénom
Votre adresse

Nom de la société
Adresse de la société

. . . . **(lieu)**, ... **(date)**

Madame, Monsieur,

Je vous informe que je déménage le . . . . **(date)**.
Ma nouvelle adresse sera . . . . **(adresse)**.

Vous trouverez ci-joint mon nouveau relevé d'identité bancaire.

Je vous prie d'agréer, Madame, Monsieur, l'expression de mes salutations distinguées.

Votre signature

Lettre à votre employeur

Par courtoisie, il convient tout d'abord de prévenir oralement votre employeur de votre déménagement. Une lettre est cependant nécessaire.

Vos nom, prénom
Votre adresse

Nom de la société
Prénom et nom de l'employeur
Adresse de la société

. . . . **(lieu)**, ... *(date)*

Monsieur **(ou Madame)**,

Comme convenu, je vous informe que je déménage le . . . . **(date)**.
Ma nouvelle adresse sera . . . . **(adresse)**.

Je vous prie d'agréer, Monsieur **(ou Madame)**, l'expression de mes salutations distinguées.

Votre signature

Demande de prime de déménagement

Vous demandez une prime de déménagement à votre caisse d'allocation familiale. Vous devez, dans les six mois suivant votre déménagement, lui renvoyer le formulaire Cerfa n° 11363*03 de demande de prime de déménagement, accompagné du formulaire Cerfa n° 11423*03 de déclaration de situation, dûment remplis (tous deux sont disponibles sur le site www.caf.fr ainsi qu'à la caisse la plus proche de votre domicile). Joignez-y la lettre suivante.

Vos nom, prénoms
Votre adresse

Caisse d'allocation familiale
Adresse de la caisse du nouveau domicile

. . . . **(lieu)**, ... **(date)**

Madame, Monsieur,

Ayant déménagé le . . . . **(date)** de . . . . **(votre ancienne adresse)** à . . . . **(votre nouvelle adresse)**, et recevant déjà une aide au logement (allocation logement ou aide personnalisée au logement), je sollicite de votre part une prime de déménagement.

Vous trouverez ci-jointes les pièces justificatives suivantes :
– photocopie du livret de famille, sur lequel a été portée la naissance de mon troisième enfant **(ou quatrième, cinquième, etc.)** ;
– facture de l'entreprise de déménagement **(ou facture de location d'un véhicule si le déménagement a été effectué par la famille elle-même)** ;
– quittance EDF.

Je vous prie d'agréer, Monsieur **(ou Madame)**, l'expression de mes salutations distinguées.

Votre signature

Lettre à la caisse d'allocations familiales

Recevant des prestations sociales, vous déménagez (vous vous mariez, vous vous séparez de votre conjoint, divorcez, prenez une personne à charge, etc.). Il faut prévenir la caisse d'allocations familiales dont vous dépendez en lui transmettant le formulaire Cerfa n° 11361*02, qu'elle tient à votre disposition, ou que vous pouvez vous procurer sur le site www.caf.fr, auquel vous joignez la lettre suivante.

Vos nom, prénoms
Votre adresse

Caisse d'allocations familiales

Adresse

. . . . **(lieu)**, ... **(date)**

Madame, Monsieur,

Je vous informe de mon déménagement de . . . . **(ancienne adresse)** à . . . . **(nouvelle adresse).**

En vous remerciant par avance de faire suivre mon dossier, je vous prie d'agréer, Madame, Monsieur, l'expression de mes salutations distinguées.

Votre signature

Lettre à la caisse primaire d'assurance maladie

En cas de déménagement, il vous faut aussi prévenir la Sécurité sociale.

Vos nom, prénoms
Votre adresse

Caisse primaire d'assurance maladie
Adresse de la caisse dont vous dépendiez

. . . . **(lieu)**, ... **(date)**

Madame, Monsieur,

Je vous informe de mon déménagement de . . . . **(ancienne adresse)** à . . . . **(nouvelle adresse)**.

Vous trouverez ci-joint :
– ma carte d'assuré social ;
– un relevé d'identité bancaire ;
– une fiche de situation **(fiche de paie, bordereau de paiement des Assedic ou autre)**.

En vous remerciant par avance de faire suivre au plus vite mon dossier à la caisse primaire dont je dépends à présent, je vous prie d'agréer, Monsieur **(ou Madame)**, l'expression de mes salutations distinguées.

Votre signature

Modèle de lettre de voiture

Vous faites appel à un déménageur. Pour garantir vos biens en cas de casse ou de perte, il faut que vous rédigiez avec lui une « lettre de voiture », qui décrit le déménagement tel qu'il a été convenu entre les parties et comporte des mentions obligatoires. Si l'entreprise ne dispose pas de formulaire, voici ce que vous devez écrire.

Vos nom, prénoms
Votre adresse

Nom de l'entreprise de déménagement
Son adresse

. . . . **(lieu)**, ... **(date)**

Nous convenons que le déménagement de Monsieur **(ou Madame)** . . . . **(nom)**, de . . . . **(adresse du domicile à déménager)** à . . . . **(adresse du nouveau domicile)** s'effectuera par la route.
Le volume de meubles à déménager est de . . . . mètres cubes **(en chiffres. Exemple : 10 mètres cubes)**.
Il concerne le mobilier suivant :
– . . . . **(description du mobilier : un canapé de cuir noir 3 places acheté le 3 avril 2004, un guéridon Louis XVI en acajou, un lit adulte de famille de style normand, etc.)**.
L'entreprise de déménagement viendra chercher les meubles le . . . . (date) et les acheminera au nouveau domicile le . . . . **(date)**.

Votre signature **La signature du responsable de l'entreprise**

Demande d'indemnisation pour dommages du fait du déménageur

À l'issue du déménagement, des meubles sont endommagés, détruits ou perdus. Vous pouvez demander une indemnisation. Pour cela, mentionnez très précisément chaque dégât sur la déclaration de fin de travail que rendent obligatoire les conditions générales de vente et, dans les trois jours ouvrables après la fin du déménagement et selon l'article L. 133-3 du Code du commerce [1], envoyez à l'entreprise de déménagement une lettre recommandée avec accusé de réception ainsi rédigée.

Vos nom, prénoms
Votre adresse

Nom de l'entreprise de déménagement
Son adresse

LAR

. . . . **(lieu)**, ... **(date)**

Monsieur **(ou Madame)**,

Voici donc la liste des meubles endommagés **(ou : perdus)** lors de mon déménagement du . . . . **(date)**, par lequel vous avez transféré mon mobilier de . . . . **(votre ancienne adresse)** à . . . .

(votre nouvelle adresse) :
– . . . . **(Énumérez précisément. Exemple 1 : chambre des parents, guéridon d'acajou, destruction de la marqueterie sur 15 cm2, disparition du tiroir. Exemple 2 : salon, disparition du buffet de style rustique. Etc.)**.

Vous trouverez ici la liste des pièces justificatives, notamment des factures, des photos et des attestations de proches :
– . . . . **(liste détaillée, pièce par pièce, dans le même ordre que la précédente liste. Exemple 1 : chambre des parents, guéridon d'acajou, 2 photos prises pour les assurances. Exemple 2 : salon, buffet de style rustique, facture Ikéa. Etc.)**.

Je vous prie de régler au plus vite l'indemnisation à laquelle j'ai droit.

En vous remerciant par avance, je vous prie d'agréer, Monsieur **(ou Madame)**, l'expression de mes salutations distinguées.

Votre signature

1. Article L.133-3 du Code du commerce : « La réception des objets transportés éteint toute action contre le voiturier pour avarie ou perte partielle si dans les trois jours, non compris les jours fériés, qui suivent celui de cette réception, le destinataire n'a pas notifié au voiturier, par acte extrajudiciaire ou par lettre recommandée, sa protestation motivée.
« Si dans le délai ci-dessus prévu il est formé une demande d'expertise en application de l'article L.133-4, cette demande vaut protestation sans qu'il soit nécessaire de procéder comme il est dit au premier alinéa.
« Toutes stipulations contraires sont nulles et de nul effet. Cette dernière disposition n'est pas applicable aux transports internationaux. »

Location

Engagement de caution simple

En vous portant caution pour un ami ou un membre de votre famille, vous désirez lui rendre service. Or, la signature que vous apposez sur l'acte de caution ne constitue pas une simple formalité. C'est un acte par lequel vous donnez au bailleur la garantie personnelle que vous paierez les sommes dues au titre du loyer, des charges, etc., en lieu et place du locataire si celui-ci est défaillant. Les risques ne doivent pas être négligés.

L'acte de caution, que vous devez écrire et signer de votre main, doit comporter un certain nombre de mentions obligatoires :

- le montant du loyer (ainsi que les conditions de sa révision telles qu'elles figurent dans le bail). Vous devez l'inscrire en chiffres et en lettres ;
- la durée du bail ;
- la reproduction manuscrite de l'article 22-1, alinéa 2 de la loi du 6 juillet 1989 (article inséré par la loi du 21 juillet 1994).

Vous devez, en outre, indiquer clairement que vous avez pris pleinement conscience de la portée et de la nature de votre engagement.

À savoir : si vous avez été contraint de payer à la place du locataire, vous disposez d'un recours contre lui pour récupérer les sommes versées.

Engagement de caution simple **(obligatoirement manuscrit)**

Je soussigné(e) Monsieur **(Madame)** . . . . **(vos nom et prénom)**, demeurant à . . . . **(adresse complète)**, déclare me porter caution envers M. **(Mme)** . . . . **(nom et prénom du locataire)**, demeurant à . . . . **(adresse)**, pour la location d'un logement situé . . . . **(adresse)**, pour le paiement des loyers, charges locatives, ... **(précisez toutes les sommes pour lesquelles vous vous portez caution)**, soit un montant mensuel total de . . . . €, durant les . . . . mois **(durée en mois)** du bail initial **(ajoutez « et ses renouvellements éventuels » si vous vous engagez pour plus de trois ans)**.

Je déclare avoir une parfaite connaissance de la nature et de l'étendue de l'obligation que je contracte et reconnais avoir pris connaissance des termes de l'article 22-1, alinéa 2 de la loi du 6 juillet 1989, que je reproduis **intégralement** ci-après :

Cautionnement simple ou solidaire ?

Le cautionnement simple suppose qu'en cas de problème le bailleur doit préalablement procéder à la saisie et à la vente des biens du locataire. Ce n'est que si ces démarches sont insuffisantes (exemple : locataire insolvable) que vous serez sollicité.
Évitez le cautionnement solidaire, qui impose une double obligation à la caution :
– s'acquitter de la dette du locataire à la première demande du bailleur. En effet, celui-ci n'est pas tenu de se retourner au préalable contre le locataire défaillant mais peut vous solliciter immédiatement ;
– rembourser l'ensemble des sommes dues même si plusieurs personnes se sont aussi portées caution.
Le risque est donc plus important : à la moindre défaillance du locataire, on vous demandera de payer son loyer.

« Lorsque le cautionnement d'obligations résultant d'un contrat de location conclu en application du présent titre ne comporte aucune indication de durée ou lorsque la durée du cautionnement est stipulée indéterminée, la caution peut le résilier unilatéralement. La résiliation prend effet au terme du contrat de location, qu'il s'agisse du contrat initial ou d'un contrat reconduit ou renouvelé, au cours duquel le bailleur reçoit notification de la résiliation. »

Fait à . . . . , le . . . .

Votre signature

Dénonciation de l'engagement de caution

Si, dans l'acte de cautionnement que vous avez signé, vous vous êtes engagé pour une durée déterminée que vous avez clairement indiquée dans l'acte (exemples : « pour la durée du bail initial » - soit trois ans - ou « pour une durée de trois ans »), votre engagement ne cessera (automatiquement) qu'à l'expiration de ce délai. Et vous ne serez pas tenu de toutes les dettes nées postérieurement.

Vos nom, prénoms
Votre adresse
Votre numéro de téléphone
Votre adresse e-mail

Lettre recommandée avec AR

Nom et adresse du bailleur

. . . . **(lieu)**, ... **(date)**

Monsieur **(ou Madame)**,

Je me suis porté(e) caution pour . . . . **(nom, prénom du locataire)** pour les loyers qu'il **(ou elle)** pourrait être amené(e) à vous devoir, en vertu d'un contrat de bail débutant le . . . . et expirant le . . . .

Ce bail, faute d'une quelconque manifestation de votre part ou de celle du locataire, a été tacitement reconduit. Or, mon engagement de caution précisait que je m'engageais pour une durée de trois ans. Il n'était nullement spécifié que cet engagement vaudrait pour les renouvellements futurs.
C'est la raison pour laquelle votre demande de mise en œuvre de la garantie pour les loyers impayés de . . . . **(nom, prénom du locataire)** des mois . . . . **(précisez les mois de loyers impayés)** ne saurait être valable.

Aussi, je vous prie de considérer votre demande comme nulle et non avenue et vous adresse, par ailleurs, Monsieur **(ou Madame)**, mes salutations distinguées.

Votre signature

Résiliation de l'engagement de caution

Si vous vous êtes engagé sans indication de durée dans l'acte de caution ou pour une durée indéterminée (exemple : « pour toute la durée du bail ainsi que ses renouvellements »), vous pourrez alors résilier unilatéralement votre engagement à tout moment en adressant au bailleur une lettre recommandée avec accusé de réception (et copie au locataire). Toutefois, la garantie ne cesse qu'à l'expiration du contrat en cours (bail initial ou bail renouvelé). Exemple : pour un bail conclu pour trois ans, si vous dénoncez votre engagement au bout de deux ans, vous serez néanmoins tenu des dettes jusqu'à l'arrivée du terme, soit encore un an.

Vos nom, prénoms
Votre adresse
Votre numéro de téléphone
Votre adresse e-mail

Lettre recommandée avec AR

Nom et adresse du bailleur

. . . . **(lieu)**, ... **(date)**

Monsieur **(ou Madame)**,

Je me suis porté(e) caution pour . . . . **(nom, prénom du locataire)** pour les loyers qu'il **(ou elle)** pourrait être amené(e) à vous devoir, en vertu d'un contrat de bail débutant le . . . . et expirant le . . . .

Mon engagement de caution ne comportant aucune indication de durée (ou « mon engagement de caution était stipulé de durée indéterminée »), je vous informe, par la présente, de mon intention de dénoncer cet engagement.
En conséquence, je vous prie de considérer qu'à compter du . . . . (date d'expiration du bail en cours), je ne serai plus tenu(e) de rembourser les impayés de . . . . **(nom, prénom du locataire)** en cas de défaillance de sa part.

Je vous prie d'agréer, Monsieur **(ou Madame)**, l'expression de mes salutations distinguées.

Votre signature

Copie adressée au locataire, M. **(ou Mme)** . . . .

Demande de quittance de loyer

Contrairement à ce qu'il est commun de croire, la remise d'une quittance de loyer n'est pas automatique. Toutefois, l'article 21 de la loi n° 89-462 du 6 juillet 1989 relative aux relations entre bailleurs et locataires dispose que le bailleur est tenu de remettre gratuitement une quittance au locataire qui en fait la demande.

Vos nom, prénoms
Votre adresse
Votre numéro de téléphone
Votre adresse e-mail

Lettre recommandée avec AR

Nom et adresse de votre bailleur

. . . . **(lieu)**, ... **(date)**

Objet : demande de quittance de loyer

Monsieur **(ou Madame)** . . . . ,

Locataire de l'appartement situé . . . . **(adresse complète du logement)**, en vertu du contrat de location que nous avons conclu le . . . . , je vous fais parvenir ci-joint un chèque de . . . . € correspondant au montant du loyer du mois de . . . . et de la provision mensuelle pour charges. Conformément aux dispositions de l'article 21 de la loi du 6 juillet 1989 [1], je vous serais reconnaissant(e) de bien vouloir m'envoyer gratuitement une quittance attestant ce versement.

Par ailleurs, je vous informe que je souhaite désormais recevoir une quittance distinguant le loyer et les charges en échange de chacun de mes prochains règlements.

Veuillez agréer, Monsieur **(ou Madame)** . . . . , l'expression de mes salutations distinguées.

Votre signature

1. Article 21 de la loi du 6 juillet 1989 : « Le bailleur est tenu de remettre gratuitement une quittance au locataire qui en fait la demande. La quittance porte le détail des sommes versées par le locataire en distinguant le loyer, le droit de bail et les charges. »

Demande de quittance de loyer : mise en demeure

À maintes reprises, vous avez demandé à votre bailleur de vous délivrer une quittance de loyer, mais il n'en a rien fait.
Vous le mettez donc en demeure de répondre à votre demande, en lui rappelant fermement qu'il s'agit d'une obligation légale (article 21 de la loi du 6 juillet 1989) et que les tribunaux condamnent même à des dommages et intérêts les bailleurs réticents.

Vos nom, prénoms
Votre adresse
Votre numéro de téléphone
Votre adresse e-mail

Lettre recommandée avec AR

Nom et adresse de votre bailleur

. . . . **(lieu)**, ... **(date)**

Objet : mise en demeure de délivrance d'une quittance de loyer

Monsieur **(ou Madame)** . . . . ,

En vertu du contrat de location que nous avons conclu le . . . . , je vous loue l'appartement situé . . . . **(adresse complète du logement)**.

À plusieurs reprises, lors de mes derniers règlements, je vous ai demandé de m'adresser en retour une quittance attestant les sommes ainsi versées.
Or, à ce jour, vous ne m'avez toujours rien envoyé. Je vous rappelle cependant qu'il s'agit d'une obligation légale que vous impose d'accomplir l'article 21 de la loi du 6 juillet 1989.

En conséquence, je vous mets en demeure, en application de cet article, d'établir une quittance pour chacun de mes précédents paiements et vous demande de continuer à m'en délivrer une pour chacun de mes prochains versements.

Si vous persistez dans votre refus, je me verrai dans l'obligation de saisir les tribunaux.

Veuillez agréer, Monsieur **(ou Madame)** . . . . , l'expression de mes salutations distinguées.

Votre signature

Modèle de quittance de loyer

QUITTANCE DE LOYER

Je soussigné, ... **(vos prénom et nom)**, propriétaire de l'appartement **(ou de la maison)** situé(e) à . . . . **(adresse complète)**, donné(e) en location à M. (ou Mme ou Mlle) . . . . **(prénom et nom de votre locataire)**, déclare avoir reçu de celui-ci **(ou celle-ci)**, à titre de loyer et de charges pour la période du . . . . **(précisez)** au . . . . **(précisez)**, la somme de . . . . **(à inscrire de préférence en chiffres et en lettres)** euros et lui en donne quittance.
Cette somme se répartit de la façon suivante :

– Loyer : . . . . **(somme à inscrire en chiffres et en lettres)** euros
– Charges : . . . . **(somme à inscrire en chiffres et en lettres)** euros

Soit un total de . . . . €.

À . . . . , le . . . .

Votre signature

Refus d'accéder à une demande de prélèvement automatique du loyer

Votre bailleur menace de résilier votre bail si vous refusez de payer votre loyer par prélèvement automatique. Il s'appuie, dans sa lettre recommandée, sur une clause du contrat de bail qui impose ce mode de règlement, sous peine de sa résiliation.
Sachez que l'article 4 c) de la loi du 6 juillet 1989 déclare non écrite toute clause qui impose comme mode de paiement du loyer l'ordre de prélèvement automatique sur le compte courant du locataire.

Vos nom, prénoms
Votre adresse
Votre numéro de téléphone
Votre adresse e-mail

Lettre recommandée avec AR

Nom et adresse de votre bailleur

. . . . **(lieu)**, ... **(date)**

Monsieur **(ou Madame)** . . . . ,

En vertu du contrat de bail que nous avons conclu le . . . . , je vous loue l'appartement situé . . . . **(adresse complète du logement)**.

Par courrier daté du . . . . , vous me mettez en demeure de vous régler mes loyers par prélèvement automatique sur mon compte courant. Vous me menacez, en cas de refus de ma part, de résilier mon bail, en vous référant à une clause insérée dans le contrat de bail.

Or, je vous rappelle qu'en vertu des dispositions de l'article 4 c) de la loi du 6 juillet 1989 toute clause qui impose comme mode de paiement du loyer l'ordre de prélèvement automatique sur le compte courant du locataire est réputée non écrite.

Cette loi étant d'ordre public, les conventions privées ne peuvent y déroger. En conséquence, je vous informe que je persiste dans mon refus de prélèvement automatique de mes loyers.

Si, contrairement à ces dispositions légales, vous décidez néanmoins de résilier mon bail, je me verrai dans l'obligation de saisir le tribunal d'instance en vue de l'annulation de cette clause illicite et le versement de dommages et intérêts pour le préjudice subi.

Veuillez agréer, Monsieur **(ou Madame)** . . . . , l'expression de mes salutations distinguées.

Votre signature

1. Article 4 c) de la loi du 6 juillet 1989 : « Est réputée non écrite toute clause :
« c) Qui impose comme mode de paiement du loyer l'ordre de prélèvement automatique sur le compte courant du locataire ou la signature par avance de traites ou de billets à ordre. »

Demande de justificatif d'assurance à votre locataire

L'article 7 g) de la loi du 6 juillet 1989 oblige le locataire à s'assurer contre les risques dont il doit répondre en sa qualité de locataire. Il doit, par ailleurs, justifier de la souscription de cette assurance lors de la remise des clefs puis, chaque année, à la demande du bailleur. Dans le cas où il oublierait, vous pouvez lui réclamer ce justificatif afin de vérifier qu'il respecte bien son obligation.

Vos nom, prénoms
Votre adresse
Votre numéro de téléphone
Votre adresse e-mail

Lettre recommandée avec AR

Nom et adresse de votre locataire

. . . . **(lieu)**, ... **(date)**

Monsieur **(ou Madame)**,

En vertu du contrat de bail que nous avons conclu le . . . . , je vous loue l'appartement situé . . . . **(adresse complète du logement)**.

Conformément aux dispositions de l'article 7 g) de la loi du 6 juillet 1989, je vous demande de bien vouloir me faire parvenir une attestation d'assurance prouvant que le logement est bien couvert contre les risques dont vous avez à répondre en votre qualité de locataire.

Dans cette attente, je vous prie de croire, Monsieur **(ou Madame)**, à l'assurance de ma considération distinguée.

Votre signature

Demande de justificatif d'assurance : mise en demeure

Votre locataire n'a pas répondu à votre demande d'attestation d'assurance. Craignant qu'il ne se soit pas assuré, vous le mettez en demeure de vous faire parvenir, dans les plus brefs délais, ce justificatif. Si le contrat de bail comprend une clause prévoyant la résiliation du bail au cas où le locataire n'est pas assuré, vous pouvez le menacer de la faire jouer.

Vos nom, prénoms
Votre adresse
Votre numéro de téléphone
Votre adresse e-mail

Lettre recommandée avec AR

Nom et adresse de votre locataire

. . . . **(lieu)**, ... **(date)**

Monsieur **(ou Madame)**,

En vertu du contrat de bail que nous avons conclu le. . . . . . . , je vous loue l'appartement situé . . . . **(adresse complète du logement)**.

Par courrier envoyé en date du . . . . , je vous ai demandé de me faire parvenir, conformément aux dispositions de l'article 7 g) de la loi du 6 juillet 1989, une attestation d'assurance.

Or, à ce jour, vous ne m'avez toujours pas envoyé ce justificatif. Je vous rappelle que l'article 7, in fine de la loi du 6 juillet 1989 [1], prévoit la possibilité d'une résiliation de plein droit du contrat de location pour défaut d'assurance du locataire si une clause de ce contrat le prévoit ; ce qui est le cas pour votre contrat.

En conséquence, je vous informe que si vous ne donnez toujours pas suite à ma requête dans le délai d'un mois, votre contrat de bail sera résilié de plein droit, comme cela est prévu dans la loi : « Toute clause prévoyant la résiliation de plein droit du contrat de location pour défaut d'assurance du locataire ne produit effet qu'un mois après un commandement demeuré infructueux. Ce commandement reproduit, à peine de nullité, les dispositions du présent paragraphe. »

En espérant ne pas devoir en venir à une telle extrémité, je vous prie de croire, Monsieur **(ou Madame)**, à l'assurance de mes salutations distinguées.

Votre signature

1. Article 7, in fine de la loi du 6 juillet 1989 : « Toute clause prévoyant la résiliation de plein droit du contrat de location pour défaut d'assurance du locataire ne produit effet qu'un mois après un commandement demeuré infructueux. Ce commandement reproduit, à peine de nullité, les dispositions du présent paragraphe. »

Demande d'autorisation de sous-location de votre logement

En vertu de l'article 8 de la loi du 6 juillet 1989, « le locataire ne peut ni céder le contrat de location, ni sous-louer le logement sauf avec l'accord écrit du bailleur, y compris sur le prix du loyer. Le prix du loyer au mètre carré de surface habitable des locaux sous-loués ne peut excéder celui payé par le locataire principal ».

Si vous souhaitez sous-louer le logement que vous louez (parce que, par exemple, vous devez vous absenter pendant une longue période), vous devez impérativement en demander l'autorisation au propriétaire. À défaut, ou si vous allez outre son refus, il pourra résilier votre bail pour faute.

Vos nom, prénoms
Votre adresse
Votre numéro de téléphone
Votre adresse e-mail

Lettre recommandée avec AR

Nom et adresse de votre bailleur

. . . . **(lieu)**, ... **(date)**

Monsieur **(ou Madame)**,

Par contrat que nous avons conclu en date du . . . . , je vous ai loué l'appartement situé . . . . **(donnez l'adresse exacte du logement)** pour trois ans renouvelables.

Devant m'absenter pendant six mois à compter du . . . . , pour des raisons professionnelles **(par exemple)**, je souhaiterais pouvoir sous-louer cet appartement pendant la durée de mon absence, pour un loyer de . . . .€ [1].

En conséquence, conformément à l'article 8 de la loi du 6 juillet 1989, je sollicite votre accord écrit pour cette sous-location ; étant entendu que cela ne change rien aux versements mensuels du loyer et des charges auxquels je suis tenu(e) en tant que locataire.

Dans l'attente de votre réponse, je vous prie de croire, Monsieur **(ou Madame)**, à l'assurance de mes salutations distinguées.

Votre signature

1. Le prix que vous percevrez du sous-locataire ne peut excéder celui que vous payez et votre propriétaire doit être d'accord sur le montant que vous proposez.

Proposition de renouvellement du bail avec augmentation de loyer

Vous louez un appartement dont le bail arrive à son terme. Vous proposez le renouvellement de ce dernier avec une majoration du loyer.

Il faut cependant que vous prouviez que le loyer actuel est manifestement sous-évalué par rapport aux loyers pratiqués dans le même immeuble ou dans le voisinage pour des logements comparables.

Par ailleurs, vous devez respecter un formalisme assez strict :

• Six mois avant l'expiration du bail, vous devez notifier à votre locataire votre proposition d'augmentation de loyer par lettre recommandée avec avis de réception ou par acte d'huissier.

• Pour que cette proposition soit valable, elle doit contenir :

- le montant du nouveau loyer ;
- la reproduction intégrale de l'article 17 c) de la loi du 6 juillet 1989 ;
- au moins trois références de loyers sur lesquelles vous allez vous appuyer pour justifier l'augmentation (six références dans les communes faisant partie d'une agglomération de plus d'un million d'habitants - Paris, Lyon, Marseille). Les deux tiers des références présentées doivent concerner des locataires en place depuis plus de trois ans.

Vos nom, prénoms
Votre adresse
Votre numéro de téléphone
Votre adresse e-mail

Lettre recommandée avec AR (1)

Nom et adresse de votre locataire

. . . . **(lieu)**, ... **(date)**

Objet : proposition de renouvellement du bail avec augmentation de loyer

Monsieur **(ou Madame)** . . . . ,

Par contrat que nous avons conclu en date du . . . . , je vous ai loué l'appartement situé . . . . **(donnez l'adresse exacte du logement)** pour trois ans renouvelables.

Votre contrat de bail arrivant à échéance le . . . . , en application de l'article 17 c) de la loi n° 89-462 du 6 juillet 1989 (dont vous trouverez le texte intégralement reproduit ci-après) (2), je vous propose de le renouveler pour une période de . . . . ans, avec une augmentation de loyer qui s'élèvera désormais à . . . . euros, à compter du . . . . **(indiquez la date de renouvellement)**.
(Reproduisez ensuite l'intégralité de l'article 17 c.)

La hausse étant de moins de 10 % et le bail conclu pour trois ans, elle sera étalée de la façon suivante :
– première année : loyer 1 (ancien loyer) + 1/3 de l'augmentation = loyer 2
– deuxième année : loyer 2 + 1/3 de l'augmentation = loyer 3
– troisième année : loyer 3 + 1/3 de l'augmentation
(N'oubliez pas, chaque année, d'appliquer en plus la révision résultant de la variation de l'indice du coût de la construction).

Conformément aux dispositions de l'article 19 de la loi du 6 juillet 1989 et du décret n° 90-780 du 31 août 1990, vous trouverez ci-joints les éléments de référence m'ayant servi à fixer ce nouveau loyer (3).

Je vous serais reconnaissant(e) de bien vouloir m'indiquer, dans un délai maximal de deux mois, si vous êtes d'accord avec cette proposition.

Dans cette attente, je vous prie de croire, Monsieur (ou Madame) . . . . , à l'assurance de mes salutations distinguées.

Votre signature

Pièces à joindre :
– les éléments de référence requis (voir modèle suivant).

1. Attention ! Cette proposition doit impérativement être adressée à votre locataire au moins six mois avant l'expiration du bail.
2. Article 17 c) de la loi du 6 juillet 1989 : « Lors du renouvellement du contrat, le loyer ne donne lieu à réévaluation que s'il est manifestement sous-évalué.
« Dans ce cas, le bailleur peut proposer au locataire, au moins six mois avant le terme du contrat et dans les conditions de forme prévues à l'article 15, un nouveau loyer fixé par référence aux loyers habituellement constatés dans le voisinage pour des logements comparables dans les conditions définies à l'article 19.
« Lorsque le bailleur fait application des dispositions du présent c, il ne peut donner congé au locataire pour la même échéance du contrat.
« La notification reproduit intégralement, à peine de nullité, les dispositions des alinéas du présent c et mentionne le montant du loyer ainsi que la liste des références ayant servi à le déterminer.

« En cas de désaccord ou à défaut de réponse de locataire quatre mois avant le terme du contrat, l'une ou l'autre des parties saisit la Commission de conciliation.
« À défaut d'accord constaté par la Commission, le juge est saisi avant le terme du contrat. À défaut de saisine, le contrat est reconduit de plein droit aux conditions antérieures du loyer éventuellement révisé. Le contrat dont le loyer est fixé judiciairement est réputé renouvelé pour la durée définie à l'article 10, à compter de la date d'expiration du contrat. La décision du juge est exécutoire par provision.
« La hausse convenue entre les parties ou fixée judiciairement s'applique par tiers ou par sixième selon la durée du contrat.
« Toutefois, cette hausse s'applique par sixième annuel au contrat renouvelé, puis lors du renouvellement ultérieur, dès lors qu'elle est supérieure à 10 % si le premier renouvellement avait une durée inférieure à six ans.
« La révision éventuelle résultant du d ci-dessous s'applique à chaque valeur ainsi définie. »
3. Selon le décret n° 90-780 du 31 août 1990, chacune des références énoncées dans la proposition d'augmentation doit indiquer :
– le nom de la rue et la dizaine du numéro où se situe le logement de référence, ainsi que, le cas échéant, l'étage de l'appartement ;
– l'état du logement et la présence éventuelle d'un ascenseur ;
– la surface habitable du logement et le nombre de pièces principales ;
– l'existence d'annexes éventuelles ;
– l'état d'équipement du logement : eau courante, WC intérieur, salle d'eau, chauffage, etc. ;
– l'époque de construction de l'immeuble ;
– l'indication relative à l'arrivée du locataire dans les lieux (depuis plus ou moins de trois ans) ;
– le montant du loyer mensuel hors charges.

Proposition d'augmentation de loyer : éléments de référence

Conformément aux dispositions de l'article 19 de la loi du 6 juillet 1989 et du décret n° 90-780 du 31 août 1990.

	Logement 1	**Logement 2**	**Logement 3**
Nom de la rue et dizaine du numéro, le cas échéant l'étage de l'appartement :			
État du logement :			
Présence éventuelle d'un ascenseur :			
Surface habitable :			
Nombre de pièces habitables :			
Existence d'annexes :			
Équipement du logement (1) :			
Époque de construction de l'immeuble :			
Date d'arrivée du locataire dans les lieux (2) :			
Loyer mensuel hors charges :			
Autres indications :			

1. Eau courante, WC intérieur, salle d'eau, chauffage, etc.
2. Depuis plus ou moins de trois ans.

Contestation de la proposition d'augmentation de loyer

Rien ne vous empêche de contester (ou de négocier) la proposition d'augmentation de loyer que vous a faite votre bailleur à l'occasion du renouvellement de votre bail. Vérifiez dans un premier temps que le délai de six mois a bien été respecté (modèle n° 1). Si tel est le cas, vous pouvez encore contester les références de loyers qu'il cite dans son courrier (modèle n° 2).

MODÈLE N° 1

Vos nom, prénoms
Votre adresse
Votre numéro de téléphone
Votre adresse e-mail

Lettre recommandée avec AR

Nom et adresse de votre bailleur

. . . . **(lieu)**, ... **(date)**

Monsieur **(ou Madame)**,

Par contrat que nous avons conclu en date du . . . . , je vous ai loué l'appartement situé . . . . **(donnez l'adresse exacte du logement)** pour trois ans renouvelables.

Vous m'avez adressé, par lettre recommandée en date du. . . . ., une proposition d'augmentation de mon moyer mensuel dont le montant est actuellement de. . . . .€.

Je me permets toutefois de vous rappeler que, en vertu de l'article 17 c) la loi n° 89-462 du 6 juillet 1989, vous étiez tenu de me faire parvenir cette proposition six mois au moins avant le terme du contrat de bail. Or, tel n'est pas le cas puisque mon contrat de location arrive à échéance le . . . .

Votre proposition d'augmentation au renouvellement de bail n'est donc pas valable et le montant de mon loyer restera inchangé (hormis la révision annuelle prévue au contrat) pour les trois prochaines années.

Je vous prie de croire, Monsieur **(ou Madame)**, à l'assurance de mes salutations distinguées.

Votre signature

MODÈLE N° 2

Vos nom, prénoms
Votre adresse
Votre numéro de téléphone
Votre adresse e-mail

Lettre recommandée avec AR [1]

Nom et adresse de votre bailleur

. . . . **(lieu)**, ... **(date)**

Monsieur **(ou Madame)**...,

Par contrat que nous avons conclu en date du . . . . , je vous ai loué l'appartement situé . . . . **(donnez l'adresse exacte du logement)** pour trois ans renouvelables.

Vous m'avez adressé, par lettre recommandée en date du. . . . ., une proposition d'augmentation de mon loyer mensuel dont le montant est actuellement de ....€.

Selon vous, cette hausse est destinée à ramener le montant de mon loyer au niveau de ceux pratiqués dans le voisinage. Vous m'avez d'ailleurs communiqué les références des loyers qui vous ont permis de recalculer le mien.
J'ai cependant remarqué que les logements que vous énumérez disposent d'éléments de confort dont ne bénéficie pas l'appartement que je loue. Ainsi, contrairement au logement cité en première référence, mon immeuble ne dispose ni d'ascenseur, ni d'interphones... **(énumérez ainsi toutes les différences que vous pouvez noter)**.
Au contraire, après une petite enquête personnelle, il s'avère que le loyer que je paie actuellement est dans la moyenne des loyers pratiqués dans le voisinage pour des logements comparables au mien **(vous pouvez joindre en annexe les logements de référence sur lesquels vous fondez votre désaccord)**.

En conséquence, je me permets de contester votre proposition d'augmentation.

Par ailleurs, je vous rappelle que, en vertu de l'article 17 c) de la loi du 6 juillet 1989, le fait que vous m'adressiez une proposition d'augmentation vaut reconduction du bail.

Je vous prie de croire, Monsieur **(ou Madame)**, à l'assurance de mes salutations distinguées.

Votre signature

Saisine de la commission départementale de conciliation

Six mois avant l'échéance du bail, vous avez proposé à votre locataire de renouveler le contrat mais moyennant une augmentation de loyer, car vous estimez que celui-ci est sous-évalué par rapport à ce qui se pratique dans le voisinage.
Votre locataire a refusé cette augmentation (ou a gardé le silence pendant quatre mois). Vous devez alors saisir la commission de conciliation (qui siège à la préfecture de votre département).

Vos nom, prénoms
Votre adresse
Votre numéro de téléphone
Votre adresse e-mail

Lettre recommandée avec AR

Commission de conciliation de . . . .
Adresse

. . . . **(lieu)**, ... **(date)**

Monsieur **(ou Madame)**,

Propriétaire d'un logement situé . . . . **(donnez l'adresse exacte du logement)**, je le loue à M. **(ou Mme, ou Mlle)** . . . . depuis le . . . .

Le bail arrivant à échéance le . . . . , j'ai proposé à mon locataire, M. **(ou Mme, ou Mlle)** ....de . . . . €.

N'ayant pas eu de réponse de sa part depuis quatre mois **(ou « mon locataire refusant obstinément cette proposition d'augmentation »)**, je saisis votre commission afin qu'elle examine ce dossier.

Vous trouverez ci-jointes les photocopies de toutes les pièces nécessaires à la compréhension de cette affaire **(et, si le locataire s'est manifesté : « ainsi que la copie des lettres que M. (ou Mme, ou Mlle) . . . . et moi-même avons échangées »)**.

Je reste à votre disposition pour tout renseignement complémentaire et vous prie de croire, Monsieur (ou Madame), à l'assurance de ma considération distinguée.

Votre signature

Contestation de révision de loyer en cours de bail

Une révision du loyer n'est possible en cours de bail qu'à la condition que le contrat de bail la prévoie expressément. En l'absence de cette clause d'indexation, le loyer ne sera pas révisable (modèle n° 1).
Par ailleurs, la révision du loyer doit impérativement se faire en référence à l'évolution de l'indice national du coût de la construction publié chaque trimestre par l'INSEE. Si votre bailleur n'utilise pas cette référence et augmente votre loyer de façon arbitraire, vous pouvez contester l'augmentation (modèle n° 2).

Modèle n° 1

Vos nom, prénoms
Votre adresse
Votre numéro de téléphone
Votre adresse e-mail

Lettre recommandée avec AR

Nom et adresse de votre bailleur

. . . . **(lieu)**, ... **(date)**

Monsieur **(ou Madame)**,

Par contrat que nous avons conclu en date du . . . . , je vous ai loué l'appartement situé . . . . **(donnez l'adresse exacte du logement)** pour trois ans renouvelables.

Vous m'avez indiqué, par lettre recommandée en date du. . . . . , que mon loyer allait être augmenté de. . . . . .€, ce qui le fait passer à un montant de . . . . €.

Or, je vous rappelle que mon contrat de bail ne comporte aucune clause d'indexation annuelle qui, seule, permettrait cette révision.

En conséquence, je ne suis pas d'accord avec cette augmentation et continuerai donc à vous régler . . . . € par mois.
Je vous prie de croire, Monsieur **(ou Madame)**, à l'assurance de mes salutations distinguées.

Votre signature

MODÈLE N° 2

Vos nom, prénoms
Votre adresse
Votre numéro de téléphone
Votre adresse e-mail

Lettre recommandée avec AR

Nom et adresse de votre bailleur

. . . . **(lieu)**, ... **(date)**

Monsieur **(ou Madame)**,

Par contrat que nous avons conclu en date du . . . . , je vous ai loué l'appartement situé . . . . **(donnez l'adresse exacte du logement)** pour trois ans renouvelables.

Vous m'avez indiqué, par lettre recommandée en date du........, que mon loyer allait être augmenté de ......€, ce qui le fait passer à un montant de . . . . €.

Je vous rappelle que, conformément aux dispositions de l'article 17 d) de la loi du 6 juillet 1989 [1], cette majoration ne peut excéder la variation moyenne sur quatre trimestres de l'indice du coût de la construction publié par l'INSEE. Or, vous n'avez manifestement pas utilisé cette référence pour déterminer la hausse de mon nouveau loyer qui devrait, d'après mes calculs, s'élever à . . . . € [2] et non à . . . . €, comme vous me l'indiquez.

En conséquence, j'attends votre accord sur cette hausse pour vous faire parvenir un chèque d'un montant de . . . . €, en règlement de mon loyer du mois de . . . .

Je vous prie de croire, Monsieur **(ou Madame)**, à l'assurance de mes salutations distinguées.

Votre signature

1. Article 17 d) de la loi du 6 juillet 1989 : « Lorsque le contrat de location prévoit la révision du loyer, celle-ci intervient chaque année à la date convenue entre les parties ou, à défaut, au terme de chaque année du contrat.
« L'augmentation du loyer qui en résulte ne peut excéder la variation de la moyenne sur quatre trimestres de l'indice national mesurant le coût de la construction publié par l'Institut national de la statistique et des études économiques. À défaut de clause contractuelle fixant la date de référence, cette date est celle du dernier indice publié à la date de signature du contrat de location.
« La moyenne mentionnée ci-dessus est celle de l'indice du coût de la construction à la date de référence et des indices des trois trimestres qui la précèdent. »
2. Formule de calcul : (L ¥ Indice2) / Indice1
L = montant du loyer actuel ;
Indice2 = valeur moyenne de l'indice en vigueur à la date de réévaluation ;
Indice1 = valeur moyenne de l'indice de l'année précédente.
Pour vous renseigner : www.insee.fr

Loyers en retard : mise en demeure de règlement à la date fixée par contrat

Voilà plusieurs mois que votre locataire paie « régulièrement » son loyer en retard (de quelques jours, voire de quelques semaines). Vous pouvez demander au juge la résiliation du bail. Mais avant d'en venir à cette extrémité, envoyez-lui une lettre recommandée avec accusé de réception pour le mettre en demeure de respecter la date fixée par contrat.

Vos nom, prénoms
Votre adresse
Votre numéro de téléphone
Votre adresse e-mail

Lettre recommandée avec AR

Nom et adresse de votre locataire

. . . . **(lieu)**, ... **(date)**

Monsieur **(ou Madame)**,

Depuis le . . . . , je vous loue l'appartement situé . . . . **(donnez l'adresse exacte du logement)**. Je vous rappelle que, conformément au contrat de bail que nous avons signé en date du. . . . , vous devez me verser un loyer **(et une provision pour charges)** d'un montant de . . . . €, le . . . . **(indiquez la date prévue dans le contrat)** de chaque mois.

En dépit de plusieurs rappels à l'ordre, vous persistez à me faire parvenir vos règlements systématiquement en retard, ce qui me porte préjudice, le montant de ce loyer représentant une part importante de mes revenus.

En conséquence, je vous mets en demeure de régler à l'avenir vos loyers à la date prévue dans le contrat de bail que vous avez signé. À défaut, je me verrai dans l'obligation de saisir le tribunal d'instance afin qu'il prononce la résiliation du contrat de bail qui nous lie.

Je vous prie de croire, Monsieur **(ou Madame)**, à l'assurance de mes salutations distinguées.

Votre signature

Loyers impayés : mise en demeure de paiement

Voilà plusieurs mois que votre locataire ne paie plus son loyer. Dans un premier temps, essayez de trouver une solution à l'amiable avec lui (notamment, proposez-lui de régler sa dette en plusieurs fois...). Si vous ne parvenez pas à vous mettre d'accord, envoyez-lui une lettre recommandée avec accusé de réception pour le mettre en demeure de payer ce qu'il vous doit.

Vos nom, prénoms
Votre adresse
Votre numéro de téléphone
Votre adresse e-mail

Lettre recommandée avec AR

Nom et adresse de votre locataire

. . . . **(lieu)**, ... **(date)**

Monsieur **(ou Madame)**,

Depuis le . . . . , je vous loue l'appartement situé . . . . **(donnez l'adresse exacte du logement)**. Je vous rappelle que, conformément au contrat de bail que nous avons signé en date du. . . . , vous devez me verser un loyer (et une provision pour charges) d'un montant de. . . . €, le . . . . **(indiquez la date prévue dans le contrat)** de chaque mois.

En dépit des délais de paiement que je vous ai accordés, vous ne m'avez toujours pas versé les loyers des mois de . . . . **(indiquez les mois impayés ; exemple : « les loyers des mois de décembre 2003, janvier et février 2004)**, total qui s'élève à . . . . €.

Je vous rappelle que, conformément à l'article 24, alinéa premier, de la loi du 6 juillet 1989 [1], le défaut de paiement de votre loyer me donne le droit de résilier votre bail.

En conséquence, je vous demande de me régler, sous huit jours, la somme de . . . . € **(montant des loyers impayés)**. À défaut de paiement dans ce délai, je me verrai dans l'obligation de faire appel à un huissier afin qu'il vous notifie un commandement de payer. Les frais engagés par le recours à cet huissier seront à votre charge.

Je vous prie de croire, Monsieur **(ou Madame)**, à l'assurance de mes salutations distinguées.

Votre signature

1. Article 24, alinéa premier, de la loi du 6 juillet 1989 : « Toute clause prévoyant la résiliation de plein droit du contrat de location pour défaut de paiement du loyer ou des charges aux termes convenus ou pour non-versement du dépôt de garantie ne produit effet que deux mois après un commandement de payer demeuré infructueux. »

Charges locatives : demande de règlement

L'article 23, alinéa 3, de la loi du 6 juillet 1989 indique qu'en cas de versement par provisions mensuelles les charges locatives doivent faire l'objet d'une régularisation au moins annuelle. Une fois par an, vous devez donc adresser à votre locataire le décompte des charges par poste (chauffage, eau, électricité, espaces verts, salaires du gardien, le cas échéant, ascenseur...). Si les sommes qu'il a versées mensuellement au titre de « provisions pour charges » s'avèrent insuffisantes, vous allez lui adresser un rappel de charges. Il dispose alors d'un mois pour payer. Durant ce mois, il peut vous demander, si vous ne les avez pas joints à votre courrier, les justificatifs (factures, photocopies des bulletins de salaire du gardien...).

Vos nom, prénoms
Votre adresse
Votre numéro de téléphone
Votre adresse e-mail

Lettre recommandée avec AR

Nom et adresse de votre locataire

. . . . **(lieu)**, ... **(date)**

Monsieur **(ou Madame)**,

Par contrat que nous avons conclu en date du . . . . , je vous loue l'appartement situé . . . . **(donnez l'adresse exacte du logement)**.

Je vous ai adressé, le . . . . dernier **(date)**, le montant total des charges de l'année 200…, ainsi que leur décompte et les factures qui les justifient. Après avoir soustrait les sommes que vous avez versées pendant l'année, à titre de « provisions pour charges » il apparaît que vous me devez un rappel de charges dont le montant s'élève àde charges dont le montant s'élève à . . . . €.

Or, je constate qu'à ce jour vous ne m'avez toujours pas réglé ce montant. Je pense qu'il s'agit d'un oubli et je compte sur vous pour y remédier avant la fin du mois.

Je vous prie de croire, Monsieur **(ou Madame)**, à l'assurance de mes salutations distinguées.

Votre signature

Charges locatives : demande de détail

D'après l'article 23, alinéa 4, de la loi du 6 juillet 1989, un mois avant la demande de régularisation annuelle des charges locatives, le bailleur doit communiquer à son locataire le décompte des charges, poste par poste (chauffage, eau, électricité, salaires du gardien...) ainsi que, dans les immeubles collectifs, le mode de répartition entre les locataires

Durant un mois à compter de l'envoi de ce décompte, les pièces justificatives sont tenues à la disposition des locataires.

MODÈLE N° 1 [1]

Vos nom, prénoms
Votre adresse
Votre numéro de téléphone
Votre adresse e-mail

Lettre recommandée avec AR

Nom et adresse de votre bailleur

. . . . **(lieu)**, ... **(date)**

Monsieur **(ou Madame)**,

Par contrat que nous avons conclu en date du . . . . , vous me louez l'appartement situé . . . . **(donnez l'adresse exacte du logement)**.

Je viens de recevoir la régularisation annuelle de mes charges locatives et je suis très surpris(e) du montant que vous me réclamez, qui est nettement supérieur à celui des années précédentes.

En effet, malgré les provisions que je vous ai versées tout au long de l'année, vous me demandez encore de payer .... € d'électricité, sur la base d'un forfait. Or, le compteur étant collectif, j'aimerais que vous me communiquiez le mode de répartition des charges entre les locataires.

En attendant vos explications, je vous prie de croire, Monsieur (ou Madame), à l'assurance de mes salutations distinguées.

Votre signature

1. Modèle inspiré d'une lettre du livre *Votre courrier gagnant* de Frédéric Delacourt, Éditions De Vecchi.

MODÈLE N° 2

Vos nom, prénoms
Votre adresse
Votre numéro de téléphone
Votre adresse e-mail

Lettre recommandée avec AR

Nom et adresse de votre bailleur

. . . . **(lieu)**, ... **(date)**

Monsieur **(ou Madame)**,

Par contrat que nous avons conclu en date du. . . . . , vous me louez l'appartement situé . . . . **(donnez l'adresse exacte du logement)**.

Par courrier en date du . . . . , vous m'avez fait parvenir la régularisation des charges locatives pour l'année passée. D'après ce document, je vous devrais encore la somme de . . . . €.
Je suis très étonné(e) de ce montant, qui est nettement supérieur à celui des années précédentes, et j'aimerais pouvoir m'assurer de sa réalité. Or, vous avez omis de m'envoyer le décompte détaillé des charges, poste par poste (chauffage, eau, salaires du gardien, entretien des espaces verts...), comme le prévoit l'article 23, alinéa 4, de la loi du 6 juillet 1989 [1].

En conséquence, je vous serais reconnaissant(e) de bien vouloir me transmettre rapidement ce document.

Dans l'attente de votre réponse, je vous prie de croire, Monsieur (ou Madame), à l'assurance de mes salutations distinguées.

Votre signature

1. Article 23, alinéa 4, de la loi du 6 juillet 1989 : « Un mois avant cette régularisation, le bailleur en communique au locataire le décompte par nature de charges ainsi que, dans les immeubles collectifs, le mode de répartition entre les locataires. Durant un mois à compter de l'envoi de ce décompte, les pièces justificatives sont tenues à la disposition des locataires. »

Charges locatives : demande de consultation des justificatifs

Vos nom, prénoms
Votre adresse
Votre numéro de téléphone
Votre adresse e-mail

Lettre recommandée avec AR

Nom et adresse de votre bailleur

. . . . **(lieu)**, ... **(date)**

Monsieur **(ou Madame)**,

Par contrat que nous avons conclu en date du . . . . , vous me louez l'appartement situé . . . . **(donnez l'adresse exacte du logement)**.

Par courrier en date du. . . . . , vous m'avez fait parvenir le régularisation des charges locatives pour l'année passée. D'après ce document, je vous devrais encore la somme de . . . . €.

Je suis très étonné(e) de ce montant, qui est nettement supérieur à celui des années précédentes, et j'aimerais pouvoir examiner les pièces justificatives de ces charges (factures, bulletins de paie...) que, conformément à ce que prévoit l'article 23, alinéa 4, de la loi du 6 juillet 1989 [1], vous devez tenir à ma disposition pendant le mois qui suit l'envoi du décompte de régularisation.

En conséquence, je vous serais reconnaissant(e) de bien vouloir m'indiquer quand je pourrai venir les consulter.

Dans l'attente de votre réponse, je vous prie de croire, Monsieur **(ou Madame)**, à l'assurance de mes salutations distinguées.

Votre signature

1. Article 23, alinéa 4, de la loi du 6 juillet 1989 : « Un mois avant cette régularisation, le bailleur en communique au locataire le décompte par nature de charges ainsi que, dans les immeubles collectifs, le mode de répartition entre les locataires. Durant un mois à compter de l'envoi de ce décompte, les pièces justificatives sont tenues à la disposition des locataires. »

Rappel de charges locatives : demande de délais de paiement

Alors qu'en vertu de l'article 23, alinéa 4, de la loi du 6 juillet 1989 votre bailleur doit vous adresser une demande de régularisation annuelle de vos charges locatives, il a négligé pendant plusieurs années de le faire. Et voilà qu'il se rappelle à votre souvenir en vous envoyant un rappel d'un montant exorbitant. Vérifiez, en premier lieu, s'il n'y a pas prescription : en effet, le paiement des charges (comme celui des loyers) se prescrit par cinq ans (ainsi, en 2004, votre bailleur ne peut vous demander une régularisation des charges pour l'année 1999) (modèle n° 2).

Si le rappel de charges porte sur une période inférieure à cinq ans, vous devez le payer. Si vous n'êtes pas en mesure de vous acquitter en une seule fois de cette somme importante, vous pouvez demander des délais de paiement (modèle nos 1 et 2).

Modèle n° 1

Vos nom, prénoms
Votre adresse
Votre numéro de téléphone
Votre adresse e-mail
Lettre recommandée avec AR

Nom et adresse de votre bailleur

. . . . **(lieu)**, ... **(date)**

Monsieur **(ou Madame)**,

Par contrat que nous avons conclu en date du . . . . , vous me louez l'appartement situé . . . . **(donnez l'adresse exacte du logement)**.

Par courrier en date du. . . . , vous m'avez fait parvenir une régularisation des charges locatives pour les années 2000 à 2003. D'après ce document, je vous devrais la somme totale de. . . . €.

Ce montant étant très important, mes revenus ne me permettent pas de vous le régler en une seule fois.

En conséquence, je vous serais reconnaissant(e) de bien vouloir accepter que je vous le rembourse en . . . . versements mensuels de . . . . €.

Vous trouverez ci-joint un chèque de . . . . €, en règlement du premier versement.

Je vous prie de croire, Monsieur **(ou Madame)**, à l'assurance de mes salutations distinguées.

Votre signature

Modèle n° 2

Vos nom, prénoms
Votre adresse
Votre numéro de téléphone
Votre adresse e-mail

Lettre recommandée avec AR

Nom et adresse de votre bailleur

. . . . **(lieu)**, ... **(date)**

Monsieur **(ou Madame)**,

Par contrat que nous avons conclu en date du . . . . , vous me louez l'appartement situé . . . . **(donnez l'adresse exacte du logement)**.

Par courrier en date du. . . . , vous m'avez fait parvenir une régularisation des charges locatives pour les années 1997 à 2003. D'après ce document, je vous devrais encore une somme totale d . . . .€.

Or, je vous rappelle que, selon les dispositions de l'article 2277 du Code civil [1], le paiement des charges se prescrit par cinq ans. Je ne vous dois donc plus rien concernant les rappels des années 1997 et 1998.

Le solde reste quand même très important et mes revenus ne me permettent pas de vous le régler en une seule fois.

En conséquence, je vous serais reconnaissant(e) de bien vouloir accepter que je vous le rembourse en . . . . versements mensuels de . . . . €.

Vous trouverez ci-joint un chèque de . . . . €, en règlement du premier versement.

Je vous prie de croire, Monsieur **(ou Madame)**, à l'assurance de mes salutations distinguées.

Votre signature

1. Article 2277 du Code civil : « Se prescrivent par cinq ans les actions en paiement :
« – Des salaires ;
« – Des arrérages des rentes perpétuelles et viagères et de ceux des pensions alimentaires ;
« – Des loyers et des fermages ;
« – Des intérêts des sommes prêtées,
« et généralement de tout ce qui est payable par année ou à des termes périodiques plus courts. »

Demande de réparations à la charge du bailleur

Les grosses réparations sont à la charge de votre bailleur, qui doit les entreprendre dès qu'elles deviennent nécessaires. Ainsi, si à chaque averse une gouttière inonde votre cuisine, vous devez en parler à votre bailleur. S'il fait la sourde oreille, mettez-le en demeure par lettre recommandée avec accusé de réception.

Vos nom, prénoms
Votre adresse
Votre numéro de téléphone
Votre adresse e-mail

Lettre recommandée avec AR

Nom et adresse de votre bailleur

. . . . **(lieu)**, ... **(date)**

Monsieur **(ou Madame)**,

Par contrat que nous avons conclu en date du . . . . , vous nous louez l'appartement situé . . . . **(donnez l'adresse exacte du logement)**.

Suite à notre conversation téléphonique du . . . . , restée sans réponse, je vous rappelle que la chaudière est hors d'usage et ne peut être réparée. L'hiver arrivant, le remplacement de la chaudière devient plus qu'urgent.

Nous vous rappelons que, selon les dispositions de l'article 6 c) de la loi du 6 juillet 1989 [1], vous êtes obligé(e) de faire toute réparation nécessaire au maintien en état et à l'entretien normal des lieux loués.

En conséquence, nous vous demandons de remplacer cette chaudière dans les plus brefs délais. À défaut de réaction de votre part, nous nous verrons dans l'obligation de saisir le tribunal d'instance afin qu'il vous oblige à exécuter les travaux nécessaires. Nous demanderons également des dommages et intérêts pour réparer le préjudice que nous subissons.

En espérant que nous n'en arriverons pas à une telle extrémité, et dans l'attente de votre réponse, nous vous prions de croire, Monsieur **(ou Madame)**, à l'assurance de nos salutations distinguées.

Votre signature

1. Article 6 c) de la loi du 6 juillet 1989 : « Le bailleur est obligé :
« c) D'entretenir les locaux en état de servir à l'usage prévu par le contrat et d'y faire toutes les réparations, autres que locatives, nécessaires au maintien en état et à l'entretien normal des locaux loués. »

Refus du propriétaire de prendre en charge les réparations locatives (à la charge du locataire)

Vos nom, prénoms
Votre adresse
Votre numéro de téléphone
Votre adresse e-mail

Lettre recommandée avec AR

Nom et adresse de votre locataire

. . . . **(lieu)**, ... **(date)**

Monsieur **(ou Madame)**,

J'ai bien reçu votre lettre du . . . ., dans laquelle vous me demandez de prendre en charge les travaux de remise en état d'une partie de la plomberie dans l'appartement que je vous loue au . . . . **(adresse exacte du logement)**.

Toutefois, j'ai le regret de vous informer que ces réparations vous incombent puisqu'elles sont dues à une négligence de votre part. En effet, d'après l'article 7 d) de la loi du 6 juillet 1989 [1], le locataire est tenu d'effectuer l'entretien courant des équipements présents dans le logement.

Par conséquent, je n'ai pas l'intention de prendre à ma charge ces frais et vous prie de bien vouloir effectuer toutes les réparations nécessaires.

Je vous prie de croire, Monsieur (ou Madame), à l'assurance de mes salutations distinguées.

Votre signature

1. Article 7 d) de la loi du 6 juillet 1989 : « Le locataire est obligé :
« d) De prendre à sa charge l'entretien courant du logement, des équipements mentionnés au contrat et les menues réparations ainsi que l'ensemble des réparations locatives définies par décret en Conseil d'État, sauf si elles sont occasionnées par vétusté, malfaçon, vice de construction, cas fortuit ou force majeure. »

Dégradations commises par le locataire : demande de paiement des réparations

Vos nom, prénoms
Votre adresse
Votre numéro de téléphone
Votre adresse e-mail

Lettre recommandée avec AR

Nom et adresse de votre locataire

. . . . **(lieu)**, ... **(date)**

Monsieur **(ou Madame)**,

J'ai eu l'occasion de constater que d'importantes dégradations ont été commises dans l'appartement que je vous loue, situé . . . . **(donnez l'adresse exacte du logement)**. En effet, ... **(énumérez et indiquez la nature des dégradations)**.

Or, je vous rappelle que, d'après l'article 7 c) de la loi du 6 juillet 1989 [1], le locataire est tenu de répondre des dégradations qui surviennent dans les locaux dont il a la jouissance, pendant la durée du bail.

Par conséquent, je vous mets en demeure d'effectuer, le plus rapidement possible, toutes les réparations nécessaires pour remédier aux dégâts causés. À défaut, je me verrai dans l'obligation de saisir le tribunal d'instance.

Je vous prie de croire, Monsieur **(ou Madame)**, à l'assurance de mes salutations distinguées.

Votre signature

1. Article 7 c) de la loi du 6 juillet 1989 : « Le locataire est obligé :
« c) De répondre des dégradations et pertes qui surviennent pendant la durée du contrat dans les locaux dont il a la jouissance exclusive, à moins qu'il ne prouve qu'elles ont eu lieu par cas de force majeure, par la faute du bailleur ou par le fait d'un tiers qu'il n'a pas introduit dans le logement. »

Demande d'autorisation de réaliser des travaux par le locataire

Selon l'article 7 f) de la loi du 6 juillet 1989, le locataire ne doit pas transformer les locaux et équipements loués sans l'accord écrit du bailleur ; à défaut de cet accord, ce dernier peut exiger du locataire, à son départ des lieux, leur remise en l'état ou conserver à son bénéfice les transformations effectuées sans que le locataire puisse réclamer une indemnisation des frais engagés ; le bailleur a également la faculté d'exiger aux frais du locataire la remise immédiate des lieux en l'état lorsque les transformations mettent en péril le bon fonctionnement des équipements ou la sécurité du local.

Vos nom, prénoms
Votre adresse
Votre numéro de téléphone
Votre adresse e-mail

Lettre recommandée avec AR

Nom et adresse de votre bailleur

. . . . **(lieu)**, ... **(date)**

Monsieur **(ou Madame)**,

Dans l'appartement que vous me louez, situé . . . . **(donnez l'adresse exacte du logement)**, je souhaiterais entreprendre les travaux suivants : . . . . **(précisez les travaux que vous envisagez de faire sans en omettre un seul. Exemple : abattre la cloison séparant la cuisine de la salle à manger pour faire une cuisine à l'américaine...)**.

En conséquence, et conformément à l'article 7 f) de la loi du 6 juillet 1989, je vous serais reconnaissant(e) de bien vouloir me donner votre accord écrit pour l'exécution de ces travaux.

Vous en remerciant par avance, je vous prie de croire, Monsieur **(ou Madame)**, à l'assurance de mes salutations distinguées.

Votre signature

Travaux réalisés sans le consentement du bailleur : refus de les rembourser

Vos nom, prénoms
Votre adresse
Votre numéro de téléphone
Votre adresse e-mail

Lettre recommandée avec AR

Nom et adresse de votre locataire

. . . . **(lieu)**, ... **(date)**

Monsieur **(ou Madame)**,

Vous avez effectué, dans l'appartement que je vous loue, situé . . . . **(donnez l'adresse exacte du logement)**, les travaux suivants : . . . .**(précisez les travaux réalisés)**. Vous me demandez, par courrier en date du . . . . , le remboursement de la somme de . . . . €, que vous avez versée en règlement de ces travaux.

Je vous rappelle cependant que, conformément à l'article 7 f) de la loi du 6 juillet 1989 [1], vous auriez dû me demander, préalablement à leur réalisation, mon accord écrit. En conséquence, je refuse de donner suite à votre demande de paiement.

Je vous prie de croire, Monsieur **(ou Madame)**, à l'assurance de mes salutations distinguées.

Votre signature

1. Voir l'introduction du modèle précédent.

Transfert du bail

Votre concubin(e), locataire en titre, est parti(e) ou est décédé(e). L'article 14 de la loi du 6 juillet 1989 vous permet de demander le transfert du contrat de bail à votre nom.

Vos nom, prénoms
Votre adresse
Votre numéro de téléphone
Votre adresse e-mail

Lettre recommandée avec AR

Nom et adresse du bailleur

. . . . **(lieu)**, ... **(date)**

Monsieur **(ou Madame),**

Je vous signale par la présente que, suite à notre rupture, mon concubin, M. . . . . , locataire en titre de l'appartement situé . . . . , vient de quitter définitivement ce logement.

Conformément à l'article 14 de la loi du 6 juillet 1989, je souhaiterais que le contrat de bail signé le . . . . soit transféré à mon nom. En effet, notre concubinage était notoire et je vivais avec M. . . . . depuis un peu plus de deux ans, à la date de son départ. En conséquence, les conditions requises pour obtenir ce transfert sont bien réunies.

Je vous prie de croire, Monsieur **(ou Madame)**, à l'assurance de mes salutations distinguées.

Votre signature

Congé donné par le locataire

Vous pouvez donner congé à votre bailleur quand bon vous semble à condition de respecter un délai de préavis de trois mois.

Pour cela, vous devez soit lui adresser une lettre recommandée avec accusé de réception, soit lui signifier votre départ par acte d'huissier.

Le délai de préavis commence à courir à compter du jour de la réception de la lettre ou de la signification de l'acte par l'huissier.

Important : si vous êtes marié(e) ou avez conclu un Pacs avec votre concubin(e), vous devez donner ensemble votre congé au propriétaire. Faute de quoi, le bail se poursuit au profit de celui qui n'a pas donné congé.

Vos nom, prénoms
Votre adresse
Votre numéro de téléphone
Votre adresse e-mail

Lettre recommandée avec AR

Nom et adresse de votre bailleur

. . . . **(lieu)**, ... **(date)**

Objet : résiliation du contrat de bail en cours

Monsieur **(ou Madame)**,

Nous soussignés, ... **(indiquez le nom des deux conjoints si vous êtes mariés ou pacsés)**, locataires de l'appartement . . . . **(exemple : 2e étage, porte droite)**, situé à . . . . **(adresse complète)**, vous notifions, par la présente, notre volonté de mettre un terme au bail conclu le . . . . **(date de signature du contrat de bail)**, conformément aux dispositions de l'article 12 de la loi du 6 juillet 1989 [1].

Un délai de préavis de trois mois commencera à courir à compter du jour de la présentation de cette lettre recommandée par le facteur. Si le logement est de nouveau occupé avant la fin du préavis, nous serons dégagés de notre obligation de payer à partir de la date de conclusion du nouveau contrat de location.

Nous nous tenons à votre disposition pour établir un état des lieux. Nous prendrons, à ce sujet, contact avec vous pour convenir d'une date.

Nous nous permettons de vous rappeler que vous devez nous restituer, conformément à l'article 22 de la loi du 6 juillet 1989 [(2)], dans un délai maximal de deux mois après notre départ, la somme de . . . . . .€ que nous vous avons versée en dépôt de garantie et vous remercions de bien vouloir prendre vos dispositions pour le faire.

Nous vous prions de croire, Monsieur **(ou Madame)**, à l'assurance de nos salutations distinguées.

Votre signature

1. Article 12 de la loi du 6 juillet 1989 : « Le locataire peut résilier le contrat de location à tout moment, dans les conditions de forme et de délai prévues au deuxième alinéa du paragraphe I de l'article 15. »

2. Article 22 de la loi du 6 juillet 1989 : « Lorsqu'un dépôt de garantie est prévu par le contrat de location pour garantir l'exécution de ses obligations locatives par le locataire, il ne peut être supérieur à deux mois de loyer en principal.

« Un dépôt de garantie ne peut être prévu lorsque le loyer est payable d'avance pour une période supérieure à deux mois ; toutefois, si le locataire demande le bénéfice du paiement mensuel du loyer, par application de l'article 7, le bailleur peut exiger un dépôt de garantie.

« Il est restitué dans un délai maximal de deux mois à compter de la restitution des clés par le locataire, déduction faite, le cas échéant, des sommes restant dues au bailleur et des sommes dont celui-ci pourrait être tenu, aux lieu et place du locataire, sous réserve qu'elles soient dûment justifiées.

« Le montant de ce dépôt de garantie ne porte pas intérêt au bénéfice du locataire. Il ne doit faire l'objet d'aucune révision durant l'exécution du contrat de location, éventuellement renouvelé.

« À défaut de restitution dans le délai prévu, le solde du dépôt de garantie restant dû au locataire, après arrêté des comptes, produit intérêt au taux légal au profit du locataire. »

Congé donné par le locataire : délai de préavis réduit

Le délai de préavis peut être ramené à un mois si vous vous trouvez dans l'un des cas suivants :

- perte involontaire de votre emploi (licenciement). Les départs à la retraite, abandons de poste et démissions sont exclus. En revanche, la Cour de cassation (Cass. 3e civ., 8-12-99) vient de décider que le locataire dont le CDD est parvenu à son terme peut se prévaloir de ce préavis réduit ;
- mutation professionnelle, même si c'est vous qui l'avez demandée. Et peu importe la distance. Un locataire a obtenu un préavis réduit alors que son nouveau lieu de travail se situait à... trois kilomètres du logement qu'il quittait ! ;
- vous avez retrouvé un emploi après une perte d'emploi ;
- vous êtes bénéficiaire du revenu minimum d'insertion (RMI) ;
- vous avez plus de 60 ans et un état de santé nécessitant un changement de domicile rapide.

Modèle n° 1

Vos nom, prénoms
Votre adresse
Votre numéro de téléphone
Votre adresse e-mail

Lettre recommandée avec AR

Nom et adresse de votre bailleur

. . . . **(lieu)**, ... **(date)**

Objet : résiliation du contrat de bail en cours

Monsieur **(ou Madame)**,

Suite à une mutation professionnelle, je suis dans l'obligation de quitter l'appartement que je vous loue, situé à . . . . **(adresse complète)**, pour me rapprocher de mon lieu de travail. Je vous notifie donc, par la présente, que je désire mettre un terme au bail conclu le . . . . **(date de signature du contrat de bail)**, conformément aux dispositions de l'article 12 de la loi du 6 juillet 1989 [(1)].

L'article 15-I, alinéa 2, de la loi du 6 juillet 1989 [(2)] prévoit que, dans cette hypothèse, le délai de préavis est réduit à un mois. Il commencera à courir à compter du jour de la réception de cette lettre.
Je me tiens à votre disposition pour fixer une date afin d'établir un état des lieux de sortie.

Je me permets de vous rappeler que vous devez me restituer, conformément à l'article 22 de la loi du 6 juillet 1989 [(3)], dans un délai maximal de deux mois après mon départ, la somme de . . . . € que je vous avais versée en dépôt de garantie et vous remercie de bien vouloir prendre vos dispositions pour le faire.

Je vous prie de croire, Monsieur (ou Madame), à l'assurance de mes salutations distinguées.

Votre signature

1. Voir note 1 du modèle précédent.
2. Article 15-I, alinéa 2, de la loi du 6 juillet 1989 (extrait) : « Le délai de préavis applicable au congé est de trois mois lorsqu'il émane du locataire et de six mois lorsqu'il émane du bailleur. Toutefois, en cas d'obtention d'un premier emploi, de mutation, de perte d'emploi ou de nouvel emploi consécutif à une perte d'emploi, le locataire peut donner congé au bailleur avec un délai de préavis d'un mois. Le délai est également réduit à un mois en faveur des locataires âgés de plus de soixante ans dont l'état de santé justifie un changement de domicile ainsi que des bénéficiaires du revenu minimum d'insertion. »
3. Voir note 2 du modèle précédent.

Modèle n° 2

Vos nom, prénoms
Votre adresse
Votre numéro de téléphone
Votre adresse e-mail

Lettre recommandée avec AR

Nom et adresse de votre bailleur

. . . . **(lieu)**, ... **(date)**

Objet : résiliation du contrat de bail en cours

Monsieur **(ou Madame)**,

Venant de perdre mon emploi, je suis obligé(e) de quitter l'appartement que je vous loue, situé à . . . . **(adresse complète)**, dont le loyer est désormais trop cher, compte tenu de la réduction de mes revenus. Je vous notifie donc, par la présente, que je désire mettre un terme au bail conclu le . . . . **(date de signature du contrat de bail)**, conformément aux dispositions de l'article 12 de la loi du 6 juillet 1989.

L'article 15-I, alinéa 2, de la loi du 6 juillet 1989 prévoit que, dans cette hypothèse, le délai de préavis est réduit à un mois. Il commencera à courir à compter du jour de la réception de cette lettre.
Je me tiens à votre disposition pour convenir avec vous d'une date en vue de l'établissement d'un état des lieux de sortie et de la remise des clefs.

Je me permets de vous rappeler que vous devez me restituer, conformément à l'article 22 de la loi du 6 juillet 1989, dans un délai maximal de deux mois après mon départ, la somme de . . . .€ que je vous avais versée en dépôt de garantie et vous remercie de bien vouloir prendre vos dispositions pour le faire.

Je vous prie de croire, Monsieur **(ou Madame)**, à l'assurance de mes salutations distinguées.

Votre signature

Demande de justificatif pour la réduction de la durée de préavis

Modèle n° 1

Vos nom, prénoms
Votre adresse
Votre numéro de téléphone
Votre adresse e-mail

Lettre recommandée avec AR

Nom et adresse de votre locataire

. . . . **(lieu)**, ... **(date)**

Monsieur **(ou Madame)**,
Je viens de recevoir votre courrier m'informant que vous avez l'intention de résilier votre bail avec un délai de préavis réduit à un mois. Toutefois, vous n'avez pas indiqué la raison qui motive cette réduction.

Or, je vous rappelle que l'article 15-I, alinéa 2, de la loi du 6 juillet 1989 énumère limitativement les cas dans lesquels une réduction du préavis est possible [1].

Aussi, je vous serais reconnaissant(e) de bien vouloir me communiquer rapidement vos raisons ainsi qu'un justificatif de votre situation.

Dans l'attente de votre réponse, je vous prie de croire, Monsieur (ou Madame), à l'assurance de mes salutations distinguées.

Votre signature

1. Il s'agit de : l'obtention d'un premier emploi, une mutation, une perte d'emploi ou un nouvel emploi consécutif à une perte d'emploi. Le délai est également réduit à un mois en faveur des locataires âgés de plus de 60 ans dont l'état de santé justifie un changement de domicile ainsi que des bénéficiaires du revenu minimum d'insertion.

Modèle n° 2

Vos nom, prénoms
Votre adresse
Votre numéro de téléphone
Votre adresse e-mail

Lettre recommandée avec AR

Nom et adresse de votre locataire

. . . . **(lieu)**, ... **(date)**

Monsieur **(ou Madame)**,

Je viens de recevoir votre courrier m'informant que vous avez l'intention de résilier votre bail avec un délai de préavis réduit à un mois, en raison de votre . . . . **(licenciement, mutation...)**.

Loin de moi l'idée de mettre en doute la réalité de votre . . . . **(licenciement, mutation...)** mais, afin qu'aucun malentendu ne subsiste entre nous, je souhaiterais que vous me fassiez parvenir un justificatif attestant votre situation.

En effet, il n'est pas évident de retrouver un nouveau locataire dans un laps de temps aussi court et je veux m'assurer que la réduction du délai de préavis que vous me demandez est bien motivée.

Dans l'attente de votre réponse, je vous prie de croire, Monsieur **(ou Madame)**, à l'assurance de mes salutations distinguées.

Votre signature

Demande de restitution du dépôt de garantie

Lorsque vous déménagez, votre ancien bailleur doit, selon l'article 22 de la loi du 6 juillet 1989, vous restituer le dépôt de garantie que vous lui aviez versé lors de la signature du bail dans un délai de deux mois à compter du jour où vous lui avez rendu les clefs. S'il ne le fait pas, n'hésitez pas à lui en faire la réclamation. Sachez, par ailleurs, qu'à défaut de restitution dans ce délai de deux mois la somme due produira intérêt au taux légal en vigueur (2,27 % pour 2004).

Modèle n° 1

Vos nom, prénoms
Votre adresse
Votre numéro de téléphone
Votre adresse e-mail

Lettre recommandée avec AR

Nom et adresse de votre bailleur

. . . . **(lieu)**, ... **(date)**

Monsieur **(ou Madame)**,

Voilà plus de deux mois que je vous ai rendu les clefs de l'appartement que je vous louais et vous ne m'avez toujours pas rendu la somme de . . . . € que je vous avais versée en dépôt de garantie lors de la conclusion du contrat de bail.

Or, je vous rappelle que conformément à l'article 22 de la loi du 6 juillet 1989 [1], vous auriez dû me restituer mon dépôt de garantie dans un délai maximal de deux mois après mon départ ; d'autant que l'état des lieux de sortie atteste qu'aucune dégradation n'est à déplorer. Ce même article précise que, à défaut de restitution dans le délai prévu, les sommes restant dues produisent, après arrêté des comptes, un intérêt au taux légal au profit du locataire.

En conséquence, je vous demande de me rembourser, au plus vite, la somme de . . . . € **(montant du dépôt de garantie)** majorée du taux d'intérêt légal de . . . . % **(2,27 % pour 2004)**, soit un montant total de . . . . €.

À défaut de paiement dans un délai de huit jours, je me verrai dans l'obligation d'engager une action en justice devant le tribunal d'instance.

Dans l'attente de votre réponse, je vous prie de croire, Monsieur **(ou Madame)**, à l'assurance de mes salutations distinguées.

Votre signature

1. Article 22 de la loi du 6 juillet 1989 (extrait) : « [Le dépôt de garantie] est restitué dans un délai maximal de deux mois à compter de la restitution des clés par le locataire, déduction faite, le cas échéant, des sommes restant dues au bailleur et des sommes dont celui-ci pourrait être tenu, aux lieu et place du locataire, sous réserve qu'elles soient dûment justifiées. »

Modèle n° 2

Vos nom, prénoms
Votre adresse
Votre numéro de téléphone
Votre adresse e-mail

Lettre recommandée avec AR

Nom et adresse de votre bailleur

. . . . **(lieu)**, ... **(date)**

Monsieur **(ou Madame)**,

Voilà plus de deux mois que je vous ai rendu les clefs de l'appartement que je vous louais et vous ne m'avez toujours pas rendu la somme de . . . . € que je vous avais versée en dépôt de garantie lors de la conclusion du contrat de bail.

Vous justifiez votre refus de me restituer cette somme en prétextant des travaux à faire pour la remise en état de la moquette du séjour et de la salle à manger.

Or, je vous rappelle que les taches qui apparaissent sur la moquette, notamment à proximité des fenêtres, ont été signalées dans l'état des lieux établi lors de mon entrée dans le logement. Elles ne sont donc pas de mon fait.

En conséquence, je vous demande de me rembourser, au plus vite, la totalité de mon dépôt de garantie, soit une somme de . . . . €.

À défaut de paiement dans un délai de huit jours, je me verrai dans l'obligation d'engager une action en justice devant le tribunal d'instance.

Dans l'attente de votre réponse, je vous prie de croire, Monsieur **(ou Madame)**, à l'assurance de mes salutations distinguées.

Votre signature

Modèle n° 3 [1]

Vos nom, prénoms
Votre adresse
Votre numéro de téléphone
Votre adresse e-mail

Lettre recommandée avec AR

Nom et adresse de votre bailleur

. . . . **(lieu)**, ... **(date)**

Monsieur **(ou Madame)**,

Malgré mes demandes répétées, vous ne m'avez toujours pas rendu la somme de . . . . € que je vous avais versée en dépôt de garantie lors de la conclusion du contrat de bail.

Vous justifiez votre refus de me restituer cette somme en prétendant que les tapisseries sont dans un mauvais état et vous me reprochez de ne pas les avoir remplacées.

Cependant, je vous signale que l'ensemble des papiers peints a été changé il y a quatre ans et que leur aspect défraîchi provient d'une usure normale.

En conséquence, je considère que je n'ai pas à assumer les frais liés à leur remplacement. Si vous souhaitez effectuer des travaux de rénovation, vous devez alors les prendre en charge entièrement.

Je vous prie donc de me rembourser, dans les délais prévus, la totalité de mon dépôt de garantie, soit une somme de . . . . €. À défaut, je me verrai dans l'obligation de vous réclamer des intérêts au taux légal (2,27 % pour 2004), voire de porter l'affaire devant le tribunal d'instance.

Dans l'attente de votre réponse, je vous prie de croire, Monsieur (ou Madame), à l'assurance de mes salutations distinguées.

Votre signature

1. Modèle inspiré d'une lettre du livre *Votre courrier gagnant* de Frédéric Delacourt, Éditions De Vecchi.

Retenue sur dépôt de garantie

Vos nom, prénoms
Votre adresse
Votre numéro de téléphone
Votre adresse e-mail

Lettre recommandée avec AR

Nom et adresse de votre locataire

. . . . **(lieu)**, ... **(date)**

Monsieur **(ou Madame)**,

Au regard de l'état des lieux établi contradictoirement le . . . . pour l'appartement situé . . . . , il apparaît que vous avez commis un certain nombre de dégradations.
En effet, ... **(énumérez les points suivant lesquels vous devez engager des travaux de réparation)**.

En conséquence et selon l'article 22, alinéa 3, de la loi du 6 juillet 1989 [1], je vous informe que je retiens sur le dépôt de garantie que vous aviez versé lors de la conclusion du bail la somme de . . . . €, représentant le montant des travaux que je vais devoir faire exécuter.

Je vous prie donc de trouver, ci-joint, un chèque de . . . . €, correspondant au solde de votre dépôt de garantie.

Je vous prie de croire, Monsieur **(ou Madame)**, à l'assurance de mes salutations distinguées.

1. Article 22, alinéa 3, de la loi du 6 juillet 1989 (extrait) : « [Le dépôt de garantie] est restitué dans un délai maximal de deux mois à compter de la restitution des clés par le locataire, déduction faite, le cas échéant, des sommes restant dues au bailleur et des sommes dont celui-ci pourrait être tenu, aux lieu et place du locataire, sous réserve qu'elles soient dûment justifiées. »

Retenue sur dépôt de garantie : demande de justificatifs

Vos nom, prénoms
Votre adresse
Votre numéro de téléphone
Votre adresse e-mail

Lettre recommandée avec AR

Nom et adresse de votre bailleur

. . . . **(lieu)**, ... **(date)**

Monsieur **(ou Madame)**,

Suite aux dégradations constatées par l'état des lieux établit contradictoirement le . . . . pour l'appartement situé . . . . , vous avez dû effectuer des travaux de remise en état.

Vous m'informez, par courrier en date du . . . . , que le règlement de ces travaux sont à ma charge et que vous allez donc, conformément à l'article 22, alinéa 3, de la loi du 6 juillet 1989, déduire cette somme du dépôt de garantie que je vous avais versé lors de la conclusion du bail.

Je ne conteste pas votre bon droit mais souhaiterais que vous me fassiez parvenir les factures attestant le montant de vos dépenses.

Je vous prie de croire, Monsieur **(ou Madame)**, à l'assurance de mes salutations distinguées.

Votre signature

Congé donné par le bailleur pour vente

Vous ne pouvez donner congé à votre locataire qu'à l'échéance du bail, en respectant impérativement un préavis de six mois. Vous devez le faire soit par lettre recommandée avec avis de réception, soit par acte d'huissier. Le délai commence à courir à compter du jour de la réception de la lettre (ou de l'acte d'huissier).

Attention ! Le congé doit être signifié séparément aux deux conjoints (mariés ou liés par un Pacs) occupant le logement, même si un seul est signataire du bail – sauf si l'existence du conjoint ou du concubin n'a pas été portée à la connaissance du bailleur.

Si votre locataire est âgé de plus de 70 ans et que ses ressources sont inférieures à une fois et demie le SMIC, vous ne pouvez lui signifier le congé qu'en proposant un autre logement.

De plus, vous devez motiver expressément votre congé par l'une des raisons suivantes :
• Vous désirez reprendre le logement loué pour y habiter personnellement, ou pour y loger votre conjoint, votre concubin (qui doit l'être depuis au moins un an à la date du congé), la personne à laquelle vous êtes lié par un pacte civil de solidarité (Pacs), ou tout autre membre de votre famille.
• Vous souhaitez reprendre votre logement pour le vendre inoccupé.
À noter : votre locataire est, dans ce cas, prioritaire pour l'acquérir (on dit qu'il a un droit de préemption sur le logement) sauf si la vente se fait au profit d'un membre de votre famille, parent jusqu'au troisième degré inclus, pour qu'il y habite personnellement au moins deux ans.
• Vous invoquez un motif légitime et sérieux (inexécution, par le locataire, de l'une de ses obligations. Par exemple, retard répété du paiement du loyer, sous-location non autorisée, troubles du voisinage...).

Vos nom, prénoms
Votre adresse
Votre numéro de téléphone
Votre adresse e-mail

Lettre recommandée avec AR (1)

Nom et adresse de votre locataire

. . . . **(lieu)**, ... **(date)**

Objet : reprise du logement pour vendre

Monsieur **(ou Madame)**,

Par contrat que nous avons conclu en date du . . . . , je vous ai loué l'appartement situé . . . . **(donnez l'adresse exacte du logement)** pour trois ans renouvelables.

Ayant l'intention de vendre ce logement, j'ai le regret de vous informer que je vous donne congé à l'échéance du présent bail, c'est-à-dire à la date du . . . .

En application des dispositions de l'article 15-II de la loi n° 89-462 du 6 juillet 1989, je vous fais une offre préalable de vente au prix de . . . . € et selon les conditions suivantes : . . . . (2).

Si vous désirez acquérir le logement, vous devez me le faire savoir dans un délai de deux mois à compter de la réception de ce courrier. À l'expiration de ce délai, et sans réponse de votre part, cette offre sera caduque.
En cas de refus de l'offre d'achat que je vous fais, vous devrez quitter cet appartement au terme du bail.

Conformément à la loi, vous trouverez ci-après reproduits les cinq premiers alinéas de l'article 15-II de la loi du 6 juillet 1989 :

« Lorsqu'il est fondé sur la décision de vendre le logement, le congé doit, à peine de nullité, indiquer le prix et les conditions de la vente projetée. Le congé vaut offre de vente au profit du locataire : l'offre est valable pendant les deux premiers mois du délai de préavis. Les dispositions de l'article 46 de la loi n° 65-557 du 10 juillet 1965 fixant le statut de la copropriété des immeubles bâtis ne sont pas applicables au congé fondé sur la décision de vendre le logement.

« À l'expiration du délai de préavis, le locataire qui n'a pas accepté l'offre de vente est déchu de plein droit de tout titre d'occupation sur le local.

« Le locataire qui accepte l'offre dispose, à compter de la date d'envoi de sa réponse au bailleur, d'un délai de deux mois pour la réalisation de l'acte de vente. Si, dans sa réponse, il notifie son intention de recourir à un prêt, l'acceptation par le locataire de l'offre de vente est subordonnée à l'obtention du prêt et le délai de réalisation de la vente est porté à quatre mois. Le contrat de location est prorogé jusqu'à l'expiration du délai de réalisation de la vente. Si, à l'expiration de ce délai, la vente n'a pas été réalisée, l'acceptation de l'offre de vente est nulle de plein droit et le locataire est déchu de plein droit de tout titre d'occupation.

« Dans le cas où le propriétaire décide de vendre à des conditions ou à un prix plus avantageux pour l'acquéreur, le notaire doit, lorsque le bailleur n'y a pas préalablement procédé, notifier au locataire ces conditions et prix à peine de nullité de la vente. Cette notification est effectuée à l'adresse indiquée à cet effet par le locataire au bailleur ; si le locataire n'a pas fait connaître cette adresse au bailleur, la notification est effectuée à l'adresse des locaux dont la location avait été consentie. Elle vaut offre de vente au profit du locataire. Cette offre est valable pendant une durée d'un mois à compter de sa réception. L'offre qui n'a pas été acceptée dans le délai d'un mois est caduque.

« Le locataire qui accepte l'offre ainsi notifiée dispose, à compter de la date d'envoi de sa réponse au bailleur ou au notaire, d'un délai de deux mois pour la réalisation de l'acte de vente. Si, dans sa réponse, il notifie son intention de recourir à un prêt, l'acceptation par le locataire de l'offre de vente est subordonnée à l'obtention du prêt et le délai de réalisation de la vente est porté à quatre mois. Si, à l'expiration de ce délai, la vente n'a pas été réalisée, l'acceptation de l'offre de vente est nulle de plein droit. »

Je me tiens à votre disposition pour convenir avec vous d'une date en vue de l'établissement d'un état des lieux de sortie et de la remise des clefs.

Je vous prie de croire, Monsieur **(ou Madame)**, à l'assurance de mes salutations distinguées.

Votre signature

1. Lettre à envoyer impérativement six mois avant l'échéance du bail. Si le préavis n'est pas respecté, le bail est reconduit d'office. Quand le congé est signifié prématurément, le préavis débute à la date légale correspondant aux six mois exigés. Attention ! Sachez que si votre locataire refuse le recommandé (ou ne va pas le chercher à la poste), il sera considéré comme n'ayant pas été averti du congé.
2. Lorsqu'il est fondé sur la décision de vendre le logement, le congé doit, à peine de nullité, indiquer le prix et les conditions de la vente projetée.

Notification au locataire de la baisse du prix de vente du logement

L'article 15-II, alinéa 4, de la loi du 6 juillet 1989 énonce que, dans le cas où le propriétaire décide de vendre à des conditions ou à un prix plus avantageux pour l'acquéreur, il doit (ou à défaut le notaire) notifier au locataire ces conditions et prix à peine de nullité de la vente. Cette notification vaut offre de vente au profit du locataire. Cette offre est valable pendant une durée d'un mois à compter de sa réception. L'offre qui n'a pas été acceptée dans le délai d'un mois est caduque.

Vos nom, prénoms
Votre adresse
Votre numéro de téléphone
Votre adresse e-mail

Lettre recommandée avec AR [1]

Nom et adresse de votre locataire

. . . . **(lieu)**, ... **(date)**

Monsieur **(ou Madame)**,

Dans mon précédent courrier, je vous annonçais mon intention de vendre l'appartement que je vous loue depuis le . . . . Conformément aux dispositions de l'article 15-II de la loi du 6 juillet 1989, je vous avais fait une offre préalable de vente, pour un montant de . . . . €.

Ayant décidé de baisser ce prix de vente, je vous informe, par la présente, que l'appartement est désormais vendu au prix de . . . . €.

Si vous êtes intéressé(e) par l'achat de ce logement, vous devez me le faire savoir dans un délai d'un mois à compter de la réception de ce courrier. À l'expiration de ce délai, et sans réponse de votre part, cette offre sera caduque.

Je me tiens à votre disposition pour convenir avec vous d'une date en vue de l'établissement d'un état des lieux de sortie et de la remise des clefs.

Je vous prie de croire, Monsieur (ou Madame), à l'assurance de mes salutations distinguées.

Votre signature

1. Lettre à envoyer impérativement six mois avant l'échéance du bail. Si le préavis n'est pas respecté, le bail est reconduit d'office. Quand le congé est signifié prématurément, le préavis débute à la date légale correspondant aux six mois exigés. Attention ! Sachez que si votre locataire refuse le recommandé (ou ne va pas le chercher à la poste), il sera considéré comme n'ayant pas été averti du congé.

Congé donné par le bailleur pour vente à l'un de ses proches

L'article 15-II, alinéa 7, de la loi du 6 juillet 1989 précise que les dispositions concernant le « droit de préemption » du locataire en cas de congé pour vente ne sont pas applicables lorsque la vente a lieu entre parents jusqu'au troisième degré inclus (il peut s'agir de ses enfants, de ses parents, de ses frères, sœurs, petits-enfants, grands-parents...) ; à condition toutefois que l'acquéreur habite le logement pendant une durée qui ne peut être inférieure à deux ans à compter de l'expiration du délai de préavis.

Vos nom, prénoms
Votre adresse
Votre numéro de téléphone
Votre adresse e-mail

Lettre recommandée avec AR[1]

Nom et adresse de votre locataire

. . . . **(lieu)**, ... **(date)**

Monsieur **(ou Madame)**,

Par contrat que nous avons conclu en date du . . . . , je vous ai loué l'appartement situé . . . . **(donnez l'adresse exacte du logement)** pour trois ans renouvelables.

Ayant l'intention de vendre ce logement à mon frère, ... **(prénom et nom)**, j'ai le regret de vous informer que je vous donne congé à l'échéance du présent bail, c'est-à-dire à la date du . . . .

Étant donné les liens de parenté que j'ai avec le nouvel acquéreur, les dispositions des cinq premiers alinéas de l'article 15-II de la loi n° 89-462 du 6 juillet 1989 ne s'appliquent pas ; je ne suis donc pas tenu(e) de vous faire une offre préalable de vente.

Je me tiens à votre disposition pour convenir avec vous d'une date en vue de l'établissement d'un état des lieux de sortie et de la remise des clefs.

Je vous prie de croire, Monsieur **(ou Madame)**, à l'assurance de mes salutations distinguées.

Votre signature

1. Lettre à envoyer impérativement six mois avant l'échéance du bail. Si le préavis n'est pas respecté, le bail est reconduit d'office. Quand le congé est signifié prématurément, le préavis débute à la date légale correspondant aux six mois exigés. Attention ! Sachez que si votre locataire refuse le recommandé (ou ne va pas le chercher à la poste), il sera considéré comme n'ayant pas été averti du congé.

Congé donné par le bailleur pour motif sérieux et légitime

Vos nom, prénoms
Votre adresse
Votre numéro de téléphone
Votre adresse e-mail

Lettre recommandée avec AR [1]

Nom et adresse de votre locataire

. . . . **(lieu)**, ... **(date)**

Monsieur **(ou Madame)**,

Par contrat que nous avons conclu en date du . . . . , je vous ai loué l'appartement situé . . . . **(donnez l'adresse exacte du logement)** pour trois ans renouvelables.

N'ayant toujours pas reçu le règlement des six derniers loyers **(ou indiquez tout autre motif qui soit légitime et sérieux. Exemple : troubles importants du voisinage...)**, en dépit de l'envoi d'un commandement de payer, j'ai le regret de vous informer que je ne renouvellerai pas votre bail.

En effet, conformément aux dispositions de l'article 15 de la loi du 6 juillet 1989, et dans la mesure où l'une des clauses du contrat de bail nous liant le prévoit [2], je vous donne congé à l'échéance du présent bail, c'est-à-dire à la date du . . . .

Je me tiens à votre disposition pour convenir avec vous d'une date en vue de l'établissement d'un état des lieux de sortie et de la remise des clefs.

Je vous prie de croire, Monsieur **(ou Madame)**, à l'assurance de mes salutations distinguées.

Votre signature

1. Lettre à envoyer impérativement six mois avant l'échéance du bail. Si le préavis n'est pas respecté, le bail est reconduit d'office. Quand le congé est signifié prématurément, le préavis débute à la date légale correspondant aux six mois exigés. Attention ! Sachez que si votre locataire refuse le recommandé (ou ne va pas le chercher à la poste), il sera considéré comme n'ayant pas été averti du congé.
2. « Toute clause prévoyant la résiliation de plein droit du contrat de location pour défaut de paiement du loyer ou des charges aux termes convenus ou pour non-versement du dépôt de garantie ne produit effet que deux mois après un commandement de payer demeuré infructueux », article 24, alinéa premier, de la loi du 6 juillet 1989.

Congé donné par le bailleur pour reprise du logement pour habiter

Modèle n° 1

Vos nom, prénoms
Votre adresse
Votre numéro de téléphone
Votre adresse e-mail

Lettre recommandée avec AR [1]

Nom et adresse de votre locataire

. . . . **(lieu)**, ... **(date)**

Objet : reprise du logement pour y habiter

Monsieur **(ou Madame)**,

Par contrat que nous avons conclu en date du . . . . , je vous ai loué l'appartement situé . . . . **(donnez l'adresse exacte du logement)** pour trois ans renouvelables.

Ayant l'intention de reprendre ce logement pour y habiter, j'ai le regret de vous informer que je vous donne congé à l'échéance du présent bail, c'est-à-dire à la date du . . . .

Je me tiens à votre disposition pour convenir avec vous d'une date en vue de l'établissement d'un état des lieux de sortie et de la remise des clefs.

Je vous prie de croire, Monsieur **(ou Madame)**, à l'assurance de mes salutations distinguées.

Votre signature

1. Lettre à envoyer impérativement six mois avant l'échéance du bail. Si le préavis n'est pas respecté, le bail est reconduit d'office. Quand le congé est signifié prématurément, le préavis débute à la date légale correspondant aux six mois exigés. Attention ! Sachez que si votre locataire refuse le recommandé (ou ne va pas le chercher à la poste), il sera considéré comme n'ayant pas été averti du congé.

Modèle n° 2

Vos nom, prénoms
Votre adresse
Votre numéro de téléphone
Votre adresse e-mail

Lettre recommandée avec AR [1]

Nom et adresse de votre locataire

. . . . **(lieu)**, ... **(date)**

Objet : reprise du logement pour loger

Monsieur **(ou Madame)**,

Par contrat que nous avons conclu en date du . . . . , je vous ai loué l'appartement situé . . . . **(donnez l'adresse exacte du logement)** pour trois ans renouvelables.

Ayant l'intention de reprendre ce logement pour y loger mes parents, M. et Mme . . . . , demeurant à . . . . **(leur adresse actuelle)** [2], j'ai le regret de vous informer que je vous donne congé à l'échéance du présent bail, c'est-à-dire à la date du . . . .

Je me tiens à votre disposition pour convenir avec vous d'une date en vue de l'établissement d'un état des lieux de sortie et de la remise des clefs.

Je vous prie de croire, Monsieur **(ou Madame)**, à l'assurance de mes salutations distinguées.

Votre signature

1. Lettre à envoyer impérativement six mois avant l'échéance du bail. Si le préavis n'est pas respecté, le bail est reconduit d'office. Quand le congé est signifié prématurément, le préavis débute à la date légale correspondant aux six mois exigés. Attention ! Sachez que si votre locataire refuse le recommandé (ou ne va pas le chercher à la poste), il sera considéré comme n'ayant pas été averti du congé.
2. L'article 15-I, alinéa premier, de la loi du 6 juillet 1989 précise que le congé doit indiquer « en cas de reprise, les nom et adresse du bénéficiaire de la reprise qui ne peut être que le bailleur, son conjoint, le partenaire auquel il est lié par un pacte civil de solidarité enregistré à la date du congé, son concubin notoire depuis au moins un an à la date du congé, ses ascendants, ses descendants ou ceux de son conjoint, de son partenaire ou de son concubin notoire ». Vous ne pouvez donc reloger n'importe qui, à peine d'annulation du congé et versement de dommages et intérêts pour fraude.

Réponse à la lettre de congé du bailleur

Modèle n° 1

Vos nom, prénoms
Votre adresse
Votre numéro de téléphone
Votre adresse e-mail

Lettre recommandée avec AR

Nom et adresse de votre bailleur

. . . . **(lieu)**, ... **(date)**

Monsieur **(ou Madame)**,

Le . . . . , vous m'avez adressé une lettre recommandée avec accusé de réception me signifiant que vous ne désiriez pas renouveler le bail de l'appartement que j'occupe en tant que locataire depuis le . . . . Toutefois, vous n'avez pas indiqué ce qui justifie ce congé.

Or, je vous rappelle que l'article 15-I, alinéa premier, de la loi du 6 juillet 1989 [1] prévoit que le congé donné par le bailleur doit indiquer, à peine de nullité, le motif qui le justifie.

En conséquence, je ne donnerai pas suite à ce congé qui ne répond pas aux conditions de forme requises et je considère que, conformément à l'article 10, alinéa 2, de cette même loi, mon contrat de bail est reconduit de plein droit pour trois ans [2].

Je vous prie de croire, Monsieur **(ou Madame)**, à l'assurance de mes salutations distinguées.

Votre signature

1. Article 15-I, alinéa premier, de la loi du 6 juillet 1989 (extrait) : « Lorsque le bailleur donne congé à son locataire, ce congé doit être justifié soit par sa décision de reprendre ou de vendre le logement, soit par un motif légitime et sérieux, notamment l'inexécution par le locataire de l'une des obligations lui incombant. À peine de nullité, le congé donné par le bailleur doit indiquer le motif allégué... ».
2. Article 10, alinéa 2, de la loi du 6 juillet 1989 : « Si le bailleur ne donne pas congé dans les conditions de forme et de délai prévues à l'article 15, le contrat de location parvenu à son terme est soit reconduit tacitement, soit renouvelé. »

Modèle n° 2

Vos nom, prénoms
Votre adresse
Votre numéro de téléphone
Votre adresse e-mail

Lettre recommandée avec AR

Nom et adresse de votre bailleur

. . . . **(lieu)**, ... **(date)**

Monsieur **(ou Madame)**,

Le . . . . , vous m'avez adressé une lettre recommandée avec accusé de réception me signifiant que vous ne désiriez pas renouveler le bail de l'appartement que j'occupe en tant que locataire depuis le . . . . Toutefois, vous n'avez notifié ce congé seulement . . . . mois avant l'échéance du bail.

Or, je vous rappelle que l'article 15-I, alinéa 2, de la loi du 6 juillet 1989 (1) prévoit que le délai de préavis à respecter, à peine de nullité, en cas de congé donné par le bailleur est de six mois.

En conséquence, je ne donnerai pas suite à ce congé qui ne répond pas aux conditions de délai requises et je considère que, conformément à l'article 10, alinéa 2, de cette même loi, mon contrat de bail est reconduit de plein droit pour trois ans (2).

Je vous prie de croire, Monsieur (ou Madame), à l'assurance de mes salutations distinguées.

Votre signature

1. Article 15-I, alinéa 2, de la loi du 6 juillet 1989 (extrait) : « Le délai de préavis applicable au congé est [...] de six mois lorsqu'il émane du bailleur. »
2. Article 10, alinéa 2, de la loi du 6 juillet 1989 : « Si le bailleur ne donne pas congé dans les conditions de forme et de délai prévues à l'article 15, le contrat de location parvenu à son terme est soit reconduit tacitement, soit renouvelé. »

Modèle n° 3

Vos nom, prénoms
Votre adresse
Votre numéro de téléphone
Votre adresse e-mail

Lettre recommandée avec AR

Nom et adresse de votre bailleur

. . . . **(lieu)**, ... **(date)**

Monsieur **(ou Madame)**,

Le . . . . , vous m'avez adressé une lettre recommandée avec accusé de réception me signifiant que vous ne désiriez pas renouveler le bail de l'appartement que j'occupe en tant que locataire depuis le . . . . Toutefois, vous ne n'avez notifié ce congé que par lettre simple.

Or, je vous rappelle que l'article 15-I, alinéa 2, de la loi du 6 juillet 1989 [(1)] prévoit que la notification du congé doit être faite, à peine de nullité, « par lettre recommandée avec demande d'avis de réception » ou signifiée « par acte d'huissier ».

En conséquence, je ne donnerai pas suite à ce congé qui ne répond pas aux conditions de forme requises et je considère que, conformément à l'article 10, alinéa 2 de cette même loi, mon contrat de bail est reconduit de plein droit pour trois ans [(2)].

Je vous prie de croire, Monsieur **(ou Madame)**, à l'assurance de mes salutations distinguées.

Votre signature

1. Article 15-I, alinéa 2, de la loi du 6 juillet 1989 (extrait) : « Le congé doit être notifié par lettre recommandée avec demande d'avis de réception ou signifié par acte d'huissier. »
2. Article 10, alinéa 2, de la loi du 6 juillet 1989 : « Si le bailleur ne donne pas congé dans les conditions de forme et de délai prévues à l'article 15, le contrat de location parvenu à son terme est soit reconduit tacitement, soit renouvelé. »

Voisinage

Aboiements d'un chien : lettre simple à votre voisin

Vos nom, prénoms
Votre adresse
Votre numéro de téléphone
Votre adresse e-mail

Nom et adresse de votre voisin(e)

. . . . **(lieu)**, ... (date)

Monsieur **(ou Madame)**,

En dépit de la conversation que nous avons eue le . . . . dernier, vous n'avez pris aucune disposition pour faire cesser les aboiements de votre chien.

En persistant à ne rien faire pour que ce désagrément s'arrête, vous devez savoir que vous vous exposez, selon l'article R.1336-7 (ancien article R.48-2) du Code de la santé publique [1], à une amende de 450 € ainsi qu'à des dommages et intérêts en réparation du préjudice que vous me faites subir ainsi qu'à ma famille.

En espérant que vous donniez une suite favorable à ma requête, je vous prie de croire, Monsieur (ou Madame), à l'assurance de mes salutations distinguées.

Votre signature

1. Article R.1336-7 du Code de la santé publique : « Sauf en ce qui concerne les chantiers de travaux publics et privés et les travaux intéressant les bâtiments et leurs équipements soumis à une procédure de déclaration ou d'autorisation, est puni de l'amende prévue pour les contraventions de la troisième classe le fait d'être à l'origine, dans un lieu public ou privé, par soi-même ou par l'intermédiaire d'autrui ou d'une chose dont on a la garde ou d'un animal placé sous sa responsabilité, d'un bruit particulier de nature à porter atteinte à la tranquillité du voisinage ou à la santé de l'homme par sa durée, sa répétition ou son intensité.
« Les personnes coupables de l'infraction prévue au présent article encourent également la peine complémentaire de confiscation de la chose qui a servi ou était destinée à commettre l'infraction. »

Passage de tondeuse à gazon intempestif : lettre simple à votre voisin

Vos nom, prénoms
Votre adresse
Votre numéro de téléphone
Votre adresse e-mail

Nom et adresse de votre voisin(e)

. . . . **(lieu)**, ... **(date)**

Monsieur **(ou Madame)**,

En dépit de la conversation que nous avons eue le . . . . dernier, vous vous entêtez à utiliser votre tondeuse à gazon à des horaires qui ne correspondent pas à ceux imposés par l'arrêté municipal applicable à . . . . **(indiquez le nom de votre ville)**. Je vous demande donc de bien vouloir vous conformer aux heures autorisées par la municipalité.

En persistant à ne rien faire pour que ce désagrément s'arrête, sachez que vous vous exposez, selon l'article R.1336-7 (ancien article R.48-2) du Code de la santé publique[1], à une amende de 450 € ainsi qu'à des dommages et intérêts en réparation du préjudice que vous me faites subir ainsi qu'à ma famille.

En espérant que vous donniez une suite favorable à ma requête, je vous prie de croire, Monsieur **(ou Madame)**, à l'assurance de mes salutations distinguées.

Votre signature

1. Voir la note 1 du modèle précédent.

Dégâts causés par un animal

Vos nom, prénoms
Votre adresse
Votre numéro de téléphone
Votre adresse e-mail

Nom et adresse de votre voisin(e)

. . . . **(lieu)**, ... **(date)**

Monsieur **(ou Madame)**,

Le . . . . dernier, votre chien **(ou tout autre animal)** s'est introduit dans mon jardin et a détruit plusieurs massifs de fleurs **(par exemple ; indiquez le cas échéant les autres dégâts causés)**.

Comme je vous l'ai dit lors de la conversation que nous avons eue dans la soirée qui a suivi ce fâcheux incident, vous êtes, en vertu de l'article 1385 du Code civil([1], responsable des dommages causés par votre animal, et devez donc en assumer les conséquences financières.

Vous trouverez ci-jointe une copie de la facture des fleurs que j'ai dû racheter. Vous me devez donc la somme de . . . . €.

À défaut de réponse de votre part dans le délai de . . . . jours, je me verrai dans l'obligation de saisir le tribunal d'instance.

En espérant que nous n'arriverons pas à une telle extrémité, je vous prie de croire, Monsieur **(ou Madame)**, à l'assurance de mes salutations distinguées.

Votre signature

1. Article 1385 du Code civil : « Le propriétaire d'un animal, ou celui qui s'en sert, pendant qu'il est à son usage, est responsable du dommage que l'animal a causé, soit que l'animal fût sous sa garde, soit qu'il fût égaré ou échappé. »

Demande d'élagage

Les branches du grand chêne de votre voisin dépassent sur votre propriété et vous empêchent de profiter du soleil. Si vous ne pouvez pas élaguer vous-même les arbres de votre voisin (sauf s'il vous y autorise expressément), vous avez le droit d'exiger qu'il coupe les branches qui dépassent, en saisissant au besoin le tribunal d'instance s'il n'obtempère pas.

Vos nom, prénoms
Votre adresse
Votre numéro de téléphone
Votre adresse e-mail

Nom et adresse de votre voisin(e)

. . . . **(lieu)**, ... **(date)**

Monsieur **(ou Madame)**,

Je vous ai demandé à plusieurs reprises, sans succès, de couper les branches de vos arbres qui envahissent mon jardin ou de m'autoriser à le faire.

Or, je vous informe qu'aux termes de l'article 673, alinéa premier, du Code civil[1], je suis en droit de vous contraindre à couper ce qui empiète sur ma propriété.

En conséquence, je vous demande une dernière fois de procéder à l'élagage de vos arbres dans les meilleurs délais.

À défaut de réponse dans les huit jours, je me verrai contraint(e) de saisir le tribunal d'instance de notre différend.

En espérant que nous n'arriverons pas à une telle extrémité, je vous prie de croire, Monsieur **(ou Madame)**, à l'assurance de mes salutations distinguées.

Votre signature

1. Article 673, alinéa premier, du Code civil : « Celui sur la propriété duquel avancent les branches des arbres, arbustes et arbrisseaux du voisin peut contraindre celui-ci à les couper. »

Arbres plantés trop près : demande de taille ou d'arrachage

À défaut d'un règlement local ou d'un usage reconnu, l'article 671 du Code civil impose le respect de distances minimales pour planter des arbres, arbustes et arbrisseaux de part et d'autre de deux propriétés : 2 m au moins de la ligne séparative pour les plantations qui dépassent 2 m de haut, et 0,50 m au moins de cette même limite pour les plantations de moins de 2 m de haut. Si votre voisin n'a pas respecté ces distances minimales imposées, vous pouvez exiger qu'il arrache ses arbres ou les taille à la hauteur réglementaire.

À défaut d'accord amiable, adressez-vous au tribunal d'instance.

Vos nom, prénoms
Votre adresse

Votre numéro de téléphone
Votre adresse e-mail

Nom et adresse de votre voisin(e)

. . . . **(lieu)**, ... **(date)**

Monsieur **(ou Madame)**,

Lors de la conversation que nous avons eue le . . . . dernier, je vous ai fait remarquer que la hauteur des arbres que vous avez plantés à un mètre de la limite séparative de nos terrains ne correspond pas aux limites imposées par l'article 671 du Code civil[1].

En effet, aux termes de cet article, ces plantations, vu leur emplacement, ne doivent pas dépasser deux mètres de haut. En conséquence, je vous demande de bien vouloir procéder à la coupe de vos arbres dans les meilleurs délais.

À défaut de réponse dans les huit jours, je me verrai contraint(e) de porter l'affaire devant le tribunal d'instance.

En espérant que nous n'arriverons pas à une telle extrémité, je vous prie de croire, Monsieur **(ou Madame)**, à l'assurance de mes salutations distinguées.

Votre signature

1. Article 671 du Code civil : « Il n'est permis d'avoir des arbres, arbrisseaux et arbustes près de la limite de la propriété voisine qu'à la distance prescrite par les règlements particuliers actuellement existants, ou par des usages constants et reconnus, et à défaut de règlements et usages, qu'à la distance de deux mètres de la ligne séparative des deux héritages pour les plantations dont la hauteur dépasse deux mètres, et à la distance d'un demi-mètre pour les autres plantations. »

Servitude de tour d'échelle : demande pour passer sur le terrain du voisin

Vos nom, prénoms
Votre adresse
Votre numéro de téléphone
Votre adresse e-mail

Nom et adresse de votre voisin(e)

. . . . **(lieu)**, ... **(date)**

Monsieur **(ou Madame)**,

Je suis dans l'obligation d'effectuer . . . . **(indiquez la nature des travaux envisagés)**. Or, le côté où doivent se faire ces travaux urgents et indispensables n'est accessible qu'en pénétrant sur votre terrain.

Je vous demande donc l'autorisation de pouvoir entrer dans votre propriété le temps de la réalisation de ces travaux qui doivent durer environ . . . . **(indiquez le temps prévu)**. Bien entendu, je m'engage à prendre à ma charge les éventuels dégâts qui pourraient vous être causés.

Je vous propose que nous nous rencontrions afin de fixer les conditions de passage[1].

En vous remerciant par avance de cette faveur, je vous prie de croire, Monsieur **(ou Madame)**, à l'assurance de mes salutations distinguées.

Votre signature

1. Si votre voisin ne se montre pas compréhensif et vous refuse l'accès à sa propriété, vous pouvez demander une autorisation judiciaire auprès du tribunal de grande instance du lieu où est située votre propriété. La jurisprudence accorde, la plupart du temps, cette autorisation.

Troubles de voisinage : lettre envoyée en recommandé avec avis de réception à votre voisin

Vos nom, prénoms
Votre adresse
Votre numéro de téléphone
Votre adresse e-mail

Lettre recommandée avec AR
Nom et adresse de votre voisin(e)

. . . . **(lieu)**, ... **(date)**

Monsieur **(ou Madame)**,

Comme je vous l'ai indiqué lors de notre dernière rencontre ainsi que dans le courrier que je vous ai adressé en date du . . . . **(indiquez la date d'envoi)**, nous sommes particulièrement gênés par les bruits excessifs provenant de votre appartement. Ces bruits, qui dépassent largement le seuil de tolérance acceptable, consistent notamment en . . . . **(faites une énumération précise des bruits que vous percevez)**.

Je vous rappelle pourtant qu'en étant à l'origine d'un trouble anormal de voisinage et en ne faisant rien pour qu'il cesse, vous contrevenez aux dispositions de l'article R.1336-7 (ancien article R.48-2) du Code de la santé publique, qui prévoit une amende maximum de 450 € ainsi que des dommages-intérêts en réparation du préjudice que vous nous faites subir.
C'est pourquoi je vous demande une nouvelle fois, par lettre recommandée avec avis de réception, de bien vouloir prendre toutes les dispositions qui s'imposent pour faire cesser ce trouble.

Faute de réaction de votre part dans les huit jours, je serai contraint(e) de porter cette affaire devant le tribunal compétent.

En espérant que nous n'en arriverons pas à de telles extrémités, et dans l'attente d'une attitude plus responsable de votre part, je vous prie de croire, Monsieur **(ou Madame)**, à l'expression de mes sincères salutations.

Votre signature

Troubles de voisinage : lettre envoyée au maire

Vos nom, prénoms
Votre adresse
Votre numéro de téléphone

Votre adresse e-mail

Lettre recommandée avec AR

M. le Maire de . . . .
Adresse de votre mairie

. . . . **(lieu)**, ... **(date)**

Monsieur le Maire,

Depuis le . . . . , et en dépit des lettres que je lui ai envoyées pour lui faire prendre conscience du problème, ma famille et moi subissons de la part de M. **(et/ou Mme)** . . . . , demeurant à . . . . **(adresse complète de votre ou de vos voisins)**, un désagrément sonore bien supérieur à ce qui est acceptable quand on habite dans une copropriété. En effet, tout au long de la journée et parfois tard dans la soirée, son chien aboie au moindre bruit ou passage de personnes.

En dépit des remarques, puis des lettres que nous lui avons adressées (et dont vous trouverez copie dans ce courrier), M. **(et/ou Mme)** . . . . n'a pris aucune disposition pour faire cesser ces aboiements.
En conséquence, je vous prie de bien vouloir intervenir pour faire cesser ce trouble.

En vous remerciant par avance de votre appui, je vous prie de croire, Monsieur le Maire, à l'assurance de mes salutations distinguées.

Votre signature

Pièces à joindre :
– copie des courriers envoyés.

Décès et transmission du patrimoine

Vous avez une idée bien arrêtée sur la répartition post mortem de vos biens ou encore sur l'organisation de vos funérailles, la désignation d'un tuteur pour vos enfants mineurs... Pour être sûr que ces « dernières volontés » seront bien respectées, vous pouvez les exprimer dans un testament. Si vous ne vous faites pas assister par un notaire, des règles bien précises sont à respecter sous peine de nullité.

Lorsqu'un décès survient, vous allez devoir le signaler à un certain nombre de personnes : faire-part, condoléances, remerciements... Vous devrez également avertir les différents organismes qui étaient en relation avec le défunt, comme ses caisses de retraite, sa banque, son employeur... N'oubliez pas non plus de demander les aides financières auxquelles vous avez droit (capital décès, pension de réversion...).

Acte de décès (IGE n° 428)

Acte de décès n° . . . .

Le . . . . **(date du décès ; jour, mois, année)**, à . . . . heures **(heure du décès)**, est décédé(e) en son domicile, ... **(adresse complète)**, ... **(prénoms et nom de la personne défunte)**, né(e) à . . . . , le . . . . . . , ... **(profession)**, fils (fille) de . . . . et de . . . . **(précisez éventuellement si l'un des parents ou les deux sont décédés)**, célibataire **(ou époux/épouse de . . . . ; ou veuf/veuve de . . . . ; ou divorcé(e) de . . . .)**.

Dressé le . . . . , à . . . . heures, sur la déclaration de . . . . **(prénoms, nom, âge, profession, domicile ; le cas échéant, degré de parenté du déclarant)** qui, lecture faite et invité à lire l'acte, a signé avec nous, ... **(prénoms, nom et qualité de l'officier d'état civil)**.

Signatures

Acte d'enfant sans vie (IGE n° 469)

Acte d'enfant sans vie n° . . . .

Le . . . . **(date de l'accouchement)**, à . . . . heures **(heure de l'accouchement)**, est accouchée d'un enfant sans vie prénommé . . . . **(éventuellement prénom(s) de l'enfant), à . . . .** **(lieu de l'accouchement)**, ... **(prénom(s), nom, date et lieu de naissance, profession de la mère)**, épouse de . . . . **(prénom(s), nom, date et lieu de naissance, profession du mari, domicile s'il est différent de celui de l'épouse)**, domiciliés à . . . .

Dressé le . . . . **(date et lieu de la déclaration)**, sur la déclaration de . . . . **(prénom(s), nom, profession, domicile du déclarant)** [1] qui, lecture faite et invité à lire l'acte, a signé avec nous, ... **(désignation de l'officier de l'état civil)**.

Signatures

Acte de concession de terrain dans un cimetière

Cet acte prend la forme d'un arrêté municipal ou d'un contrat. Le document ainsi remis au concessionnaire représente son « titre de propriété ». Il est établi en trois exemplaires : l'un revient à l'intéressé, l'autre au receveur municipal, le troisième est classé dans les archives communales.

Concession n° . . . .
Numéro du plan du cimetière : . . . .

CONCESSION DE TERRAIN
Dans le cimetière communal de . . . .

Le Maire de la commune de . . . . ,

Vu la demande présentée par M. . . . . **(ou Mme . . . . , dans ce cas, précisez : « née . . . . »)**, domicilié(e) à . . . . , tendant à obtenir une concession de terrain dans le cimetière communal de . . . . à l'effet d'y fonder la sépulture particulière de sa famille,

ARRÊTE :

Article premier : Il est accordé, dans le cimetière communal, au nom du demandeur susvisé et à l'effet d'y fonder la sépulture particulière indiquée,

Une concession de . . . . années
À compter du . . . . , de . . . . mètres superficiels.

Article 2 : Cette concession est accordée à titre de [Rayer les mentions inutiles]
concession nouvelle
renouvellement de la concession accordée le . . . . et expirant le . . . .
conversion de la concession accordée le . . . . et expirant le . . . . . .

Article 3 : La concession est accordée moyennant la somme de . . . . € qui a été versée dans la caisse du receveur municipal, suivant quittance n° . . . . du . . . .

Article 4 : Les droits de timbre et d'enregistrement du présent arrêté demeurent à la charge du titulaire de la concession.

Article 5 : Un exemplaire du présent arrêté sera adressé au titulaire de la concession et au receveur municipal.

Fait en mairie le . . . .

Le Maire,

Signature

Faire-part de décès

Modèle général

Mme **(ou Mlle, ou M., ou M. et Mme)** . . . . **(nom et prénoms)**

Ainsi que . . . . **(noms et prénoms des personnes au nom desquelles le faire-part est écrit ; exemples : enfants, petits-enfants, belle-famille du défunt)**

Annonce ; exemples : « ont la douleur de faire part du décès de » ; « ont la (l'immense) tristesse de faire part du décès de » ; « ont le regret de faire part du décès de »...

Mme **(ou Mlle, ou M.)** . . . . **(nom et prénom du (de la) défunt(e))**
née . . . . **(uniquement pour les femmes)**

Survenu le . . . . **(jour, mois, année)**, à . . . . heures, dans sa . . . . ème année.

La cérémonie religieuse aura lieu le . . . . **(jour, mois, année)**, à . . . . heures, à . . . . **(lieu)**.
(ou « Une messe aura lieu le... » ; ou « Les obsèques auront lieu le... »)

Exemple n° 1

M. . . . . , son époux
Ses enfants, petits-enfants, arrière-petits-enfants
Son frère, ses sœurs, belles-sœurs, beaux-frères,
ont la douleur de vous faire part du décès de

Mme . . . .
née . . . .

survenu le . . . . , à . . . . , à l'âge de . . . . ans.

Ses obsèques seront célébrées le . . . . . . en la commune de . . . .
à l'église de . . . .

Adresse

Exemple n° 2

M. et Mme . . . ., ses enfants
Et . . . . , ses petits-enfants,

ont le regret de vous faire part du décès de

M. . . . .
survenu le . . . . , dans sa . . . . . . ème année.

La cérémonie religieuse sera célébrée le . . . .
en l'église . . . . de . . . .

L'inhumation aura lieu le . . . . , à . . . . heures,
au cimetière de . . . .

Adresse

Exemple n° 3

M. et Mme . . . . , ses parents
. . . . , sa sœur, et . . . . , son ami
et toute la famille

ont l'immense tristesse de vous faire part du décès de . . . .
survenu tragiquement le . . . . **(jour, mois, année)** à l'âge de . . . . ans.

La cérémonie religieuse sera célébrée en l'église de . . . . ,
le . . . . **(jour, mois, année)** à . . . . heures
suivie de l'inhumation au cimetière de . . . .

Pas de fleurs ni de plaque.
Condoléances sur registre.

Ce faire-part tient lieu de remerciement à ceux qui s'associeront à leur peine.

Adresse

Condoléances

Exemple n° 1

Nous vous prions d'accepter notre respectueuse sympathie.
Nous savons combien ce malheur vous atteint et tenons à ce que vous sachiez que nous prenons part à votre douleur.

Exemple n° 2

M. et Mme . . . . vous prient de recevoir leurs très sincères condoléances et l'expression de leur profonde sympathie.

Exemple n° 3

Je pense à vous et suis avec vous chaque jour et chaque instant. Vous pourrez toujours compter sur moi.
À très bientôt.

Exemple n° 4

Le malheur qui vient de bouleverser votre famille nous a bouleversés.
Sachez que nous sommes de tout cœur avec vous.
Soyez assurés de notre chaleureuse sympathie et de notre indéfectible amitié.

Exemple n° 5

Un poète anglais a écrit : « Si je peux apaiser les souffrances d'un être... alors je ne serai pas né en vain »... C'est dans ce sens que je te présente mes condoléances... Non parce que c'est d'usage en la circonstance mais parce que je veux être « cum dolore » pour que ta peine te soit moins lourde.

Exemple n° 6

Je viens d'apprendre le décès de . . . .
Sache que tu peux compter sur mon affectueux soutien en cette terrible épreuve.
N'hésite pas à m'appeler, car je serai toujours là pour toi.
Je t'embrasse affectueusement.

Exemple n° 7

C'est avec une immense tristesse que nous avons appris le décès de votre petit(e) . . . . **(prénom)** tant aimé(e).
Soyez assurés que nous nous associons à votre peine dans cette douloureuse épreuve.

Exemple n° 8

C'est avec une vive émotion que nous avons pris connaissance du décès de M. . . . .
C'était un salarié que nous appréciions beaucoup. Il était aimé et respecté par ses collègues de travail.
Croyez bien que nous partageons votre peine.
Recevez, chère Madame . . . . , nos sincères condoléances.

Exemple n° 9

Nous avons appris hier . . . . l'affreuse nouvelle de la disparition de . . . . et nous sommes profondément émus par la douleur qui vous frappe aussi brutalement.
Étant empêchés, nous ne pourrons malheureusement pas nous rendre aux obsèques et nous le regrettons vivement. Mais nous serons à vos côtés par la pensée.
Transmettez à toute votre famille nos plus sincères condoléances.
En attendant de vous revoir, bientôt j'espère, recevez nos très affectueuses pensées.

Remerciements

Exemple n° 1

M. et Mme . . . . , ses parents
. . . . , son frère
et toute la famille,
profondément touchés des marques de sympathie et d'affection que vous leur avez témoignées lors des obsèques de
. . . . **(prénom du (de la) défunt(e))**
remercient bien sincèrement les personnes qui leur ont apporté réconfort et amitié.

Exemple n° 2

Les familles . . . . et . . . . , très touchées par vos témoignages de soutien et de sympathie, vous expriment leurs chaleureux remerciements.

Exemple n° 3

C'est dans ces instants que l'on compte ses vrai(e)s ami(e)s. Votre affectueuse présence nous a grandement réconfortés. Croyez en nos remerciements chaleureux.

Exemple n° 4

Nous avons été très touchés par le texte que vous avez eu l'amitié de lire lors de la cérémonie religieuse qui a eu lieu en mémoire de . . . .
Dans ces moments douloureux, la présence d'amis aussi fidèles est très réconfortante et nous savons que nous pouvons compter sur votre affectueux soutien.

Poèmes que l'on peut lire lors des cérémonies

Poème n° 1

Tout va bien...
La mort n'est rien en soi...
Je suis seulement allé dormir dans la pièce à côté.
Je suis moi et vous êtes vous...
Quel que soit le lien qui ait pu nous unir, il est toujours le même.
Appelez-moi par mon surnom, parlez-moi le plus naturellement comme vous l'avez toujours fait.
Ne changez pas de ton.
N'y mettez aucune solennité ni tristesse.
Riez aux petites plaisanteries que nous aimions tant nous faire.
Jouez, souriez, pensez à moi.
Que mon nom soit utilisé de la façon la plus naturelle comme il l'a toujours été.
Qu'il soit prononcé sans effort, sans le moindre ombrage.
La vie signifie tout ce qu'elle a toujours signifié.
Elle est toujours celle qu'elle a toujours été.
Pourquoi devrais-je sortir de votre esprit, parce que je ne suis plus là ?
Moi, je vous attends, pour quelque temps, quelque part tout près, juste au coin de la rue...
Tout va bien.

Henri Scott

Poème n° 2

Une fenêtre ouverte
La mort n'est jamais complète,
il y a toujours puisque je le dis
puisque je l'affirme
au bout du chagrin
une fenêtre ouverte
une fenêtre éclairée.
Il y a toujours un rêve qui veille,
désir à combler,
faim à satisfaire,
un cœur généreux
une main tendue
une main ouverte
des yeux attentifs
une vie, la vie à se partager.

Paul Eluard

Poème n° 3

La porte de l'Éternité
Vous voudriez connaître le secret de la mort.
Mais comment le trouverez-vous sinon en le cherchant dans le cœur de la vie ?
La chouette dont les yeux faits pour la nuit sont aveugles au jour
ne peut dévoiler le mystère de la lumière.
Si vous voulez vraiment contempler l'esprit de la mort,
ouvrez amplement votre cœur au corps de la vie.
Car la vie et la mort sont un, de même que le fleuve et l'océan sont un.

Dans la profondeur de vos espoirs et de vos désirs repose
votre silencieuse connaissance de l'au-delà ;
et tels des grains rêvant sous la neige, votre cœur rêve au printemps.
Fiez-vous aux rêves car en eux est cachée la porte de l'Éternité.
Votre peur de la mort n'est que le frisson du berger lorsqu'il se tient devant le roi
dont la main va se poser sur lui pour l'honorer.
Le berger ne se réjouit-il pas sous son tremblement, de ce qu'il portera l'insigne du roi ?
Pourtant n'est-il pas plus conscient de son tremblement ?

Car qu'est-ce que mourir sinon se tenir nu dans le vent et se fondre dans le soleil ?
Et qu'est-ce que cesser de respirer, sinon libérer le souffle de ses marées inquiètes,
pour qu'il puisse s'élever, se dilater et rechercher Dieu sans entraves ?

C'est seulement lorsque vous boirez à la rivière du silence que vous chanterez vraiment
Et quand vous aurez atteint le sommet de la montagne, vous commencerez enfin de monter.
Et lorsque la terre réclamera vos membres, vous danserez vraiment.

Khalil Gibran

Poème n° 4

La fleur qui s'épanouit
Je dis que le tombeau qui sur la mort se ferme
Ouvre le firmament,
Et que ce qu'ici-bas nous prenons pour le terme
Est un commencement.
C'est le berceau de l'espérance,
C'est la fleur qui s'épanouit,
C'est le terme de la souffrance,
C'est le soleil après la nuit.
C'est le but auquel tout aspire,
C'est le retour après l'adieu,
C'est la libération suprême,
C'est après les pleurs, le sourire,
C'est rejoindre ceux qu'on aime,
C'est l'immortalité... C'est Dieu.

Victor Hugo

Testament crématiste

Le modèle ci-dessous est proposé par Michel Kawnick, président de l'AFIF, sur le site www.afif.asso.fr ; à chacun de l'adapter selon ses vœux.

Ceci est mon testament crématiste.

Ce testament est écrit de ma main à .... **(adresse complète du lieu où ce document est écrit)**.
Je soussigné(e), ... **(prénom, nom, date et lieu de naissance)**, demeurant à .... **(adresse complète)**, déclare vouloir être crématisé(e) après mon décès.
Toute personne en possession de ce testament a pouvoir à en vérifier la bonne exécution, sauf présentation d'un autre testament établi postérieurement.

Je désire **(sélectionnez ci-dessous)**
Que mon urne cinéraire soit :
• Conservée au domicile de M. (ou Mme) .... **(prénom, nom, date et lieu de naissance)** si cette personne l'accepte. En cas de refus, la destinée de mon urne sera choisie par la (les) personne(s) habilitée(s) à organiser mes obsèques.

• Mise dans le columbarium du cimetière de la ville de ....
• Inhumée dans le caveau funéraire .... **(précisez le nom du concessionnaire, le numéro de la concession, le nom du cimetière et celui de la ville où il se trouve)**.
• Scellée sur le monument funéraire .... **(précisez le nom du concessionnaire, le numéro de la concession, le nom du cimetière et celui de la ville où il se trouve)**.
• Immergée dans ...... **(rivière, fleuve ou mer)** au lieu-dit ....

Que mes cendres puissent être :
- Dispersées dans le jardin du Souvenir proche du crématorium.
- Réparties entre les membres de la famille, mélangées aux cendres de tout autre défunt.
- Dispersées sur le sol . . . . **(précisez l'endroit – à l'exception de la voie publique et des jardins publics)**.
- Immergées dans . . . . **(rivière, fleuve ou mer)** au lieu-dit . . . .

Fait à . . . . , le . . . . **(jour, mois, année)**

Signature

Don manuel : déclaration (formulaire Cerfa n° 11278*04)

Vous pouvez télécharger ce formulaire à l'adresse : http://www.impots.gouv.fr, **cliquer** sur « Rechercher », puis **cliquer** sur « formulaires », **puis indiquer le numéro Cerfa** (11278*04)

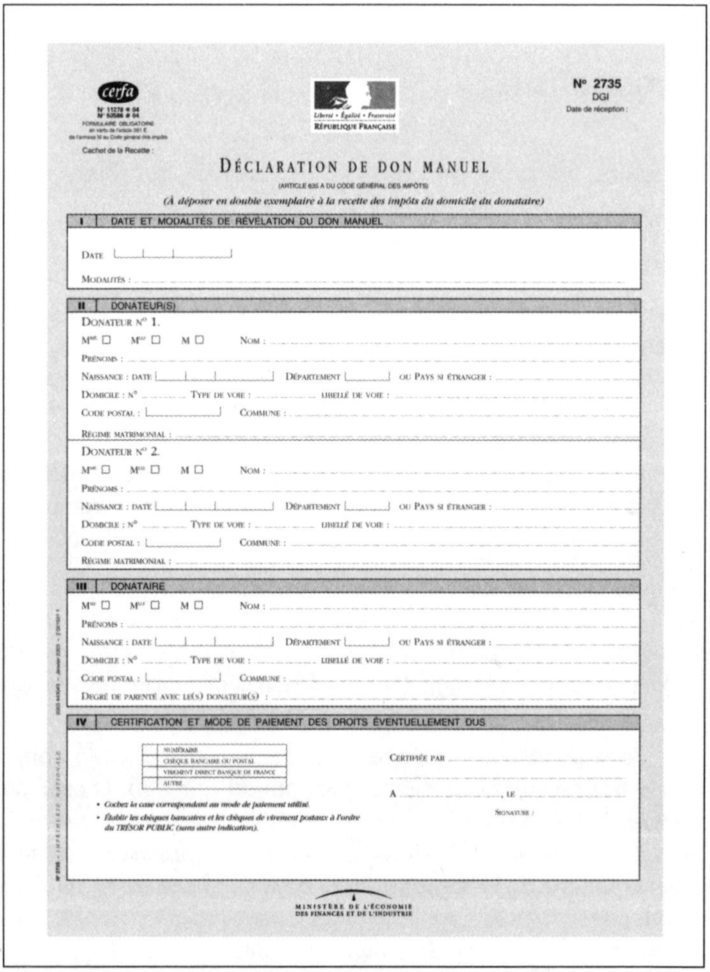

cerfa

N° 11278 * 04

FORMULAIRE OBLIGATOIRE

Cachet de la Recette :

Liberté • Égalité • Fraternité
RÉPUBLIQUE FRANÇAISE

N° 2735
DGI
Date de réception :

DÉCLARATION DE DON MANUEL

(ARTICLE 635 A DU CODE GÉNÉRAL DES IMPÔTS)

(À déposer en double exemplaire à la recette des impôts du domicile du donataire)

I DATE ET MODALITÉS DE RÉVÉLATION DU DON MANUEL

DATE

MODALITÉS :

II DONATEUR(S)

DONATEUR N° 1.

Mme ☐ Mlle ☐ M ☐ NOM :

PRÉNOMS :

NAISSANCE : DATE DÉPARTEMENT OU PAYS SI ÉTRANGER :

DOMICILE : N° TYPE DE VOIE : LIBELLÉ DE VOIE :

CODE POSTAL : COMMUNE :

RÉGIME MATRIMONIAL :

DONATEUR N° 2.

Mme ☐ Mlle ☐ M ☐ NOM :

PRÉNOMS :

NAISSANCE : DATE DÉPARTEMENT OU PAYS SI ÉTRANGER :

DOMICILE : N° TYPE DE VOIE : LIBELLÉ DE VOIE :

CODE POSTAL : COMMUNE :

RÉGIME MATRIMONIAL :

III DONATAIRE

Mme ☐ Mlle ☐ M ☐ NOM :

PRÉNOMS :

NAISSANCE : DATE DÉPARTEMENT OU PAYS SI ÉTRANGER :

DOMICILE : N° TYPE DE VOIE : LIBELLÉ DE VOIE :

CODE POSTAL : COMMUNE :

DEGRÉ DE PARENTÉ AVEC LE(S) DONATEUR(S) :

IV CERTIFICATION ET MODE DE PAIEMENT DES DROITS ÉVENTUELLEMENT DUS

☐	NUMÉRAIRE
☐	CHÈQUE BANCAIRE OU POSTAL
☐	VIREMENT DIRECT BANQUE DE FRANCE
☐	AUTRE

CERTIFIÉE PAR

A , LE

SIGNATURE :

- *Cochez la case correspondant au mode de paiement utilisé.*
- *Établir les chèques bancaires et les chèques de virement postaux à l'ordre du TRÉSOR PUBLIC (sans autre indication).*

MINISTÈRE DE L'ÉCONOMIE
DES FINANCES ET DE L'INDUSTRIE

Modèle de testament olographe

C'est la forme testamentaire la plus simple, puisqu'il suffit, pour exprimer vos dernières volontés, d'utiliser une quelconque feuille de papier. Par ailleurs, sa rédaction n'est assujettie à aucun formalisme spécifique.

Cependant, pour être juridiquement valable, le testament olographe doit remplir trois conditions :

- être manuscrit et rédigé entièrement de la main du testateur. Le moindre mot écrit par une autre personne entraîne la nullité du testament ;
- être signé par l'auteur du testament ;
- être daté.

Tout manquement à l'une de ces trois conditions entraîne la nullité du document.

> Ceci est mon testament.
>
> Je soussigné(e), ... **(nom, prénom, suivis du nom de jeune fille pour la femme mariée)**, demeurant à . . . . **(adresse complète)**, lègue :
> – à . . . . **(nom, prénom, adresse, lien de parenté ou ami)**, le ou les biens suivants : . . . .
> – à . . . . **(nom, prénom, adresse, lien de parenté ou ami)**, le ou les biens suivants : . . . .
>
> Par ailleurs, je souhaite que ma sœur . . . . **(nom, prénom, éventuellement nom de jeune fille)** soit nommée tutrice de mon fils mineur . . . . **(nom, prénom)**.
>
> Ce testament annule toutes dispositions antérieures.
>
> Écrit entièrement de ma main
>
> Fait à . . . . **(lieu de la rédaction)**, le . . . . **(date de la rédaction en toutes lettres ; jour, mois, année)**
>
> **Signature du testateur**

Modèle de testament olographe pour instituer un légataire universel

> Ceci est mon testament.
>
> Je soussigné(e), ... **(nom, prénom, suivis du nom de jeune fille pour la femme mariée)**, demeurant à . . . . **(adresse complète)**, déclare instituer pour mon légataire universel . . . . **(nom, prénom de la personne choisie, indiquez votre lien de parenté avec elle)**, domicilié(e) à . . . . **(adresse complète)**.
> En conséquence, je lui lègue la totalité des biens meubles et immeubles, présents et à venir, qui composeront ma succession au jour de mon décès.

(Éventuellement : « Si . . . . (légataire universel) venait à décéder avant moi ou n'acceptait pas le présent legs, j'institue alors pour légataire universel . . . . , domicilié à . . . .)

Ce testament annule toutes dispositions antérieures.

Écrit entièrement de ma main

Fait à . . . . **(lieu de la rédaction)**, le . . . . **(date de la rédaction en toutes lettres ; jour, mois, année)**

Signature du testateur

Modèle de testament olographe pour désigner un exécuteur testamentaire

Pour vous assurer que vos dernières volontés seront respectées, vous pouvez désigner, par testament, une personne de confiance qui sera chargée de veiller à leur bonne exécution. Le choix est totalement libre et peut porter sur un membre de la famille, un ami, un notaire... Seule condition : la personne désignée doit avoir toute sa capacité légale et intellectuelle.

Attention ! La personne désignée comme exécuteur testamentaire n'étant pas obligée d'accepter cette charge, il est plus prudent d'obtenir son accord auparavant.

Ceci est mon testament.

Je soussigné(e), ... **(nom, prénom, suivis du nom de jeune fille pour la femme mariée)**, demeurant à . . . . **(adresse complète)**, institue comme exécuteur testamentaire M. **(ou Mme, ou Mlle)** . . . . **(nom, prénom de la personne choisie)**, demeurant à . . . . **(adresse complète)**, ou, en cas de prédécès, M. (ou Mme, ou Mlle) . . . . **(nom, prénom)**, demeurant à . . . . **(adresse complète)**, avec pour mission de veiller à la bonne exécution de toutes mes dispositions testamentaires [1].

Pour le (ou la) remercier d'accepter cette responsabilité, je le (ou la) prie de bien vouloir accepter ma lithographie de Dalí dénommée « Une de Mai », legs qui sera net de tous frais et droits de succession [2].

Ce testament annule toutes dispositions antérieures.

Écrit entièrement de ma main

Fait à . . . . **(lieu de la rédaction)**, le . . . . **(date de la rédaction en toutes lettres ; jour, mois, année)**

Signature du testateur

1. L'exécuteur testamentaire restant libre d'accepter ou non cette mission, vous avez tout intérêt à vous assurer que la personne choisie est d'accord pour assumer cette responsabilité.
2. L'exécuteur testamentaire exerce sa mission bénévolement. Cependant, les frais engagés pour l'exécuter (exemple : procéder à l'inventaire des biens) sont à la charge de la succession. Par ailleurs, il est d'usage de lui témoigner sa gratitude

en le gratifiant d'un legs particulier (somme d'argent, objet…) appelé le « diamant ». Mieux vaut stipuler que ce legs est net de frais et droits afin que l'exécuteur testamentaire ne supporte aucuns frais de quelque sorte que ce soit.

Modèle de testament olographe en faveur de votre conjoint

Ceci est mon testament.

Je soussigné(e), ... **(nom, prénom, suivis du nom de jeune fille pour la femme mariée)**, né(e) le . . . . , demeurant à . . . . **(adresse complète)**, déclare instituer pour mon **(ou ma)** légataire universel(le) mon époux (ou épouse) . . . . **(nom, prénoms, suivis le cas échéant du nom de jeune fille)**, né(e) le . . . .

Au cas où, au jour de mon décès, existeraient des héritiers réservataires, et si la réduction de ce legs était demandée, celui-ci comprendrait alors, au choix seul de mon époux **(ou épouse)**, la quotité disponible la plus avantageuse admise par la loi des biens meubles et immeubles, présents et à venir, qui composeront ma succession au jour de mon décès.

Ce testament annule toutes dispositions antérieures.

Écrit entièrement de ma main

Fait à . . . . **(lieu de la rédaction)**, le . . . . **(date de la rédaction en toutes lettres ; jour, mois, année)**

Signature du testateur

Modèle de testament-partage en la forme olographe

Ceci est mon testament.

Je soussigné(e), ... **(nom, prénom, suivis du nom de jeune fille pour la femme mariée)**, demeurant à . . . . **(adresse complète)**, déclare faire, en vertu des articles 1075 et suivants du Code civil [1], le partage testamentaire de mes biens entre mon fils . . . . **(nom, prénom)** et ma fille . . . . **(nom, prénom, suivis du nom de jeune fille s'il y a lieu)**.

Mon patrimoine comprend les biens suivants :
– . . . . **(énumérez les bien meubles et immeubles, avec la plus grande précision possible concernant leur désignation)**.

J'ai formé deux lots d'égale valeur. J'attribue :
– le premier de ces lots – composé de . . . . **(faites l'énumération précise des biens composant ce lot)** et d'une valeur estimée à . . . . – à ma fille . . . . ;
– le second lot – composé de . . . . **(faites l'énumération précise des biens composant ce lot)** et d'une valeur estimée à . . . . – à mon fils . . . .
Si mes enfants, ou l'un d'eux, venaient à décéder avant moi, laissant des descendants, ceux-ci recueilleraient par représentation le lot attribué à leur mère/père.

Si l'un de mes enfants venait à décéder avant moi sans laisser de descendant, sa part irait accroître celle du survivant.

Ce testament annule toutes dispositions antérieures.

Écrit entièrement de ma main

Fait à . . . . **(lieu de la rédaction)**, le . . . . **(date de la rédaction en toutes lettres ; jour, mois, année)**

Signature du testateur

1. Article 1075 du Code civil (extraits) : « Les père et mère et autres ascendants peuvent faire, entre leurs enfants et descendants, la distribution et le partage de leurs biens.
« Cet acte peut se faire sous forme de donation-partage ou de testament-partage. Il est soumis aux formalités, conditions et règles prescrites pour les donations entre vifs dans le premier cas et des testaments dans le second, sous réserve de l'application des dispositions qui suivent. »
Article 1075-3 du Code civil : « Si tous les biens que l'ascendant laisse au jour de son décès n'ont pas été compris dans le partage, ceux de ses biens qui n'y auront pas été compris seront attribués ou partagés conformément à la loi. »

Modèle de legs à titre universel

Ceci est mon testament.

Je soussigné(e), ... **(nom, prénom, suivis du nom de jeune fille pour la femme mariée)**, demeurant à . . . . **(adresse complète)**, déclare léguer à . . . . **(indiquez les nom, prénom du légataire choisi, ainsi que votre lien de parenté avec lui)**, domicilié(e) à . . . . **(adresse complète)**, tous les biens meubles, présents et à venir, que je laisserai au jour de mon décès.

Ce testament annule toutes dispositions antérieures.

Écrit entièrement de ma main

Fait à . . . . **(lieu de la rédaction)**, le . . . . **(date de la rédaction en toutes lettres ; jour, mois, année)**

Signature du testateur

Modèle de legs particulier

Ceci est mon testament.

Je soussigné(e), ... **(nom, prénom, suivis du nom de jeune fille pour la femme mariée)**, demeurant à . . . . **(adresse complète)**, déclare léguer à . . . . **(indiquez les nom, prénom du légataire choisi ainsi que, s'il existe, le lien de parenté qui vous unit)**, domicilié(e) à . . . . **(adresse complète)**, mon appartement d'Arcachon **(énoncez son adresse complète)**.

Ce testament annule toutes dispositions antérieures.

Écrit entièrement de ma main

Fait à . . . . **(lieu de la rédaction)**, le . . . . **(date de la rédaction en toutes lettres ; jour, mois, année)**

Signature du testateur

Modèle de legs avec charge

Ceci est mon testament.

Je soussigné(e), ... **(nom, prénom, suivis du nom de jeune fille pour la femme mariée)**, demeurant à . . . . **(adresse complète)**, déclare léguer à . . . . **(indiquez les nom, prénom du légataire choisi)**, domicilié(e) à . . . . **(adresse complète)**, l'appartement que je possède à Cannes **(énoncez son adresse complète)**, à charge pour lui **(ou elle)** de prendre soin de mon chien Ulliwan.

Ce testament annule toutes dispositions antérieures.

Écrit entièrement de ma main

Fait à . . . . **(lieu de la rédaction)**, le . . . . **(date de la rédaction en toutes lettres ; jour, mois, année)**

Signature du testateur

Modèle de legs universel avec charge

Ceci est mon testament.

Je soussigné(e), ... **(nom, prénom, suivis du nom de jeune fille pour la femme mariée)**, demeurant à . . . . **(adresse complète)**, institue pour mon légataire universel . . . . **(nom, prénom de la personne choisie)**, demeurant à . . . . **(adresse complète)**, à charge pour lui (ou elle) de délivrer les legs suivants :
– à . . . . **(nom, prénom)**, une somme de . . . . € **(inscrivez le montant en lettres et en chiffres)** ;
– à . . . . **(nom, prénom)**, mon appartement situé à . . . . **(énoncez l'adresse complète)** ;
– à . . . . **(nom, prénom)**, ma collection de dés de porcelaine ;
– ...

Ce testament annule toutes dispositions antérieures.

Écrit entièrement de ma main

Fait à . . . . **(lieu de la rédaction)**, le . . . . **(date de la rédaction en toutes lettres ; jour, mois, année)**

Signature du testateur

Modèle de legs sous condition

Ceci est mon testament.

Je soussigné(e), ... **(nom, prénom, suivis du nom de jeune fille pour la femme mariée)**, demeurant à . . . . **(adresse complète)**, déclare léguer à mon petit-fils . . . . **(nom, prénom de la personne choisie)**, demeurant à . . . . **(adresse complète)**, ma villa « Faust » dans la ville d'hiver d'Arcachon **(citez l'adresse exacte du bien)**, à la condition qu'il se marie avant l'âge de 30 ans.

Ce testament annule toutes dispositions antérieures.

Écrit entièrement de ma main

Fait à . . . . **(lieu de la rédaction)**, le . . . . **(date de la rédaction en toutes lettres ; jour, mois, année)**

Signature du testateur

Modèle de legs « de residuo »

Ceci est mon testament.

Je soussigné(e), ... **(nom, prénom, suivis du nom de jeune fille pour la femme mariée)**, demeurant à . . . . **(adresse complète)**, lègue à ma nièce . . . . **(nom, prénom de la personne choisie)**, demeurant à . . . . **(adresse complète)**, mon appartement de . . . . **(citez l'adresse exacte du bien)** avec tous les meubles qui le garnissent. Ce qu'il restera de ces biens à son décès devra être transmis à mon petit-neveu . . . . **(nom, prénom)**, demeurant à . . . . **(adresse)**.

Ce testament annule toutes dispositions antérieures.

Écrit entièrement de ma main

Fait à . . . . **(lieu de la rédaction)**, le . . . . **(date de la rédaction en toutes lettres ; jour, mois, année)**

Signature du testateur

Modèle de codicille (venant compléter un testament précédent)

À tout moment et jusqu'au jour de votre décès, vous pouvez modifier librement votre testament. Deux possibilités s'offrent à vous :
- soit ajouter des dispositions supplémentaires en rédigeant un codicille. Cela vous permet de modifier un ou plusieurs points de votre testament sans pour autant le refaire entiè-

rement. Le codicille doit être rédigé de votre main et indiquer clairement la disposition qu'il remplace ;

- soit rédiger un nouveau testament dans lequel vous devez impérativement et clairement indiquer qu'il « annule et remplace le testament précédent ». À défaut d'une telle précision, l'ancien testament reste toujours valable et ne seront annulées que les dispositions contraires.

Je soussigné(e), ... **(nom, prénoms, suivis du nom de jeune fille pour la femme mariée)**, domicilié(e) à . . . . **(adresse complète)**, désire ajouter les dispositions suivantes au testament précédemment rédigé en date du . . . .

(Poursuivez par l'énoncé des dispositions supplémentaires) . . . .

Écrit entièrement de ma main

Fait à . . . . **(lieu de la rédaction)**, le . . . . **(date de la rédaction en toutes lettres ; jour, mois, année)**

Signature du testateur

Modèle de révocation d'un testament

Le testament, contrairement à la donation, n'est pas irrévocable. À tout moment de votre vie et jusqu'à votre dernier souffle, vous êtes libre de le modifier, voire de l'annuler. On parle alors de révocation. En général, cette révocation est expresse, c'est-à-dire que vous allez rédiger un nouveau testament indiquant que vous révoquez toutes les dispositions prises antérieurement.
À noter : vous n'êtes pas obligé de rédiger le nouveau testament dans les mêmes formes que le précédent. Ainsi, même si le testament précédent a été rédigé devant notaire, en la forme authentique, sa révocation par un testament olographe, établi sur simple papier libre, est valable.

Modèle de testament révoquant le précédent

Ceci est mon testament

Je soussigné(e) . . . . . . **(vos nom, prénom)**, demeurant à . . . . **(votre adresse complète)** révoque, à ce jour, toutes les dispositions testamentaires antérieurement prises.

Écrit entièrement de ma main

Fait à . . . . **(lieu de la rédaction)**, le . . . . **(date de la rédaction en toutes lettres ; jour, mois, année)**

Signature du testateur

Modèle de testament révoquant certaine(s) disposition(s) du précédent

Il est également possible de ne révoquer que l'un des legs consentis.

Ceci est mon testament.

Je soussigné(e), ... **(vos nom, prénom)**, demeurant à . . . . **(votre adresse)**, désire révoquer, à ce jour, le legs consenti à . . . . **(nom, prénom et adresse de l'ancien bénéficiaire)**.

Les autres dispositions du testament précédent sont maintenues et restent valables.

Écrit entièrement de ma main

Fait à . . . . **(lieu de la rédaction)**, le . . . . **(date de la rédaction en toutes lettres ; jour, mois, année)**

Signature du testateur

Demande de congé à l'occasion du décès de votre conjoint

Vos nom, prénoms
Votre adresse
Votre numéro de téléphone
Votre adresse e-mail

Lettre recommandée avec AR

Nom et coordonnées de votre employeur
ou du responsable des ressources humaines

. . . . **(lieu)**, ... **(date)**

Objet : demande de congé à l'occasion du décès de mon conjoint

Monsieur **(ou Madame)** . . . . ,

J'ai la douleur de vous annoncer que le . . . . **(date)**, mon époux **(ou épouse)** est décédé(e).
Je souhaite donc, en vertu de l'article L.226-1 du Code du travail [1] (ou citez le passage de votre convention collective, si elle prévoit un plus grand nombre de jours que le Code du travail), bénéficier de deux (ou plus) jours de congé, à compter du . . . . **(précisez la date)**.

Veuillez agréer, Monsieur **(ou Madame)** . . . . , l'expression de ma considération distinguée.

Votre signature

1. Article L.226-1 du Code du travail (extraits) : « Tout salarié bénéficie, sur justification et à l'occasion de certains événements familiaux, d'une autorisation exceptionnelle d'absence de :
« – quatre jours pour le mariage du salarié ;
« – deux jours pour le décès d'un conjoint ou d'un enfant ;
« – un jour pour le mariage d'un enfant ;
« – un jour pour le décès du père ou de la mère.
« Ces jours d'absence n'entraînent pas de réduction de la rémunération. Ils sont assimilés à des jours de travail effectif pour la détermination de la durée du congé annuel. »

Demande de congé à l'occasion du décès de l'un de vos parents

Vos nom, prénoms
Votre adresse
Votre numéro de téléphone
Votre adresse e-mail

Lettre recommandée avec AR

Nom et coordonnées de votre employeur
ou du responsable des ressources humaines

. . . . **(lieu)**, ... **(date)**

Objet : demande de congé à l'occasion du décès de mon père

Monsieur **(ou Madame)** . . . . ,

J'ai la douleur de vous annoncer que le . . . . **(date)**, mon père, ... (nom, prénom), est décédé.

Je souhaite donc, en vertu de l'article L.226-1 du Code du travail [1] **(ou citez le passage de votre convention collective, si elle prévoit un plus grand nombre de jours que le Code du travail)**, bénéficier d'un **(ou plus)** jour(s) de congé, à compter du . . . . **(précisez la date)**.

Veuillez agréer, Monsieur **(ou Madame)** . . . . , l'expression de ma considération distinguée.

Votre signature

1. Voir note 1 page 202.

Décès

Avis de décès à adresser à l'employeur du défunt

Le plus rapidement possible, adressez un acte de décès au service du personnel de l'entreprise dans laquelle la personne décédée travaillait.

Vos nom, prénoms
Votre adresse
Votre numéro de téléphone
Votre adresse e-mail

Lettre recommandée avec AR

Nom et coordonnées de l'employeur
du défunt ou de son responsable
des ressources humaines

. . . . **(lieu)**, ... **(date)**

Objet : avis de décès de M. **(ou Mme)** . . . .

Monsieur **(ou Madame)**,

Par la présente, je vous informe que M./Mme . . . . **(nom, prénoms de la personne décédée ; précisez votre lien de parenté avec elle)**, domicilié(e) à . . . . **(adresse complète)**, est décédé(e) le . . . .

Cette personne occupait les fonctions de . . . . au sein de votre entreprise.

Je vous prie de trouver ci-jointe une copie de l'acte de décès et vous demande de bien vouloir me faire parvenir dans les meilleurs délais :
- un certificat de travail ;
- le solde de tout compte ;
- les trois derniers bulletins de salaire ;
- l'attestation de présence dans votre entreprise ;
- une attestation de salaire ;
- ainsi que tout document pouvant m'être utile.

Je vous remercie de procéder au versement des sommes restant dues (salaire en cours, primes, participation…) et de m'indiquer si votre entreprise alloue des aides financières ou un capital décès.

Dans l'attente de votre réponse, je reste à votre disposition pour toute précision complémentaire et vous prie d'agréer, Monsieur (ou Madame), l'expression de mes salutations distinguées.

Votre signature

P.J. : copie de l'acte de décès

Avis de décès à adresser à l'Assedic dont dépendait le défunt

Si le défunt était indemnisé par l'ASSEDIC, vous devez déclarer le décès afin :
- d'interrompre le versement des allocations qui cessent d'être dues du fait du décès ;
- que les allocations dues et non encore versées fassent partie de la succession ;
- de demander à bénéficier de l'allocation décès, si vous y avez droit.

Vos nom, prénoms
Votre adresse
Votre numéro de téléphone
Votre adresse e-mail

Lettre recommandée avec AR

Coordonnées de l'Assedic
dont dépendait le défunt

. . . . **(lieu)**, ... **(date)**

Numéro de Sécurité sociale de la personne décédée : . . . .

Objet : avis de décès de M. **(ou Mme)** . . . .

Monsieur **(ou Madame)**,
Par la présente, je vous informe que M./Mme . . . . **(nom, prénoms de la personne décédée ; précisez votre lien de parenté avec elle)**, domicilié(e) à . . . . **(adresse complète)**, est décédé(e) le . . . .

Vous trouverez ci-jointe une copie de l'acte de décès.

Je vous demande de bien vouloir procéder, dans les meilleurs délais, au versement des sommes restant dues à la date du décès et m'indiquer si je peux bénéficier d'une allocation décès.

Dans l'attente de votre réponse, je reste à votre disposition pour toute précision complémentaire et vous prie d'agréer, Monsieur **(ou Madame)**, l'expression de mes salutations distinguées.

Votre signature

P.J. : copie de l'acte de décès

Avis de décès à adresser à la caisse d'allocations familiales du défunt

Vos nom, prénoms
Votre adresse
Votre numéro de téléphone
Votre adresse e-mail

Lettre recommandée avec AR

Coordonnées de la CAF
dont dépendait le défunt

. . . . **(lieu)**, ... **(date)**

Numéro d'affilié(e) à la CAF de la personne décédée : . . . .

Objet : avis de décès de M. **(ou Mme)** . . . .

Monsieur **(ou Madame)**,

Par la présente, je vous informe que M./Mme . . . . **(nom, prénoms du(de la)** défunt(e)) **(précisez votre lien de parenté)**, domicilié(e) à . . . . **(adresse complète)**, est décédé(e) le . . . .

Vous trouverez ci-jointe une copie de l'acte de décès.

Je vous demande de bien vouloir procéder, dans les meilleurs délais, au règlement des sommes restant dues à la date du décès.

Dans l'attente de votre réponse, je reste à votre disposition pour toute précision complémentaire et vous prie d'agréer, Monsieur (ou Madame), l'expression de mes salutations distinguées.

Votre signature

P.J. : copie de l'acte de décès

Avis de décès à adresser à la caisse d'allocations familiales dont vous dépendez

Vos nom, prénoms
Votre adresse
Votre numéro de téléphone
Votre adresse e-mail

Lettre recommandée avec AR

Coordonnées de la CAF dont vous dépendez

. . . . **(lieu)**, ... **(date)**

Numéro d'affilié(e) à la CAF (le vôtre) : . . . .

Objet : avis de décès de M. (ou Mme) . . . .

Monsieur (ou Madame),

Par la présente, je vous informe que M./Mme . . . . **(nom, prénoms de la personne décédée ; précisez votre lien de parenté avec elle)**, domicilié(e) à . . . . **(adresse complète)**, est décédé(e) le . . . .

Vous trouverez ci-jointe une copie de l'acte de décès **(ou un extrait)**.

(Si vous étiez le conjoint du défunt :) Ayant . . . . enfant(s) à charge, je vous serais reconnaissant(e) de bien vouloir me faire parvenir le formulaire nécessaire à l'obtention de l'allocation de parent isolé et/ou de l'allocation de soutien familial.

Par ailleurs, pourriez-vous actualiser le montant de mes allocations de . . . . , compte tenu de ma nouvelle situation.

Dans l'attente de votre réponse, je reste à votre disposition pour toute précision complémentaire et vous prie d'agréer, Monsieur (ou Madame), l'expression de mes salutations distinguées.

Votre signature

P.J. : copie de l'acte de décès

Avis de décès à adresser au propriétaire du défunt (s'il était locataire)

Vos nom, prénoms
Votre adresse
Votre numéro de téléphone
Votre adresse e-mail

Lettre recommandée avec AR

Nom du bailleur du défunt

Son adresse complète

. . . . **(lieu)**, ... **(date)**

Objet : avis de décès de M. **(ou Mme)** . . . .

Monsieur **(ou Madame)**,

Par la présente, je vous informe que M./Mme . . . . **(nom, prénoms de la personne décédée ; précisez votre lien de parenté avec elle)**, domicilié(e) à . . . . **(adresse complète)**, est décédé(e) le . . . .

Vous trouverez ci-jointe une copie de l'acte de décès (ou un extrait).

Je vous serai reconnaissant(e) de bien vouloir procéder à la résiliation, dans les plus brefs délais, du bail signé le . . . .

Par ailleurs, pouvons-nous convenir d'un rendez-vous afin de faire établir un état des lieux et procéder à la remise des clefs ainsi que la restitution du dépôt de garantie. Le cas échéant, communiquez-moi le justificatif des sommes restant dues.

Dans l'attente de votre réponse, je reste à votre disposition pour toute précision complémentaire et vous prie d'agréer, Monsieur (ou Madame), l'expression de mes salutations distinguées.

Votre signature

P.J. : copie de l'acte de décès

Avis de décès à adresser à la ou aux compagnies d'assurances du défunt

Vos nom, prénoms
Votre adresse
Votre numéro de téléphone
Votre adresse e-mail

Lettre recommandée avec AR

Coordonnées de la société d'assurances du défunt

. . . . **(lieu)**, ... **(date)**

Numéro de police(s) d'assurance du défunt : . . . .

Objet : avis de décès de M. (ou Mme) . . . .

Monsieur (ou Madame),

Par la présente, je vous informe que M./Mme . . . . **(nom, prénoms de la personne décédée ; précisez votre lien de parenté avec elle)**, domicilié(e) à . . . . **(adresse complète)**, est décédé(e) le . . . .

Vous trouverez ci-jointe une copie de l'acte de décès **(ou un extrait)**.

Je vous serais reconnaissant(e) de **(choisissez la proposition qui s'adapte à votre cas)** :

– bien vouloir procéder à la résiliation immédiate du (ou des) contrat(s) référencé(s) ci-dessus ;

– bien vouloir m'indiquer la procédure à suivre afin de faire transférer ce(s) contrat(s) au nom de M. (ou Mme) . . . . , domicilié(e) à . . . . , les garanties souscrites demeurant inchangées ;

– noter le changement de propriétaire du véhicule . . . . **(citez la marque et le numéro d'immatriculation)** assuré par votre compagnie. À partir de ce jour, M. **(ou Mme)** . . . . est le nouveau conducteur habituel ;

– ...

Dans l'attente de votre réponse, je reste à votre disposition pour toute précision complémentaire et vous prie d'agréer, Monsieur (ou Madame), l'expression de mes salutations distinguées.

Votre signature

P.J. : copie de l'acte de décès

Demande des sommes dues au titre d'un contrat obsèques

Vos nom, prénoms
Votre adresse
Votre numéro de téléphone
Votre adresse e-mail

Lettre recommandée avec AR

Coordonnées de la société d'assurances du défunt

. . . . **(lieu)**, ... **(date)**

Numéro du contrat obsèques : . . . .

Monsieur **(ou Madame)**,

Par la présente, je vous informe que M./Mme . . . . **(nom, prénoms de la personne décédée ; précisez votre lien de parenté avec elle)**, domicilié(e) à . . . . **(adresse complète)**, est décédé(e) le . . . .

Vous trouverez ci-jointe une copie de l'acte de décès **(ou un extrait)**.

Un contrat obsèques, référencé sous le numéro indiqué ci-dessus, a été souscrit auprès de votre société, en date du . . . .

Je vous demande, par la présente **(selon le contrat souscrit par le défunt)** :
– de me verser la prime, en tant que personne bénéficiaire, dans un délai de . . . . jours à réception de ce courrier, délai inscrit sur le contrat.

ou

– de bien vouloir procéder au règlement de l'entreprise de pompes funèbres . . . . , adresse : . . . . , désignée comme bénéficiaire.

Dans l'attente de votre réponse, je reste à votre disposition pour toute précision complémentaire et vous prie d'agréer, Monsieur (ou Madame), l'expression de mes salutations distinguées.

Votre signature

P.J. : copie de l'acte de décès

Demande des sommes dues au titre d'un contrat d'assurance-vie

Vos nom, prénoms
Votre adresse
Votre numéro de téléphone
Votre adresse e-mail

Lettre recommandée avec AR

Coordonnées de la société d'assurances du défunt

. . . . **(lieu)**, ... **(date)**

Numéro du contrat d'assurance-vie : . . . .

Monsieur **(ou Madame)**,

Par la présente, je vous informe que M./Mme . . . . **(nom, prénoms de la personne décédée ; précisez votre lien de parenté avec elle)**, domicilié(e) à . . . . **(adresse complète)**, est décédé(e) le . . . .

Vous trouverez ci-jointe une copie de l'acte de décès **(ou un extrait)**.

Un contrat d'assurance-vie, référencé sous le numéro indiqué ci-dessus, a été souscrit par le défunt auprès de votre société, en date du . . . .

Étant le bénéficiaire, je vous demande, par la présente, de bien vouloir m'indiquer la procédure à suivre afin que me soit versée la prime prévue par le contrat.

Dans l'attente de votre réponse, je reste à votre disposition pour toute précision complémentaire et vous prie d'agréer, Monsieur (ou Madame), l'expression de mes salutations distinguées.

Votre signature

P.J. : copie de l'acte de décès

Avis de décès à adresser à la banque du défunt

Vos nom, prénoms
Votre adresse
Votre numéro de téléphone
Votre adresse e-mail

Lettre recommandée avec AR

Coordonnées de la banque
dont dépendait le défunt

. . . . **(lieu)**, ... **(date)**

Numéro(s) du (ou des) compte(s)/livret(s) du défunt : . . . .
(et, le cas échéant) Coffre n° . . . .

Objet : avis de décès de M. (ou Mme) . . . .

Monsieur **(ou Madame)**,

Par la présente, je vous informe que M./Mme . . . . **(nom, prénoms de la personne décédée ; précisez votre lien de parenté avec elle)**, domicilié(e) à . . . . **(adresse complète)**, est décédé(e) le . . . .

Vous trouverez ci-jointe une copie de l'acte de décès.

Je vous demande de bien vouloir, dans les meilleurs délais **(choisissez dans la liste suivante)** :
– de bloquer le(s) compte(s) que le défunt avait ouvert(s) dans votre établissement ;
– de ne pas autoriser l'accès au coffre ;
– de m'informer des formalités à accomplir pour avoir accès au coffre ;
– de m'indiquer le solde du (ou des) compte(s) référencé(s) ci-dessus afin de pouvoir établir la « déclaration de succession » ;
– de m'envoyer la liste des avoirs du défunt ;
– de m'informer des formalités à accomplir pour clôturer ce(s) compte(s) ;
– de prendre contact avec Maître . . . . **(nom du notaire)**, notaire à . . . . **(coordonnées de l'étude)**, chargé de la succession ;
– ...

Dans l'attente de votre réponse, je reste à votre disposition pour toute précision complémentaire et vous prie d'agréer, Monsieur **(ou Madame)**, l'expression de mes salutations distinguées.

Votre signature

P.J. : copie de l'acte de décès

Avis de décès à adresser à la mutuelle complémentaire du défunt

Vos nom, prénoms
Votre adresse
Votre numéro de téléphone
Votre adresse e-mail

Lettre recommandée avec AR

Coordonnées de la mutuelle
dont dépendait le défunt

. . . . **(lieu)**, ... **(date)**

Numéro d'affiliation : . . . .

Objet : avis de décès de M. (ou Mme) . . . .

Monsieur **(ou Madame)**,

Par la présente, je vous informe que M./Mme . . . . **(nom, prénoms de la personne décédée ; précisez votre lien de parenté avec elle)**, domicilié(e) à . . . . (adresse complète), est décédé(e) le . . . .

Vous trouverez ci-jointe une copie de l'acte de décès.

Je désire savoir si vous versez une allocation particulière pour les frais d'obsèques.

Par ailleurs, je vous serais reconnaissant(e) de bien vouloir, dans les meilleurs délais, **(retenez selon le cas)**
– m'envoyer ma propre carte de mutualiste ;
– régler les factures jointes ainsi que les sommes dues à la date du décès ;
– effectuer le remboursement du **(ou des)** bordereau(x) joint(s) de Sécurité sociale ;
– m'indiquer si vous effectuez le remboursement du trop-perçu des cotisations acquittées jusqu'à la date du . . . . ;
– me faire parvenir un échéancier des cotisations qui tient compte de ma nouvelle situation familiale et du fait que je désire continuer d'être sociétaire de votre mutuelle.

Dans l'attente de votre réponse, je reste à votre disposition pour toute précision complémentaire et vous prie d'agréer, Monsieur **(ou Madame)**, l'expression de mes salutations distinguées.

Votre signature

P.J. : copie de l'acte de décès
(éventuellement : . . . . bordereau(x) de la Sécurité sociale, ... facture(s), un RIB)

Avis de décès auprès de la ou des caisses de retraite du défunt

Si le défunt était retraité, joignez rapidement la ou les caisses de retraite (du régime général de la Sécurité sociale, etc.) qui lui versaient une pension de retraite, afin de leur demander :

- d'interrompre le versement de cette pension ;
- de vous faire parvenir un formulaire de demande de pension de réversion.

Vos nom, prénoms
Votre adresse
Votre numéro de téléphone
Votre adresse e-mail

Lettre recommandée avec AR

Coordonnées de la caisse de retraite du défunt

. . . . **(lieu)**, ... **(date)**

Numéro d'affiliation du (de la) défunt(e) : . . . .

Objet : avis de décès de M. **(ou Mme)** . . . .

Monsieur **(ou Madame)**,

Par la présente, je vous informe que M./Mme . . . . **(nom, prénoms de la personne décédée ; précisez votre lien de parenté avec elle)**, domicilié(e) à . . . . **(adresse complète)**, est décédé(e) le . . . .

Vous trouverez ci-jointe une copie de l'acte de décès.

Je vous demande de bien vouloir procéder, dans les meilleurs délais, au règlement des sommes restant dues à la date du décès.

Par ailleurs, je vous serai reconnaissant(e) de me faire parvenir le formulaire nécessaire à une demande de pension de réversion.

Dans l'attente de votre réponse, je reste à votre disposition pour toute précision complémentaire et vous prie d'agréer, Monsieur (ou Madame), l'expression de mes salutations distinguées.

Votre signature

P.J. : copie de l'acte de décès

Avis de décès auprès de la ou des caisses de retraite complémentaire du défunt

N'oubliez pas de faire une demande auprès des caisses de retraite complémentaires de votre conjoint (ARRCO, AGIRC, ORGANIC, CANCAVA...), car l'attribution de la réversion n'est jamais automatique, même si la caisse est informée du décès.

Vos nom, prénoms
Votre adresse
Votre numéro de téléphone
Votre adresse e-mail

Lettre recommandée avec AR

Coordonnées de la caisse
de retraite complémentaire du défunt

. . . . **(lieu)**, ... **(date)**

Numéro d'affiliation du (de la) défunt(e) : . . . .

Objet : avis de décès de M. (ou Mme) . . . .

Monsieur (ou Madame),

Par la présente, je vous informe que M./Mme . . . . **(nom, prénoms de la personne décédée ; précisez votre lien de parenté avec elle)**, domicilié(e) à . . . . **(adresse complète)**, est décédé(e) le . . . .

Vous trouverez ci-jointe une copie de l'acte de décès.

Je vous serais reconnaissant(e) de me faire parvenir le formulaire nécessaire à une demande de pension de réversion.

Dans l'attente de votre réponse, je reste à votre disposition pour toute précision complémentaire et vous prie d'agréer, Monsieur **(ou Madame)**, l'expression de mes salutations distinguées.

Votre signature

P.J. : copie de l'acte de décès

Avis de décès auprès de la caisse primaire de Sécurité sociale

Vos nom, prénoms
Votre adresse
Votre numéro de téléphone
Votre adresse e-mail

Lettre recommandée avec AR

Coordonnées de la CPAM

. . . . **(lieu)**, ... **(date)**

Référence : numéro de Sécurité sociale du (de la) défunt(e) : . . . .

Objet : avis de décès de M. **(ou Mme)** . . . .

Monsieur **(ou Madame)**,

Par la présente, je vous informe que M./Mme . . . . **(nom, prénoms de la personne décédée ; précisez votre lien de parenté avec elle)**, domicilié(e) à . . . . **(adresse complète)**, est décédé(e) le . . . .

Vous trouverez ci-jointe une copie de l'acte de décès **(ou un extrait)**.

Je vous serais reconnaissant(e) de bien vouloir me faire parvenir, le plus rapidement possible, le formulaire nécessaire pour effectuer la demande de capital décès.

Dans l'attente de sa réception, je reste à votre disposition pour toute précision complémentaire et vous prie d'agréer, Monsieur **(ou Madame)**, l'expression de mes salutations distinguées.

Votre signature

P.J. : copie de l'acte de décès

Demande de capital décès – Déclaration à remplir par le demandeur (formulaire n° 10431*01)

Vous pouvez télécharger le formulaire n° 10431*01 à l'adresse :
http://www.ameli.fr/formulaire2/S3180.pdf

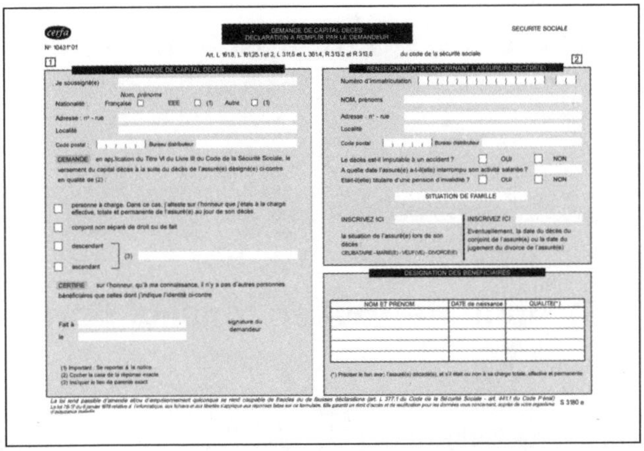

cerfa
N° 10431*01

DEMANDE DE CAPITAL DÉCÈS
DÉCLARATION À REMPLIR PAR LE DEMANDEUR

SÉCURITÉ SOCIALE

Art. L 161.8, L 161.25.1 et 2, L 311.5 et L 361.4, R 313.2 et R 313.8 du code de la sécurité sociale

1

DEMANDE DE CAPITAL DÉCÈS

Je soussigné(e)
Nom, prénoms
Nationalité : Française ☐ EEE ☐ (1) Autre ☐ (1)
Adresse : n° - rue
Localité
Code postal : Bureau distributeur

DEMANDE en application du Titre VI du Livre III du Code de la Sécurité Sociale, le versement du capital décès à la suite du décès de l'assuré(e) désigné(e) ci-contre en qualité de (2) :

☐ personne à charge. Dans ce cas, j'atteste sur l'honneur que j'étais à la charge effective, totale et permanente de l'assuré(e) au jour de son décès
☐ conjoint non séparé de droit ou de fait
☐ descendant (3)
☐ ascendant

CERTIFIE sur l'honneur, qu'à ma connaissance, il n'y a pas d'autres personnes bénéficiaires que celles dont j'indique l'identité ci-contre

Fait à
le
signature du demandeur

(1) Important : Se reporter à la notice
(2) Cocher la case de la réponse exacte
(3) Indiquer le lien de parenté exact

2

RENSEIGNEMENTS CONCERNANT L'ASSURÉ(E) DÉCÉDÉ(E)

Numéro d'immatriculation
NOM, prénoms
Adresse : n° - rue
Localité
Code postal Bureau distributeur

Le décès est-il imputable à un accident ? ☐ OUI ☐ NON
A quelle date l'assuré(e) a-t-il(elle) interrompu son activité salariée ?
Etait-il(elle) titulaire d'une pension d'invalidité ? ☐ OUI ☐ NON

SITUATION DE FAMILLE

INSCRIVEZ ICI la situation de l'assuré(e) lors de son décès : CÉLIBATAIRE - MARIÉ(E) - VEUF(VE) - DIVORCÉ(E)

INSCRIVEZ ICI Eventuellement, la date du décès du conjoint de l'assuré(e) ou la date du jugement du divorce de l'assuré(e)

DÉSIGNATION DES BÉNÉFICIAIRES

NOM ET PRÉNOM	DATE de naissance	QUALITÉ(*)

(*) Préciser le lien avec l'assuré(e) décédé(e), et s'il était ou non à sa charge totale, effective et permanente

La loi rend passible d'amende et/ou d'emprisonnement quiconque se rend coupable de fraudes ou de fausses déclarations (art. L 377.1 du Code de la Sécurité Sociale - art. 441.1 du Code Pénal)

S 3180 e

Assurance invalidité – Demande de pension de veuf ou de veuve (formulaire n° 11791*01)

Vous pouvez télécharger le formulaire n° 11791*01 à l'adresse :
http://www.ameli.fr/formulaire2/S4153.pdf

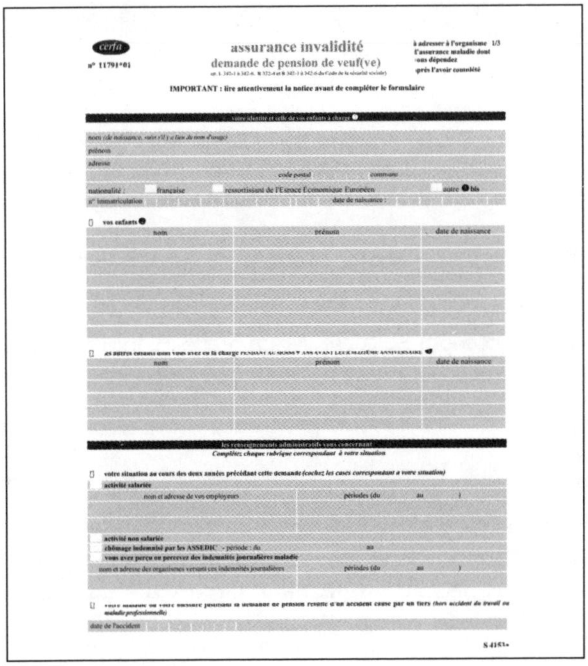

cerfa
n° 11791*01

assurance invalidité
demande de pension de veuf(ve)

à adresser à l'organisme 1/3 d'assurance maladie dont vous dépendez après l'avoir complété

IMPORTANT : lire attentivement la notice avant de compléter le formulaire

votre identité et celle de vos enfants à charge

nom (de naissance, suivi s'il y a lieu du nom d'usage)
prénom
adresse
code postal commune
nationalité : française ressortissant de l'Espace Économique Européen autre bis
n° immatriculation date de naissance :

vos enfants

nom	prénom	date de naissance

les autres enfants dont vous avez eu la charge PENDANT AU MOINS 9 ANS AVANT LEUR SEIZIÈME ANNIVERSAIRE

nom	prénom	date de naissance

les renseignements administratifs vous concernant
Complétez chaque rubrique correspondant à votre situation

votre situation au cours des deux années précédant cette demande *(cochez les cases correspondant à votre situation)*

activité salariée

nom et adresse de vos employeurs	périodes (du au)

activité non salariée
chômage indemnisé par les ASSEDIC - période : du au
vous avez perçu ou percevez des indemnités journalières maladie

nom et adresse des organismes versant ces indemnités journalières	périodes (du au)

votre maladie ou votre blessure justifiant la demande de pension résulte d'un accident causé par un tiers *(hors accident du travail ou maladie professionnelle)*

date de l'accident

S 4153e

Décès

Demande de retraite de réversion (formulaire Cerfa n° 11380*01)

Vous pouvez télécharger le formulaire à l'adresse :
http://www.cerfa.gouv.fr/servform/vigueur/formul/11380v01.pdf

Demande d'allocation de parent isolé (formulaire Cerfa n° 10603*03)

Vous pouvez télécharger le formulaire n° 10603*03 sur le site www.caf.fr en cliquant sur « formulaires », puis sur « allocation parent isolé »

Demande d'allocation de soutien familial (formulaire Cerfa n° 12038*01)

Vous pouvez télécharger le formulaire n° 12038*01 sur le site www.caf.fr en cliquant sur « formulaires », puis sur « allocation soutien familial »

Renonciation à succession : pouvoir donné par un héritier

Vos nom, prénoms
Votre adresse
Votre numéro de téléphone
Votre adresse e-mail

. . . . **(lieu)**, ... **(date)**

Je soussigné(e), ... **(vos nom et prénom)**, demeurant à . . . . **(adresse complète)**, né(e) le . . . . **(votre date de naissance)**, à . . . . **(votre lieu de naissance)**, donne, par la présente, POUVOIR à :
M. **(ou Mme)** . . . . **(nom, prénom de la personne que vous désignez)**, demeurant à . . . . **(adresse complète)**,

De, pour moi et en mon nom, se présenter au greffe du tribunal de grande instance de . . . . pour renoncer purement et simplement à la succession de :

M. **(ou Mme)** . . . . **(nom, prénom de la personne défunte)**, décédé(e) le . . . . à . . . .

Fait à . . . . , le . . . .

Bon pour pouvoir pour renoncer à la succession **(mention manuscrite de l'héritier)**
Bon pour acceptation de pouvoir **(mention manuscrite du mandataire)**

Signatures

Déclaration de succession (formulaire Cerfa n° 11277*04) n° 2705

La déclaration de succession n° 2705 doit être détaillée et contenir un certain nombre de renseignements obligatoires (renseignements relatifs à l'identité du défunt et à celle de ses héritiers, donataires ou légataires, à l'analyse des dispositions testamentaires et des clauses du contrat de mariage s'il y a lieu, au rappel des donations consenties par le défunt antérieurement à son décès), nécessaires au calcul des droits de succession. C'est sur l'imprimé n° 2705 que vous allez transcrire ces renseignements préliminaires. Pour vous aider à remplir une déclaration de succession, il existe une notice n° 2705-Not, consultable sur le site www.impots.gouv.fr.
Vous pouvez télécharger le formulaire sur http://www.impots.gouv.fr, cliquer sur « Rechercher », puis sur « formulaires », puis indiquer le numéro Cerfa (11277*04)

Déclaration de succession (formulaire Cerfa n° 11277*04) n° 2706

Dans la mesure où l'ensemble des biens meubles et immeubles composant le patrimoine du défunt constitue l'assiette fiscale qui permettra de calculer les droits de succession, la déclaration de succession n° 2706 doit contenir l'énumération et l'estimation détaillée de la totalité des biens de la succession, qu'ils soient ou non imposables.
Vous pouvez télécharger le formulaire sur http://www.impots.gouv.fr, cliquer sur « Rechercher », puis sur « formulaires », puis indiquer le numéro Cerfa (11277*04)

Déclaration de succession (pour les immeubles hors compétence de la recette des impôts du domicile du défunt ; formulaire Cerfa n° 10820*05) n° 2709

Lorsque la succession comprend des immeubles situés en dehors de la circonscription de la recette des impôts où doit être déposée la déclaration de succession, vous devez remplir autant d'exemplaires d'un imprimé spécial (dit « feuille foraine », n° 2709, voir annexe) qu'il y a d'immeubles situés dans des circonscriptions différentes.
Vous pouvez télécharger le formulaire sur http://www.impots.gouv.fr, cliquer sur « Rechercher », puis sur « formulaires », puis indiquer le numéro Cerfa (10820*05)]

Dispense de dépôt de déclaration de succession

Une déclaration de succession doit, en principe, être souscrite après l'ouverture de chaque succession.

Toutefois, vous êtes dispensé du dépôt de la déclaration de succession dans les cas suivants :

- s'il n'existe aucun bien dans la succession ;
- si vous êtes un ayant droit en ligne directe du défunt (grand-parent, parent ou enfant) ou son conjoint survivant ; et si l'actif brut successoral est inférieur à 1 500 € ;
- si le défunt était marié sous le régime de la communauté universelle, avec clause d'attribution intégrale de la communauté au dernier vivant. En effet, dans ce cas de figure, il n'y aura pas transmission de patrimoine au premier décès ; la déclaration de succession sera donc faite au décès du second conjoint.

> **Vos nom, prénoms**
> **Votre adresse**
> **Votre numéro de téléphone**
> **Votre adresse e-mail**
>
> Lettre recommandée avec AR
>
> M. le receveur des impôts
> **Coordonnées de votre centre des impôts**
>
> . . . . **(lieu)**, ... **(date)**
>
> Objet : dispense de dépôt d'une déclaration de succession
>
> Monsieur le receveur des impôts,
>
> Je vous informe, par la présente, que la succession de mon père, ... **(indiquez l'identité de la personne dont vous héritez)**, présentant un actif brut inférieur à 1 500 €, il ne sera pas établi de déclaration de succession.
>
> Vous en souhaitant bonne réception, je vous prie de croire, Monsieur, à l'expression de mes sincères salutations.
>
> **Votre signature**

Demande de délai pour déposer la déclaration de succession

> **Vos nom, prénoms**
> **Votre adresse**
> **Votre numéro de téléphone**
> **Votre adresse e-mail**
>
> Lettre recommandée avec AR
>
> M. le receveur des impôts
> Coordonnées de votre centre des impôts
>
> . . . . **(lieu)**, ... **(date)**

Référence : succession de M. **(ou Mme)** . . . . , décédé(e) le . . . .

Objet : demande de délai pour le dépôt de la déclaration de succession

Monsieur le receveur,

Le décès de M. (ou Mme) . . . . **(indiquez les nom, prénoms et adresse du défunt)** entraîne l'obligation de remplir et de déposer une déclaration de succession à vos services.
Or, à ce jour, je ne suis toujours pas en mesure de le faire pour le(s) motif(s) suivant(s) : . . . . **(indiquez-le(s) très précisément ; exemples : difficulté à obtenir tous les renseignements nécessaires du fait de l'éloignement de certains héritiers, désordre dans les affaires du défunt...)**.

Je sollicite donc de votre bienveillance un délai supplémentaire de . . . . jours **(précisez la durée de ce délai)**, au terme duquel je vous remettrai une déclaration de succession en bonne et due forme

Dans l'attente d'une réponse favorable, je vous prie de croire, Monsieur le receveur, à l'assurance de mes respectueuses salutations.

Votre signature

Demande de paiement fractionné des droits de succession

Cette lettre doit être adressée soit par le notaire chargé de la déclaration de succession, soit par vous-même, avant l'échéance prévue pour le paiement des droits de succession.

Vos nom, prénoms
Votre adresse
Votre numéro de téléphone
Votre adresse e-mail

Lettre recommandée avec AR

M. le receveur des impôts
Coordonnées de votre centre des impôts

. . . . **(lieu)**, ... **(date)**

Objet : demande de paiement fractionné des droits de succession

Monsieur le receveur,

En ma qualité d'héritier de M. (ou Mme) . . . . (indiquez les nom, prénoms et adresse du défunt), décédé(e) le . . . . , je dois vous régler la somme de . . . . € **(indiquez le montant des droits que vous avez à payer sur votre part d'héritage)** au titre des droits de succession, avant le . . . .

Étant dans l'impossibilité de régler en une seule fois cette somme à l'échéance prévue pour les raisons suivantes : . . . . (indiquez vos motifs), je sollicite de votre bienveillance un échelonnement des paiements.
Je vous remercie donc de bien vouloir m'indiquer quelles seront les modalités de cet échelonnement.

À titre de garantie, je peux vous fournir : . . . . **(indiquez la nature de la garantie proposée : hypothèque, caution d'un tierce personne...)**.

J'ai conscience que ma requête occasionnera le règlement, en sus des sommes dues, d'un intérêt calculé au taux de l'intérêt légal (3,20 % pour 2003).

Dans l'espoir d'une réponse favorable, je vous prie de croire, Monsieur le receveur, à l'assurance de mes respectueuses salutations.

Votre signature

Demande de paiement différé des droits de succession

Lettre à adresser soit par le notaire chargé de la déclaration de succession, soit par vous-même, avant l'échéance prévue pour le paiement des droits de succession.

Vos nom, prénoms
Votre adresse
Votre numéro de téléphone
Votre adresse e-mail

Lettre recommandée avec AR

M. le receveur des impôts
Coordonnées de votre centre des impôts

. . . . **(lieu)**, ... **(date)**

Objet : demande de paiement différé des droits de succession
Monsieur le receveur,

À la suite du décès de M. (ou Mme) . . . . **(indiquez les nom, prénoms et adresse du défunt)**, j'ai reçu en héritage la nue-propriété de son appartement situé à . . . . **(indiquez l'adresse du bien)**.

Je sollicite de votre bienveillance le report du paiement des droits de succession dus sur cette quote-part jusqu'au moment où je deviendrai entièrement propriétaire de ce bien (c'est-à-dire soit au décès de l'usufruitier, soit à l'acquisition de l'usufruit).

J'ai conscience que ma requête occasionnera le règlement, en sus des sommes dues, d'un intérêt calculé au taux de l'intérêt légal (3,20 % pour 2003).

Dans l'attente de votre réponse, je vous prie de croire, Monsieur le receveur, à l'assurance de mes respectueuses salutations.

Votre signature

Famille

La vie de famille se vit plutôt côte à côte. Mais elle donne aussi beaucoup d'occasions d'écrire : des courriers administratifs, des déclarations mais aussi des lettres plus intimes ou festives comme à l'occasion d'un mariage ou d'une naissance. Dans ce cas, réfléchissez aussi au papier ou à la carte qui vous serviront de support : ils signifient parfois autant que les mots...

Aides financières

Demande d'allocation d'éducation spéciale – AES (formulaire n° 11498*02)

Vous pouvez télécharger le formulaire n° 11498*02 sur le site www.caf.fr en cliquant sur « formulaires », puis sur « allocation d'éducation spéciale »

ALLOCATIONS FAMILIALES — 1/2 — www 1110001S — cerfa 11498*01

DEMANDE D'ALLOCATION D'ÉDUCATION SPÉCIALE

Article L. 541.1 à L. 541.3 du code de la Sécurité Sociale

N° allocataire : |_|_|_|_|_|_|_|_|

Madame ou Monsieur,

Vous un enfant handicapé et vous avez peut-être droit à l'allocation d'éducation spéciale. Mais pour le savoir nous avons besoin de connaître votre situation. Voilà pourquoi nous vous demandons de remplir cet imprimé.

Répondez à toutes nos questions et surtout n'oubliez pas de dater et de signer votre demande. Sinon nous serions obligés de vous la retourner ce qui retarderait le paiement de votre allocation.

Sachez enfin que c'est la commission départementale de l'Education Spéciale qui décide si votre enfant peut donner droit à l'allocation d'éducation spéciale. Nous devons attendre sa décision pour vous payer votre allocation.

Votre Caisse d'Allocations Familiales.

Pour répondre à ce questionnaire, cochez les cases correspondant à votre situation.

Recevez-vous des prestations familiales ?

Recevez-vous des prestations familiales ? ______ ☐ **OUI** ☐ **NON**

Si **OUI**, quel organisme vous les verse (nom et adresse)

______ Code postal |______| Commune ______

Sous quel numéro d'allocataire ? ______ |_|_|_|_|_|_|_|_|

Si **NON**, joignez l'imprimé "demande de prestations familiales".

Quel est votre état civil ?

Votre nom ______ Votre prénom ______

Quelle est votre adresse ?

Votre adresse ______

Code postal |______| Commune ______

Partie réservée à la Caisse ou à l'organisme payeur.

Date théorique d'ouverture ou de renouvellement des droits |__|__|____|

☐ Première demande

☐ Renouvellement

☐ Retour de l'enfant au foyer

☐ Suspension de la prise en charge

S.7112d

Demande du formulaire de l'allocation de parent isolé

Vos nom, prénoms
Votre adresse
Votre numéro de téléphone
Votre adresse e-mail

Lettre recommandée avec AR

Caisse d'allocations familiales de . . . .

Son adresse

. . . . **(lieu)**, ... **(date)**

Madame (ou Monsieur),

Mon mari **(ou mon concubin)** m'ayant quittée **(ou étant décédé)** depuis le . . . . , je me retrouve seule pour élever mon (mes) enfant(s).
Par ailleurs, ayant perdu mon travail à la date du . . . . , et percevant des allocations chômage très faibles, je me trouve dans une situation financière très précaire.

Aussi, je vous demande de bien vouloir me faire parvenir le formulaire nécessaire à la demande de l'allocation de parent isolé.

Je vous prie, Madame **(ou Monsieur)**, de croire à l'expression de mes salutations distinguées.

Votre signature

Demande d'allocation de parent isolé (formulaire n° 10603*03)

Vous pouvez télécharger le formulaire n° 10603*03 à insérer, sur le site www.caf.fr en cliquant sur « formulaires », puis sur « allocation parent isolé »

Demande du formulaire de l'allocation de soutien familial

Vos nom, prénoms
Votre adresse
Votre numéro de téléphone
Votre adresse e-mail

Lettre recommandée avec AR

Caisse d'allocations familiales de . . . .
Son adresse

. . . . **(lieu)**, ... **(date)**

Madame **(ou Monsieur)**,

Mon mari **(ou mon concubin)** m'ayant quittée **(ou étant décédé)** depuis le . . . . ,
je me retrouve seule pour élever mon (mes) enfant(s).
Par ailleurs, ayant perdu mon travail à la date du . . . . , et percevant des allocations chômage très faibles, je me trouve dans une situation financière très précaire.

Aussi, je vous demande de bien vouloir me faire parvenir le formulaire nécessaire à la demande de l'allocation de soutien familial.

Je vous prie, Madame (ou Monsieur), de croire à l'expression de mes salutations distinguées.

Votre signature

Demande d'allocation de soutien familial (formulaire n° 12038*01)

Vous pouvez télécharger le formulaire n° 12038*01 sur le site www.caf.fr en cliquant sur « formulaires », puis sur « allocation de soutien familial »

Demande d'allocation pour jeune enfant

Vous pouvez télécharger le formulaire sur le site www.caf.fr en cliquant sur « formulaires », puis sur « allocation pour jeune enfant »

Allocations familiales : déclaration de situation d'un enfant de moins de 20 ans

Vous pouvez télécharger le formulaire sur le site www.caf.fr en cliquant sur « formulaires », puis sur « allocations familiales »

Déclaration d'une allocation personnalisée d'autonomie – métropole (formulaire n° 10544*02)

Vous pouvez télécharger le formulaire n° 10544*02 à l'adresse :
http://www.urssaf.fr/images/ref_form_particulier_10544-02.pdf

Déclaration de ressources à la caisse d'allocations familiales (formulaire Cosa n° 10397*06)

ALLOCATIONS FAMILIALES

Déclaration de ressources 2002

W3201004E cosa 10397*06

Revenus perçus en France, hors de France ou versés par une organisation internationale. *Livre V du code de la Sécurité sociale*

SI VOUS N'AVEZ PAS EU DE RESSOURCES EN **2002**, VOUS N'AVEZ RIEN À REMPLIR. DATEZ ET SIGNEZ SEULEMENT LA DÉCLARATION.

Numéro d'allocataire ☐☐☐☐☐☐☐ Nom, Prénom : ....

Adresse ....

	VOUS	VOTRE CONJOINT, CONCUBIN OU PACSÉ	ENFANT OU AUTRE PERSONNE AYANT EU DES REVENUS
1 PERSONNES AU FOYER			
Nom	....	....	....
Prénom	....	....	....
Date de naissance	☐☐ ☐☐ ☐☐☐☐	☐☐ ☐☐ ☐☐☐☐	☐☐ ☐☐ ☐☐☐☐
	Ecrivez à l'encre noire		
2 SALAIRES			
• traitements et salaires	☐☐☐☐☐ €	☐☐☐☐☐ €	☐☐☐☐☐ €
• frais réels déductibles	☐☐☐☐☐ €	☐☐☐☐☐ €	☐☐☐☐☐ €
3 INDEMNITÉS DE SÉCURITÉ SOCIALE			
• maladie, maternité, paternité	☐☐☐☐☐ €	☐☐☐☐☐ €	☐☐☐☐☐ €
• accident du travail, maladie professionnelle	☐☐☐☐☐ €	☐☐☐☐☐ €	☐☐☐☐☐ €
4 ALLOCATIONS DE CHÔMAGE	☐☐☐☐☐ €	☐☐☐☐☐ €	☐☐☐☐☐ €
5 REVENUS DES PROFESSIONS NON SALARIÉES	☐☐☐☐☐ €	☐☐☐☐☐ €	☐☐☐☐☐ €
• revenu non connu ou forfait non fixé : cochez la case	☐	☐	☐
6 DÉFICITS DE L'ANNÉE 2002			
• professionnels	☐☐☐☐☐ €	☐☐☐☐☐ €	☐☐☐☐☐ €
• fonciers	☐☐☐☐☐ €	☐☐☐☐☐ €	☐☐☐☐☐ €
7 PENSIONS ALIMENTAIRES REÇUES	☐☐☐☐☐ €	☐☐☐☐☐ €	☐☐☐☐☐ €
8 PENSIONS, PRÉRETRAITES, RETRAITES ET RENTES IMPOSABLES (l'allocation du fonds de solidarité vieillesse, du fonds spécial d'invalidité ne sont pas à déclarer)	☐☐☐☐☐ €	☐☐☐☐☐ €	☐☐☐☐☐ €
9 AUTRES REVENUS			
• revenus fonciers	☐☐☐☐☐ €	☐☐☐☐☐ €	☐☐☐☐☐ €
• contrat d'épargne-handicap	☐☐☐☐☐ €	☐☐☐☐☐ €	☐☐☐☐☐ €
• autres	☐☐☐☐☐ €	☐☐☐☐☐ €	☐☐☐☐☐ €
10 CHARGES DÉDUCTIBLES			
• Pensions alimentaires versées	☐☐☐☐☐ €	☐☐☐☐☐ €	☐☐☐☐☐ €
• Frais de garde (enfants de moins de 7 ans)	☐☐☐☐☐ €	☐☐☐☐☐ €	☐☐☐☐☐ €
• CSG déductible sur les revenus du patrimoine	☐☐☐☐☐ €	☐☐☐☐☐ €	☐☐☐☐☐ €

Déclaration sur l'honneur

Je soussigné(e) certifie sur l'honneur que les renseignements portés sur cette déclaration sont exacts. Je m'engage à signaler immédiatement à ma Caisse tout changement intervenant dans ma situation. Je prends connaissance que ma Caisse vérifiera l'exactitude de cette déclaration auprès de l'administration des Impôts.

Fait à : Le : ☐☐ ☐☐ ☐☐☐☐ Signature obligatoire

La Caf vérifie l'exactitude des déclarations effectuées, notamment au moyen d'une enquête menée par un agent de contrôle assermenté. La Caf engagera des poursuites pénales à l'encontre de toute personne coupable de fraudes ou de fausses déclarations. La loi punit quiconque se rend coupable de fraudes ou de fausses déclarations (Article L.554-1 de L.835.5 du code de la Sécurité sociale - Article L 351.13 du code de la construction et de l'habitation - Article 441.1 du code pénal).

La loi 78-17 du 06/01/1978 relative à l'informatique, aux fichiers et aux libertés s'applique aux réponses faites sur ce formulaire. Elle garantit un droit d'accès et de rectifications pour les données vous concernant auprès de l'organisme qui a traité votre demande.

Déclaration de situation à la caisse d'allocations familiales pour les prestations familiales et logement (formulaire Cerfa n° 12361*01)

msa santé famille retraite services

Déclaration de situation pour les prestations familiales et logement

cerfa N° 12361*01

Si vous faites en même temps plusieurs demandes de prestation, ***une seule déclaration de situation est nécessaire.***

Livre V et VIII du code de la Sécurité sociale
Livre III du code de la construction et de l'habitation

► Allocataire (vous-même)

Personne qui demande les allocations familiales et qui est responsable du dossier

☐ Monsieur ☐ Madame

Votre nom de naissance : ______

Votre nom d'époux(se) : ______

Votre prénom : ______

Votre date de naissance : |_|_| |_|_| |_|_|_|_|

Votre nationalité : ______

☐ Française ☐ Espace économique européen* ☐ Autre

Votre date d'entrée en France si vous résidiez à l'étranger :

|_|_| |_|_| |_|_|_|_|

Votre numéro de Sécurité sociale ou de MSA :

|_|_|_|_|_|_|_|_|_|_|_|_|_| |_|_|

Recevez-vous ou avez-vous reçu des prestations familiales, une allocation de logement, l'aide personnalisée au logement, l'allocation aux adultes handicapés ou le RMI ?

☐ **oui**

Précisez le nom de l'organisme qui vous les verse et le département dans lequel il se situe : ______

☐ **non**

► Conjoint(e), concubin(e) ou pacsé(e)

☐ Monsieur ☐ Madame

Son nom de naissance : ______

Son nom d'époux(se) : ______

Son prénom : ______

Sa date de naissance : |_|_| |_|_| |_|_|_|_|

Sa nationalité : ______

☐ Française ☐ Espace économique européen* ☐ Autre

Sa date d'entrée en France s'il (elle) résidait à l'étranger :

|_|_| |_|_| |_|_|_|_|

Son numéro de Sécurité sociale ou de MSA :

|_|_|_|_|_|_|_|_|_|_|_|_|_| |_|_|

Reçoit-il (elle) ou a-t-il (elle) reçu des prestations familiales, une allocation de logement, l'aide personnalisée au logement, l'allocation aux adultes handicapés ou le RMI ?

☐ **oui**

Précisez le nom de l'organisme qui les verse et le département dans lequel il se situe : ______

☐ **non**

► Votre adresse complète

Adresse complète : ______

Code postal : |_|_|_|_|_| Commune : ______

Numéro de téléphone *(facultatif)* : domicile |_|_|_|_|_|_|_|_|_|_| autre *(travail ou portable)* |_|_|_|_|_|_|_|_|_|_|

Adresse électronique *(facultatif)* : ______

Depuis quelle date résidez-vous à cette adresse ? |_|_| |_|_| |_|_|_|_|

* **Les pays de l'Espace économique européen**

Allemagne – Autriche – Belgique – Danemark – Espagne – Finlande – Grande-Bretagne – Grèce – Irlande – Islande – Italie – Lichtenstein – Luxembourg Norvège – Pays-Bas – Portugal – Suède

PAO/CCMSA - Réf. : 10628

1/4

Famille

Demande de versement direct de l'aide au logement au bailleur ou à l'organisme de prêt (formulaire Cosa n° 11362*02)

ALLOCATIONS FAMILIALES

Demande de versement direct aide au logement

cosa 11362*02

Accord commun (allocataire - propriétaire ou preteur)

L'allocation de logement peut être versée directement au propriétaire-bailleur ou à l'organisme de prêt. Dans ce cas, elle est déduite du montant du loyer ou des remboursements de prêt. Pour celà, vous devez compléter cette demande avec votre propriétaire-bailleur ou votre prêteur.

⚠ *Cette demande concerne uniquement les logements locatifs (hors foyers) qui répondent aux caractéristiques de la décence (décret 2002-120 du 30 janvier 2002).*

▶ L'accord commun

Cet accord est valable pour une année au moins.
Ensuite, il sera reconduit tacitement tant que les deux signataires ne l'auront pas conjointement remis en cause.

■ **L'allocataire** : je soussigné(e)

Nom Prénom

Adresse

Code postal Commune

demande que tous les paiements d'allocation de logement dus soient versés directement à la personne désignée ci-dessous

■ **Le propriétaire-bailleur ou le prêteur** : je soussigné(e)

(ou le mandataire éventuellement)

Nom ou raison sociale

Joignez un relevé d'identité bancaire, postal ou d'épargne

Adresse

Référence du logement :

m'engage en contrepartie de mon accord à signaler à la Caisse tout impayé dans les 3 mois suivant son apparition et immédiatement le départ de l'allocataire du logement concerné ou la rupture du contrat de prêt.

Je prends connaissance, qu'à défaut, je devrai rembourser à la Caisse, l'allocation de logement versée indûment

A Le A Le

Signature de l'allocataire **Signature et cachet du propriétaire ou du prêteur**

S /154c

Emplacement réservé à la Caf

W 5020001X Demande du 11/02/2004

VERDIR N° allocataire :

Avis de changement de situation pour les prestations familiales (formulaire Cerfa n° 11361*02)

ALLOCATIONS FAMILIALES

1/2

www
6008001H

cerfa
11361*02

AVIS DE CHANGEMENT DE SITUATION POUR LES PRESTATIONS FAMILIALES

Livre V du code de la Sécurité Sociale

N° d'allocataire : |_|_|_|_|_|_|_|_|

Madame, Monsieur,

Si votre situation change, vos droits peuvent aussi changer. Ils peuvent augmenter ou diminuer. Vous devez donc nous prévenir de tout changement dans votre situation. Sinon, dans certains cas, vous risquez de perdre une partie de vos droits. Dans d'autres cas, vous serez obligé de nous rembourser les prestations reçues alors que vous n'y aviez plus droit.

Pour nous avertir, utilisez cet «avis de changement de situation». Complétez-le et renvoyez-le nous. **N'oubliez pas de le dater, de le signer et d'y joindre les pièces justificatives qui vous sont demandées.**

Votre caisse d'Allocations familiales

Votre nom .... votre prénom ....

Votre numéro d'allocataire .... |_|_|_|_|_|_|_|_|

REMPLISSEZ UNIQUEMENT LES RUBRIQUES CORRESPONDANT À VOTRE NOUVELLE SITUATION

Votre nouvelle adresse

Votre adresse

Code postal |_|_|_|_|_| Commune

Si vous avez changé de logement, précisez depuis le : |_|_| |_|_| |_|_|_|_|

Votre nouvelle situation familiale

Vous vivez en couple depuis le |_|

☐ Vous êtes mariés *(joignez une photocopie de votre livret de famille)*
☐ Vous vivez en concubinage *(joignez une photocopie de la carte d'identité, du passeport, de la carte d'ancien combattant ou d'invalide de guerre ou encore du titre de séjour de votre concubin(e) ou partenaire)*
☐ Vous avez signé un Pacs

Vous vivez seul(e) depuis le |_|_|_|_|_|_|_|_|

☐ Vous êtes séparé(e) de fait
☐ Vous êtes séparé(e) légalement *(joignez une copie de la décision judiciaire)*
☐ Vous êtes divorcé(e) *(joignez une copie du jugement de divorce)*
☐ Vous êtes veuf(ve) *(joignez un bulletin de décès)*
☐ Vous êtes célibataire

En cas de séparation ou de divorce, précisez qui a la garde et la charge des enfants

La nouvelle situation de vos enfants et des personnes à votre charge

Précisez dans le cadre ci dessous :

• Si la situation de vos enfants ou des personnes à votre charge a changé : début d'activité professionnelle, d'apprentissage, chômage, en longue maladie, etc. ***(joignez selon la situation : bulletin de salaire, attestation du maître de stage ou d'apprentissage, certificat médical, etc.)***

• Si le nombre d'enfants ou de personnes à votre charge a changé : arrivée au foyer ***(joignez une photocopie de votre livret de famille ou de la carte d'identité ou du passeport de l'enfant)***, départ du foyer, mariage, décès...

Nom et prénom	Lien de parenté (fils, fille, neveu...) enfant recueilli	Date de naissance	Nouvelle situation	Date de ce changement de situation	Vit-il avec vous oui	non
		|_|_|_|_|_|_|_|_|		|_|_|_|_|_|_|_|_|	☐	☐
					☐	☐
				|_|_|_|_|_|_|_|_|	☐	☐

S. 7129c

Avis de renonciation au prêt de la caisse d'allocation familiales (formulaire Cerfa n° 60-3703)

cerfa
n° 60-3703

Avis de rétractation de l'acceptation de l'offre de prêt

Loi 78-22 du 10 janvier 1978
(A adresser à votre Caisse d'Allocations Familiales par lettre recommandée avec demande d'avis de réception.)

n° du contrat : ☐
n° d'allocataire : ☐

Monsieur le directeur,

A renvoyer au plus tard le ☐ ☐ ☐

Je, soussigné(e), M. ☐ Mme ☐ Mlle ☐
déclare renoncer au prêt de ☐ F accordé
par ma Caisse d'Allocations Familiales.

le ☐☐☐

Signature : (de Monsieur ou Madame)

1/1

S.7132

Demande de prime de déménagement (formulaire Cosa n° 11363*03)

ALLOCATIONS FAMILIALES

Demande de prime de déménagement

COSA 11363*03

Merci de compléter également un formulaire de déclaration de situation.

Art. L 542-8 du code de la Sécurité sociale
Art. L.351-5 du code de la construction et de l'habitat

►Merci de rappeler votre identité

Votre nom : .... Votre prénom : ....

Votre date de naissance : __ __ / __ __ / __ __ __ __

Numéro d'allocataire *(si vous en possédez un)* : .... □□□□□□□

►Votre déménagement

Date du déménagement : __ __ / __ __ / __ __ __ __

Coût du déménagement : ....

Avez-vous déjà obtenu une(des) aide(s) pour payer votre déménagement ?

Si **oui**, indiquez le montant global des aides obtenues : ....

Indiquez le nom et l'adresse des établissements ou organismes qui vous ont accordé ces aides :

....

....

►Déclaration sur l'honneur

Je certifie sur l'honneur l'exactitude de cette déclaration et des documents joints. Je m'engage à signaler immédiatement tout changement modifiant cette déclaration.

Fait à : .... Le : __ __ / __ __ / __ __ __ __

Si le signataire est un représentant de l'allocataire, précisez ci-dessous ses nom, prénom, qualité et adresse :

Signature de l'allocataire ou de son représentant

La CAF vérifie l'exactitude des déclarations effectuées, notamment au moyen d'une enquête menée par un agent de contrôle assermenté. La CAF engagera des poursuites pénales à l'encontre de toute personne coupable de fraudes et fausses déclarations. La Loi punit quiconque se rend coupable de fraudes ou de fausses déclarations (Article L.554-1 du Code de la Sécurité Sociale - Article 351-13 du code de la construction et de l'habitat - Article 441.1 du Code Pénal).

La loi 78-17 du 06/01/1978 relative à l'informatique, aux fichiers et aux libertés s'applique aux réponses faites sur ce formulaire. Elle garantit un droit d'accès et de rectifications pour les données vous concernant auprès de l'organisme qui a traité votre demande.

►Pièces à joindre à votre demande

- soit la facture acquittée de l'entreprise de déménagement précisant les adresses de prise en charge et de livraison ;
- soit les justificatifs des dépenses engagées pour votre déménagement (facture de location de véhicule, facture d'essence...).

S 7102h

Emplacement réservé à la Caf

W 1140001G Demande du 11/02/2004

DPD

Couple

Certificat de concubinage (appelé aussi « attestation de vie commune »)

Le certificat de concubinage est l'un des moyens de prouver le concubinage. Il peut être demandé par certains organismes publics ou privés pour permettre à des couples non mariés d'obtenir des avantages réservés d'ordinaire aux couples mariés. Le document se présente sous la forme d'une déclaration sur l'honneur dont les signatures sont légalisées par le maire de la commune où les concubins sont domiciliés (1).
Pour l'obtenir, les concubins doivent remplir les conditions suivantes :
- être majeurs ou avoir été émancipés s'ils sont mineurs ;
- se présenter ensemble à la mairie d'arrondissement ;
- fournir chacun une pièce d'identité avec photographie (carte nationale d'identité, passeport, permis de conduire, carte de séjour).

Nous soussignés, ... **(noms et prénoms des deux concubins)**, déclarons sur l'honneur vivre maritalement et être domiciliés ensemble à . . . . **(adresse)**.

À. . . . . , le . . . .

Signatures des concubins

1. Même délivré par la mairie, le certificat de concubinage n'a pas plus de valeur juridique qu'une simple déclaration sur l'honneur de la part des concubins, ou que le témoignage de proches. Si la réglementation française impose parfois d'accorder certains avantages sociaux à condition que soit prouvée une communauté de vie, elle n'impose jamais que la preuve soit établie par la mairie. De ce fait, s'il arrive que le maire refuse de délivrer le certificat de concubinage, les concubins peuvent le remplacer par la même déclaration sur l'honneur signée par chacun, et par deux témoins qu'ils auront choisis.

Demande de rattachement d'un concubin comme ayant droit de la Sécurité sociale [1]

Vos nom, prénoms
Votre adresse
Votre numéro de téléphone
Numéro de Sécurité sociale : . . . .

Nom et coordonnées de la caisse primaire d'assurance maladie

. . . . **(lieu)**, ... **(date)**

Objet : demande de rattachement d'un ayant droit

Madame, Monsieur,

Je vous informe que je vis en concubinage depuis le . . . . **(date)** avec M. **(ou Mlle, ou Mme)** . . . . , qui est à ma charge totale, effective et permanente et ne bénéficie donc pas par lui(elle)-même d'une protection sociale propre.

En conséquence, je vous demande de bien vouloir inscrire cette personne comme mon ayant droit, ainsi que la réglementation l'autorise.

Vous trouverez ci-joint le certificat de concubinage établi par la mairie de . . . . , ainsi que deux déclarations sur l'honneur attestant que M. **(ou Mlle, ou Mme)** . . . . vit à ma charge.

Je vous demande de bien vouloir lui délivrer une carte Vitale ainsi qu'une attestation correspondant à cette situation et vous prie, Madame, Monsieur, d'agréer l'expression de mes salutations distinguées.

Votre signature

Pièces à joindre :
– le certificat de concubinage ou à défaut l'attestation de vie commune ;
– une déclaration sur l'honneur signée par l'assuré (voir modèle suivant) ;
– une déclaration sur l'honneur signée par le concubin.

1. La possibilité de rattachement d'un ayant droit concerne non seulement le régime général des salariés du secteur privé, mais aussi tous les autres régimes de protection sociale : fonctionnaires, commerçants, artisans, agriculteurs, professions libérales.

Déclaration sur l'honneur de l'assuré social [1]

Je soussigné(e), Monsieur **(ou Mademoiselle, ou Madame)** . . . . (nom, prénom), domicilié(e) à . . . . **(adresse)**, déclare sur l'honneur que Mlle **(ou Mme, ou M.)** . . . . **(nom, prénom)** vit à ma charge totale, effective et permanente.

À . . . . , le . . . .

Votre signature

1. Cette déclaration est à envoyer chaque année pour renouveler le rattachement.

Déclaration sur l'honneur du concubin ou partenaire de Pacs ayant droit [1]

Je soussigné(e), Mademoiselle **(ou Madame, ou Monsieur)** . . . . **(nom, prénom)**, domicilié(e) à . . . . **(adresse)**, déclare sur l'honneur que je vis à la charge totale, effective et permanente de M. **(ou Mlle, ou Mme)** . . . . **(nom, prénom)** et que je ne bénéficie pas d'une protection sociale propre.

À . . . . , le . . . .

Votre signature

1. Cette déclaration est à envoyer chaque année pour renouveler le rattachement

Demande de rattachement du concubin à l'assurance complémentaire santé [1]

Vos nom, prénoms
Votre adresse
Votre numéro de téléphone
Votre numéro de Sécurité sociale et la référence du contrat

Nom et coordonnées de l'assurance complémentaire santé

. . . . **(lieu)**, ... **(date)**

Objet : demande de rattachement d'un ayant droit

Monsieur **(ou Madame)**,

Je vous informe que je vis en concubinage depuis le . . . . **(date)** avec M. **(ou Mlle, ou Mme)** . . . . et que j'ai demandé à ma caisse de Sécurité sociale son rattachement comme mon ayant droit, ainsi que la réglementation m'y autorise.
En conséquence, je vous demande de bien vouloir à votre tour inscrire M. **(ou Mlle, ou Mme)** . . . . comme ayant droit de mon contrat d'assurance complémentaire santé dont les références sont notées ci-dessus.
Vous trouverez ci-joint le certificat de concubinage établi par la mairie de . . . .
Vous voudrez bien me faire savoir dans quelles mesures mes cotisations vont être modifiées et me délivrer les attestations d'assurance correspondant à cette nouvelle situation.

Dans cette attente, je vous prie, Monsieur (ou Madame), d'agréer l'expression de mes salutations distinguées.

Votre signature

Pièces à joindre :
– le certificat de concubinage ou à défaut l'attestation de vie commune ;
– l'attestation de Sécurité sociale.

1. Avant d'envoyer votre lettre de demande, relisez votre contrat d'assurance complémentaire santé et vérifiez les conditions de rattachement d'un concubin ou partenaire de Pacs.

Demande de rattachement du concubin à la compagnie d'assurance (1)

Vos nom, prénoms
Votre adresse
Votre numéro de téléphone
Références du contrat d'assurance multirisque habitation et du contrat d'assurance automobile

Nom et coordonnées de la compagnie d'assurance

. . . . **(lieu)**, ... **(date)**

Objet : demande de rattachement d'un ayant droit

Madame, Monsieur,

Je vous informe que je vis en concubinage depuis le . . . . **(date)** avec M. **(ou Mlle, ou Mme)** . . . . dans le logement dont je suis locataire **(ou propriétaire)** à l'adresse suivante : . . . . , et titulaire à ce titre du contrat d'assurance multirisque habitation dont la référence est notée ci-dessus.
En conséquence, je vous demande de bien vouloir inscrire M. **(ou Mlle, ou Mme)** . . . . comme ayant droit de ce contrat.
Vous trouverez ci-joint le certificat de concubinage établi par la mairie de . . . .

Par ailleurs, je souhaite aussi que M. **(ou Mlle, ou Mme)** . . . . puisse conduire mon véhicule immatriculé . . . . et soit donc inscrit(e) sur mon contrat d'assurance automobile comme second conducteur.
Vous voudrez bien me faire savoir dans quelles mesures mes cotisations vont être modifiées et de me délivrer les attestations d'assurance correspondant à cette nouvelle situation.

Dans cette attente, je vous prie, Madame, Monsieur, d'agréer l'expression de mes salutations distinguées.

Votre signature

Pièce à joindre :
– le certificat de concubinage ou à défaut l'attestation de vie commune.

1. Avant d'envoyer votre lettre de demande, relisez vos contrats d'assurance et vérifiez les conditions de rattachement d'un concubin.

Modèle de Pacs [1]

Le . . . . **(date)**
Monsieur **(ou Madame)** . . . .
Né(e) le . . . . . . **(date de naissance)**, à . . . . **(lieu de naissance)**
D'une part,
Et
Monsieur **(ou Madame)** . . . .
Né(e) le . . . . . . **(date de naissance)**, à . . . . **(lieu de naissance)**
D'autre part,
Ci-après nommés « les partenaires »,

Décident de conclure entre eux, conformément aux articles 515-1 et suivants du Code civil, la convention ci-après, en vue de la déclaration conjointe de pacte civil de solidarité au greffe du tribunal d'instance de . . . . **(ville dont dépend votre résidence commune)**.

Déclaration de capacité
Les partenaires déclarent qu'ils ne se trouvent dans aucun des cas d'interdiction tels que définis à l'article 512-2 du Code civil.

Résidence commune
Les partenaires déclarent fixer leur résidence commune à . . . . **(adresse)**.

Engagement des partenaires
Les partenaires s'engagent à s'apporter une aide mutuelle et matérielle. Ils contribuent, à proportion de leurs facultés respectives, aux besoins de la vie courante.
(Ensuite, si vous souhaitez être précis :)
En exécution de cette obligation, ils décident d'organiser leur vie commune comme suit :

- Les dépenses de la vie courante : . . . .
- Le logement commun : . . . .
- Les autres dépenses communes : . . . .
- Les dépenses personnelles : . . . .
- L'entretien des enfants : . . . .

Solidarité
Chaque partenaire conserve la libre disposition des sommes qui lui sont personnelles et qu'il déposera sur un compte bancaire ouvert à son seul nom. Ces sommes pourront toutefois être saisies, conformément à l'article 515-4, car les partenaires seront tenus solidairement, à l'égard des tiers, des dettes contractées par l'un d'eux pour les besoins de la vie courante et pour les dépenses relatives au logement commun.

Propriété des meubles meublants
À ce jour, les partenaires déclarent être propriétaires des meubles meublants suivants :
– meubles meublants appartenant exclusivement à Monsieur **(Madame)** . . . . :
. . . . **(énoncez la liste de ces meubles)** ;
– meubles meublants appartenant exclusivement à Monsieur **(Madame)** . . . . :
. . . . **(énoncez la liste de ces meubles)** ;

– meubles meublants appartenant indivisément à Monsieur **(Madame)** . . . . et à Monsieur **(Madame)** . . . . : . . . . **(énoncez la liste de ces meubles en mentionnant la proportion d'indivision de chacun)**.

Pour les meubles meublants dont les partenaires feront l'acquisition à titre onéreux, ensemble ou séparément, postérieurement à la conclusion du présent pacte, ils entendent les soumettre au régime de l'indivision dans les proportions suivantes : . . . . (ou : « ils entendent les soumettre au régime de la séparation de biens »).

Propriété des meubles autres que meublants
À ce jour, les partenaires déclarent être propriétaires des meubles autres que meublants suivants :
– meubles autres que meublants appartenant exclusivement à Monsieur **(Madame)** . . . . : . . . . **(énoncez la liste de ces meubles)** ;
– meubles autres que meublants appartenant exclusivement à Monsieur **(Madame)** . . . . : . . . . **(énoncez la liste de ces meubles)** ;
– meubles autres que meublants appartenant indivisément à Monsieur **(Madame)** . . . . et à Monsieur **(Madame)** . . . . : . . . . **(énoncez la liste de ces meubles en mentionnant la proportion d'indivision de chacun)**.

La propriété des meubles autres que meublants dont les partenaires deviendront propriétaires à titre onéreux postérieurement à la conclusion du présent pacte sera fixée dans l'acte d'acquisition ou de souscription. À défaut, ces biens seront réputés indivis par moitié.

Non-respect des engagements de l'un des partenaires
En cas de non-respect de ses engagements par l'un des partenaires, après un délai de . . . . jours à compter de la plainte de l'autre partenaire, le partenaire défaillant sera tenu de payer . . . . € d'astreinte par jour de retard.

Rupture unilatérale du Pacs
Les partenaires décident que, en cas de rupture unilatérale du pacte civil de solidarité, ils s'engagent à respecter, conformément à l'article 515-7 du Code civil, un délai d'information de l'autre partenaire d'au moins . . . . jours.

La liquidation des biens se fera comme suit :
• Logement commun :
Le partenaire délaissé sera libre de poursuivre le bail en cours ou de donner congé au bailleur à la date qui lui conviendra.
(Ou, si le logement appartient au couple :) Le partenaire délaissé pourra occuper le logement commun jusqu'à sa vente. Dans ce cas, durant cette période, il s'engage à prendre en charge les impôts et taxes relatives à ce logement.

• Liquidation des droits et obligations **(meubles meublants, voiture, comptes bancaires, procuration, dettes personnelles et communes…)** : . . . .
• Enfants : . . . .
• Conséquences financières de la rupture : le partenaire qui décide unilatéralement de mettre fin au pacte civil de solidarité s'engage à régler la moitié de l'impôt en cours pendant l'année de la rupture, ainsi que la moitié de l'impôt dû pendant l'année suivante au titre des revenus perçus au cours de l'année de la rupture. (Éventuellement, mise au point du versement d'une pension alimentaire.)

Décès d'un des partenaires
Au décès d'un indivisaire, sa part sera attribuée au compagnon survivant **(fixez éventuellement des délais)**.

Date d'effet du Pacs
Le présent pacte civil de solidarité prendra effet à compter de l'inscription de la déclaration conjointe des partenaires sur le registre du greffe du tribunal d'instance de . . . . , dans le ressort duquel est fixée leur résidence commune.

Modification du Pacs
Toute modification du présent pacte civil de solidarité devra faire l'objet d'une déclaration conjointe enregistrée au greffe du tribunal d'instance qui aura reçu la déclaration d'origine.

Fait à . . . . , le . . . .

Signatures :

Documents à fournir pour faire enregistrer le Pacs :
– deux exemplaires originaux et signés du contrat de Pacs ;
– une pièce d'identité pour chaque partenaire (carte d'identité ou passeport...) ;
– la copie intégrale ou un extrait d'acte de naissance avec filiation pour chaque partenaire ou un acte de notoriété si vous ne pouvez vous procurer aucun acte d'état civil (voir le chapitre « État civil ») ;
– une attestation récente du greffe du tribunal d'instance du lieu de naissance, prouvant que les partenaires ne sont pas déjà liés par un Pacs avec une autre personne. Si vous êtes né à l'étranger, cette attestation est fournie par le greffe du tribunal de grande instance de Paris (voir modèle page 240) ;
– une attestation sur l'honneur qu'il n'y a pas de lien de parenté ou d'alliance avec l'autre partenaire empêchant la conclusion d'un Pacs (voir modèle suivant) ;
– une attestation sur l'honneur indiquant que la résidence commune est fixée dans le ressort du tribunal d'instance où est faite la déclaration (voir modèle page 240).
Par ailleurs, en cas de divorce ou de veuvage d'une précédente union, il faudra présenter le livret de famille correspondant à chaque ancienne union ou :
– en cas de divorce, la copie intégrale ou un extrait avec filiation de l'acte de mariage antérieur (voir le chapitre « Séparation ») ;
– en cas de veuvage, la copie intégrale ou un extrait avec filiation de l'acte de naissance du conjoint décédé (voir le chapitre « Décès et transmission du patrimoine »).

1. Les modèles concernant le Pacs sont extraits du guide Le Pacs, de Laurence de Percin, publié aux Éditions De Vecchi.

Attestation sur l'honneur d'absence de parenté

Nous soussigné(e)s,

Monsieur **(ou Madame, ou Mademoiselle)** . . . .
Et
Madame **(ou Mademoiselle, ou Monsieur)** . . . .
Demeurant . . . . **(adresse de la résidence commune)**,

Déclarons sur l'honneur conformément à l'article 515-2 du Code civil, qu'il n'existe entre nous aucun des liens de parenté qui empêchent la conclusion d'un pacte civil de solidarité.

Nous ne sommes :
– ni ascendant et descendant en ligne directe ;
– ni alliés en ligne directe ;
– ni collatéraux jusqu'au troisième degré inclus.

Fait à . . . . , le . . . .

Signatures :

Attestation sur l'honneur de résidence commune

Nous soussigné(e)s,

Monsieur **(ou Madame, ou Mademoiselle)** . . . .
Et
Madame **(ou Mademoiselle, ou Monsieur)** . . . . ,

Déclarons sur l'honneur fixer notre résidence commune à l'adresse suivante :
. . . .
. . . .
C'est-à-dire dans le ressort géographique du tribunal d'instance de . . . .
(ville dont dépend votre résidence commune).

Fait à . . . . , le . . . .

Signatures :

Certificat de non-engagement dans les liens d'un Pacs [1]

Il est établi un certificat pour chaque partenaire.

Nom : . . . .
Prénom : . . . .
Date et lieu de naissance : . . . .

n'est pas déjà engagé dans les liens du Pacs.

Signature du greffier du tribunal d'instance :

1. Ce document est délivré par le tribunal d'instance du lieu de naissance de chaque partenaire pour une naissance en France, par le tribunal de grande instance de Paris pour une naissance à l'étranger.

Faire-part de Pacs

(Rédigé sur une carte de visite.)

Après . . . . ans de vie commune et de bonheur partagé,
. . . . **(prénom et nom de l'un des partenaires)** et
. . . . **(prénom et nom de l'autre partenaire)**
sont heureux d'annoncer leur union sous le signe du Pacs,
qui sera enregistré officiellement le . . . .
au tribunal d'instance de . . . .

Coordonnées des partenaires pour les félicitations

Faire-part de Pacs et invitation

(Rédigés sur une carte de visite.)

. . . . **(prénom et nom de l'un des partenaires)** et
. . . . **(prénom et nom de l'autre partenaire)**
ont le plaisir d'annoncer leur union sous le signe du Pacs,
et invitent . . . . à assister à son enregistrement officiel,
qui aura lieu au tribunal d'instance de . . . . **(ville)**,
. . . . **(adresse)**, le . . . . **(date)** à . . . . heures.

La signature sera suivie d'une grande fête qui se tiendra à partir de . . . . heures
à . . . . **(adresse)**.

RSVP

Coordonnées des partenaires pour les réponses

Faire-part de Pacs : réponse positive et félicitations

(Rédigées sur une carte de visite.)

Modèle n° 1

C'est avec un très grand plaisir que . . . . **(vos prénom et nom ainsi que ceux de votre compagne ou compagnon s'il y a lieu)** se rendra **(ou rendront)** à l'enregistrement de votre Pacs et bien sûr à votre fête. Que cette nouvelle union soit placée sous le signe du bonheur et de l'amour partagé.

Votre signature

Modèle n° 2

. . . . **(vos prénom et nom)**
Je vous remercie vivement de votre invitation à laquelle je serai très heureux(euse) de me rendre. Je vous adresse tous mes vœux de bonheur.

Votre signature

Faire-part de Pacs : réponse négative et félicitations

(Rédigées sur une carte de visite.)

. . . . **(vos prénom et nom)**
vous remercie vivement de votre invitation à laquelle il **(ou elle)** ne pourra malheureusement pas se rendre, étant retenu(e) par une autre obligation. Il (ou elle) vous adresse tous ses meilleurs vœux.

Votre signature

Attestation d'engagement dans les liens du Pacs [1]

Nom : . . . .
Prénom : . . . .
Date et lieu de naissance : . . . .
Date d'enregistrement du Pacs : . . . .

Signature du greffier du tribunal d'instance :

1. Cette attestation est remise lors de l'enregistrement du pacte civil de solidarité. Chaque partenaire doit en recevoir un exemplaire.

Demande de rattachement d'un partenaire de Pacs comme ayant droit de la Sécurité sociale [1]

Vos nom, prénoms
Votre adresse
Votre numéro de téléphone
Numéro de Sécurité sociale : . . . .

Nom et coordonnées de la caisse primaire d'assurance maladie

. . . . **(lieu),** . . . . **(date)**

Objet : demande de rattachement d'un ayant droit

Madame, Monsieur

Je vous informe que j'ai signé et fait enregistrer un pacte civil de solidarité le . . . . **(date)** avec M. **(ou Mlle, ou Mme)** . . . . au tribunal d'instance de . . . .

Cette personne est à ma charge totale, effective et permanente et ne bénéficie donc pas par elle-même d'une protection sociale propre. En conséquence, je vous demande de bien vouloir l'inscrire comme mon ayant droit, ainsi que la réglementation l'autorise.

Vous trouverez ci-jointe l'attestation de Pacs établie par le greffe du tribunal d'instance de . . . . , ainsi que deux déclarations sur l'honneur attestant que M. **(ou Mlle ou Mme)** . . . . vit à ma charge.

Je vous demande de bien vouloir lui délivrer une carte Vitale ainsi qu'une attestation correspondant à cette situation, et vous prie, Madame, Monsieur, d'agréer l'expression de mes salutations distinguées.

Votre signature

Pièces à joindre :
– l'attestation d'engagement dans les liens du Pacs (voir modèle page 237) ;
– une déclaration sur l'honneur signée par l'assuré (voir modèle page 234) ;
– une déclaration sur l'honneur signée par le partenaire de Pacs (voir modèle page 235).

1. La possibilité de rattachement d'un ayant droit concerne non seulement le régime général des salariés du secteur privé, mais aussi tous les autres régimes de protection sociale : fonctionnaires, commerçants, artisans, agriculteurs, professions libérales.

Demande de rattachement du partenaire de Pacs à l'assurance complémentaire santé (1)

Vos nom, prénoms
Votre adresse
Votre numéro de téléphone
Numéro de Sécurité sociale et la référence du contrat

Nom et coordonnées de l'assurance complémentaire santé

. . . . **(lieu)**, ... **(date)**

Objet : demande de rattachement d'un ayant droit

Monsieur **(ou Madame)**,

Je vous informe que j'ai signé et fait enregistrer un Pacs le . . . . **(date)** avec M. **(ou Mlle, ou Mme)** . . . . au tribunal d'instance de . . . .

J'ai demandé à ma caisse primaire d'assurance maladie son rattachement comme mon ayant droit, ainsi que la réglementation m'y autorise. En conséquence, je vous demande de bien vouloir à votre tour inscrire M. **(ou Mlle, ou Mme)** . . . . comme mon ayant droit sur mon contrat d'assurance complémentaire santé dont les références sont notées ci-dessus.

Vous trouverez ci-jointe l'attestation de Pacs établie par le greffe du tribunal d'instance de . . . .

Vous voudrez bien me faire savoir dans quelles mesures mes cotisations vont être modifiées et me délivrer les attestations d'assurance correspondant à cette nouvelle situation.

Dans cette attente, je vous prie, Monsieur (ou Madame), d'agréer l'expression de mes salutations distinguées.

Votre signature

Pièces à joindre :
– l'attestation d'engagement dans les liens du Pacs (voir modèle page 237) ;
– l'attestation de Sécurité sociale.

1. Avant d'envoyer votre lettre de demande, relisez votre contrat d'assurance complémentaire santé et vérifiez les conditions de rattachement d'un partenaire de Pacs.

Demande de rattachement du partenaire de Pacs à la compagnie d'assurance (1)

Vos nom, prénoms
Votre adresse
Votre numéro de téléphone
Références du contrat d'assurance multirisque habitation et du contrat d'assurance automobile

Nom et coordonnées de la compagnie d'assurance

. . . . **(lieu)**, ... **(date)**

Objet : demande de rattachement d'un ayant droit

Monsieur **(ou Madame)**,

Je vous informe que j'ai signé et fait enregistrer un Pacs le . . . . **(date)** avec M. **(ou Mlle, ou Mme)** . . . . au tribunal d'instance de . . . . et que nous vivons ensemble dans le logement dont je suis locataire **(ou propriétaire)** à l'adresse suivante : . . . . , et titulaire à ce titre du contrat d'assurance multirisque habitation dont la référence est notée ci-dessus.
En conséquence, je vous demande de bien vouloir inscrire M. **(ou Mlle, ou Mme)** . . . . comme ayant droit de ce contrat.

Vous trouverez ci-jointe l'attestation de Pacs établie par le greffe du tribunal d'instance de . . . .

Par ailleurs, je souhaite aussi que M. **(ou Mlle, ou Mme)** . . . . puisse conduire mon véhicule immatriculé . . . . et soit donc inscrit(e) sur mon contrat d'assurance automobile comme second conducteur.

Vous voudrez bien me faire savoir dans quelles mesures mes cotisations vont être modifiées et me délivrer les attestations d'assurance correspondant à cette nouvelle situation.

Dans cette attente, je vous prie, Monsieur (ou Madame), d'agréer l'expression de mes salutations distinguées.

Votre signature

Pièce à joindre :
– l'attestation d'engagement dans les liens du Pacs (voir modèle page 237).

1. Avant d'envoyer votre lettre de demande, relisez vos contrats d'assurance et vérifiez les conditions de rattachement d'un partenaire de Pacs.

Modification de Pacs [1]

Nom, prénoms de chaque partenaire
Votre adresse
Votre numéro de téléphone
Pacs enregistré le . . . .

Lettre recommandée avec AR

Greffe du tribunal d'instance de . . . .
(ville où le Pacs a été initialement enregistré)

. . . . **(lieu)**, ... **(date)**

Objet : déclaration conjointe de modification de Pacs

Nous soussignés, ... **(nom et prénom d'un partenaire) et . . . . (nom et prénom de l'autre partenaire)**, déclarons sur l'honneur porter une modification à notre convention de pacte civil de solidarité, enregistré le . . . . . . **(date)** au greffe du tribunal d'instance de . . . . **(ville)**.

La modification concerne la partie « . . . . » **(énoncez l'intitulé correspondant)** de notre convention, qui stipulera désormais « . . . . »
(énoncez la nouvelle disposition).

Fait à . . . . , le . . . .

Signatures des deux partenaires

1. La modification de Pacs peut aussi être faite par les partenaires simplement en se présentant ensemble au greffe du tribunal d'instance.

Fiançailles : faire-part simple

(Rédigé sur une carte de visite.)

Monsieur et Madame . . . . **(nom des parents de la fiancée)**
Monsieur et Madame . . . . **(nom des parents du fiancé)**

Sont heureux d'annoncer les fiançailles de leurs enfants
. . . . et . . . . **(prénoms des fiancés)**

qui auront lieu le . . . . **(date)**.

Adresse de la famille d'un des fiancés Adresse de la famille de l'autre fiancé

Fiançailles : faire-part et invitation

(Rédigés sur une carte de visite.)

Monsieur et Madame . . . . **(nom des parents de la fiancée)**
Monsieur et Madame . . . . **(nom des parents du fiancé)**

Sont heureux vous inviter aux fiançailles de leurs enfants
. . . . et . . . . **(prénoms des fiancés)**

qui auront lieu le . . . . **(date)** à . . . . **(heure)** à . . . . (adresse).

RSVP

Adresse de la famille d'un des fiancés Adresse de la famille de l'autre fiancé
(Ou adresse d'une seule des familles si l'on veut centraliser les réponses.)

Fiançailles : invitation par les fiancés [1]

(Rédigée sur une carte de visite.)

. . . . et . . . . **(prénoms des fiancés)**

vous invitent à la grande fête de leurs fiançailles

le . . . . **(date)**
à partir de . . . . **(heure)**

à . . . . **(adresse)**

RSVP . . . . **(adresse postale, coordonnées téléphoniques ou adresse e-mail pour les réponses)**

1. Voir aussi le courrier électronique et les « Smileys ».

Fiançailles : félicitations

(Rédigées sur une carte de visite.)

. . . . **(vos prénom et nom)**
adresse ses plus sincères félicitations à Madame et Monsieur . . . . à l'occasion des fiançailles de leur fils **(ou fille)** . . . . et formule tous ses vœux de bonheur aux heureux fiancés.

Votre signature

Fiançailles : réponse et félicitations

(Rédigées sur une carte de visite.)

. . . . **(vos prénom et nom)**
adresse ses plus sincères félicitations à Madame et Monsieur . . . . à l'occasion des fiançailles de leur fils **(ou fille)** . . . . et tous ses vœux de bonheur aux jeunes fiancés. Il **(Elle)** les remercie vivement de leur aimable invitation à laquelle il **(elle)** se rendra avec un très grand plaisir.

Votre signature

Famille

Fiançailles : réponse négative à l'invitation

(Rédigée sur une carte de visite.)

. . . . **(vos prénom et nom)**
remercie vivement Madame et Monsieur . . . . de leur aimable invitation, à laquelle il **(ou elle)** ne pourra malheureusement pas se rendre, étant retenu(e) par une autre obligation. Il **(ou elle)** adresse à . . . . et . . . . **(prénoms des fiancés)** tous ses compliments et formule ses meilleurs vœux de bonheur.

Votre signature

Contrat de mariage [1]

L'an deux mille . . . .,
Le . . . .
À . . . .
En l'office notarial . . . .
Maître . . . . , notaire membre de la société civile professionnelle . . . . notaires associés, titulaire d'un office notarial à . . . . **(département)**, soussigné,
A reçu en la forme authentique le présent acte de régime matrimonial à la requête de :

Monsieur . . . . et Madame . . . .
Domiciliés ensemble à . . . .
Nés, savoir :
Monsieur . . . . à . . . . **(lieu de naissance)**, le . . . . **(date)**
Madame . . . . à . . . . **(lieu de naissance)**, le . . . . **(date)**
Lesquels déclarent qu'ils se sont mariés à la mairie de . . . . , le . . . .
Par suite, Monsieur et Madame . . . . conviennent ce qui suit :

Article 1 – Régime adopté
Les époux déclarent adopter pour base de leur union, le régime de . . . . , prévu aux articles . . . . du Code civil.

Article 2 – Contributions aux charges du mariage
Les époux contribueront aux charges du mariage à proportion de leur faculté respective.

(Les articles suivants dépendent du régime matrimonial choisi.)

Le présent acte rédigé sur . . . . pages, comprenant :
Renvois : . . . .
Mots rayés nuls : . . . .
Chiffres rayés nuls : . . . .
Lignes rayées nulles : . . . .
Barres tirées dans les blancs : . . . . ,
A été signé par les requérants et le notaire, après lecture, en la présence réelle et simultanée des parties.

À . . . . ,
À la date indiquée en tête des présentes.
Approuvé

Signatures :

1. Le contrat de mariage se fait obligatoirement chez un notaire. Il n'est pas obligatoire. Si les futurs mariés n'en font pas, ils sont soumis au régime légal de la communauté de biens réduite aux acquêts.

Mariage civil : certificat médical prénuptial [1]

Voir certificat prénuptial.

Les autres pièces à fournir à la mairie pour le mariage civil :

- un acte de naissance délivré depuis moins de trois mois, ou moins de six mois s'il est délivré dans un consulat ;
- une attestation sur l'honneur du domicile de chacun des futurs époux (voir modèle) ;
- un certificat du notaire si les futurs époux ont conclu un contrat de mariage.

1. Le certificat médical doit être daté de moins de deux mois. La visite médicale prénuptiale est obligatoire pour chacun des époux et remboursable à 75 % par la Sécurité sociale.

LISTE DES PIECES JUSTIFICATIVES A FOURNIR POUR UNE DEMANDE DE TRANSCRIPTION D'UN ACTE DE MARIAGE

☐ une **demande de transcription** (cf modèle ci-joint) signée par le **conjoint français**

☐ la justification de la **nationalité française** par **l'un** des documents suivant :

- une photocopie **recto-verso** de votre carte nationale d'identité française
- une photocopie recto-verso de la déclaration d'acquisition ou de réintégration de la nationalité française
- une photocopie de l'ampliation du décret de naturalisation

ou à défaut :

- une photocopie du certificat de nationalité française délivré par le tribunal d'instance compétent

☐ une copie intégrale **en original** (***et non la simple photocopie***) de votre **acte de mariage** étranger **délivré par la mairie du lieu de l'évènement**, au vu du **registre** et **non pas du livret de famille**. Cette copie portera *mention*, **le cas échéant**, *au divorce*

☐ la photocopie de votre **livret de famille** algérien

☐ une copie intégrale **en original** des actes de **naissance** de **chacun des époux.** *En cas de précédent(s) mariage(s) et de divorce(s), l'acte de naissance devra obligatoirement comporter les mentions de mariage(s) et de divorce(s).*

☐ **l'un** des documents suivants attestant de la présence du conjoint français à la cérémonie **(uniquement si le mariage a été célébré après le 31 Août 1993) :**

- la photocopie certifiée conforme de la page du registre où figure votre acte de mariage, célébré devant l'officier de l'état civil ou le notaire, revêtu de la signature de chacun des époux
- tout autre document de nature à établir la présence du conjoint français (*photocopie au passeport, billet d'avion ou de bateau, précisant les dates* ***lisibles*** *d'entrée et de sortie d'Algérie,*

Tous ces documents sont indispensables. S'ils n'ont pas été rédigés en français, ils devront obligatoirement être accompagnés d'une traduction certifiée conforme à l'original.

Votre dossier complet doit être adressé UNIQUEMENT par courrier à :

CELLULE ETAT CIVIL CONSULAIRE D'ALGERIE
Boite Postale 63616
44036 NANTES CEDEX 01
☎ 02.51.77.28.30

P.S. Faute d'être en possession de TOUTES les pièces, nous ne pourrons traiter votre dossier.

MINISTERE DE L'EMPLOI ET DE LA SOLIDARITE

ART. L.153 DU CODE DE LA SANTE PUBLIQUE
Le médecin qui, en application du deuxième alinéa de l'article 63 du Code Civil, procède à un examen en vue du mariage ne pourra délivrer le certificat médical prénuptial mentionné par cet article, et dont le modèle est fixé par arrêté (du 7 mars 1997), qu'au vu de résultats d'analyses ou d'examens dont la liste est fixée par voie réglementaire.
Une brochure d'éducation sanitaire doit être remise à chacun des futurs conjoints en même temps que le certificat médical.

LOI N° 93-121 DU 27 JANVIER 1993, ART. 48-II
À l'occasion de l'examen médical prénuptial, après information sur les risques de contamination, un test de dépistage de l'infection par le virus de l'immuno-déficience humaine est proposé aux futurs conjoints.

DÉCRET N° 92-143 DU 14 FEVRIER 1992 relatif aux examens obligatoires prénuptial, pré et postnatal
ARTICLE PREMIER
Le médecin ne peut délivrer le certificat prénuptial prévu à l'article L. 153 du Code de la santé publique qu'au vu du résultat pour les femmes âgées de moins de cinquante ans :
a. Des examens sérologiques de la rubéole et de la toxoplasmose qui sont obligatoirement effectués lors de l'examen prénuptial en l'absence de documents écrits permettant de considérer l'immunité comme acquise ;
b. Du groupe sanguin A, B, O Rhésus standard complété par une recherche d'anticorps irréguliers si le groupe sanguin ouvre une possibilité d'immunisation et dans les cas où existe un risque d'allo-immunisation par suite d'une transfusion antérieure.
Le médecin communique à la personne examinée ses constatations ainsi que les résultats des examens effectués en application des alinéas ci-dessus. Dans les cas graves, il doit faire cette communication par écrit. Lorsque les antécédents ou l'examen le nécessitent, il oriente vers une consultation spécialisée ou un dépistage particulier.
Enfin, le médecin commente la brochure d'information dont le contenu est précisé par arrêté du ministre chargé de la Santé.

CERTIFICAT PRÉNUPTIAL

cerfa
N° 10545*01

établi en application de l'article 63 du Code Civil, conformément aux dispositions de l'article L. 153 du Code de la santé publique et de l'article premier du décret n° 92-143 du 14 février 1992 relatif aux examens obligatoires prénuptial, pré et postnatal reproduit dans la colonne ci-contre.

Je soussigné, Docteur en médecine, certifie avoir :

• procédé à un **examen clinique** de

[   ]
Nom, prénom

pris connaissance, **s'il s'agit d'une femme de moins de 50 ans**, des résultats :

• des examens sérologiques respectifs de la **rubéole** et de la **toxoplasmose** (ces examens n'ont pas à être effectués si l'intéressé peut apporter la preuve écrite de son état d'immunité).

• d'un examen de sang comportant la détermination des **groupes sanguins A, B, O** et **Rhésus** et, le cas échéant, la recherche d'anticorps irréguliers (si le groupe sanguin ouvre une possibilité d'immunisation et dans les cas où il existe un risque d'allo-immunisation par suite d'une transfusion antérieure) ;

• fait part de mes constatations à l'intéressé(e) ainsi que des résultats des examens et l'avoir orienté(e), le cas échéant, vers une consultation spécialisée ou un dépistage particulier; si la future conjointe est de groupe Rhésus négatif, je l'ai informée de la nécessité de recourir à une prévention d'immunisation Rhésus D par injection d'immunoglobulines anti-D dans les 72 heures qui suivent chaque accouchement d'un enfant Rhésus positif ou chaque interruption de grossesse ;

• proposé un test de dépistage du virus de l'immuno-déficience humaine aux futurs conjoints, après les avoir informés sur les risques de contamination ;

• commenté la brochure d'information remise aux conjoints.

A [   ]

le [   ]

Cachet et signature

1/1

Famille

Mariage civil : faire-part

(Rédigé sur une carte de visite.)

Monsieur et Madame . . . .
(coordonnées des grands-parents vivants)

Monsieur et Madame . . . .
(coordonnées des parents)

Monsieur et Madame . . . .
(coordonnées des grands-parents vivants)

Monsieur et Madame . . . .
(coordonnées des parents)

Sont heureux de vous faire part du mariage de leurs petits-enfants et enfants
. . . . et . . . . **(prénoms des mariés)**

La cérémonie aura lieu le . . . . **(date)** à . . . . **(heure)**
à la mairie de . . . . **(adresse)**.

Mariage religieux : faire-part

(Rédigé sur une carte de visite.)

Monsieur et Madame . . . .
(coordonnées des grands-parents vivants)

Monsieur et Madame . . . .
(coordonnées des parents)

Monsieur et Madame . . . .
(coordonnées des grands-parents vivants)

Monsieur et Madame . . . .
(coordonnées des parents)

Ont le plaisir de vous faire part du mariage leurs petits-enfants et enfants
. . . . et . . . . **(prénoms des mariés)**

Et vous prient d'assister ou de vous unir par la prière à la cérémonie de mariage qui sera célébrée le . . . . . . **(date)** à . . . . . . **(heure)** à . . . .**(lieu de culte)**.

Mariage : invitation à joindre au faire-part

(Rédigée sur une autre carte de visite.)

Monsieur . . . . **(prénom et nom du père de la mariée)**
Monsieur . . . . **(prénom et nom du père du marié)**

Recevront à l'occasion du mariage de
. . . . et . . . . **(prénoms des mariés)**

le . . . . **(date)** à . . . . **(adresse)**
à partir de . . . . **(heure)**.

RSVP

(N'indiquez pas d'adresse puisque celle-ci figure déjà sur les faire-part.)

Mariage : faire-part et invitation

(Rédigés sur une carte de visite.)

Monsieur et Madame . . . .

Monsieur et Madame . . . .
(coordonnées des grands-parents vivants)

Monsieur et Madame . . . .
(coordonnées des parents)

Monsieur et Madame . . . .

Monsieur et Madame . . . .
(coordonnées des grands-parents vivants)

Monsieur et Madame . . . .
(coordonnées des parents)

Sont heureux de vous faire part du mariage de leurs petits-enfants et enfants
. . . . et . . . . **(prénoms des mariés)**

La cérémonie aura lieu le . .. . **(date)** à . . . . **(heure)** à . . . . **(adresse)**.
Elle sera suivie d'un vin d'honneur servi à partir de . . . . **(heure)**
à . . . . **(adresse)**.

RSVP . . . . . . **(adresse de l'une des familles si l'on veut centraliser les réponses)**

Acte de mariage [1]

Prénoms, noms, professions, âges, dates et lieux de naissance [2], domiciles et résidences des époux
Prénoms, noms, professions et domiciles des pères et mères
Consentement des pères et mères
Prénoms et nom du précédent conjoint éventuel de chacun des époux ;

Déclaration des contractants de se prendre pour époux
Prononcé de leur union par l'officier de l'état civil ;

Prénoms, noms, professions, domiciles des témoins et leur qualité de majeurs ;

Déclaration qu'il a été ou qu'il n'a pas été fait de contrat de mariage
S'il existe : date du contrat de mariage
Nom et lieu de résidence du notaire qui l'a reçu.

1. Articles 63 à 76 du Code civil.
2. La célébration du mariage et le nom du conjoint sont aussi mentionnés en marge de l'acte de naissance de chaque époux.

Demande d'extrait d'acte de mariage avec filiation

Vos nom, prénoms [1]
Votre adresse
Votre numéro de téléphone

Nom et coordonnées de la mairie
du lieu de mariage [2]

. . . . **(lieu)**, ... **(date)**

Famille

Objet : demande d'extrait d'acte de mariage avec filiation [3]

Madame, Monsieur,

Je vous prie de bien vouloir m'établir un extrait avec filiation de mon acte de mariage.
Vous trouverez ci-jointes les photocopies de mon livret de famille [4] et de ma pièce d'identité.

Je vous prie d'agréer, Madame, Monsieur, l'expression de mes salutations distinguées.

Votre signature

Pièces à joindre :
– photocopie du livret de famille ;
– photocopie d'une pièce d'identité ;
– éventuellement, une enveloppe timbrée à vos nom et adresse.

1. Les personnes qui peuvent faire cette demande sont : l'intéressé, son conjoint, ses ascendants ou descendants, ses héritiers, son représentant légal, le procureur de la République, le greffier en chef du tribunal d'instance, pour l'établissement des certificats de nationalité française, les administrations publiques si les lois ou règlements les y autorisent. Si la demande est faite par un tiers, il doit justifier de son identité, de son lien de parenté, ou présenter l'autorisation du procureur de la République.
2. Certaines mairies proposent de faire la demande en ligne sur leur site Internet.
3. L'extrait d'acte de mariage avec filiation comporte les noms, prénoms, dates et lieux de naissance de chacun des époux, l'année et le jour du mariage, les noms et prénoms des pères et mères, les mentions relatives au régime matrimonial. Éventuellement la mention de divorce, de séparation de corps, de décès…
4. S'il n'est pas possible de fournir la photocopie de ces documents, indiquez précisément la date du mariage et la filiation précise des époux (nom et prénom usuel du père, nom et prénom usuel de la mère).

Demande d'extrait d'acte de mariage sans filiation

Vos nom, prénoms [1]
Votre adresse
Votre numéro de téléphone

Nom et coordonnées de la mairie
du lieu de mariage

. . . . **(lieu)**, ... **(date)**

Objet : demande d'extrait d'acte de mariage sans filiation [2]

Madame, Monsieur,

Je vous prie de bien vouloir m'établir un extrait sans filiation de mon acte de mariage (ou de l'acte de mariage de M. et Mme . . . . , née . . . .).
Vous trouverez ci-jointes les photocopies de mon (ou de leur) livret de famille et de ma (ou de leur) pièce d'identité [3].

Je vous prie d'agréer, Madame, Monsieur, l'expression de mes salutations distinguées.

Votre signature

Pièces à joindre :
- photocopie du livret de famille ;
- photocopie d'une pièce d'identité ;
- éventuellement, un enveloppe timbrée à vos nom et adresse.

1. Toute personne peut faire cette demande sans avoir à justifier sa raison ou sa qualité.
2. L'extrait d'acte de mariage sans filiation comporte les noms, prénoms, dates et lieux de naissance des époux, la date du mariage, les mentions relatives au régime matrimonial. Éventuellement la mention de divorce ou de séparation de corps.
3. S'il n'est pas possible de fournir la photocopie de ces documents, indiquez précisément la date du mariage.

Demande de copie d'acte de mariage

Vos nom, prénoms [(1)]
Votre adresse
Votre numéro de téléphone

Nom et coordonnées de la mairie du lieu de mariage

. . . . **(lieu)**, ... **(date)**

Objet : demande de copie d'acte de mariage [(2)]

Madame, Monsieur,

Je vous prie de bien vouloir m'établir une copie de mon acte de mariage **(ou de l'acte de mariage de M. et Mme** . . . . **, née** . . . .**)**.
Vous trouverez ci-jointes les photocopies de mon **(ou de leur)** livret de famille et de ma **(ou de leur)** pièce d'identité [(3)].

Je vous prie d'agréer, Madame, Monsieur, l'expression de mes salutations distinguées.

Votre signature

Pièces à joindre :
- photocopie du livret de famille ;
- photocopie d'une pièce d'identité ;
- éventuellement, une enveloppe timbrée à vos nom et adresse.

1. Les personnes qui peuvent faire cette demande sont : l'intéressé, son conjoint, ses ascendants ou descendants, ses héritiers, son représentant légal, le procureur de la République, le greffier en chef du tribunal d'instance, pour l'établissement des certificats de nationalité française, les administrations publiques si les lois ou règlements les y autorisent. Si la demande est faite par un tiers, il doit justifier de son identité, de son lien de parenté, ou présenter l'autorisation du procureur de la République. Si la demande est faite par un tiers, il doit justifier de son identité, de son lien de parenté, ou présenter l'autorisation du procureur de la République.
2. La copie d'acte de mariage est une reproduction de l'intégralité des mentions portées sur l'acte de mariage (voir page 251).
3. S'il n'est pas possible de fournir la copie de ces documents, indiquez précisément l'état civil des époux (nom et prénom usuel du père, nom et prénom usuel de la mère) et la date du mariage.

Demande de rattachement du conjoint comme ayant droit de la Sécurité sociale [1]

Vos nom, prénoms
Votre adresse
Votre numéro de téléphone
Numéro de Sécurité sociale : . . . .

Nom et coordonnées de la caisse primaire d'assurance maladie

. . . . **(lieu)**, ... **(date)**

Objet : demande de rattachement d'un ayant droit

Madame, Monsieur,

Je vous informe que je suis marié(e) depuis le . . . . **(date)** avec M. **(ou Mme)** . . . . , qui est à ma charge totale, effective et permanente et ne bénéficie donc pas par lui(elle)-même d'une protection sociale propre.

En conséquence, je vous demande de bien vouloir inscrire cette personne comme mon ayant droit, ainsi que la réglementation l'autorise.

Vous trouverez ci-joint un extrait de notre acte de mariage.

Je vous demande de bien vouloir lui délivrer une carte Vitale ainsi qu'une attestation correspondant à sa situation et vous prie, Madame, Monsieur, d'agréer l'expression de mes salutations distinguées.

Votre signature

Pièce à joindre :
– extrait d'acte de mariage.

1. La possibilité de rattachement d'un ayant droit concerne non seulement le régime général des salariés du secteur privé, mais aussi tous les autres régimes de protection sociale : fonctionnaires, commerçants, artisans, agriculteurs, professions libérales.

Demande de rattachement du conjoint à l'assurance complémentaire santé [1]

Vos nom, prénoms
Votre adresse
Votre numéro de téléphone
Numéro de Sécurité sociale et la référence du contrat

Nom et coordonnées de l'assurance complémentaire santé

. . . . **(lieu)**, ... **(date)**

Objet : demande de rattachement d'un ayant droit

Madame, Monsieur,

Je vous informe que je suis marié(e) depuis le . . . . **(date)** avec M. **(ou Mme)** . . . . et que j'ai demandé à ma caisse de Sécurité sociale son rattachement comme mon ayant droit, ainsi que la réglementation m'y autorise.
En conséquence, je vous demande de bien vouloir à votre tour inscrire M. **(ou Mme)** . . . . comme ayant droit de mon contrat d'assurance complémentaire santé dont les références sont notées ci-dessus.
Vous trouverez ci-joint un extrait de notre acte de mariage.
Vous voudrez bien me faire savoir dans quelles mesures mes cotisations vont être modifiées et me délivrer les attestations d'assurance correspondant à cette nouvelle situation.

Dans cette attente, je vous prie, Madame, Monsieur, d'agréer l'expression de mes salutations distinguées.

Votre signature

Pièces à joindre :
– l'extrait d'acte de mariage ;
– l'attestation de Sécurité sociale.

1. Avant d'envoyer votre lettre de demande, relisez votre contrat d'assurance complémentaire santé et vérifiez les conditions de rattachement d'un conjoint.

Demande de rattachement du conjoint à la compagnie d'assurance [1]

Vos nom, prénoms
Votre adresse
Votre numéro de téléphone
Références du contrat d'assurance multirisque habitation et du contrat d'assurance automobile

Nom et coordonnées de la compagnie d'assurance

. . . . **(lieu)**, ... **(date)**

Objet : demande de rattachement d'un ayant droit

Madame, Monsieur,

Je vous informe que je suis marié(e) depuis le . . . . **(date)** avec M. **(ou Mme)** . . . . et que nous vivons ensemble dans le logement dont je suis locataire **(ou propriétaire)** à l'adresse suivante : . . . . , et titulaire à ce titre du contrat d'assurance multirisque habitation dont la référence est notée ci-dessus.
En conséquence, je vous demande de bien vouloir inscrire M. **(ou Mme)** . . . . comme ayant droit de ce contrat.

Vous trouverez ci-joint un extrait de notre acte de mariage.

Par ailleurs, je souhaite aussi que M. **(ou Mme)** . . . . puisse conduire mon véhicule immatriculé . . . . et soit donc inscrit(e) sur mon contrat d'assurance automobile comme second conducteur.
Vous voudrez bien me faire savoir dans quelles mesures mes cotisations vont être modifiées et de me délivrer les attestations d'assurance correspondant à cette nouvelle situation.

Dans cette attente, je vous prie, Madame, Monsieur, d'agréer l'expression de mes salutations distinguées.

Votre signature

Pièce à joindre :
– l'extrait d'acte de mariage.

1. Avant d'envoyer votre lettre de demande, relisez vos contrats d'assurance et vérifiez les conditions de rattachement d'un conjoint.

Mariage : changement de régime matrimonial

Condition primordiale : l'ancien régime doit avoir été applicable pendant au moins deux ans. Avant d'envisager une modification du régime matrimonial, il faut donc avoir au moins deux ans de mariage. Une fois mise au point la modification du régime la plus intéressante, le notaire établit ce qu'on appelle « un acte authentique ».
L'étape suivante est l'homologation de la modification du régime matrimonial par le tribunal de grande instance dans le ressort duquel réside le couple. Le juge doit en effet apprécier si le changement ne nuit pas à l'intérêt de la famille. Pour cela, il peut d'ailleurs recueillir l'avis des enfants, même s'il n'est pas obligé d'en tenir compte. Il peut également faire toutes les investigations utiles, y compris demander le projet de liquidation-partage dans le cadre d'une éventuelle séparation de biens. De même, il vérifie si le changement ne lèse pas les intérêts d'un créancier en cas de problèmes financiers du couple. Car, dans ce cas, le tribunal refusera la modification du régime matrimonial. D'ailleurs, si l'homologation est quand même accordée par le juge, des recours peuvent encore être exercés par d'éventuels créanciers, qui disposent de ce qu'on appelle la « tierce opposition », une voie de recours ouverte pendant trente ans à une personne n'ayant pas été partie prenante à un procès dont le jugement lui porte préjudice. De son côté, le couple a le droit de faire appel si le juge n'accepte pas d'homologuer la modification de son régime matrimonial.
La saisine du tribunal de grande instance se fait toujours par l'intermédiaire d'un avocat : celui-ci présente donc une requête au nom des deux époux, à laquelle est jointe une copie de l'acte notarié.

En outre, un changement ou une modification de régime matrimonial doivent être officialisés, afin que quiconque puisse en être informé, en particulier, nous l'avons vu, d'éventuels créanciers. C'est la raison pour laquelle ces changements sont soumis à différentes mesures de publicité, selon leur importance et leurs conséquences. De ce fait, avant l'audience, la requête doit être publiée :

- au « répertoire civil », un registre tenu par le greffier en chef du tribunal de grande instance où sont consignés tous les extraits de demandes, actes et jugements affectant les pouvoirs des personnes majeures à la suite de changements survenus dans la capacité ou dans le régime matrimonial (mise en tutelle, changement de régime matrimonial...) ;
- en marge des actes de naissance de chacun des époux ;
- dans un journal d'annonces légales du ressort du tribunal.

L'audience du tribunal ne peut avoir lieu qu'un mois après la date de publication de la demande en marge des actes de naissance. Elle se fait « en chambre du conseil », c'est-à-dire sans publicité et à huis clos. Le jour de l'audience, les époux sont convoqués. L'avocat défend et justifie les motifs pour lesquels ils décident de modifier leur régime matrimonial. Le juge vérifie si le mari et la femme sont tous deux consentants et rend sa décision, qui est à son tour mentionnée à l'état civil des époux, mais aussi en marge de l'original du contrat de mariage et dans un journal d'annonces légales. Si l'un des époux est commerçant, le jugement doit aussi être publié au Registre du commerce et des sociétés.

Lorsque l'homologation est acceptée, pour les époux, la modification de leur régime est effective à la date du jugement. Tandis que, pour les tiers, la modification n'est effective que trois mois après la date de la mention portée en marge de l'acte de mariage des époux.

L'an deux mille . . . .,
Le . . . .
À . . . .
En l'office notarial . . . .
Maître . . . . , notaire membre de la société civile professionnelle . . . .
notaires associés, titulaire d'un office notarial à . . . . **(département)**,
soussigné,
A reçu en la forme authentique le présent acte de changement de régime matrimonial à la requête de :
Monsieur . . . . et Madame . . . .
Domiciliés ensemble à . . . .
Nés, savoir :
Monsieur . . . . à . . . . **(lieu de naissance)**, le . . . . **(date)**
Madame . . . . à . . . . **(lieu de naissance)**, le . . . . **(date)**
Lesquels déclarent :
– qu'ils se sont mariés à la mairie de . . . . , le . . . .
– qu'ils ont fait précéder leur union d'un contrat de mariage reçu par Me . . . . , notaire à . . . . , le . . . . , portant adoption du régime de . . . . prévu par les articles . . . . . à . . . . . du Code civil.

(ou :)
– qu'ils n'ont pas fait précéder leur union d'un contrat de mariage, de sorte qu'ils se trouvent soumis au régime de l'ancienne communauté légale de biens ;
– que ce régime matrimonial qui a réglé, pendant plus de deux années, leur convention matrimoniale ne correspond plus à l'intérêt de la famille.
Par suite, Monsieur et Madame . . . . conviennent ce qui suit :

Article 1 – Régime adopté
Les époux déclarent adopter pour base de leur union, à compter du jour de l'homologation par le tribunal de grande instance de . . . . , le régime de . . . . , prévu aux articles . . . . . . du Code civil.
Chacun des époux conservera la propriété, l'administration, la jouissance et la libre disposition des biens meubles et immeubles qui lui appartiennent actuellement et de ceux qui pourront lui advenir par la suite à quelque titre que ce soit, sous réserve de l'application de l'article 215 du Code civil.
Les époux seront tenus des dettes antérieures au jugement d'homologation du changement de régime matrimonial compte tenu des dispositions du régime antérieur et le recours des créanciers s'exercera conformément à l'article 815-17 du Code civil.

Article 2 – Contributions aux charges du mariage
Les époux contribueront aux charges du mariage à proportion de leur faculté respective.

(Les articles suivants dépendent du régime matrimonial choisi.)

Article . . . – Publication – Homologation – Pouvoirs
En application de l'article 1397 du Code civil, le régime adopté par Monsieur et Madame . . . . , en vertu du présent acte, sera soumis à l'homologation du tribunal de grande instance de . . . . , sur la requête conjointe des époux.
La convention et la décision d'homologation seront publiées conformément à la loi, en particulier, elles seront mentionnées en marge de l'acte de mariage de Monsieur et Madame . . . .
Entre les époux, la présente convention aura effet à compter de la décision d'homologation. L'ancien régime matrimonial sera dissous à partir de cette dernière date.
À l'égard des tiers, la présente convention ne produira d'effet que trois mois à partir de l'inscription en marge de l'acte de mariage, à moins que, dans les actes passés par eux, Monsieur et Madame . . . . aient déclaré avoir modifié leur régime matrimonial.
La présente convention sera considérée comme nulle et non avenue si l'homologation n'est pas obtenue.

Le présent acte rédigé sur . . . . pages, comprenant :
Renvois : . . . .
Mots rayés nuls : . . . .
Chiffres rayés nuls : . . . .
Lignes rayées nulles : . . . .

Barres tirées dans les blancs : . . . . ,
A été signé par les requérants et le notaire, après lecture, en la présence réelle et simultanée des parties.

À . . . . ,
À la date indiquée en tête des présentes.
Approuvé

Signatures :

Formulaire d'attestation de la qualité d'ayant droit

cerfa
10548*01

ayant droit

attestation de la qualité d'ayant droit

Article L 161.14, L 161.25.2 et R 161.8.1 du code de la Sécurité Sociale

vous êtes l'assuré(e)

- votre identité

votre nom (1)

votre prénom

votre adresse

code postal

votre n° d'immatriculation

Je soussigné(e), confirme et atteste sur l'honneur que la personne désignée ci-dessous est bien à ma charge totale, effective et permanente.

à le signature

vous vivez chez l'assuré(e)

- votre identité

votre nom (1)

votre prénom

votre n° d'immatriculation

ou à défaut votre date de naissance

votre nationalité Française EEE(2) autre(2)

- vous vivez chez l'assuré(e), dont l'identité figure ci-dessus

depuis le

- vivez-vous maritalement avec l'assuré(e) ? (3)

oui non

Je soussigné(e), atteste sur l'honneur être à la charge effective, totale et permanente de l'assuré(e) pré-cité(e), ne pas relever d'un régime obligatoire d'Assurance Maladie Maternité et certifie exacts les renseignements fournis ci-dessus. Je m'engage à porter immédiatement à la connaissance de l'organisme d'Assurance Maladie destinataire de la présente attestation tout changement survenant dans la situation exposée ci-dessus. Si aucun changement n'intervient dans ladite situation, je renouvellerais la présente attestation au bout d'un an.

à le signature

(1) Nom patronymique (de naissance) suivi s'il y a lieu du nom d'usage (épouse...).

(2) Important : les pièces justificatives à fournir sont celles prévues par l'article D 161.17 du code de la Sécurité Sociale pour les ressortissants de l'Espace Économique Européen et l'article D 161.15 du même code pour les autres ressortissants étrangers.
Renseignez-vous auprès de votre caisse de Sécurité Sociale.

(3) Important : il est rappelé qu'au titre de la vie de couple, un seul ayant droit peut être reconnu.

Important : la loi rend passible d'amende et/ou d'emprisonnement quiconque se rend coupable de fraudes ou de fausses déclarations (articles L 377-1 du code de la Sécurité Sociale et 441-1 du code pénal).

1/1 - S 3182 a

Justificatif de domicile : déclaration sur l'honneur (formulaire)

Liberté • Égalité • Fraternité
RÉPUBLIQUE FRANÇAISE
Premier ministre
Commission pour les simplifications administratives

Déclaration sur l'honneur

cosa
n° 11752*02

Décret 1277-2000 du 26 décembre 2000

Je soussigne(e) ☐ M. ☐ Mme ☐ Mlle

Mon nom de naissance

Mon nom d'usage
(nom du mari, de l'autre parent...)

Mes prénoms

Ma date de naissance : ⎵⎵ ⎵⎵

☐ - confirme l'exactitude de l'adresse figurant sur ce document

☐ - déclare sur l'honneur être domiciliée(e) à une autre adresse, indiquée ci après

Mon adresse complète

Code postal ⎵⎵⎵⎵⎵ Commune :

Fait à le ⎵⎵

Signature de l'intéressé(e),
attestant sur l'honneur
l'exactitude des renseignements portés ci-dessus

Article 441-7 du code pénal
"Est puni d'un an d'emprisonnement et de 15 000 euros d'amende le fait :
1 - d'établir une attestation ou un certificat faisant état de faits matériellement inexacts ;
2 - de falsifier une attestation ou un certificat originairement sincère ;
3 - de faire usage d'une attestation ou d'un certificat inexact ou falsifié.
Les peines sont portées à trois ans d'emprisonnement et à 45 000 euros d'amende lorsque l'infraction est commise en vue de porter préjudice au Trésor public ou au patrimoine d'autrui"

Rattachement des ayants droit à l'assurance maladie et maternité

SÉCURITE SOCIALE

CERFA NO 12047*01

DÉCLARATION EN VUE DU RATTACHEMENT DES MEMBRES DE LA FAMILLE DES ASSURÉS POUR LE BENEFICE DE L'ASSURANCE MALADIE ET MATERNITÉ

VOLET 1/2/3

RENSEIGNEMENTS CONCERNANT LE PÈRE

NOM

Prén

N° Ir

Adr

Pr

N et adresse de la caisse ou de l'organisme qui règle les prestations d Maladie

RENSEIGNEMENTS CONCERNANT LA MÈRE

NOM
(Indiquer le nom de jeune fille suivi de épouse X...)

Prénom :

N° Immatriculation

Adresse :

Profession :

Nom et adresse de la caisse ou de l'organisme qui règle les prestations de l'Assurance Maladie :

IDENTIFICATION DE TOUS LES AYANTS DROIT (1)

NOM	PRÉNOM	DATE DE NAISSANCE

PIECES A JOINDRE

Pour les enfants : copie lisible du livret de famille régulièrement tenu à jour

- Pour les enfants de plus de 16 ans suivant le (1)
  Certificat de scolarité
  ou
  Certificat médical
- Pour les ayants droit autres que les enfants
  Attestation sur l'honneur précisant le lien de parenté

D'un accord, les parents désignés dessus déclarent que l'ensemble de leurs ayants droit est rattaché pour le bénéfice de l'Assurance Maladie et Maternité à la Caisse ou l'organisme (2)

☐ du père ☐ de la mère

Les intéressés déclarent avoir connaissance du délai d'un an pendant lequel cette option ne peut être remise en cause

Fait à Le

Signature du père Signature de la mère

La loi n° 78-17 du 6 janvier 1978 relative à l'informatique, aux fichiers et aux libertés s'applique aux réponses faites sur ce formulaire. Elle garantit un droit d'accès et de rectification pour les données vous concernant auprès de votre organisme d'assurance maladie.

(1) voir au verso du volet 3 (2) [illegible]

5 3126a

Déclaration concernant le concubin d'un assuré à la Caisse nationale militaire de sécurité sociale

Toulon, le

cerfa
N°11357*02

Caisse Nationale Militaire de Sécurité Sociale

Réponse obligatoire

Le Contrôleur Général des Armees
Directeur de la Caisse Nationale Militaire de Securité Sociale

à

M

RÉFÉRENCES CNMSS
DÉPARTEMENT IDENTIFICATION ET PRESTATIONS
SERVICE IDENTIFICATION
Suivi par :
✆ 04 94 ________

RÉFÉRENCES ASSURÉ
NIR de l'assuré

OBJET **Déclaration concernant les personnes vivant maritalement.**
REFERENCE **Article L 161-14 du code de la sécurité sociale**

Suite à votre demande, pour permettre de déterminer si la personne avec laquelle vous vivez maritalement est susceptible de bénéficier des prestations sur votre compte, **veuillez l'inviter à répondre avec précision à chaque question,** à dater et signer ce formulaire.

Vous voudrez bien, vous-même, **en tant qu'assuré certifier cette déclaration dans le cadre réservé à cet effet et renvoyer ce formulaire.** A défaut, le droit aux prestations ne pourrait être ni ouvert ni maintenu.

La validité de cette déclaration étant limitée à un an, tout changement susceptible d'intervenir avant l'expiration de ce délai doit impérativement être signalé.

Déclaration à remplir par la personne vivant maritalement avec l'assuré

1

NOM et Prénom
Situation de famille :
Adresse
Code postal Commune

2

Travaillez-vous actuellement ?

☐ NON ☐ OUI Depuis quelle date |__|__|__|__|__|__| Profession exercée

Nature de votre activité : ☐ salariée
☐ non salariée (commerciale, artisanale, libérale ou d'exploitant agricole).

CNMSSP-0141 - 03-03 1/2

247, avenue Jacques Cartier 83090 TOULON CEDEX 9 ✆ 04 94 16 36 00 ℻ 04 94 16 38 44 Internet : http://www.cnmss.fr

Déclaration concernant le conjoint d'un assuré à la Caisse nationale militaire de sécurité sociale

Caisse Nationale Militaire de Sécurité Sociale

Toulon, le

cerfa
N°11355*02

Réponse obligatoire

Le Contrôleur Général des Armees
Directeur de la Caisse Nationale Militaire de Securité Sociale

à

RÉFÉRENCES CNMSS

DEPARTEMENT IDENTIFICATION ET PRESTATIONS

SERVICE IDENTIFICATION

Suivi par :
✆ 04 94

M

RÉFÉRENCES ASSURÉ

NIR de l'assuré

OBJET Déclaration concernant le conjoint.

Pour permettre de déterminer si votre conjoint est susceptible de bénéficier des prestations sur votre compte *(art. L 313-3 du code de la sécurité sociale)*, veuillez répondre **avec précision à chaque question** et renvoyer le présent formulaire **daté et signé**. A défaut, le droit aux prestations ne pourrait être ni ouvert ni maintenu.

1

NOM et Prénom du conjoint

Né(e) le

Date du mariage

Adresse :

Code postal

Commune

2

Votre conjoint travaille-t-il actuellement ?

NON OUI

Depuis quelle date

Profession exercée

Nature de son activité ☐ salariée

☐ non salariée (commerciale, artisanale, libérale ou d'exploitant agricole).

3

Votre conjoint a-t-il travaillé dans le passé ? NON OUI

du au profession et lieu

du au profession et lieu :

Perçoit-il ou a-t-il perçu des indemnités journalières ?

NON OUI du au

A-t-il été placé en position de congé non rémunéré autorisé par son employeur ?
(disponibilité, congé sans traitement, etc.)

NON OUI (1) du au

Bénéficie-t-il d'un congé parental ?

NON OUI (1) du au

Perçoit-il une allocation parentale d'éducation ?

NON OUI (1) du au

(1) Dans ce cas, joindre une photocopie du document lui accordant le congé, l'allocation ou la pension

CNMSSP-0140-1 - 03-03 1/2

247, avenue Jacques Cartier 83090 TOULON CEDEX 9 ✆ 04 94 16 36 00 Fax 04 94 16 38 44 Internet : http://www.cnmss.fr

Déclaration du conjoint séparé d'un assuré à la Caisse nationale militaire de sécurité sociale

Caisse Nationale Militaire de Sécurité Sociale

Toulon, le

cerfa
N°11356*02

Réponse obligatoire

Le Contrôleur Général des Armées
Directeur de la Caisse Nationale Militaire de Sécurité Sociale

à

M

DÉPARTEMENT IDENTIFICATION ET PRESTATIONS

SERVICE IDENTIFICATION /
Suivi par :
✆ 04 94 ________

NIR de l'assuré

OBJET Déclaration concernant le conjoint séparé ou l'ex-conjoint.

Suite à votre demande, pour permettre de déterminer si vous êtes susceptible de bénéficier des prestations sur le compte de l'assuré (art. L313-3 ou L161-15 du code de la sécurité sociale) dont le numéro est rappelé ci-dessus, veuillez répondre **avec précision à chaque question** et renvoyer le présent formulaire **daté et signé**. A défaut, le droit aux prestations ne pourrait être ni ouvert ni maintenu.

1

NOM et Prénom de l'assuré :

Vos nom et prénom :

Votre adresse

Code postal Commune

Situation actuelle : ☐ séparé(e) depuis le

☐ divorcé(e) depuis le

2

Travaillez-vous actuellement ?

NON OUI Depuis quelle date Profession exercée

Nature de votre activité : ☐ salariée

☐ non salariée (commerciale, artisanale, libérale ou d'exploitant agricole).

3

Avez-vous travaillé dans le passé ? NON OUI

du au profession et lieu

du au profession et lieu :

Percevez-vous ou avez-vous perçu des indemnités journalières ?

NON OUI du au

Avez-vous été placé(e) en position de congé non rémunéré autorisé par votre employeur ? (disponibilité, congé sans traitement, etc.)

NON OUI *(1)* du au

Bénéficiez-vous d'un congé parental ?

NON OUI *(1)* du au

Percevez-vous une allocation parentale d'éducation ?

NON OUI *(1)* du au

(1) Dans ce cas, joindre une photocopie du document vous accordant le congé ou l'allocation

CNMSSP-0140-2 - 03-03 1/2

247, avenue Jacques Cartier 83090 TOULON CEDEX 9 ✆ 04 94 16 36 00 Fax 04 94 16 38 44 Internet : http://www.cnmss.fr

Enfant

CAS N° 1 ET N° 2 : ENFANT RECONNU PAR SA MÈRE

Même formulaire pour le père.

MINISTÈRE DE LA JUSTICE

cerfa

N°11532*01

DEMANDE DE CHANGEMENT DE NOM D'UN ENFANT NATUREL RECONNU PAR SA MÈRE
(article 334-5 du code civil)

MADAME (nom, prénoms) :
nom d'épouse :

Date de naissance (1) : jour |_|_| mois |_|_| année |_|_|_|_|
Lieu de naissance :
Demeurant à (2) :

Code postal |_|_|_|_|_| Commune :

et

MONSIEUR (nom, prénom) :

Date de naissance (3) : jour |_|_| mois |_|_| année |_|_|_|_|
Lieu de naissance :
Demeurant à (2) :

Code postal |_|_|_|_|_| Commune :

Exposent que Madame **est mère de :**

Nom et prenoms du premier enfant (4) :
Reconnu par la mère le : jour |_|_| mois |_|_| année |_|_|_|_|
à :
Demeurant à (2) :

Code postal |_|_|_|_|_| Commune :

Nom et prénoms du deuxième enfant (4) :
Reconnu par la mère le : jour |_|_| mois |_|_| année |_|_|_|_|
à :
Demeurant à (2) :

Code postal |_|_|_|_|_| Commune :

1/2

CAS N° 3 : ENFANT RECONNU PAR SON PÈRE ET PAR SA MÈRE

MINISTÈRE DE LA JUSTICE

cerfa

N° 11528*01

DEMANDE DE CHANGEMENT DE NOM D'UN ENFANT NATUREL RECONNU PAR SON PÈRE ET PAR SA MÈRE
(article 334-2 du code civil)

MÈRE (nom, prénoms) :

Date de naissance (1) : jour |_|_| mois |_|_| année |_|_|_|_|
Lieu de naissance :
Demeurant à (2) :

Code postal |_|_|_|_|_| Commune :

PÈRE (nom, prénom) :

Date de naissance (3) : jour |_|_| mois |_|_| année |_|_|_|_|
Lieu de naissance :
Demeurant à (2) :

Code postal |_|_|_|_|_|

Exposent qu'ils ont eu ensemble :

Prénoms du premier enfant (4) :
Reconnu par la mère le : jour |_|_| mois |_|_| année |_|_|_|_|
à :
Reconnu par le pere le : jour |_|_| mois |_|_| année |_|_|_|_|
à :
Demeurant à (2) :
Code postal |_|_|_|_|_| Commune :

Prénoms du deuxième enfant (4) :
Reconnu par la mère le : jour |_|_| mois |_|_| année |_|_|_|_|
à :
Reconnu par le père le : jour |_|_| mois |_|_| année |_|_|_|_|
à :
Demeurant à (2) :
Code postal |_| Commune :

1/2

Famille

Faire garder son enfant

Demande d'immatriculation à l'URSSAF d'une assistante maternelle

Si vous embauchez une assistante maternelle pour la première fois, vous devez, dans les huit jours de l'embauche, la déclarer auprès de l'URSSAF dont vous dépendez, c'est-à-dire celle du lieu de l'emploi.

Vos nom, prénoms
Votre adresse
Votre numéro de téléphone
Votre adresse e-mail

Coordonnées de votre URSSAF [1]

. . . . **(lieu)**, ... **(date)**

Monsieur **(ou Madame)**,

Nous vous informons, par la présente, que depuis le . . . . **(date)** nous avons embauché Mme (ou M.) . . . . **(nom, prénoms)**, domicilié(e) à . . . . **(adresse)** comme assistant(e) maternel(le) pour garder, ... jours par semaine **(indiquez s'il s'agit d'un plein temps ou d'un temps partiel)**, notre fils/fille . . . . **(nom, prénom)** âgé de . . . . mois/ans.

Dans l'attente de votre réponse, nous vous prions, Monsieur (ou Madame), de croire à l'expression de nos salutations distinguées.

Votre signature

1. Pour obtenir les coordonnées de l'URSSAF dont vous dépendez, consultez le site www.urssaf.fr, ou contactez le centre de Sécurité sociale de votre lieu de résidence.

Déclaration nominative trimestrielle – Assistantes maternelles (formulaire n° 10117*03)

Vous pouvez télécharger le formulaire n° 10117*03 à l'adresse : http://www.urssaf.fr/general/documentation/formulaires/les_particuliers_01.html#OG9450 en cliquant sur le formulaire correspondant

Formulaire obligatoire en vertu des lois et règlements en vigueur (Article R 243 - 17 du Code S.S. et loi Finances du 29.12.90) cerfa

Union de Recouvrement des cotisations de Sécurité Sociale et d'Allocations Familiales 1/4 **N°** 10117*03

PAPILLON À JOINDRE À VOTRE RÈGLEMENT

N° DE PIÈCE

PÉRIODE

N°

DÉCLARATION NOMINATIVE TRIMESTRIELLE

ASSISTANTES MATERNELLES

Date limite d'envoi à la CAF ou la MSA :

Date limite d'envoi :

Cet imprimé doit être envoyé **dans tous les cas** - même en l'absence de versement - sous peine des sanctions visées à l'article R 243-16 du Code de la Sécurité Sociale.

Vous **devez compléter** soit le cadre 1, soit le cadre 2, soit le cadre 3 et **signer votre déclaration.**

DESTINATAIRE

Numéro d'allocataire

IMPORTANT : Pour remplir la présente déclaration veuillez vous reporter aux informations figurant à la page "informations"

CADRE 1 **IDENTIFICATION DE L'ASSISTANTE MATERNELLE**

N° DE SÉCURITE SOCIALE (à défaut date et lieu de naissance)

Réservé	N° de Sécurité Sociale	Date d'agrément
Nom de naissance	Prénom	Nom de l'époux
Adresse		

1 Départ définitif

CALCUL DES SOMMES DUES arrondies

2 Nombre de jours de garde au cours du trimestre		Date de naissance de l'enfant mois-année
1er enfant		
2e enfant		
3e enfant		
TOTAL DE GARDE		

Salariés âgés de moins ou plus de 65 ans				salariés moins de 65 ans
3 Sécurité Sociale	4 Cont. Soc. Généralisée	5 Cont. Remb. Dette Sociale	6 IRCEM Retraite	7 Assédic

8 SALAIRE RÉEL NET TRIMESTRIEL

SOMMES DUES

3	4	6
5		7

CADRE 2 **SI VOUS AVEZ EMPLOYÉ UNE NOUVELLE ASSISTANTE MATERNELLE DURANT LE TRIMESTRE, COMPLÉTEZ LE TABLEAU CI-DESSOUS et/ou remplissez les autres déclarations éventuellement reçues**

Réservé	N° de Sécurité Sociale	Date d'agrément
Nom de naissance	Prénom	Nom de l'époux
Adresse		

1er enfant		
2e enfant		
3e enfant		
TOTAL DE GARDE		

SALAIRE RÉEL NET TRIMESTRIEL

SOMMES DUES

3	4	6
5		7

CADRE 3 **SI VOUS AVEZ CESSÉ D'EMPLOYER DU PERSONNEL AU COURS DE CE TRIMESTRE, COMPLÉTEZ CI-DESSOUS**

Je déclare ne pas occuper de personnel depuis le :

☐ **DÉFINITIVEMENT**

☐ **TRÈS TEMPORAIREMENT.**
Veuillez maintenir mon compte

Si cet(te) employé(e) n'a pas de numéro de Sécurité Sociale, cochez la case ci-contre et reportez-vous à la page "informations" ☐

Mettre un "D" dans cette colonne si tel est le cas

Totaux

3	4	6
5		7

À ajouter ou à déduire (selon justificatif joint)

Montants dus

NET À PAYER
(TOTAL des cotisations et contributions)

DÉCLARATION CERTIFIÉE EXACTE

À Signature

Le

La loi n° 78-17 du 6 janvier 1978 relative à l'informatique, aux fichiers et aux libertés, s'applique aux réponses faites sur ce formulaire. Elle garantit un droit d'accès et de rectification pour les données vous concernant auprès de notre organisme.

RÉSERVÉ U.R.S.S.A.F.

DATE D'ARRIVÉE À LA CAF OU À LA MSA

Modèle S. 2329f

Contrat de travail à durée indéterminée d'une assistance maternelle agréée

CONTRAT DE TRAVAIL

Entre l'assistante maternelle agréée par le département de . . . . :
Nom : . . . . Prénom : . . . .
Nom de jeune fille : . . . .
Adresse : . . . .
Téléphone : . . . .
Date de l'agrément : . . . .
Date du dernier renouvellement : . . . .
Numéro d'immatriculation à la Sécurité sociale : . . . .
Compagnie d'assurance : . . . . (nom et adresse) ;
numéro de contrat : . . . .

Et les parents :
Monsieur . . . . – Madame . . . . (nom et prénoms des parents)
Domiciliés . . . .
Téléphone domicile : . . . .
Portable : . . . .
Téléphone professionnel du père : . . . .
Téléphone professionnel de la mère : . . . .

Il a été convenu ce qui suit :

Article premier – Fonctions
Madame . . . . est engagée en qualité d'assistante maternelle agréée pour garder à son domicile l'enfant :
Nom : . . . .
Prénom : . . . .
Né(e) le : . . . .
Date du début de la garde : . . . .

Article 2 – Horaires
Mode de garde [Rayer les mentions inutiles] :
– à la journée
– en horaires particuliers
– en dehors des heures scolaires

LUNDI	de	à . . . .
MARDI	de	à . . . .
MERCREDI	de	à . . . .
JEUDI	de	à . . . .
VENDREDI	de	à . . . .
SAMEDI	de	à . . . .

En cas de dépassement exceptionnel de ces horaires, les parties conviennent de . . . .

En cas de changement d'horaires, l'employeur s'engage à prévenir l'assistante maternelle aussi rapidement que possible.

Article 3 – Éléments constitutifs de la rémunération

a) Salaire de base

Le salaire journalier est fixé à . . . . € [1].

À ce salaire s'ajoutera . . . . € pour chaque heure supplémentaire au-delà de 10 heures d'accueil.
Le salaire sera obligatoirement révisé à chaque augmentation du SMIC.

Le salaire sera versé [Rayer les mentions inutiles] :
- chaque mois
- chaque semaine
- chaque quinzaine

Mode de règlement [Rayer les mentions inutiles] :
- par chèque
- en espèces
- autre : . . . . [À préciser]

b) L'indemnité compensatrice d'absence

Pour toute journée d'absence de l'enfant alors qu'il aurait dû être gardé par l'assistante maternelle, cette dernière percevra une indemnité d'absence, fixée à . . . . € (montant égal ou supérieur à la moitié du forfait journalier minimum, par journée entière d'absence, soit 1,125 fois le SMIC horaire).
Toutefois, cette indemnité ne sera pas versée si :
- l'enfant est malade (prévoyez de produire un certificat médical) ;
- l'absence est imputable à l'assistante maternelle elle-même (ou à un membre de sa famille) ;
- l'absence est due à une circonstance contraignante pour les parents (accident, décès dans la famille...).

L'indemnité d'absence sera révisée obligatoirement à chaque augmentation du SMIC.

c) L'indemnité de congés payés

L'assistante maternelle a droit à 5 semaines de congés payés, après une année complète travaillée. Elle les prendra aux périodes suivantes : . . . .

Les dates de congé seront fixées d'un commun accord entre les parents et l'assistante maternelle. En cas de désaccord, c'est aux parents d'en fixer la date.

Le montant de l'indemnité de congés payés est égale à 1/10 de la rémunération brute annuelle (avant prélèvement des cotisations sociales) perçue par l'assistante maternelle **(soit le total des salaires bruts de base, des indemnités d'absence –**

mais sans les indemnités d'entretien –, auxquels s'ajoute l'indemnité de congés payés de l'année précédente).

L'indemnité de congés payés sera payée [Rayer la mention inutile] :
– mensuellement, en même temps que le salaire
– annuellement **(par exemple, au moment où l'assistante maternelle prend son congé principal)**

d) Les jours fériés
Le 1er Mai est un jour férié chômé payé à l'assistante maternelle, au salaire convenu à l'article 1a).
Les autres jours fériés non travaillés seront / ne seront pas [Rayer la mention inutile] payés.

e) Congés pour événements familiaux [(2)]
Sur justification, l'assistante maternelle a droit, sans diminution de salaire, à :
– pour son mariage : 4 jours ouvrables ;
– pour le mariage de son enfant : 1 jour ouvrable ;
– pour le décès de son conjoint (ou de son compagnon pacsé) ou de son enfant : 2 jours ouvrables ;
– pour le décès de son père ou de sa mère : 1 jour ouvrable ;
– pour la naissance ou l'adoption d'un enfant : 3 jours ouvrables. Jours à prendre impérativement dans les 15 jours qui entourent l'événement.

Article 4 – Indemnité d'entretien
L'indemnité d'entretien est fixée à . . . . €.
Elle ne sera versée à l'assistante maternelle que les jours où l'enfant lui sera effectivement confié.
Elle est représentative de tous les frais que l'assistante maternelle engage pour l'enfant. Il est donc nécessaire de se mettre d'accord sur qui fournit quoi [Mettre une croix dans la colonne adéquate] :

Sera fourni	par l'assistante maternelle	par les parents
La nourriture		
Le lait en poudre premier âge		
Les biberons		
Les produits de toilette		
(couches, lingettes, nettoyants...)		
Lit, literie, draps		
Baby Relax		
Siège auto, rehausseur		
Jouets		
Poussette		

Sera donné	par l'assistante maternelle	par les parents
Le petit déjeuner		
L'en-cas de 10 heures		
Le repas de midi		
Le goûter		
Le dîner		
Le bain de l'enfant		

Des vêtements de rechange seront remis par les parents à l'assistante maternelle.

L'indemnité d'entretien sera révisée selon les modalités suivantes : . . . . **(précisez)**.

Article 5 – Transport de l'enfant

Les parents autorisent l'assistante maternelle à circuler dans son véhicule personnel avec l'enfant : OUI / NON

Si OUI, l'enfant sera attaché avec un dispositif de retenue adapté à son âge (siège auto, rehausseur...).

Article 6 – Rupture du contrat

En cas de rupture du contrat, un préavis – sauf s'il s'agit d'une faute professionnelle – doit être respecté tant par l'assistante maternelle que par les parents.

Moins de trois mois de garde : pas de délai de préavis.

Plus de trois mois de garde : 15 jours de délai de préavis.

La partie qui souhaite mettre fin au contrat doit le faire par lettre recommandée avec avis de réception. La date de réception de la lettre déterminera la date de départ du préavis.

Si les parents dispensent l'assistante maternelle d'effectuer son préavis, ils lui devront alors une indemnité correspondant au salaire des 15 jours. Par contre, si c'est elle qui demande de ne pas effectuer ce préavis, ils ne lui devront rien.

Si l'assistante maternelle rompt le contrat sans respecter le délai de préavis, les parents pourront lui demander des dommages et intérêts.

Article 7 – Clauses particulières

* Présence de fumeurs **(assistante maternelle, père, mère, enfants)** : OUI / NON

* Présence d'animaux domestiques : OUI / NON

Si OUI, lesquels : . . . .

Nombre : . . . .
Sont-ils vaccinés ? OUI / NON
Sont-ils en présence de l'enfant ? OUI / NON
* Souhaits des parents en ce qui concerne les repas et le sommeil de leur enfant :
. . . .
* Usage de la télévision : . . . .
* Recommandations particulières des parents : . . . .
* ...

Article 8 – Adresses utiles
Personne à contacter en cas d'urgence : . . . . (nom et coordonnées téléphoniques de cette personne)
Médecin à contacter si l'enfant est malade : . . . .
Adresse : . . . .
Numéro de téléphone : . . . .
Centre hospitalier où transporter l'enfant : . . . .
Adresse : . . . .
Numéro de téléphone : . . . .

Article 9 – Les parents s'engagent à :
– déclarer l'assistante maternelle à l'URSSAF ;
– demander son immatriculation à la Sécurité sociale si elle n'est pas affiliée ;
– établir un bulletin de salaire chaque mois ;
– établir un certificat de travail ainsi qu'un solde de tout compte à la fin du placement ;
(etc.)

Contrat établi le . . . . , à . . . .

En deux exemplaires,

Signature du ou des parents **Signature de l'assistante maternelle**

1. Le salaire journalier de base ne peut être inférieur à 2,25 heures de SMIC pour huit à dix heures par jour d'accueil ou à un huitième de cette somme par heure, pour une durée de garde inférieure à huit heures). Attention ! Pour bénéficier de l'aide à la famille pour l'emploi d'une assistante maternelle agréée (AFEAMA), le salaire que vous versez à votre assistante maternelle ne doit pas dépasser cinq fois le SMIC horaire par jour et par enfant.
2. Ces jours d'absence étant assimilés à des jours de travail effectif, vous devez les rémunérer comme tels. Ils comptent également dans la détermination de la durée des congés payés.

Bulletin de salaire remis à l'assistante maternelle

SALARIÉ
Nom et prénom
Adresse
Numéro de Sécurité sociale : . . . .
Emploi occupé : assistant(e) maternel(le)

BULLETIN DE SALAIRE du . . . . au . . . .

Conservez ce bulletin de paie sans limitation de durée

Salaire de base par jour : . .. . . € Nb de jours d'accueil :. . . .. .Montant : . . €
Indemnités d'absence : . . . . . € Nb de jours : . . . . Montant : . . . . . €
Heures supplémentaires : . . . . Montant : . . . . . €
Total salaire brut . . . .

COTISATIONS SALARIALES DÉDUCTIBLES
Maladie 0,75 %
Veuvage 0,1 %
Vieillesse 6,55 %
IRCEM 3 %
AGFF 0,8 %
ASSEDIC 2,4 %
CGS (non imposable) 4,85 % (ou 5,10 % sur 95 % du salaire brut)

Total des retenues déductibles . . . .

Total salaire imposable . . . .

CSG (imposable) + CRDS 2,75 % (ou 2,90 % sur 95 % du salaire brut)

Total salaire net . . . .

À ajouter
Indemnités d'entretien . . . . € Nb de jours :. .. . Total indemnités : . . . €

A déduire s'il y a lieu
Acomptes : . . . . €

Net à payer . . . . €
(salaire net + indemnités – acomptes)

Payé le . . . . Mode de paiement . . . .

NOM ET ADRESSE DE L'EMPLOYEUR : . . . .
Numéro d'immatriculation URSSAF de l'employeur : . . . .
Cotisations versées à l'URSSAF de . . . .
Signature [1]

1. Il est conseillé à l'employeur de signer le bulletin de salaire.

Demande d'aide financière pour assistante maternelle (AFEAMA) (formulaire n° 60-3868)

Vous pouvez télécharger le formulaire n° 60-3868 à l'adresse : http://www.caf.fr, cliquer sur « formulaires » puis sur « Aide à la famille pour l'emploi d'une assistante maternelle »

Lettre de retrait de son enfant de chez l'assistante maternelle

La rupture du contrat qui vous lie à votre assistante maternelle présente la particularité de ne pas être calquée sur une réelle procédure de licenciement. En fait, si vous décidez de ne plus confier votre ou vos enfants à l'assistante maternelle que vous employez, vous n'avez aucune justification à apporter : il vous suffit d'exercer ce que l'on appelle votre « droit de retrait ». Par ailleurs, les dispositions du Code du travail relatives à la procédure de licenciement n'ont pas à être appliquées ; ainsi, vous n'avez pas à convoquer l'assistante maternelle dont vous souhaitez vous séparer, à un entretien préalable. Toutefois, vous devez lui notifier votre décision, par lettre recommandée avec avis de réception.

Vos nom, prénoms
Votre adresse
Votre numéro de téléphone
Votre adresse e-mail

Lettre recommandée avec AR

Nom, prénom de l'assistante maternelle
Son adresse

. . . . **(lieu)**, ... **(date)**

Madame **(ou Monsieur)**,

Conformément à l'article L.773-7 du Code du travail [1], nous vous informons, par la présente, que nous avons décidé de ne plus vous confier la garde de notre enfant . . . . **(prénom)** à compter du . . . . . . (date de réception de la lettre + délai de préavis de 15 jours).

Le délai de préavis de 15 jours débutera à compter de la date de réception de ce courrier, soit le . . . .

Au terme du contrat, nous vous réglerons le salaire que nous vous devons ainsi que le reliquat de vos congés payés. Nous vous remettrons les différents documents auxquels vous avez droit : attestation ASSEDIC, certificat de travail et reçu pour solde de tout compte.

Nous vous prions, Madame (ou Monsieur), de croire à l'expression de nos salutations distinguées.

Votre signature

1. Article L.773-7 du Code du travail : « L'employeur qui décide de ne plus confier d'enfant à une personne relevant du présent chapitre qu'il employait depuis trois mois au moins doit notifier à l'intéressée sa décision par lettre recommandée avec demande d'avis de réception. La date de présentation de la lettre recommandée fixe le point de départ du délai-congé éventuellement dû en vertu de l'article L.773-8 ou L.773-13 ci-après. L'inobservation de ce délai-congé donne lieu au versement d'une indemnité compensatrice. »

Modèle de certificat de travail

Nous soussignés,

Monsieur et Madame . . . . **(vos nom, prénoms)**, demeurant à . . . . **(votre adresse)**

Certifions avoir employé du . . . . . . **(date d'arrivée)** au . . .. **(date de sortie)**

M./Mme . . . . **(nom, prénoms de votre salarié(e))**

Domicilié(e) à . . . . **(adresse de votre salarié(e))**

Immatriculé(e) à la Sécurité sociale sous le numéro. . . . .

En qualité d'assistant(e) maternel(le).

Fait à . . . . , le . . . .

Signatures

Modèle de reçu pour solde de tout compte [1]

Ce reçu doit être remis à l'assistant(e) maternel(le) au terme du contrat de travail.

Je soussigné, ... **(nom et prénom du salarié)**,
demeurant à . . . . **(son adresse)**,
employé par . . . . (nom, prénom et adresse de l'employeur)
jusqu'au . . . . **(date de la fin du contrat)**
en qualité d'assistant(e) maternel(le),

reconnais avoir reçu de mon employeur la somme de . . . . euros **(montant à écrire en chiffres et en toutes lettres).**

Cette somme m'a été versée pour solde de tout compte, en paiement des salaires, primes, avantages et indemnités de toute nature qui m'étaient dus au titre de l'exécution et de la cessation de mon contrat de travail.

Elle se décompose ainsi :
– salaire du . . . . au . . . . €
– indemnité de préavis : . . . . .€
– indemnité de congés payés : . . . . . €
– frais de transport : . . . . . €

Fait à . . . . , le . . . . , en deux exemplaires dont un m'a été remis.

Pour solde de tout compte [2]

Signature du salarié

1. Depuis la loi de modernisation sociale du 17 janvier 2002, « lorsqu'un reçu pour solde de tout compte est délivré et signé par le salarié à l'employeur à l'occasion de la résiliation ou de l'expiration de son contrat, il n'a que la valeur d'un simple reçu des sommes qui y figurent » (articleL.122-17 du Code du travail). Désormais, le fait que le salarié signe le reçu pour solde de tout compte ne l'empêche pas de contester les sommes indiquées sans plus aucune limitation de délai.

2. Cette disposition doit être entièrement écrite de la main du salarié et suivie de sa signature.

Attestation Assedic

Le site www.assedic.fr propose désormais aux employeurs la possibilité de remplir directement et gratuitement une attestation Assedic sur son « Service attestation Assedic », au moyen d'une connexion sécurisée.

ATTESTATION DESTINÉE À L'ASSÉDIC

A remplir par l'employeur et à délivrer obligatoirement au salarié avec son dernier bulletin de paie (Art. R 351 5 du C.T.)

Assédic

ATTENTION : le salarié joindra lui-même l'original de cette attestation à la demande d'allocations Assédic qui lui sera remise, s'il s'inscrit comme demandeur d'emploi.
IL NE DOIT EN AUCUN CAS LA RETOURNER SEULE

1. l'employeur

Téléphone :
Statut juridique
N° SIRET
Code APE/NAF :
N° d'affiliation à l'Assédic ou à l'organisme ayant recouvré les cotisations d'assurance chômage :
(En cas de paiement groupé des cotisations, indiquez le n°d'affiliation à l'Assédic de recouvrement)

❑ Assédic de
❑ Garp
❑ Autre *(précisez)*
N°
(CMSA, URSSAF, CCVRP, organisme centralisateur des paies dans chaque port pour les dockers,

Nombre total de salariés dans l'établissement au 31.12 écoulé .

ne rien inscrire dans ce cadre

EMPLOYEURS DU SECTEUR PUBLIC (Art. L. 351-12 du code du travail).
❑ Employeur en auto assurance
❑ Employeur ayant conclu une convention de gestion
N° de la convention de gestion code analytique
❑ Extension à l'AFR
❑ Employeur ayant adhéré à titre révocable
Date d'adhésion :
❑ Adhésion aux régimes particuliers pour les emplois "aidés" (CES, apprentis, emplois jeunes, etc.)
Statut du salarié : ❑ stagiaire ❑ titulaire ❑ non titulaire

2. le salarié

❑ M ❑ Mme ❑ Mlle
Nom de naissance Prénom
Nom d'usage (nom d'épouse, etc.)
Adresse :
Code postal :
SPÉCIMEN
NIR : Date de naissance :
Le salarié a-t-il un lien de parenté avec le chef d'entreprise ? ❑ oui ❑ non
Si oui, lequel ? (conjoint, enfant, etc.) :
Niveau de qualification : Statut cadre ou assimilé : ❑ oui ❑ non
(code : voir notice)

3. caisses de retraite complémentaire du salarié

Sigle, nom et adresse des institutions de retraite
ARRCO :
AGIRC :
Autres :
(Pour les cadres ou assimilés affiliés à l'AGIRC et à l'ARRCO, les deux institutions doivent être renseignées).

Les informations collectées dans ce document sont soumises au droit d'accès et de rectification prévu par la loi n° 78-17 du 6 janvier 1978 relative aux fichiers, à l'informatique et aux libertés.

page 1

Modèle de lettre d'engagement d'un jeune au pair

Nous soussignés . . . . **(vos nom et prénoms)** confirmons l'embauche de M. **(ou Mlle)** . . . . à compter du . . . . **(précisez la date)**, pour une durée de . . . . **(précisez)** en tant que stagiaire aide familial.

Il (ou elle) devra assurer 30 heures de travail hebdomadaires, réparties sur 6 jours de la semaine (environ 5 heures par jour), auxquelles pourront s'ajouter deux soirées de baby-sitting. Il (ou elle) aura droit à une journée complète de repos par semaine dont au moins un dimanche par mois.

M. (ou Mlle) . . . . exercera les tâches suivantes : . . . . (précisez clairement ce que vous souhaitez).

En contrepartie de sa participation aux différentes tâches énumérées ci-dessus, il (ou elle) sera logé(e), nourri(e) (trois repas par jour, minimum) et blanchi(e) et disposera d'une chambre individuelle. Par ailleurs, il (ou elle) recevra, chaque mois, une somme d'argent d'un montant de . . . . € [(1)]. Nous prendrons également en charge ses frais de transport pour se rendre à ses cours.

Fait en deux exemplaires, le . . . . **(date)**.

Signatures

1. Le montant minimum, fixé par accord, doit se situer dans une fourchette comprise entre 75 et 90 fois le minimum garanti (qui est de 2,95 € depuis le 1er juillet 2002) ; soit entre 221,25 € et 265,50 €. La plupart du temps, le jeune ne possédant pas de compte bancaire en France, vous lui verserez la somme convenue en espèces.

Accord de placement au pair d'un stagiaire aide familial (formulaire Cerfa n° 61-2116, fourni par la DDTE)

ACCORD DE PLACEMENT AU PAIR D'UN STAGIAIRE AIDE FAMILIAL

Le présent accord, pour un placement au pair, est conclu entre « l'hôte » ci-après désigné :

M. ou Mme . . . .
Domicilié(e) à . . . . **(ville)**
. . . . **(adresse)**

et « la personne au pair » ci-après désignée :

NOM : . . . . Prénom : . . . .
né(e) le [(1)] : . . . .
à : . . . .
de nationalité : . . . .
domicilié(e) à [(2)] : . . . .

1. Conditions générales

La personne au pair sera reçue dans la famille de l'hôte, pour une durée de . . . . mois [3] dans les conditions précisées ci-après. Durant la période envisagée, il sera laissé à la personne au pair la possibilité de perfectionner ses connaissances, notamment linguistiques en langue française, et d'accroître sa culture générale.

Le présent accord prend effet le . . . . [4].

2. Obligations de l'hôte

2.1. L'hôte s'engage à accueillir la personne au pair dans sa famille et à la faire participer à la vie familiale courante ; à cet égard, il fait les déclarations suivantes dont la personne au pair prend acte.

Sa famille se compose de . . . . personnes,
dont . . . . adulte(s)
. . . . garçon(s), âgé(s) de . . . .
. . . . fille(s), âgée(s) de . . . .

Sa famille habite dans une maison individuelle / un appartement [Rayer la mention inutile]
qui comporte . . . . pièces y compris . . . . salle(s) de bains, situé(e) à . . . . mètres d'un centre commercial, et à . . . . km d'un établissement d'enseignement où il existe des cours appropriés de français.
Profession de l'hôte : . . . .
Profession du conjoint de l'hôte : . . . .
Il emploie à son foyer le personnel de maison suivant : . . . . ,
. . . .
La langue normalement employée est le français.

2.2. L'hôte procurera à la personne au pair la nourriture et le logement ; il mettra à sa disposition une chambre convenable individuelle / une chambre qu'elle partagera avec . . . . [Rayer la mention inutile].

2.3. En outre, l'hôte versera à la personne au pair, chaque mois, la somme de . . . . à titre d'argent de poche.

2.4. L'emploi du temps sera aménagé de façon à permettre à la personne au pair de suivre des cours et de parfaire sa culture et ses connaissances linguistiques.

2.5. La personne au pair bénéficiera de . . . . jour(s) de repos par semaine (5) et de toutes facilités pour l'exercice de son culte.

2.6. L'hôte s'engage à affilier la personne au pair au régime de Sécurité sociale qui garantira les prestations de maladie, maternité et accident du travail.
Les primes s'élèvent à environ . . . . par mois. Elles seront intégralement prises en charge par l'hôte.

2.7. En cas de maladie de la personne au pair, l'hôte continuera à lui assurer le logement et la nourriture et lui garantira tous les soins appropriés jusqu'à ce que les arrangements nécessaires aient pu être pris.

3. Obligations de la personne au pair

3.1. La personne au pair s'engage à participer aux tâches familiales courantes en fournissant les prestations suivantes [6] : . . . . durant . . . . heures par jour [7].

3.2. La personne au pair s'engage à remplir les formalités nécessaires pour que l'hôte puisse s'acquitter de l'obligation définie au paragraphe 2.6 du présent accord.

3.3. La personne au pair s'engage à produire sans délai le certificat médical visé à l'article 5 de l'Accord européen sur le placement au pair [8].

4. Dispositions diverses

4.1. En cas de faute lourde de l'une des parties, l'autre partie pourra immédiatement mettre fin au présent accord. Chacune des parties pourra également y mettre fin immédiatement lorsque des circonstances graves l'exigeront.

4.2. Les parties sont aussi convenues de ce qui suit :

. . . .

. . . .

Le présent accord est établi en trois exemplaires dont :

– un sera conservé par l'hôte ;

– un sera conservé par la personne au pair ;

– un sera déposé auprès de la direction départementale du travail.

Fait à . . . . , le . . . .

Signature de la personne au pair : **Signature de l'hôte :**

Visa de la direction départementale du travail,
de l'emploi et de la formation professionnelle :

1. La personne au pair ne sera pas âgée de moins de 17 ans, ni de plus de 30 ans. Toutefois, à titre exceptionnel et sur demande justifiée, des dérogations peuvent être accordées en ce qui concerne la limite d'âge supérieure.
2. Si le dernier lieu de résidence diffère du lieu de domicile permanent, indiquez les deux adresses.
3. La durée initiale ne dépassera pas une année ; elle pourra cependant être prolongée de manière à permettre un séjour de dix-huit mois au maximum.
4. Le présent accord devrait être conclu de préférence avant que la personne ait quitté le pays où elle résidait et au plus tard durant la première semaine de l'accueil.
5. La personne au pair doit disposer au minimum d'une journée complète de repos par semaine, dont au moins un dimanche par mois.
6. Énumérez de façon précise les occupations pour lesquelles seront utilisés les services de la personne au pair.
7. Le temps effectivement consacré à ces prestations n'excédera pas, en principe, une durée de cinq heures par jour.
8. Le certificat médical dont la personne au pair doit être munie doit avoir été établi moins de trois mois avant le placement et doit indiquer son état de santé général

Déclaration nominative trimestrielle simplifiée – Employés au pair – Stagiaires aides familiaux étrangers (formulaire n° 10124*03)

Vous pouvez télécharger le formulaire n° 10124*03 à l'adresse : http://www.urssaf.fr/general/documentation/formulaires/les_particuliers_01.html en cliquant sur le formulaire correspondant

Formulaire obligatoire en vertu des lois et règlements en vigueur (Article R 243 - 17 du Code S.S. et loi Finances du 29.12.90) 1/3

cerfa N° 10124*03

Union de Recouvrement des cotisations de Sécurité Sociale et d'Allocations Familiales

DÉCLARATION NOMINATIVE TRIMESTRIELLE SIMPLIFIÉE

EMPLOYÉS AU PAIR STAGIAIRES AIDES-FAMILIAUX ÉTRANGERS

DESTINATAIRE

Pour bénéficier du calcul automatique effectué par l'URSSAF des cotisations et contributions vous devez **OBLIGATOIREMENT** retourner cette déclaration à l'URSSAF pour le :

CADRE 1 **IDENTIFICATION DE LA PERSONNE EMPLOYÉE**

N° DE SÉCURITÉ SOCIALE (à défaut date et lieu de naissance)

Réservé	N° de Sécurité Sociale	Réservé	Départ définitif	Cochez la case concernée	Base forfaitaire servant au calcul des sommes dues
				employé au pair ☐	
Nom de naissance	Prénom	Nom de l'époux			
Adresse				stagiaire aide-familial étranger ☐	

Mettre un "D" dans cette colonne si tel est le cas

Ces 2 colonnes doivent toujours être complétées

- Etes-vous exonéré(e) des cotisations patronales de Sécurité Sociale pour l'emploi d'une aide à domicile ? oui ☐ non ☐

- Si "non", souhaitez-vous faire une demande d'exonération pour l'emploi d'une aide à domicile ? oui ☐ non ☐ (1)
- Souhaitez-vous faire une demande d'allocation de garde d'enfants à domicile ? oui ☐ non ☐ (1)

Le calcul des cotisations vous sera notifié par l'URSSAF.

(1) Voir indications à la page informations

CADRE 2 **SI VOUS AVEZ EMPLOYÉ UNE NOUVELLE PERSONNE DURANT LE TRIMESTRE, COMPLÉTEZ LE TABLEAU CI-DESSOUS et/ou remplissez les autres déclarations éventuellement reçues**

Réservé	N° de Sécurité Sociale	Réservé			
				employé au pair ☐	
Nom de naissance	Prénom	Nom de l'époux			
Adresse				stagiaire aide-familial étranger ☐	

Si cet employé n'a pas de numéro de Sécurité Sociale, cochez la case ci-contre et reportez-vous à la page informations ☐

RÉSERVÉ U.R.S.S.A.F.

CADRE 3 **SI VOUS AVEZ CESSÉ D'EMPLOYER DU PERSONNEL AU COURS DE CE TRIMESTRE, COMPLÉTEZ CI-DESSOUS**

Je déclare ne pas occuper de personnel depuis le : | | | | | | | |

☐ **DÉFINITIVEMENT**

☐ **TRÈS TEMPORAIREMENT.** Veuillez maintenir mon compte

DÉCLARATION CERTIFIÉE EXACTE

A Signature

Le

Si une indication figurant dans ce document est erronée, veuillez nous le signaler.

Modèle S. 2333 b

La loi n° 78-17 du 6 janvier 1978 relative à l'informatique, aux fichiers et aux libertés, s'applique aux réponses faites sur ce formulaire. Elle garantit un droit d'accès et de rectification pour les données vous concernant auprès de notre organisme.

Employés au pair, stagiaires, aide familiaux étrangers (formulaire n° 10125*04)

Vous pouvez télécharger le formulaire n° 10125*04 à l'adresse :
http://www.urssaf.fr/general/documentation/formulaires/les_particuliers_01.html en cliquant sur le formulaire correspondant

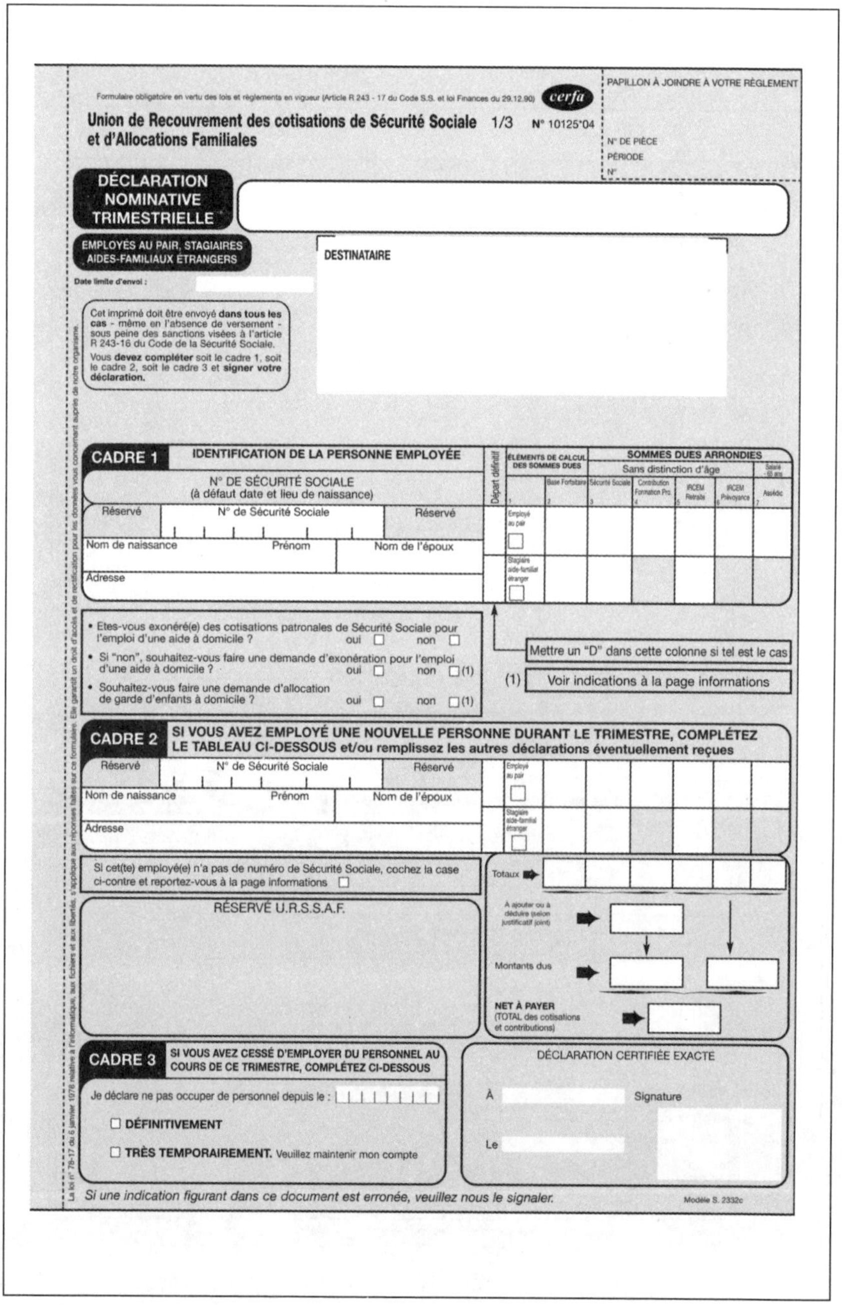

Formulaire obligatoire en vertu des lois et règlements en vigueur (Article R 243 - 17 du Code S.S. et loi Finances du 29.12.90) cerfa

Union de Recouvrement des cotisations de Sécurité Sociale et d'Allocations Familiales 1/3 N° 10125*04

PAPILLON À JOINDRE À VOTRE RÈGLEMENT

N° DE PIÈCE
PÉRIODE
N°

DÉCLARATION NOMINATIVE TRIMESTRIELLE

EMPLOYÉS AU PAIR, STAGIAIRES AIDES-FAMILIAUX ÉTRANGERS

Date limite d'envoi :

DESTINATAIRE

Cet imprimé doit être envoyé **dans tous les cas** - même en l'absence de versement - sous peine des sanctions visées à l'article R 243-16 du Code de la Sécurité Sociale.
Vous **devez compléter** soit le cadre 1, soit le cadre 2, soit le cadre 3 et **signer votre déclaration.**

CADRE 1 IDENTIFICATION DE LA PERSONNE EMPLOYÉE

N° DE SÉCURITÉ SOCIALE (à défaut date et lieu de naissance)

Réservé	N° de Sécurité Sociale	Réservé
Nom de naissance / Prénom		Nom de l'époux
Adresse		

Départ définitif	ÉLÉMENTS DE CALCUL DES SOMMES DUES 1	SOMMES DUES ARRONDIES — Sans distinction d'âge: Base Forfaitaire 2	Sécurité Sociale 3	Contribution Formation Pro. 4	IRCEM Retraite 5	IRCEM Prévoyance 6	Salarié - 65 ans: Assédic 7
	Employé au pair ☐						
	Stagiaire aide-familial étranger ☐						

- Etes-vous exonéré(e) des cotisations patronales de Sécurité Sociale pour l'emploi d'une aide à domicile ? oui ☐ non ☐
- Si "non", souhaitez-vous faire une demande d'exonération pour l'emploi d'une aide à domicile ? oui ☐ non ☐(1)
- Souhaitez-vous faire une demande d'allocation de garde d'enfants à domicile ? oui ☐ non ☐(1)

Mettre un "D" dans cette colonne si tel est le cas

(1) Voir indications à la page informations

CADRE 2 SI VOUS AVEZ EMPLOYÉ UNE NOUVELLE PERSONNE DURANT LE TRIMESTRE, COMPLÉTEZ LE TABLEAU CI-DESSOUS et/ou remplissez les autres déclarations éventuellement reçues

Réservé	N° de Sécurité Sociale	Réservé
Nom de naissance / Prénom		Nom de l'époux
Adresse		

Employé au pair ☐						
Stagiaire aide-familial étranger ☐						

Si cet(te) employé(e) n'a pas de numéro de Sécurité Sociale, cochez la case ci-contre et reportez-vous à la page informations ☐

Totaux

À ajouter ou à déduire (selon justificatif joint)

Montants dus

NET À PAYER (TOTAL des cotisations et contributions)

RÉSERVÉ U.R.S.S.A.F.

CADRE 3 SI VOUS AVEZ CESSÉ D'EMPLOYER DU PERSONNEL AU COURS DE CE TRIMESTRE, COMPLÉTEZ CI-DESSOUS

Je déclare ne pas occuper de personnel depuis le :

☐ **DÉFINITIVEMENT**

☐ **TRÈS TEMPORAIREMENT.** Veuillez maintenir mon compte

DÉCLARATION CERTIFIÉE EXACTE

À Signature

Le

Si une indication figurant dans ce document est erronée, veuillez nous le signaler.

Modèle S. 2332c

La loi n° 78-17 du 6 janvier 1978 relative à l'informatique, aux fichiers et aux libertés, s'applique aux réponses faites sur ce formulaire. Elle garantit un droit d'accès et de rectification pour les données vous concernant auprès de notre organisme.

Emploi à domicile

Demande d'immatriculation à l'URSSAF

Si vous embauchez une personne à domicile pour la première fois, vous devez, dans les huit jours de l'embauche, la déclarer auprès de l'URSSAF dont vous dépendez, c'est-à-dire celle du lieu de l'emploi (en principe, il s'agira de la plus proche de votre domicile).

Vos nom, prénoms
Votre adresse
Votre numéro de téléphone
Votre adresse e-mail

Coordonnées de votre URSSAF [1]

. . . . **(lieu)**, ... **(date)**

Monsieur **(ou Madame)**,

Nous vous informons, par la présente, que depuis le . . . . . . **(date)** nous avons embauché Mme (ou M.) . . . . **(nom, prénoms)**, domicilié(e) à . . . . **(adresse)** comme employé(e) de maison.

Dans l'attente de votre réponse, nous vous prions, Monsieur (ou Madame), de croire à l'expression de nos salutations distinguées.

Votre signature

1. Pour obtenir les coordonnées de l'URSSAF dont vous dépendez, consultez le site www.urssaf.fr, ou contactez le centre de Sécurité sociale de votre lieu de résidence.

Déclaration d'employeur pour tous emplois familiaux (formulaire n° 11469*01)

Sont concernés les services rendus au domicile tels que ménage, garde d'enfants, garde-malade – à l'exclusion de soins.
Vous pouvez télécharger le formulaire n° 11469*01 à l'adresse :
http://www.urssaf.fr/images/ref_form_particulier_11469-01.pdf

---

URSSAF de

Cerfa
N° 11469*01

DÉCLARATION D'EMPLOYEUR POUR TOUS EMPLOIS FAMILIAUX

(sont concernés les services rendus au domicile tels que ménage, garde d'enfants, garde malade à l'exclusion de soins...)
Merci de bien vouloir vous conformer aux dispositions suivantes : vous faciliterez le traitement de votre dossier.

1° Remplissez le cadre 1 obligatoirement
2° Remplissez le cadre 2 s'il s'agit d'une déclaration d'embauche
3° Remplissez le cadre 3 si votre employé n'a pas de numéro de sécurité sociale
4° Remplissez les cadres 4 ou 5, le cas échéant, si vous réunissez les conditions pour bénéficier de l'allocation de garde d'enfant à domicile ou de l'exonération des cotisations patronales de sécurité sociale
5° Joignez impérativement les justificatifs demandés
6° Retournez l'original de ce formulaire dûment complété, daté et signé à votre URSSAF
IL EST À ADRESSER DANS LES HUIT JOURS SUIVANT L'EMBAUCHE SI VOUS AVEZ REMPLI LES CADRES 2, 3.

1/ JE SOUSSIGNÉ (E) Nom : .... Prénoms : ....
Né(e) le : ⌊_⌊_⌋⌊_⌊_⌋⌊_⌊_⌊_⌊_⌋ N° de Téléphone (Facultatif) : ⌊_⌊_⌊_⌊_⌊_⌊_⌊_⌊_⌊_⌊_⌋
Adresse : .... Code postal : ⌊_⌊_⌊_⌊_⌊_⌋ Ville : ....
Numéro d'immatriculation éventuel à l'URSSAF pour un emploi familial : ....

2/ DÉCLARE AVOIR EMBAUCHÉ LE : ⌊_⌊_⌋⌊_⌊_⌋⌊_⌊_⌊_⌊_⌋
Nom : .... Nom de jeune fille : .... Prénoms : ....
Nationalité ***(voir précisions sur la notice explicative)*** ....
Adresse : .... Code postal : ⌊_⌊_⌊_⌊_⌊_⌋ Ville : ....
N° de sécurité sociale : ⌊_⌊_⌊_⌊_⌊_⌊_⌊_⌊_⌊_⌊_⌊_⌊_⌊_⌋ ⌊_⌊_⌋ (en son absence, remplir le cadre 3)
POUR UN EMPLOI DE : (par exemple : aide ménagère, garde d'enfants, assistance à une personne...)
....
et souhaite cotiser sur la base forfaitaire du SMIC ☐ sur la base du salaire réel ☐ (Cochez selon le cas)

3/ ET DEMANDE SON IMMATRICULATION A LA SÉCURITÉ SOCIALE
L'employeur est tenu de demander un numéro pour tout employé non immatriculé à la sécurité sociale
NATIONALITÉ de l'employé : ☐ française ☐ CE (indiquer le pays) ☐ autre (Cochez selon le cas)
Né(e) le : ⌊_⌊_⌋⌊_⌊_⌋⌊_⌊_⌊_⌊_⌋ A : .... N° du dépt : ⌊_⌊_⌋

RENSEIGNEMENTS PARTICULIERS POUR UN EMPLOYÉ ÉTRANGER

Pays de naissance : ....
- RESSORTISSANT de la CE : indiquer le numéro d'immatriculation sociale dans le pays de nationalité : ....
joindre la photocopie d'une pièce d'état civil ou d'une pièce officielle d'identité
- AUTRE RESSORTISSANT : préciser lequel des documents énumérés ***sur la notice explicative*** l'employé vous a présenté : (a, b, c, ...) ....
ainsi que le numéro de ce document ....

RÉSERVÉ A LA CAISSE PRIMAIRE D'ASSURANCE MALADIE
CPAM N° du document ⌊_⌊_⌊_⌊_⌊_⌊_⌊_⌊_⌊_⌊_⌊_⌋ CRAM ⌊_⌊_⌋ CE ⌊_⌋
Régime Principal ⌊_⌊_⌋ Date d'effet ⌊_⌊_⌋⌊_⌊_⌋⌊_⌊_⌋ CPAM Prestataire ⌊_⌊_⌊_⌋ Centre de paiement ⌊_⌊_⌋

4/ JE DEMANDE LE BÉNÉFICE DE L'ALLOCATION DE GARDE D'ENFANT A DOMICILE (AGED) pour un ou des enfant(s) de moins de 6 ans :

Prénom (s)	date de naissance	Prénom (s)	date de naissance
....	⌊_⌊_⌋⌊_⌊_⌋⌊_⌊_⌊_⌊_⌋	....	⌊_⌊_⌋⌊_⌊_⌋⌊_⌊_⌊_⌊_⌋
....	⌊_⌊_⌋⌊_⌊_⌋⌊_⌊_⌊_⌊_⌋	....	⌊_⌊_⌋⌊_⌊_⌋⌊_⌊_⌊_⌊_⌋
....	⌊_⌊_⌋⌊_⌊_⌋⌊_⌊_⌊_⌊_⌋	....	⌊_⌊_⌋⌊_⌊_⌋⌊_⌊_⌊_⌊_⌋

Si vous percevez des prestations familiales, indiquez le nom et l'adresse de l'organisme payeur
....
ainsi que votre numéro d'allocataire : ⌊_⌊_⌊_⌊_⌊_⌊_⌊_⌊_⌊_⌊_⌊_⌊_⌊_⌊_⌊_⌋

5/ JE DEMANDE LE BÉNÉFICE DE L'EXONÉRATION DES COTISATIONS PATRONALES DE SÉCURITÉ SOCIALE
1 ☐ J'emploie une aide à mon domicile pour des emplois autres que jardinier, gardien, chauffeur ou cuisinier
2 ☐ je suis hébergé(e) par une famille d'accueil, à son domicile, à titre onéreux (cochez le pavé correspondant à votre situation)

- Si vous êtes dans le cas n° 1, cochez la case correspondant à votre catégorie telle que définie ***sur la notice explicative***
a ☐ b ☐ c ☐ d ☐ e ☐ f ☐
- Si vous êtes dans le cas n° 2, *joignez une copie certifiée conforme de la décision du président du conseil général autorisant ce particulier à accueillir des personnes âgées ou handicapées.*

Attention : dans les deux cas, le droit à l'exonération est ouvert à compter du 1er jour du trimestre civil au cours duquel vous aurez formulé votre demande d'exonération, sous réserve de la satisfaction des conditions ci-dessus. L'URSSAF vous adressera sa décision dans les 30 jours suivant la réception de votre dossier complet.

Je certifie sur l'honneur l'exactitude des renseignements portés sur ce document. Ils pourront faire l'objet d'un contrôle. Les avantages attribués à tort devront être remboursés.
Fait le : **Signature :**

La loi n° 78-17 du 6 janvier 1978 relative à l'informatique, aux fichiers et aux libertés, s'applique aux réponses faites sur ce formulaire. Elle garantit un droit d'accès et de rectification pour les données vous concernant auprès de notre organisme.

1/1 Modèle S1224b

Déclaration nominative trimestrielle simplifiée des emplois familiaux (formulaire n° 11257*01)

Vous pouvez télécharger formulaire n° 11257*01 à l'adresse : http://www.urssaf.fr/images/ref_form_particulier_11257-01.pdf

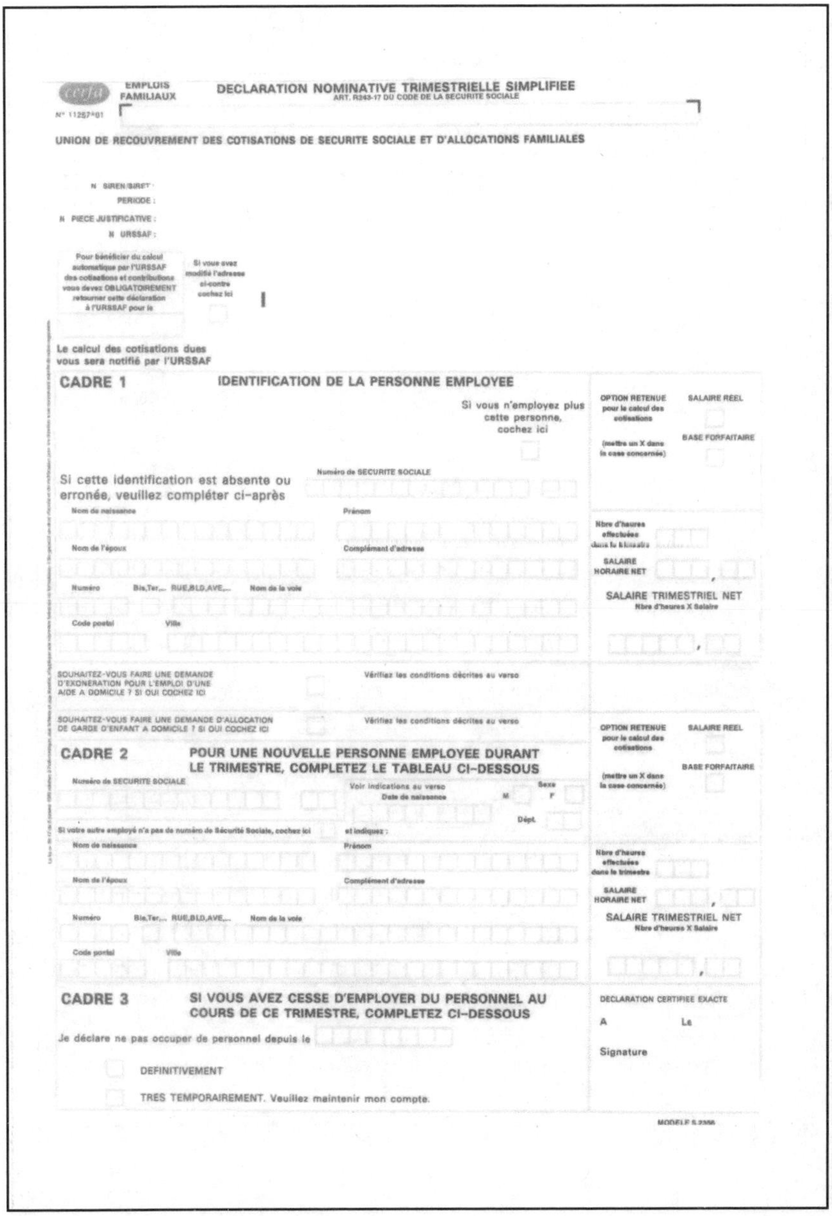

cerfa EMPLOIS FAMILIAUX

N° 11257*01

DECLARATION NOMINATIVE TRIMESTRIELLE SIMPLIFIEE

ART. R243-17 DU CODE DE LA SECURITE SOCIALE

UNION DE RECOUVREMENT DES COTISATIONS DE SECURITE SOCIALE ET D'ALLOCATIONS FAMILIALES

N° SIREN/SIRET :

PERIODE :

N° PIECE JUSTIFICATIVE :

N° URSSAF :

Pour bénéficier du calcul automatique par l'URSSAF des cotisations et contributions vous devez OBLIGATOIREMENT retourner cette déclaration à l'URSSAF pour le

Si vous avez modifié l'adresse ci-contre cochez ici

Le calcul des cotisations dues vous sera notifié par l'URSSAF

CADRE 1 IDENTIFICATION DE LA PERSONNE EMPLOYEE

Si vous n'employez plus cette personne, cochez ici

OPTION RETENUE pour le calcul des cotisations (mettre un X dans la case concernée) — SALAIRE REEL — BASE FORFAITAIRE

Si cette identification est absente ou erronée, veuillez compléter ci-après

Numéro de SECURITE SOCIALE

Nom de naissance — Prénom

Nom de l'époux — Complément d'adresse

Numéro — Bis,Ter,... — RUE,BLD,AVE,... — Nom de la voie

Code postal — Ville

Nbre d'heures effectuées dans le trimestre

SALAIRE HORAIRE NET

SALAIRE TRIMESTRIEL NET Nbre d'heures X Salaire

SOUHAITEZ-VOUS FAIRE UNE DEMANDE D'EXONERATION POUR L'EMPLOI D'UNE AIDE A DOMICILE ? SI OUI COCHEZ ICI — Vérifiez les conditions décrites au verso

SOUHAITEZ-VOUS FAIRE UNE DEMANDE D'ALLOCATION DE GARDE D'ENFANT A DOMICILE ? SI OUI COCHEZ ICI — Vérifiez les conditions décrites au verso

CADRE 2 POUR UNE NOUVELLE PERSONNE EMPLOYEE DURANT LE TRIMESTRE, COMPLETEZ LE TABLEAU CI-DESSOUS

OPTION RETENUE pour le calcul des cotisations (mettre un X dans la case concernée) — SALAIRE REEL — BASE FORFAITAIRE

Numéro de SECURITE SOCIALE — Voir indications au verso — Date de naissance — Sexe M F — Dépt.

Si votre autre employé n'a pas de numéro de Sécurité Sociale, cochez ici et indiquez :

Nom de naissance — Prénom

Nom de l'époux — Complément d'adresse

Numéro — Bis,Ter,... — RUE,BLD,AVE,... — Nom de la voie

Code postal — Ville

Nbre d'heures effectuées dans le trimestre

SALAIRE HORAIRE NET

SALAIRE TRIMESTRIEL NET Nbre d'heures X Salaire

CADRE 3 SI VOUS AVEZ CESSE D'EMPLOYER DU PERSONNEL AU COURS DE CE TRIMESTRE, COMPLETEZ CI-DESSOUS

Je déclare ne pas occuper de personnel depuis le

DEFINITIVEMENT

TRES TEMPORAIREMENT. Veuillez maintenir mon compte.

DECLARATION CERTIFIEE EXACTE

A — Le

Signature

MODELE S 2356

Déclaration nominative trimestrielle – Emplois familiaux (formulaire n° 10120*04)

Vous pouvez télécharger le formulaire n° 10120*04 à l'adresse :
http://www.urssaf.fr/images/ref_form_particulier_10120-04.pdf

Formulaire obligatoire en vertu des lois et règlements en vigueur (Article R 243 - 17 du Code S.S. et loi Finances du 29.12.90) cerfa

PAPILLON À JOINDRE À VOTRE RÈGLEMENT

N° DE PIÈCE
PÉRIODE
N°

Union de Recouvrement des cotisations de Sécurité Sociale et d'Allocations Familiales 1/3 **N° 10120*04**

DÉCLARATION NOMINATIVE TRIMESTRIELLE
EMPLOIS FAMILIAUX

Date limite d'envoi :

DESTINATAIRE

Cet imprimé doit être envoyé **dans tous les cas** - même en l'absence de versement - sous peine des sanctions visées à l'article R 243-16 du Code de la Sécurité Sociale.
Vous **devez compléter** soit le cadre 1, soit le cadre 2, soit le cadre 3 et **signer votre déclaration.**

CADRE 1 IDENTIFICATION DE LA PERSONNE EMPLOYÉE

N° DE SÉCURITÉ SOCIALE
(à défaut date et lieu de naissance)

Réservé	N° de Sécurité Sociale	Réservé

Nom de naissance	Prénom	Nom de l'époux
Adresse		

Départ définitif

1 **ÉLÉMENTS DE CALCUL DES SOMMES DUES**
Nbre d'heures dans le trimestre — salaire net horaire

Sommes dues arrondies

Sans distinction d'âge						Salariés âgés de - de 55 ans
2 Sécurité Sociale	3 Contribution Sociale Généralisée	4 Contribution Remboursement Dette Sociale	5 Contribution Formation Professionnelle	6 IRCEM Retraite	7 IRCEM Prévoyance	8 Assédic
Forfait	Forfait	Forfait	Forfait	Forfait	Forfait	Forfait
Salaire réel	Salaire réel	Salaire réel	Salaire réel	Salaire réel	Salaire réel	Salaire réel

- Etes-vous exonéré(e) des cotisations patronales de Sécurité Sociale pour l'emploi d'une aide à domicile ? oui ☐ non ☐
- Si "non", souhaitez-vous faire une demande d'exonération pour l'emploi d'une aide à domicile ? oui ☐ non ☐(1)
- Souhaitez-vous faire une demande d'allocation de garde d'enfants à domicile ? oui ☐ non ☐(1)

Mettre un "D" dans cette colonne si tel est le cas

(1) Voir indications à la page "informations"

CADRE 2 **SI VOUS AVEZ EMPLOYÉ UNE NOUVELLE PERSONNE DURANT LE TRIMESTRE, COMPLÉTEZ LE TABLEAU CI-DESSOUS et/ou remplissez les autres déclarations éventuellement reçues**

Réservé	N° de Sécurité Sociale	Réservé

Nom de naissance	Prénom	Nom de l'époux
Adresse		

Nbre d'heures dans le trimestre — salaire net horaire

Forfait	Forfait	Forfait	Forfait	Forfait	Forfait	Forfait
Salaire réel	Salaire réel	Salaire réel	Salaire réel	Salaire réel	Salaire réel	Salaire réel

Si cet(te) employé(e) n'a pas de numéro de Sécurité Sociale, cochez la case ci-contre et reportez-vous à la page "Informations" ☐

RÉSERVÉ U.R.S.S.A.F.

TOTAUX

À ajouter ou à déduire (selon justificatif joint)

Montants dus

NET À PAYER
(TOTAL des cotisations et contributions)

CADRE 3 **SI VOUS AVEZ CESSÉ D'EMPLOYER DU PERSONNEL AU COURS DE CE TRIMESTRE, COMPLÉTEZ CI-DESSOUS**

Je déclare ne pas occuper de personnel depuis le :

☐ **DÉFINITIVEMENT**

☐ **TRÈS TEMPORAIREMENT.** Veuillez maintenir mon compte

DÉCLARATION CERTIFIÉE EXACTE

À — Signature

Le

La loi n° 78-17 du 6 janvier 1978 relative à l'informatique, aux fichiers et aux libertés, s'applique aux réponses faites sur ce formulaire. Elle garantit un droit d'accès et de rectification pour les données vous concernant auprès de notre organisme.

Si une indication figurant dans ce document est erronée, veuillez nous le signaler. Modèle S. 2349d

Déclaration d'accident du travail de l'employé à domicile (formulaire Cerfa n° 60-3682)

Vous pouvez télécharger le formulaire n° 60-3682 à l'adresse : www.ameli.fr/formulaire2/S6200.pdf

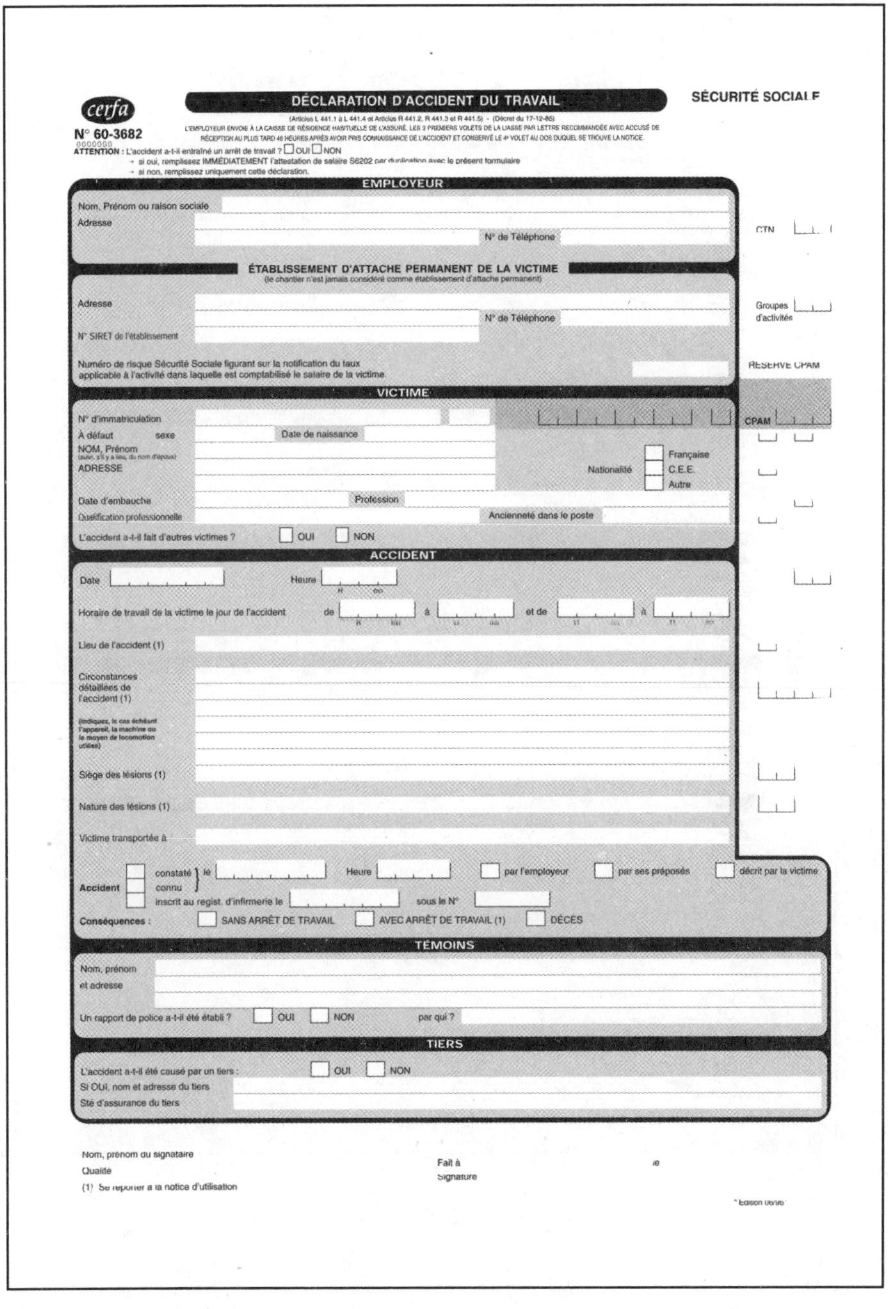

cerfa
N° 60-3682
0000000

SÉCURITÉ SOCIALE

DÉCLARATION D'ACCIDENT DU TRAVAIL

(Articles L 441.1 à L 441.4 et Articles R 441.2, R 441.3 et R 441.5) - (Décret du 17-12-85)

L'EMPLOYEUR ENVOIE À LA CAISSE DE RÉSIDENCE HABITUELLE DE L'ASSURÉ, LES 3 PREMIERS VOLETS DE LA LIASSE PAR LETTRE RECOMMANDÉE AVEC ACCUSÉ DE RÉCEPTION AU PLUS TARD 48 HEURES APRÈS AVOIR PRIS CONNAISSANCE DE L'ACCIDENT ET CONSERVÉ LE 4e VOLET AU DOS DUQUEL SE TROUVE LA NOTICE.

ATTENTION : L'accident a-t-il entraîné un arrêt de travail ? ☐ OUI ☐ NON
→ si oui, remplissez IMMÉDIATEMENT l'attestation de salaire S6202 par duplication avec le présent formulaire
→ si non, remplissez uniquement cette déclaration.

EMPLOYEUR

Nom, Prénom ou raison sociale
Adresse
N° de Téléphone

CTN

ÉTABLISSEMENT D'ATTACHE PERMANENT DE LA VICTIME
(le chantier n'est jamais considéré comme établissement d'attache permanent)

Adresse
N° de Téléphone
N° SIRET de l'établissement
Numéro de risque Sécurité Sociale figurant sur la notification du taux applicable à l'activité dans laquelle est comptabilisé le salaire de la victime

Groupes d'activités

RÉSERVÉ CPAM

VICTIME

N° d'immatriculation
À défaut sexe
Date de naissance
NOM, Prénom (suivi, s'il y a lieu, du nom d'épouse)
ADRESSE
Nationalité ☐ Française ☐ C.E.E. ☐ Autre
Date d'embauche
Profession
Qualification professionnelle
Ancienneté dans le poste
L'accident a-t-il fait d'autres victimes ? ☐ OUI ☐ NON

CPAM

ACCIDENT

Date
Heure H mn
Horaire de travail de la victime le jour de l'accident de H mn à H mn et de H mn à H mn
Lieu de l'accident (1)
Circonstances détaillées de l'accident (1)
(indiquez, le cas échéant l'appareil, la machine ou le moyen de locomotion utilisé)
Siège des lésions (1)
Nature des lésions (1)
Victime transportée à

Accident ☐ constaté ☐ connu } le Heure ☐ par l'employeur ☐ par ses préposés ☐ décrit par la victime
☐ inscrit au regist. d'infirmerie le sous le N°
Conséquences : ☐ SANS ARRÊT DE TRAVAIL ☐ AVEC ARRÊT DE TRAVAIL (1) ☐ DÉCÈS

TÉMOINS

Nom, prénom et adresse
Un rapport de police a-t-il été établi ? ☐ OUI ☐ NON par qui ?

TIERS

L'accident a-t-il été causé par un tiers : ☐ OUI ☐ NON
Si OUI, nom et adresse du tiers
Sté d'assurance du tiers

Nom, prénom du signataire
Qualité
(1) Se reporter à la notice d'utilisation

Fait à le
Signature

* Édition 06/96

Feuille d'accident à remettre à l'employé à domicile (formulaire Cerfa n° 11383*02)

Vous pouvez télécharger le formulaire n° 11383*02 à l'adresse : www.ameli.fr/formulaire2/S6201.pdf

cerfa
N° 11383*01

feuille d'accident du travail ou de maladie professionnelle

(Art. L 441.5 et R 441.8 du code de la sécurité sociale)

Lorsqu'un accident a eu lieu, la feuille d'accident du travail ou de maladie professionnelle est remise à la victime par l'employeur qui établit parallèlement la déclaration d'accident du travail (réf. S 6 200).

Cette feuille est remise à la victime par la caisse lorsqu'une maladie professionnelle est déclarée.

La feuille d'accident du travail ou de maladie professionnelle est conservée par la victime. Elle doit être présentée systématiquement au praticien qui dispense les soins, ou le cas échéant à l'hôpital, ainsi qu'à l'auxiliaire médical(e), au pharmacien ou au fournisseur et au biologiste chaque fois qu'une ordonnance est exécutée. Ces derniers doivent remplir le verso de cette feuille afin d'attester la prestation des actes et l'exécution des ordonnances. La facturation des actes est portée sur les feuilles de soins et les bordereaux de facturation utilisés également pour les risques maladie et maternité.

Le recto de la feuille d'accident permet à la victime de bénéficier du tiers payant et de la gratuité des soins dans la limite des tarifs conventionnels.

En cas de rechute ou si nécessaire, en cas de poursuite des soins, l'organisme d'assurance maladie délivre à la victime, sur sa demande, une nouvelle feuille.

attestation d'accident ou de maladie autorisant le bénéfice du tiers payant

(à remplir obligatoirement lors de la délivrance)

l'organisme d'assurance maladie

● **identification** ● **numéro AT/MP**

la victime

● **identification**

nom patronymique *(suivi s'il y a lieu du nom d'usage)*
prénom date de naissance
adresse
code postal
numéro d'immatriculation

l'employeur

● **identification**

nom-prénom ou raison sociale

adresse
code postal
numéro SIRET de l'établissement d'attache permanent de la victime
êtes-vous autorisé à gérer le risque AT/MP ? oui non

l'accident du travail ou la maladie professionnelle

● **accident du travail**
date
rechute du

● **maladie professionnelle**
date de la constatation médicale
rechute du

● **lésions**
nature
siège

demande de renouvellement

à remplir par la victime, si la feuille est complètement remplie avant la fin des soins

adresse
code postal

je demande le renouvellement de cette feuille d'accident
date signature

La loi rend passible d'amende et/ou d'emprisonnement quiconque se rend coupable de fraudes ou de fausses déclarations (art. L 471-3 du Code de la Sécurité Sociale, 441-1 du Code Pénal)
Les informations figurant sur cette feuille, y compris le détail des actes et des prestations servies, sont destinées à votre organisme d'assurance maladie aux fins de remboursement et de contrôle.
En application de la loi du 6 janvier 1978, vous pouvez obtenir communication des informations vous concernant et, le cas échéant, leur rectification en vous adressant auprès de votre organisme d'assurance maladie.

S 6201b

1/2

Attestation de salaire (accident du travail, maladie professionnelle) (formulaire Cerfa n° 11137*02)

Vous pouvez télécharger le formulaire n° 11137*02 à insérer, à télécharger à l'adresse : www.ameli.fr/formulaire2/S6202.pdf

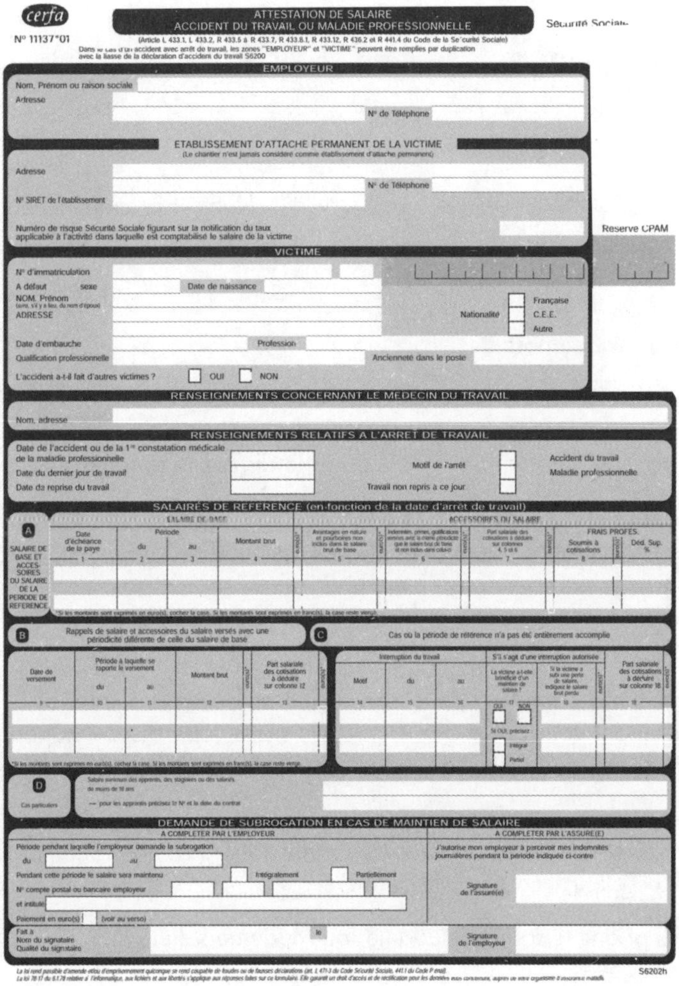

cerfa
N° 11137*01

ATTESTATION DE SALAIRE
ACCIDENT DU TRAVAIL OU MALADIE PROFESSIONNELLE

Sécurité Sociale

(Article L 433.1, L 433.2, R 433.5 à R 433.7, R 433.8.1, R 433.12, R 436.2 et R 441.4 du Code de la Sécurité Sociale)

Dans le cas d'un accident avec arrêt de travail, les zones "EMPLOYEUR" et "VICTIME" peuvent être remplies par duplication avec la liasse de la déclaration d'accident du travail S6200

EMPLOYEUR

Nom, Prénom ou raison sociale
Adresse
N° de Téléphone

ETABLISSEMENT D'ATTACHE PERMANENT DE LA VICTIME
(Le chantier n'est jamais considéré comme établissement d'attache permanent)

Adresse
N° de Téléphone
N° SIRET de l'établissement
Numéro de risque Sécurité Sociale figurant sur la notification du taux applicable à l'activité dans laquelle est comptabilisé le salaire de la victime

Reserve CPAM

VICTIME

N° d'immatriculation
A défaut sexe Date de naissance
NOM, Prénom
ADRESSE
Nationalité: Française / C.E.E. / Autre
Date d'embauche Profession
Qualification professionnelle Ancienneté dans le poste
L'accident a-t-il fait d'autres victimes ? OUI NON

RENSEIGNEMENTS CONCERNANT LE MEDECIN DU TRAVAIL

Nom, adresse

RENSEIGNEMENTS RELATIFS A L'ARRET DE TRAVAIL

Date de l'accident ou de la 1re constatation médicale de la maladie professionnelle
Date du dernier jour de travail
Date de reprise du travail
Motif de l'arrêt: Accident du travail / Maladie professionnelle
Travail non repris à ce jour

SALAIRES DE REFERENCE (en fonction de la date d'arrêt de travail)

A — SALAIRE DE BASE ET ACCESSOIRES DU SALAIRE DE LA PERIODE DE REFERENCE

SALAIRE DE BASE				ACCESSOIRES DU SALAIRE			FRAIS PROFES.	
Date d'échéance de la paye	Période du	Période au	Montant brut	Avantages en nature et pourboires non inclus dans le salaire brut de base	Indemnités, primes, gratifications versées avec la même périodicité que le salaire brut de base et non inclus dans celui-ci	Part salariale des cotisations à déduire sur colonnes 4, 5 et 6	Soumis à cotisations	Déd. Sup. %
1	2	3	4	5	6	7	8	

*Si les montants sont exprimés en euro(s), cochez la case. Si les montants sont exprimés en franc(s), la case reste vierge.

B — Rappels de salaire et accessoires du salaire versés avec une périodicité différente de celle du salaire de base

Date de versement	Période à laquelle se rapporte le versement du	au	Montant brut	Part salariale des cotisations à déduire sur colonne 12
9	10	11	12	13

*Si les montants sont exprimés en euro(s), cochez la case. Si les montants sont exprimés en franc(s), la case reste vierge.

C — Cas où la période de référence n'a pas été entièrement accomplie

Interruption du travail — Motif	du	au	S'il s'agit d'une interruption autorisée — La victime a-t-elle bénéficié d'un maintien de salaire ?	Si la victime a subi une perte de salaire, indiquez le salaire brut perdu	Part salariale des cotisations à déduire sur colonne 18
14	15	16	17 OUI / NON — Si OUI, précisez: Intégral / Partiel	18	19

D — Cas particuliers

Salaire minimum des apprentis, des stagiaires ou des salariés de moins de 18 ans
— pour les apprentis précisez le N° et la date du contrat

DEMANDE DE SUBROGATION EN CAS DE MAINTIEN DE SALAIRE

A COMPLETER PAR L'EMPLOYEUR

Période pendant laquelle l'employeur demande la subrogation
du au
Pendant cette période le salaire sera maintenu Intégralement Partiellement
N° compte postal ou bancaire employeur
et intitulé
Paiement en euro(s) (voir au verso)

A COMPLETER PAR L'ASSURE(E)

J'autorise mon employeur à percevoir mes indemnités journalières pendant la période indiquée ci-contre

Signature de l'assuré(e)

Fait à le
Nom du signataire
Qualité du signataire
Signature de l'employeur

La loi rend passible d'amende et/ou d'emprisonnement quiconque se rend coupable de fraudes ou de fausses déclarations (art. L 471-3 du Code Sécurité Sociale, 441.1 du Code Pénal).
La loi 78.17 du 6.1.78 relative à l'informatique, aux fichiers et aux libertés s'applique aux réponses faites sur ce formulaire. Elle garantit un droit d'accès et de rectification pour les données vous concernant, auprès de votre organisme d'assurance maladie.

S6202h

Attestation de salaire (pour le paiement des indemnités journalières maladie, maternité, paternité) (formulaire Cerfa n° 11135*02)

Vous pouvez télécharger le formulaire n° 11135*02 à l'adresse : www.ameli.fr/formulaire2/S3201.pdf

Lettre d'embauche d'une garde d'enfants à domicile

Vos nom, prénoms
Votre adresse
Votre numéro de téléphone
Votre adresse e-mail

Lettre recommandée avec AR

Nom et prénom de votre salariée
Son adresse

. . . . **(lieu)**, ... **(date)**

Madame **(ou Mademoiselle)** . . . . ,

Faisant suite à notre entretien du . . . . **(date)**, nous vous confirmons votre embauche en qualité de . . . . **(indiquez la nature et la classification de l'emploi proposé)**, à compter du . . . . **(indiquez le premier jour de l'emploi)**.

Votre horaire hebdomadaire, d'une durée de . . . . heures **(un temps plein est de 40 heures)**, sera réparti de la manière suivante :
Lundi : de . . . . heures à . . . . heures
Mardi : de . . . . heures à . . . . heures
...

Conformément à l'article 8 de la convention collective des salariés du particulier employeur (dont vous dépendez et que je tiens à votre disposition pour consultation) [1], la durée de la période d'essai est d'un mois à compter du jour où vous prendrez vos fonctions.

Si cette période d'essai se révèle satisfaisante pour tous, nous établirons un contrat de travail à l'expiration de cette dernière.

Nous vous prions d'agréer, Madame **(ou Mademoiselle)** . . . . , nos salutations distinguées.

Votre signature

1. Article 8 : « Une période d'essai initiale d'un mois maximum précédera l'engagement définitif. Sa durée sera précisée par écrit à l'embauche. Elle pourra être renouvelée une fois, sous réserve que le salarié en ait été averti par écrit avant l'expiration de la première période.
« Dans cette limite, chacun pourra reprendre sa liberté sans préavis ni indemnité. »

Contrat de travail d'une garde d'enfants à domicile (CDI)

CONTRAT DE TRAVAIL À DURÉE INDÉTERMINÉE

Entre :

Monsieur et Madame . . . . , demeurant . . . . , immatriculés à l'URSSAF sous le numéro . . . .

Ci-après dénommés « les employeurs » ;

Et

Mademoiselle . . . . , demeurant . . . . , immatriculée à la Sécurité sociale sous le numéro . . . .

Ci-après dénommée « le salarié » ;

Il est conclu un contrat de travail à durée indéterminée régi par les dispositions de la convention collective nationale des salariés du particulier employeur (n° 3180).

L'ensemble des textes conventionnels (convention et avenants) sera tenu à la disposition de Mademoiselle . . . ., qui pourra les consulter pendant son temps de présence sur le lieu de travail.
Toute modification de ces textes lui sera notifiée dans le délai d'un mois après sa date d'effet.

Les institutions compétentes en matière de retraite et prévoyance sont :
Retraite : IRCEM-Retraite.
Prévoyance : IRCEM-Prévoyance.

1 – Date d'embauche : Mademoiselle . . . . est engagée à compter du . . . . **(indiquez jour, mois, année)** dans le cadre d'un contrat à durée indéterminée.

2 – Période d'essai : ce contrat ne deviendra définitif qu'à l'issue d'une période d'essai d'un mois à compter de la date d'embauche, soit à la date du . . . . (soit la date d'entrée + un mois).
Cette période d'essai pourra être renouvelée une fois ; dans cette hypothèse, le salarié en sera averti par écrit avant l'expiration du premier mois.
Durant cette période d'essai, chacune des parties peut mettre fin au contrat sans aucun préavis, ni indemnités, ni formalités particulières.

3 – Lieu de travail : au domicile de Monsieur et Madame . . . . , ... **(votre adresse)**.
Si le salarié est appelé à travailler sur un lieu autre que celui habituel **(exemple, il vous suit dans votre résidence secondaire pour les vacances d'été)**, un accord entre employeurs et salarié fixera les modalités particulières.

4 – Nature de l'emploi et niveau de qualification

• Nature de l'emploi

Mademoiselle . . . . est engagée en qualité de . . . . **(exemples : employée familiale auprès d'enfants, ou nurse, ou gouvernante d'enfants...)**

À ce titre, elle est chargée de :

❒ Garde d'enfants **(précisez les prénoms et dates de naissance de vos enfants)** à l'intérieur ou à l'extérieur du lieu de travail
❒ Trajet scolaire – Soutien scolaire
❒ Bain des enfants
❒ Promenade quotidienne si le temps le permet
❒ Préparation du repas des enfants
❒ Tâches ménagères courantes
❒ Repassage

• Niveau de qualification : compte tenu de la classification prévue par la convention collective **(reportez-vous au tableau de classification inclus dans la convention collective)**, Mademoiselle . . . . est classée . . . . **(par exemple : Niveau II, Employée familiale auprès d'enfants)**.

5 – Durée du travail effectif

• Durée hebdomadaire de travail effectif : 40 heures par semaine réparties comme suit :

– 32 heures de travail effectif ;

– 12 heures de présence responsable, correspondant à 8 heures de travail effectif **(une heure de présence responsable correspond à deux tiers d'une heure de travail effectif)**.

• Horaires de travail : du lundi au jeudi de 8 h 15 à 18 h 15, avec 3 heures de présence responsable par jour correspondant au moment de la sieste du bébé.
La journée du vendredi commencera à 9 heures et se terminera à 13 heures.

6 – Rémunération

En rémunération de son travail, le salarié percevra un salaire brut horaire (avant déduction des charges salariales) de . . . . euros ; la rémunération est mensualisée.

• Salaire forfaitaire brut mensuel pour 40 heures de travail effectif : . . . . € dont seront déduites les parts salariales des cotisations sociales et les prestations en nature éventuellement fournies (soit un salaire net de . . . . euros par mois après déduction des cotisations sociales salariales aux taux en vigueur à ce jour).
Les cotisations sociales seront calculées sur . . . . **(choisissez : soit la base du salaire réel, soit la base forfaitaire du SMIC)**.

• Heures supplémentaires : les heures supplémentaires seront payées ou donneront lieu à une récupération majorée de 25 % pour les 8 premières heures et de 50 % pour les suivantes.

7 – Repos hebdomadaire
Les jours de repos hebdomadaire du salarié sont . . . . (précisez le ou les jours de repos hebdomadaire ; exemple : samedi et dimanche).

Outre le 1er Mai, le salarié aura droit à tous les autres jours fériés ordinaires.

8 – Congés payés
Le salarié acquiert à l'issue de chaque mois de travail effectif un droit à 2,5 jours ouvrables de congé, soit 30 jours ouvrables (cinq semaines, une semaine se composant de six jours ouvrables) pour un an de travail entre le 1er juin et le 31 mai de l'année de référence.
Les congés sont exigibles à compter du 1er juin de l'année suivant l'année de référence.
Les congés payés seront pris en même temps que ceux des employeurs.
Le salarié sera averti de ses dates de congé au moins deux mois à l'avance.
Conformément à l'article 17 de la convention collective, il pourra lui être demandé de prendre des congés au-delà de la durée légale dans la limite de . . . . jours par an. Le salarié en sera informé au moins . . . . semaine(s) à l'avance. Ces congés supplémentaires ne seront pas rémunérés.

Année d'embauche : si le salarié n'a pas acquis assez de droits à congés payés, les congés seront pris par anticipation.

Famille

9 – Préavis
En cas de rupture du contrat de travail, la durée de préavis est celle prévue aux articles 11 et 12 de la convention collective.

10 – Clauses particulières
Le salarié s'engage à respecter les clauses particulières suivantes :
– prévenir au plus tôt ses employeurs s'il était atteint d'une maladie contagieuse ou en toute autre situation pouvant l'empêcher de garder les enfants qui lui sont confiés ;
– ne pas s'absenter en laissant les enfants seuls, ni déléguer sa mission de surveillance à une tierce personne ;
– ne pas fumer pas dans le domicile des employeurs, ni en présence de leurs enfants ;
– ne pas utiliser, sans l'accord des employeurs, le téléphone pour des raisons personnelles ;
– mettre tous les soins en faveur du bien-être, de la propreté et de la sécurité des enfants qui lui seront confiés ;
– ne recevoir aucune visite personnelle au domicile des employeurs ;
– ...

Fait en double exemplaire,

À . . . . , le . . . .

Signature du salarié **Signature des employeurs**

Contrat de travail d'une garde d'enfants à domicile (CDD)

CONTRAT DE TRAVAIL À DURÉE DÉTERMINÉE

Entre :

Monsieur et Madame . . . . , demeurant . . . . , immatriculés à l'URSSAF sous le numéro . . . .

Ci-après dénommés « les employeurs » ;

Et

Mademoiselle . . . . , demeurant . . . . , immatriculée à la Sécurité sociale sous le numéro . . . .

Ci-après dénommée « le salarié » ;

Il est conclu un contrat de travail à durée déterminée régi par les dispositions de la convention collective nationale des salariés du particulier employeur (n° 3180).

L'ensemble des textes conventionnels (convention et avenants) sera tenu à la disposition de Mademoiselle . . . . , qui pourra les consulter pendant son temps de présence sur le lieu de travail.
Toute modification de ces textes lui sera notifiée dans le délai d'un mois après sa date d'effet.

Les institutions compétentes en matière de retraite et prévoyance sont :
Retraite : IRCEM-Retraite.
Prévoyance : IRCEM-Prévoyance.

1 – Date d'embauche : Mademoiselle . . . . est engagée à compter du . . . . **(indiquez jour, mois, année)** pour s'occuper des enfants des employeurs : . . . . , ... **(précisez les prénoms et dates de naissance des enfants)** durant les vacances scolaires **(précisez lesquelles : Toussaint, mois de juillet, d'août...)**. Ce contrat, conclu pour une durée déterminée de . . . . jours (ou semaines, ou mois), prendra effet le . . . . et se terminera le . . . .

2 – Période d'essai : ce contrat ne deviendra définitif qu'à l'issue d'une période d'essai de . . . . jours à compter de la date d'embauche [(1)], soit à la date du . . . . **(soit la date d'entrée + durée de la période d'essai)**.
Durant cette période d'essai, chacune des parties peut mettre fin au contrat sans aucun préavis, ni indemnités, ni formalités particulières.

3 – Lieu de travail : au domicile de Monsieur et Madame . . . . , ... **(votre adresse)**.
Si le salarié est appelé à travailler sur un lieu autre que celui habituel **(exemple, il vous suit dans votre résidence secondaire pour les vacances d'été)**, un accord entre employeurs et salarié fixera les modalités particulières.

4 – Nature de l'emploi et niveau de qualification

• Nature de l'emploi

Mademoiselle . . . . est engagée en qualité de . . . . **(exemples : employée familiale auprès d'enfants, ou nurse...)**.

À ce titre, elle est chargée de :

❒ Garde d'enfants **(précisez les prénoms et dates de naissance de vos enfants)** à l'intérieur ou à l'extérieur du lieu de travail
❒ Trajet scolaire – Soutien scolaire
❒ Bain des enfants
❒ Promenade quotidienne si le temps le permet
❒ Préparation du repas des enfants
❒ Tâches ménagères courantes
❒ Repassage

• Niveau de qualification : compte tenu de la classification prévue par la convention collective **(reportez-vous au tableau de classification inclus dans la convention collective)**, Mademoiselle . . . . est classée . . . . **(par exemple : Niveau II, Employée familiale auprès d'enfants)**.

5 – Durée du travail effectif

Mademoiselle . . . . travaillera . . . . heures par semaine, selon la répartition horaire suivante :

– le lundi : de . . . . heures à . . . . heures
– le mardi : de . . . . heures à . . . . heures
...

6 – Rémunération

• Salaire brut horaire (avant déduction des charges salariales) : . . . . euros ; la rémunération est mensualisée.

• Salaire forfaitaire brut mensuel : . . . . € dont seront déduites les parts salariales des cotisations sociales (soit un salaire net de . . . . euros par mois après déduction des cotisations sociales salariales aux taux en vigueur à ce jour).

Les cotisations sociales seront calculées sur . . . . (choisissez : soit la base du salaire réel, soit la base forfaitaire du SMIC).

Par ailleurs, le salarié étant logé et nourri pendant cette période, chaque repas (évalué à . . . . € chacun) (le minimum légal est actuellement de 4 €) et le logement (évalué à . . . . € par mois) (minimum légal actuel : 60 €) seront déduits du salaire net.

• Heures supplémentaires : les heures supplémentaires seront payées ou donneront lieu à une récupération majorée de 25 % pour les 8 premières heures et de 50 % pour les suivantes.

7 – Repos hebdomadaire

Les jours de repos hebdomadaire du salarié sont . . . . (précisez le ou les jours de repos hebdomadaire ; exemple : samedi et dimanche).

8 – Congés payés

Le salarié acquiert 2,5 jours ouvrables de congés payés par mois de travail effectif, conformément aux dispositions légales. Ces congés donneront lieu au versement d'une indemnité compensatrice de 10 % des rémunérations perçues (indemnité de fin de contrat inclus).

9 – Indemnité de fin de contrat
À la fin de ce contrat, il sera versé au salarié une indemnité de fin de contrat égale à 10 % de la rémunération globale brute perçue pendant la durée du contrat (indemnité compensatrice de congés payés non comprise) (2).

Fait en double exemplaire,

À . . . . , le . . . .

Signature du salarié **Signature des employeurs**

1. La période d'essai se calcule à raison d'un jour de travail par semaine sans pouvoir excéder deux semaines lorsque la durée du contrat est inférieure ou égale à six mois.
2. Cette indemnité de fin de contrat n'est pas due si la personne embauchée est un étudiant qui travaille pendant ses vacances. Dans cette hypothèse, supprimez ce paragraphe.

Garde partagée : CDI à plein temps

La garde partagée permet à deux familles d'employer une même nourrice qui s'occupera de la garde de leurs enfants au domicile d'une famille et de l'autre en alternance.
Cette nourrice est déclarée par les deux familles. Elle a donc deux contrats de travail distincts, deux salaires et deux bulletins de salaire.
Chaque famille doit établir un contrat de travail écrit avec la salariée sur le modèle suivant

CONTRAT DE TRAVAIL POUR UNE GARDE PARTAGÉE

Entre :

Monsieur et Madame . . . . , demeurant . . . . , immatriculés à l'URSSAF sous le numéro . . . .

Ci-après dénommés « l'employeur » ;

Et

Monsieur **(ou Madame, ou Mademoiselle)** . . . . , demeurant . . . . , immatriculé(e) à la Sécurité sociale sous le numéro . . . .

Ci-après dénommé(e) « le salarié » ;

Il est conclu un contrat de travail à durée indéterminée régi par les dispositions de la convention collective nationale des salariés du particulier employeur (n° 3180).

L'ensemble des textes conventionnels (convention et avenants) sera tenu à la disposition du salarié, qui pourra les consulter pendant son temps de présence sur le lieu de travail.
Toute modification de ces textes lui sera notifiée dans le délai d'un mois après sa date d'effet.

Les institutions compétentes en matière de retraite et prévoyance sont :
Retraite : IRCEM-Retraite.
Prévoyance : IRCEM-Prévoyance.

1 – Date d'embauche : Monsieur **(ou Madame, ou Mademoiselle)** . . . . est engagé(e) à compter du . . . . **(indiquez jour, mois, année)** pour une durée indéterminée.
Ce contrat a été conclu dans le cadre d'une garde partagée entre les employeurs dont les nom et coordonnées sont précisés ci-dessus et Monsieur et Madame . . . . , ... **(indiquez leurs nom, prénoms et adresse)**, coemployeur, prévoyant la garde de . . . . enfants au total (indiquez le nombre), dont . . . . **(prénom du ou des enfants)** en ce qui concerne l'employeur [1].

2 – Période d'essai : ce contrat ne deviendra définitif qu'à l'expiration d'une période d'essai d'un mois à compter de la date d'embauche, soit à la date du . . . . **(soit la date d'entrée + un mois)**.
Cette période d'essai pourra être renouvelée une fois ; dans cette hypothèse, le salarié en sera averti par écrit avant l'expiration du premier mois.

Durant cette période d'essai, et conformément à l'article 8 de la convention collective, chacune des parties peut reprendre sa liberté sans aucun préavis, ni indemnités, ni formalités particulières.

3 – Lieu de travail
Les enfants seront gardés à . . . . **(adresse)**, domicile de Monsieur et Madame . . . . , l'employeur, et à . . . . (adresse), domicile de Monsieur et Madame . . . . , coemployeur, selon l'alternance suivante : . . . . **(indiquez le mode d'alternance dont vous êtes convenus avec l'autre employeur)** [2].
Si le salarié est appelé à travailler sur un lieu autre que celui habituel, un accord entre employeurs et salarié fixera les modalités particulières.

4 – Nature de l'emploi et niveau de qualification
• Nature de l'emploi
Le salarié est engagé en qualité de . . . . (exemples : employé familial auprès d'enfants, ou nurse…).
À ce titre, il est chargé de :
❋ Assurer la garde partagée de . . . . (précisez les prénoms et dates de naissance de vos enfants) à l'intérieur ou à l'extérieur du lieu de travail
❒ Trajet scolaire – Soutien scolaire
❒ Bain des enfants
❒ Promenade quotidienne si le temps le permet
❒ Préparation du repas des enfants
❒ Tâches ménagères courantes
❒ Repassage
❒ …

• Niveau de qualification : compte tenu de la classification prévue par la convention collective (reportez-vous au tableau de classification inclus dans la convention collective), Monsieur (ou Madame, ou Mademoiselle) . . . . est classé(e) . . . . (par exemple : Niveau II, Employée de maison qualifiée – Garde d'enfants).

5 – Durée du travail

Le salarié effectuera, pour le présent contrat et celui passé avec Monsieur et Madame . . . . **(nom du coemployeur)**, second employeur du salarié, un temps de travail total de 40 heures hebdomadaires, du lundi au vendredi, de . . . . heures à . . . . heures, une semaine sur deux **(si telle est l'alternance choisie ; sinon adaptez cette clause au mode d'alternance choisi)** [3].

Si, à la demande du coemployeur, le salarié est amené à dépasser cette durée de travail hebdomadaire, les heures supplémentaires seront payées ou donneront lieu à un repos compensateur, au choix des employeurs. Si ces heures sont récupérées, les périodes de récupération seront fixées d'un commun accord entre les employeurs et le salarié. Ce dernier devra en être informé au moins . . . . **(généralement une semaine)** à l'avance.

Si le salarié ne travaille pas les jours fériés à la demande de ses employeurs, son salaire ne sera pas diminué.

L'horaire de travail pourra par la suite être modifié par l'employeur compte tenu de . . . . **(de la scolarisation des enfants, des horaires des parents, etc.)**.

En cas d'absence, le salarié s'engage à informer l'employeur par téléphone dans les plus brefs délais et à le tenir informé de la date de reprise probable.

6 – Rémunération

En rémunération de son travail, le salarié percevra un salaire brut de . . . . euros par mois, somme représentant la quote-part de Monsieur et Madame . . . . (indiquez vos nom et prénoms).

Les cotisations sociales seront calculées sur . . . . **(choisissez : soit la base du salaire réel, soit la base forfaitaire du SMIC)**.

(Le cas échéant :) Au titre des prestations en nature, l'employeur fournira au salarié . . . . **(repas, éventuellement logement)**.

7 – Repos hebdomadaire et jours fériés

Les jours de repos hebdomadaire du salarié sont . . . . **(précisez le ou les jours de repos hebdomadaire ; exemple : samedi et dimanche)**.

Outre le 1er Mai, le salarié aura droit à tous les autres jours fériés ordinaires.

8 – Congés payés

Le salarié bénéficiera de congés payés conformément aux dispositions légales, soit 2,5 jours ouvrables par mois de travail effectif, les droits à congés étant acquis du 1er juin de l'année précédente au 31 mai de l'année en cours.

En essayant de tenir compte des souhaits exprimés par le salarié, l'époque des congés sera déterminée d'un commun accord par tous les employeurs. La date arrêtée sera alors communiquée au salarié au moins . . . . mois à l'avance **(indiquez le délai de prévenance convenu)**.

9 – Rupture du contrat

Il est entendu que la garde partagée de . . . . **(nom et prénoms de vos propres enfants)** est une condition déterminante du présent contrat, sans laquelle

celui-ci ne pourrait être conclu. En cas de rupture du contrat conclu avec le coemployeur, Monsieur et Madame . . . . , pour quelque motif que ce soit, Monsieur et Madame . . . . **(vos nom et prénoms)** se réservent le droit de renégocier les termes du présent contrat, et éventuellement de le résilier.
La durée de préavis est celle prévue à l'article 11 de la convention collective.

10 – Clauses particulières

Le salarié s'engage à respecter les clauses particulières suivantes :

– prévenir au plus tôt l'employeur s'il devait être atteint d'une maladie contagieuse ou en toute autre situation pouvant l'empêcher de garder les enfants qui lui sont confiés ;

– ne pas s'absenter en laissant les enfants seuls, ni déléguer sa mission de surveillance à une tierce personne ;

– ne pas fumer pas dans le domicile de l'employeur, ni en présence de ses enfants ;

– ne pas utiliser, sans l'accord de l'employeur, le téléphone pour des raisons personnelles ;

– mettre tous les soins en faveur du bien-être, de la propreté et de la sécurité des enfants qui lui seront confiés ;

– ne recevoir aucune visite personnelle au domicile de l'employeur.

– …

Fait en double exemplaire,

À . . . . , le . . . .

Signature du salarié **Signature de l'employeur**

1. Dans le paragraphe premier concernant « l'embauche », vous devez insérer cette clause (rédigée dans des termes identiques dans les deux contrats) qui va préciser le lien avec l'autre famille employeur.

2. L'avenant n'impose aucun mode d'alternance. Vous pouvez librement convenir avec l'autre famille d'alterner l'accueil des enfants à vos domiciles respectifs une semaine sur deux ou une quinzaine sur deux, ou encore un jour sur deux. Certaines familles font même une alternance « à la journée » : du matin jusqu'à 16 heures, garde du bébé chez l'un ; à partir de 16 heures, la nourrice va chercher les « grands » de l'autre famille à l'école et la fin de la garde se fait chez eux.

Mais attention : il faut impérativement respecter l'alternance des domiciles pour bénéficier de l'AGED. À défaut, vous pourriez perdre le bénéfice de l'AGED et même être condamnés à rembourser à la CAF les sommes versées au titre de l'AGED.

3. L'avenant à la convention collective supprime, dans le cadre de la garde partagée, le recours aux heures de présence responsable (est comptabilisée comme heure(s) de présence responsable, par exemple, la durée de la sieste de l'enfant, pendant laquelle le salarié peut se reposer ou faire des « choses » pour elle-même, tout en restant vigilante ; une heure de présence responsable correspond à deux tiers d'une heure de travail effectif et est rémunérée dans la même proportion). Toutes les heures effectuées au domicile des deux familles doivent donc être décomptées (et partant rémunérées) comme du temps de travail effectif.

Précisez bien les jours ou semaines pendant lesquels la nourrice travaillera à votre domicile. Cela est notamment nécessaire en cas d'accident du travail, pour déterminer quel employeur doit faire la déclaration.

Bulletin de salaire d'une garde d'enfants à domicile

Chaque mois, l'employeur doit impérativement remettre à son employé un bulletin de salaire.

SALARIÉ
Nom et prénom
Adresse
Numéro de Sécurité sociale : . . . .
Convention collective nationale de travail des salariés du particulier employeur (n° 3180)
Emploi occupé : . . . .
Niveau : . . . .
Date d'embauche : . . . .
Ancienneté : . . . . années

BULLETIN DE PAIE du . . . . au . . . .

Conservez ce bulletin de paie sans limitation de durée

SALAIRE BRUT (ancienneté comprise)
Travail effectif . . . heures à . . . . €/h
Présence responsable . . . heures
correspondant à . . . heures travail effectif à . . . . €/h
Heures supplémentaires à 25 % . . . . heures à . . . . €/h
Heures supplémentaires à 50 % . . . . heures à . . . . €/h
Acomptes versés dans le mois
Avantages en nature
Congés payés
Total salaire brut . . . .

COTISATIONS SALARIALES [1]
Retenues déductibles
Cotisations Sécurité sociale 7,40 %
(maladie + veuvage + vieillesse)
Assurance chômage 2,40 %
(si le salarié a moins de 65 ans)
Retraite complémentaire (IRCEM) 3,75 %
IRCEM Prévoyance 0,70 %
Cotisation AGFF : 0,80 %
CGS (non imposable) 4,85 % (sur 100 % du salaire brut, ou 5,10 % sur 95 % du salaire)
Total des retenues déductibles . . . .

SALAIRE NET IMPOSABLE . . . .
(salaire brut – retenues déductibles)

Retenues non déductibles
CSG (imposable) + CRDS 2,75 % (sur 100 % du salaire brut, ou 2,90 % sur 95 % du salaire)

Salaire net . . . .
(salaire imposable – retenues non déductibles)

À DÉDUIRE
Les acomptes . . . .
Les avantages en nature . . . .

À AJOUTER
Indemnités diverses non soumises à cotisations . . . .

MONTANT NET À PAYER en euros . . . .
(salaire net – acomptes – avantages en nature + indemnités)

Payé le . . . . Mode de paiement : . . . .

NOM ET ADRESSE DE L'EMPLOYEUR : . . . .
Numéro d'immatriculation de l'employeur : . . . .
Cotisations versées à l'URSSAF de . . . .

Signature de l'employeur

1. Cotisations de Sécurité sociale sur salaire réel.

Demande d'allocation de garde d'enfant à domicile (AGED) (formulaire n° 10926*02)

ALLOCATIONS FAMILIALES

1/1

www
1160001C

cerfa
10926*02

DEMANDE D'ALLOCATION DE GARDE D'ENFANT A DOMICILE

Articles L.842.1 - R.841.2 à 842.7 du Code de la Sécurité sociale

(à adresser à votre caisse d'Allocations familiales ou de Mutualité sociale agricole)

Quel est votre état civil ?

Votre nom de naissance ______ Votre prénom ______

Nom d'époux(se) *(si vous le portez)* ______

Votre date de naissance ______

Quelle est votre adresse ?

Votre adresse ______

Code postal ______ Commune ______

Votre numéro de téléphone (facultatif) ______

Cotisez-vous ou avez-vous déjà cotisé à l'URSSAF ?

Cotisez-vous ou avez-vous déjà cotisé à l'URSSAF en tant qu'employeur de personnel de maison ? ☐ OUI ☐ NON

Si oui, sous quel numéro ______

Renseignements concernant l'employé de maison

Son nom de naissance ______ Son prénom ______

Nom d'époux(se) *(si il ou elle le porte)*

Son numéro de Sécurité sociale ______
(à défaut date et lieu de naissance)

Son adresse

Date de début d'emploi ______

Si vous vivez en couple, remplissez les deux rubriques.

Vous êtes :	Votre conjoint(e), concubin(e) ou partenaire
☐ Salarié(e) (ou chômage, en arrêt de maladie, en formation professionnelle)	☐ Salarié(e) (ou chômage, en arrêt de maladie, en formation professionnelle)
☐ Non salarié(e) (y compris conjoint collaborateur)	☐ Non salarié(e) (y compris conjoint collaborateur)
Votre n° de Sécurité sociale	Son n° de Sécurité sociale

Pour ce trimestre civil :

- *si vous êtes salarié(e), joignez la photocopie de vos bulletins de salaire ou une attestation de votre ou vos employeurs précisant mois par mois votre salaire net perçu.*
- *si vous êtes en stage de formation professionnelle rémunéré, joignez une attestation de l'organisme de formation précisant la rémunération reçue*
- *si vous êtes au chômage indemnisé, joignez l'attestation des ASSEDIC.*
- *si vous recevez des indemnités journalières, maladie, maternité ou d'accident du travail, joignez une attestation de l'organisme …*
- *si vous êtes non salarié(e), joignez une attestation de votre organisme d'assurance vieillesse précisant votre affiliation **à titre personnel** et le règlement de la dernière échéance exigible de vos cotisations d'assurance vieillesse*

Recevez-vous des prestations familiales ?

Recevez-vous des prestations familiales ? ______ ☐ OUI ☐ NON

Si oui : - quel organisme vous les verse ? (nom et adresse) ______

N° allocataire ______

- recevez-vous l'allocation parentale d'éducation (APE) : ☐ OUI ☐ NON

Déclaration sur l'honneur

La loi rend passible d'amende et/ou d'emprisonnement quiconque se rend coupable de fraudes ou de fausses déclarations (Art. L 554-1 du Code de la Sécurité Sociale. Art. 441-1 du Code Pénal). L'organisme débiteur de prestations familiales peut vérifier l'exactitude des déclarations qui lui sont faites (Art. L 583-3 du Code de la Sécurité Sociale).

Je soussigné(e) déclare sur l'honneur faire garder à mon domicile mon (mes) enfant(s) par la personne désignée ci-dessus et que les renseignements portés sur cette attestation sont exacts

Le Signature

La loi n°78-17 du 6 janvier 1978 relative à l'informatique, aux fichiers et aux libertés s'applique aux réponses faites à ce formulaire dont le destinataire est la caisse d'Allocations familiales. Cette loi vous garantit un droit d'accès et de rectification pour les données vous concernant auprès du Directeur de la caisse d'Allocations familiales qui verse les prestations

Demande du 11/02/2004

S.7146d

Déclaration d'emploi d'un employé de maison (formulaire n° 10948*01)

ALLOCATIONS FAMILIALES

1/1

www

cerfa

10948*01

DÉCLARATION D'EMPLOI D'UN EMPLOYÉ DE MAISON

(à adresser à l'URSSAF dans les 8 jours conformément aux dispositions de l'arrêté du 11 juillet 1950)

Quel est votre état civil ?

Votre nom de naissance ______ Votre prénom

Nom d'epoux(se) *(si vous le portez)* ______

Votre date de naissance ______ |__|__| |__|__| |__|__|__|__|

Quelle est votre adresse ?

Votre adresse ______

Code postal |__|__|__|__|__| Commune

Votre numéro de télépnone (facultatif) ______

Cotisez-vous ou avez-vous déjà cotisé à l'URSSAF ?

Cotisez-vous ou avez-vous déjà cotisé à l'URSSAF en tant qu'employeur de personnel de maison ? ______ [ ] OUI [ ] NON

Si oui, sous quel numéro ☐☐☐☐☐☐☐☐☐

Renseignements concernant l'employé de maison

Son nom de naissance ______ Son prénom

Nom d'epoux(se) *(si il ou elle le porte)*

Son numéro de Sécurité sociale ______
(à défaut date et lieu de naissance)

Son adresse ______

Date de début d'emploi ______

Déclaration sur l'honneur

La loi rend passible d'amende et/ou d'emprisonnement quiconque se rend coupable de fraudes ou de fausses déclarations (Art. L 554-1 du Code de la Sécurité Sociale.Art. 441-1 du Code Pénal). L'organisme débiteur de prestations familiales peut vérifier l'exactitude des déclarations qui lui sont faites (Art. L 583-3 du Code de la Sécurité Sociale).

Je soussigné(e) déclare sur l'honneur faire garder à mon domicile mon (mes) enfant(s) par la personne désignée ci-dessus et que les renseignements portés sur cette attestation sont exacts.

Le à Signature

La loi n°78-17 du 6 janvier 1978 relative à l'informatique, aux fichiers et aux libertés s'applique aux reponses faites à ce formulaire dont le destinataire est la caisse d'Allocations familiales. Cette loi vous garantit un droit d'accès et de rectification pour les données vous concernant auprès du Directeur de la caisse d'Allocations familiales qui verse les prestations

Demande du 11/02/2004

S.1225a

Déclaration nominative trimestrielle – Bénéficiaire de l'allocation de garde d'enfant à domicile (formulaire n° 10123*05)

Vous pouvez télécharger le formulaire n° 10123*05 à l'adresse :
http://www.urssaf.fr/

Formulaire obligatoire en vertu des lois et règlements en vigueur (Article R 243 - 17 du Code S.S. et loi Finances du 29.12.90) cerfa

Union de Recouvrement des cotisations de Sécurité Sociale et d'Allocations Familiales 1/4 **N° 10123*05**

PAPILLON À JOINDRE À VOTRE RÈGLEMENT

N° DE PIÈCE
PÉRIODE
N°

DÉCLARATION NOMINATIVE TRIMESTRIELLE

BÉNÉFICIAIRE DE L'ALLOCATION DE GARDE D'ENFANT À DOMICILE

DESTINATAIRE

Date limite d'envoi :

Cet imprimé doit être envoyé **dans tous les cas** - même en l'absence de versement - sous peine des sanctions visées à l'article R 243-16 du Code de la Sécurité Sociale.
Vous **devez compléter** soit le cadre 1, soit le cadre 2, soit le cadre 3 et **signer votre déclaration.**

N° ALLOCATAIRE

CADRE 1 **IDENTIFICATION DE LA PERSONNE EMPLOYÉE**

N° DE SÉCURITÉ SOCIALE
(à défaut date et lieu de naissance)

Réservé	N° de Sécurité Sociale	Réservé
Nom de naissance	Prénom	Nom de l'époux
Adresse		

Départ définitif

ÉLÉMENTS DE CALCUL DES SOMMES DUES (1)
Nbre d'heures dans le trimestre — salaire net horaire

Sommes dues arrondies							
Sans distinction d'âge							Salariés âgés de - de 65 ans
2 Sécurité Sociale	3 Contribution Sociale Généralisée	4 Contribution Remboursement Dette Sociale	5 Contribution Formation Professionnelle	6 IRCEM Retraite	7 IRCEM Prévoyance		8 Assédic
Forfait	Forfait	Forfait	Forfait	Forfait	Forfait		Forfait
Salaire réel	Salaire réel	Salaire réel	Salaire réel	Salaire réel	Salaire réel		Salaire réel

Mettre un "D" dans cette colonne si tel est le cas

CADRE 2 **SI VOUS AVEZ EMPLOYÉ UNE NOUVELLE PERSONNE DURANT LE TRIMESTRE, COMPLÉTEZ LE TABLEAU CI-DESSOUS et/ou remplissez les autres déclarations éventuellement reçues**

Réservé	N° de Sécurité Sociale	Réservé
Nom de naissance	Prénom	Nom de l'époux
Adresse		

Nbre d'heures dans le trimestre — salaire net horaire

Forfait	Forfait	Forfait	Forfait	Forfait	Forfait	Forfait
Salaire réel	Salaire réel	Salaire réel	Salaire réel	Salaire réel	Salaire réel	Salaire réel

Si cet(te) employé(e) n'a pas de numéro de Sécurité Sociale, cochez la case ci-contre et reportez-vous à la page "Informations" ☐

RÉSERVÉ U.R.S.S.A.F.

TOTAUX

À ajouter ou à déduire (selon justificatif joint)

Montants dus

NET À PAYER
(TOTAL des cotisations et contributions)

CADRE 3 **SI VOUS AVEZ CESSÉ D'EMPLOYER DU PERSONNEL AU COURS DE CE TRIMESTRE, COMPLÉTEZ CI-DESSOUS**

Je déclare ne pas occuper de personnel depuis le : |_|_|_|_|_|_|_|_|

☐ **DÉFINITIVEMENT**

☐ **TRÈS TEMPORAIREMENT.** Veuillez maintenir mon compte

DÉCLARATION CERTIFIÉE EXACTE

À — Signature

Le

Si une indication figurant dans ce document est erronée, veuillez nous le signaler.

Modèle S. 2350f

La loi n° 78-17 du 6 janvier 1978 relative à l'informatique, aux fichiers et aux libertés, s'applique aux réponses faites sur ce formulaire. Elle garantit un droit d'accès et de rectification pour les données vous concernant auprès de notre organisme.

Déclaration nominative trimestrielle simplifiée – Bénéficiaire de l'allocation de garde d'enfant à domicile (formulaire n° 10122*04)

[formulaire n° 10122*04 à insérer, à télécharger à l'adresse : http://www.urssaf.fr

Formulaire obligatoire en vertu des lois et règlements en vigueur (Article R 243 - 17 du Code S.S. et loi Finances du 29.12.90)

cerfa

Union de Recouvrement des cotisations de Sécurité Sociale et d'Allocations Familiales **1/4** **N° 10122*04**

DÉCLARATION NOMINATIVE TRIMESTRIELLE SIMPLIFIÉE

BÉNÉFICIAIRE DE L'ALLOCATION DE GARDE D'ENFANT À DOMICILE

DESTINATAIRE

Pour que votre Caisse d'Allocations Familiales ou de Mutualité Sociale Agricole acquitte à votre place directement à l'URSSAF une partie des cotisations dues, vous devez **OBLIGATOIREMENT**

retourner cette déclaration à l'URSSAF

pour le :

N° ALLOCATAIRE

CADRE 1 IDENTIFICATION DE LA PERSONNE EMPLOYÉE			Départ définitif	Nbre d'heures effectuées dans le trimestre	SALAIRE HORAIRE NET	OPTION RETENUE pour le calcul des cotisations Cocher la case concernée
N° DE SÉCURITÉ SOCIALE (à défaut date et lieu de naissance)						
Réservé	N° de Sécurité Sociale	Réservé				SALAIRE RÉEL ☐
Nom de naissance	Prénom	Nom de l'époux				BASE FORFAITAIRE ☐
Adresse						

Mettre un "D" dans cette colonne si tel est le cas

Ces 3 colonnes doivent toujours être complétées

Le calcul des cotisations vous sera notifié par l'URSSAF.

CADRE 2 SI VOUS AVEZ EMPLOYÉ UNE NOUVELLE PERSONNE DURANT LE TRIMESTRE, COMPLÉTEZ LE TABLEAU CI-DESSOUS et/ou remplissez les autres déclarations éventuellement reçues						
Réservé	N° de Sécurité Sociale	Réservé				SALAIRE RÉEL ☐
Nom de naissance	Prénom	Nom de l'époux				BASE FORFAITAIRE ☐
Adresse						

Si cet employé(e) n'a pas de numéro de Sécurité Sociale, cochez la case ci-contre et reportez-vous au document "Informations" ☐

RÉSERVÉ U.R.S.S.A.F.

CADRE 3 **SI VOUS AVEZ CESSÉ D'EMPLOYER DU PERSONNEL AU COURS DE CE TRIMESTRE, COMPLÉTEZ CI-DESSOUS**

Je déclare ne pas occuper de personnel depuis le : |_|_|_|_|_|_|_|_|

☐ **DÉFINITIVEMENT**

☐ **TRÈS TEMPORAIREMENT.** Veuillez maintenir mon compte

DÉCLARATION CERTIFIÉE EXACTE

A

Signature

Le

Si une indication figurant dans ce document est erronée, veuillez nous le signaler.

Modèle S. 2351 a

La loi n° 78-17 du 6 janvier 1978 relative à l'informatique, aux fichiers et aux libertés, s'applique aux réponses faites sur ce formulaire. Elle garantit un droit d'accès et de rectification pour les données vous concernant auprès de notre organisme.

Demande d'aide ménagère à domicile (formulaire n° 11372*01)

Vous pouvez télécharger le formulaire n° 11372*01 à l'adresse : http://www.lesformulaires.cerfa.gouv.fr/servform/vigueur/formul/ 11372v01.pdf

LA RETRAITE DES SALARIÉS SÉCURITÉ SOCIALE

ARRCO Retraite complémentaire des salariés

ircantec

Cerfa
N° 11372*01

DEMANDE D'AIDE MÉNAGÈRE À DOMICILE

1 VOTRE ÉTAT CIVIL

1.1 Identité

MADAME ☐ MADEMOISELLE ☐ MONSIEUR ☐

NOM DE NAISSANCE (en majuscules) ....

PRÉNOMS (soulignez le prénom usuel) ....

NOM MARITAL (s'il y a lieu) ....

AUTRE NOM D'USAGE (facultatif) ....

NÉ(E) le |_|_|_|_|_|_|_|_| A ....
Pour Paris, Lyon et Marseille, précisez l'arrondissement

DEPARTEMENT OU PAYS DE NAISSANCE

N° D'IMMATRICULATION SECURITE SOCIALE |_|_|_|_|_|_|_|_|_|_|_|_|_| |_|_|

Êtes-vous retraité du régime général ? OUI ☐ NON ☐ Si oui, N° DE RETRAITE |_|_|_|_|_|_|_|_|_|_|_|_|_|_|

Êtes-vous en activité ? OUI ☐ NON ☐

1.2 Situation familiale

CELIBATAIRE ☐ MARIÉ(E) ☐ SEPARÉ(E) ☐ DIVORCÉ(E) ☐ VEUF(VE) ☐ VIE MARITALE ☐

1.3 - Adresse

Précisez, s'il y a lieu : villa - lieudit - lotissement - cité - résidence - escalier - étage - etc

N° DANS LA VOIE .... NOM DE LA VOIE ....

CODE POSTAL |_|_|_|_|_| COMMUNE ....

TÉLÉPHONE |_|_|_|_|_|_|_|_|_|_|

ZONE RÉSERVÉE AU PRESTATAIRE DE SERVICES

N° d'identification : |__________|

1re demande le : .... Renouvellement le : ....

10/99 - Réf. S5140

1/4

Contrat de travail d'une femme de ménage (CDI à temps partiel)

CONTRAT DE TRAVAIL À DURÉE INDÉTERMINÉE

Entre :

Monsieur et Madame . . . . , demeurant . . . . , immatriculés à l'URSSAF sous le numéro . . . .

Ci-après dénommés « les employeurs » ;

Et

Madame **(ou Mademoiselle)** . . . . , demeurant . . . . , immatriculée à la Sécurité sociale sous le numéro . . . .

Ci-après dénommée « le salarié » ;

Il est conclu un contrat de travail à durée indéterminée régi par les dispositions de la convention collective nationale des salariés du particulier employeur (n° 3180).

L'ensemble des textes conventionnels **(convention et avenants)** sera tenu à la disposition de Madame **(ou Mademoiselle)** . . . . , qui pourra les consulter pendant son temps de présence sur le lieu de travail.
Toute modification de ces textes lui sera notifiée dans le délai d'un mois après sa date d'effet.

Les institutions compétentes en matière de retraite et prévoyance sont :
Retraite : IRCEM-Retraite.
Prévoyance : IRCEM-Prévoyance.

1 – Date d'embauche : Madame **(ou Mademoiselle)** . . . . est engagée à compter du . . . . **(indiquez jour, mois, année) dans le cadre d'un contrat à durée indéterminée à temps partiel**.

2 – Période d'essai : ce contrat ne deviendra définitif qu'à l'issue d'une période d'essai d'un mois à compter de la date d'embauche, soit à la date du . . . . **(soit la date d'entrée + un mois)**.
Cette période d'essai pourra être renouvelée une fois ; dans cette hypothèse, le salarié en sera averti par écrit avant l'expiration du premier mois.
Durant cette période d'essai, chacune des parties peut mettre fin au contrat sans aucun préavis, ni indemnités, ni formalités particulières.

3 – Nature de l'emploi et niveau de qualification
• Nature de l'emploi
Madame **(ou Mademoiselle)** . . . . occupera l'emploi, à temps partiel, de femme de ménage et devra notamment effectuer les tâches suivantes : . . . . **(exemples : repassage, entretien du linge...)**.

• Niveau de qualification : . . . . **(référez-vous à la grille de classification de la convention nationale des salariés du particulier employeur)**.

4 – Lieu de travail : au domicile de Monsieur et Madame . . . . **(votre adresse)**.
Si le salarié est appelé à travailler sur un lieu autre que celui habituel, un accord entre employeurs et salarié fixera les modalités particulières.

5 – Horaires de travail
• Durée du travail hebdomadaire : Madame **(ou Mademoiselle)** . . . . effectuera . . . . heures de travail par semaine.

• Répartition hebdomadaire : la répartition de ces heures hebdomadaires se fera de la manière suivante : . . . . **(indiquez la répartition des heures hebdomadaires de travail en fonction des différents jours de la semaine)**.

6 – Rémunération
• Salaire brut horaire **(avant déduction des charges salariales)** : . . . . euros.

(Précisez, si vous décidez de mensualiser votre salarié :) Soit une rémunération brute mensuelle de . . . . euros. Le salaire sera réglé le . . . . de chaque mois, par . . . . **(précisez : espèces, chèque, virement...)**.

7 – Jours fériés
En dehors du 1er Mai, les autres jours fériés qui correspondront aux jours de travail de Madame **(ou Mademoiselle)** . . . . ne seront pas chômés [1].

8 – Congés payés
Le salarié acquiert à l'issue de chaque mois de travail effectif un droit à 2,5 jours ouvrables de congé, soit 30 jours ouvrables (cinq semaines, une semaine se composant de six jours ouvrables) pour un an de travail entre le 1er juin et le 31 mai de l'année de référence.
Les congés sont exigibles à compter du 1er juin de l'année suivant l'année de référence.
Les congés payés seront pris en même temps que ceux des employeurs.
Le salarié sera averti de ses dates de congé au moins deux mois à l'avance.
Conformément à l'article 17 de la convention collective, il pourra lui être demandé de prendre des congés au-delà de la durée légale dans la limite de . . . . jours par an. Le salarié en sera informé au moins . . . . semaine(s) à l'avance. Ces congés supplémentaires ne seront pas rémunérés.
Année d'embauche : si le salarié n'a pas acquis assez de droits à congés payés, les congés seront pris par anticipation.

9 – Préavis
En cas de rupture du contrat de travail, la durée de préavis est celle prévue aux articles 11 et 12 de la convention collective.

Fait en double exemplaire,

À . . . . , le . . . .

Signature du salarié **Signature de l'employeur**

1. Si l'employeur décide que les jours fériés ordinaires coïncidant avec les jours de travail de son employé ne seront pas chômés, leur rémunération ne sera pas majorée.
Le salarié peut demander, à l'avance, de ne pas travailler ces jours-là. Dans ce cas, son absence ne donnera lieu à aucune rémunération.
Si l'employeur décide le chômage de ces jours fériés, il devra maintenir leur rémunération si le salarié remplit les conditions édictées par l'article 18 de la convention collective.

Bulletin de salaire d'une femme de ménage

SALARIÉ
Nom et prénom
Adresse
Numéro de Sécurité sociale : . . . .
Convention collective nationale de travail des salariés du particulier employeur (n° 3180)
Emploi occupé : femme de ménage
Niveau : **(référez-vous à la convention collective des salariés du particulier employeur)**
Date d'embauche : . . . .
Ancienneté : . . . . . années

BULLETIN DE PAIE du . . . . au . . . .

Conservez ce bulletin de paie sans limitation de durée

SALAIRE BRUT (ancienneté comprise)

Travail effectif	. . . . heures	à . . . . €/h
Heures supplémentaires à 25 %	. . . . heures	à . . . . €/h
Heures supplémentaires à 50 %	. . . . heures	à . . . . €/h
Divers		
Total salaire brut		. . . .

COTISATIONS SALARIALES (1)

Retenues déductibles	
Cotisations Sécurité sociale (maladie + veuvage + vieillesse)	7,40 %
Assurance chômage (si le salarié a moins de 65 ans)	2,40 %
Retraite complémentaire (IRCEM)	3,75 %
IRCEM Prévoyance	0,70 %
Cotisation AGFF :	0,80 %
CGS (non imposable)	4,85 % **(sur 100 % du salaire brut, ou 5,10 % sur 95 % du salaire)**
Total des retenues déductibles	. . . .

Famille

SALAIRE NET IMPOSABLE . . . .
(salaire brut – retenues déductibles)

Retenues non déductibles
CSG (imposable) + CRDS 2,75 % (sur 100 % du salaire brut, ou 2,90 % sur 95 % du salaire)

SALAIRE NET . . . .
(salaire imposable – retenues non déductibles)

À DÉDUIRE (s'il y a lieu)
Les acomptes . . . .
Les avantages en nature . . . .

À AJOUTER (s'il y a lieu)
Indemnités diverses non soumises à cotisations . . . .

MONTANT NET À PAYER en euros . . . .
(salaire net – acomptes – avantages en nature + indemnités)

Payé le . . . . . . Mode de paiement : . . . .. .

NOM ET ADRESSE DE L'EMPLOYEUR : . . . .
Numéro d'immatriculation de l'employeur : . . . .
Cotisations versées à l'URSSAF de . . . .

Signature de l'employeur

1. Cotisations de Sécurité sociale sur salaire réel.

Proposition de modification du contrat de travail de l'employé à domicile

Au fil du temps, votre situation peut évoluer : votre enfant entrant à l'école, vous n'avez plus besoin de nourrice à temps plein ; vous déménagez à plusieurs kilomètres ; vous vous retrouvez au chômage... Vous pouvez donc être amené à proposer une modification du contrat à votre salariée (diminution de ses heures, changement du lieu de travail...).
Dans un premier temps, mieux vaut informer votre employée - par lettre recommandée avec avis de réception ou lettre remise en main propre contre récépissé -, des modifications que vous souhaitez apporter à son contrat.

Vos nom, prénoms
Votre adresse
Votre numéro de téléphone
Votre adresse e-mail

Lettre recommandée avec AR

Nom et prénom de votre salariée
Son adresse

. . . . **(lieu)**, ... **(date)**

Madame **(ou Mademoiselle)** . . . . ,

. . . . **(indiquez le prénom de votre enfant)** devant entrer à l'école maternelle de . . . . à compter du . . . . , nous vous informons de notre décision de réduire votre temps de travail de 40 à 20 heures par semaine.
En effet, à compter de cette date, votre travail consistera désormais à aller chercher . . . . **(prénom de votre enfant)** à l'école à partir de 16 h 30 et à le garder jusqu'à 19 heures les lundi, mardi, jeudi et vendredi ; et à venir le mercredi le garder de 9 heures à 19 heures.

Dans la mesure où il s'agit d'une modification de votre contrat de travail, nous vous demandons de bien vouloir nous confirmer expressément votre accord écrit avant le . . . . [1].
Passé ce délai, et sans réponse de votre part, nous considérerons que vous acceptez cette modification.

En cas de refus de votre part, nous serons amenés à envisager une procédure de licenciement à votre encontre.
Nous espérons cependant que notre collaboration pourra se poursuivre dans ces nouvelles conditions.

Dans l'attente de votre réponse, nous vous prions d'agréer, Madame **(ou Mademoiselle)** . . . . , nos salutations distinguées.

Votre signature

1. Il faut prévoir un délai suffisant entre cette lettre et la date d'effet de la modification du contrat afin de permettre un échange de courriers entre vous et votre salariée en cas de refus de cette dernière. Comptez environ un mois.

Lettre à l'employé refusant la modification de son contrat de travail

Vos nom, prénoms
Votre adresse
Votre numéro de téléphone
Votre adresse e-mail

Lettre recommandée avec AR

Nom et prénom de votre salariée
Son adresse

. . . . **(lieu)**, ... **(date)**

Madame **(ou Mademoiselle)** . . . . ,

Par lettre du . . . . **(date)**, nous vous avions demandé de prendre acte de la modification de votre contrat de travail, à savoir . . . . (indiquez la nature de la modification) à compter du . . . .

Vous nous avez indiqué, par entretien en date du . . . . , que vous refusez cette modification.

Nous comprenons qu'une telle modification puisse engendrer des inconvénients pour vous, cependant sa mise en œuvre est indispensable en raison de . . . . **(précisez vos motifs)**.
Pour ces raisons, si vous persistez dans votre refus, nous nous verrons dans l'obligation de procéder à votre licenciement.

Nous vous demandons de bien vouloir nous informer de votre position définitive par courrier avant le . . . .

Nous espérons cependant que notre collaboration pourra se poursuivre dans les nouvelles conditions prévues.

Dans l'attente de votre réponse, nous vous prions d'agréer, Madame (ou Mademoiselle) . . . . , nos salutations distinguées.

Votre signature

Lettre de licenciement pour refus de modification du contrat de travail par l'employé

Si votre salarié refuse les modifications proposées (ce qu'il est parfaitement en droit de faire), vous avez le choix entre maintenir le contrat en l'état ou mettre en œuvre une procédure de licenciement.

Vos nom, prénoms
Votre adresse
Votre numéro de téléphone
Votre adresse e-mail

Lettre recommandée avec AR

Coordonnées de votre employé(e)

. . . . **(lieu)**, ... **(date)**

Monsieur **(ou Madame)**,

. . . . **(indiquez le prénom de votre enfant)** devant entrer à l'école maternelle de . . . . à compter du . . . . . . , nous vous avons proposé, par courrier du . . . . , une réduction de votre horaire hebdomadaire de travail. Par lettre du . . . . . . , vous nous avez fait part de votre refus de cette modification.

Suite à ce refus, nous vous avons convoqué(e) à notre domicile (indiquez votre adresse exacte), le . . . . , à . . . . heures, afin d'avoir un entretien avec vous à ce sujet. Lors de l'entretien, vous avez réitéré votre résolution de ne pas accepter cette modification.

En conséquence, nous vous informons de notre décision de procéder à votre licenciement.

Compte tenu de votre ancienneté à notre service, votre préavis sera d'une durée de . . . . **(indiquez la durée)**. Il débutera le . . . . Votre contrat de travail cessera donc le . . . . à . . . . heures.

À cette date, il vous sera remis le solde de votre salaire, de vos congés payés, ainsi que votre certificat de travail et votre attestation destinée à l'Assedic.

Veuillez agréer, Monsieur **(ou Madame)**, l'expression de nos salutations distinguées.

Signature de l'employeur (ou des employeurs)

Avenant au contrat de travail modifié

Si votre employé est d'accord avec la modification que vous lui avez proposée, vous devez rédiger un avenant au contrat de travail.

Entre Mademoiselle . . . . **(nom du salarié)**
Et
Monsieur **(ou Madame)** . . . . **(nom de l'employeur)**,

Il a été convenu et arrêté ce qui suit :

À compter du . . . . , l'article n° . . . . **(dans notre exemple, celui concernant les « horaires de travail »)** du contrat de travail signé le . . . . est remplacé par les dispositions suivantes :
La durée hebdomadaire de travail sera de 20 heures, réparties comme suit :
Les lundi, mardi, jeudi et vendredi : de 16 h 30 à 19 heures ;
Le mercredi : de 9 heures à 19 heures.

Les autres dispositions du contrat de travail conclu en date du . . . . restent inchangées.

Fait à . . . . , le . . . .
en deux exemplaires

Signatures :
Le salarié **L'employeur**

Lettre de démission de l'employé à domicile

Vos nom, prénoms
Votre adresse
Votre numéro de téléphone
Votre adresse e-mail

Lettre recommandée avec AR

Nom et coordonnées de votre employeur

. . . . **(lieu)**, ... **(date)**

Objet : démission

Monsieur **(ou Madame)**,

Par ce courrier daté du . . . . , j'ai l'honneur de vous faire part de ma décision de démissionner de mes fonctions de . . . . **(précisez les fonctions telles qu'indiquées dans le contrat de travail)** [1].

Compte tenu du délai de préavis de . . . . jours **(nombre à préciser)** prévu par l'article 8 de la convention collective des salariés du particulier employeur, mon contrat de travail prendra fin le . . . . **(date)**.

À cette date, vous voudrez bien me remettre mon dernier bulletin de salaire, mon solde de tout compte, mes indemnités de congés payés ainsi que mon certificat de travail et l'attestation destinée à l'Assedic.

Vous souhaitant bonne réception de la présente, je vous prie de croire, Monsieur **(ou Madame)**, à l'expression de mes salutations distinguées.

Votre signature

1. Le salarié peut également indiquer les raisons qui le conduisent à démissionner mais ce n'est pas obligatoire.

Modèle de réponse du particulier employeur à la démission de son employé : enregistrement de la démission

Vos nom, prénoms
Votre adresse
Votre numéro de téléphone
Votre adresse e-mail

Lettre recommandée avec AR

Nom et coordonnées de votre employé(e)

. . . . **(lieu)**, ... **(date)**

Monsieur **(ou Madame)**,

Nous prenons acte que, lors de notre entretien en date du . . . . . . **(ou : suite à votre lettre datée du . . . . . .)**, vous nous avez fait part de votre volonté non équivoque et définitive de démissionner.

Votre préavis étant de . . . . **(durée du préavis en fonction de l'ancienneté du salarié)** [1], votre contrat prendra donc fin le . . . . , date à laquelle vous seront remis votre attestation Assedic et votre certificat de travail.

Veuillez agréer, Monsieur **(ou Madame)**, l'expression de nos salutations distinguées.

Votre signature

1. L'article 11 de la convention collective fixe la durée de préavis que vous doit votre employé à :
– une semaine s'il a moins de six mois d'ancienneté ;
– deux semaines s'il a six mois à moins de deux ans d'ancienneté ;
– un mois, à partir de deux ans d'ancienneté.
Le préavis commence à courir à compter du jour où vous avez eu connaissance de la démission de votre employé. Rien ne peut en interrompre le cours, ni la maladie, ni l'accident. Toutefois, si votre salarié démissionne pendant ses congés, le préavis ne débutera qu'à son retour de vacances. S'il démissionne juste avant de partir en vacances et qu'il n'a pas le temps d'effectuer la totalité de son préavis avant son départ, il devra exécuter le reliquat à son retour.

Modèle de réponse du particulier employeur à la démission de son employé : dispense de préavis à l'initiative de l'employeur

Vos nom, prénoms
Votre adresse
Votre numéro de téléphone
Votre adresse e-mail

Lettre recommandée avec AR

Nom et coordonnées de votre employé(e)

. . . . **(lieu)**, ... **(date)**

Monsieur **(ou Madame)**,

Nous prenons acte que, lors de notre entretien en date du . . . . **(ou : suite à votre lettre datée du . . . .)**., vous nous avez fait part de votre volonté non équivoque et définitive de démissionner.

Compte tenu de votre ancienneté, vous auriez dû effectuer un préavis de . . . . **(durée du préavis en fonction de l'ancienneté du salarié, suivant l'article 11 de la convention)**, que nous vous dispensons d'exécuter.

Votre contrat se terminera donc le . . . . , date à laquelle seront également arrêtés votre salaire et vos droits à congés payés. Il vous sera également remis votre attestation Assedic et votre certificat de travail.

Veuillez agréer, Monsieur **(ou Madame)**, l'expression de nos salutations distinguées.

Votre signature

Modèle de réponse du particulier employeur à la démission de son employé : dispense de préavis à l'initiative du salarié

Vos nom, prénoms
Votre adresse
Votre numéro de téléphone
Votre adresse e-mail

Lettre recommandée avec AR

Nom et coordonnées de votre employé(e)

. . . . **(lieu)**, ... **(date)**

Monsieur **(ou Madame)**,

Suite à votre démission du . . . . , vous nous avez fait part de votre souhait de ne pas exécuter votre préavis de . . . . **(indiquez la durée suivant l'article 11 de la convention)**. Nous acceptons d'accéder à votre requête, étant entendu qu'en conséquence aucune indemnité ne vous sera versée au titre de cette dispense, puisque c'est vous qui renoncez à votre préavis.

Votre contrat se termine donc le . . . . , date à laquelle seront également arrêtés votre salaire et vos congés payés. Il vous sera également remis votre attestation Assedic et votre certificat de travail.

Veuillez agréer, Monsieur **(ou Madame)**, l'expression de nos salutations distinguées.

Votre signature

Licenciement de l'employé à domicile : convocation à l'entretien préalable

Vos nom, prénoms
Votre adresse
Votre numéro de téléphone
Votre adresse e-mail

Lettre recommandée avec AR [1]

Nom et coordonnées de votre employé

. . . . **(lieu)**, ... **(date)**

Monsieur **(ou Madame)**,

Nous vous informons, par la présente, que nous envisageons de procéder à votre licenciement pour les raisons suivantes : . . . .

Conformément à l'article 12, paragraphe a1), de la convention collective des salariés du particulier employeur [2], nous vous convoquons à notre domicile **(indiquez votre adresse exacte)**, le . . . . à . . . . heures, afin d'avoir un entretien avec vous à ce sujet.

Veuillez agréer, Monsieur **(ou Madame)**, l'expression de nos salutations distinguées.

Signature de l'employeur (ou des employeurs)

1. Lettre à envoyer en recommandé avec accusé de réception ou à remettre en main propre contre décharge. Prévoyez un délai « raisonnable » (environ cinq jours) entre l'envoi de la convocation et la date de l'entretien.
2. Article 12, paragraphe a1) (extraits) : « Le particulier employeur n'étant pas une entreprise et le lieu de travail étant son domicile privé, les règles de procédure spécifiques au licenciement économique et celles relatives à l'assistance du salarié par un conseiller lors de l'entretien préalable ne sont pas applicables.
« En conséquence, l'employeur, quel que soit le motif du licenciement, à l'exception du décès de l'employeur, est tenu d'observer la procédure suivante :
« – convocation à un entretien préalable par lettre recommandée ou par lettre remise en main propre contre décharge. Cette convocation indique l'objet de l'entretien (éventuel licenciement) ;
« – entretien avec le salarié : l'employeur indique le ou les motifs de la décision envisagée et recueille les explications du salarié [...]. »

Licenciement de l'employé à domicile : lettre de licenciement

Vos nom, prénoms
Votre adresse
Votre numéro de téléphone
Votre adresse e-mail

Lettre recommandée avec AR [1]

Nom et coordonnées de votre employé(e)

. . . . **(lieu)**, ... **(date)**

Monsieur **(ou Madame)**,

Lors de l'entretien qui a eu lieu le . . . . , les explications que vous nous avez données ne nous ont pas permis de modifier notre appréciation.

En conséquence, nous vous confirmons notre décision de procéder à votre licenciement pour le(s) motif(s) suivant(s) : . . . . **(indiquez en détail les motifs qui vous ont poussés à prendre cette décision ; exemple : votre enfant entre à l'école)** [2].

Compte tenu de votre ancienneté à notre service, votre préavis est d'une durée de . . . . **(indiquez la durée)**. Il débutera le . . . . Votre contrat de travail cessera donc le . . . . à . . . . heures.

À cette date, il vous sera remis le solde de votre salaire, de vos congés payés, ainsi que votre certificat de travail et votre attestation destinée à l'Assedic.

Veuillez agréer, Monsieur **(ou Madame)**, l'expression de nos salutations distinguées.

Signature de l'employeur (ou des employeurs)

1. Lettre à envoyer en recommandé avec accusé de réception ou à remettre en main propre contre décharge.
2. Il est impératif que les motifs évoqués dans cette lettre soient exposés de façon complète et précise, car ce seront les seuls qui pourront être invoqués dans le cadre d'une procédure judiciaire.

Licenciement de l'employé à domicile : dispense de préavis

Vos nom, prénoms
Votre adresse
Votre numéro de téléphone
Votre adresse e-mail

Lettre recommandée avec AR [1]

Nom et coordonnées de votre employé(e)

. . . . **(lieu)**, ... **(date)**

Monsieur **(ou Madame)**,

Lors de l'entretien qui a eu lieu le . . . . , les explications que vous nous avez données ne nous ont pas permis de modifier notre appréciation.

En conséquence, nous vous confirmons notre décision de procéder à votre licenciement pour le(s) motif(s) suivant(s) : . . . . **(indiquez en détail les motifs qui vous ont poussés à prendre cette décision ; exemple : votre enfant entre à l'école)** (2).

Compte tenu de votre ancienneté à notre service, votre préavis aurait dû être d'une durée de . . . . **(indiquez la durée)**. Toutefois, nous avons décidé de vous dispenser de l'effectuer. Votre contrat de travail cessera au terme de ce préavis non effectué, soit le . . . .

À partir de cette date, nous tenons à votre disposition le solde de votre salaire, vos indemnités de préavis et de congés payés, ainsi que votre certificat de travail et votre attestation destinée à l'Assedic.

Veuillez agréer, Monsieur **(ou Madame)**, l'expression de nos salutations distinguées.

Signature de l'employeur (ou des employeurs)

1. Lettre à envoyer en recommandé avec accusé de réception ou à remettre en main propre contre décharge.
2. Il est impératif que les motifs évoqués dans cette lettre soient exposés de façon complète et précise, car ce seront les seuls qui pourront être invoqués dans le cadre d'une procédure judiciaire.

Certificat de travail

CERTIFICAT DE TRAVAIL

Nous soussignés,

Monsieur et Madame . . . . **(vos nom, prénoms)**, demeurant à . . . . **(votre adresse)**

certifions avoir employé du . . . . **(date d'arrivée)** au . . . . **(date de fin du contrat de travail)**

M./Mme . . . . **(nom, prénoms de votre salarié(e))**

Domicilié(e) à . . . . *(adresse de votre salarié(e))*

Immatriculé(e) à la Sécurité sociale sous le numéro . . . .

En qualité de . . . . **(nature de l'emploi ; exemple : employé familial auprès d'enfants, niveau II de la convention collective nationale des salariés du particulier employeur)**.

Fait à . . . . , le . . . .

Votre signature

Modèle de reçu pour solde de tout compte [1]

Je soussigné, ... **(nom et prénoms de votre salarié),**
demeurant à . . . . **(adresse de votre salarié),**
employé par . . . . **(vos nom et adresse)**
jusqu'au . . . . **(date de la fin du contrat)**
en qualité de . . . . **(nature de l'emploi)**,

reconnais avoir reçu de mon employeur la somme de . . . . euros **(montant à écrire en chiffres et en toutes lettres ; exemple : 3 000 euros, trois mille euros)**.

Cette somme m'a été versée pour solde de tout compte, en paiement des salaires, primes, avantages et indemnités de toute nature qui m'étaient dus au titre de l'exécution et de la cessation de mon contrat de travail.

Elle se décompose ainsi :
– salaire du . . . . au : . . . . €
– indemnité de préavis : . . . .€
– indemnité de congés payés : . . . . €
– frais de transport : . . . . €
– indemnités de licenciement : . . . . €

Fait à . . . . , le . . . . ,
(en deux exemplaires dont un est remis au salarié).

Pour solde de tout compte [2]

Signature du salarié **Signature de l'employeur**

1. Depuis la loi de modernisation sociale du 17 janvier 2002 (article L.122-17 du Code du travail), « lorsqu'un reçu pour solde de tout compte est délivré et signé par le salarié à l'employeur à l'occasion de la résiliation ou de l'expiration de son contrat, il n'a que la valeur d'un simple reçu des sommes qui y figurent ». Désormais, le fait que le salarié signe le reçu pour solde de tout compte ne l'empêche pas de contester les sommes indiquées sans plus aucune limitation de délai.
2. Cette disposition doit être entièrement écrite de la main du salarié et suivie de sa signature.

Dénonciation du reçu pour solde de tout compte

Vous avez signé le reçu pour solde de tout compte que vous a remis votre ex-employeur. Quelque temps plus tard, vous constatez que vous n'avez pas perçu l'intégralité des sommes qui auraient dû vous être versées. Vous réclamez votre dû.

Vos nom, prénoms
Votre adresse
Votre numéro de téléphone

Lettre recommandée avec AR

Nom et coordonnées de votre employeur

. . . . **(lieu)**, ... **(date)**

Objet : dénonciation du reçu pour solde de tout compte

Monsieur **(ou Madame)** . . . . ,

Le contrat de travail qui me liait à vous ayant pris fin le . . . . , j'ai signé à cette date un reçu pour solde de tout compte mentionnant la somme de . . . . €.

Or, je viens de constater que vous avez oublié de tenir compte dans votre calcul des sommes qui m'étaient dues au titre de mon dernier salaire **(ou des indemnités de . . . . , ou de frais de remboursement...)**. Aussi, je vous informe, par la présente, que je dénonce le reçu que vous m'avez remis.

J'espère que vous voudrez bien régulariser cette situation dans les plus brefs délais. À défaut, je serais contraint de saisir le conseil de prud'hommes pour obtenir ce qui m'est dû.

Veuillez agréer, Monsieur **(ou Madame)** . . . . , l'expression de mes salutations distinguées.

Votre signature

Couple

Mariage civil : attestation sur l'honneur de domicile [1]

Je soussigné(e), ... **(nom et prénom du concubin déclarant)**, déclare sur l'honneur être domicilié à . . . . **(adresse)**.

À . . . . , le . . . .

Signature du futur époux

1. Document à produire à la mairie par chacun des futurs époux pour le mariage civil.

Famille

Couple – Séparation

Lettre de rupture

. . . . **(lieu)**, ... **(date)**

. . . . **(prénom du destinataire)**,

Depuis que nous nous sommes quittés, j'ai beaucoup réfléchi.
Je sais aujourd'hui que nous ne pouvons plus continuer comme nous le faisons depuis déjà trop longtemps. Notre vie ne peut pas ressembler à ça !

Je regrette tellement que tout se soit si mal déroulé depuis que nous sommes ensemble.
J'aurais aussi tant aimé que nous puissions parler calmement de tout cela, mais maintenant ce n'est plus possible. Et de toute façon je n'en ai ni le courage ni la force.

Nous devons à présent essayer de refaire notre vie chacun de notre côté.
Crois-tu que nous pourrons jamais redevenir amis ? Je le souhaite, car je t'aime beaucoup et bien des choses de toi vont me manquer. Il va me falloir du temps pour reconstruire autre chose.

Mais ma décision est prise. Je sais que je dois reprendre ma vie en main, passer à autre chose, oublier tout cela. Je suis désolé(e)...

Votre signature

Rupture de fiançailles

. . . . **(lieu)**, ... **(date)**

. . . . **(prénom du destinataire)**,

Nos fiançailles ont été pour moi l'occasion de réaliser que je n'étais pas fait(e) pour le mariage.
Cela n'a rien à voir avec toi. Le problème vient entièrement de moi : je ne suis pas prêt(e).

Tout cela est allé beaucoup trop loin, nos parents, ces fiançailles somptueuses... Je me suis laissé griser par cette fête, les souhaits venus de toutes parts, les cadeaux...
Maintenant que le calme est revenu, que j'ai repris pied dans la réalité, j'ai pris le temps de réfléchir sur ce que je veux vraiment et je réalise que tout cela n'est pas pour moi.
Je ne veux pas te laisser attendre de moi des choses que je ne peux pas te donner. Je ne veux pas te mentir. Je ne peux pas non plus jouer la comédie.

Je reprends ma liberté, je te rends la tienne.
Je te demande de me comprendre, de ne pas trop m'en vouloir, même de me pardonner, si tu le peux.
Tu resteras pour moi quelqu'un de très précieux, qui m'a beaucoup apporté.

Je te demande pardon pour toute la peine que je te fais. Mais cela vaut mieux pour nous deux.

Votre signature

Pacs : déclaration conjointe de fin de pacte

Nous soussigné(e)s,
Monsieur **(Madame)** . . . .
Demeurant . . . .

Et

Monsieur **(Madame)** . . . .
Demeurant . . . .

Déclarons sur l'honneur, conformément à l'article 517-7, alinéa premier, du Code civil, mettre fin à notre pacte civil de solidarité, signé le . . . . et enregistré au greffe du tribunal d'instance de . . . . le . . . .

Fait à . . . .
Le . . . .

Signatures :

Séparation de concubins : demande de maintien dans le logement

Vos nom, prénoms
Votre adresse
Votre numéro de téléphone (fixe et portable)

Nom du bailleur
Son adresse

. . . . **(lieu)**, ... **(date)**

LAR
Objet : demande de maintien dans le logement [1]

Monsieur **(ou Madame)**,

Mon concubin . . . . vient de quitter le logement que nous habitions ensemble depuis le . . . .

Je ne suis moi-même pas titulaire du bail puisque celui-ci était établi à son seul nom. Je souhaiterais pourtant continuer à résider dans ce logement, au moins jusqu'à la date d'expiration du bail actuellement en cours.

Je touche actuellement une rémunération mensuelle de . . . . **(justificatifs joints)**. Vous constaterez que je peux donc assumer seul(e) le paiement du loyer.

Je vous remercie de votre compréhension et vous prie de croire, Monsieur (ou Madame), à l'expression de mes respectueuses salutations.

Votre signature

P.J. : les justificatifs de rémunération (les trois derniers bulletins de salaire, avis d'imposition...)

1. Si le bailleur accepte, n'oubliez pas de prévenir aussi votre assureur (voir le chapitre « Assurance »).

Séparation de concubins : demande de renouvellement de bail au nom de celui qui reste dans le logement

Vos nom, prénoms
Votre adresse
Votre numéro de téléphone (fixe et portable)

Nom du bailleur
Son adresse

. . . . **(lieu)**, ... **(date)**

LAR [1]

Objet : demande de renouvellement de bail à mon nom [2]

Monsieur **(ou Madame)**,

Vous avez bien voulu accepter de me maintenir dans le logement dont le bail était au nom de mon ex-concubin et je vous en remercie vivement.

Ledit bail à présent arrive à son terme dans . . . . et je souhaiterais continuer à habiter le logement que je vous loue depuis maintenant . . . .

C'est la raison pour laquelle je vous demande officiellement par la présente de bien vouloir accepter de renouveler ce bail à mon nom. Vous trouverez ci-joints les justificatifs de mes rémunérations, attestant que je suis en mesure d'assumer seul(e) le loyer. Je vous remercie de votre compréhension et vous prie de croire, Monsieur (ou Madame), à l'expression de mes respectueuses salutations.

Votre signature

P.J. : les justificatifs de rémunération **(les trois derniers bulletins de salaire, avis d'imposition...)**

1. Envoyez votre demande au moins trois mois avant la date de fin de bail.
2. Si le bailleur accepte, n'oubliez pas de prévenir aussi votre assureur (voir le chapitre « Assurance »).

Séparation de concubins : demande de transfert de bail

Vos nom, prénoms
Votre adresse
Votre numéro de téléphone (fixe et portable)

Nom du bailleur
Son adresse

. . . . **(lieu)**, ... **(date)**

LAR

Objet : demande de transfert de bail [1]

Monsieur **(ou Madame)**,

Mon concubin . . . . vient de quitter le logement que nous habitions ensemble depuis le . . . .

Je ne suis moi-même pas titulaire du bail puisque celui-ci était établi à son seul nom. Je souhaiterais pourtant continuer à résider dans ce logement.

Par la présente, je vous demande donc de bien vouloir faire transférer le bail à mon nom propre.
Je touche actuellement une rémunération mensuelle de . . . . **(justificatifs joints)**. Vous constaterez que je peux donc assumer seul(e) le paiement du loyer.

Je vous remercie de votre compréhension et vous prie de croire, Monsieur **(ou Madame)**, à l'expression de mes respectueuses salutations.

Votre signature

P.J. : les justificatifs de rémunération **(les trois derniers bulletins de salaire, avis d'imposition...)**

1. Si le bailleur accepte, n'oubliez pas de prévenir aussi votre assureur (voir le chapitre « Assurance »).

Séparation de corps : mise à jour du livret de famille

Vos nom, prénoms
Votre adresse
Votre numéro de téléphone (fixe et portable)

Mairie de . . . .
Service de l'état civil
Adresse

. . . . **(lieu)**, ... **(date)**

LAR

Objet : demande de mise à jour du livret de famille

Monsieur **(ou Madame)**,

Mon conjoint et moi sommes officiellement séparés de corps depuis le . . . .

C'est la raison pour laquelle je vous prie de bien vouloir mettre à jour notre livret de famille.
Vous trouverez ci-joint tous les documents nécessaires.

Dans l'attente de votre réponse, je vous prie d'agréer, Monsieur **(ou Madame)**, l'expression de mes salutations distinguées.

Votre signature

P.J. : – une copie du jugement de séparation de corps ;
– l'original du livret de famille.

Séparation de corps : demande d'un second livret de famille

Vos nom, prénoms
Votre adresse
Votre numéro de téléphone (fixe et portable)

Mairie de . . . .
Service de l'état civil
Adresse

. . . . **(lieu)**, ... **(date)**

LAR

Objet : demande d'un second livret de famille

Monsieur **(ou Madame)**,

Mon conjoint et moi sommes officiellement séparés de corps depuis le . . . . et nous nous partageons la garde des enfants.
C'est la raison pour laquelle je vous prie de bien vouloir faire établir un second livret de famille.
Vous trouverez ci-joint tous les documents nécessaires.

Dans l'attente de votre réponse, je vous prie d'agréer, Monsieur (ou Madame), l'expression de mes salutations distinguées.

Votre signature

P.J. : – une copie du jugement de séparation de corps ;
– l'original du livret de famille mis à jour.

Rupture de vie commune : main courante

En dehors de toute procédure judiciaire, la séparation des époux est appelée « séparation de fait ». Après six ans au moins de séparation de fait, l'un des époux peut demander le divorce pour rupture de la vie commune.
La main courante est une simple déclaration faite au commissariat de police ou à la gendarmerie, qui sert à noter officiellement un fait ou une déclaration.
Au commissariat de police, les faits sont consignés sur un « registre de main courante » ; à la gendarmerie, ils sont notés sous la forme d'un « procès-verbal de renseignements judiciaires ».
Notez le jour et l'heure de la déclaration et son numéro d'enregistrement par l'agent. Ainsi la main courante pourra servir de preuve du point de départ de la séparation de fait.

> Je soussigné, ... , déclare que . . . . a quitté notre domicile conjugal situé . . . . où nous vivions ensemble depuis notre mariage le . . . . , et n'a pas regagné notre foyer depuis . . . .
>
> Fait à . . . .
> Le . . . .
>
> **Signature**

Divorce pour rupture de la vie commune

> **Vos nom, prénoms**
> **Votre adresse**
> **Votre numéro de téléphone (fixe et portable)**
>
> Maître . . . . **(avocat)**
> Adresse
>
> . . . . **(lieu)**, ... **(date)**
> Objet : divorce pour rupture de la vie commune
>
> Maître,
>
> Mon conjoint et moi sommes séparés de fait [1] depuis le . . . .
> Je souhaite aujourd'hui entreprendre une demande de divorce pour rupture de la vie commune.
> . . . . **(expliquez vos raisons)**.
>
> Ma situation familiale est la suivante : . . . .
>
> C'est pourquoi je vous demande de bien vouloir accepter de présenter ma requête en divorce auprès du juge aux affaires familiales [2].

Je reste à votre disposition pour que nous convenions d'un rendez-vous, je l'espère dans les plus brefs délais.

Dans l'attente de votre réponse, veuillez croire, Maître, à l'expression de mes respectueuses salutations.

Votre signature

1. Après six ans au moins de séparation de fait, l'un des époux peut demander le divorce pour rupture de la vie commune.
Le divorce peut aussi être demandé lorsque les facultés mentales du conjoint sont, depuis six ans, si gravement altérées qu'aucune communauté de vie n'existe plus et ne pourra plus exister.
2. Le juge aux affaires familiales convoque les époux pour une tentative de conciliation. En cas d'échec de la conciliation, il rend une ordonnance de non-conciliation, et autorise un époux à assigner l'autre en divorce devant le tribunal de grande instance.

À noter : en cas de ressources insuffisantes, vous pouvez faire une demande d'aide juridictionnelle (voir modèle page 761).

Divorce par consentement mutuel sur requête conjointe

Vos nom, prénoms
Votre adresse
Votre numéro de téléphone (fixe et portable)

Maître . . . . **(avocat)** [1]
Adresse

. . . . **(lieu)**, ... **(date)**

Objet : divorce par consentement mutuel sur requête conjointe

Maître,

Mon conjoint et moi sommes séparés de fait depuis le . . . .
Nous souhaitons aujourd'hui entreprendre une demande de divorce par consentement mutuel sur requête conjointe [2].
. . . . **(expliquez vos raisons)**.
Notre situation familiale est la suivante : . . . .

C'est pourquoi nous vous vous demandons de bien vouloir accepter de présenter notre requête en divorce au greffe du tribunal de grande instance [3].

Nous restons à votre disposition pour que nous convenions d'un rendez-vous – nous l'espérons – dans les plus brefs délais.

Dans l'attente de votre réponse, nous vous prions de croire, Maître, à l'expression de nos respectueuses salutations.

Votre signature

1. Adressez-vous à vos avocats respectifs ou à un avocat unique choisi d'un commun accord.

2. Le divorce par consentement mutuel sur requête conjointe est possible si les époux sont mariés depuis six mois au moins, et s'ils sont d'accord pour divorcer et régler les effets du divorce (partage des biens, autorité parentale, pension alimentaire, prestation compensatoire). Ils n'ont pas à faire connaître les raisons du divorce.

3. Les époux seront convoqués par le juge aux affaires familiales. Ils lui soumettront une convention réglant les conséquences pratiques du divorce pour eux et leurs enfants. Le juge le entend séparément et ensemble pour s'assurer de leur volonté de divorcer. Au minimum trois mois après, la requête doit être renouvelée et le divorce peur être prononcé.

À noter : en cas de ressources insuffisantes, vous pouvez faire une demande d'aide juridictionnelle (voir modèle page 761).

Divorce par consentement mutuel sur requête séparée

Vos nom, prénoms
Votre adresse
Votre numéro de téléphone (fixe et portable)

Maître . . . . **(avocat)** [1]
Adresse

. . . . **(lieu)**, ... **(date)**

Objet : divorce par consentement mutuel sur requête séparée

Maître,

Mon conjoint et moi sommes séparés de fait depuis le . . . .
Je souhaite aujourd'hui entreprendre une demande de divorce par consentement mutuel sur requête séparée [1].
. . . . **(expliquez vos raisons)** [2].

Ma situation familiale est la suivante : . . . .

C'est pourquoi je vous demande de bien vouloir accepter de présenter ma requête en divorce au greffe du tribunal de grande instance [3].

Je reste à votre disposition pour que nous convenions d'un rendez-vous – je l'espère – dans les plus brefs délais.

Dans l'attente de votre réponse, je vous prie de croire, Maître, à l'expression de mes respectueuses salutations.

Votre signature

1. Le divorce par consentement mutuel sur requête séparée est possible si le conjoint ne s'y oppose pas, mais que les époux ne sont pas d'accord pour régler les effets du divorce (autorité parentale, partage des biens, pension alimentaire, prestation compensatoire).

2. La requête en divorce est accompagnée d'un mémoire relatant objectivement les faits qui conduisent l'époux à demander le divorce. Il est communiqué au conjoint. Si celui-ci l'accepte, la procédure se poursuit. S'il refuse, la procédure est celle du divorce pour faute (voir modèle plus loin).

3. Les époux sont convoqués pour une tentative de conciliation. En cas d'échec de la conciliation, le divorce est prononcé par le tribunal.

À noter : en cas de ressources insuffisantes, vous pouvez faire une demande d'aide juridictionnelle (voir modèle page 761).

Modèle de plainte à adresser au procureur de la République

Vos nom, prénoms
Votre adresse
Votre numéro de téléphone (fixe et portable)

M. le Procureur de la République
Adresse

LAR

. . . . **(lieu)**, ... **(date)**

Objet : dépôt de plainte

Monsieur le Procureur,

J'ai l'honneur de vous exposer que le . . . . à . . . . j'ai été victime de la part de mon conjoint M . . . . de . . . . **(exposez les faits)**.

Aussi, je dépose plainte contre M . . . .

Je vous prie de croire, Monsieur le Procureur, en l'expression de ma haute considération.

Votre signature

Famille

Divorce pour faute

Vos nom, prénoms
Votre adresse
Votre numéro de téléphone (fixe et portable)

Maître . . . . **(avocat)**
Adresse

. . . . **(lieu)**, ... **(date)**

Objet : divorce pour faute

Maître,

Mon conjoint . . . . **(expliquez les faits)**.

En conséquence, je souhaite aujourd'hui entreprendre une demande de divorce pour faute [1].

Ma situation familiale est la suivante : . . . .

C'est pourquoi je vous demande de bien vouloir accepter de présenter ma requête en divorce au greffe du tribunal de grande instance [2].

Je reste à votre disposition pour que nous convenions d'un rendez-vous – je l'espère – dans les plus brefs délais.

Dans l'attente de votre réponse, je vous prie de croire, Maître, à l'expression de mes respectueuses salutations.

Votre signature

P.J. : la copie de ma plainte au procureur de la République (voir modèle précédent)

1. Le divorce pour faute est possible si le conjoint a commis une violation grave ou renouvelée des devoirs et obligations du mariage rendant intolérable le maintien de la vie commune, ou s'il a été condamné à une peine criminelle. Les faits sont laissés à l'appréciation du juge. Les motifs invoqués peuvent notamment être des violences (injures, mauvais traitements).

2. Le juge convoque les époux pour une tentative de conciliation. Si celle-ci échoue, le juge aux affaires familiales rend une ordonnance de non-conciliation, et autorise un époux à assigner en divorce l'autre devant le tribunal de grande instance.

À noter : en cas de ressources insuffisantes, vous pouvez faire une demande d'aide juridictionnelle (voir modèle page 761).

Demande simple de modification du droit de visite et d'hébergement

. . . . **(lieu)**, ... **(date)**

. . . . **(prénom de l'ex-époux)**,

Depuis que nous sommes divorcés, ... **(prénoms des enfants)** passe(nt) avec toi chaque . . . . **(date actuelle de la visite)**. Il se trouve que désormais je . . . . **(motif de la demande de modification)**.

C'est la raison pour laquelle je te propose dorénavant de prendre . . . . **(prénoms des enfants)** chaque . . . . durant . . . .
Si ces nouvelles modalités te conviennent, dis-le-moi rapidement, pour que nous puissions fixer vos rendez-vous des prochains mois.

J'espère que pour toi tout va pour le mieux. Je te remercie de ta compréhension.

Votre signature

Paiement de la pension alimentaire : demande simple

. . . . **(lieu)**, ... **(date)**

. . . . **(prénom de l'ex-époux)**,

Nous sommes le . . . . et j'attends toujours le chèque de . . . . € que tu devais me verser pour la pension du mois de . . . .

Je te rappelle que sans cet argent je n'arrive pas à faire face seul(e) aux besoins de . . . . **(prénoms des enfants)**.

Si tu as des difficultés financières, dis-le-moi franchement. Nous pouvons essayer de trouver une solution provisoire en attendant que tu puisses de nouveau assumer correctement la charge de tes enfants.

J'espère une réponse rapide. Ne les fais pas attendre.

Votre signature

Paiement de la pension alimentaire : mise en demeure

LAR

. . . . **(lieu)**, ... **(date)**

. . . . **(prénom de l'ex-époux)**,

Cela fait maintenant . . . . mois que j'attends le versement de la pension alimentaire dont le montant a été décidé par le juge aux affaires familiales lors de notre divorce [1].

Je t'ai envoyé plusieurs lettres de rappel **(rappelez les dates)**, qui sont toutes restées sans réponse.
Comme tu peux t'en douter, ma situation financière est à présent très difficile. Si tu t'obstines dans ton silence et surtout dans ton refus de verser ce que tu dois à tes enfants avant le . . . . , soit la somme de . . . . €, je me verrai dans l'obligation de recourir à la justice pour te faire entendre raison.

J'espère une réponse rapide.

Votre signature

1. Au-delà de cinq ans, le créancier (celui qui doit percevoir la pension alimentaire) ne peut plus demander le paiement de la pension.

Paiement de la pension alimentaire : aide de la Caisse d'allocations familiales

Formulaire de demande d'aide au recouvrement de la pension

MODELE DE LETTRE AU PROCUREUR DE LA REPUBLIQUE POUR DEMANDER LE RECOUVREMENT PAR LE TRESOR PUBLIC

Nom
Prénom — Date
Adresse

M. Le Procureur de la République

J'ai l'honneur de vous exposer que Monsieur ou Madame :
Nom
Prénom
Adresse
Profession
Adresse de l'employeur
N° de sécurité sociale
ne m'a pas versé depuis le ....la pension alimentaire qu'il (elle) me doit en vertu du jugement dont vous trouverez, ci-joint, une copie.

Cette pension se monte à......................francs par mois et il n'est déjà dû un arriéré de..................francs à compter du ....

Je vous prie de bien vouloir m'admettre à la procédure de recouvrement par le Trésor Public.

Veuillez agréer, M. le Procureur de la République, l'expression de ma considération distinguée.

Signature

Joindre à votre lettre :

- une copie du jugement relatif à la pension alimentaire
- tout document prouvant que le recouvrement de celle-ci n'a pas pu etre obtenu par une autre procédure.

Notice explicative pour remplir le formulaire de demande d'aide

cerfa

Demande d'aide au recouvrement des pensions alimentaires

Art. L. 581-6 du Code de la Sécurité sociale. Loi 91-650 du 9 juillet 1991.
Lettre ministérielle du 22 février 1994.

Madame, Monsieur,

Vous avez déjà engagé une action pour obtenir le paiement de la pension alimentaire fixée par jugement à laquelle vous avez droit pour vos enfants, dont l'un au moins est mineur. Mais cette action a échoué.

Votre Caisse d'Allocations Familiales peut vous aider. Elle peut en effet engager ou poursuivre gratuitement, en votre nom et pour votre compte, toute nouvelle action de recouvrement contre l'autre parent.

Mais pour cela, après avoir lu attentivement la notice explicative, nous vous demandons de remplir cet imprimé. Répondez à toutes nos questions, joignez les pièces justificatives, et n'oubliez pas de le dater et de le signer.

Si vous avez des difficultés pour remplir cet imprimé ou fournir les pièces demandées, nous sommes à votre disposition pour vous aider et vous conseiller. Venez nous voir.

Sachez cependant que si vous estimez ne pas avoir droit à cette aide, ou si vous ne souhaitez pas en bénéficier, vous n'êtes pas obligé de nous retourner cette demande.

Votre Caisse d'Allocations Familiales.

Pension alimentaire : recours à un huissier de justice

Vos nom, prénoms
Votre adresse
Votre numéro de téléphone (fixe et portable)

Maître . . . . **(huissier)**
Adresse

. . . . **(lieu)**, ... **(date)**

Objet : demande de recouvrement par procédure de paiement direct

Maître,

Le jugement de divorce du tribunal de . . . . en date du . . . . , a mis à la charge de M. **(ou Mme)** . . . . , résidant actuellement . . . . [1], le versement mensuel d'une pension alimentaire de . . . . €.

Or il **(ou elle)** ne verse plus cette pension depuis le . . . .
Je souhaite donc recourir à la demande de recouvrement par procédure de paiement direct [2].

Afin d'obtenir de nouveau le versement de cette pension alimentaire et de ses arriérés, je vous prie de bien vouloir accepter d'engager ladite procédure en mon nom, auprès de . . . . **(sa banque ou son employeur, ou l'organisme qui lui verse une pension . . . . . .**), dont voici les coordonnées : . . . . **(nom de la banque, numéro de compte ; ou nom et adresse de l'employeur ; ou coordonnées de l'organisme)** [3].

Je reste à votre disposition pour tout autre renseignement.

Dans cette attente, veuillez croire, Maître, à l'expression de mes respectueuses salutations.

Votre signature

P.J. : –la photocopie du jugement relatif à la pension alimentaire ;
– un décompte des sommes dues ;
– . . . . (tous renseignements concernant le débiteur).

1. Celui qui doit la pension (le débiteur) a l'obligation de signaler tout changement de domicile au bénéficiaire (au créancier). S'il ne l'a pas fait, le créancier fait engager une recherche dans l'intérêt des familles. Voir le modèle dans le chapitre « Démarches administratives » page 789.
2. Les frais de procédure sont à la charge de celui qui doit la pension alimentaire. Aucune avance ne peut être demandée au créancier. Le montant de l'arriéré est versé en douze mensualités égales.
3. Certaines institutions sont tenues de communiquer à l'huissier de justice l'adresse du débiteur ou de son employeur, si le créancier ne les connaît pas. Ce sont : l'administration fiscale, la Sécurité sociale, le service des recherches dans l'intérêt des familles, le Fichier national des chèques irréguliers (FNCI), les fichiers départementaux des cartes grises des préfectures.

Pension alimentaire : demande de recouvrement par le Trésor public

Vos nom, prénoms
Votre adresse
Votre numéro de téléphone (fixe et portable)

M. le Procureur de la République [1]
Adresse

LAR

. . . . **(lieu)**, ... **(date)**

Monsieur le Procureur,

J'ai l'honneur de vous demander de vouloir engager une procédure de demande de recouvrement par le Trésor public [2] à l'encontre de M. **(ou Mme)** . . . ., résidant à connaissance . . . ., dont je suis divorcé(e) par jugement du tribunal de . . . . en date du . . . .

Ce jugement a mis à la charge de M. **(ou Mme)** . . . . le versement mensuel d'une prestation compensatoire de . . . . €. Or il **(ou elle)** ne verse plus cette somme depuis le . . . .

Vous trouverez ci-joints les documents vous permettant de mettre en œuvre cette procédure.

Dans cette attente, je vous prie de croire, Monsieur le Procureur, en l'expression de ma haute considération.

Votre signature

Pièces à joindre :
– un document fournissant tous les renseignements concernant le débiteur : nom, adresse, profession, numéro de Sécurité sociale, de banque, de caisse d'épargne, biens et revenus, adresse de l'employeur, etc. ;
– une copie du jugement de divorce fixant la pension avec un justificatif de signification et un certificat de non-appel ;
– le document établissant que l'une des procédures de recouvrement de la pension a échoué.

1. Il s'agit du procureur de la République du tribunal de grande instance dont dépend votre domicile.
2. Vous pouvez recourir à cette procédure si les procédures de paiement direct, de saisie-arrêt sur salaire ou de saisie-exécution ont échoué, ou encore si vous justifiez d'une décision définitive de justice ayant ordonné le paiement de la pension alimentaire. Vous avez un délai de cinq ans pour engager une procédure de recouvrement.
Cette procédure permet au comptable du Trésor de recouvrer à votre place votre pension alimentaire avec les mêmes procédures que pour le recouvrement des impôts. Le recouvrement par le Trésor ne peut porter que sur l'arriéré dû jusqu'à concurrence de six mois.
La procédure est gratuite, mais le comptable du Trésor fera payer à votre débiteur 10 % de la somme qui vous est due pour couvrir ses frais de recouvrement et frais de poursuite.

Pension alimentaire : recouvrement par le Trésor public

Vos nom, prénoms
Votre adresse
Votre numéro de téléphone (fixe et portable)

Trésor public
Adresse locale

LAR

. . . . **(lieu)**, ... **(date)**

Objet : demande de recouvrement par le Trésor public

Madame, Monsieur,

J'ai l'honneur de vous demander de vouloir procéder au recouvrement de ma pension alimentaire et de ses arriérés, auprès de M. **(ou Mme)** . . . . , résidant à connaissance . . . . , dont je suis divorcé(e) par jugement du tribunal de . . . . en date du . . . .

Ce jugement a mis à la charge de M. **(ou Mme)** . . . . le versement mensuel d'une pension alimentaire de . . . . €. Or il **(ou elle)** ne verse plus cette somme depuis le . . . .

J'ai donc engagé une procédure de demande de recouvrement par le Trésor public auprès du procureur de la République du tribunal de grande instance de . . . . , qui a accédé à ma requête.

Vous trouverez ci-joints les documents vous permettant de mettre en œuvre cette procédure.

Dans cette attente, je vous prie de croire, Madame, Monsieur, à l'expression de ma haute considération.

Votre signature

Pièces à joindre :
– un document fournissant tous les renseignements concernant le débiteur : nom, adresse, profession, numéro de Sécurité sociale, de banque, de caisse d'épargne, biens et revenus, adresse de l'employeur, etc. ;
– une copie de la lettre envoyée au procureur de la République et de sa réponse.

Paiement de la prestation compensatoire : demande simple

. . . . **(lieu)**, ... **(date)**

. . . . **(prénom de l'ex-époux)**,

Nous sommes le . . . . et j'attends toujours le chèque de . . . . € que tu devais me verser au titre de la prestation compensatoire du mois de . . . .

Je te rappelle que sans cet argent je n'arrive pas à faire face seul(e) à ma vie quotidienne.
Si tu as des difficultés financières, dis-le-moi franchement. Nous pouvons essayer de trouver une solution provisoire en attendant que tu puisses de nouveau t'acquitter correctement de tes obligations.

J'espère une réponse rapide. Je t'en remercie.

Votre signature

Paiement de la prestation compensatoire : mise en demeure

LAR

. . . . **(lieu)**, ... **(date)**

. . . . **(prénom de l'ex-époux)**,

Cela fait maintenant . . . . mois que j'attends le versement de la prestation compensatoire dont le montant a été décidé par le juge aux affaires familiales lors de notre divorce.

Je t'ai envoyé plusieurs lettres de rappel **(rappelez les dates)**, qui sont toutes restées sans réponse.
Comme tu peux t'en douter, ma situation financière est à présent très difficile. Si tu t'obstines dans ton silence et surtout dans ton refus de verser ce que tu me dois avant le . . . . , soit la somme de . . . . €, je me verrai dans l'obligation de recourir à la justice pour te faire entendre raison.

J'espère une réponse rapide.

Votre signature

Prestation compensatoire : recours à un huissier de justice

Vos nom, prénoms
Votre adresse
Votre numéro de téléphone (fixe et portable)

Maître . . . . **(huissier)**
Adresse

. . . . **(lieu)**, ... **(date)**

Objet : demande de recouvrement par procédure de paiement direct

Maître,

Le jugement de divorce du tribunal de . . . . en date du . . . . a mis à la charge de M. (ou Mme) . . . . , résidant actuellement . . . . [1], le versement mensuel d'une prestation compensatoire de . . . . €.

Or il **(ou elle)** ne verse plus cette somme depuis le . . . .
Je souhaite donc recourir à la demande de recouvrement par procédure de paiement direct [2].

Afin d'obtenir de nouveau le versement de cette prestation compensatoire et de ses arriérés, je vous prie de bien vouloir accepter d'engager ladite procédure en mon nom, auprès de . . . . **(sa banque, ou son employeur, ou l'organisme qui lui verse une pension . . . .)**, dont voici les coordonnées : . . . . **(nom de la banque et numéro de compte, ou nom et adresse de l'employeur, ou coordonnées de l'organisme)** [3].

Je reste à votre disposition pour tout autre renseignement.

Dans cette attente, je vous prie de croire, Maître, à l'expression de mes respectueuses salutations.

Votre signature

Pièces à joindre :
– la photocopie du jugement relatif à la prestation compensatoire ;
– un décompte des sommes dues ;
– tous renseignements concernant le débiteur.

1. Celui qui doit la prestation compensatoire (le débiteur) a l'obligation de signaler tout changement de domicile au bénéficiaire (au créancier). S'il ne l'a pas fait, le créancier fait engager une recherche dans l'intérêt des familles. Voir le modèle dans le chapitre « Démarches administratives » page 789.
2. Les frais de procédure sont à la charge de celui qui doit la prestation. Aucune avance ne peut être demandée au créancier. Le montant de l'arriéré est versé en douze mensualités égales.
3. Certaines institutions sont tenues de communiquer à l'huissier de justice l'adresse du débiteur ou de son employeur, si le créancier ne les connaît pas. Ce sont : l'administration fiscale, la Sécurité sociale, le service des recherches dans l'intérêt des familles, le Fichier national des chèques irréguliers (FNCI), les fichiers départementaux des cartes grises des préfectures.

Prestation compensatoire : demande de recouvrement par le Trésor public

Vos nom, prénoms
Votre adresse
Votre numéro de téléphone (fixe et portable)

M. le Procureur de la République [1]
Adresse

LAR

. . . . **(lieu)**, ... **(date)**

Objet : demande de recouvrement par le Trésor public

Monsieur le Procureur,

J'ai l'honneur de vous demander de vouloir engager une procédure de demande de recouvrement par le Trésor public [2] à l'encontre de M. **(ou Mme)** . . . ., résidant à connaissance . . . . , dont je suis divorcé(e) par jugement du tribunal de . . . . en date du . . . .

Ce jugement a mis à la charge de M. **(ou Mme)** . . . . le versement mensuel d'une prestation compensatoire de . . . . €. Or il **(ou elle)** ne verse plus cette somme depuis le . . . .

Vous trouverez ci-joints les documents vous permettant de mettre en œuvre cette procédure.

Dans cette attente, je vous prie de croire, Monsieur le Procureur, en l'expression de ma haute considération.

Votre signature

Pièces à joindre :
– une copie du jugement de divorce fixant la prestation compensatoire avec un justificatif de signification et un certificat de non-appel,
– le document établissant que l'une des procédures de recouvrement de la pension a échoué.

1. Il s'agit du procureur de la République du tribunal de grande instance dont dépend votre domicile.
2. Vous pouvez recourir à cette procédure si les procédures de paiement direct, de saisie-arrêt sur salaire ou de saisie-exécution ont échoué, ou encore si vous justifiez d'une décision définitive de justice ayant ordonné le paiement de la prestation compensatoire. Vous avez un délai de cinq ans pour engager une procédure de recouvrement.
Cette procédure permet au comptable du Trésor de recouvrer à votre place votre prestation compensatoire avec les mêmes procédures que pour le recouvrement des impôts. Le recouvrement par le Trésor ne peut porter que sur l'arriéré dû jusqu'à concurrence de six mois.
La procédure est gratuite, mais le comptable du Trésor fera payer à votre débiteur 10 % de la somme qui vous est due pour couvrir ses frais de recouvrement et frais de poursuite.

Prestation compensatoire : recouvrement par le Trésor public

Vos nom, prénoms
Votre adresse
Votre numéro de téléphone (fixe et portable)

Trésor public
Adresse locale

LAR

. . . . **(lieu)**, ... **(date)**

Objet : demande de recouvrement par le Trésor public

Madame, Monsieur,

J'ai l'honneur de vous demander de vouloir procéder au recouvrement de ma prestation compensatoire et de ses arriérés, auprès de M. **(ou Mme)** . . . ., résidant à connaissance . . . . , dont je suis divorcé(e) par jugement du tribunal de . . . . en date du . . . .

Ce jugement a mis à la charge de M. **(ou Mme)** . . . . le versement mensuel d'une prestation compensatoire de . . . . €. Or il **(ou elle)** ne verse plus cette somme depuis le . . . .

J'ai donc engagé une procédure de demande de recouvrement par le Trésor public auprès du procureur de la République du tribunal de grande instance de . . . . , qui a accédé à ma requête.

Vous trouverez ci-joints les documents vous permettant de mettre en œuvre cette procédure.

Dans cette attente, je vous prie d'agréer, Madame, Monsieur, l'expression de mes salutations distinguées.

Votre signature

Pièces à joindre :
– un document fournissant tous les renseignements concernant le débiteur : nom, adresse, profession, numéro de Sécurité sociale, de banque, de caisse d'épargne, biens et revenus, adresse de l'employeur, etc. ;
– une copie de la lettre envoyée au procureur de la République et de sa réponse.

Prestation compensatoire : requête en révision

Vos nom, prénoms
Votre adresse
Votre numéro de téléphone (fixe et portable)

Tribunal de grande instance de . . . .[1]
M. **(ou Mme)** le Juge aux affaires familiales
Adresse

LAR

. . . . **(lieu)**, ... **(date)**

Objet : requête en révision d'une prestation compensatoire

Monsieur **(ou Madame)** le Juge,

J'ai l'honneur de vous demander de bien vouloir accepter de réviser la prestation compensatoire de . . . . € par mois, que je verse à . . . . depuis le . . . .

En effet, ... (expliquez très précisément vos motifs : changement important de situation, chômage du débiteur, remariage du bénéficiaire...) [2].

Vous trouverez ci-joints les documents vous permettant de réexaminer ma situation.

Dans cette attente, je vous prie de croire, Monsieur **(ou Madame)** le Juge, à l'expression de ma haute considération.

Votre signature

P.J. : . . . . (tous les documents pouvant justifier le changement de situation)

1. Tribunal dont dépend votre lieu de résidence.

2. Attention, la révision n'est pas automatique et reste à l'entière appréciation du juge.
Le débiteur ou ses héritiers peuvent aussi demander la transformation d'une rente en capital, ou à verser en une seule fois les échéances restantes d'un capital.

Naissance

Livret de famille [1]

Nom, date et lieu de naissance des parents
Extrait de l'acte de mariage des époux (ou parents)
Extraits des actes de naissance des enfants [2])
Actes de décès des enfants morts avant leur majorité
Extraits des actes de décès des époux (ou parents)

À la demande des parents : l'acte d'un enfant né sans vie.

À la demande de l'intéressé : tout ce qui a trait à la nationalité française et les mentions de tout changement éventuel de nationalité

Tout jugement modifiant votre état civil et votre vie familiale **(divorce, séparation de corps, désaveu de paternité, changement de nom ou de filiation)**

1. Le livret de famille informe sur le droit de la famille, notamment sur le nom, la filiation, l'autorité parentale et le droit des successions, les droits et devoirs respectifs des conjoints, leurs obligations et leur régime matrimonial, le droit de la nationalité française.
Il existe cinq types de livrets de famille :
- le livret de famille des époux ;
- le livret de famille de la mère d'un enfant naturel ;
- le livret de famille du père d'un enfant naturel ;
- le livret de famille commun du père et de la mère d'un enfant naturel ;
- le livret de famille du père ou de la mère d'un enfant adopté.
Un deuxième livret de famille peut vous être délivré en cas de perte, de vol ou de destruction de votre livret de famille, ou en cas de changement dans la filiation ou dans les noms et prénoms des personnes qui figurent sur le livret.
En cas de séparation de corps ou de divorce, un deuxième livret est remis à celui qui en est dépourvu.
2. La déclaration de naissance est obligatoire pour tout enfant légitime ou naturel (né de père ou de mère non mariés ensemble). Elle doit être faite dans les trois jours qui suivent le jour de la naissance, mais si l'enfant naît un mercredi, un jeudi ou un vendredi, ce délai est repoussé au lundi suivant.
La déclaration est gratuite. Toute personne ayant assisté à l'accouchement peut faire la déclaration.

Copie intégrale d'acte de naissance

Ville de . . . .
Registre n° . . . .
Numéro d'acte : . . . .

Le . . . . **(date en toutes lettres)** à . . . . **(heure en toutes lettres)** est né(e) . . . . **(adresse de l'hôpital)** . . . . **(nom de l'enfant)**, du sexe . . . . , de . . . . **(prénoms et nom du père)**, né à . . . . , le . . . . . . , ... **(profession)** et de . . . . **(prénoms et nom de la mère)**, née à . . . . , le . . . . . . , ... **(profession)** son épouse, domiciliés . . . .

Dressé le . . . . à . . . . sur la déclaration de . . . . **(identité de la personne venue déclarer l'enfant)**, qui lecture faite et invité à lire l'acte a signé avec Nous, ... **(identité de l'officier d'état civil)**, fonctionnaire municipal délégué dans les fonctions d'état civil par le maire de . . . .

Certifié la présente copie conforme aux indications portées au registre par Nous, fonctionnaire municipal délégué dans les fonctions d'état civil par le maire de . . . .

Fait à . . . . , le . . . .

Signature de l'officier d'état civil

Acte de reconnaissance d'un enfant naturel établi par testament authentique [1]

Ceci est mon testament qui révoque toutes dispositions antérieures.

Je soussigné(e) . . . . , né(e) le . . . . à . . . . demeurant . . . . , déclare reconnaître être le père **(ou la mère)** de . . . . **(identité de l'enfant)**.

Fait à . . . .
Le . . . .

Votre signature

1. Sur les différentes formes de testament, voir le chapitre « Décès et transmission de patrimoine ».

Demande de changement de nom d'un enfant naturel reconnu par son père et sa mère

MINISTÈRE DE LA JUSTICE

cerfa

N° 11528*01

DEMANDE DE CHANGEMENT DE NOM D'UN ENFANT NATUREL RECONNU PAR SON PÈRE ET PAR SA MÈRE
(article 334-2 du code civil)

MÈRE (nom, prénoms) :

Date de naissance (1) jour |_|_| mois |_|_| année |_|_|_|_|
Lieu de naissance :
Demeurant à (2) :

Code postal |_|_|_|_|_| Commune :

et

PÈRE (nom, prénom) :

Date de naissance (3) : jour |_|_| mois |_|_| année |_|_|_|_|
Lieu de naissance :
Demeurant à (2)

Code postal |_|_|_|_|_| Commune :

Exposent qu'ils ont eu ensemble :

Prénoms du premier enfant (4) :
Reconnu par la mère le jour |_|_| mois |_|_| année |_|_|_|_|
à :
Reconnu par le père le : jour |_|_| mois |_|_| année |_|_|_|_|
à :
Demeurant à (2)
Code postal |_|_|_|_|_| Commune :

Prénoms du deuxième enfant (4) :
Reconnu par la mère le jour |_|_| mois |_|_| année |_|_|_|_|
à :
Reconnu par le père le : jour |_|_| mois |_|_| année |_|_|_|_|
à :
Demeurant à (2)
Code postal |_|_|_|_|_| Commune :

1/2

Demande de changement de nom d'un enfant naturel reconnu par sa mère

MINISTÈRE DE LA JUSTICE cerfa

N°11532*01

DEMANDE DE CHANGEMENT DE NOM D'UN ENFANT NATUREL RECONNU PAR SA MÈRE
(article 334-5 du code civil)

MADAME (nom, prénoms) :
nom d'épouse :

Date de naissance (1) : jour |_|_| mois |_|_| année |_|_|_|_|
Lieu de naissance :
Demeurant à (2) :

Code postal |_|_|_|_|_| Commune :

et

MONSIEUR (nom, prénom) :

Date de naissance (3) : jour |_|_| mois |_|_| année |_|_|_|_|
Lieu de naissance :
Demeurant à (2)

Code postal |_|_|_|_|_| Commune :

Exposent que Madame ____________________ est mère de :

Nom et prenoms du premier enfant (4) :
Reconnu par la mère le jour |_|_| mois |_|_| année |_|_|_|_|
à :
Demeurant à (2)

Code postal |_|_|_|_|_| Commune :

Nom et prénoms du deuxième enfant (4)
Reconnu par la mère le jour |_|_| mois |_|_| année |_|_|_|_|
à :
Demeurant à (2)

Code postal |_|_|_|_|_| Commune :

1/2

Demande d'inscription en crèche

Vos nom, prénoms
Votre adresse
Votre numéro de téléphone (fixe et portable)

Mairie de . . . .
M. **(ou Mme)** l'adjoint au maire
chargé de la petite enfance
Adresse

. . . . **(lieu)**, ... **(date)**

Objet : demande d'inscription en crèche

Monsieur **(ou Madame)** l'adjoint au maire,

Mon congé maternité **(ou congé parental)** arrivant bientôt à son terme, je dois donc incessamment reprendre mon activité de . . . .

Je souhaiterais beaucoup que mon fils **(ou ma fille)** . . . . **(son prénom)** né(e) le . . . . puisse entrer à la crèche. Je trouve en effet ce mode de garde bien plus enrichissant pour un bébé que la surveillance par une nourrice, chez elle ou à domicile.
En outre, plusieurs crèches se trouvent à proximité de mon logement.

Je vous demande donc de bien vouloir me faire savoir si une place serait disponible dans les prochaines semaines, de manière à me permettre d'être encore en congé durant la période d'adaptation.
Dans l'affirmative, dites-moi quelles démarches ou quelles formalités accomplir pour cette inscription.

Je reste à votre disposition pour de plus amples renseignements.

Avec mes remerciements, je vous prie de croire, Monsieur (ou Madame) l'adjoint au maire, à l'expression de ma considération respectueuse.

Votre signature

École

Inscription à l'école élémentaire

Exemple de formulaire à remplir à la mairie.

École élémentaire : demande de dérogation à la carte scolaire

Vos nom, prénoms
Votre adresse
Votre numéro de téléphone (fixe et portable)

Mairie de . . . .
M. (ou Mme) le Maire [1]
Adresse

. . . . **(lieu)**, ... **(date)**

Objet : demande de dérogation à la carte scolaire

Monsieur **(ou Madame)** le Maire **(ou l'adjoint au maire)**,

Mon enfant . . . . **(prénom)**, âgé(e) de . . . . ans, est actuellement inscrit(e) à l'école . . . . située . . . . **(adresse de l'école)**. Or son frère **(ou sa sœur)**, âgé(e) de . . . . ans, est scolarisé(e) dans une autre école . . . . , située . . . . , plus proche de notre domicile.

Par la présente, je vous demande donc de bien vouloir, au titre du rapprochement des fratries, me permettre d'inscrire . . . . **(prénom de l'enfant pour lequel vous demandez la dérogation)** dès la prochaine rentrée scolaire à l'école . . . . , située . . . .

Cela me permettrait, vous le comprendrez, des conduites de classes beaucoup plus pratiques et moins fatigantes pour les enfants.

Dans l'attente de votre réponse que j'espère favorable, je vous prie de croire, Monsieur **(ou Madame)** le Maire **(ou l'adjoint au maire)**, à l'expression de ma considération respectueuse.

Votre signature

1. Dans les grandes communes, adressez votre courrier à l'adjoint au maire chargé de l'école.

École élémentaire : demande de dérogation à la carte scolaire (formulaire)

Exemple de formulaire à remplir à la mairie.

Contestation d'une décision du conseil des maîtres

Vos nom, prénoms
Votre adresse
Votre numéro de téléphone (fixe et portable)

Inspection d'académie
M. l'inspecteur (ou Mme l'inspectrice)
Adresse

LAR

. . . . **(lieu)**, ... **(date)**

Objet : contestation de la décision du conseil des maîtres de l'école élémentaire . . . .

Monsieur l'inspecteur **(ou Madame l'inspectrice)**,

Le conseil des maîtres de l'école . . . . où est scolarisé(e) notre enfant en classe de . . . . a proposé de . . . . **(expliquez brièvement la proposition)**.

Cette proposition nous semble contraire à l'intérêt de notre enfant. En effet, ... **(exposez votre point de vue)**.
En conséquence, nous vous prions de bien vouloir accepter . . . . **(énoncez votre décision)**.

Nous vous remercions de l'attention que vous voudrez bien porter à notre demande et vous prions de croire, Monsieur l'inspecteur **(ou Madame l'inspectrice)**, à l'expression de notre considération respectueuse.

Votre signature

Collège ou lycée : demande de dérogation à la carte scolaire

Vos nom, prénoms
Votre adresse
Votre numéro de téléphone fixe et portable

Inspection d'académie
M. l'inspecteur (ou Mme l'inspectrice)
Adresse

. . . . **(lieu)**, ... **(date)**

Objet : demande de dérogation à la carte scolaire

Monsieur l'inspecteur **(ou Madame l'inspectrice)**,

Mon enfant . . . . **(prénom)**, âgé(e) de . . . . ans, doit être scolarisé(e) au collège **(ou au lycée)** . . . . , situé . . . . **(adresse)**, à compter de la prochaine rentrée scolaire.
Néanmoins, par la présente, je vous demande de bien vouloir accepter de l'inscrire au collège . . . . , situé . . . . , de manière à lui permettre . . . . **(expliquez vos raisons)**.
Dans l'attente de votre réponse que j'espère favorable, je vous prie de croire, Monsieur l'inspecteur **(ou Madame l'inspectrice)**, à l'expression de ma considération respectueuse.

Votre signature

Contestation d'une décision du conseil de classe

Vos nom, prénoms
Votre adresse
Votre numéro de téléphone (fixe et portable)

Collège (ou lycée) . . . .
M. (ou Mme) le chef d'établissement
Adresse de l'établissement

LAR

. . . . **(lieu)**, ... **(date)**

Objet : contestation d'une décision du conseil de la classe de . . . .

Monsieur **(ou Madame)** le chef d'établissement [1]

Le conseil de classe de . . . . , où notre enfant est scolarisé(e), a proposé de . . . . **(expliquez brièvement la proposition)**.

Or cette proposition nous semble contraire à l'intérêt de notre enfant. En effet, ... **(exposez votre point de vue)**.
En conséquence, nous vous prions de bien vouloir accepter de nous rencontrer, afin que nous en discutions ensemble.

Nous vous remercions de l'attention que vous voudrez bien porter à notre demande et vous prions de croire, Monsieur **(ou Madame)** le chef d'établissement, à l'expression de notre considération respectueuse.

Votre signature

1. Voir les formules de politesse.

Appel d'une décision d'orientation

Vos nom, prénoms
Votre adresse
Votre numéro de téléphone (fixe et portable)

Collège (ou lycée) . . . .
M. (ou Mme) le chef d'établissement
Adresse de l'établissement

LAR

. . . . **(lieu)**, ... **(date)**

Objet : appel d'une décision d'orientation

Monsieur **(ou Madame)** le chef d'établissement,

Le conseil de classe de . . . . , où notre enfant est scolarisé(e), a proposé de l'orienter en . . . . **(orientation)**.

Comme nous vous l'avons nous-mêmes expliqué de vive voix lors de notre entretien du . . . . , cette proposition nous semble tout à fait contraire à l'intérêt de notre enfant. En effet, ... **(exposez votre point de vue)**.

En conséquence, nous vous prions de bien vouloir porter notre dossier devant la commission d'appel, où nous souhaitons venir exprimer notre propre point de vue concernant l'orientation de notre enfant [1].

Nous vous remercions de l'attention que vous voudrez bien porter à notre demande et vous prions de croire, Monsieur (ou Madame) le chef d'établissement, à l'expression de notre considération respectueuse.

Votre signature

1. Les parents sont convoqués devant la commission d'appel pour exprimer leurs motifs. Les décisions prises par cette commission sont des décisions définitives. Si la commission d'appel refuse l'option des parents, ces derniers ont quatre possibilités :
- accepter l'orientation ;
- demander le redoublement de l'enfant ;
- l'inscrire dans l'enseignement privé ;
- recourir au tribunal administratif, qui peut casser la décision de la commission d'appel pour vice de procédure (cas très rare).

Sur la saisine du tribunal administratif, voir le chapitre « Saisine des différentes juridictions ».

Appel d'une décision de redoublement

Vos nom, prénoms
Votre adresse
Votre numéro de téléphone (fixe et portable)

Collège (ou lycée) . . . .
M. (ou Mme) le chef d'établissement
Adresse de l'établissement

LAR

. . . . **(lieu)**, ... **(date)**

Objet : appel d'une décision de redoublement

Monsieur **(ou Madame)** le chef d'établissement,

Le conseil de classe de . . . . , où notre enfant est scolarisé(e), a proposé de le (ou la) faire redoubler.

Comme nous vous l'avons nous-mêmes expliqué de vive voix lors de notre entretien du . . . . , cette proposition nous semble tout à fait contraire à l'intérêt de notre enfant. En effet, ... **(exposez votre point de vue sur le passage de votre enfant en classe supérieure)**.

En conséquence, nous vous prions de bien vouloir porter notre dossier devant la commission d'appel, où nous souhaitons venir exprimer notre opposition ferme à cette proposition de redoublement [1].

Nous vous remercions de l'attention que vous voudrez bien porter à notre demande et vous prions de croire, Monsieur **(ou Madame)** le chef d'établissement, à l'expression de notre considération respectueuse.

Votre signature

1. Les parents sont convoqués devant la commission d'appel pour exprimer leurs motifs. Les décisions prises par cette commission sont des décisions définitives. Si la commission d'appel refuse l'option des parents, ces derniers ont trois possibilités :
– accepter le redoublement ;
– l'inscrire dans l'enseignement privé dans la classe souhaitée ;
– recourir au tribunal administratif, qui peut casser la décision de la commission d'appel pour vice de procédure (cas très rare).
Sur la saisine du tribunal administratif, voir le chapitre « Saisine des différentes juridictions ».

Fiche de demande de bourse de collège

MINISTERE DE LA JEUNESSE, DE L'EDUCATION NATIONALE ET DE LA RECHERCHE

cerfa n° 11337*05

FICHE DE DEMANDE DE BOURSE DE COLLEGE
(décret n° 98-762 du 28 août 1998)
Etablissements d'enseignement public
Annee scolaire 2003-2004

Le dossier de demande de bourse de collège que vous devez, **avant le 13 octobre 2003**, remettre au chef d'établissement fréquenté par votre enfant, doit comporter :

- La présente demande remplie et signée;
- La photocopie de l'avis d'impôt sur le revenu 2001 ;
- Un relevé d'identité bancaire ou postal

CADRE A REMPLIR PAR LA FAMILLE

ELEVE :
NOM DE NAISSANCE : ....
PRENOM : ....
DATE DE NAISSANCE : ......|_|_|/|_|_|/|_|_|_|_|
REPRESENTANT LEGAL DE L'ELEVE :
NOM d'USAGE et PRENOM : ....
ADRESSE : ....
....
CODE POSTAL : |_|_|_|_|_| COMMUNE : ....
ENGAGEMENT DE LA FAMILLE :
Je reconnais avoir été informé que quiconque aura fourni sciemment des renseignements inexacts ou incomplets dans la présente déclaration, en vue d'obtenir un paiement ou avantage indu, sera puni d'un emprisonnement de quatre ans et d'une peine d'amende de 9 000 € (60 000 F) ou de l'une de ces deux peines seulement (loi n° 68-690 du 31 juillet 1968, art. 22); que toute insuffisance ou inexactitude volontaire entraînera sans autre formalité le rejet de la présente demande.
OBSERVATIONS EVENTUELLES :

DATE : |_|_|/|_|_|/|_|_|_|_|
Signature du responsable légal :

CADRE RESERVE A L'ADMINISTRATION

CLASSE FREQUENTEE PAR L'ELEVE : ....

PIECES JOINTES COMMUNIQUEES PAR LA FAMILLE

AVIS D'IMPOT SUR LE REVENU : .... oui ☐ non ☐
RELEVE D'IDENTITE BANCAIRE OU POSTAL : .... oui ☐ non ☐
ENVELOPPE AFFRANCHIE : .... oui ☐ non ☐

DECISION DU CHEF D'ETABLISSEMENT

MONTANT DE LA BOURSE 2003-2004 : .... ☐

La loi n° 78-17 du 6 janvier 1978 relative aux fichiers nominatifs garantit un droit d'accès et de rectification des données auprès des organismes destinataires du formulaire

1/1

Fiche de demande de bourse de collège privé

MINISTERE DE LA JEUNESSE, DE L'EDUCATION NATIONALE
ET DE LA RECHERCHE

DEPARTEMENT DE :
ETABLISSEMENT :
SIRET :

cerfa
n° 11338*05

FICHE DE DEMANDE DE BOURSE DE COLLEGE
(décret n° 98 - 762 du 28 août 1998,
Etablissements d'enseignement privés
Année scolaire 2003-2004

Le dossier de demande de bourse de collège que vous devez, avant le **13 octobre 2003**, remettre au chef d'établissement fréquenté par votre enfant, doit comporter :

Dans tous les cas

- La présente demande remplie et signée ,
- La photocopie de l'avis d'impôt sur le revenu 2001
- Un relevé d'identité bancaire ou postal.

Eventuellement
Si vous désirez que le chef d'établissement soit le mandataire de la bourse de collège :

- La procuration ci-jointe

CADRE A REMPLIR PAR LA FAMILLE

ELEVE :
NOM DE NAISSANCE : ....
PRENOM : ....
DATE DE NAISSANCE : ....|__|__|/|__|__|/|__|__|__|__|

REPRESENTANT LEGAL DE L'ELEVE :
NOM D'USAGE et PRENOM : ....
ADRESSE : ....
....
CODE POSTAL : |__|__|__|__|__| COMMUNE : ....

ENGAGEMENT DE LA FAMILLE :
Je reconnais avoir été informé que quiconque aura fourni sciemment des renseignements inexacts ou incomplets dans la présente déclaration, en vue d'obtenir un paiement ou avantage indu, sera puni d'un emprisonnement de quatre ans et d'une peine d'amende de 9 000 € (60 000 F) ou de l'une de ces deux peines seulement (loi n° 68-690 du 31 juillet 1968, art. 22); que toute insuffisance ou inexactitude volontaire entraînera sans autre formalité le rejet de la présente demande.

OBSERVATIONS EVENTUELLES :

DATE : |__|__|/|__|__|/|__|__|__|__|
Signature du responsable légal :

CADRE RESERVE A L'ADMINISTRATION

A. - CHEF D'ETABLISSEMENT

CLASSE FREQUENTEE PAR L'ELEVE : .... DIVISION : ....

PIECES JOINTES COMMUNIQUEES AUX SERVICES ACADEMIQUES

AVIS D'IMPOT SUR LE REVENU :	oui ☐	non ☐
RELEVE D'IDENTITE BANCAIRE OU POSTAL :	oui ☐	non ☐
PROCURATION :	oui ☐	non ☐

PROPOSITION

MONTANT DE LA BOURSE 2003-2004 : .... ☐

B. - SERVICES ACADEMIQUES

DECISION

MONTANT DE LA BOURSE 2003-2004 : .... ☐

La loi n° 78-17 du 6 janvier 1978 relative aux fichiers nominatifs garantit un droit d'accès et de rectification des données auprès des organismes destinataires du formulaire

1/1

Fiche de demande de bourse de collège (enseignement à distance)

MINISTERE DE LA JEUNESSE, DE L'EDUCATION NATIONALE ET DE LA RECHERCHE

cerfa
n° 11339*05

FICHE DE DEMANDE DE BOURSE DE COLLEGE

(décret n° 98 - 762 du 28 août 1998)

Centre National d'Enseignement à Distance

Année scolaire 2003-2004

Le dossier de demande de bourse de collège que vous devez, **avant le 10 décembre 2003**, faire parvenir à l'inspecteur d'académie, directeur des services départementaux de l'éducation nationale de la Seine Maritime - Service des bourses - 5, place des Faïenciers - 76037 ROUEN CEDEX ou à l'inspecteur d'académie, directeur des services départementaux de l'éducation nationale de la Haute Garonne -Service des bourses - Cité administrative BAF F Boulevard Armand Duportal BP 636 31003 TOULOUSE CEDEX, doit comporter :

La présente demande remplie et signée ;
La photocopie de l'avis d'impôt sur le revenu 2001 ;
Un relevé d'identité bancaire ou postal.

CADRE A REMPLIR PAR LA FAMILLE

ELEVE :
NOM : ....
DATE DE NAISSANCE : ....|__|__|_/|__|__|_/|__|__|__|__|
PRENOM : ....
ADRESSE : ....
....
CODE POSTAL : |__|__|__|__|__| COMMUNE : ....
PAYS : ....

REPRESENTANT LEGAL DE L'ELEVE :
NOM et PRENOM : ....
ADRESSE : ....
....
CODE POSTAL : .... COMMUNE : ....
PAYS : ....

ENGAGEMENT DE LA FAMILLE :
Je reconnais avoir été informé que quiconque aura fourni sciemment des renseignements inexacts ou incomplets dans la présente déclaration, en vue d'obtenir un paiement ou avantage indu, sera puni d'un emprisonnement de quatre ans et d'une peine d'amende de 9 000 € (60 000 F) ou de l'une de ces deux peines seulement (loi n° 68-690 du 31 juillet 1968, art. 22); que toute insuffisance ou inexactitude volontaire entraînera sans autre formalité le rejet de la présente demande.

OBSERVATIONS EVENTUELLES :

DATE : |__|__|_/|__|__|_/|__|__|__|__|
Signature du responsable légal :

CADRE RESERVE A L'INSPECTION ACADEMIQUE

PIECES JOINTES COMMUNIQUEES PAR LA FAMILLE

AVIS D'IMPOT SUR LE REVENU :	oui ☐	non ☐
RELEVE D'IDENTITE BANCAIRE OU POSTAL :	oui ☐	non ☐
ENVELOPPE AFFRANCHIE :	oui ☐	non ☐

DECISION DE L'INSPECTEUR D'ACADEMIE,
DIRECTEUR DES SERVICES DEPARTEMENTAUX DE L'EDUCATION NATIONALE

MONTANT DE LA BOURSE 2003-2004 : .... ☐

La loi n° 78-17 du 6 janvier 1978 relative aux fichiers nominatifs garantit un droit d'accès et de rectification des données auprès des organismes destinataires du formulaire

Fiche d'autoévaluation en vue d'une demande de bourse de lycée

FICHE D'AUTO - EVALUATION
destinée aux familles

Cette fiche doit vous permettre de déterminer si vous pouvez, éventuellement, bénéficier d'une bourse nationale de lycée en vue de retirer un dossier de demande de bourse auprès du chef d'établissement fréquenté par votre enfant.

Le droit à bourse est déterminé en fonction de la **situation de la famille, exprimée en points de charge,** et de ses **ressources**.

SITUATION DE LA FAMILLE EXPRIMEE EN POINTS :

a - Enfants à charge :

ne pas compter à charge les enfants qui établissent une déclaration de revenu séparée.

Nombre d'enfants	1	2	3	4	5	6	7	8	9	10	11	12	13
Points de charge	9	10	12	14	17	20	23	26	29	32	35	38	41

- Dans la 1ère ligne du tableau ci-dessus, entourez le chiffre égal au nombre d'enfants que vous avez à charge
- Reportez le nombre de points correspondant (chiffre situé sous le nombre d'enfants). ici .... [ ] A

b - Situations particulières :

Si vous répondez OUI aux questions suivantes, marquez **1 point** dans la case correspondante

- Le candidat boursier est-il pupille de la nation :.. [ ] b1
- Le père et la mère sont-ils tous les deux salariés :.. [ ] b2
- Le père ou la mère est-il ou est-elle en congé de longue maladie ou de longue durée :........ [ ] b3
- Y a-t-il au foyer un ascendant à charge atteint d'un handicap ou d'une maladie grave ou percevant une pension d'invalidité ou une allocation aux adultes handicapés et n'exerçant pas une activité professionnelle:...... [ ] b4

Si vous répondez OUI à la question suivante, marquez **2 points** dans la case correspondante .

- Y a-t-il au foyer un enfant atteint d'une maladie grave ou d'un handicap, n'ouvrant pas droit à l'allocation d'éducation spécialisée :.. [ ] b5
- Le candidat boursier est scolarisé en second cycle ou y accède à la rentrée suivante :...................... [ ] b6

Si vous répondez OUI à la question suivante, marquez **3 points** dans la case correspondante :

- Le père ou la mère (célibataire, veuf (ve), divorcé (e) ..) élève-t-il (elle) seul (e) un ou plusieurs enfants :.. [ ] b7

Faites le total des points des cases b1 à b7 :.. [ ] B

Faites le total des points de charge (A + B) .... [ ]

RESSOURCES DE LA FAMILLE

déclarez le revenu fiscal de référence figurant sur votre avis d'impot sur le revenu de ......

REVENU FISCAL DE REFERENCE .... [ ]

Au total des points que vous avez trouvé, correspond un plafond de ressources (voir document ci-joint). Comparez ce plafond avec votre revenu fiscal de référence. Si ce revenu est inférieur ou égal au plafond correspondant à votre situation familiale, vous êtes invités à retirer un dossier de demande de bourse auprès du secrétariat de l'établissement fréquenté par votre enfant. Ce dossier devra être complété et remis au même secrétariat dans les plus brefs délais.

N.B.- Toutefois. si votre situation a évolué (augmentation du nombre d'enfants, perte d'emploi., diminution importante des ressources. décès...) il est conseillé de remplir un dossier

Fiche de demande de bourse de lycée

N° DU DÉPARTEMENT

cerfa
n° 11319*05

MINISTÈRE DE LA JEUNESSE, DE L'ÉDUCATION NATIONALE ET DE LA RECHERCHE

DEMANDE DE BOURSE NATIONALE DE LYCÉE
(Décrets n° 59-38 et 59-39 du 2 janvier 1959)

Année scolaire 200 – 200

cadre réservé à l'administration

NOM : *écrire en lettres capitales* **PRENOMS**

Le dossier de demande de bourse devra être remis complet au chef d'établissement fréquenté actuellement par l'élève candidat à la bourse ; il devra comporter :

1° Dans tous les cas :

a. la présente demande dûment remplie et signée (p. 4)

b. la photocopie de l'avis d'impôt sur le revenu, adressé par les services fiscaux qui concerne les ressources de l'avant-dernière année de la demande de bourse ; exemple :

si vous faites en 2004 une demande de bourse pour l'année scolaire 2004-2005, vous devrez fournir la photocopie de l'avis d'impôt de l'année 2002.

2° Dans les cas particuliers, se reporter au tableau ci-dessous

CAS PARTICULIERS	PIECES JUSTIFICATIVES A JOINDRE
• Parents divorcés ou séparés	• Copie de l'extrait du jugement ou de l'ordonnance de non-conciliation indiquant à qui l'enfant est confié et, s'il y a lieu, le montant de la pension alimentaire.
• Père ou mère élevant seul un ou plusieurs enfants.	• Déclaration sur l'honneur précisant la situation de famille.
• Elève enfant recueilli.	• Copie du jugement de tutelle ou éventuellement attestation délivrée par le maire (sur papier libre ou autre)
• Charges de famille particulières	• Certificat médical attestant le cas échéant : - qu'un conjoint est en longue maladie ou en congé de longue durée ; - la présence au foyer d'un enfant atteint d'un handicap permanent et n'ayant pas droit à l'allocation d'éducation spéciale ; - la présence au foyer d'un ou plusieurs ascendants à charge atteints d'un handicap ou d'une maladie grave. Outre la fourniture du (des) certificat(s) médical(aux), établir une déclaration sur l'honneur attestant la prise en charge par la famille de chacun de ces cas depuis le 1er janvier de l'année précédant la demande de bourse.

3° Si votre situation financière ou familiale a changé sensiblement depuis le 1er janvier de l'année précédant la demande de bourse, fournir les justificatifs :

- les relevés des ASSEDIC, en cas de chômage ;
- les 3 fiches de paie qui suivent la reprise d'activité, en cas de reprise du travail.

La loi n° 78-17 du 6 janvier 1978 relative à l'informatique, aux fichiers et aux libertés s'applique aux réponses faites à ce formulaire. Elle garantit un droit d'accès et de rectification pour les données les concernant auprès de l'inspection académique dont ils relèvent.

ETABLISSEMENT DE DEPÔT DU DOSSIER :

Famille

Contestation du rejet d'une demande de bourse

Vos nom, prénoms
Votre adresse
Votre numéro de téléphone (fixe et portable)
Rappel de l'université où vous êtes inscrit(e)

Académie de . . . .
M. (ou Mme) le Recteur [1]
Adresse

LAR

. . . . **(lieu)**, ... **(date)**

Objet : contestation du rejet d'une demande de bourse

Monsieur **(ou Madame)** le Recteur,

Par décision du . . . . , ma demande de bourse pour l'année universitaire . . . . . - . . . . a été rejetée, au motif que . . . .

Or des événements familiaux nouveaux viennent de modifier ma situation pour ce qui est des conditions d'attribution de la bourse. En effet, ... **(expliquez)**. Vous trouverez ci-joints les documents attestant cette nouvelle situation.

Au regard de cela, je vous demande donc de bien vouloir accepter de réétudier ma demande.

Je vous remercie de votre compréhension et vous prie de croire, Monsieur **(ou Madame)** le recteur, à l'expression de ma considération respectueuse.

Votre signature

P.J. : les documents attestant cette nouvelle situation.

1. Voir les formules de politesse.

Fiche de demande de congé, rétablissement ou promotion de bourse d'études du second degré

MINISTÈRE DE L'ÉDUCATION NATIONALE

cerfa N° 40-2378

BOURSES NATIONALES D'ÉTUDES DU SECOND DEGRÉ

POUR REMPLIR CET IMPRIMÉ METTRE UNE CROIX DANS CHAQUE CASE INTÉRESSÉE

DEMANDE DE : CONGÉ ☐ RÉTABLISSEMENT ☐ PROMOTION ☐ DE BOURSE

I. CADRE RÉSERVÉ À L'ÉTABLISSEMENT TRANSMETTANT LA DEMANDE

ACADÉMIE	IDENTIFICATION DU BOURSIER
DÉPARTEMENT	NOM (ou nom d'usage) DU BOURSIER — PRÉNOMS
NOM ET ADRESSE DE L'ÉTABLISSEMENT	DATE ET LIEU DE NAISSANCE
	PUPILLE DE LA NATION — OUI ☐ NON ☐
CLASSE ACTUELLEMENT FRÉQUENTÉE	DATE DE LA DERNIÈRE ATTRIBUTION DE BOURSE — NOMBRE DE PARTS

RÉGIME SCOLAIRE — INTERNAT ☐ DEMI-PENSION ☐ EXTERNAT ☐

II. CADRE À REMPLIR PAR LA FAMILLE

NOM (ou nom d'usage) ET PRÉNOMS, DU REPRÉSENTANT LÉGAL

ADRESSE

PROFESSION (facultatif)	DU REPRÉSENTANT LÉGAL	DU CONJOINT(E) ou CONCUBIN(E) du représentant légal

SITUATION FINANCIÈRE (joindre la photocopie de l'avis d'imposition modèle 1533 M, de l'avis de non imposition modèle 1534 M ou de l'avis de restitution d'impôt modèle 2590 *bis* M adressé par les services fiscaux et qui se rapporte aux revenus perçus l'année antérieure).

NOMBRE D'ENFANTS À CHARGE .

PRÉNOMS DES BOURSIERS (autres que celui pour lequel est présentée la demande)	ÉTABLISSEMENTS FRÉQUENTÉS	NOMBRE DE PARTS

MOTIFS DE LA DEMANDE (1) (2)

JE DÉCLARE SUR L'HONNEUR QUE LES RENSEIGNEMENTS CI-DESSUS SONT EXACTS

SIGNATURE du représentant légal

À ...., le 19

(1) En cas de demande de promotion, joindre en outre les pièces justificatives des ressources actuelles (ex. : talon ASSEDIC, 3 dernières feuilles de paie...).
(2) En cas de congé de bourse pour maladie, joindre un certificat médical.

VOIR AU VERSO

1/2

Famille

Demande de première inscription à l'université

A DOSSIER BLEU

RÉPUBLIQUE FRANÇAISE

MINISTERE DE LA JEUNESSE, DE L'EDUCATION NATIONALE ET DE LA RECHERCHE

cerfa

n° 11712*04

DEMANDE DE PREMIERE INSCRIPTION EN PREMIER CYCLE DANS UNE UNIVERSITE FRANCAISE DES CANDIDATS TITULAIRES OU FUTURS TITULAIRES DU BACCALAUREAT FRANÇAIS

ANNEE 2004- 2005

Décret n° 71-376 du 13 mai 1971 modifié par les décrets n° 81-1221 du 31 décembre 1981, n° 88-1145 du 21 décembre 1988, n° 2000-457 du 23 mai 2000 et code de l'éducation

À REMPLIR PAR LE CANDIDAT. (La saisie informatique de ce document impose **d'écrire lisiblement**).

NOM *(en lettres capitales)* : ....

Prénom : .... Sexe : ❒ Féminin ❒ Masculin

Nationalité : Né(e) le : |__|__|/|__|__|/|__|__|__|__|

Adresse à l'étranger :

N° :...........Rue (BP) :..........................

Code postal :.................... Commune :..............................

Pays :

Téléphone : (indicatif pays - ville) |__|__|__|__|__|__|__|__|__|__|__|

e-mail : ....

Adresse en France *(où vous sera adressé votre courrier après le 30 juin*)* :

chez M. ou Mme : ....

N° :...........Rue (BP) :..

....

Code postal : |__|__|__|__|__| Commune ....

Téléphone : *(indicatif - ville)* |__|__|__|__|__|__|__|__|__|__|

e-mail :

(*) Prendre toutes dispositions pour recevoir le courrier dans les plus brefs délais (notamment l'été).

FORMULATION DES VŒUX ***(lire attentivement la notice explicative page 2)***

Choix d'inscription en université, selon l'ordre de vos préférences	**A compléter uniquement pour les voeux en langues**
1er CHOIX **UNIVERSITÉ (1) :** .... **Première année d'études universitaires générales** (préciser en toutes lettres la mention choisie (voir notice, à partir de la page 7, les mentions indiquées dans la colonne de gauche) **:**	**LLCE :** langue choisie : .... **LEA** : langue choisie : ....
2ème CHOIX **UNIVERSITÉ (1) :** .... **Première année d'études universitaires générales** (préciser en toutes lettres la mention choisie (voir notice, à partir de la page 7, les mentions indiquées dans la colonne de gauche) **:**	**LLCE :** langue choisie : .... **LEA** : langue choisie : ....
3ème CHOIX **UNIVERSITÉ (1) :** .... **Première année d'études universitaires générales** (préciser en toutes lettres la mention choisie (voir notice, à partir de la page 7, les mentions indiquées dans la colonne de gauche) **:**	**LLCE :** langue choisie : .... **LEA** : langue choisie : ....

(1) Exemple université : Lille 3

A partir de la rentrée 2004, dans le cadre de l'harmonisation conduite au niveau de l'Europe, certaines universités ont réorganisé leurs études et les étudiants ne sont plus inscrits en 1re année de DEUG mais en 1re année de licence. Cependant, le DEUG pourra toujours être délivré aux étudiants ayant obtenu 120 crédits européens.

A titre indicatif : avez-vous déposé un dossier de demande d'inscription en classe post-bac ? oui ❒ non ❒

si demande en section de technicien supérieur, nom de la spécialité :..

si demande en classe préparatoire de grande école, nom de la spécialité :..

La loi n° 78-17 du 6 janvier 1978 relative aux fichiers nominatifs garantit un droit d'accès et de rectification des données auprès des organismes destinataires du formulaire

adfbleu1

1/6

Réponse de l'université

B

cerfa

n° 11713*04

PARTIE A REMPLIR PAR LE CANDIDAT

NOM :..Prénom :..

Nationalité :..

Mention envisagée *(intitulé identique à la case remplie page 1)* :..

....

REPONSE DE LA PREMIERE UNIVERSITE ADRESSEE AU CANDIDAT : (CACHET) - **(A REMPLIR PAR CELLE-CI)**

❒ **L'université fait-elle partie de l'académie de rattachement ?** oui ❒ (1) non ❒ (1)

❒ **Demande d'admission acceptée (valable exclusivement pour la rentrée universitaire qui suit le dépôt du dossier)** (1) (2), sous réserve de la présentation du diplôme ouvrant droit aux études envisagées.

Pour procéder à votre inscription définitive vous devrez vous présenter, **avec l'original de votre diplôme et**, si vous n'êtes pas de nationalité française, **de celui de votre titre de séjour**, entre le |__|__||__|__||__|__|__|__| et le |__|__||__|__||__|__|__|__| à :..

....

(l'université conserve le dossier)

Dès la réception de cette réponse vous devez envoyer une lettre de confirmation :

- **par retour du courrier** si vous êtes déjà titulaire du diplôme ;
- **dans les dix jours** qui suivent l'obtention du diplôme, si vous êtes en cours d'étude ;
- **dans tous les cas** avant le 24 juillet (cachet de la poste faisant foi).

Si cette confirmation n'est pas effectuée dans les délais, vous ne serez pas inscrit.

❒ **Demande d'admission non acceptée pour la raison suivante (1) :** ....

....

....

Votre dossier est transmis à l'université de :.. le |__|__||__|__||__|__|__|__|

qui devra vous communiquer sa réponse dès que possible.

Le Président (date, signature et cachet) :

(1) Cocher la case correspondante
(2) En cas d'acceptation, cette réponse a valeur d'attestation en vue de l'inscription définitive.
Cette attestation devra être présentée avec les pièces exigées pour les formalités d'accueil en France

adfbleu1 4/6

Famille

Demande de recul ou de dispense de limite d'âge pour passer un concours

MINISTERE DE LA JEUNESSE, DE L'EDUCATION NATIONALE ET DE LA RECHERCHE

cerfa

n°11429*01

DEMANDE DE RECUL OU DE DISPENSE DE LIMITE D'AGE
(médecine : décret n° 84-135 du 24 février 1984 modifié)
(odontologie : décret n° 90-92 du 24 janvier 1990 modifié)

JE SOUSSIGNE (E)

Nom patronymique :

Nom marital : ....

Prénoms : .Date de naissance : |__/__/____|

Adresse complète :

Rue ....N° ....

Code postal : |_____| Commune

DEMANDE A BENEFICIER D'UN RECUL DE LIMITE D'AGE

a) - d'un an par enfant à charge de moins de vingt et un ans |__| (1)

b) - d'un an par enfant élevé pendant neuf ans avant son seizième anniversaire |__| (1)

c) - d'un an par personne à charge ouvrant droit aux allocations prévues pour les handicapés |__| (1)

NB : Un enfant ou une personne à charge ne peut ouvrir droit qu'au bénéfice de l'une ou l'autre des dispositions ci-dessus.

d) - d'une durée égale à celle des services militaires ou du service national effectué à titre obligatoire (ans) |__| (mois) |__| (jours) |__|

DEMANDE A BENEFICIER D'UNE DISPENSE DE LIMITE D'AGE :

e) - en application des dispositions de la loi n° 75.3 du 3 janvier 1975 qui n'opposent pas de limite d'âge aux mères de trois enfants et plus, aux veuves non remariées, aux femmes divorcées et non remariées, aux femmes séparées judiciairement et aux femmes célibataires ayant au moins un enfant à charge, qui se trouvent dans l'obligation de travailler (2) **oui** : **non**

J'atteste sur l'honneur avoir été informé (e) que toute déclaration inexacte de ma part entraînerait l'annulation de mon éventuel succès au concours

Fait à le |__/__/____|

Signature

(1) Indiquer le nombre d'enfants ou de personnes à charge.
(2) Cocher la mention utile

PIECES A JOINDRE :

a et b - une photocopie du livret de famille ,
- pour les enfants de seize à vingt et un ans : une déclaration sur l'honneur certifiant que l'enfant est à la charge du candidat ;
- pour les enfants de plus de vingt et un ans : une déclaration sur l'honneur certifiant que l'enfant a bien été élevé par le candidat pendant neuf ans avant son seizième anniversaire;

c - une déclaration sur l'honneur certifiant que la personne handicapée est à la charge du candidat et tout document prouvant que cette personne bénéficie des allocations prévues pour les handicapés ;

d - une copie de l'état signalétique et des services militaires

e - un acte d'état civil établissant la situation de famille et une déclaration sur l'honneur certifiant se trouver dans l'obligation de travailler.

La loi n° 78-17 du 6 janvier 1978 relative aux fichiers nominatifs garantit un droit d'accès et de rectification des données auprès des organismes destinataires du formulaire

1/1

Convention de stage d'initiation à l'entreprise

académie d'Orléans-Tours
jeunesse éducation recherche

École - entreprise
Efficace ensemble

CONVENTION RELATIVE AUX STAGES D'INITIATION EN MILIEU PROFESSIONNEL

Pour les élèves participant à :

- **des parcours individualisés en alternance pour collégiens** ☐
- **une classe par alternance en collèges ("découverte des métiers")** ☐

Application des textes réglementaires en vigueur

- Vu la directive 94/33/CE du Conseil de l'union européenne du 22 juin 1994 relative à la protection des jeunes au travail
- Vu le code du travail - Vu le code de la sécurité sociale
- Vu la loi n° 71-577 du 16 juillet 1971 d'orientation de l'enseignement technologique, notamment son article 6
- Vu la loi n° 89-486 du 10 juillet 1989 d'orientation sur l'éducation, notamment son article 7
- Vu le décret n° 85-924 du 30 août 1985 modifié relatif aux établissements publics locaux d'enseignement
- Vu le décret n° 96-465 du 29 mai 1996 relatif à l'organisation de la formation au collège
- Vu le BO n° 38 du 24 octobre 1996 et la note de service n° 96-241 du 15 octobre 1996 relatifs à une convention-type sur la formation en milieu professionnel des élèves de lycées professionnels et annexe - modifiée en septembre 2001
- Vu le code du travail, et notamment son article L.211-1 ;
- Vu le code de la sécurité sociale, et notamment son article L. 412 8 (2)
- Vu le code de l'éducation, et notamment ses articles L.313-1. L.331-4, L.331-5, L.332-3, L 335-2, L. 411-3 L. 421-7, L.911-4
- Vu le code civil, et notamment son article 1384 ;
- Vu le décret n° 2003-812 du 26 août 2003 relatif aux modalités d'accueil en milieu professionnel des élèves mineurs de moins de seize ans
- Vu la circulaire n° 2003-134 du 08/09/2003 relative aux modalités d'accueil en milieu professionnel des élèves mineurs de moins de seize ans.
- Vu la délibération du conseil d'administration du collège ou du lycée en date du approuvant la convention--type académique
- Vu la délibération du conseil d'administration du collège ou du lycée en date du autorisant le chef d'établissement à conclure au nom de l'établissement toute convention relative aux stages d'initiation en entreprise conforme à la convention--type

	entre l'entreprise ou l'organisme d'accueil	**et le collège**
Nom Adresse Tél. ou cachet		
	représenté par le responsable d'entreprise :	représenté par le chef d'établissement.

il a été convenu ce qui suit :

Élève	Nom : Classe :	
Stage d'initiation en entreprise	Du	au

L'Éducation nationale partenaire des entreprises de votre région

Convention relative aux stages d'initiation en milieu professionnel
Page 1/4

Famille

Convention de stage en centre hospitalier

Présentation générale - Le décret n° 97-495 du 16 mai 1997. L'article 3 prévoit la convention de stage dont le modèle est fixé par l'arrêté du 16 mai 1997
[...]

Annexe (modifiée par l'arrêté du 13 mars 1998) - Modèle type de convention passée dans le cadre du(des) stage(s) effectué(s) auprès d'un(de) praticien(s) généraliste(s) agréé(s)
La convention est passée entre M., directeur général du centre hospitalier et universitaire de (éventuellement, représenté par M.), le directeur de l'unité de formation et de recherche médicale de --- --- représenté par (directeur du département de médecine générale) et le docteur --- --- --- (nom du médecin généraliste agréé).
Il est convenu ce qui suit :

Article premier. – Le(s) docteur(s) – accueillera(ront) en qualité de maître de stage M..résident rattaché au CHU -- de -- ., ou, lorsque le stage se déroulera en dehors d'un cabinet libéral, par M. .. ayant qualité pour représenter la structure d'accueil et M. le docteur .. auprès duquel le résident effectuera son stage. Le stage se déroulera au cours du.semestre de l'année universitaire --.pour une période allant du --.au.
Art. 2. – A l'issue du stage, M. -- devra avoir acquis les compétences suivantes : -- .Pour ce faire il sera amené à accomplir notamment les actes suivants : -- ., en présence du (des) docteur(s) --.puis, en son (leur) absence, le(s) docteur(s) pouvant intervenir à tout moment.
Art. 3. – Les obligations de présence de M. --- --- , prévues par le décret du 2 septembre 1983, s'établissent de la façon suivante : --- ---.Au cours du stage, il disposera de --- --- autorisations d'absence hebdomadaires réparties comme suit --- --- , afin de disposer du temps nécessaire à sa formation théorique.
Art. 4. – Pendant toute la durée du stage, M. --.sera placé sous l'autorité du docteur ., qui l'accueillera au cours de chaque période de stage. Celui-ci pourra, lorsqu'il le jugera opportun, demander à M..de ne pas assister à certaines consultations ou à certaines visites.
Art. 5. - M. -- agira en toutes circonstances dans le respect des dispositions législatives et réglementaires en vigueur, notamment du code de déontologie médicale et des conventions médicales.
Art. 6. - La maître de stage doit avoir obligatoirement une assurance responsabilité professionnelle. Il doit signaler à son assurance sa qualité de maître de stage.
Art. 7. - L'étudiant en médecine justifie être titulaire d'une assurance responsabilité professionnelle qui couvre :1. Les dommages qu'il peut causer au patient du maître de stage ; 2. Les dommages qu'il peut causer au maître de stage dans le cadre du stage.
Art. 8. - M. .. (directeur du CHU) s'engage à prévenir l'assurance de l'établissement du stage effectué par M. -- auprès du (des) docteur(s) --.
Art. 9. - Pendant la durée du stage, M --.percevra du CHU auquel il est rattaché : 1° Les émoluments forfaitaires mensuels prévus au premier alinéa de l'article 6 du décret no 83-789 du 2 septembre 1983 modifié fixant le statut des internes et résidents en médecine, des internes en pharmacie et des internes en odontologie ; 2° S'il est chargé de famille, un supplément familial de traitement dont le montant est calculé selon les règles fixées au deuxième alinéa de l'article 10 du décret no 74-652 du 19 juillet 1974 relatif à la rémunération des personnels civils et militaires de l'Etat ; 3° Le cas échéant, les indemnités compensatrices d'avantages en nature prévues au deuxième alinéa de l'article 9 du décret du 2 septembre 1983 susvisé.
Art. 10. - M -- demeure soumis, pendant la durée du stage chez le praticien, au régime disciplinaire du décret du 2 septembre 1983. Le directeur général du centre hospitalier universitaire avise, le cas échéant, le directeur de l'unité de formation et de recherche des sanctions prononcées. Le directeur de l'unité de formation et de recherche dont relève le stagiaire peut mettre fin au stage ou le suspendre de sa propre initiative ou à la demande soit du maître de stage, soit du stagiaire. En tout état de cause, il ne pourra être mis fin à ce stage de façon unilatérale sans réunion préalable des parties contractantes et sous réserve d'un préavis de quinze jours.
Art. 11. - Lorsque le stage est effectué chez plusieurs médecins généralistes exerçant en cabinet libéral, M. .. coordonnateur de médecine générale de l'UFR de médecine de -- ., en accord avec les maîtres de stage accueillant le résident, confie à M. le docteur -- , maître de stage, le soin de coordonner les différentes périodes du stage du résident.
Art. 12. - A l'issue du stage, M..remettra un rapport de stage portant sur la formation théorique et pratique acquise durant le stage, visé par M. le docteur -- , responsable de la coordination du stage, au responsable de l'enseignement.
Art. 13. - A l'issue du stage, M. le docteur -- ., responsable de la coordination du stage, rédigera un rapport sur le déroulement de celui-ci aux fins de validation du stage. Ce rapport sera adressé au directeur de l'unité de formation et de recherche médicale dont relève M. --.et communiqué à ce dernier.
Art. 14. - La présente convention entre en application à la date du ... et jusqu'au ...

Demande de communication d'une copie de baccalauréat

Vos nom, prénoms
Votre adresse
Votre numéro de téléphone (fixe et portable)
Rappel du lycée où vous étiez scolarisé(e)

Académie de . . . .
M. le président (ou Mme la présidente) du jury
Adresse

LAR

. . . . **(lieu)**, ... **(date)**

Objet : demande de communication d'une copie de baccalauréat

Monsieur (ou Madame),

Ayant reçu les résultats du baccalauréat, je m'étonne de la note que j'ai obtenue en . . . . , alors que je pensais au contraire avoir parfaitement réussi.

C'est la raison pour laquelle je vous serais reconnaissant(e) de bien vouloir me permettre de prendre connaissance de ma copie au plus tôt.

Je vous remercie de votre compréhension et vous prie de croire, Monsieur (ou Madame), à l'expression de ma considération respectueuse.

Votre signature

Accident à l'école

Modèle n°1

Vos nom, prénoms
Votre adresse
Votre numéro de téléphone (fixe et portable)

École (collège, lycée) . . . .
M. (ou Mme) . . . .
Adresse

LAR

. . . . **(lieu)**, ... **(date)**

Objet : accident survenu à mon enfant [1]

Monsieur le . . . . **(ou Madame la . . . .)** [2],

Le . . . . **(date de l'accident)**, mon enfant . . . . a eu un accident dans votre établissement : . . . . (expliquez les faits).

Il me semble que cet accident aurait pu être évité si les locaux avaient été mieux entretenus. En effet, nous sommes plusieurs parents d'élèves à avoir constaté . . . .
Conformément aux règles du droit administratif, votre responsabilité est donc engagée.
En conséquence, je réclame une indemnisation pour ce préjudice, que j'évalue à . . . . €.

J'espère une réponse rapide, à défaut de laquelle je me verrai contraint(e) de saisir les tribunaux.

Veuillez agréer, Monsieur le . . . . **(ou Madame la** . . . .) [1], l'expression de mes salutations distinguées.

Votre signature

1. N'oubliez pas de faire aussi une déclaration d'accident à votre assurance au titre de l'assurance scolaire.
2. Voir les formules de politesses.

Modèle n° 2

Vos nom, prénoms
Votre adresse
Votre numéro de téléphone (fixe et portable)

École **(collège, lycée)** . . . .
M. **(ou Mme)** . . . .
Adresse

LAR

. . . . **(lieu)**, ... **(date)**

Objet : accident survenu à mon enfant [1]

Monsieur le . . . . **(ou Madame la . . . .)** [2],

Le . . . . **(date de l'accident)**, mon enfant . . . . a eu un accident dans votre établissement : . . . . **(expliquez les faits)**.

Il me semble que cet accident aurait pu être évité si le responsable de la surveillance de la cour avait correctement fait son travail. Je considère donc que sa responsabilité est engagée, ainsi d'ailleurs que celle de l'État.

En conséquence, je réclame une indemnisation pour ce préjudice, que j'évalue à . . .€.
J'espère une réponse rapide, à défaut de laquelle je me verrai contraint(e) de saisir les tribunaux.

Veuillez agréer, Monsieur le . . . . **(ou Madame la . . . .)** [1], l'expression de mes salutations distinguées.

Votre signature

1. N'oubliez pas de faire aussi une déclaration d'accident à votre assurance au titre de l'assurance scolaire.
2. Voir les formules de politesse.

Assurance

En France, certaines assurances sont obligatoires, d'autres facultatives. L'obligation porte sur tous les dommages qu'une personne physique ou morale peut causer aux autres, c'est-à-dire essentiellement la responsabilité civile et professionnelle, l'habitation, les véhicules. Le champ est large et les occasions d'écrire sont nombreuses. Attention ! en la matière, soyez toujours très prudent dans vos écrits, conservez tous les documents y compris la moindre facturette et constituez des dossiers. Enfin, n'envoyez jamais de documents originaux, qui peuvent toujours resservir.

Demande d'attestation d'assurance

Vos nom, prénoms
Votre adresse
Votre numéro de téléphone
Références du contrat

Nom de la compagnie d'assurance
Son adresse

. . . . **(lieu)**, ... **(date)**

Objet : demande d'attestation d'assurance

Monsieur **(ou Madame)**,

Je vous prie de bien vouloir me faire parvenir dans les plus brefs délais une attestation d'assurance . . . . **(multirisque habitation, automobile...)**. Je vous rappelle les références de mon contrat : . . . .

Dans l'attente de votre réponse, je vous prie d'agréer, Monsieur (ou Madame), l'expression de mes salutations distinguées.

Votre signature

Demande de renseignements

Vos nom, prénoms
Votre adresse
Votre numéro de téléphone (fixe et portable)
Références du contrat

Nom de la compagnie d'assurance
Son adresse

. . . . **(lieu)**, ... **(date)**

Objet : demande de renseignements

Monsieur **(ou Madame)**,

Avant de contracter une nouvelle police d'assurance pour couvrir . . . . (risque), je voudrais savoir si je ne suis pas déjà couvert par le contrat que j'ai souscrit chez vous (références ci-dessus).

J'en ai relu les clauses mais je n'ai pas trouvé de réponse précise sur ce sujet.

Dans l'attente de vos éclaircissements, je vous prie d'agréer, Monsieur (ou Madame), l'expression de mes salutations distinguées.

Votre signature

Demande d'information sur les garanties « accident de vie »

Vos nom, prénoms
Votre adresse
Votre numéro de téléphone (fixe et portable)

Nom de la compagnie d'assurance
Son adresse

. . . . **(lieu)**, ... **(date)**

Objet : demande d'information sur les garanties « accident de vie »

Monsieur **(ou Madame)**,

J'ai appris, par différentes publicités télévisées et autre, qu'il existait une nouvelle garantie « accident de la vie ».

Que recouvre-t-elle et quelle est la différence de tarifs par rapport à l'assurance « complémentaire familiale » à laquelle je souscris depuis déjà plusieurs années ?

Pensez-vous, compte tenu de ma situation familiale et de mes activités, que je devrais en souscrire une ?

Dans l'attente de vos renseignements, je vous prie de croire, Monsieur **(ou Madame)**, à l'assurance de ma considération distinguée.

Votre signature

Demande d'extension de garantie

Vos nom, prénoms
Votre adresse
Votre numéro de téléphone
Références du contrat

Nom de la compagnie d'assurance
Son adresse

. . . . **(lieu)**, ... **(date)**

Objet : demande d'extension de garantie

Monsieur **(ou Madame)**,

Je suis actuellement couvert par un contrat d'assurance multirisque habitation.

Je vais désormais pratiquer . . . . (par exemple, un sport dangereux) et je souhaiterais donc étendre ma police aux risques éventuels de . . . . (risques amenés par votre nouvelle activité).

Pouvez-vous s'il vous plaît me faire savoir quelles seraient les conditions de cette extension ?
Ou faut-il que je souscrive un contrat spécial pour couvrir ces risques supplémentaires ?

Dans l'attente de votre réponse, je vous prie d'agréer, Monsieur **(ou Madame)**, l'expression de mes salutations distinguées.

Votre signature

Confirmation de souscription d'un contrat d'assurance

Vos nom, prénoms
Votre adresse
Votre numéro de téléphone (fixe et portable)

Nom de la compagnie d'assurance
Son adresse

. . . . **(lieu)**, ... **(date)**

Objet : confirmation de souscription d'un contrat d'assurance

Monsieur **(ou Madame)**,

Par la présente, je vous confirme ma décision de souscrire un contrat . . . . **(type de contrat d'assurance : multirisque habitation, automobile...)** pour . . . . **(objet du contrat : le logement situé . . . . , le véhicule . . . .)** à dater de . . . . **(jour de la prise de possession)**.

(Ensuite, détaillez l'objet du contrat :)
Ce logement a une surface de . . . . m2 et comporte . . . . pièces, dont . . . . **(chambres, cuisine, salle de bains)**.
Ou :
Ce véhicule a les caractéristiques suivantes : . . . . **(reprenez les mentions de la carte grise)**.

Je reste évidemment à votre disposition pour tout renseignement complémentaire (vous pouvez m'appeler au . . . . **(numéro de portable)**).

Dans l'attente de mon contrat, je vous prie de croire, Monsieur **(ou Madame)**, à l'assurance de ma considération distinguée.

Votre signature

Demande d'agrément d'une association de protection de l'environnement (formulaire Cerfa n° 10137*02)

MINISTERE CHARGE DE L'ENVIRONNEMENT

cerfa

N° 10137*02

DEMANDE D'AGREMENT D'UNE ASSOCIATION DE PROTECTION DE L'ENVIRONNEMENT
(Articles L. 141-1 du code de l'environnement et R. 252-1 à R. 252-29 du code rural)

1. PRESENTATION DE L'ASSOCIATION

TITRE DE L'ASSOCIATION (EN TOUTES LETTRES) ET SON SIGLE LE CAS ECHEANT

_	_	_	_	_	_	_	_	_	_	_	_	_	_	_	_	_	_	_	_	_	_	_	_	_	_	_	_	_	_	_	_	_	_	_	_	_	_	_	_	_
_	_	_	_	_	_	_	_	_	_	_	_	_	_	_	_	_	_	_	_	_	_	_	_	_	_	_	_	_	_	_	_	_	_	_	_	_	_	_	_	_
_	_	_	_	_	_	_	_	_	_	_	_	_	_	_	_	_	_	_	_	_	_	_	_	_	_	_	_	_	_	_	_	_	_	_	_	_	_	_	_	_

ADRESSE DU SIEGE SOCIAL DE L'ASSOCIATION

N° |_|_|_|_|_| RUE |_|_|_|_|_|_|_|_|_|_|_|_|_|_|_|_|_|_|_|_|_|_|_|_|_|_|_|_|
|_|_|_|_|_|_|_|_|_|_|_|_|_|_|_|_|_|_|_|_|_|_|_|_|_|_|_|_|_|_|_|_|_|_|_|_|_|_|_|_|_|

LIEU-DIT |_|_|_|_|_|_|_|_|_|_|_|_|_|_|_|_|_|_|_|_|_|_|_|_|_|_|_|_|_|_|_|_|_|_|_|_|_|
CODE POSTAL |_|_|_|_|_|
COMMUNE |_|_|_|_|_|_|_|_|_|_|_|_|_|_|_|_|_|_|_|_|_|_|_|_|_|_|_|_|_|_|_|_|_|_|_|_|

DEPARTEMENT |_|_|_|_|_|_|_|_|_|_|_|_|_|_|_|_|_|_|_|_|_|_|_|_|_|_|_|_|_|_|_|_|_|_|_|
TELEPHONE |_|_|_|_|_|_|_|_|_|_|

NOM ET PRENOM DU PRESIDENT DE L'ASSOCIATION

|_|_|_|_|_|_|_|_|_|_|_|_|_|_|_|_|_|_|_|_|_|_|_|_|_|_|_|_|_|_|_|_|_|_|_|_|_|_|_|_|_|

DATE A LAQUELLE L'ASSOCIATION A ETE DECLAREE |_|_| |_|_| |_|_|_|_|

Pour les départements du Bas-Rhin, du Haut-Rhin et de la Moselle, indiquez la date à laquelle l'association a été inscrite

DEPARTEMENT DE LA DECLARATION |_|_|_|_|

OBJET DE L'ASSOCIATION (tel qu'il résulte des statuts, le cas échéant en résumant)

20, Avenue de Ségur 75302 Paris 07 SP - Téléphone : 01 42.19.20.21 Télécopieur : 01 42.19.20.12

Assurance

Demande d'agrément d'une association de tourisme sans but lucratif (formulaire Cerfa n° 10470*02)

Secrétariat d'État au Tourisme

DEMANDE D'AGRÉMENT D'ASSOCIATION OU D'ORGANISME SANS BUT LUCRATIF

cerfa 10470*02 — 1/1

(Articles 36 et 37 du décret n° 94-490 du 15 juin 1994)
Tout changement intervenant dans cette demande d'autorisation devra être signalée au préfet.

IDENTIFICATION DE L'ASSOCIATION OU DE L'ORGANISME SANS BUT LUCRATIF

Nom :

Adresse :

Code postal |_|_|_|_|_| Commune :

Date du dépôt des statuts : |_|_| |_|_| |_|_|_|_| UNION (1) ☐ FÉDÉRATION (1) ☐

Objet de l'association ou de l'organisme :

IDENTIFICATION DU DEMANDEUR REPRÉSENTANT LÉGAL OU STATUTAIRE

Nom : Prénom :

Date de naissance |_|_| |_|_| |_|_|_|_| Lieu de naissance

Adresse :

Code postal |_|_|_|_|_| Commune :

Téléphone : |_|_|_|_|_|_|_|_|_|_|

Nationalité (1) :

Français ☐ Ressortissant de l'U.E. ☐

Fonction : Autre :

IDENTIFICATION ET APTITUDE PROFESSIONNELLE DU DIRIGEANT TOURISME

Nom : Prénom :

Qualité dans l'association ou l'organisme :

Diplôme(s) éventuel(s) :

Expérience professionnelle :

GARANTIE FINANCIÈRE

Nom du garant :

ASSURANCE RESPONSABILITÉ CIVILE PROFESSIONNELLE

Nom de la compagnie :

DÉCLARATION SUR L'HONNEUR

Le demandeur soussigné certifie l'exactitude de tous les renseignements portés sur la présente demande de licence et s'engage à présenter toutes justifications qui lui seraient demandées.

Nom du signataire :

Fait à

le |_|_| |_|_| |_|_|_|_|

Signature :

PIÈCES À JOINDRE

Justificatifs concernant l'aptitude professionnelle de l'un des représentants de l'association ou l'organisme, ou la personne chargée de la direction du département tourisme :

- Curriculum vitæ
- Copie du ou des diplômes
- Attestation(s) d'employeur(s)
- Statuts de l'association ou de l'organisation (précisant l'origine et l'utilisation des ressources) :
- Composition des organes de direction
- Nombre d'adhérents et montant des cotisations
- Règlement intérieur
- Récépissé de déclaration de l'association
- Rapport moral et financier
- Comptes du dernier exercice
- Joindre une liste des noms et adresses des organismes adhérents si il s'agit d'une union ou d'une fédération
- Attestation de garantie financière
- Attestation de l'assurance de responsabilité civile

(1) Cocher la case correspondante.

La loi n° 78-17 du 6 janvier 1978 relative aux fichiers nominatifs garantit un droit d'accès et de rectification des données auprès de l'organisme destinataire du formulaire.

Déclaration d'ouverture d'un local d'enseignement de danse (formulaire Cerfa n° 10452*02)

MINISTERE DE LA CULTURE ET DE LA COMMUNICATION
Direction de la Musique, de la Danse, du Théâtre et des Spectacles
53, rue Saint-Dominique 75007 PARIS

cerfa
N° 10452*02

DECLARATION D'OUVERTURE D'UN LOCAL D'ENSEIGNEMENT DE LA DANSE

Article 5 Loi n° 89-468 du 10 juillet 1989

Formulaire à retourner au **PRÉFET DE DEPARTEMENT** du lieu d'exploitation du local **2 MOIS AU MOINS** avant l'ouverture du local

I - IDENTIFICATION DU DECLARANT

NOM ET PRÉNOMS (personne physique) : ....

ou DÉNOMINATION (personne morale) : ....

ADRESSE : ....

CODE POSTAL : .... COMMUNE : .... PAYS : ....

II - DESCRIPTION DU LOCAL EXPLOITE

***A* - IDENTIFICATION DU LOCAL**

NOM ET PRÉNOMS (personne physique) : ....

ou DÉNOMINATION (personne morale) : ....

ADRESSE : ....

CODE POSTAL : .... COMMUNE : ....
PAYS : ....

TELEPHONE : |__|__|__|__|__|

***B* - CARACTERISTIQUES DU LOCAL**

- joindre un plan indiquant l'échelle
- surface totale
- nombre de studios
- pour chaque studio (photocopier ce document en autant d'exemplaires que de studios) - précisez :
  - superficie :
  - hauteur :
  - nature et caractéristiques du sol :
    parquet : oui ☐ à lattes : oui ☐
    non ☐ préciser : ....
    non ☐ préciser la nature du sol : ....

    support : lambourdage simple ☐
    lambourdage double ☐
    autre ☐ préciser : ....

- nombre de cabinets d'aisance :
- nombre de douches :
- nombre de lavabos :

1/2

Demande d'habilitation d'un centre de formation au diplôme d'État de professeur de danse (formulaire Cerfa n° 10448*02)

MINISTERE DE LA CULTURE ET DE LA COMMUNICATION
Direction de la Musique, de la Danse, du Théâtre et des Spectacles
53, rue Saint-Dominique 75007 PARIS

cerfa
N° 10448*02

DEMANDE D'HABILITATION D'UN CENTRE DE FORMATION
AU DIPLÔME D'ETAT DE PROFESSEUR DE DANSE

Loi n° 89-468 du 10 juillet 1989
Arrêté du 11 avril 1995

FORMULAIRE A RETOURNER A M. LE PREFET DE REGION
(**DIRECTION REGIONALE DES AFFAIRES CULTURELLES** DU SIEGE SOCIAL DU CENTRE)

I - IDENTIFICATION DU CENTRE

Dénomination :
....

Adresse :
....

Code Postal :........................ Commune :... Pays :
....

Téléphone : |__|__|__|__|__|__| Fax : |__|__|__|__|__|__| Mél :

II - EQUIPE PEDAGOGIQUE

A - Nom du directeur (joindre C.V.) :
....

B - Nom du responsable administratif :
....

C- Nom du responsable pédagogique :
....
(joindre C.V.et diplôme(s))

D - Identification de l'équipe pédagogique : pour chaque enseignant, joindre C.V., photocopie(s) diplôme(s) ou dispense et accord de principe signé par la direction et l'enseignant, précisant matière enseignée, période et volume horaire

III - ORGANISATION DES ENSEIGNEMENTS

- Durée de la formation complète :
- Mentionner date du début de la session de formation

- Mentionner date de la fin de la session de formation :

- Joindre un tableau récapitulatif des horaires de cours pour chacune des 4 unités de formation constitutives du diplôme, toutes précisions relatives à l'organisation et à la planification de la formation et un tableau des horaires hebdomadaires de cours pour chaque trimestre

- Préciser les modalités d'application de la mise en situation pédagogique des élèves au titre de la formation pratique de 200 heures prévue dans l'Unité de Formation à l'U.V. de pédagogie

1/6

Déclaration de sinistre à la suite d'un incendie

Vos nom, prénoms
Votre adresse
Votre n° de téléphone fixe et portable
Références du contrat

Nom de la compagnie d'assurance
Son adresse

LAR

A..., le...

Objet : Déclaration de sinistre suite à un incendie

Monsieur **(ou Madame)**,

Dans le nuit du ...... au ...... **(ou simplement la date)**, mon logement **(résidence secondaire, commerce......)** situé...... a été l'objet d'un incendie d'origine accidentelle, dont la cause réelle n'a pas encore été déterminée pour le moment.

Je n'étais pas sur les lieux et ce sont les voisins qui ont appelé les pompiers. Ils sont intervenus très rapidement, de telle sorte que les dégâts ...... **(préciser les dommage principaux, les pièces les plus touchées)**.

J'ai tout de même réussi à sauver quelques papiers importants, notamment un dossier de factures, justifiant la valeur de certains meubles.

Je me tiens à votre disposition pour que nous convenions rapidement de la visite d'un expert.

Dans cette attente, veuillez agréer, Monsieur **(ou Madame)**, l'expression de mes salutations distinguées.

Votre signature

Déclaration de vol

Vos nom, prénoms
Votre adresse
Votre n° de téléphone fixe et portable
Références du contrat

Nom de la compagnie d'assurance
Son adresse

LAR

A..., le...

Objet : Déclaration de vol

Monsieur **(ou Madame)**,

Je vous informe par la présente qu'un vol a été commis dans ma résidence secondaire. La police, appelée par mes soins dès que je suis arrivée sur les lieux, n'a pas pu en déterminer la date exacte. Une enquête est en cours.

J'ai pu établir la liste des objets qui m'ont été pris. Certains étant dans ma famille depuis plusieurs générations, je n'ai malheureusement pas toujours pu réunir de preuve de leur valeur exacte. J'ai toutefois retrouvé des photos que je vous joints, et qui vous permettront peut-être d'estimer mieux le montant de mon dommage.

Je joins aussi une copie du constat de police. Je me tiens à votre disposition si vous souhaitez obtenir plus amples renseignements

Dans cette attente, veuillez agréer, Monsieur (ou Madame), l'expression de mes salutations distinguées.

Votre signature

PJ : les photos, le constat de police

Déclaration de sinistre à la suite d'un dégât des eaux

Vos nom, prénoms
Votre adresse
Votre n° de téléphone fixe et portable
Références du contrat

Nom de la compagnie d'assurance
Son adresse

LAR

A..., le...

Objet : Déclaration de sinistre suite à un dégât des eaux

Monsieur **(ou Madame)**,

Je viens de subir un dégât des eaux très important, causé par une fuite ... située ...**(expliquez brièvement les conditions et les dégâts)**.
(S'il s'agit d'une fuite provoquée par un tiers) Nous avons rempli un constat de dégât des eaux que je vous joins.
Je me tiens à votre disposition pour que nous convenions rapidement de la visite d'un expert.

Dans cette attente, veuillez agréer, Monsieur **(ou Madame)**, l'expression de mes salutations distinguées.

Votre signature

PJ : le constat amiable de dégât des eaux

Déclaration de sinistre à la suite des dommages causés par la grêle

Vos nom, prénoms
Votre adresse
Votre n° de téléphone fixe et portable
Références du contrat

Nom de la compagnie d'assurance
Son adresse

LAR

A..., le...

Objet : Déclaration de sinistre suite à des dommages causés par la grêle

Monsieur **(ou Madame)**,

Un orage de grêle s'est abattu pendant une heure le ...... **(date)** à ...... **(heure)** sur plusieurs communes du département de ......, dont la mienne ......

Les dommages sont importants : ...... **(la maison, le garage, la voiture...)**.

Nous avons eu une entrevue avec les maires des communes concernées, qui nous ont dit avoir entamé des démarches pour que cette intempérie soit classée en " catastrophe naturelle ".
En attendant, pouvez-vous déjà prendre note de ma déclaration de sinistre, et me faire savoir de quelles garanties je dispose si la catastrophe naturelle n'est pas reconnue.

Dans cette attente, veuillez agréer, Monsieur **(ou Madame)**, l'expression de mes salutations distinguées.

Votre signature

Déclaration de dommages à la suite d'une catastrophe naturelle

Vos nom, prénoms
Votre adresse
Votre n° de téléphone fixe et portable
Références du contrat

Nom de la compagnie d'assurance
Son adresse

LAR

A..., le...

Objet : Déclaration de sinistre à la suite d'une catastrophe naturelle

Monsieur **(ou Madame)**,

L'inondation **(ou un autre dommage déclaré catastrophe naturelle)** qui s'est produite dans notre département depuis le ...... a provoqué de gros dommages dans mon habitation, notamment ......

Ce sinistre vient d'être déclaré " catastrophe naturelle " **(référence du Journal Officiel)**.
Je vous demande donc de bien vouloir instruire rapidement mon dossier d'indemnisation et me faire parvenir une première somme d'argent qui me permettra de faire face aux premières dépenses

Dans cette attente, veuillez agréer, Monsieur **(ou Madame)**, l'expression de mes salutations distinguées.

Votre signature

Demande d'information sur l'avancement d'un dossier

Vos nom, prénoms
Votre adresse
Votre n° de téléphone fixe et portable
Références du contrat
Référence du dossier

Nom de la compagnie d'assurance
Son adresse

A..., le...

Objet : Demande d'information

Monsieur **(ou Madame)**,

A la suite de la déclaration de sinistre que je vous ai faite le ......**(copie jointe)**, je n'ai reçu ni accusé de réception, ni aucune information sur l'avancement de mon dossier.

Quant à l'expertise elle n'a toujours pas eu lieu et je ne peux donc pas intervenir pour réparer les dommages que j'ai subis.

En conséquence, je vous prie de me faire savoir rapidement quel expert a été désigné, et s'il compte se mettre en contact avec moi dans les prochains jours.

Dans cette attente, veuillez agréer, Monsieur **(ou Madame)**, l'expression de mes salutations distinguées.

Votre signature

PJ : la copie de ma déclaration de sinistre

Demande d'indemnisation : relance

Vos nom, prénoms
Votre adresse
Votre n° de téléphone fixe et portable
Références du contrat
Référence du dossier

Nom de la compagnie d'assurance
Son adresse

LAR

A..., le...

Objet : Relance

Monsieur **(ou Madame)**,

A la suite de la déclaration de sinistre que je vous ai faite le ......**(copie et accusé de réception joints)**, je n'ai toujours reçu aucune indemnisation.

L'expertise a bien eu lieu le ...... et depuis je n'ai reçu ni paiement, ni même une offre de votre part.
Je vous rappelle que j'ai toujours acquitté mes primes d'assurance, et ce, sans aucun retard.

Je ne remets aucunement en cause vos compétences, mais je vous prie de me faire savoir rapidement quelle décision a été prise pour régler mon dossier.

Dans cette attente, veuillez agréer, Monsieur (ou Madame), l'expression de mes salutations distinguées.

Votre signature

PJ : – la copie de ma déclaration de sinistre
– la copie de votre accusé de réception

Litige à la suite d'une déclaration tardive de sinistre

Vos nom, prénoms
Votre adresse
Votre n° de téléphone fixe et portable
Références du contrat
Référence du dossier

Nom de la compagnie d'assurance
Son adresse

A..., le...

Objet : Déclaration de sinistre

Monsieur **(ou Madame)**,

Par courrier du ......, vous me faites savoir que vous refusez d'indemniser le sinistre que je vous ai déclaré le .... Le motif que vous invoquez est : déclaration trop tardive.

Certes, mais ce retard était dû à un cas de force majeure : j'étais...... **(par exemple : hospitalisé expliquer précisément les circonstances)** et personne n'a pu procéder à la déclaration de sinistre à ma place.
Vous trouverez ci-joint les preuves de ce cas de force majeure.

En conséquence, je vous demande de bien vouloir accepter de réexaminer ma situation et de faire en sorte que je sois indemnisé selon les termes de mon contrat.

Dans l'attente de votre réponse, que j'espère favorable, je vous remercie de votre compréhension et vous prie de croire, Monsieur **(ou Madame)**, à l'assurance de ma parfaite considération.

Votre signature

Indemnisation d'un véhicule automobile : contestation

Vos nom, prénoms
Votre adresse
Votre n° de téléphone fixe et portable
Références du contrat

Nom de la compagnie d'assurance
Son adresse

A..., le...

Objet : Contestation de l'indemnisation de mon véhicule

Monsieur **(ou Madame)**,

En réponse à ma déclaration de sinistre intervenue le ......, je viens de recevoir votre offre d'indemnisation. Cette somme correspond au montant des réparations que j'ai dû faire effectuer, mais elle ne prend pas en compte les frais de location de véhicule que j'ai engagés durant l'immobilisation de ma voiture.

J'ai en effet un besoin impératif de véhicule pour exercer mon métier de ...... et je ne dispose pas d'une seconde voiture qui m'aurait permis d'effectuer mes trajets professionnels en attendant.

N'étant pas responsable de l'accident, je vous demande de bien vouloir réexaminer le montant de mon indemnisation. Je vous joins les justifications des frais engagés.

Dans cette attente, veuillez agréer, Monsieur **(ou Madame)**, l'expression de mes salutations distinguées.

Votre signature

PJ : les factures de location de véhicule.

Demande d'intervention du fonds de garantie automobile (FGA) : victime

Les renseignements et les formulaires sont disponibles sur le site :
http://www.fga.fr/

Demande d'intervention du fonds de garantie automobile (FGA) : ayant-droit

Les renseignements et les formulaires sont disponibles sur le site :
http://www.fga.fr/

Résiliation d'un contrat d'assurance à échéance

Vos nom, prénoms
Votre adresse
Votre n° de téléphone fixe et portable
Références du contrat

Nom de la compagnie d'assurance
Son adresse

LAR [1]

A..., le...

Objet : Résiliation de mon contrat d'assurance [2]

Monsieur **(ou Madame)**,

Je vous informe par la présente mon intention de résilier mon contrat d'assurance ......**(type de contrat)** à compter de sa date d'échéance, soit le ......

Dès que mon dossier sera clos, vous voudrez bien me faire parvenir une attestation de résiliation.

Dans cette attente, veuillez agréer, Monsieur **(ou Madame)**, l'expression de mes salutations distinguées.

Votre signature

(1) L'envoi en recommandé avec accusé de réception est impératif pour avoir une trace de votre demande, de manière à ne pas avoir de litige avec votre assureur sur la date de votre demande de résiliation.
(2) Avant de faire votre lettre, relisez bien votre contrat pour vérifier quel préavis vous devez respecter pour prévenir de votre demande de résiliation.

Résiliation d'un contrat d'assurance pour hausse abusive de prime

Vos nom, prénoms
Votre adresse
Votre n° de téléphone fixe et portable
Références du contrat

Nom de la compagnie d'assurance
Son adresse

LAR

A..., le...

Objet : Résiliation de mon contrat d'assurance [1]

Monsieur **(ou Madame),**

Je vous informe par la présente mon intention de résilier mon contrat d'assurance ......**(type de contrat)**. En effet, je constate que ma prime annuelle a augmenté dans des proportions qui ne sont pas justifiées : ...... € d'augmentation par rapport à l'année dernière, soit une hausse de ......%.

Ayant déjà trouvé une autre compagnie dont les tarifs sont raisonnables, je vous prie de bien vouloir procéder à la clôture de mon contrat et me faire parvenir une attestation de résiliation.

Dans cette attente, veuillez agréer, Monsieur **(ou Madame)**, l'expression de mes salutations distinguées.

Votre signature

Résiliation d'un contrat d'assurance pour changement de domicile

Vos nom, prénoms
Votre adresse
Votre n° de téléphone fixe et portable
Références du contrat

Nom de la compagnie d'assurance
Son adresse

LAR

A..., le...

Objet : Changement de domicile [1]

Monsieur **(ou Madame)**,

Quittant à compter du ......mon domicile situé ...... et assuré par votre établissement **(références ci-dessus)**, je vous informe par la présente de mon obligation de résilier le contrat d'assurance multirisques habitation qui le couvre.

Vous trouverez ci-joint les documents attestant de mon déménagement.

Je vous prie de bien vouloir me rembourser le montant de ma prime restant à courir jusqu'à l'échéance normale de mon contrat.

Dans cette attente, veuillez agréer, Monsieur **(ou Madame)**, l'expression de mes salutations distinguées.

Votre signature

PJ : Les documents attestant le déménagement

(1) Envoyez votre lettre en recommandé avec accusé de réception et en respectant le délai prévu au contrat en cas de changement de domicile.

Résiliation d'un contrat d'assurance à la suite d'un changement de sa situation familiale (mariage, divorce, veuvage...)

Vos nom, prénoms
Votre adresse
Votre n° de téléphone fixe et portable
Références du contrat

Nom de la compagnie d'assurance
Son adresse

LAR

A..., le...

Objet : Changement de sa situation familiale [1]

Monsieur **(ou Madame)**,

Ayant récemment ...... **(divorcé, ou ayant perdu mon conjoint ou m'étant marié)**, je me vois dans l'obligation de résilier mon contrat d'assurance ......**(type de contrat)**.

Vous trouverez ci-joint les documents attestant de mon changement de situation familiale.

Je vous prie de bien vouloir me rembourser le montant de ma prime restant à courir jusqu'à l'échéance normale de mon contrat.

Dans cette attente, veuillez agréer, Monsieur **(ou Madame)**, l'expression de mes salutations distinguées.

Votre signature

PJ : Les documents attestant le changement de situation familiale

(1) Envoyez votre lettre en recommandé avec accusé de réception et en respectant le délai prévu au contrat en cas de changement de situation familiale.

Résiliation d'un contrat d'assurance à la suite de la perte de son travail

Vos nom, prénoms
Votre adresse
Votre n° de téléphone fixe et portable
Références du contrat

Nom de la compagnie d'assurance
Son adresse

LAR

A..., le...

Objet : Résiliation de mon contrat d'assurance pour cause de chômage [1]

Monsieur **(ou Madame)**,

Ayant récemment perdu mon emploi, je me vois dans l'obligation de résilier mon contrat d'assurance ......**(type de contrat)**.

Vous trouverez ci-joint les documents attestant de mon inscription au chômage.

Je vous prie de bien vouloir me rembourser le montant de ma prime restant à courir jusqu'à l'échéance normale de mon contrat.

Dans cette attente, veuillez agréer, Monsieur **(ou Madame)**, l'expression de mes salutations distinguées.

Votre signature

PJ : Les documents attestant de l'inscription au chômage

(1) Envoyez votre lettre en recommandé avec accusé de réception et en respectant le délai prévu au contrat en cas de changement de perte d'emploi.

Résiliation d'un contrat d'assurance à la suite d'une vente de véhicule

Vos nom, prénoms
Votre adresse
Votre n° de téléphone fixe et portable
Références du contrat

Nom de la compagnie d'assurance
Son adresse

LAR

A..., le...

Objet : Vente de mon véhicule

Monsieur **(ou Madame)**,

Ayant vendu mon véhicule le ......**(date)**, je vous demande par la présente de résilier mon contrat d'assurance **(références ci-dessus)**.

Vous trouverez ci-joint les documents attestant de cette vente.

Je vous prie de bien vouloir me rembourser le montant de ma prime restant à courir jusqu'à l'échéance normale de mon contrat.

Dans cette attente, veuillez agréer, Monsieur **(ou Madame)**, l'expression de mes salutations distinguées.

Votre signature

PJ : Les documents attestant de la vente

Demande de suspension de contrat entre la vente d'un véhicule et l'achat d'un autre

Vos nom, prénoms
Votre adresse
Votre n° de téléphone fixe et portable
Références du contrat

Nom de la compagnie d'assurance
Son adresse

LAR

A..., le...

Objet : Demande de suspension de mon contrat automobile

Monsieur **(ou Madame)**,

Ayant vendu mon véhicule le ......**(date)**, et n'en ayant pas encore acheté un autre, je vous demande par la présente de bien vouloir suspendre mon contrat d'assurance **(références ci-dessus)**,dans l'attente de ma nouvelle acquisition.

Vous trouverez ci-joint les documents attestant de cette vente.
Je vous ferai savoir à quelle date je disposerai à nouveau d'un véhicule.

Avec mes remerciements, veuillez agréer, Monsieur (ou Madame), l'expression de mes salutations distinguées.

Votre signature

PJ : Les documents attestant de la vente

Résiliation d'un contrat d'assurance par l'assureur : non-respect du préavis

Vos nom, prénoms
Votre adresse
Votre n° de téléphone fixe et portable
Références du contrat

Nom de la compagnie d'assurance
Son adresse

LAR

A..., le...

Objet : Résiliation de mon contrat d'assurance (1)

Monsieur **(ou Madame)**,

Par courrier du ......, vous m'informez que vous allez résilier mon contrat d'assurance. Or votre lettre m'a été présentée le .... Le délai de préavis de deux mois avant la date anniversaire de mon contrat n'est donc pas respecté. Dans cette hypothèse, votre lettre aurait dû me parvenir au plus tard le ......

Je vous informe donc par la présente que je conteste formellement cette résiliation et vous mets en demeure de poursuivre toutes mes garanties jusqu'à l'échéance de l'année prochaine.

Dans cette attente, veuillez agréer, Monsieur **(ou Madame)**, l'expression de mes salutations distinguées.

Votre signature

(1) L'assureur doit respecter un préavis de deux mois avant l'échéance annuelle du contrat. Si le préavis n'est pas respecté, la résiliation est nulle et il devra attendre l'échéance suivante pour entamer un nouvelle procédure de résiliation.

Sur le modèles de lettre pour saisir du médiateur des assurances, voir le chapitre " Litiges ".

Réclamation au service « consommateurs » de la compagnie d'assurances

Vos nom, prénoms
Votre adresse
Votre n° de téléphone fixe et portable
Références du contrat

Nom de la compagnie d'assurance
Service " consommateurs "
Son adresse

LAR

A..., le...

Objet : Réclamation (1)

Monsieur **(ou Madame)**,

Un litige m'oppose à votre compagnie au sujet de ......**(exposez précisément le litige)**

Votre compagnie m'oppose les arguments suivants...... **(exposez brièvement les arguments de l'assureur)**.
Au contraire, je considère pour ma part que ...... **(exposez brièvement votre point de vue)**.

Je vous demande donc de bien vouloir intervenir auprès du service concerné, de manière à trouver un terrain d'entente et régler ce litige à l'amiable. A défaut de quoi je me verrai dans l'obligation de saisir le médiateur des assurances.

Avec mes remerciements, veuillez agréer, Monsieur **(ou Madame)**, l'expression de mes salutations distinguées.

Votre signature

(1) Dernier recours auprès de la compagnie elle-même avant de saisir le médiateur des assurances (voir aussi le chapitre "Litiges ").

Refus d'assurance : saisine du bureau central de tarification

Les compagnies d'assurances ne sont pas tenues d'assurer toutes les personnes qui se présentent.
Lorsque tous refusent de vous garantir parce que vous avez eu trop d'accidents responsables, ou que vous êtes trop âgé, ou encore que vous exercez une profession médicale à risques.
Vous pouvez alors saisir le Bureau central de tarification, qui en désignera une et l'obligera à vous assurer.
La procédure de saisine est très stricte (articles L212-1 à L212-3 du code des assurances): il faudra au préalable avoir saisi au moins deux sociétés d'assurance pratiquant effectivement la couverture du risque, par lettre recommandée avec accusé réception.
Au plus tard dans les 15 jours suivant le refus (notez que l'absence de réponse de l'assureur vaut refus), vous pouvez saisir le Bureau central de tarification, par lettre recommandée avec accusé de réception.

Vos nom, prénoms
Votre adresse
Votre n° de téléphone fixe et portable
Références du contrat

Bureau central de tarification
Son adresse

LAR

A..., le...

Objet : Dépôt d'un dossier

Madame, Monsieur,
Les deux sociétés d'assurances que j'ai contactées pour souscrire un contrat ......**(type de contrat)** m'ont opposé un refus. Or, conformément à la loi, je dois au moins être couvert pour ma responsabilité civile.

Je vous demande donc de bien vouloir examiner ma demande et me désigner une compagnie d'assurance et fixer le montant de ma cotisation pour garantir ce risque. (1)
Vous trouverez ci-joint les documents demandés.

Dans cette attente, veuillez agréer, Monsieur **(ou Madame)**, l'expression de mes salutations distinguées.

Votre signature

PJ : - un des deux exemplaires de proposition d'assurance, rempli, signé et daté,
- l'avis de réception de la lettre recommandée envoyée à la société d'assurance.
- le devis établi par l'assureur.
- l'original du refus de la société (ou si la société n'a pas répondu, une lettre indiquant l'absence de réponse).

(1) Dans un délai de deux mois, le Bureau central de tarification fixe le montant de la cotisation et vous en informe ainsi que l'assureur. Vous devez répondre au Bureau pour dire si vous acceptez. Vous devez alors payer la cotisation.
Attention, seule la garantie obligatoire de responsabilité civile peut être ainsi obtenue. L'assureur peut vous refuser toute garantie complémentaire, sans possibilité de recours.

Saisine du BCT

Les renseignements et les formulaires sont disponibles sur le site :
http://www.fehap.fr/

Mandat donné au BCT

Les renseignements et les formulaires sont disponibles sur le site :
http://www.fehap.fr/

Consommation et services

Vous voulez contester votre facture d'eau, d'électricité... Le produit que vous avez commandé est défectueux, ne correspond pas à votre commande ou vous a été livré en retard... Mécontent(e), vous voulez changer d'opérateur téléphonique ou demander une indemnisation à la SNCF pour la perte de vos bagages... Dans notre société qui pousse à la consommation, c'est souvent le pot de terre contre le pot de fer. Aussi, pour faire face aux arnaques ou déconvenues en tout genre, mieux vaut savoir user de sa plume pour se défendre.

Abonnement : demande de résiliation

Vos nom et prénoms
Votre adresse
Votre numéro de téléphone
Votre adresse e-mail

Lettre recommandée avec AR

Nom et coordonnées du magazine

. . . . **(lieu)**, ... **(date)**

Objet : résiliation d'abonnement

Monsieur **(ou Madame)**,

Abonné(e) à votre magazine **(ou journal)** sous le numéro . . . . **(indiquez votre numéro d'abonné)**, je vous informe que je désire résilier mon abonnement.

Je prends note que cette résiliation sera effective à compter du . . . . . . **(certains contrats d'abonnement prévoient un délai entre la demande de résiliation et sa réalisation)**, conformément à ce qui est indiqué dans le contrat d'abonnement.

Je vous prie de croire, Monsieur **(ou Madame)**, à l'expression de mes salutations distinguées.

Votre signature

Arrhes ou acompte

Arrhes : demande de restitution

En versant des arrhes, ni vous ni le vendeur n'êtes engagés irrévocablement. Chacun d'entre vous peut se délier de sa promesse en payant à l'autre un dédit. Ainsi, si c'est vous qui renoncez à votre achat, vous perdez les arrhes versées ; si c'est le vendeur qui ne veut ou ne peut plus fournir la marchandise, il doit vous restituer le double des arrhes reçues à la commande.

Vos nom et prénoms
Votre adresse
Votre numéro de téléphone
Votre adresse e-mail

Lettre recommandée avec AR

Coordonnées du commerçant

. . . . **(lieu)**, ... **(date)**

Monsieur **(ou Madame)**,

En date du . . . . **(indiquez la date de votre commande)**, j'ai réservé, dans votre magasin, un(e) . . . . **(précisez l'objet de la commande)** et, comme convenu dans le bon de commande, je vous ai versé des arrhes d'un montant de . . . . €.

Il s'est avéré que vous n'avez pu donner suite à cette commande pour les motifs suivants : . . . .
Conformément aux dispositions de l'article 1590 du Code civil [1], vous auriez dû procéder au remboursement du double de la somme versée à titre d'arrhes. Ce que vous n'avez toujours pas fait à ce jour.
Je vous demande donc de procéder à ce règlement dans les plus brefs délais. À défaut, je serai au regret de saisir le tribunal d'instance afin de vous contraindre à l'exécution de votre obligation.

Par ailleurs, je vous rappelle que, conformément à l'article L.131-1 du Code de la consommation [2], cette somme sera majorée d'un intérêt au taux légal **(3,29 % pour 2003)** si vous ne me l'avez pas reversée plus de trois mois après la date de commande.

Dans l'attente de ce remboursement, je vous prie de croire, Monsieur **(ou Madame)**, à l'expression de mes salutations distinguées.

Votre signature

1. Article 1590 du Code civil : « Si la promesse de vendre a été faite avec des arrhes chacun des contractants est maître de s'en départir :
« Celui qui les a données, en les perdant,
« Et celui qui les a reçues, en restituant le double. »
2. Article L.131-1 du Code de la consommation : « Si la chose qu'on s'est obligé à vendre est mobilière, toute somme versée d'avance sur le prix, quels que soient la nature de ce versement et le nom qui est donné dans l'acte, est productive, au taux légal en matière civile, d'intérêts qui courront à l'expiration d'un délai de trois mois à compter du versement jusqu'à réalisation ou restitution des sommes versées d'avance, sans préjudice de l'obligation de livrer qui reste entière.
« Pour les prestations de services, les sommes versées d'avance portent intérêts au taux légal à l'expiration d'un délai de trois mois à compter du versement jusqu'à l'exécution de la prestation ou la restitution de ces sommes, sans préjudice de l'obligation d'exécuter la prestation.
« Les intérêts seront déduits du solde à verser au moment de la réalisation ou seront ajoutés aux sommes versées d'avance en cas de restitution. »

Refus de vente : lettre à la DDCCRF

Le refus de vente est interdit par l'article L.122-1 du Code de la consommation, sauf si le commerçant peut se prévaloir de « motifs légitimes » (exemple : insuffisance de stocks).
Le refus de vente est caractérisé lorsqu'un commerçant vous refuse la vente d'un bien ou qu'il subordonne cette vente à l'achat d'un autre bien (vente liée).
Si vous êtes victime d'un refus de vente, vous pouvez contacter la direction départementale de la concurrence, de la consommation et de la répression des fraudes (DDCCRF), qui est habilitée à constater ce genre d'infraction. Renseignez-vous auprès de votre préfecture pour connaître l'adresse de la DDCCRF de votre secteur.

Vos nom et prénoms
Votre adresse
Votre numéro de téléphone
Votre adresse e-mail

Lettre recommandée avec AR

Coordonnées de la DDCCRF
de votre département

. . . . **(lieu)**, ... **(date)**

Objet : plainte relative à un refus de vente

Monsieur **(ou Madame)**,

En date du . . . . , je suis allé(e) dans le magasin . . . . **(nom du magasin)**, situé . . . . **(adresse du magasin)**, pour acheter . . . . **(nom de l'objet)**. Or, sans raison valable **(indiquez ce qu'a pu vous dire le commerçant)**, le commerçant a refusé de me vendre cet objet.

Pensant être victime d'un refus de vente, je vous adresse ce dossier en espérant que vous interviendrez auprès de ce commerçant pour lui faire comprendre qu'il doit cesser ce genre d'attitude.

Je vous prie de croire, Monsieur **(ou Madame)**, à l'expression de mes salutations distinguées.

Votre signature

Dépassement de devis

Le dépanneur que vous avez chargé de réparer votre chaudière vous a remis un devis précisant les travaux nécessaires à la réparation ainsi que le prix à payer. Vous avez accepté ce devis. Or, par la suite, il vous réclame un complément, au motif que certains travaux ou certains matériaux n'avaient pas été comptés lors de l'établissement du devis. Sachez que vous n'avez rien à lui verser en plus de ce qui était initialement convenu. Écrivez à votre entrepreneur en vous référant à l'article 1134 du Code civil.

Vos nom et prénoms
Votre adresse
Votre numéro de téléphone
Votre adresse e-mail

Lettre recommandée avec AR

Coordonnées du dépanneur

. . . . **(lieu)**, ... **(date)**

Monsieur **(ou Madame)**,

En date du . . . . , vous avez établi un devis qui prévoyait que je devrais vous verser une somme de . . . . € en règlement des travaux suivants : . . . . **(énumérez et précisez les travaux)**.

Or, je m'aperçois, à la lecture de votre facture, que vous me réclamez une somme d'un montant bien supérieur à celui initialement prévu dans le devis.

Dans la mesure où rien ne justifie cette augmentation de prix, aucun devis complémentaire ne m'ayant été présenté, je vous prie de me présenter une autre facture qui s'en tienne aux conditions de notre accord initial. En effet, je vous rappelle que, conformément aux dispositions de l'article 1134 du Code civil [1], vous êtes tenu(e) de respecter le devis que vous m'avez proposé et pour lequel j'ai donné mon accord.

Je vous prie de croire, Monsieur **(ou Madame)**, à l'expression de mes salutations distinguées.

Votre signature

1. Article 1134 du Code civil : « Les conventions légalement formées tiennent lieu de loi à ceux qui les ont faites.
« Elles ne peuvent être révoquées que de leur consentement mutuel, ou pour les causes que la loi autorise.
« Elles doivent être exécutées de bonne foi. »

Vente à un mineur : demande d'annulation

Votre fils mineur a investi toutes ses économies dans l'achat d'une chaîne hi-fi. Vous demandez au commerçant l'annulation de la vente, avec restitution des sommes dépensées contre restitution de l'objet de la discorde.
En effet, l'article 1124 du Code civil précisant que les mineurs non émancipés sont incapables de conclure un contrat, votre fils ne pouvait, sans votre autorisation, faire un achat important.

Modèle n° 1

Vos nom et prénoms
Votre adresse
Votre numéro de téléphone
Votre adresse e-mail

Lettre recommandée avec AR

Coordonnées de la société de VPC

. . . . **(lieu)**, ... **(date)**

Monsieur **(ou Madame)**,

En date du . . . . **(date de l'achat)**, mon fils **(ou ma fille)** . . . . **(ses nom et prénom)**, âgé(e) de . . . . ans, a passé commande, auprès de votre société, d'un(e) . . . . **(nom de l'objet)**, pour un prix de . . . . €, que nous venons de recevoir.

Or, je considère que mon fils **(ou ma fille)** aurait dû me consulter avant de faire cet achat, très onéreux.

Dans la mesure où l'article 1124 du Code civil [1] précise que tout mineur non émancipé est considéré comme un incapable, n'ayant pas la capacité juridique de s'engager contractuellement, je vous demande donc d'annuler cet achat effectué par mon enfant mineur sans mon accord.

Je vous renvoie dès aujourd'hui cet article et vous prie de me rembourser le prix payé.

Je vous prie de croire, Monsieur **(ou Madame)**, à l'expression de mes salutations distinguées.

Votre signature

1. Article 1124 du Code civil (extrait) : « Sont incapables de contracter, dans la mesure définie par la loi : « Les mineurs non émancipés ».

Modèle n° 2

Vos nom et prénoms
Votre adresse
Votre numéro de téléphone
Votre adresse e-mail

Lettre recommandée avec AR

Coordonnées de la société de VPC

. . . . **(lieu)**, ... **(date)**

Monsieur **(ou Madame)**,

En date du . . . . **(date de l'achat)**, mon fils **(ou ma fille)** . . . . **(ses nom et prénom)**, âgé(e) de . . . . ans, avait passé commande, auprès de votre société, d'un(e) . . . . **(nom de l'objet)**, pour un prix de . . . . €.

Le . . . . , je vous ai retourné cet article en vous expliquant que cet achat ayant été fait par un mineur, il n'était pas légalement valable et je vous ai demandé de me rembourser le prix payé.

Or, à ce jour, je n'ai toujours pas reçu le remboursement de la somme versée, soit . . . . €. Si vous persistez à ne pas vouloir vous exécuter, je me verrai dans l'obligation de porter l'affaire devant le tribunal compétent.

Je vous prie de croire, Monsieur **(ou Madame)**, à l'expression de mes salutations distinguées.

Votre signature

Litige avec un dépôt-vente

Vos nom et prénoms
Votre adresse
Votre numéro de téléphone
Votre adresse e-mail

Lettre recommandée avec AR

Coordonnées du dépôt-vente

. . . . **(lieu)**, ... **(date)**

Monsieur **(ou Madame)**,

En date du . . . . , j'ai déposé en vue de sa vente, dans votre magasin, ... **(énumérez et décrivez les meubles et/ou objets laissés en dépôt-vente)**. Ce lot a finalement été vendu pour la somme de . . . . €.

Le . . . . , en fin de journée, je me suis présenté(e) avec le contrat de dépôt pour percevoir le montant de la vente. Vous m'avez alors soutenu que quelqu'un s'était présenté, au nom de M. . . . . (qui est mon mari), le matin même et avait récupéré la somme en question. Or, il s'avère que cela est impossible puisque mon mari se trouvait en déplacement professionnel à ce moment-là, ce qu'il peut attester sans problème.

Si cette escroquerie est réelle, je n'ai pas à en supporter les conséquences et c'est à vous de porter plainte afin que son auteur et la somme détournée soient retrouvés.

Pour l'heure, et conformément à ce qui a été prévu dans le contrat de dépôt, je vous mets donc en demeure, par la présente, de me faire parvenir, dans les quinze jours à compter de la réception de ce courrier, la somme de . . . . € que vous me devez.

Sans réponse de votre part, je me verrai dans l'obligation de saisir le tribunal compétent afin de vous contraindre à l'exécution de votre obligation.

Dans l'attente de ce remboursement, je vous prie de croire, Monsieur **(ou Madame)**, à l'expression de mes salutations distinguées.

Votre signature

Tromperie sur la marchandise

Vos nom et prénoms
Votre adresse
Votre numéro de téléphone
Votre adresse e-mail

Lettre recommandée avec AR

Coordonnées du commerçant

. . . . **(lieu)**, ... **(date)**

Monsieur **(ou Madame)**,

En date du . . . . , j'ai acheté, dans votre magasin, un ensemble jardin « en teck » tel que le certifiait l'étiquette posée dessus et ainsi que l'atteste également la facture dont je vous joins une photocopie.

Cependant, un ébéniste m'a récemment assuré qu'il s'agissait en fait d'une imitation (je vous joins son attestation).

Or cette pratique est interdite et constitue l'infraction de tromperie sur la marchandise.

En conséquence, je vous mets en demeure de me restituer, sous huit jours à compter de la réception de ce courrier, la somme payée et de venir reprendre ces meubles.

À défaut, je me verrai dans l'obligation de saisir le tribunal compétent.

Dans l'attente de ce remboursement, je vous prie de croire, Monsieur (ou Madame), à l'expression de mes salutations distinguées.

Votre signature

Pièces à joindre :
– photocopie de la facture ;
– certificat indiquant la différence de nature de l'objet par rapport à sa dénomination.

Article présentant des défauts : demande de remplacement

Vos nom et prénoms
Votre adresse
Votre numéro de téléphone
Votre adresse e-mail

Lettre recommandée avec AR

Coordonnées du commerçant

. . . . **(lieu)**, ... **(date)**

Monsieur **(ou Madame)**,

En date du . . . . , j'ai acheté, dans votre magasin . . . . **(nom du magasin)**, situé . . . . **(adresse du magasin)**, un(e) . . . . **(nom de l'objet)**, dont vous trouverez ci-jointe une copie de la facture.

Or, il s'avère qu'après utilisation cet appareil présente le(s) défaut(s) suivant(s) : . . . . (rapportez précisément le ou les défauts), rendant son utilisation quasi impossible.

En conséquence, je vous demande de bien vouloir procéder à son échange avec un appareil de même genre en bon état de fonctionnement.

Dans l'attente de votre réponse, je vous prie de croire, Monsieur (ou Madame), à l'expression de mes salutations distinguées.

Votre signature

Refus d'appliquer la garantie commerciale

Vous avez fait l'acquisition d'un appareil électroménager qui est tombé plusieurs fois en panne durant la période de garantie commerciale.
Or, malgré diverses interventions, les problèmes ont persisté ; voire le vendeur a fini par refuser d'appliquer cette garantie (modèle n° 2).

Modèle n° 1

Vos nom et prénoms
Votre adresse

Votre numéro de téléphone
Votre adresse e-mail

Lettre recommandée avec AR

Coordonnées du commerçant

. . . . **(lieu)**, ... **(date)**

Monsieur **(ou Madame)**,

En date du . . . . , j'ai acheté, dans votre magasin . . . . **(nom du magasin)**, situé . . . . **(adresse du magasin)**, un(e) . . . . **(nom de l'objet)**, dont vous trouverez ci-jointe une copie de la facture.

Or, cet appareil est tombé en panne à de nombreuses reprises. Chaque fois, et conformément à la garantie commerciale dont il fait l'objet, vous avez repris cet appareil et effectué des réparations. Et voilà qu'il vient à nouveau de tomber en panne.

J'estime que ces pannes multiples – et les immobilisations pour réparations qui en résultent – rendent cet appareil impropre à l'utilisation. En conséquence, je vous demande soit de procéder à des réparations efficaces, soit de bien vouloir procéder à son échange avec un appareil de même genre en bon état de fonctionnement.

En espérant que nous trouverons une solution amiable, je vous prie de croire, Monsieur (ou Madame), à l'expression de mes salutations distinguées.

Votre signature

Modèle n° 2

Vos nom et prénoms
Votre adresse
Votre numéro de téléphone
Votre adresse e-mail

Lettre recommandée avec AR

Coordonnées du commerçant

. . . . **(lieu)**, ... **(date)**

Monsieur **(ou Madame)**,

En date du . . . . , j'ai acheté, dans votre magasin . . . . **(nom du magasin)**, situé . . . . **(adresse du magasin)**, un(e) . . . . **(nom de l'objet)**, dont vous trouverez ci-jointe une copie de la facture.

Or, cet appareil est tombé en panne à de nombreuses reprises. Chaque fois, et conformément à la garantie commerciale dont il fait l'objet, vous avez repris cet appareil et effectué des réparations.

Suite à sa énième panne, je vous l'ai apporté pour une énième réparation. Or, en le récupérant, je m'aperçois que vous m'avez facturé ces dernières réparations alors que cet appareil bénéficie toujours de la garantie commerciale.

En conséquence, je vous demande de procéder à l'annulation de cette demande de paiement (ou « de procéder au remboursement », si vous avez déjà réglé la somme) de la somme de . . . . €.

En espérant que nous trouverons une solution amiable, je vous prie de croire, Monsieur **(ou Madame)**, à l'expression de mes salutations distinguées.

Votre signature

Demande de prolongation de la garantie commerciale

Votre machine à laver ou votre cuisinière est en panne. Heureusement, l'appareil était encore sous garantie. Mais la réparation entraînant une longue immobilisation, vous vous inquiétez de voir la date d'expiration de la garantie commerciale approcher.

Rassurez-vous, l'article L.211-2 du Code de la consommation prévoit qu'en cas d'immobilisation supérieure à sept jours, le professionnel est tenu de rallonger la durée de garantie d'autant.

Vos nom et prénoms
Votre adresse
Votre numéro de téléphone
Votre adresse e-mail

Lettre recommandée avec AR

Coordonnées du commerçant

. . . . **(lieu)**, ... **(date)**

Monsieur **(ou Madame)**,

En date du . . . . , j'ai acheté, dans votre magasin, un . . . . **(indiquez le nom de l'appareil. Exemple : réfrigérateur)** bénéficiant d'une garantie contractuelle de . . . .

Cet appareil est tombé en panne alors qu'il était encore sous garantie. Les réparations dont il a fait l'objet par vos services l'ont immobilisé du . . . . **(date à laquelle vous avez apporté l'appareil au service après-vente du magasin)** au . . . . **(date à laquelle l'appareil a été déclaré réparé)**, soit une durée d'immobilisation de . . . . jours.

En conséquence, je vous demande de bien vouloir, conformément à l'article L.211-2 du Code de la consommation [1], prolonger d'autant la durée de la garantie contractuelle.

Sans réponse de votre part, je considérerai que la prolongation de la garantie m'est acquise.

Je vous prie de croire, Monsieur **(ou Madame)**, à l'expression de mes salutations distinguées.

Votre signature

1. Article L.211-2 du Code de la consommation : « Lorsqu'un consommateur demande à un professionnel, pendant le cours de la garantie contractuelle qui lui a été consentie lors de l'acquisition ou de la réparation d'un bien meuble, une remise en état couverte par la garantie, toute période d'immobilisation du bien d'au moins sept jours vient s'ajouter à la durée de la garantie qui restait à courir à la date de la demande d'intervention du consommateur ou de la mise à disposition pour réparation du bien en cause, si cette mise à disposition est postérieure à la demande d'intervention.
« Il ne peut être dérogé par convention aux dispositions du présent article. »

Garantie des vices cachés : recours amiable

Vous avez acheté un appareil et vous constatez par la suite des défauts graves, ne résultant ni d'une erreur de manipulation de votre part, ni d'un choc ou d'une chute de l'objet. Indépendamment de la garantie commerciale offerte par le vendeur, vous bénéficiez de la garantie légale des vices cachés. Vous pouvez exiger soit l'annulation de la vente et le remboursement du prix payé (dans ce cas, vous rendrez la marchandise au vendeur), soit la restitution d'une partie de la somme versée tout en conservant l'objet acheté.

Modèle n° 1

Vos nom et prénoms
Votre adresse
Votre numéro de téléphone
Votre adresse e-mail

Lettre recommandée avec AR

Coordonnées du magasin

. . . . **(lieu)**, ... **(date)**

Monsieur **(ou Madame)**,

En date du . . . . , j'ai acheté dans votre magasin un(e) . . . . (indiquez l'objet concerné. Exemple : un appareil photo). Or, il s'avère qu'après seulement deux ans d'utilisation cet objet présente le(s) défaut(s) suivant(s) : . . . . **(décrivez en détail le ou les problèmes rencontrés. Exemple : cet appareil photo fait des photos floues)**, ce qui le rend inutilisable. Je l'ai porté à réparer [1] mais cela n'a rien changé.

Aussi je souhaite, comme le prévoient les dispositions des articles 1641 et suivants du Code civil [2], que vous échangiez cet appareil défectueux contre un neuf sous quinzaine.

Sans réponse de votre part, je me verrai dans l'obligation de saisir le tribunal compétent.

Veuillez agréer, Monsieur **(ou Madame)**, l'expression de mes salutations distinguées.

Votre signature

1. Joignez à votre courrier une photocopie de la ou des factures des réparations déjà effectuées.

2. Article 1641 du Code civil : « Le vendeur est tenu de la garantie à raison des défauts cachés de la chose vendue qui la rendent impropre à l'usage auquel on la destine, ou qui diminuent tellement cet usage, que l'acheteur ne l'aurait pas acquise, ou n'en aurait donné qu'un moindre prix, s'il les avait connus. »

Article 1644 du Code civil : « Dans le cas des articles 1641 et 1643, l'acheteur a le choix de rendre la chose et de se faire restituer le prix, ou de garder la chose et de se faire rendre une partie du prix, telle qu'elle sera arbitrée par experts. »

Modèle n° 2

Vos nom et prénoms
Votre adresse
Votre numéro de téléphone
Votre adresse e-mail

Lettre recommandée avec AR

Coordonnées du magasin

. . . . **(lieu)**, ... **(date)**

Monsieur **(ou Madame)**,

En date du . . . . , j'ai acheté dans votre magasin un(e) . . . . **(indiquez l'objet concerné. Exemple : un appareil photo)**. Or, il s'avère qu'après seulement deux ans d'utilisation cet objet présente le(s) défaut(s) suivant(s) : . . . . **(décrivez en détail le ou les problèmes rencontrés. Exemple : cet appareil photo fait des photos floues)**, ce qui le rend inutilisable. Je l'ai porté à réparer (1) mais cela n'a rien changé.

Aussi je souhaite, comme le prévoient les dispositions des articles 1641 et suivants du Code civil (2), vous rendre l'appareil défectueux et obtenir le remboursement de son prix d'achat.

Sans réponse de votre part, je me verrai dans l'obligation de saisir le tribunal compétent.

Veuillez agréer, Monsieur **(ou Madame)**, l'expression de mes salutations distinguées.

Votre signature

1. Joignez à votre courrier une photocopie de la ou des factures des réparations déjà effectuées.

2. Voir note 2 du modèle n° 1.

Modèle n° 3

Vos nom et prénoms
Votre adresse
Votre numéro de téléphone
Votre adresse e-mail

Lettre recommandée avec AR

Coordonnées du magasin

. . . . **(lieu)**, ... **(date)**

Monsieur (ou Madame),

En date du . . . . , j'ai acheté dans votre magasin un(e) . . . . **(indiquez l'objet concerné. Exemple : un appareil photo)**. Or, il s'avère qu'après seulement deux ans d'utilisation cet objet présente le(s) défaut(s) suivant(s) : . . . . **(décrivez en détail le ou les problèmes rencontrés. Exemple : cet appareil photo fait des photos floues)**, ce qui le rend inutilisable. Je l'ai porté à réparer [1] mais cela n'a rien changé.

Aussi je souhaite, comme le prévoient les dispositions des articles 1641 et suivants du Code civil [2], conserver l'appareil défectueux et obtenir le remboursement d'une partie de son prix d'achat.

Sans réponse de votre part, je me verrai dans l'obligation de saisir le tribunal compétent.

Veuillez agréer, Monsieur **(ou Madame)**, l'expression de mes salutations distinguées.

Votre signature

1. Joignez à votre courrier une photocopie de la ou des factures des réparations déjà effectuées.
2. Voir note 2 du modèle n° 1.

Marchandise défectueuse : saisine de la Commission de la sécurité des consommateurs (CSC)

Vous avez été victime d'un produit qui paraît dangereux. Vous pouvez saisir la Commission de la sécurité des consommateurs afin de demander son interdiction à la vente en raison du danger qu'il représente.
Vous pouvez également réagir directement sur le site de la CSC (www.securiteconso.org), en remplissant le questionnaire électronique.

Vos nom et prénoms
Votre adresse
Votre numéro de téléphone
Votre adresse e-mail

Lettre recommandée avec AR

Commission de la sécurité des consommateurs
Cité Martignac
111, rue de Grenelle
75353 PARIS 07 S.P.

. . . . **(lieu)**, ... **(date)**

Monsieur le Président,

En date du . . . . , j'ai acheté dans le magasin . . . . **(nom du magasin)**, situé au . . . . **(adresse du magasin)**, un(e) . . . . **(indiquez l'objet concerné. Exemple : une voiture de pompier premier âge – à partir de 12 mois – avec une petite cloche)**.

Or, hier matin, j'ai retrouvé mon fils de 16 mois avec la petite clochette dans la bouche. Il aurait pu l'avaler, et même risquer de s'étouffer avec.

En conséquence, je souhaiterais que votre commission se saisisse du dossier avant que des accidents graves ne se produisent.

Vous remerciant de bien vouloir me tenir informé(e) des suites que vous donnerez à ma requête, je vous prie de croire, Monsieur le Président, à l'expression de ma haute considération.

Votre signature

Teinturerie : vêtement abîmé

Si votre teinturier vous rend détérioré le vêtement que vous lui avez confié (couleurs passées, tissu déchiré...), vous pouvez engager sa responsabilité, sauf s'il a émis des réserves sur le bon qu'il vous a remis (indiquant par exemple l'existence de trous, un bouton manquant...). À défaut de ces réserves, il est censé avoir reçu un vêtement en bon état. Aux termes de l'article 1789 du Code civil, il est responsable de la détérioration de la chose sauf s'il peut démontrer que celle-ci résulte d'une cause étrangère.

Modèle n° 1

Vos nom et prénoms
Votre adresse
Votre numéro de téléphone
Votre adresse e-mail

Lettre recommandée avec AR

Coordonnées du pressing

. . . . **(lieu)**, ... **(date)**

Monsieur **(ou Madame)**,

En date du . . . . , je vous ai donné à nettoyer un(e) . . . . **(précisez le vêtement concerné. Exemple : un manteau de laine)**, comme l'atteste le ticket de dépôt n° . . . . , dont je vous joins une copie.

Or, lorsque vous me l'avez rendu(e), j'ai constaté que ce vêtement présentait la (ou les) détérioration(s) suivante(s) : . . . . **(énumérez et précisez la nature des dommages subis par le vêtement)** ; détérioration(s) qui n'existai(en)t pas le jour où je vous l'ai remis puisque vous n'avez émis aucune réserve expresse.

Vous n'êtes pas sans savoir que, faute de réserve expresse de votre part lors du dépôt, vous êtes tenu(e) à une obligation de résultat. En conséquence, je vous demande de prendre toutes dispositions afin de me le remettre en bon état, ou de m'indemniser de son prix.

Veuillez agréer, Monsieur **(ou Madame)**, l'expression de mes salutations distinguées.

Votre signature

P.J. : photocopie du ticket de dépôt.

Modèle n° 2

Vos nom et prénoms
Votre adresse
Votre numéro de téléphone
Votre adresse e-mail

Lettre recommandée avec AR

Coordonnées du pressing

. . . . **(lieu)**, ... **(date)**

Monsieur **(ou Madame)**,

En date du . . . . , je vous ai donné à nettoyer un(e) . . . . **(précisez le vêtement concerné. Exemple : un manteau de laine)**, comme l'atteste le ticket de dépôt n° . . . . , dont je vous joins une copie.

Or, lorsque vous me l'avez rendu(e), j'ai constaté que ce vêtement était mal nettoyé et présentait encore de nombreuses taches, dont certaines n'existaient pas le jour où je vous l'ai remis.

Vous n'êtes pas sans savoir que, faute de réserve expresse de votre part lors du dépôt, vous êtes tenu(e) à une obligation de résultat. En conséquence, je vous demande de prendre toutes dispositions afin de reprendre ce vêtement et de me le rendre correctement nettoyé, à vos frais.

Veuillez agréer, Monsieur **(ou Madame)**, l'expression de mes salutations distinguées.

Votre signature

P.J. : photocopie du ticket de dépôt.

Modèle n° 3

Vos nom et prénoms
Votre adresse
Votre numéro de téléphone
Votre adresse e-mail

Lettre recommandée avec AR

Coordonnées du pressing

. . . . **(lieu)**, ... **(date)**

Monsieur **(ou Madame)**,

Par courrier en date du . . . . , je vous ai demandé l'indemnisation du vêtement **(précisez le vêtement concerné. Exemple : un manteau de laine)** que je vous avais donné à nettoyer et que vous m'aviez rendu détérioré **(énumérez et précisez la nature des dommages subis par le vêtements)**.

Le . . . . , j'ai reçu une lettre de votre part m'indiquant que vous refusez de m'indemniser au motif que . . . . **(indiquez le motif invoqué par le teinturier pour ne pas vous rembourser)**.

Or, je vous rappelle que, lors du dépôt du vêtement, vous n'aviez émis aucune réserve expresse et que, tenu(e) à une obligation de résultat, vous êtes responsable des dommages subis par le vêtement que je vous ai confié.

Dans ces conditions, et à moins que vous n'apportiez la preuve que cette détérioration n'est pas de votre faute, je vous mets en demeure de me dédommager du préjudice subi, que j'estime à . . . . €.

À défaut d'accord amiable, je me verrai dans l'obligation de saisir le tribunal d'instance.

Veuillez agréer, Monsieur **(ou Madame)**, l'expression de mes salutations distinguées.

Votre signature

Modèle n° 4

Vos nom et prénoms
Votre adresse
Votre numéro de téléphone
Votre adresse e-mail

Lettre recommandée avec AR

Coordonnées du pressing

. . . . **(lieu)**, ... **(date)**

Monsieur **(ou Madame)**,

En date du . . . . , je vous ai donné à nettoyer un(e) . . . . **(précisez le vêtement concerné. Exemple : un manteau de laine)**, comme l'atteste le ticket de dépôt n° . . . . , dont je vous joins une copie.

Or, quand je suis revenu(e) chercher ce vêtement, vous avez été dans l'incapacité de me le restituer.

En conséquence, je vous demande de prendre toutes dispositions afin que vous m'indemnisiez de son prix, d'un montant de . . . . € **(si possible, joignez une copie de la facture d'achat du vêtement)**.

Veuillez agréer, Monsieur **(ou Madame)**, l'expression de mes salutations distinguées.

Votre signature

P.J. : photocopie du ticket de dépôt (et si possible celle de la facture d'achat du vêtement).

Loisirs

Agence de voyages : annulation d'un voyage par l'agence

Si votre agence de voyages décide d'annuler le séjour que vous avez acheté auprès d'elle, vous devez être remboursé intégralement des sommes que vous lui avez déjà versées. Vous pouvez également obtenir une indemnité et négocier des dommages et intérêts.

Vos nom, prénoms
Votre adresse
Votre numéro de téléphone
Votre adresse e-mail

Lettre recommandée avec AR

Coordonnées de l'agence de voyages

. . . . **(lieu)**, ... **(date)**

Monsieur **(ou Madame)**,

Le . . . . **(précisez la date)**, vous m'avez adressé un courrier m'informant de l'annulation du séjour de . . . . jours **(ou semaines, indiquez la durée)** que j'avais réservé pour la période du . . . . au . . . . , en . . . . **(nom de la région ou du pays)**.

Cette annulation étant de votre fait, je vous serai reconnaissant(e) de bien vouloir me rembourser, le plus rapidement possible, les sommes que j'ai déjà versées, soit un montant de . . . . €, conformément aux dispositions de l'article 21 de la loi du 13 juillet 1992 (1). Par ailleurs, cette annulation m'obligeant à réorganiser à la dernière minute mes vacances, ... **(précisez en quoi cette situation vous porte préjudice ; exemple : je ne bénéficie plus des réductions intéressantes de la SNCF...)**, j'estime avoir subi un préjudice que j'évalue à . . . . €.

Enfin, je souhaite que vous me versiez l'indemnité prévue à l'article 102 du décret du 15 juin 1994 (2). Son montant, équivalent à la pénalité que j'aurais dû payer si l'annulation était intervenue de mon fait, s'élève donc à . . . . €.
En conséquence, vous devez me verser la somme totale de . . . . €.

Dans l'attente de votre règlement, je vous prie de croire, Monsieur (ou Madame), à l'expression de mes salutations distinguées.

Votre signature

1. Article 21, loi du 13 juillet 1992 : « Lorsque, avant le départ, le vendeur résilie le contrat en l'absence de faute de l'acheteur, la totalité des sommes versées par ce dernier lui sont restituées sans préjudice des dommages et intérêts auxquels celui-ci pourrait prétendre. »
2. Article 102, décret du 15 juin 1994 : « Dans le cas prévu à l'article 21 de la loi du 13 juillet 1992 susvisée, lorsque, avant le départ de l'acheteur, le vendeur annule le voyage ou le séjour, il doit informer l'acheteur par lettre recommandée avec accusé de réception ; l'acheteur, sans préjuger des recours en réparation des dommages éventuellement subis, obtient auprès du vendeur le remboursement immédiat et sans pénalité des sommes versées ; l'acheteur reçoit, dans ce cas, une indemnité au moins égale à la pénalité qu'il aurait supportée si l'annulation était intervenue de son fait à cette date.
« Les dispositions du présent article ne font en aucun cas obstacle à la conclusion d'un accord amiable ayant pour objet l'acceptation, par l'acheteur, d'un voyage ou séjour de substitution proposé par le vendeur. »

Agence de voyages : non-respect de ce qui était prévu au contrat

Arrivé(e) sur le lieu de vos vacances, vous vous rendez compte que les excursions proposées sur place ne correspondent pas à celles qui étaient prévues dans votre contrat. Vous pouvez refuser ces changements. Le voyagiste doit alors vous proposer le remplacement des prestations initialement prévues. Si vous n'acceptez pas la modification, l'agence de voyages devra mettre à votre disposition le titre de transport nécessaire à votre retour.

Modèle n° 1

Vos nom, prénoms
Votre adresse
Votre numéro de téléphone
Votre adresse e-mail

Lettre recommandée avec AR

Coordonnées de l'agence de voyage

. . . . **(lieu)**, ... **(date)**

Monsieur (ou Madame),

Lors du séjour prévu en . . . . **(indiquez la région ou le pays)** et réservé pour la période du . . . . au . . . . , nous devions aller visiter . . . . **(indiquez les prestations prévues dans votre contrat)**.

(ou : nous devions séjourner dans un hôtel 4 étoiles climatisé et insonorisé.)

Or, une fois sur place, le guide nous a informés que deux excursions (parmi les plus prestigieuses) étaient annulées en raison d'un manque de moyen de locomotion.

(ou : nous avons été logés dans un établissement très modeste, dépourvu de climatisation et situé dans un quartier très bruyant.)

En conséquence, je vous prie de me rembourser le prix des excursions non effectuées **(ou : la différence de prix entre les deux hôtels)**, conformément aux dispositions de l'article 22 de la loi du 13 juillet 1992 [1], soit la somme de . . . . €.

Dans l'attente de votre règlement, je vous prie de croire, Monsieur **(ou Madame)**, à l'expression de mes salutations distinguées.

Votre signature

1. Article 22, loi du 13 juillet 1992 : « Lorsque, après le départ, un des éléments essentiels du contrat ne peut être exécuté, le vendeur doit, sauf impossibilité dûment justifiée, proposer à l'acheteur des prestations en remplacement de celles qui ne sont pas fournies.

« Le vendeur prend à sa charge les suppléments de prix qui en résultent ou rembourse la différence de prix entre les prestations prévues et fournies.

« Si l'acheteur n'accepte pas la modification proposée, le vendeur doit lui procurer les titres de transports nécessaires à son retour, sans préjudice des dommages et intérêts auxquels l'acheteur pourrait prétendre. »

Modèle n° 2

Vos nom, prénoms
Votre adresse
Votre numéro de téléphone
Votre adresse e-mail

Lettre recommandée avec AR

Coordonnées de l'agence de voyage

. . . . **(lieu)**, ... **(date)**

Monsieur **(ou Madame)**,

Lors du séjour prévu en . . . . **(indiquez la région ou le pays)** et réservé pour la période du . . . . au . . . . , nous devions . . . . **(indiquez les prestations prévues dans votre contrat ; exemple : nous devions séjourner dans un hôtel 4 étoiles climatisé et insonorisé)**.

Or, une fois sur place, l'hôtel prévu étant complet, nous avons été relogés dans un établissement très modeste, dépourvu de climatisation et situé dans un quartier très bruyant.

Ayant refusé ces modifications, vous nous avez alors fourni les billets d'avion nécessaires à notre retour en France. Cependant, nous estimons que, par votre faute, nos vacances ont été gâchées. En conséquence, nous vous demandons réparation pour le préjudice subi et, à ce titre, vous réclamons la somme de . . . . € à titre de dommages et intérêts ainsi que le remboursement d'une partie du prix versé pour le séjour, soit . . . . €.

Dans l'attente de votre règlement, nous vous prions de croire, Monsieur (ou Madame), à l'expression de nos salutations distinguées.

Votre signature

Agence de voyages : majoration du prix après signature du contrat

Alors que la date de votre départ sur le sable blanc d'un île lointaine se rapproche, l'agence de voyages qui a organisé votre séjour vous informe que vous allez devoir verser un supplément de prix (exemple : le transport en avion ayant augmenté, du fait de l'augmentation du prix du carburant).
Sachez que vous pouvez refuser une telle augmentation :
- lorsqu'elle intervient moins de trente jours avant le départ (modèle n° 1) ;
- si, bien qu'ayant été annoncée plus d'un mois avant le départ, elle n'a pas été prévue dans une clause de révision insérée au contrat (modèle n° 2).

Modèle n° 1

Vos nom, prénoms
Votre adresse
Votre numéro de téléphone
Votre adresse e-mail

Lettre recommandée avec AR

Coordonnées de l'agence de voyage

. . . . **(lieu)**, ... **(date)**

Monsieur **(ou Madame)**,

Le . . . . . . **(précisez la date)**, vous m'avez adressé un courrier m'informant qu'une hausse importante du prix du transport aérien vous obligeait à augmenter les tarifs du séjour de . . . . jours **(ou semaines, indiquez la durée)** prévu pour la période du . . . . au . . . . , en . . . . **(nom de la région ou du pays)**. Vous me demandez donc de vous verser un complément de . . . . €.

Or, votre réclamation intervenant moins de trente jours avant le départ, je vous rappelle que, conformément aux dispositions de l'article 19 de la loi du 13 juillet 1992 [1], le prix fixé au contrat que j'ai signé le . . . . ne peut faire l'objet d'aucune majoration.

En conséquence, je vous avertis que je ne donnerai pas suite à votre demande.

Je vous prie de croire, Monsieur **(ou Madame)**, à l'expression de mes salutations distinguées.

Votre signature

1. Article 19, loi du 13 juillet 1992 : « Les prix prévus au contrat ne sont pas révisables, sauf si celui-ci prévoit expressément la possibilité d'une révision tant à la hausse qu'à la baisse et en détermine les modalités précises de calcul, uniquement pour tenir compte des variations :

a) Du coût des transports, lié notamment au coût du carburant ;

b) Des redevances et taxes afférentes aux prestations offertes, telles que les taxes d'atterrissage, d'embarquement, de débarquement dans les ports et les aéroports ;

c) Des taux de change appliqués au voyage ou au séjour considéré.

« Au cours des trente jours qui précèdent la date de départ prévue, le prix fixé au contrat ne peut faire l'objet d'une majoration. »

Modèle n° 2

Vos nom, prénoms
Votre adresse
Votre numéro de téléphone
Votre adresse e-mail

Lettre recommandée avec AR

Coordonnées de l'agence de voyage

. . . . **(lieu)**, ... **(date)**

Monsieur (ou Madame),

Lors du séjour prévu en . . . . **(indiquez la région ou le pays)** et réservé pour la période du . . . . au . . . . , nous devions . . . . **(indiquez les prestations prévues dans votre contrat ; exemple : nous devions séjourner dans un hôtel 4 étoiles climatisé et insonorisé)**.

Or, le contrat que j'ai signé le. . . . . . . ne prévoit aucune clause de révision de tarif. Le prix fixé dans cet accord ne peut donc faire l'objet d'aucune majoration.

En conséquence, et conformément aux dispositions de l'article 19 de la loi du 13 juillet 1992 [1], je vous avertis que je ne donnerai pas suite à votre demande.
Je vous prie de croire, Monsieur **(ou Madame)**, à l'expression de mes salutations distinguées.

Votre signature

1. Voir note 1 du modèle précédent.

Agence de voyages : vous annulez votre voyage

Pour une raison très importante, vous avez dû annuler votre voyage. Cette annulation va entraîner, en principe,
Par contre, si votre désistement est dû à un cas de force majeure, vous pourrez récupérer les sommes versées (voir décret 14-6-94, article n° 98-14°).

Vos nom, prénoms
Votre adresse
Votre numéro de téléphone
Votre adresse e-mail

Lettre recommandée avec AR

Coordonnées de l'agence de voyage

. . . . **(lieu)**, ... **(date)**

Monsieur **(ou Madame)**,

Le . . . . **(précisez la date)**, j'ai acheté, auprès de votre agence, un séjour de . . . . jours **(ou semaines, indiquez la durée)** pour la période du . . . . au . . . . , en . . . . **(nom de la région ou du pays)**.

Or, pour les raisons suivantes : . . . . **(indiquez précisément ce qui ne vous permet plus de partir en voyage ; exemple : vous ou un membre très proche de votre famille avez eu un accident grave, ou dû être hospitalisé en urgence, ou l'un de vos proches est décédé... ; mieux vaut joindre alors un certificat médical)**, je ne vais pas pouvoir effectuer ce voyage.

Considérant qu'il s'agit là d'un cas de force majeure, je vous demande de bien vouloir me rembourser les sommes versées lors de la réservation, soit . . . . €.

Dans l'attente de votre règlement, je vous prie de croire, Monsieur (ou Madame), à l'expression de mes salutations distinguées.

Votre signature

Objets volés dans un hôtel : demande d'indemnisation

Un hôtelier est présumé responsable des affaires que ses clients laissent dans son établissement. Il ne peut donc s'exonérer de cette responsabilité qu'en prouvant votre faute (vous avez laissé la clef sur la porte de votre chambre, vous ne l'avez pas fermée...) ou que lorsque le vol est dû à un cas de force majeure (exemple : attaque à main armée).
L'indemnisation de votre préjudice est illimitée, c'est-à-dire à concurrence de la valeur réelle des objets volés, si ceux-ci ont été préalablement remis à l'hôtelier (exemple : bijoux dans

son coffre) ou si le client prouve que l'hôtelier a commis une faute (exemple : impossibilité pour le client de fermer la porte de sa chambre à clef).

Dans les autres cas, elle est plafonnée à cent fois le prix journalier de la chambre si le vol est intervenu dans l'établissement (chambre, ascenseur, couloirs...), et à cinquante fois cette somme si vos affaires ont été volées alors qu'elles se trouvaient dans votre voiture, stationnée sur le parking privatif de l'hôtel.

À savoir : il est habituel de lire, dans les hôtels, un panneau indiquant que « l'hôtelier n'est pas responsable des vols et autres dommages subis par les clients ». Ces panneaux n'ont aucune valeur. N'hésitez pas à faire valoir vos droits.

Vos nom, prénoms
Votre adresse
Votre numéro de téléphone
Votre adresse e-mail

Lettre recommandée avec AR

Nom et adresse de l'hôtelier

. . . . **(lieu)**, ... **(date)**

Monsieur **(ou Madame)**,

Suite à ce que je vous avais indiqué le . . . . **(date de la découverte du vol)** dernier [1], au moment de mon départ, je vous confirme par la présente que, lors de mon séjour dans votre hôtel du . . . . au . . . . , mon (ou mes) . . . . **(nom de l'objet ou des objets volés ; exemples : appareil photo, bijoux, ordinateur portable)**, d'une valeur de . . . . €, a (ont) été volé(s) dans ma chambre que j'avais bien fermée à clef avant de m'absenter.
Vous trouverez ci-jointe une photocopie de ma déclaration de vol

Je vous rappelle qu'en application des articles 1952 et suivants du Code civil [2] vous êtes responsable de la disparition des affaires de vos clients. Par conséquent, vous ne pouvez vous prévaloir de l'affichette dans la chambre signalant que « la direction décline toute responsabilité en cas de vol », qui n'a aucune valeur.

En vertu des textes visés ci-dessus, vous êtes tenu de m'indemniser du vol de mon **(ou mes)** . . . . **(nom de l'objet ou des objets volés)** à concurrence de cent fois le prix de la location de la chambre par journée.

En conséquence, je vous demande de bien vouloir déclarer le sinistre à votre assureur afin que je sois indemnisé de mon préjudice dans les plus brefs délais.

À défaut de réponse positive sous huitaine, je me réserve le droit de porter l'affaire devant le tribunal compétent.

Dans l'attente de votre réponse, je vous prie de croire, Monsieur (ou Madame), à l'expression de mes salutations distinguées.

Votre signature

1. Dès la découverte du vol, signalez-le au responsable de l'hôtel (en prenant soin de noter son nom), puis confirmez au plus vite par lettre recommandée votre réclamation.

2. Article 1952 du Code civil : « Les aubergistes ou hôteliers répondent, comme dépositaires, des vêtements, bagages et objets divers apportés dans leur établissement par le voyageur qui loge chez eux ; le dépôt de ces sortes d'effets doit être regardé comme un dépôt nécessaire. »

Article 1953 du Code civil : « Ils sont responsables du vol ou du dommage de ces effets, soit que le vol ait été commis ou que le dommage ait été causé par leurs domestiques et préposés, ou par des étrangers allant et venant dans l'hôtel.

« Cette responsabilité est illimitée, nonobstant toute clause contraire, au cas de vol ou de détérioration des objets de toute nature déposés entre leurs mains ou qu'ils ont refusé de recevoir sans motif légitime.

« Dans tous les autres cas, les dommages-intérêts dus au voyageur sont, à l'exclusion de toute limitation conventionnelle inférieure, limités à l'équivalent de cent fois le prix de location du logement par journée, sauf lorsque le voyageur démontre que le préjudice qu'il a subi résulte d'une faute de celui qui l'héberge ou des personnes dont ce dernier doit répondre. »

Article 1954 du Code civil : « Les aubergistes ou hôteliers ne sont pas responsables des vols ou dommages qui arrivent par force majeure, ni de la perte qui résulte de la nature ou d'un vice de la chose, à charge de démontrer le fait qu'ils allèguent.

« Par dérogation aux dispositions de l'article 1953, les aubergistes ou hôteliers sont responsables des objets laissés dans les véhicules stationnés sur les lieux dont ils ont la jouissance privative à concurrence de cinquante fois le prix de location du logement par journée.

Les articles 1952 et 1953 ne s'appliquent pas aux animaux vivants. »

Location saisonnière : réservation

Vos nom, prénoms
Votre adresse
Votre numéro de téléphone
Votre adresse e-mail

Lettre recommandée avec AR

Nom et adresse du loueur
(particulier ou agence immobilière)

. . . . **(lieu)**, ... **(date)**

Monsieur **(ou Madame)**,

Suite à votre annonce parue dans . . . . **(indiquez le journal ou le site Internet)** et comme convenu lors de notre conversation téléphonique du . . . . . . , je vous confirme la réservation de votre . . . . **(appartement, maison...)** durant . . . . jours **(ou semaines)** pour la période allant du . . . . au . . . . inclus, pour la somme de . . . . €.

J'attends que vous m'envoyiez le contrat de location à remplir et signer [1] pour vous envoyer un chèque d'un montant de . . . . €, à titre d'arrhes.

Je vous serais reconnaissant(e) de bien vouloir, par retour de courrier, me signer un reçu de ces arrhes.

Dans l'attente de votre réponse, je vous prie de croire, Monsieur **(ou Madame)**, à l'expression de mes salutations distinguées.

Votre signature

1. Demandez au préalable que ce contrat soit établi en deux exemplaires et que le loueur l'ait déjà signé avant de vous l'envoyer.

Location saisonnière : réclamation pour renseignements mensongers

Vos nom, prénoms
Votre adresse
Votre numéro de téléphone
Votre adresse e-mail

Lettre recommandée avec AR [1]

Nom et adresse du loueur
(particulier ou agence immobilière)

. . . . **(lieu)**, ... **(date)**

Monsieur **(ou Madame)**,

Par courrier envoyé en date du . . . . , je vous ai loué un appartement avec vue sur la mer pour la période du . . . . au . . . .

Dans le descriptif (dont je vous joins la photocopie) que vous m'aviez envoyé, vous m'affirmiez que . . . . **(indiquez ce qui était primordial pour vous ; exemples : accès direct à la plage, commerces à proximité, endroit très calme, climatisation, piscine...)**.

Or, nous venons d'arriver et quelle n'est pas notre déception en découvrant ce qu'il en est réellement : . . . . **(énumérez les défauts de la location ; exemples : autoroute ou discothèque à proximité, piscine inutilisable, accès à la mer plus éloigné que prévu...)** [2].

En conséquence, je vous demande une réduction de la moitié du prix de la location pour indemnisation du préjudice que ma famille subit.

À défaut de réponse positive sous huitaine, je me réserve le droit de porter l'affaire devant le tribunal compétent [3].

Dans l'attente de votre réponse, je vous prie de croire, Monsieur (ou Madame), à l'expression de mes salutations distinguées.

Votre signature

1. Vous pouvez envoyer une copie de ce courrier à une association de consommateurs ou même à la direction départementale de la concurrence, de la consommation et de la répression des fraudes (DDCCRF). Par ailleurs, si l'annonce contient des éléments mensongers, il s'agit de publicité trompeuse, infraction punie d'une amende de 37 500 euros et de deux ans de prison (article L 121-1 du Code de la consommation). Dans ce cas, il faudra porter plainte auprès du procureur de la République.
2. Réunissez le plus grand nombre de preuves possible : prenez des photos, recueillez les témoignages écrits de voisins, faites faire un constat par huissier...
3. Si le loueur est un particulier, il s'agit du tribunal d'instance du lieu de la location ; si la location a été faite par l'intermédiaire d'un professionnel (exemple : agence de voyages), le litige relève du tribunal d'instance si le litige est inférieur à 7 600 €, du tribunal de grande instance au-delà.

Services

Démarchage à domicile : lettre de rétractation

Un démarcheur est venu vous proposer d'acquérir le dernier système antivol pour protéger votre maison. Sur le moment, il s'est montré tellement convaincant que vous n'avez pas su lui dire non. Mais après avoir réfléchi, vous trouvez cette dépense superflue et vous voudriez y renoncer. Pas de panique ! Quel que soit le bien (cuisine intégrée, abonnement...) ou la prestation de services (pose de volets, installation d'une véranda...) proposés, vous disposez d'un délai de sept jours - à compter de l'engagement d'achat - pendant lequel vous pouvez renoncer à votre acquisition sans avoir à vous justifier.
Pour signifier votre renonciation, il vous suffit soit de renvoyer le formulaire de rétractation en principe prévu à cet effet sur le bon de commande, soit de rédiger une lettre de rétractation sur papier libre et de l'envoyer à l'adresse indiquée, dans les délais, en recommandé avec accusé de réception.

Vos nom, prénoms
Votre adresse
Votre numéro de téléphone
Votre adresse e-mail

Lettre recommandée avec AR
Coordonnées de la société

. . . . **(lieu)**, ... **(date)**

Monsieur **(ou Madame)**,

En date du . . . . **(précisez)**, j'ai reçu la visite de l'un de vos commerciaux qui s'est montré tellement persuasif que j'ai acheté le produit proposé : . . . . **(indiquez la nature de l'objet)**, pour un prix de . . . . €.

Après mûre réflexion, il s'avère que je n'ai aucunement besoin de cet objet. Je vous informe, par la présente, que, conformément aux dispositions de l'article L.121-25 du Code de la consommation [1], je désire exercer mon droit de rétractation. Je vous demande donc de procéder, dès aujourd'hui, à l'annulation de la commande passée [2].

Veuillez agréer, Monsieur **(ou Madame)**, l'expression de mes salutations distinguées.

Votre signature

1. Article L.121-25 du Code de la consommation (extraits) : « Dans les sept jours, jours fériés compris, à compter de la commande ou de l'engagement d'achat, le client a la faculté d'y renoncer par lettre recommandée avec accusé de réception. Si ce délai expire normalement un samedi, un dimanche ou un jour férié ou chômé, il est prorogé jusqu'au premier jour ouvrable suivant.
« Toute clause du contrat par laquelle le client abandonne son droit de renoncer à sa commande ou à son engagement d'achat est nulle et non avenue. »
2. Dans votre lettre doivent apparaître clairement les indications suivantes :
– la nature de la marchandise ou du service commandé ;
– la date de la commande ;
– le cas échéant, le numéro du bon de commande ;
– votre nom ;
– votre adresse.

Démarchage à domicile : annulation de la commande pour abus de faiblesse

Un démarcheur a profité de la faiblesse physique, mentale ou intellectuelle de l'un de vos proches pour lui faire acheter un objet dont il n'a pas besoin. Si les conditions de l'état de faiblesse sont remplies au moment de la conclusion de la vente, vous pouvez vous prévaloir de la législation sur l'abus de faiblesse et demander à la société incriminée, par lettre recommandée avec avis de réception, l'annulation de la vente ainsi que le remboursement des sommes versées.

Vos nom, prénoms
Votre adresse
Votre numéro de téléphone
Votre adresse e-mail

Lettre recommandée avec AR

Coordonnées de la société

. . . . **(lieu)**, ... **(date)**

Référence : . . . . **(numéro du bon de commande)**

Monsieur **(ou Madame)**,

Je vous demande instamment de bien vouloir procéder à l'annulation de la commande passée le . . . . **(date de la commande)** par M. **(ou Mme)** . . . .

(nom de la personne abusée) auprès du représentant . . . . **(indiquez son nom)** travaillant pour votre société . . . . **(citez sa dénomination)**.

En effet, M. **(ou Mme)** . . . . **(nom de la personne abusée)** n'était pas en mesure d'apprécier la portée de l'engagement qu'il **(ou elle)** prenait, du fait de . . . . **(décrivez brièvement les raisons de son état)**.

Il s'agit donc d'un abus de faiblesse, qui vous rend passible des sanctions pénales prévues par l'article L.122-8 du Code de la consommation [1], à savoir une peine d'emprisonnement de cinq ans et/ou une amende de 9 000 €.

Je vous prie donc de bien vouloir annuler la commande de M. **(ou Mme)** . . . . **(nom)** et de lui rembourser la somme de . . . . € qu'il **(ou elle)** vous a versée.

Dans cette attente [2], je vous prie de croire, Monsieur **(ou Madame)**, à l'expression de mes salutations distinguées.

Votre signature

1. Article L.122-8 du Code de la consommation : « Quiconque aura abusé de la faiblesse ou de l'ignorance d'une personne pour lui faire souscrire, par le moyen de visites à domicile, des engagements au comptant ou à crédit sous quelque forme que ce soit sera puni d'un emprisonnement de cinq ans et d'une amende de 9 000 euros ou de l'une de ces deux peines seulement, lorsque les circonstances montrent que cette personne n'était pas en mesure d'apprécier la portée des engagements qu'elle prenait ou de déceler les ruses ou artifices déployés pour la convaincre à y souscrire, ou font apparaître qu'elle a été soumise à une contrainte. »
2. En l'absence de réponse de la société ou si celle-ci refuse tout arrangement, vous pouvez porter plainte soit auprès de la Direction départementale de la concurrence, de la consommation et de la répression des fraudes (DDCCRF) de votre département, soit directement auprès du procureur de la République.

Services – Livraison

Livraison tardive de marchandise (montant inférieur ou égal à 450 €)

L'article que vous convoitiez est en rupture de stock. Le vendeur vous a tout de même proposé d'en passer commande moyennant le versement d'une avance. Lorsque le montant de la commande est inférieur à 450 €, les dispositions de l'article 1610 du Code civil s'appliquent.

Vos nom, prénoms
Votre adresse
Votre numéro de téléphone
Votre adresse e-mail

Lettre recommandée avec AR

Coordonnées de la société

. . . . **(lieu)**, ... **(date)**

Référence : . . . . (numéro du bon de commande)

Monsieur **(ou Madame)**,

Le . . . . , vous deviez me livrer . . . . **(décrivez en détail la marchandise commandée)**, conformément à ce qui est indiqué sur le bon de commande **(dont je vous joins une photocopie)**. Or, à ce jour, je n'ai toujours rien reçu.

En conséquence et en application des dispositions de l'article 1610 du Code civil [1], (inscrivez ensuite, selon la décision prise :)
je vous prie de bien vouloir procéder à l'annulation de ma commande et de me rembourser, dans les quinze jours à compter de la réception de cette lettre, la somme de . . . . € que je vous ai versée à titre d'acompte lors de la commande (ou le double des arrhes que je vous ai versées lors de la commande, soit une somme de . . . . €) [2].

(ou)
je vous mets en demeure de me livrer sous huitaine, à compter de la réception de cette lettre. À défaut, c'est avec regret que je me verrais contraint(e) de saisir le tribunal compétent.

Dans cette attente, je vous prie de croire, Monsieur (ou Madame), à l'expression de mes salutations distinguées.

Votre signature

P.J. : photocopie du bon de commande.

1. Article 1610 du Code civil : « Si le vendeur manque à faire la délivrance dans le temps convenu entre les parties, l'acquéreur pourra, à son choix, demander la résolution de la vente, ou sa mise en possession, si le retard ne vient que du fait du vendeur. »
2. Si le contrat comporte le mot « acompte », le commerçant devra vous rembourser la somme déjà versée ; s'il s'agit d'arrhes, il devra vous rembourser le double de la somme versée. En l'absence de précision, on considère que la somme versée constitue des arrhes.

Livraison tardive de marchandise (montant supérieur à 450 €)

Lorsque le montant de la commande dépasse 450 €, une date limite de livraison doit obligatoirement figurer sur le bon de commande. Si, sept jours après cette date, vous n'avez toujours pas été livré, vous pouvez annuler votre commande et exiger le remboursement des sommes versées.

Vos nom, prénoms
Votre adresse
Votre numéro de téléphone
Votre adresse e-mail

Lettre recommandée avec AR [1]

Coordonnées de la société

. . . . **(lieu)**, ... **(date)**

Référence : . . . . **(numéro du bon de commande)**

Monsieur **(ou Madame)**,

Le . . . . . . **(indiquez la date de la commande)**, dans votre magasin, j'ai signé un bon de commande pour l'achat de . . . . **(décrivez en détail la marchandise commandée)** pour un prix de . . . . € **(supérieur à 450 €)**. À cette occasion, j'ai versé la somme de . . . . € à titre d'arrhes **(ou d'acompte)** [2].

D'après le bon de commande **(dont je vous joins une photocopie)**, la livraison aurait dû avoir lieu, au plus tard, le . . . . Or, à ce jour [3], et en dépit de plusieurs appels téléphoniques, je n'ai toujours rien reçu.

En conséquence et en application des dispositions de l'article L.114-1 du Code de la consommation [4], je vous prie de bien vouloir procéder à l'annulation de ma commande et de me rembourser, dans les quinze jours à compter de la réception de cette lettre, la somme de . . . . € que je vous ai versée à titre d'acompte lors de la commande **(ou : le double des arrhes que je vous ai versées lors de la commande, soit une somme de . . . . €)**. À défaut, c'est avec regret que je me verrais contraint(e) de saisir le tribunal compétent.

Dans cette attente, je vous prie de croire, Monsieur **(ou Madame)**, à l'expression de mes salutations distinguées.

Votre signature

P.J. : photocopie du bon de commande.

1. Lettre à envoyer dans les soixante jours ouvrés après la date indiquée pour la livraison.
2. Si le contrat comporte le mot « acompte », le commerçant devra vous rembourser la somme déjà versée ; s'il s'agit d'arrhes, il devra vous rembourser le double de la somme versée. En l'absence de précision, on considère que la somme versée constitue des arrhes.
3. La lettre doit être rédigée au minimum sept jours après la date de livraison prévue. Attention, le contrat n'étant annulé qu'à partir du jour où le vendeur aura reçu votre courrier, si la livraison est intervenue entre l'envoi et la réception de votre lettre, votre commande ne sera pas annulée.
4. Article L.114-1 du Code de la consommation : « Dans tout contrat ayant pour objet la vente d'un bien meuble ou la fourniture d'une prestation de services à un consommateur, le professionnel doit, lorsque la livraison du bien ou la fourniture de la prestation n'est pas immédiate et si le prix convenu excède des seuils fixés par voie réglementaire, indiquer la date limite à laquelle il s'engage à livrer le bien ou à exécuter la prestation.
« Le consommateur peut dénoncer le contrat de vente d'un bien meuble ou de fourniture d'une prestation de services par lettre recommandée avec demande d'avis de réception en cas de dépassement de la date de livraison du bien ou d'exécution de la prestation excédant sept jours et non dû à un cas de force majeure.
« Ce contrat est, le cas échéant, considéré comme rompu à la réception, par le vendeur ou par le prestataire de services, de la lettre par laquelle le consommateur l'informe de sa décision, si la livraison n'est pas intervenue ou si la prestation n'a pas été exécutée entre l'envoi et la réception de cette lettre. Le consommateur exerce ce droit dans un délai de soixante jours ouvrés à compter de la date indiquée pour la livraison du bien ou l'exécution de la prestation.
« Sauf stipulation contraire du contrat, les sommes versées d'avance sont des arrhes, ce qui a pour effet que chacun des contractants peut revenir sur son engagement, le consommateur en perdant les arrhes, le professionnel en les restituant au double. »

Livraison non conforme : demande d'échange

Vous avez commandé un magnifique tailleur en cuir marron. Le jour de la livraison, déception : il est en velours bleu turquoise. Pas de panique, le vendeur est tenu de vous livrer un produit en tout point identique à celui que vous lui avez commandé. Si tel n'est pas le cas, vous pouvez exiger soit un échange contre le produit que vous aviez commandé, soit le remboursement intégral de l'achat.

Vos nom, prénoms
Votre adresse
Votre numéro de téléphone
Votre adresse e-mail

Lettre recommandée avec AR

Coordonnées de la société

. . . . **(lieu)**, ... **(date)**

Référence : . . . . **(numéro du bon de commande)**

Monsieur **(ou Madame)**,

Le . . . . **(indiquez la date de la commande)**, dans votre magasin, j'ai commandé un(e) . . . . **(décrivez en détail la marchandise commandée)**.

Or, ce matin, j'ai reçu une marchandise qui ne correspond pas du tout à ma commande puisque . . . . **(indiquez en quoi la marchandise réceptionnée n'est pas conforme à ce qui avait été commandé)**.

En conséquence, je vous renvoie ce produit non conforme et vous prie de me livrer, au plus vite, le modèle correspondant en tout point à ma commande. Si cela n'est pas possible, je vous demande de procéder au remboursement de la somme versée à la commande.

Par ailleurs, vous voudrez bien me rembourser les frais occasionnés par le retour de la marchandise livrée par erreur.

Dans cette attente, je vous prie de croire, Monsieur **(ou Madame)**, à l'expression de mes salutations distinguées.

Votre signature

P.J. : photocopie du bon de commande.

Services – Compagnie des eaux

Facture d'eau : contestation

La compagnie distributrice de l'eau dans votre commune vient de vous adresser une facture qui vous semble anormalement élevée par rapport à ce que vous réglez habituellement. Commencez par relever les chiffres de votre compteur, et comparez-les avec ceux de votre facture (généralement, ils sont indiqués dans un encadré au dos de votre facture). Ils doivent correspondre.
Demandez à la compagnie dont vous dépendez de procéder à un certain nombre de vérifications (compteur...), en indiquant les circonstances qui vous font penser à une facture erronée.

Vos nom, prénoms
Votre adresse
Votre numéro de téléphone
Votre adresse e-mail

Lettre recommandée avec AR

Coordonnées de votre agence

. . . . **(lieu)**, ... **(date)**

Référence : . . . . **(numéro de la facture)**

Monsieur **(ou Madame)**,

Ma dernière facture n° . . . . du . . . . , couvrant la période du . . . . au . . . . , que je viens de recevoir me semble anormalement élevée si je me réfère à mes factures habituelles qui s'élèvent, en moyenne, à . . . . €. Aucune modification n'étant intervenue dans mes habitudes ou celles de ma famille, je m'interroge sur les raisons de cette hausse brutale **(ou : Dans la mesure où je me suis absenté(e) plus d'un mois, du . . . . au . . . . , et que personne d'autre n'avait accès à mon logement, je m'interroge sur les raisons de cette hausse brutale)**.

En conséquence, je vous serais reconnaissant(e) de bien vouloir procéder à un nouveau relevé de compteur ou de faire vérifier le bon fonctionnement de ce dernier.

En attendant le résultat de votre enquête et pour vous montrer ma bonne foi, je joins à ma lettre un chèque bancaire n° . . . . d'un montant de . . . . €, correspondant à ma consommation habituelle.

Dans l'attente de votre réponse, je vous prie de croire, Monsieur **(ou Madame)**, à l'expression de mes salutations distinguées.

Votre signature

Facture EDF-GDF : contestation

Vous venez de recevoir votre facture d'EDF-GDF et elle vous semble exorbitante par rapport à ce que vous avez l'habitude de régler. Pas de panique !

En premier lieu, commencez par examiner attentivement votre facture afin de vérifier qu'elle correspond bien au contrat que vous avez souscrit. Les caractéristiques du tarif que vous avez choisi figurent au verso de votre facture, en bas.

Allez, ensuite, relever les chiffres de votre compteur EDF-GDF et comparez-les avec ceux de votre facture (s'il s'agit d'une facture intermédiaire basée sur un index estimé de votre consommation, vérifiez que l'index estimé correspond plus ou moins au chiffre affiché sur votre compteur).

Si, après toutes ces vérifications, vous continuez à être en désaccord avec les données de votre facture, adressez-vous au centre dont vous dépendez, par lettre recommandée avec accusé de réception.

Attention : faites votre réclamation dans les plus brefs délais afin d'éviter une coupure.

Vos nom, prénoms
Votre adresse
Votre numéro de téléphone
Votre adresse e-mail

Lettre recommandée avec AR [1]

Coordonnées de votre agence EDF-GDF [2]

. . . . **(lieu),** . . . . **(date)**

Référence : . . . . **(numéro de la facture)**

Monsieur **(ou Madame),**

Ma dernière facture n° . . . . . du . . . . , couvrant la période du . . . . au . . . . , que je viens de recevoir me paraît anormalement élevée compte tenu de ma consommation habituelle. En effet, il est indiqué que j'aurais consommé . . . . kWh (ou . . . . m3 de gaz). Or, n'ayant changé ni mes habitudes, ni mes appareils ménagers, je m'interroge sur les raisons de cette hausse brutale **(ou : Dans la mesure où je me suis absenté(e) plus d'un mois, du . . . . au . . . . , et que personne d'autre n'avait accès à mon logement, je m'interroge sur les raisons de cette hausse brutale)**.

Aussi, je vous serais reconnaissant(e) de bien vouloir procéder à un nouveau relevé de compteur et, le cas échéant, d'en faire vérifier le bon fonctionnement.

En attendant que ce point soit éclairci, et pour vous montrer ma bonne foi, je joins à ma lettre un chèque bancaire n° . . . . d'un montant de . . . . €, correspondant à celui que je règle habituellement [3].

Dans l'attente de votre réponse, je vous prie de croire, Monsieur (ou Madame), à l'expression de mes salutations distinguées.

Votre signature

1. Si vous n'arrivez pas à trouver un terrain d'entente avec votre agence EDF-GDF, vous pouvez vous adresser au délégué relations clients (EDF-GDF Services, TSA 82120, 92919 La Défense Cedex). Si vous n'obtenez toujours pas satisfaction, vous pouvez avoir recours aux médiateurs d'EDF ou de GDF, soit directement, soit par l'intermédiaire d'une association de consommateurs : Médiateur EDF, TSA 50026, 75804 Paris Cedex 08 ; Médiateur GDF, TSA 90015, 75837 Paris Cedex 17.
2. Son adresse figure en haut à gauche de votre facture.
3. Pour montrer votre bonne foi, joignez à votre réclamation un chèque d'un montant équivalent à une partie du prix réclamé (à peu près ce que vous avez l'habitude de régler).

Difficultés de paiement : demande de délai de paiement

Vous avez du mal à finir le mois ? Vous pouvez demander soit un délai de paiement, soit un étalement du paiement de votre facture EDF-GDF. Mais n'attendez pas, pour proposer cela, que votre abonnement soit interrompu. Faite-le dès réception de la facture.
Par ailleurs, si vos difficultés financières perdurent, vous pouvez demander à bénéficier du « Service Maintien d'Énergie » qui va vous permettre de disposer de 3 000 watts, le temps de régulariser votre situation ou de percevoir des aides auprès d'organismes sociaux. Renseignez-vous auprès de votre agence ou sur www.edf.fr.

Vos nom, prénoms
Votre adresse
Votre numéro de téléphone
Votre adresse e-mail

Lettre recommandée avec AR

M. le chef d'agence
Coordonnées de votre agence EDF-GDF
. . . . **(lieu)**, ... **(date)**

Référence : . . . . **(numéro de facture)**

Objet : demande de délai de paiement

Monsieur le chef d'agence,

Je viens de recevoir ma dernière facture n° . . . . , datée du . . . . , pour la période du . . . . au . . . . Le montant, à régler avant le . . . . **(date inscrite sur votre facture)**, s'élève à . . . €.

Compte tenu des difficultés financières que je traverse en ce moment, en raison de . . . . **(expliquez brièvement vos problèmes ; exemples : chômage, décès de votre conjoint...)**, il m'est actuellement impossible de régler cette facture dans les délais impartis.

En conséquence, je vous serais reconnaissant(e) de bien vouloir accepter de m'accorder un report de paiement de la totalité de la facture pour le . . . .

Vous remerciant de bien vouloir prendre en considération ma demande, je vous prie de croire, Monsieur le chef d'agence, à l'expression de mes salutations distinguées.

Votre signature

Difficultés de paiement : demande d'échelonnement du paiement de la facture

Vos nom, prénoms
Votre adresse
Votre numéro de téléphone
Votre adresse e-mail

Lettre recommandée avec AR

M. le chef d'agence
Coordonnées de votre agence EDF-GDF

. . . . **(lieu)**, ... **(date)**

Référence : . . . . **(numéro de facture)**

Objet : demande de paiement échelonné

Monsieur le chef d'agence,

Je viens de recevoir ma dernière facture n° . . . . , datée du . . . . , pour la période du . . . . au . . . . Le montant, à régler avant le . . . . **(date inscrite sur votre facture)**, s'élève à . . .€.

Compte tenu des difficultés financières que je traverse en ce moment, en raison de . . . . **(expliquez brièvement vos problèmes ; exemples : chômage, décès de votre conjoint...)**, il m'est actuellement impossible de régler intégralement cette facture dans les délais impartis.

En conséquence, je vous serais reconnaissant(e) de bien vouloir accepter de m'accorder un échelonnement de son paiement en . . . . mensualités, avec un premier chèque joint à cette lettre, d'un montant de . . . . €.

Vous remerciant de bien vouloir prendre en considération ma demande, je vous prie de croire, Monsieur le chef d'agence, à l'expression de mes salutations distinguées.

Votre signature

Préjudice suite à une panne de courant : demande d'indemnisation

Suite à une panne de courant, l'un de vos appareils électriques a subi un dommage, ou le contenu de votre congélateur est complètement fichu ; ou encore, brusquement plongé(e) dans le noir, vous avez fait une chute dans l'escalier.

En premier lieu, allez chez un professionnel (réparateur de radio, de télévision...) faire établir un certificat attestant que votre ou vos appareils sont devenus irréparables.

Pour les dégâts alimentaires, vous pouvez demander à un agent EDF-GDF de se déplacer pour constater le préjudice (si vous veniez de remplir votre congélateur et avez encore votre ticket de caisse, joignez-le à votre lettre de réclamation).

En cas de dommages physiques, vous devez démontrer, certificat médical à l'appui, que la panne d'électricité est à l'origine de votre accident.

Adressez ensuite une lettre en recommandé avec accusé de réception à votre agence EDF-GDF, pour demander un dédommagement.

À noter : si la foudre a endommagé votre disjoncteur, et donc vos appareils électriques, EDF déclinera toute responsabilité. Mais vous pouvez peut-être obtenir une indemnisation de la part de votre assurance multirisque habitation.

Vos nom, prénoms
Votre adresse
Votre numéro de téléphone
Votre adresse e-mail

Lettre recommandée avec AR

Coordonnées de votre agence EDF-GDF

. . . . **(lieu)**, ... **(date)**

Référence : . . . . **(numéro de la facture)**

Monsieur **(ou Madame)**,

Une panne de courant **(ou une surtension)**, survenue le . . . . . . **(indiquez très précisément la date et l'heure)**, a causé les dégâts suivants : . . . . **(exemples : cela a causé des dommages à l'un ou à plusieurs de vos appareils électriques, les rendant inutilisables ; ou une panne de courant est survenue alors que vous étiez absent(e) de votre domicile, ce qui a eu pour conséquence que les aliments contenus dans votre congélateur sont devenus impropres à la consommation)**.
En conséquence, je vous prie de bien vouloir procéder à mon indemnisation, sur la base d'un préjudice que j'estime à . . . . € **(proposez un prix)**.
Vous trouverez ci-jointe une copie des factures ainsi qu'un certificat d'irréparabilité de mon (mes) appareil(s).

Dans l'attente de votre réponse, je vous prie de croire, Monsieur **(ou Madame)**, à l'expression de mes salutations distinguées.

Votre signature

Services – Opérateurs téléphoniques

Demande d'inscription sur la liste orange

Vous en avez par-dessus la tête d'être dérangé le soir pour que l'on vous propose une cuisine intégrée ou des doubles vitrages. Sachez que vous pouvez souscrire au service « Liste orange » de France Télécom afin que vos coordonnées ne figurent pas dans les fichiers extraits des annuaires de France Télécom commercialisés à des fins marketing.
La liste orange constitue ainsi une protection contre le démarchage par voie téléphonique ou postale, par télex, effectué avec des fichiers extraits des annuaires de France Télécom.
Toutefois vos coordonnées téléphoniques sont conservées dans les pages jaunes, blanches et le 36 11, dans les bases des centres de renseignements téléphoniques (CRT), dans les listes commercialisées des éditeurs d'annuaires privés afin que ces annuaires soient exhaustifs.

Vos nom, prénoms
Votre adresse
Votre numéro de téléphone
Votre adresse e-mail

Lettre recommandée avec AR

Coordonnées de votre agence
France Télécom

. . . . **(lieu)**, ... **(date)**

Référence : . . . . **(numéro de téléphone)**

Objet : demande d'inscription sur « Liste orange »

Monsieur **(ou Madame)**,

Je vous serais reconnaissant(e) de bien vouloir supprimer mes nom et adresse ainsi que mon numéro de téléphone (indiqué ci-dessus) des fichiers extraits des annuaires que vous commercialisez à des fins marketing.

Je vous prie de croire, Monsieur **(ou Madame)**, à l'expression de mes salutations distinguées.

Votre signature

Demande d'inscription sur la liste rouge

Avec le service « Liste rouge », vos coordonnées ne paraissent pas dans les annuaires de France Télécom, ne sont pas communiquées par les services de renseignements comme le 12, et ne sont pas commercialisées à des fins de marketing direct.
L'inscription en « Liste rouge » permet que seuls les appels vers les services 15, 17 et 18 donnent lieu à l'identification de vos coordonnées.

Vos nom, prénoms
Votre adresse
Votre numéro de téléphone
Votre adresse e-mail

Lettre recommandée avec AR

Coordonnées de votre agence
France Télécom

. . . . **(lieu)**, ... **(date)**

Référence : . . . . **(numéro de téléphone)**

Objet : demande d'inscription sur « Liste rouge »

Monsieur **(ou Madame)**,

Ne souhaitant plus que mes coordonnées postales et téléphoniques figurent sur vos différents annuaires **(électroniques et imprimés)** et soient communiquées d'une manière ou d'une autre, je vous serais reconnaissant(e) de bien vouloir m'inscrire sur « Liste rouge ».

Je vous prie de croire, Monsieur (ou Madame), à l'expression de mes salutations distinguées.

Votre signature

Demande d'inscription sur la liste chamois

Si vous ne souhaitez pas que vos coordonnées paraissent dans les annuaires imprimés et électroniques de France Télécom, vous pouvez souscrire gratuitement au service « Liste chamois ».
En étant inscrit en « Liste chamois », vous continuerez toutefois à bénéficier :
- de l'identification de votre numéro d'appel lorsque vous téléphonerez aux pompiers (18), au Samu (15), ou à la police (17) ;
- de la communication de vos coordonnées par les opérateurs de centres de renseignements comme le 12 ;
- de la communication de vos coordonnées à des fins de marketing direct.
Vos coordonnées pourront également être identifiées si vos correspondants sont abonnés à Numéris ou à la « Présentation du numéro » ou à la « Présentation du nom ». Cependant, si vous désirez que vos coordonnées restent secrètes, vous pouvez opter pour le « Secret appel par appel » ou le « Secret permanent ». Renseignez-vous auprès de votre agence.

Vos nom, prénoms
Votre adresse
Votre numéro de téléphone
Votre adresse e-mail

Lettre recommandée avec AR

Coordonnées de votre agence
France Télécom

. . . . **(lieu)**, ... **(date)**

Référence : . . . . **(numéro de téléphone)**

Objet : demande d'inscription sur « Liste chamois »

Monsieur (ou Madame),

Ne souhaitant plus que mes coordonnées postales et téléphoniques figurent sur vos différents annuaires imprimés et électroniques, je vous serais reconnaissant(e) de bien vouloir m'inscrire sur « Liste chamois ».

Je vous prie de croire, Monsieur (ou Madame), à l'expression de mes salutations distinguées.

Votre signature

Modification de vos coordonnées dans les annuaires de France Télécom

Lorsque vous faites installer une ligne téléphonique, vos coordonnées (adresse, téléphone, e-mail...) sont automatiquement inscrites sur les pages blanches de l'annuaire France Télécom, sauf si vous demandez à être inscrit(e) sur « Liste rouge » (voir modèle de lettre) ainsi que sur son site Minitel et Internet. Si vous désirez les faire modifier, il vous suffit de le faire savoir à votre agence par courrier simple ou par téléphone en appelant le 10 14 (appel gratuit).

Vos nom, prénoms
Votre adresse
Votre numéro de téléphone
Votre adresse e-mail

Lettre recommandée avec AR

Coordonnées de votre agence
France Télécom

. . . . **(lieu)**, ... **(date)**

Référence : . . . . **(numéro de téléphone)**

Monsieur **(ou Madame)**,

Je souhaite faire modifier les inscriptions me concernant dans l'annuaire téléphonique.
En effet, venant de me marier **(par exemple)**, je voudrais ajouter le nom et le prénom de mon époux (ou épouse) à la suite du mien **(ou : je voudrais indiquer mon adresse e-mail...)**.

Cette personne se nomme : . . . . **(écrivez en majuscules, très lisiblement afin qu'il n'y ait pas d'erreur)**.

Je vous prie de croire, Monsieur **(ou Madame)**, à l'expression de mes salutations distinguées.

Votre signature

Contestation d'une facture téléphonique

Vous venez de recevoir une facture téléphonique qui vous semble anormalement élevée par rapport à ce que vous réglez d'habitude. Demandez à l'opérateur téléphonique dont vous dépendez de vérifier votre ligne téléphonique et de justifier le montant de sa facture, en indiquant les circonstances qui vous font penser à une facture erronée.

Vos nom, prénoms
Votre adresse
Votre numéro de téléphone
Votre adresse e-mail

Lettre recommandée avec AR [1]

Coordonnées de l'opérateur téléphonique [2]

. . . . **(lieu)**, ... **(date)**

Référence : . . . . **(numéro de la facture)**

Monsieur **(ou Madame)**,

La facture téléphonique n° . . . . du . . . . **(date de la facture)**, concernant le numéro . . . . **(votre numéro de téléphone)**, pour la période du . . . . au . . . . , que je viens de recevoir me semble anormalement élevée si je me réfère à mes factures habituelles, qui s'élèvent en moyenne à . . . . €. Aucune modification n'étant intervenue dans mes habitudes ou celles de ma famille **(ou : Dans la mesure où, pendant cette période, je me suis absenté(e) plus d'un mois et que personne d'autre ne pouvait avoir accès à ma ligne)**, je m'interroge sur les raisons de cette hausse brutale.

Aussi, je vous serais reconnaissant(e) de bien vouloir contrôler l'état de ma ligne et de faire vérifier qu'elle fonctionne correctement, de me faire connaître les résultats de votre enquête et de me justifier le montant des sommes que vous me réclamez [3].

En attendant le résultat de votre enquête et pour vous montrer ma bonne foi, je joins à ma lettre un chèque bancaire n° . . . . d'un montant de . . . . €, correspondant à ma consommation habituelle.

Dans l'attente de votre réponse, je vous prie de croire, Monsieur **(ou Madame)**, à l'expression de mes salutations distinguées.

Votre signature

1. Si vous n'arrivez pas à trouver un terrain d'entente avec votre agence France Télécom, vous pouvez écrire à : France Télécom, Service national Consommateurs, BP 100, 59652 Villeneuve-d'Ascq. Par ailleurs, si, après avoir épuisé toutes les voies de recours internes, vous n'arrivez toujours pas à vous entendre avec votre opérateur, vous pouvez vous adresser au Médiateur de la téléphonie : Le médiateur, BP 999, 75829 Paris Cedex 17.
2. Son adresse figure sur le verso de la facture.
3. C'est à votre opérateur d'apporter la preuve que vous avez bien passé tous les coups de téléphone figurant sur la facture et non pas à vous de prouver que vous ne les avez pas donnés.

Demande de délai de paiement de votre facture

Vous avez du mal à finir le mois ? Vous pouvez demander un échelonnement du règlement de votre facture téléphonique (facture que vous devez, en principe, régler dans les quinze jours à compter de la date d'envoi de la facture). Mais n'attendez pas, pour proposer cela, que votre ligne soit coupée. Faite-le dès réception de la facture.

Vos nom, prénoms
Votre adresse
Votre numéro de téléphone
Votre adresse e-mail

Lettre recommandée avec AR

M. le chef d'agence
Coordonnées de votre agence
France Télécom

. . . . **(lieu)**, ... **(date)**

Référence : . . . . **(numéro de facture)**

Objet : demande de délai de paiement **(ou : de paiement échelonné)**

Monsieur le chef d'agence,

Je viens de recevoir ma dernière facture téléphonique n° . . . . , datée du . . . . , concernant le numéro . . . . **(votre numéro de téléphone)**, pour la période du . . . . au . . . . Le montant, à régler avant le . . . . **(date inscrite sur votre facture)**, s'élève à . . . . €.

Compte tenu des difficultés financières que je traverse en ce moment, en raison de . . . . **(expliquez brièvement vos problèmes ; exemple : chômage, décès de votre conjoint...)**, il m'est actuellement impossible de régler cette facture dans sa totalité.

Aussi, je vous serais reconnaissant(e) si vous acceptiez de m'accorder **(choisissez l'une des solutions suivantes)** :
– un échelonnement de son paiement en . . . . mensualités, avec un premier chèque joint à cette lettre, d'un montant de . . . . €.

ou

– un report de paiement de la totalité de la facture pour le . . . . **(posez une date raisonnable)**.

Vous remerciant de bien vouloir prendre en considération ma demande, je vous prie de croire, Monsieur (ou Madame), à l'expression de mes salutations distinguées.

Votre signature

Demande de déverrouillage du code de votre téléphone portable

Vous vous êtes trompé(e) dans vos codes et la carte SIM de votre téléphone portable est désormais bloquée ! Rassurez-vous, vous pouvez demander à tout moment à votre opérateur de vous indiquer la procédure de déverrouillage de votre téléphone.

Vos nom, prénoms
Votre adresse
Votre numéro de téléphone
Votre adresse e-mail

Lettre recommandée avec AR

Coordonnées de l'opérateur téléphonique [1]

. . . . **(lieu)**, ... **(date)**

Référence : . . . . **(numéro de téléphone portable)**

Monsieur **(ou Madame)**,

Je vous demande, par la présente, de bien vouloir me communiquer le code de déverrouillage du téléphone dont le numéro d'appel est rappelé ci-dessus.

Le contrat qui nous lie datant de plus de six mois, je vous rappelle que ce code doit m'être communiqué gratuitement, sur simple demande de ma part [2].

Dans l'attente de votre réponse, je vous prie de croire, Monsieur (ou Madame), à l'expression de mes salutations distinguées.

Votre signature

1. Cette adresse figure au dos de votre facture.
2. Si vous êtes abonné depuis moins de six mois, il peut vous réclamer des frais. Au-delà de cette période, c'est gratuit.

Demande de changement de forfait

Vos nom, prénoms
Votre adresse
Votre numéro de téléphone
Votre adresse e-mail

Lettre recommandée avec AR

Coordonnées de l'opérateur téléphonique [1]

. . . . **(lieu)**, ... **(date)**

Référence : . . . . **(numéro de téléphone)**

Objet : demande de changement de forfait

Monsieur **(ou Madame)**,

J'ai souscrit le . . . . (date), auprès de votre société **(éventuellement précisez l'intermédiaire qui vous a fait signer le contrat), un forfait . . . . (indiquez le nom de votre forfait)** pour une durée de . . . . , comprenant les options suivantes : . . . . **(à préciser)**.

Aujourd'hui, je souhaiterais le transformer en un forfait . . . .
Un tel changement est-il possible et, si oui, à quelles conditions ?

Dans l'attente de votre réponse, je vous prie de croire, Monsieur **(ou Madame)**, à l'expression de mes salutations distinguées.

Votre signature

1. Cette adresse figure au dos de votre facture.

Modifications du contrat suite à un changement d'état civil

Vous venez de vous marier et vos nom et coordonnées bancaires vont changer. Vous en informez votre opérateur téléphonique.

Vos nom, prénoms
Votre adresse
Votre numéro de téléphone
Votre adresse e-mail

Lettre recommandée avec AR

Coordonnées de l'opérateur téléphonique [1]

. . . . **(lieu)**, ... **(date)**

Référence client n° . . . .

Objet : demande de modification du contrat . . . .

Monsieur **(ou Madame)**,

J'ai souscrit le . . . . **(date)**, auprès de votre société **(éventuellement précisez l'intermédiaire qui vous a fait signer le contrat), le contrat suivant : . . . . (indiquez le nom de votre contrat)** pour une durée de . . . .

Venant récemment de changer d'état civil suite à mon . . . . **(mariage, divorce...)**, je vous informe de mon nouveau nom : . . . . , de ma nouvelle adresse : . . . . , ainsi que mes nouvelles coordonnées bancaires que vous trouverez sur le RIB **(ou RICE ou RIP)** ci-joint.

Vous voudrez bien procéder, dès réception de ce courrier, aux modifications nécessaires sur mon contrat ainsi qu'à celles concernant l'établissement de mes futures factures.

Dans cette attente, je vous prie de croire, Monsieur **(ou Madame)**, à l'expression de mes salutations distinguées.

Votre signature

P.J. : un nouveau RIB (ou RICE, RIP).

1. Cette adresse figure au dos de votre facture.

Demande de changement de numéro de téléphone

Vos nom, prénoms
Votre adresse
Votre numéro de téléphone
Votre adresse e-mail

Lettre recommandée avec AR

Coordonnées de l'opérateur téléphonique [1]

. . . . **(lieu)**, ... **(date)**

Référence client n° . . . .

Objet : changement de numéro de téléphone

Monsieur **(ou Madame)**,

Étant, depuis maintenant plusieurs semaines, importuné(e) par . . . . **(exemples : une personne inconnue vous téléphone chaque nuit pour vous injurier ; on vous a attribué l'ancien numéro de téléphone d'une ligue de tennis et vous recevez les appels de personnes désirant s'inscrire à des cours...)**, je souhaite pouvoir changer de numéro de téléphone aussi rapidement que possible.

En conséquence, je vous demande, par la présente, de bien vouloir m'indiquer la marche à suivre ainsi que les frais éventuellement occasionnés par ce changement de numéro.

Vous remerciant pour la bonne suite que vous donnerez à mon courrier, je vous prie de croire, Monsieur **(ou Madame)**, à l'expression de mes salutations distinguées.

Votre signature

1. Cette adresse figure au dos de votre facture.

Demande de résiliation d'un contrat de téléphonie mobile

Vous souhaitez changer d'opérateur téléphonique, vous décidez de résilier votre abonnement de téléphonie mobile, que votre durée de souscription soit expirée ou non...
Les contrats d'abonnement auprès d'un opérateur de téléphonie mobile exigent en général que vous notifiez votre intention de suspendre votre abonnement par écrit. Pour être certain de ne pas continuer à payer, voici comment rédiger ce courrier.

Vos nom, prénoms
Votre adresse
Votre numéro de téléphone
Votre adresse e-mail

Lettre recommandée avec AR

Coordonnées du service client
de l'opérateur téléphonique [1]

. . . . **(lieu)**, ... **(date)**

Référence client n° . . . .

Objet : demande de résiliation du contrat n° . . . .

Monsieur **(ou Madame)**,

Par la présente, je vous prie de bien vouloir prendre acte de la résiliation du contrat d'abonnement à un forfait téléphone mobile que j'avais souscrit auprès de votre société en date du . . . . . . **(date de souscription du contrat)**, sous le numéro cité ci-dessus.

En effet, la clause n° . . . . , inscrite dans ce contrat, prévoit la possibilité d'une résiliation anticipée en cas de . . . . **(citez les différents cas prévus)**. Or, ma situation **(personnelle, professionnelle...)** venant de changer, je me retrouve dans l'une des hypothèses prévues par cette clause puisque . . . . **(indiquez la cause de votre demande de résiliation)**.

Vous trouverez ci-joints les documents attestant de ma situation.

Étant donné qu'un délai de préavis de . . . . mois est prévu, j'ai bien noté que cette résiliation prendra effet le . . . . **(vérifiez bien votre contrat. Certains ne comportent pas de délai de préavis et la résiliation est alors immédiate à réception du courrier)**.

Je vous prie de croire, Monsieur **(ou Madame)**, à l'expression de mes salutations distinguées.

Votre signature

Pièces à joindre :
– les documents prouvant votre situation.

1. Cette adresse figure au dos de votre facture.

Litige avec un opérateur téléphonique : saisine du médiateur de la téléphonie

Vous n'arrivez pas à vous entendre avec votre opérateur ? Voici la marche à suivre pour faire appel gratuitement au médiateur de la téléphonie.

Un médiateur de la téléphonie a été mis en place à l'initiative de l'Association médiation télécom (Amet), qui regroupe sept opérateurs de téléphonie fixe et mobile (Bouygues, SFR, Orange, France Télécom, Cegetel, Télé2 et 9 Telecom).

Vous pouvez saisir le médiateur, par simple lettre, soit seul, soit par l'intermédiaire d'une association de consommateurs.

Pour que votre dossier soit recevable, vous devez :

- avoir épuisé toutes les voies de recours internes mises à votre disposition par votre opérateur ;
- joindre la copie des résultats des démarches déjà réalisées auprès des structures internes de l'opérateur (et notamment la copie du courrier du service consommateurs qui a indiqué l'adresse du médiateur), ainsi que toutes pièces tendant à justifier la demande auprès de cet opérateur.

Attention ! Dès l'obtention d'une réponse négative du service consommateurs de l'opérateur concerné par le litige, vous pouvez saisir le médiateur sans attendre, si vous ne voulez pas vous voir opposer le délai de prescription, qui est de un an.

S'il juge votre demande recevable, le médiateur rend sa réponse dans les trois mois.

Vos nom, prénoms
Votre adresse
Votre numéro de téléphone
Votre adresse e-mail

Lettre recommandée avec AR

Le médiateur de la téléphonie
BP 999
75829 Paris Cedex 17

. . . . **(lieu)**, ... **(date)**

Monsieur le médiateur,

Par la présente, je vous informe d'un litige qui m'oppose à la société . . . . **(indiquez le nom de votre opérateur ; exemples : France Télécom, Télé2, Bouygues Télécom...)**.

En effet, ayant souscrit auprès de cette société le contrat n° . . . . , me donnant accès aux services suivants : . . . . , il s'avère que . . . . **(décrivez le problème rencontré ; exemples : surfacturation, opérateur ne respectant les engagements décrits dans le contrat souscrit...)**.

J'ai donc déposé une réclamation auprès du service clientèle et j'ai reçu la réponse suivante : . . . . **(résumez brièvement la réponse faite et joignez une copie de la lettre)**.

Contestant cette décision, je souhaiterais que vous étudiiez le dossier et que, si nécessaire, vous interveniez auprès de cet opérateur.

Vous en remerciant par avance, je vous prie de croire, Monsieur le médiateur, à l'expression de mes respectueuses salutations.

Votre signature

Pièce à joindre :
– copie(s) du ou des courriers négatifs reçus.

Demande de prise en charge des impayés téléphoniques (formulaire n° 11281*01)

Un dispositif est prévu pour venir en aide aux personnes en difficulté ayant des dettes téléphoniques.
Une remise totale ou partielle peut vous être accordée, mais elle ne s'applique qu'aux dettes liées à l'utilisation du poste fixe de votre résidence principale. Elle ne peut porter que sur l'abonnement au service téléphonique fixe et les communications nationales vers des postes fixes ou mobiles, à l'exclusion des appels vers les services « payants ».
Durant l'instruction de son dossier, l'abonné bénéficiera d'un service restreint comprenant la possibilité de recevoir des appels et de contacter les services d'urgence.
Pour cela, la demande doit être adressée au secrétariat de la commission chargée de l'examen des dossiers, trente jours au plus tard après que l'opérateur a mis en demeure l'abonné de s'acquitter de sa dette.

DEMANDE DE PRISE EN CHARGE DES IMPAYÉS TÉLÉPHONIQUES (FORMULAIRE N° 11281*01)

Secrétariat d'Etat à a Santé et à 'Action Sociale
Direction de l'Action Sociale

Secrétariat d'Etat à l'Industrie
DiGITIP

cerfa
11281*01

Demande de prise en charge de dettes téléphoniques
article R 20-34 du code des Postes et Télécommunications

1- Le demandeur :

Nom patronymique :
Nom d'usage (facultatif) :
Prénom :
Adresse :

Code postal : |_|_|_|_|_| Ville :

Numéro de téléphone : |_|_| |_|_|_|_|_|_|_|_| (mention obligatoire, n° commençant par 01 à 05)

2- Les dettes téléphoniques faisant l'objet de la demande :

	France Télécom	Autre opérateur (s'il y a lieu)
Date des facture(s) concernée(s) (joindre impérativement les factures)		
Montant total de la facture		
Dette pouvant être prise en charge : Abonnement au service téléphonique fixe, communications locales, de voisinage, nationales.		
Dette ne pouvant pas être prise en charge : autres rubriques dont : communications internationales (00), vers mobiles (06), vers audiotel et minitel (n^{os} commençant par 36 ou par 08 36 …)		

La demande à adresser à la commission départementale de prise en charge des dettes téléphoniques :

1) Je demande une prise en charge de mes dettes téléphoniques éligibles (voir ci-dessus) auprès des opérateurs indiqués ci-dessus.
2) je joins les pièces suivantes :
   - la ou les dernières factures téléphoniques impayées ☐
   - la ou les lettres de rappel valant mise en demeure ☐
   - une justification de mon domicile principal ☐
3) Je certifie exacts les renseignements ci-dessus

Fait à   le   Signature :

Recommandations pour maîtriser la consommation téléphonique

D'une manière générale, contrôlez votre consommation en demandant une facture détaillée gratuite, téléphonez à bon escient, choisissez des plages horaires à tarifs réduits (soirs ou week-end) ou des formules tarifaires adaptées. Maîtrisez vos communications d'un poste fixe vers les mobiles.
Pour prévenir des dettes résultant notamment d'une utilisation incontrôlée des services Minitel et Audiotel, voire des communications internationales, demandez à votre opérateur un accès sélectif gratuit (modulable, télématique, Audiotel …) ou utilisez des cartes prépayées.

1/1

Services – Poste

Demande d'indemnisation pour la perte d'un colis

Vous avez envoyé un colis et il n'est jamais arrivé. Vous devez alors vous rendre au bureau de poste où vous avez effectué votre envoi. Sachez cependant que si l'envoi a été effectué en correspondance « ordinaire », et que La Poste ne le retrouve pas, elle n'est tenue au versement d'aucune indemnité en cas de perte ou de vol.
Vous pouvez toutefois remplir un formulaire, fourni au guichet, afin qu'une enquête soit effectuée. Votre demande sera envoyée à Libourne, où les paquets dont l'adresse est devenue illisible, sont ouverts pour déterminer d'où ils viennent et où ils allaient. Si cette recherche est infructueuse, vous n'avez pas d'autre recours.
Pour être assuré d'être indemnisé, vous devez avoir envoyé votre colis en recommandé (avec ou sans accusé de réception), en « valeur déclarée », ou avoir utilisé les services d'expéditeurs « rapides » (Chronopost, DHL...).

Vos nom, prénoms
Votre adresse
Votre numéro de téléphone
Votre adresse e-mail

Lettre recommandée avec AR [1])

M. le receveur principal
Coordonnées de votre bureau de poste

. . . . **(lieu)**, ... **(date)**

Monsieur le receveur principal,

En date du . . . . , j'ai expédié de votre bureau de poste un colis en recommandé avec accusé de réception **(ou : en valeur déclarée)**, le . . . . **(précisez la date)**. Son destinataire était . . . . **(indiquez ses nom et adresse)**.

Or, la personne à qui ce colis était destiné ne l'a jamais reçu. Je me suis alors rendu(e) à votre guichet, le . . . . **(donnez la date)** afin que des recherches soient effectuées.

À ce jour, soit plus de . . . . jours **(ou semaines)** depuis la date d'envoi, ces recherches n'ayant rien donné, je considère que ce colis a été perdu. En conséquence, je vous demande de me verser la somme correspondant au niveau de protection souscrit **(ou : correspondant à sa valeur déclarée)**, soit . . . . € [2].

Dans l'attente de votre réponse, je vous prie de croire, Monsieur le receveur principal, à l'expression de mes salutations distinguées.

Votre signature

1. Si vous n'obtenez pas satisfaction, vous pouvez saisir le médiateur de La Poste par l'intermédiaire d'une association nationale de consommateurs.
2. Pour les recommandés, l'indemnité est forfaitaire, et dépend de la valeur du recommandé que vous avez souscrit. Pour les envois en valeur déclarée, La Poste s'engage à vous indemniser à hauteur de la valeur que vous avez déclarée à l'expédition, jusqu'à un plafond de 5 000 €.

Poste : réclamation pour cause de retard d'un colis

En cas de retard d'un colis, l'expéditeur doit remplir un dossier de réclamation auprès d'un bureau de poste ou écrire au « Service Clients ColiPoste ». À la suite du traitement de son dossier, un bon pour un nouvel envoi gratuit de même valeur lui sera envoyé.

Vos nom, prénoms
Votre adresse
Votre numéro de téléphone
Votre adresse e-mail

Lettre recommandée avec AR

M. le receveur principal
Coordonnées de votre bureau de poste [1]

. . . . **(lieu)**, ... **(date)**

Monsieur le receveur principal,

Le colis qui m'a été envoyé en Colissimo le . . . . **(précisez la date d'expédition)** ne m'est parvenu que le . . . . **(date d'arrivée)**, soit avec un retard de . . . . jours.

Or, un envoi en Colissimo hors du département doit en principe parvenir à son destinataire dans les 48 heures.

Je vous demande donc de bien vouloir procéder au dédommagement prévu en cas de retard, en l'occurrence, un bon gratuit pour un envoi en Colissimo.

Dans l'attente de votre réponse, je vous prie de croire, Monsieur le receveur principal, à l'expression de mes salutations distinguées.

Votre signature

1. La lettre doit être adressée au receveur principal du bureau de poste de destination.

Services – Transports

Avion en retard : demande d'indemnisation

Vos nom, prénoms
Votre adresse
Votre numéro de téléphone
Votre adresse e-mail

Lettre recommandée avec AR

Nom et coordonnées
de la compagnie aérienne

. . . . **(lieu)**, ... **(date)**

Objet : demande d'indemnisation

Monsieur **(ou Madame)**,

Le . . . . **(précisez la date)**, ma femme et moi avions réservé deux places, auprès de votre compagnie, pour le vol n° . . . . . . , partant de . . . . et à destination de . . . . , dont le décollage était prévu à . . . . heures.

Or, suite à des problèmes mécaniques, cet avion n'a pu décoller qu'à . . . . heures.

Suite à ce retard, nous avons raté notre correspondance et avons dû faire face à des dépenses supplémentaires : . . . . **(indiquez lesquelles ; exemples : frais de repas, de taxis, éventuellement d'hôtel...)**.

Estimant avoir subi un préjudice, nous vous demandons le remboursement des frais (dont nous vous joignons la photocopie des factures) que nous avons été obligés d'engager suite à ce fâcheux contretemps, soit une somme de . . . . €.

Dans l'attente de votre règlement, nous vous prions de croire, Monsieur (ou Madame), à l'expression de nos salutations distinguées.

Votre signature

P.J. : photocopies des factures.

Train en retard : demande d'indemnisation

Vos nom, prénoms
Votre adresse
Votre numéro de téléphone
Votre adresse e-mail

Lettre recommandée avec AR

Coordonnées du service clientèle SNCF

. . . . **(lieu)**, ... **(date)**

Objet : demande d'indemnisation

Monsieur **(ou Madame)**,

Le . . . . **(précisez la date)**, j'avais réservé une place, sur le train n° . . . . . , partant de . . . . et à destination de . . . . , dont le départ était prévu à . . . . heures.

Or, en raison de . . . . **(indiquez le ou les motifs – si vous les connaissez !)**, ce train n'est parti qu'à . . . . heures.

Suite à ce retard, j'ai raté ma correspondance et j'ai dû faire face à des dépenses supplémentaires : . . . . **(indiquez lesquelles ; exemples : frais de repas, de taxis, éventuellement d'hôtel...)**.

Estimant avoir subi un préjudice, je vous demande le remboursement des frais (dont je vous joins la photocopie des factures) que j'ai été obligé(e) d'engager suite à ce fâcheux contretemps, soit une somme de . . . . €. En effet, selon les dispositions de l'article 1147 du Code civil [1], vous êtes tenu de me verser des dommages et intérêts en raison du retard dans l'exécution de votre obligation.

Dans l'attente de votre règlement, je vous prie de croire, Monsieur **(ou Madame)**, à l'expression de mes salutations distinguées.

Votre signature

P.J. : photocopies de mon billet de train, factures de...

1. Article 1147 du Code civil : « Le débiteur est condamné, s'il y a lieu, au paiement de dommages et intérêts, soit à raison de l'inexécution de l'obligation, soit à raison du retard dans l'exécution, toutes les fois qu'il ne justifie pas que l'inexécution provient d'une cause étrangère qui ne peut lui être imputée, encore qu'il n'y ait aucune mauvaise foi de sa part. »

Contestation d'une amende infligée par un contrôleur de la SNCF

Vos nom, prénoms
Votre adresse
Votre numéro de téléphone
Votre adresse e-mail

Lettre recommandée avec AR

Coordonnées du service clientèle SNCF

. . . . **(lieu)**, ... **(date)**

Objet : contestation d'une amende [1]

Monsieur **(ou Madame)**,

Le. . . . . . **(précisez la date)**, j'ai été contrôlé(e) vers . . . . heures, lors du trajet que j'effectuais dans le train n° . . . . . . , partant de . . . . et à destination de . . . .

Le billet que j'ai présenté au contrôleur n'étant pas composté **(ou : Comme je n'ai pas pu présenter de titre de transport au contrôleur)**, ce dernier a dressé le procès-verbal dont vous trouverez la photocopie ci-jointe. Cet état de fait étant totalement indépendant de ma volonté, j'ai refusé de régler l'amende.

En effet, vous devez savoir que ce défaut de compostage **(ou de billet)** ne m'est pas imputable : il se trouve que . . . . **(donnez vos explications ; exemples : tous les appareils servant au compostage étaient défectueux, ou les appareils vendant les billets étaient en panne alors que tous les guichets étaient fermés...)**.

En conséquence, j'espère que vous accepterez d'annuler mon amende.

Dans l'attente de votre réponse, je vous prie de croire, Monsieur **(ou Madame)**, à l'expression de mes salutations distinguées.

Votre signature

1. Vous avez deux mois pour contester votre PV. À expiration du délai, ou si votre recours amiable est rejeté par la SNCF et que vous maintenez votre refus de régler l'amende, votre dossier est transmis au procureur de la République, qui décidera de vous poursuivre ou non devant le juge. Vous pouvez aussi saisir – par l'intermédiaire d'une association de consommateurs – le médiateur de la SNCF.

Demande d'indemnisation pour dommage subi dans un transport en commun

Le transporteur (SNCF, RATP...) a l'obligation d'assurer la sécurité de ses voyageurs pendant toute la durée du transport, depuis le moment où le voyageur monte dans le véhicule jusqu'au moment où il en descend. En cas d'accident survenu durant le transport, vous n'avez pas à prouver la faute du transporteur : ce dernier est responsable dès lors qu'une blessure est subie par un voyageur.

Entre deux trains, la responsabilité du transporteur n'est plus contractuelle (en vertu de votre titre de transport), mais délictuelle. Ainsi, si vous avez un accident sur le quai de la gare, vous devrez alors démontrer qu'il y a eu faute de sa part (exemple : mauvais entretien rendant glissant le quai).

Vos nom, prénoms
Votre adresse
Votre numéro de téléphone
Votre adresse e-mail

Lettre recommandée avec AR

Coordonnées du service clientèle concerné

. . . . **(lieu)**, ... **(date)**

Monsieur **(ou Madame)**,

Le . . . . **(précisez la date)**, lors du trajet que j'effectuais dans le train n° . . . . . , partant de . . . . et à destination de . . . . . . , j'ai . . . . **(expliquez les circonstances de l'accident)**.

À cette occasion, j'ai été blessé(e) . . . . **(précisez les dommages que vous avez subis)**, comme l'atteste le certificat médical dont je vous joins la photocopie.

Or, en vertu des dispositions de l'article 1147 du Code civil, vous êtes responsable des dommages subis par les personnes qui utilisent vos moyens de transport. En conséquence, je vous demande de bien vouloir m'indiquer ce que vous envisagez de faire afin de réparer le préjudice que j'ai subi.

Dans l'attente de votre réponse, je vous prie de croire, Monsieur **(ou Madame)**, à l'expression de mes salutations distinguées.

Votre signature

P.J. : photocopie de certificat médical.

Bagages perdus ou volés dans un avion : demande d'indemnisation

Vos nom, prénoms
Votre adresse
Votre numéro de téléphone
Votre adresse e-mail

Lettre recommandée avec AR

Coordonnées de la compagnie aérienne

. . . . **(lieu)**, ... **(date)**

Monsieur **(ou Madame)**,

Le. . . . . . **(précisez la date)**, j'ai pris le vol n° . . . . . , à . . . . **(heure de départ)** partant de . . . . et à destination de . . . . **(indiquez ville et pays de destination)**.

J'avais fait enregistrer deux valises, comme cela est indiqué sur le récépissé d'enregistrement dont je vous envoie la photocopie [1].

À l'arrivée, je n'ai pu récupérer qu'un seul de mes bagages. J'ai immédiatement signalé la disparition de ma valise au service bagages de l'aéroport. Vous trouverez d'ailleurs ci-jointe une photocopie de l'imprimé de « constat de perte ».

À ce jour, ma valise n'ayant toujours pas été retrouvée, je vous demande de bien vouloir m'indemniser du préjudice subi que j'estime à . . . . € [2].

Dans l'attente de votre réponse, je vous prie de croire, Monsieur **(ou Madame)**, à l'expression de mes salutations distinguées.

Votre signature

P.J. : photocopies du récépissé d'enregistrement et du constat de perte.

1. La compagnie est responsable du vol des bagages de soute enregistrés lors de l'embarquement. En revanche, le bagage à main, conservé en cabine, est placé sous votre surveillance. La compagnie ne peut donc être tenue responsable de son vol sauf si vous parvenez à prouver sa faute.
2. C'est désormais la Convention de Montréal du 28 mai 1999 (entrée en vigueur le 4 novembre 2003) qui est compétente pour régler les problèmes de responsabilité des transporteurs aériens. Ainsi, en cas de « destruction, perte ou avarie de bagages enregistrés », l'indemnisation est limitée à 1 000 DTS (droits de tirage spéciaux ; soit environ 1 185 €) par passager (sauf si vous avez souscrit une assurance spéciale).

Bagages perdus ou volés dans un train : demande d'indemnisation

Vos nom, prénoms
Votre adresse
Votre numéro de téléphone
Votre adresse e-mail

Lettre recommandée avec AR

Coordonnées du service clientèle SNCF
le plus proche de chez vous (1)

. . . . **(lieu)**, ... **(date)**

Monsieur **(ou Madame)**,

Le . . . . **(précisez la date)**, j'ai pris le train n° . . . . . , à . . . . heures **(heure de départ)** pour . . . . **(destination)**.

J'avais fait enregistrer trois valises et une poussette, comme cela est indiqué sur le bordereau d'enregistrement dont je vous envoie la photocopie (2).
À l'arrivée en gare de . . . . , une de mes valises n'a pu être retrouvée. Cette valise contenait : . . . . **(décrivez le contenu)**. Sa perte représente pour moi un préjudice de . . . . € dont je vous demande le remboursement (3).

Dans l'attente de votre réponse, je vous prie de croire, Monsieur **(ou Madame)**, à l'expression de mes salutations distinguées.

Votre signature

P.J. : photocopie du bordereau d'enregistrement.

1. Vous trouverez les coordonnées sur le site SNCF ou dans le « Guide du voyageur » remis gracieusement dans votre gare.
2. Seuls les bagages pris en charge par le service « Bagages à domicile » de la SNCF engagent la responsabilité de la SNCF. Si vous transportez vous-même vos bagages, vous êtes alors tenu d'en assurer la surveillance, même pour ceux placés dans les compartiments situés à l'extrémité du wagon.
3. Son montant est calculé sur la base de la valeur du contenant et des objets contenus dans le bagage au jour du dommage. Ce montant ne peut excéder 914,70 € par bagage ordinaire (sac souple, valise, malle, skis sous housse) et 396,40 € par bagage volumineux (vélo, fauteuil roulant, poussette non pliée, planches nautiques inférieures à 3 m). Vous avez la possibilité de souscrire une assurance complémentaire en téléphonant au 0 825 845 845 (0,15 €/min).

Surréservation (surbooking) dans un avion : demande d'indemnisation

Si, muni d'un billet valable avec réservation confirmée, vous vous présentez à l'enregistrement dans un aéroport dans les délais impartis et que la compagnie aérienne vous empêche d'embarquer parce qu'elle a surréservé le vol, vous pouvez choisir soit d'être remboursé du billet correspondant au voyage annulé, soit d'être réacheminé jusqu'à la destination finale dans les meilleurs délais ou à une date ultérieure vous convenant.

Par ailleurs, le transporteur aérien doit vous régler immédiatement après le refus d'embarquement une compensation financière égale à :

- 150 € pour les vols jusqu'à 3 500 km (75 € si le délai d'attente pour le passager est inférieur à deux heures),
- 300 € pour les vols de plus de 3 500 km (150 € si le délai d'attente pour le passager est inférieur à quatre heures).

En outre, le transporteur doit vous offrir :

- le coût d'une communication téléphonique au lieu de votre destination,
- la restauration et l'hébergement en fonction du délai d'attente.

Une notice d'information des règles de compensation doit être fournie au passager refusé à l'embarquement par le transporteur.

Attention ! Ce dispositif compensatoire n'est pas applicable sur les vols « charters ».

Vos nom, prénoms
Votre adresse
Votre numéro de téléphone
Votre adresse e-mail

Lettre recommandée avec AR

Dénomination et adresse
de la compagnie aérienne

. . . . **(lieu)**, ... **(date)**

Objet : demande de remboursement

Monsieur **(ou Madame)**,

Le . . . . **(précisez la date)**, ma femme et moi avions réservé deux places, auprès de votre compagnie, pour le vol n° . . . . . de . . . . heures **(heure de départ)**, partant de . . . . et à destination de . . . .

Consommation

Or, malgré la confirmation de ma réservation, nous n'avons pu embarquer sur ce vol, l'avion étant déjà complet au moment où nous nous sommes présentés.

Conformément aux dispositions de l'article 4 du règlement n° 295/91 du 14 février 1991 [1], nous vous demandons, outre le remboursement du prix des billets, de bien vouloir nous verser une indemnité forfaitaire de 600 € (la distance étant supérieure à 3 500 km) [2].

Vous trouverez ci-jointe la photocopie de nos billets.

Dans l'attente de votre règlement, nous vous prions de croire, Monsieur **(ou Madame)**, à l'expression de nos salutations distinguées.

Votre signature

1. Article 4 du règlement n° 295/91 du 4 février 1991 :
« 1. En cas de refus d'embarquement, le passager a le droit de choisir entre :
« – le remboursement sans pénalité du prix du billet pour la partie du voyage non effectuée ;
« – le réacheminement dans les meilleurs délais jusqu'à la destination finale ;
« – le réacheminement à une date ultérieure à la convenance du passager.
« 2. Indépendamment du choix effectué par le passager dans le cas visé au paragraphe 1, le transporteur aérien paie, immédiatement après le refus d'embarquement, une compensation minimale, sans préjudice des paragraphes 3 et 4, égale à :
« – 150 écus pour les vols jusqu'à 3 500 kilomètres ;
« – 300 écus pour les vols de plus de 3 500 kilomètres,
« compte tenu de la destination finale prévue dans le billet.
« 3. Lorsque le transporteur offre un réacheminement jusqu'à la destination finale sur un autre vol dont l'heure d'arrivée n'excède pas celle programmée pour le vol initialement réservé de deux heures dans le cas des liaisons allant jusqu'à 3 500 kilomètres et de quatre heures dans le cas des liaisons de plus de 3 500 kilomètres, les compensations prévues au paragraphe 2 peuvent être réduites de 50 %.
« 4. Les montants des compensations peuvent être limités au prix du billet correspondant à la destination finale.
« 5. Les compensations seront payées en espèces ou, en accord avec le passager, en bons de voyage et/ou d'autres services.
« 6. Au cas où, sur un vol surréservé, le passager accepte de voyager dans une classe inférieure à celle pour laquelle le billet a été payé, il a droit au remboursement de la différence du prix.
« 7. Les distances indiquées aux paragraphes 2 et 3 sont mesurées en fonction de la méthode de la distance du plus grand cercle (route orthodromique) ».
2. L'indemnité est versée pour chaque voyageur n'ayant pu embarquer. Ainsi, pour une distance supérieure à 3 500 km et si vous êtes deux, vous toucherez 300 € x 2 ; si vous êtes trois, vous toucherez 300 € x 3…

Services – Vente par correspondance

Absence de livraison : résiliation de commande

Vous avez commandé un article (vêtement, appareil électroménager, vaisselle, linge de maison...) par correspondance. Or, au bout de plusieurs semaines, vous n'avez toujours rien reçu. Même si vous ne pouvez obtenir le remboursement du produit qu'à partir du moment où vous l'avez reçu, vous avez toujours la possibilité d'agir sans attendre davantage.

Vos nom, prénoms
Votre adresse
Votre numéro de téléphone
Votre adresse e-mail

Lettre recommandée avec AR

Coordonnées de la société de VPC

. . . . **(lieu)**, ... **(date)**

Monsieur **(ou Madame)**,

Le . . . . **(date)**, je vous ai passé commande de . . . . **(indiquez la nature du produit commandé ainsi que son numéro de référence)**.
Or, à ce jour, je n'ai toujours pas reçu l'article commandé.

Ne pouvant attendre davantage **(exemple : il s'agit d'un ensemble que vous vouliez mettre pour un mariage)**, je vous informe que j'ai décidé de résilier ma commande et vous demande de bien vouloir me rembourser rapidement la somme que vous m'avez débitée le . . . . **(date)**.

Je vous prie de croire, Monsieur (ou Madame), à l'expression de mes salutations distinguées.

Votre signature

Déception à la réception du produit : renvoi et demande de remboursement

Séduit(e) par la photo du catalogue ou emballé(e) par la publicité faite dans une émission de télé-achat, vous avez commandé un article (vêtement, appareil électroménager, vaisselle, linge de maison...) par correspondance. À la réception du colis, vous êtes finalement déçu(e) par la coupe du vêtement... Pas de panique, sachez que vous pouvez, sans avoir à vous justifier aucunement, demander l'échange ou le remboursement de l'article, dans les sept jours qui suivent l'envoi.

Vos nom, prénoms
Votre adresse
Votre numéro de téléphone
Votre adresse e-mail

Lettre recommandée avec AR [1]

Coordonnées de la société de VPC

. . . . **(lieu)**, ... **(date)**

Monsieur **(ou Madame)**,

Le . . . . **(date)**, je vous ai passé commande de . . . . **(indiquez la nature du produit commandé ainsi que son numéro de référence)**. Cet article m'a été livré le . . . .

Ce produit ne correspondant pas à mon attente, je vous le retourne et vous demande le remboursement de son prix, soit la somme de . . . . €.

Je vous prie de croire, Monsieur **(ou Madame)**, à l'expression de mes salutations distinguées.

Votre signature

1. Même si cela n'est pas obligatoire, mieux vaut envoyer votre colis en recommandé avec accusé de réception pour garder une trace de votre envoi au cas où un litige surviendrait entre vous et la société de VPC.

Déception à la réception du produit : mise en demeure de rembourser son montant

Alors que vous avez renvoyé l'article commandé par correspondance dans le délai prévu, la société de VPC (vente par correspondance) ne vous a toujours pas remboursé(e). Passé le délai d'un mois, son absence de réponse l'expose à des sanctions pénales.

Vos nom, prénoms
Votre adresse
Votre numéro de téléphone
Votre adresse e-mail

Lettre recommandée avec AR

Coordonnées de la société de VPC

. . . . **(lieu)**, ... **(date)**

Monsieur **(ou Madame)**,

Le . . . . . . **(date d'envoi de votre colis)**, bien avant l'expiration du délai légal de sept jours, je vous ai retourné . . . . **(indiquez la nature du produit renvoyé ainsi que son numéro de référence)** qui m'avait été livré le . . . . et je vous ai demandé le remboursement de son prix, soit la somme de . . . . . . €.

Or, à ce jour, n'ayant eu aucune nouvelle de votre part, je vous mets en demeure de procéder à ce remboursement dans les plus brefs délais.

Je vous prie de croire, Monsieur **(ou Madame)**, à l'expression de mes salutations distinguées.

Votre signature

Erreur de livraison : demande de rectification

Vos nom, prénoms
Votre adresse
Votre numéro de téléphone
Votre adresse e-mail

Lettre recommandée avec AR

Coordonnées de la société de VPC

. . . . **(lieu)**, ... **(date)**

Monsieur **(ou Madame)**,

Le . . . . **(date)**, je vous ai passé commande de . . . . **(indiquez la nature du produit commandé ainsi que son numéro de référence)**.
Or, à réception du colis, en date du. . . . . . . , je me suis aperçu(e) que l'objet livré ne correspond pas du tout à ma commande. Il s'agit en effet de . . . . **(décrivez l'article reçu)**.

Je vous demande donc de bien vouloir rectifier cette erreur et de me faire parvenir, dans les plus brefs délais, l'article conforme à ma commande.

Sachez que je tiens à votre disposition l'objet litigieux que vous voudrez bien faire prendre à mon domicile.
(Ou : Je vous prie, par ailleurs, de bien vouloir me rembourser les frais occasionnés par le retour du produit envoyé par erreur.)

Je vous prie de croire, Monsieur **(ou Madame)**, à l'expression de mes salutations distinguées.

Votre signature

Envoi forcé : lettre de protestation

Vos nom, prénoms
Votre adresse
Votre numéro de téléphone
Votre adresse e-mail

Lettre recommandée avec AR

Coordonnées de la société de VPC

. . . . **(lieu)**, ... **(date)**

(Si possible, indiquez le numéro de référence de la facture jointe au colis)

Monsieur **(ou Madame)**,

En date du . . . . , vous m'avez adressé un colis renfermant . . . . **(indiquez la nature de l'objet ou des objets en question)**, accompagné d'un courrier m'indiquant que je pouvais soit garder la marchandise contre paiement, soit la renvoyer à mes frais.

Or, n'ayant rien commandé à votre société, je n'ai pas l'intention de donner suite à votre demande de paiement et vous prie de cesser de m'importuner par vos courriers de relance. À défaut, je me verrais contraint(e) de porter plainte à votre encontre. En effet, je vous rappelle que l'article R.635-2 du Code pénal [1] sanctionne cette pratique d'envoi forcé.

Si vous souhaitez récupérer votre marchandise, je la tiens à votre disposition à mon domicile.

Je vous prie d'agréer, Monsieur **(ou Madame)**, l'expression de mes salutations distinguées.

Votre signature

1. Article R.635-2 du Code pénal : « Le fait d'adresser à une personne, sans demande préalable de celle-ci, un objet quelconque accompagné d'une correspondance indiquant que cet objet peut être accepté contre versement d'un prix fixé ou renvoyé à son expéditeur, même si ce renvoi peut être fait sans frais pour le destinataire, est puni de l'amende prévue pour les contraventions de la 5e classe. »

Stop publicité

Vous en avez assez que votre boîte aux lettres déborde de publicités. Plutôt que de coller un papier sur votre boîte, bientôt délavé par la pluie ou le soleil, deux possibilités s'offrent à vous :

- demandez à votre agence France Télécom votre inscription sur la liste orange (voir modèle de lettre) ;
- demandez à être inscrit(e) gratuitement sur la « liste Robinson/Stop publicité », gérée par l'Union française du marketing direct (UFMD), 60, rue de La Boétie, 75008 Paris, afin que vos coordonnées soient supprimées des fichiers commerciaux.

Vos nom, prénoms
Votre adresse
Votre numéro de téléphone
Votre adresse e-mail

Lettre recommandée avec AR

Union française du marketing direct
60, rue de La Boétie
75008 Paris

. . . . **(lieu)**, ... **(date)**

Monsieur **(ou Madame)**,

Par la présente, je vous prie de bien vouloir inscrire mes nom et adresse sur le fichier Stop publicité que vous gérez et d'informer vos adhérents que je ne souhaite plus être importuné(e) par leurs offres promotionnelles.

Vous en remerciant par avance, je vous prie de croire, Monsieur **(ou Madame)**, à l'expression de mes salutations distinguées.

Votre signature

Demande de radiation d'un fichier commercial

Vous pouvez demander aux sociétés de VPC dont les courriers publicitaires vous importunent de supprimer vos coordonnées de leurs fichiers.

Vos nom, prénoms
Votre adresse
Votre numéro de téléphone
Votre adresse e-mail

Lettre recommandée avec AR

Coordonnées de la société de VPC

. . . . **(lieu)**, ... **(date)**

Monsieur **(ou Madame)**,

Étant constamment sollicité(e) par vos offres promotionnelles, je vous informe, par la présente, que je m'oppose désormais à ce que vous continuiez à m'importuner avec vos courriers intempestifs.

Aussi, comme m'y autorisent les dispositions de l'article 26 de la loi n° 78-17 du 6 janvier 1978 [1], je vous demande de rayer mes nom et coordonnées de votre listing commercial.

Vous en remerciant par avance, je vous prie de croire, Monsieur **(ou Madame)**, à l'expression de mes salutations distinguées.

Votre signature

1. Article 26 de la loi n° 78-17 du 6 janvier 1978 (extrait) : « Toute personne physique a le droit de s'opposer, pour des raisons légitimes, à ce que des informations nominatives la concernant fassent l'objet d'un traitement. »

Individu

Félicitations, vœux, remerciements, excuses ne sont pas toujours faciles à écrire. Et en matière de démarches administratives, les courriers sont indispensables, voire obligatoires pour toutes les déclarations, demandes, accords ou refus. N'oubliez pas de toujours rester simple et clair dans vos explications. Tous les formulaires sont téléchargeables sur Internet.

Correspondance privée

Vœux [1]

1. Vous trouverez de nombreuses autres idées dans *Le Grand Livre des vœux* de Corinne Bouteleux, aux Éditions De Vecchi.

Nouvel an (modèle n° 1)

Vos nom, prénoms
Votre adresse
Votre numéro de téléphone

Nom du destinataire

Son adresse

. . . . **(lieu)**, ... **(date)**

Cher . . . . , chère . . . . ,

À l'issue de cette année, mes pensées cheminent vers vous. Je regrette de ne pas être là pour le Nouvel An, pour vous combler de ma présence et de mon affection.

Je vous envoie par-delà les nuages la quintessence de mes souhaits qui, je l'espère de tout cœur, vous entoureront et vous protègeront pour l'année nouvelle.

Je vous embrasse tendrement.

Votre signature

Nouvel an (modèle n° 2)

Vos nom, prénoms
Votre adresse
Votre numéro de téléphone

Nom du destinataire
Son adresse

. . . . **(lieu)**, ... **(date)**

Mon cher . . . . , ma chère . . . . ,

C'est avec émoi que je vous écris de . . . .

Nonobstant, mes pensées viennent vers vous. Je vous adresse mes meilleurs vœux de santé et de prospérité pour l'an neuf.

Avec mon profond respect.

Votre . . . . **(fils, fille, neveu, petit-fils)**

Votre signature

Nouvel an (modèle n° 3)

Vos nom, prénoms
Votre adresse
Votre numéro de téléphone

Nom du destinataire
Son adresse

. . . . **(lieu)**, ... **(date)**

Cher . . . . ,

Rappelle-toi les jours de l'an que nous avons passés lorsque nous étions réunis ! Aujourd'hui, la dispersion de la famille rend mon cœur triste.

Malgré tout, nous fêtons cette nouvelle année en pensant à toi et nous te présentons nos meilleurs vœux pour cette année 200…

Mille baisers.

Votre signature

Nouvel an (modèle n° 4)

Vos nom, prénoms
Votre adresse
Votre numéro de téléphone

Nom du destinataire
Son adresse

. . . . **(lieu)**, ... **(date)**

Chère . . . . ,

C'est avec tendresse que je songe à toi en ce premier jour de l'année. Tu n'es pas près de nous, mais je sais que tu profites de tes vacances.

Nous aspirons à ton retour afin de te couvrir de baisers.

Nous te souhaitons une bonne année 200…

Votre signature

Nouvel an (modèle n° 5)

Vos nom, prénoms
Votre adresse
Votre numéro de téléphone

Nom du destinataire
Son adresse

. . . . **(lieu)**, ... **(date)**

Cher . . . . ,

À l'aube de cette nouvelle année, ton énergie perdure ! Tu sais que tu es formidable !
Je te souhaite de tout mon cœur une bonne année 200… et une excellente santé.

À bientôt.
Des baisers affectueux.

Votre signature

Nouvel an (modèle n° 6)

Vos nom, prénoms
Votre adresse
Votre numéro de téléphone

Nom du destinataire
Son adresse

. . . . **(lieu)**, ... **(date)**

Ma très chère . . . . ,

Vous qui n'avez cessé d'être présente tout au long de ma vie, je pense particulièrement à vous en cette fin d'année et à ces doux moments que vous m'avez accordés lorsque j'étais enfant.

Je vous envoie de douces pensées de santé, de bonheur et de joie.

Meilleurs vœux 200...
Je vous embrasse.

Votre signature

Nouvel an (modèle n° 7)

Vos nom, prénoms
Votre adresse
Votre numéro de téléphone

Nom du destinataire
Son adresse

. . . . **(lieu)**, ... **(date)**

Cher . . . . , chère . . . . ,

L'année qui s'achève a été merveilleuse pour vous puisqu'elle a vu . . . .
Je souhaite de tout cœur que l'année nouvelle apporte à votre foyer autant de bonheur et de santé !

Encore une fois, bonne année 200... à tous et à bientôt.

Votre signature

Nouvel an (modèle n° 8)

(Rédigé sur une carte de visite.)

M. et Mme . . . .
adressent à Madame . . . .
en même temps que leurs vœux pour la nouvelle année
l'assurance de leur meilleur souvenir

Signatures

Anniversaire (modèle n° 1)

Vos nom, prénoms
Votre adresse
Votre numéro de téléphone

Nom du destinataire
Son adresse

. . . . **(lieu)**, ... **(date)**

Chère . . . . ,

Les années passent et tu es toujours la même ! Ton renouveau printanier défie les saisons.
Ma tendre . . . . , je te souhaite un joyeux anniversaire.

Je t'embrasse.
Ta . . . . **(petite-fille, nièce, filleule...)**

Votre signature

Anniversaire (modèle n° 2)

Vos nom, prénoms
Votre adresse
Votre numéro de téléphone

Nom du destinataire
Son adresse

. . . . **(lieu)**, ... **(date)**

Cher . . . . ,

Cette année, je n'aurai pas la joie de partager avec toi ton . . . ième anniversaire. Aussi, je confie à cette missive le soin d'apporter toute ma tendresse et mon amour.

Comme je connais le sentiment d'être vraiment ton . . . . **(petit-fils...)** et combien ta présence m'a été chère et réconfortante dans bien des moments, je t'envoie en retour une kyrielle de vœux où j'attribue à chaque bougie du gâteau le témoignage de mon affection et la réalisation de tes vœux les plus chers.

Mille bisous

Votre signature

ANNIVERSAIRE (MODÈLE N° 3)

Vos nom, prénoms
Votre adresse
Votre numéro de téléphone

Nom du destinataire
Son adresse

. . . . **(lieu)**, ... **(date)**

Ma petite . . . . ,

Je regrette infiniment d'être retenu(e) loin de toi, hélas !
Mes obligations actuelles empêchent ma venue auprès de toi pour te souhaiter un agréable anniversaire de vive voix.

C'est avec tendresse que je forme des vœux de bonheur et de santé.
Bon anniversaire, ... !

Votre signature

ANNIVERSAIRE (MODÈLE N° 4)

Vos nom, prénoms
Votre adresse
Votre numéro de téléphone

Nom du destinataire
Son adresse

. . . . **(lieu)**, ... **(date)**

Mon cher . . . . ,

Tous mes vœux de tendresse et d'affection s'élèvent vers toi pour te souhaiter un agréable anniversaire.
À mon tour, je pense venir te voir prochainement, toi qui as su, si souvent dans le passé, venir vers moi.

Je t'embrasse très fort.

Ton . . . . (fils...)

Votre signature

FÊTE DES MÈRES (MODÈLE N° 1)

Vos nom, prénoms
Votre adresse
Votre numéro de téléphone

Nom du destinataire
Son adresse

. . . . **(lieu)**, ... **(date)**

Ma maman adorée,

Je sais que tu n'aimes pas trop les élans traditionnels, mais celui-ci est un message d'amour que je t'offre car tu es une mère extraordinaire !

J'ai tant de chance de t'avoir.

Bonne fête, je t'aime.

Votre signature

FÊTE DES MÈRES (MODÈLE N° 2)

Vos nom, prénoms
Votre adresse
Votre numéro de téléphone

Nom du destinataire
Son adresse

. . . . **(lieu)**, ... **(date)**

Chère maman,

Je suis loin de toi désormais, ainsi va la vie !
Mon cœur est toujours présent près de toi et s'ouvre pour t'adresser une joyeuse fête des Mères.

Je souhaite vivement que tous tes vœux se réalisent.

À bientôt par courrier,

Votre signature

Fête des pères

Vos nom, prénoms
Votre adresse
Votre numéro de téléphone

Nom du destinataire
Son adresse

. . . . **(lieu)**, ... **(date)**

Mon cher petit papa,

Comme chaque année, la fête des Pères tombe à un moment où je suis loin de toi. Je serai pourtant tout près de ton cœur, dimanche prochain.

Tends bien l'oreille et tu m'entendras te souhaiter « BONNE FÊTE, PAPA ! »

Mille bisous.

Votre signature

Fête des grand-mères

Vos nom, prénoms
Votre adresse
Votre numéro de téléphone

Nom du destinataire
Son adresse

. . . . **(lieu)**, ... **(date)**

Chère Mamie,

Tout mon amour parcourt et accourt par vaux et champs, sans détour, de Fribourg à Hambourg, de Cherbourg à Cabourg, pour s'arrêter dans ton petit bourg !

Pas de discours, juste des retours envers une vie affectueuse et sans contour que tu m'as offerte pendant ton séjour...

Je te souhaite une bonne fête des Grands-Mères.

Ton petit-fils qui t'aime.

Votre signature

Félicitations

Pour une naissance (modèle n° 1)

(Pour les félicitations à l'occasion de fiançailles, mariage, Pacs, voir le chapitre « Famille ».)

Vos nom, prénoms
Votre adresse
Votre numéro de téléphone

Nom du destinataire
Son adresse

. . . . **(lieu)**, ... **(date)**

Très chers . . . . et . . . . ,

Je viens d'apprendre que la petite . . . . est née !
Je m'en réjouis pour vous.
Je lui souhaite bonne vie et bienvenue.
J'espère que . . . . (la maman) se porte bien.

Je vous embrasse tous les trois tendrement.
À très bientôt.

Votre signature

Pour une naissance (modèle n°2)

Vos nom, prénoms
Votre adresse
Votre numéro de téléphone

Nom du destinataire
Son adresse

. . . . **(lieu)**, ... **(date)**

Mes chers enfants,

Que de joie vous nous donnez avec cette naissance tant attendue ! Déjà nous jubilons à l'idée de « pouponner » avec votre bébé.
Nous sommes impatients de faire la connaissance de ce petit . . . .

Toutes nos félicitations et nos vœux de bonheur à tous trois.

Votre signature

Pour une naissance (modèle n° 3)

Vos nom, prénoms
Votre adresse
Votre numéro de téléphone

Nom du destinataire
Son adresse

. . . . **(lieu)**, ... **(date)**

Mes chers petits,

Ça y est ! Nous sommes entrés dans la sphère des bisaïeuls et nous nous en réjouissons !
J'ai hâte de prendre ce poupon dans mes bras. Papy aussi est très ému et impatient d'embrasser le petit . . . .

Nous vous félicitons et proposons de vous accueillir dès que la mère et l'enfant seront prêts à abandonner le domicile familial pour quelques heures, ou même quelques jours !

Encore tous nos vœux de bonheur et mille baisers à cette belle famille.

Votre signature

Pour une naissance (modèle n° 4)

Vos nom, prénoms
Votre adresse
Votre numéro de téléphone

Nom du destinataire
Son adresse

. . . . **(lieu)**, ... **(date)**

Ma chère cousine,

Nous avons appris l'heureux événement qui vous arrive du ciel. Depuis le temps que cet enfant était désiré ! il a vraiment fait languir ses parents.
Enfin le voilà, le coquin !

Nous lui offrons le bonjour de la planète Terre et nous vous embrassons tendrement.

Votre signature

Pour une naissance (modèle n° 5)

Vos nom, prénoms
Votre adresse
Votre numéro de téléphone

Nom du destinataire
Son adresse

. . . . **(lieu)**, ... **(date)**

Chers amis,

Quelle joie d'apprendre la naissance de votre petit . . . . !
J'espère que la mère et l'enfant se portent à merveille et que toute la famille est aux petits soins pour eux !
Je vous adresse tous mes vœux de bonheur et mes félicitations.

Bien amicalement à vous.

Votre signature

Pour une réussite à un examen (modèle n° 1)

Vos nom, prénoms
Votre adresse
Votre numéro de téléphone

Nom du destinataire
Son adresse

. . . . **(lieu)**, ... **(date)**

Cher . . . . ,

C'est avec joie que je viens d'apprendre ton succès au . . . .
Je savais que ton travail régulier tout au long de l'année te permettrait de réussir cet examen au premier tour.

Je t'en félicite vivement et je forme les meilleurs vœux pour tes projets à venir.

Votre signature

Pour une réussite à un examen (modèle n°2)

Vos nom, prénoms
Votre adresse
Votre numéro de téléphone

Nom du destinataire
Son adresse

. . . . **(lieu)**, ... **(date)**

Très chère . . . . ,

Quelle satisfaction d'apprendre que votre fille a réussi son diplôme de . . . .

Nous vous félicitons et souhaitons à . . . . , après de si brillantes études, un agréable début dans sa vie professionnelle.

Votre signature

Pour une nomination

Vos nom, prénoms
Votre adresse
Votre numéro de téléphone

Nom du destinataire
Son adresse

. . . . **(lieu)**, ... **(date)**

Chère collègue,

L'annonce de votre nomination nous a enchantés. La société a besoin de femmes comme vous.
Nous sommes fiers de vous avoir eue comme assistante et regrettons votre départ. En revanche, nous vous félicitons vivement pour ces nouvelles fonctions au sein de l'établissement.

Nous vous adressons tous nos vœux de bonne continuation.
Bien amicalement à vous

Votre signature

Vœux de rétablissement

Modèle n° 1

Vos nom, prénoms
Votre adresse
Votre numéro de téléphone

Nom du destinataire
Son adresse

. . . . **(lieu)**, ... **(date)**

Ma chère petite mamie,

J'apprends que tu sors de maladie. Surtout fais bien attention à toi et refais-toi une santé en prenant des vitamines !
Je te souhaite tous mes vœux de prompt rétablissement.

Je t'embrasse comme je t'aime.

Votre signature

Modèle n° 2

Vos nom, prénoms
Votre adresse
Votre numéro de téléphone

Nom du destinataire
Son adresse

. . . . **(lieu)**, ... **(date)**

Cher confrère et ami,

Nous avons appris ce qui vous est arrivé. Quel courage vous avez eu !

Que ce petit mot soit le messager de nos vœux de retrouver la pleine santé.

Nous espérons que vous êtes bien soigné et que vous pourrez profiter très prochainement de la belle saison qui arrive.

Vos collaborateurs se joignent à moi pour vous souhaiter un prompt rétablissement.

Votre signature

Excuses

Après une dispute

Vos nom, prénoms
Votre adresse
Votre numéro de téléphone

Nom du destinataire
Son adresse

. . . . **(lieu)**, ... **(date)**

Cher . . . . ,

Depuis que nous nous sommes quittés, je regrette tant ma colère.
Je suis très surmené en ce moment et je me suis bêtement laissé emporté sur un mot de toi qui, je le réalise maintenant, ne méritait vraiment pas les reproches que je t'ai faits.

Je suis véritablement désolé et je te fais aujourd'hui toutes mes excuses.
Pourras-tu me pardonner ? Je le souhaite de tout mon cœur car notre amitié m'est très précieuse et je serais vraiment triste de la perdre.

Revoyons-nous dès que possible.
Je te demande encore pardon.

Votre signature

Après un rendez-vous manqué

Vos nom, prénoms
Votre adresse
Votre numéro de téléphone

Nom du destinataire
Son adresse

. . . . **(lieu)**, ... **(date)**

Chère . . . . ,

Je viens de réaliser que nous avions rendez-vous le . . . . . . et que je ne m'y suis pas rendu, croyant que nous avions rendez-vous la semaine prochaine.

Tellement confus de ma bévue, j'accompagne ce petit mot d'un bouquet de fleurs, qui, j'espère, saura me faire pardonner.

Je te rappelle au plus vite pour convenir d'une autre date, et cette fois, compte sur moi, j'y serai !

Je t'embrasse très fort, chère . . . ., et à très vite.

Votre signature

Remerciements

Modèle n° 1 (lettre de château)

Vos nom, prénoms
Votre adresse
Votre numéro de téléphone

Nom du destinataire
Son adresse

. . . . **(lieu)**, ... **(date)**

Cher . . . . , chère . . . . ,

Un grand merci pour ce séjour tellement formidable que nous venons de passer chez vous !

Quelles vacances délicieuses ! Votre accueil, votre maison si chaleureuse, ces soirées autour de la table à rire et à vous écouter raconter tellement d'expériences si enrichissantes...

En plus, le soleil a été de la partie, ce qui a vraiment fini de nous rendre amoureux de votre région.

À notre tour, nous vous attendons pour un week-end chez nous. Vous verrez combien notre campagne est belle aussi.

En attendant, nous vous embrassons bien fort. Merci encore mille fois.

Votre signature

Modèle n° 2

Vos nom, prénoms
Votre adresse
Votre numéro de téléphone

Nom du destinataire
Son adresse

. . . . **(lieu)**, ... **(date)**

Chère Madame,

Comment vous remercier pour la soirée d'hier qui a été pour nous un moment de détente et de réconfort que nous ne sommes pas près d'oublier ?

Votre gentillesse et votre accueil nous sont allés droit au cœur, et vous savez à quel point nous avons besoin de soutien en ce moment pénible.

Encore mille mercis.

Votre signature

Demande d'extrait d'acte de naissance avec filiation

Vos nom, prénoms
Votre adresse

Mairie du lieu de naissance [1]
Service de l'état civil
Adresse

. . . . **(lieu)**, ... **(date)**

Objet : demande d'extrait d'acte de naissance avec filiation [2]

Madame, Monsieur,

Je souhaiterais recevoir un extrait de mon acte de naissance avec filiation.
Voici les informations dont vous avez besoin : . . . . **(indiquez vos nom – nom de jeune fille pour les femmes mariées –, prénoms et date de naissance et les noms et prénoms de vos parents)**.

Dans cette attente, je vous prie d'agréer, Madame, Monsieur, l'expression de mes salutations distinguées.

Votre signature

P.J. : une enveloppe timbrée à mon adresse.

1. Pour les naissances dans les DOM-TOM : adressez-vous au ministère de l'Outre-Mer. Pour les naissances à l'étranger, si vous êtes Français, adressez-vous au ministère des Affaires étrangères ; si vous n'êtes pas de nationalité française, là où l'acte a été dressé.
2. Si la demande est faite par un tiers, il doit joindre tout document prouvant son identité : livret de famille avec filiation complète ou carte d'identité et éventuellement l'autorisation du procureur de la République.

Extrait d'acte de naissance avec filiation

Nom, prénoms et sexe de la personne concernée
Année, jour, heure et lieu de naissance
Noms et prénoms, dates et lieux de naissance des père et mère

Éventuellement :

Mentions de mariage, divorce, séparation de corps, décès
Mentions relatives à la nationalité française : déclaration enregistrée, perte, réintégration, naturalisation
Mention de la première délivrance du certificat de nationalité française

Demande d'extrait d'acte de naissance sans filiation

Vos nom, prénoms
Votre adresse

Mairie du lieu de naissance [1]
Service de l'état civil
Adresse

. . . . **(lieu)**, ... **(date)**

Objet : demande d'extrait d'acte de naissance sans filiation [2]

Madame, Monsieur,

Je souhaiterais recevoir un extrait de mon acte de naissance sans filiation en vue d'un mariage.

Voici les informations dont vous avez besoin : . . . . **(indiquez vos nom – nom de jeune fille pour les femmes mariées –, prénoms et date de naissance)**.

Dans cette attente, veuillez agréer, Madame, Monsieur, l'expression de mes salutations distinguées.

Votre signature

P.J. : une enveloppe timbrée à mon adresse.

1. Pour les naissances dans les DOM-TOM : adressez-vous au ministère de l'Outre-Mer. Pour les naissances à l'étranger, si vous êtes Français, adressez-vous au ministère des Affaires étrangères ; si vous n'êtes pas de nationalité française, là où l'acte a été dressé.
2. Toute personne peut l'obtenir sans avoir à justifier sa demande ou sa qualité.

Extrait d'acte de naissance sans filiation

Nom, prénoms et sexe de la personne concernée
Année, jour, heure et lieu de naissance

Éventuellement :

Mentions de mariage, divorce, séparation de corps, décès
Mentions relatives à la nationalité française : déclaration enregistrée, perte, réintégration, naturalisation
Mention de la première délivrance du certificat de nationalité française

Demande d'extrait d'acte de naissance par une personne née en France

Vos nom, prénoms
Votre adresse

Mairie de . . . . (commune de naissance)
Service de l'état civil
Adresse

. . . . **(lieu)**, ... **(date)**

Objet : demande d'extrait d'acte de naissance

Madame, Monsieur,

Je souhaite obtenir un extrait d'acte de naissance.

Nom : . . . .
Prénoms : . . . .
Date et lieu de naissance : . . . .
Nationalité : . . . .
Père : . . . .
Mère : . . . .

Avec mes remerciements, veuillez agréer, Madame, Monsieur, l'expression de mes salutations distinguées.

Votre signature

Demande d'extrait d'acte de naissance par une personne née dans un TOM

Vos nom, prénoms
Votre adresse

Ministère de l'Outre-Mer
Adresse

. . . . **(lieu)**, ... **(date)**

Objet : demande d'extrait d'acte de naissance

Madame, Monsieur,

Je souhaite obtenir un extrait d'acte de naissance.

Nom : . . . .
Prénoms : . . . .
Date et lieu de naissance : . . . .
Nationalité : . . . .
Père : . . . .
Mère : . . . .

Avec mes remerciements, veuillez agréer, Madame, Monsieur, l'expression de mes salutations distinguées.

Votre signature

Demande d'extrait d'acte de naissance par une personne née à l'étranger

Demande d'extrait d'acte de naissance

Vos nom, prénoms
Votre adresse

Ministère des Affaires étrangères
Service central d'état civil
Adresse

. . . . **(lieu)**, ... **(date)**

Objet : demande d'extrait d'acte de naissance

Madame, Monsieur,

Je souhaite obtenir un extrait d'acte de naissance.

Nom : . . . .
Prénoms : . . . .
Date et lieu de naissance : . . . .

Nationalité : . . . .
Père : . . . .
Mère : . . . .

Avec mes remerciements, veuillez agréer, Madame, Monsieur, l'expression de mes salutations distinguées.

Votre signature

Demande d'extrait d'acte de mariage célébré en France

Vos nom, prénoms
Votre adresse

Mairie de . . . . (commune où a été célébré le mariage)
Adresse

. . . . **(lieu)**, ... **(date)**

Objet : demande d'extrait d'acte de mariage

Madame, Monsieur,

Je souhaite obtenir un extrait d'acte de mariage.

Nom : . . . .
Prénoms : . . . .
Date et lieu de naissance : . . . .
Marié(e) le : . . . .
Lieu : . . . .
avec
Nom : . . . .
Prénoms : . . . .
Date et lieu de naissance : . . . .

Avec mes remerciements, veuillez agréer, Madame, Monsieur, l'expression de mes salutations distinguées.

Votre signature

Individu

Demande d'extrait d'acte de naissance par une personne née à l'étranger

Vos nom, prénoms
Votre adresse

Ministère des Affaires étrangères
Service central d'état civil
Adresse

. . . . **(lieu)**, ... **(date)**

Objet : demande d'extrait d'acte de mariage
Madame, Monsieur,

Je souhaite obtenir un extrait d'acte de mariage.

Nom : . . . .
Prénoms : . . . .
Date et lieu de naissance : . . . .
Marié(e) le : . . . .
Lieu : . . . .
avec
Nom : . . . .
Prénoms : . . . .
Date et lieu de naissance : . . . .

Avec mes remerciements, veuillez agréer, Madame, Monsieur, l'expression de mes salutations distinguées.

Votre signature

Demande de copie du jugement de divorce

Vos nom, prénoms
Votre adresse

Tribunal de Grande Instance de ....
M. le greffier en chef
Adresse

. . . .**(lieu)**, ... **(date)**

Objet : demande de copie de décision de justice

Madame, Monsieur,

Je souhaite obtenir une copie de jugement prononcé le . . . . . . **(date du jugement)** par le Tribunal de grande instance de . . . . . . **(lieu et adresse)**, chambre **(ou cabinet)** n° . . . . . . , jugement qui a prononcé le divorce de M. . . . . . . et de Mme . . . . . . **(Si vous l'avez, vous pouvez également indiquer le numéro du dossier)**.

Nom : . . . .
(Éventuellement : Nom de jeune fille : . . . . . .)
Prénoms : . . . . . .
Demeurant à : . . . . . .
Téléphone : . . . . . .

Avec mes remerciements, veuillez agréer, Madame, Monsieur, l'expression de mes salutations distinguées.

Votre signature

Demande de copie d'acte de naissance par une personne née en France

Vos nom, prénoms
Votre adresse

Mairie de . . . . (commune de naissance)
Service de l'état civil
Adresse

. . . . **(lieu)**, ... **(date)**

Objet : demande de copie d'acte de naissance

Madame, Monsieur,

Je souhaite obtenir une copie d'acte de naissance.

Nom : . . . .
Prénoms : . . . .
Date et lieu de naissance : . . . .
Nationalité : . . . .
Père : . . . .
Mère : . . . .

Avec mes remerciements, veuillez agréer, Madame, Monsieur, l'expression de mes salutations distinguées.

Votre signature

Demande de copie d'acte de naissance par une personne née dans un TOM

Vos nom, prénoms
Votre adresse

Ministère de l'Outre-Mer
Adresse

. . . . **(lieu)**, ... **(date)**

Objet : demande de copie d'acte de naissance

Madame, Monsieur,

Je souhaite obtenir une copie d'acte de naissance.

Nom : . . . .
Prénoms : . . . .

Date et lieu de naissance : . . . .
Nationalité : . . . .
Père : . . . .
Mère : . . . .

Avec mes remerciements, veuillez agréer, Madame, Monsieur, l'expression de mes salutations distinguées.

Votre signature

Demande de copie d'acte de naissance par une personne née à l'étranger

Vos nom, prénoms
Votre adresse

Ministère des Affaires étrangères
Service central d'état civil
Adresse

. . . . **(lieu)**, ... **(date)**

Objet : demande de copie d'acte de naissance

Madame, Monsieur,

Je souhaite obtenir une copie d'acte de naissance.

Nom : . . . .
Prénoms : . . . .
Date et lieu de naissance : . . . .
Nationalité : . . . .
Père : . . . .
Mère : . . . .

Avec mes remerciements, veuillez agréer, Madame, Monsieur, l'expression de mes salutations distinguées.

Votre signature

Demande de copie d'acte de mariage célébré en France

Vos nom, prénoms
Votre adresse

Mairie de . . . .
(commune où a été célébré le mariage)
Adresse

. . . . **(lieu)**, ... **(date)**

Objet : demande de copie d'acte de mariage

Madame, Monsieur,

Je souhaite obtenir une copie d'acte de mariage.

Nom : . . . .
Prénoms : . . . .
Date et lieu de naissance : . . . .
Marié(e) le : . . . .
Lieu : . . . .
avec
Nom : . . . .
Prénoms : . . . .
Date et lieu de naissance : . . . .

Avec mes remerciements, veuillez agréer, Madame, Monsieur, l'expression de mes salutations distinguées.

Votre signature

Demande de copie d'acte de mariage célébré à l'étranger

Vos nom, prénoms
Votre adresse

Ministère des Affaires étrangères
Service central d'état civil
Adresse

. . . . **(lieu)**, ... **(date)**

Objet : demande de copie d'acte de mariage

Madame, Monsieur,

Je souhaite obtenir une copie d'acte de mariage.

Nom : . . . .
Prénoms : . . . .
Date et lieu de naissance : . . . .
Marié le : . . . .
Lieu : . . . .
avec
Nom : . . . .
Prénoms : . . . .
Date et lieu de naissance : . . . .
Avec mes remerciements, veuillez agréer, Madame, Monsieur, l'expression de mes salutations distinguées.

Votre signature

Demande de copie d'acte de décès survenu en France

Vos nom, prénoms
Votre adresse

Mairie de . . . . (commune où a été déclaré le décès)
Adresse

. . . . **(lieu)**, ... **(date)**

Objet : demande de copie d'acte de décès

Madame, Monsieur,

Je souhaite obtenir une copie d'acte de décès.

Nom : . . . .
Prénoms : . . . .
Date et lieu de naissance : . . . .
Décédé(e) le : . . . .
À : . . . .
(Éventuellement :)
Marié(e) le : . . . .
À : . . . .
avec
Nom du conjoint : . . . .
Prénoms : . . . .
Date et lieu de naissance : . . . .

Avec mes remerciements, veuillez agréer, Madame, Monsieur, l'expression de mes salutations distinguées.

Votre signature

Demande de copie d'acte de décès survenu à l'étranger

Vos nom, prénoms
Votre adresse

Ministère des Affaires étrangères
Service central d'état civil
Adresse

. . . . **(lieu)**, ... **(date)**

Objet : demande de copie d'acte de décès

Je souhaite obtenir une copie d'acte de décès.

Nom : . . . .
Prénoms : . . . .
Date et lieu de naissance : . . . .

Décédé(e) le : . . . .
À : . . . .
(Éventuellement :)
Marié(e) le : . . . .
À : . . . .
avec
Nom du conjoint : . . . .
Prénoms : . . . .
Date et lieu de naissance : . . . .

Avec mes remerciements, veuillez agréer, Madame, Monsieur, l'expression de mes salutations distinguées.

Votre signature

Demande d'enregistrement d'un jugement de divorce prononcé à l'étranger

Vos nom, prénoms
Votre adresse

Monsieur le Procureur de la République
Tribunal de grande instance de . . . . . .
Adresse

. . . . . .**(date)**, ...**(lieu)**

Objet : vérification d'opposabilité d'un jugement de divorce

Monsieur le Procureur de la République,

J'ai l'honneur de solliciter la vérification d'opposabilité en France de mon jugement de divorce étranger, rendu le . . . . **(date)**, par le Tribunal de . . . . **(ville où a été prononcé le divorce)**, et ordonner les mentions nécessaires en marge de mes actes de mariage et de naissance.

Veuillez agréer, Monsieur le Procureur de la République, l'expression de ma considération distinguée.

Votre signature

1. Pour que votre dossier soit examiné, il doit être complet. Vous devez fournir :
– une copie du jugement de divorce,
– la traduction certifiée conforme du jugement,
– une copie intégrale de votre acte de naissance,
– une copie intégrale de l'acte de mariage,
– si la mention du domicile des époux lors de l'introduction de la demande de divorce ne figure pas sur le jugement, un justificatif du domicile à cette date,
– la preuve de la nationalité des époux.

Demande d'extrait d'acte de mariage

Renseignements concernant les titulaires de l'acte
Nom de l'époux : . . . .
Prénom : . . . .
Date de naissance : . . . .
Ville de naissance : . . . .
Pays de naissance : . . . .
Nom de l'épouse : . . . .
Prénom : . . . .
Date de naissance : . . . .
Ville de naissance : . . . .
Pays de naissance : . . . .

Renseignements concernant l'acte de mariage
Date du mariage : . . . .
Nombre d'exemplaire(s) demandé(s) : . . . .

Coordonnées du demandeur
Civilité **(M., Mme, Mairie, Maître...)** : . . . .
Parenté avec le titulaire : . . . .
Nom : . . . .
Prénom : . . . .
Adresse (n° rue) : . . . .
Code postal : . . . .
Ville : . . . .
Pays : . . . .
Téléphone : . . . .

Demande d'extrait d'acte de décès

DEMANDEUR (personne à qui sera envoyé l'acte)
Civilité :(M., Mme, Mairie, Maître... : . . . .
Nom : . . . .
Prénom : . . . .
Adresse : . . . .
Code postal : . . . .
Ville : . . . .
(Éventuellement :)
Lien de parenté avec la personne dont vous demandez l'acte : . . . .
Mail : . . . .
Téléphone : . . . .
Raison de la demande : . . . .

L'acte concerné
Civilité : Madame Mademoiselle Monsieur : . . . .
Nom actuel : . . . .
Nom de naissance : . . . .
Prénom : . . . .
Date de décès : . . . .
Nombre d'actes demandés : . . . .

Demande de rectification d'acte d'état civil

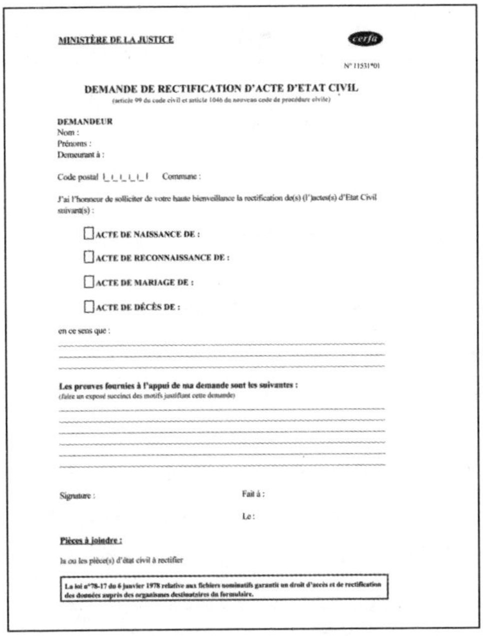

MINISTÈRE DE LA JUSTICE

cerfa

N° 11531*01

DEMANDE DE RECTIFICATION D'ACTE D'ETAT CIVIL
(article 99 du code civil et article 1046 du nouveau code de procédure civile)

DEMANDEUR
Nom :
Prénoms :
Demeurant à :

Code postal |_|_|_|_|_| Commune :

J'ai l'honneur de solliciter de votre haute bienveillance la rectification de(s) (l')acte(s) d'Etat Civil suivant(s) :

☐ **ACTE DE NAISSANCE DE :**

☐ **ACTE DE RECONNAISSANCE DE :**

☐ **ACTE DE MARIAGE DE :**

☐ **ACTE DE DÉCÈS DE :**

en ce sens que :

Les preuves fournies à l'appui de ma demande sont les suivantes :
(faire un exposé succinct des motifs justifiant cette demande)

Signature : Fait à :

Le :

Pièces à joindre :

la ou les pièce(s) d'état civil à rectifier

La loi n°78-17 du 6 janvier 1978 relative aux fichiers nominatifs garantit un droit d'accès et de rectification des données auprès des organismes destinataires du formulaire.

Papiers d'identité : demande

Formulaire pour personne majeure

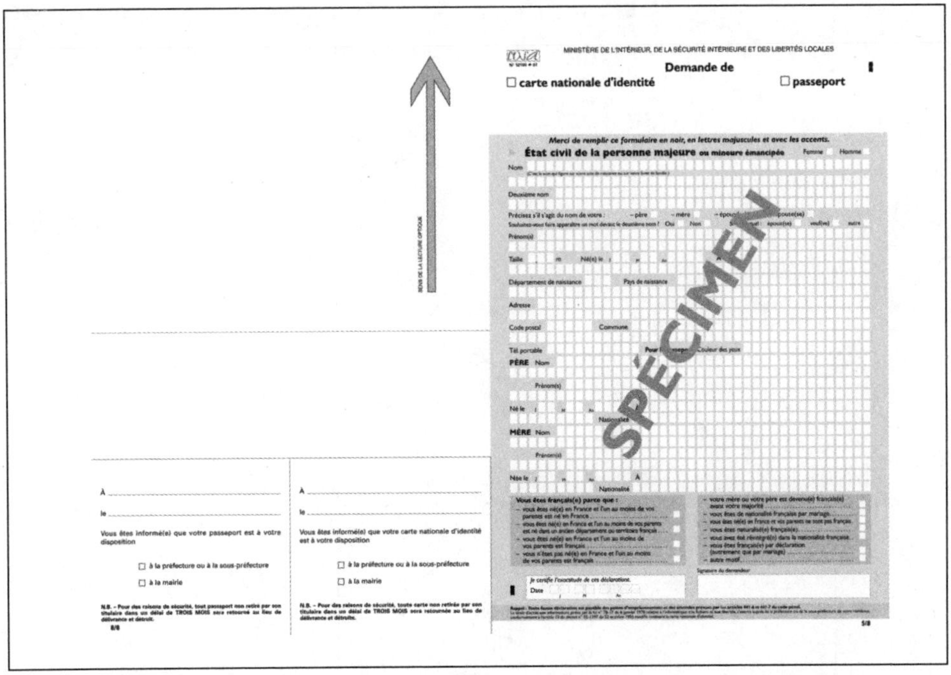

Individu

Formulaire pour personne mineure

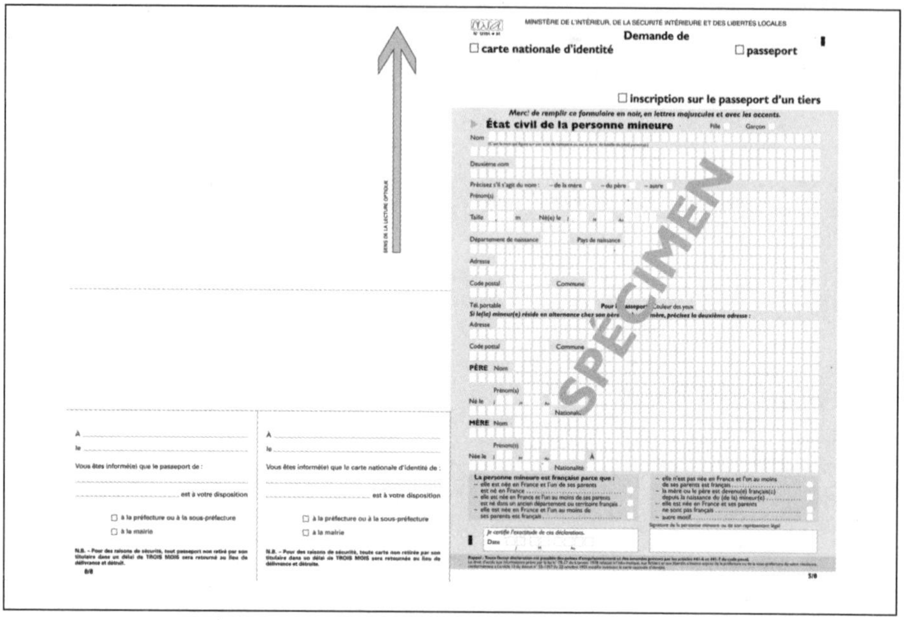

Papiers d'identité : déclaration de perte

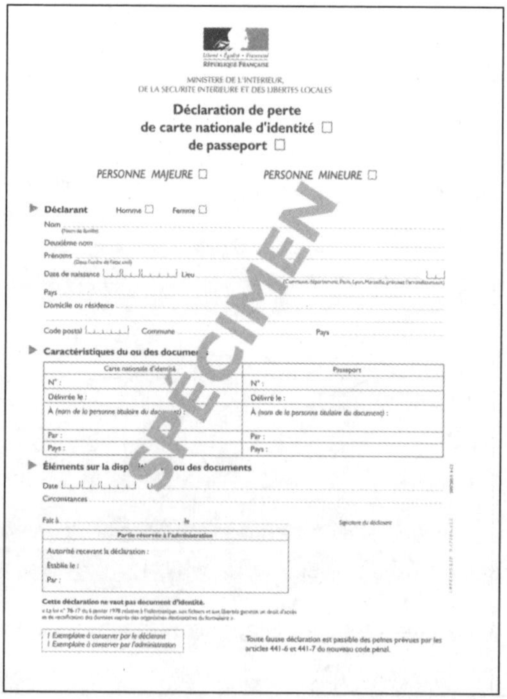

Handicap

Demande d'allocation d'éducation spéciale

Vos nom, prénoms
Votre adresse
Votre numéro de téléphone
Votre adresse e-mail

Lettre recommandée avec AR

Coordonnées de votre CAF

. . . . **(lieu)**, ... **(date)**

Référence : numéro d'allocataire **(si vous en avez déjà un)**

Objet : demande d'allocation d'éducation spéciale

Monsieur **(ou Madame)**,

Mon enfant . . . . **(prénom)**, né(e) le . . . . **(indiquez sa date de naissance)** présente une incapacité d'au moins 80 % [1].

En conséquence, j'ai l'honneur de vous demander l'attribution de l'allocation d'éducation spéciale et, éventuellement, l'un de ses compléments [2]. Pourriez-vous m'adresser les différents imprimés à remplir ainsi que la liste des justificatifs à fournir ?

Vous en remerciant par avance, je vous prie de croire, Monsieur **(ou Madame)**, à l'expression de mes salutations distinguées.

Votre signature

1. Ou « une incapacité comprise entre 50 % et 80 % », s'il fréquente un établissement spécialisé ou si son état exige le recours à un service d'éducation spéciale ou de soins à domicile.
2. Le montant de l'AES peut être majoré par un complément accordé par la commission départementale d'éducation spéciale (CDES), qui prend en compte le coût du handicap de l'enfant ; la cessation ou la réduction d'activité professionnelle de l'un ou l'autre des deux parents ; l'embauche d'une tierce personne.

Formulaire de demande de l'allocation d'éducation spéciale (AES) (Cosa n° 11498*02)

ALLOCATIONS FAMILIALES

1/2

www
1110001S

cerfa
11498*01

DEMANDE D'ALLOCATION D'ÉDUCATION SPÉCIALE

Article L. 541.1 à L. 541.3 du code de la Sécurité Sociale

N° allocataire : ☐☐☐☐☐☐☐☐

Madame ou Monsieur,

Vous avez un enfant handicapé et vous avez peut-être droit à l'allocation d'éducation spéciale. Mais pour le savoir nous avons besoin de connaître votre situation. Voilà pourquoi nous vous demandons de remplir cet imprimé.

Répondez à toutes nos questions et surtout n'oubliez pas de dater et de signer votre demande. Sinon nous serions obligés de vous la retourner ce qui retarderait le paiement de votre allocation.

Sachez enfin que c'est la commission départementale de l'Education Spéciale qui décide si votre enfant peut donner droit à l'allocation d'éducation spéciale. Nous devons attendre sa décision pour vous payer votre allocation.

Votre Caisse d'Allocations Familiales.

Pour répondre à ce questionnaire, cochez les cases correspondant à votre situation.

Recevez-vous des prestations familiales ?

Recevez-vous des prestations familiales ? ☐ OUI ☐ NON

Si OUI, quel organisme vous les verse (nom et adresse)

Code postal ______ Commune ______

Sous quel numéro d'allocataire ? ☐☐☐☐☐☐☐☐

Si NON, joignez l'imprimé "demande de prestations familiales".

Quel est votre état civil ?

Votre nom ______ votre prénom ______

Quelle est votre adresse ?

Votre adresse ______

Code postal ______ Commune ______

Partie réservée à la Caisse ou à l'organisme payeur.

Date théorique d'ouverture ou de renouvellement des droits ______

☐ Première demande

☐ Renouvellement

☐ Retour de l'enfant au foyer

☐ Suspension de la prise en charge

S.7112d

Formulaire pour l'attribution d'un complément à l'AES (Cerfa n° 12274*01)

COMMISSION DÉPARTEMENTALE D'ÉDUCATION SPÉCIALE

MINISTERE DE LA SANTE, DE LA FAMILLE ET DES PERSONNES HANDICAPÉES

cerfa N° 12274*01

FICHE DE RENSEIGNEMENTS POUR L'ATTRIBUTION D'UN COMPLÉMENT À L'A. E. S.

Décret 2002-421 et 2002- 422 du 29/03/2002
Arrêtés du 29/03/2002 et du 24/04/2002

?

*Cette fiche, complementaire du dossier de demande d'Allocation d'Education Spéciale a pour but de nous **informer des répercussions** du handicap de votre enfant sur votre situation familiale. Pour améliorer notre information, vous pouvez la **compléter** par les documents et/ou commentaires que vous jugerez utiles. Par ailleurs, pour tout renseignement, vous êtes invités à **contacter l'équipe technique de la CDES**.*

Nom et prénom de votre enfant	Sa date de naissance
Votre nom et adresse	Votre numéro d'allocataire
	Votre numéro de téléphone

① SITUATION PROFESSIONNELLE DES PARENTS

Si votre réduction ou absence totale d'activité professionnelle est motivée par la prise en charge de votre enfant handicapé, elle peut vous donner droit à l'attribution d'un complément. Cette situation pourra faire l'objet d'un contrôle de l'organisme payeur des prestations familiales. **Joignez SVP les justificatifs.**

MADAME

Date de naissance
Profession

Vous travaillez à temps plein ☐

Vous travaillez à temps partiel *Précisez ci-dessous le pourcentage et, le cas échéant, les modalités particulières*

Vous ne travaillez pas *Cochez la case correspondant à votre situation*

- ☐ Retraite à l'âge normal
- ☐ Retraite anticipée
- ☐ Congé parental jusqu'au
- ☐ Indemnités journalières (maladie - maternité - paternité - accident du travail)
- ☐ AAH (taux d'incapacité entre 50 et 80 %)
- ☐ AAH (taux d'incapacité supérieur ou égal à 80 %)
- ☐ ASSEDIC ou autre revenu de substitution, *précisez* :
- ☐ Chômage non indemnisé
- ☐ Rente pour accident du Travail ou pension d'invalidité, *précisez* taux ou catégorie :
- ☐ Revenu Minimum d'Insertion
- ☐ Sans activité rémunérée *vous devez nous fournir une **déclaration sur l'honneur** de renonciation au travail et de non perception d'un revenu de substitution*
- ☐ Autres cas - *précisez en clair*

MONSIEUR

Date de naissance
Profession

Vous travaillez à temps plein ☐

Vous ne travaillez pas *Cochez la case correspondant à votre situation*

- ☐ Retraite à l'âge normal
- ☐ Retraite anticipée
- ☐ Congé parental jusqu'au
- ☐ Indemnités journalières (maladie - maternité - paternité - accident du travail)
- ☐ AAH (taux d'incapacité entre 50 et 80 %)
- ☐ AAH (taux d'incapacité supérieur ou égal à 80 %)
- ☐ ASSEDIC ou autre revenu de substitution. *précisez* :
- ☐ Chômage non indemnisé
- ☐ Rente pour accident du Travail ou pension d'invalidité, *précisez* taux ou catégorie
- ☐ Revenu Minimum d'Insertion
- ☐ Sans activité rémunérée : *vous devez nous fournir une **déclaration sur l'honneur** de renonciation au travail et de non perception d'un revenu de substitution*
- ☐ Autres cas - *précisez en clair :*

1/2

Individu

Certificat médical de personne adulte handicapée (formulaire Cerfa n° 61-2280)

Vous pouvez télécharger ce formulaire à l'adresse : http://www.lesformulaires.cerfa.gouv.fr/servform/vigueur/formul/61v2280.pdf

État civil

N° d'immatriculation Sécurité sociale

NOM :

NOM DE JEUNE FILLE :

PRÉNOM :

DATE DE NAISSANCE :

ADRESSE :

Taille :

Poids :

Diagnostic principal motivant la présente demande :

Origine :

Congénitale :

Acquise depuis le :

Veuillez préciser s'il s'agit d'un(e) :

Accident du travail :

IPP % :

Date :

Maladie professionnelle :

IPP % :

Date :

Antécédents médicaux, chirurgicaux, gynéco-obstétricaux ayant des conséquences sur l'état d'incapacité actuel :

Alcoolisme ☐ Toxicomanie ☐ Tabagisme ☐

DESCRIPTION DES DÉFICIENCES *(complétez les rubriques concernant votre patient)*

Déficiences intellectuelles et/ou troubles du psychisme et/ou difficultés du comportement

(Troubles de la mémoire, de l'orientation temporospatiale, de l'humeur, de la vigilance, de la vie émotionnelle et affective, du comportement...) :

Déficiences liées à l'épilepsie **(Joindre le compte rendu du dernier EEG.)**

Type :

Fréquences des crises :

Troubles de la personnalité associés

Déficiences de l'audition **(Joindre un audiogramme OD-OG sans appareillage.)**

Troubles associés (acouphènes, vertiges...) :

Déficiences du langage et de la parole

Dysarthrie, dyslexie, aphasie, mutité, autre... :

En cas de mutité, une communication est-elle possible ?

Si oui, de quel type :

2/4

Demande d'allocation aux adultes handicapés (AAH)

Vos nom, prénoms
Votre adresse
Votre numéro de téléphone
Votre adresse e-mail

Lettre recommandée avec AR

Coordonnées de votre CAF
ou de la COTOREP [1]

. . . . **(lieu)**, ... **(date)**

Référence : numéro d'allocataire **(si vous en avez déjà un)**

Objet : demande d'allocation aux adultes handicapés

Monsieur **(ou Madame)**,

Handicapé(e) avec un taux d'incapacité de 80 % [2], comme l'atteste la photocopie de ma carte d'invalidité ci-jointe **(ou : le certificat médical ci-joint)**, et ayant des revenus catégoriels nets inférieurs au plafond [3], j'ai l'honneur de vous demander l'attribution de l'allocation aux adultes handicapés.

En conséquence, pourriez-vous m'adresser les différents formulaires à remplir ainsi que la liste des justificatifs à fournir ?

Vous en remerciant par avance, je vous prie de croire, Monsieur **(ou Madame)**, à l'expression de mes salutations distinguées.

Votre signature

1. Commission technique d'orientation et de reclassement professionnel.
2. Si le taux est inférieur à 80 %, vous devez être reconnu dans l'impossibilité de travailler. Par ailleurs, vous devez avoir moins de 60 ans au moment de la demande si votre taux d'incapacité est inférieur ou égal à 80 %.
3. Plafond de ressources du 1er juillet 2003 au 30 juin 2004 :
– 6 997,74 € pour une personne seule ;
– 13 995,48 € pour un ménage (marié, pacsé ou concubin) ;
– majoré de 3 498,87 € par enfant à charge.

Déclaration de ressources pour personnes handicapées (formulaire Cerfa n° 61-2345)

http://www.cerfa.gouv.fr/servform/vigueur/formul/61v2345.pdf

Déclaration de ressources

cerfa n° 61-2345

Année concernée par votre déclaration : il s'agit :
- de l'année précédente à l'année en cours si vous deposez votre demande apres le 1er juillet de l'annee en cours ;
- de l'année antérieure à l'année précédente si vous déposez votre demande avant le 30 juin de l'année en cours.

REVENUS PERÇUS EN FRANCE, HORS DE FRANCE OU VERSÉS PAR UNE ORGANISATION INTERNATIONALE *(Livre V du Code de la Sécutité sociale)*

N'oubliez pas de consulter la notice explicative détachable avant de remplir chacune des rubriques suivantes :

Personnes au foyer	Monsieur	Madame	Autres personnes ayant eu des ressources *(Remplissez ces colonnes si vous bénéficiez ou demandez à bénéficier de l'allocation de logement ou de l'aide personnalisée au logement (APL).*	
1				
Nom :				
Prénom :				
Date de naissance :				
Lien de parenté des autres personnes vivant au foyer :				
2				
Situation particuliaire :				
3				
Traitements et salaires :	F	F	F	F
	€	€	€	€
• indemnités journalières de maladie	F	F	F	F
	€	€	€	€
• déduction supplémentaires	%	%	%	%
• frais réels	F	F	F	F
	€	€	€	€
4				
Allocation chômage :	F	F	F	F
	€	€	€	€
5				
Pré-retraite :	F	F	F	F
	€	€	€	€
6	*L'allocation supplémentaire du Fonds spécial d'invalidité ou du fonds de solidarité vieillesse, l'Allocation aux adultes handicapés, le Revenu minimum d'insertion ne sont pas à déclarer.*			
Pensions, retraites	F	F	F	F
et rentes soumises à l'impôts :	€	€	€	€
7				
Rente survie ou contrat	F	F	F	F
d'épargne handicap :	€	€	€	€
8				
Pensions alimentaires reçues :	F	F	F	F
	€	€	€	€
9				
Revenus des professions	F	F	F	F
non-salariées :	€	€	€	€
10				
Autres revenus :	F	F	F	F
	€	€	€	€
Nature de ces revenus :				
11				
Charges déductibles :				
• pensions alimentaires versées	F	F	F	F
	€	€	€	€
• frais de garde	F	F	F	F
(enfants de moins de 7 ans)	€	€	€	€
12				
Revenus avant impôts perçus à l'étranger	F	F	F	F
ou d'une organisation internationale :	€	€	€	€
(même s'ils ne sont pas imposables en France)	*Déclarez en monnaie locale les montants avant impôts. Nous effectuerons la conversion en francs français.*			
Nature de la monnaie :				
Nature de ces revenus :				

***Destinataires : demandeur** - organisme débiteur des prestations - COTOREP.* 2/3

Demande d'un complément à l'AAH

Le complément d'allocation permet aux personnes handicapées qui ont fait le choix de vivre dans un logement indépendant de faire face à des dépenses supplémentaires, du fait des aménagements que cela implique.

Pour en bénéficier, vous devez :

- avoir un taux d'incapacité égal ou supérieur à 80 % évalué par la Commission technique d'orientation et de reclassement professionnel (COTOREP) ;
- percevoir l'allocation aux adultes handicapés (AAH) à taux plein ou en complément d'un avantage vieillesse ou invalidité ou d'une rente d'accident de travail ;
- toucher une aide personnelle au logement (allocation de logement familiale ou sociale, aide personnalisée au logement), soit comme titulaire, soit du fait d'un conjoint ou concubin allocataire ;
- disposer d'un logement indépendant.

Vos nom, prénoms
Votre adresse
Votre numéro de téléphone
Votre adresse e-mail

Lettre recommandée avec AR

Coordonnées de votre CAF [1]

. . . . **(lieu)**, ... **(date)**

Référence : numéro d'allocataire **(si vous en avez déjà un)**

Objet : demande de complément à l'allocation aux adultes handicapés

Monsieur **(ou Madame)**,

Handicapé(e) avec un taux d'incapacité de 80 % (ou plus), comme l'atteste la photocopie de ma carte d'invalidité ci-jointe (ou : le certificat médical ci-joint), et percevant l'allocation aux adultes handicapés à taux plein, j'ai choisi de continuer à vivre dans l'appartement familial. Je vous signale que je perçois également l'aide au logement suivante : . . . . **(indiquez quel type d'aide vous percevez)**.

J'ai donc l'honneur de vous demander le bénéfice du complément d'allocation autonomie prévu à l'article L.821-1-1 du Code de sécurité sociale [2].

En conséquence, pourriez-vous m'adresser les différents formulaires à remplir ainsi que la liste des justificatifs à fournir ?

Vous en remerciant par avance, je vous prie de croire, Monsieur **(ou Madame)**, à l'expression de mes salutations distinguées.

Votre signature

1. Adressez votre demande à la caisse d'allocations familiales qui vous verse l'AAH.
Si vous demandez l'AAH pour la première fois, vous pouvez faire une demande de complément d'allocation auprès de la COTOREP simultanément à la demande d'AAH.

2. Article L.821-1-1 du Code de sécurité sociale (extrait) : « Un complément d'allocation aux adultes handicapés dont le montant est fixé par décret est versé aux bénéficiaires de cette allocation au titre de l'article L. 821-1 qui disposent d'un logement indépendant pour lequel ils reçoivent une aide personnelle au logement et qui perçoivent l'allocation aux adultes handicapés à taux plein ou en complément d'un avantage de vieillesse ou d'invalidité ou d'une rente d'accident de travail [...] ».

Demande d'allocation compensatrice pour frais professionnels

Vous pouvez bénéficier de cette allocation compensatrice si vous exercez un travail régulier et que l'exercice de cette activité entraîne des frais supplémentaires liés à votre handicap.
Sont compris les frais de transport, d'achat ou d'aménagement de matériel, d'aménagement de locaux, d'aménagement d'un véhicule, les frais de secrétariat spécifique...
Le montant de cette allocation varie selon les frais engagés, avec un plafond de 756,69 € par mois depuis le 1er janvier 2004.
L'allocation compensatrice peut se cumuler avec vos ressources dans la limite d'un plafond fixé, pour la période du 1er juillet 2003 au 30 juin 2004, à 6 997,74 €, plus le montant de l'allocation compensatrice accordée par la COTOREP.
Le plafond est doublé pour les personnes mariées (soit 13 995,48 €) et majoré de 50 % par enfant à charge (soit + 3 498,87 €).

Vos nom, prénoms
Votre adresse
Votre numéro de téléphone
Votre adresse e-mail

Lettre recommandée avec AR

Coordonnées de la COTOREP [1]

. . . . **(lieu)**, ... **(date)**

Objet : demande d'allocation compensatrice pour frais professionnels

Monsieur **(ou Madame)**,

L'exercice de mon activité professionnelle m'a contraint(e), pour me permettre d'adapter mes outils de travail à mon handicap, à engager les frais suivants : . . . . **(décrivez les frais)**, pour un montant de . . . . €.
Ces dépenses ayant fortement grevé mon budget, j'ai l'honneur de vous demander l'attribution de l'allocation compensatrice pour frais professionnels.

En conséquence, pourriez-vous m'adresser les différents formulaires à remplir ainsi que la liste des justificatifs à fournir ?
Vous en remerciant par avance, je vous prie de croire, Monsieur **(ou Madame)**, à l'expression de mes salutations distinguées.

Votre signature

1. Commission technique d'orientation et de reclassement professionnel.

Demande de remboursement de frais de transport (formulaire Cerfa n° 61-2146)

http://www.lesformulaires.cerfa.gouv.fr/servform/vigueur/formul/61v2146.pdf

Ministère de l'emploi
et de la solidarité

direction départementale du travail,
de l'emploi et de la formation professionnelle

Commission technique d'orientation et de reclassement professionnel

cerfa
N° 61-2146
PH 06

DEMANDE DE REMBOURSEMENT DE FRAIS DE TRANSPORT

Arrêté interministériel du 8 décembre 1978 (*J.O. du 28 décembre 1978*)

Je soussigné(e) M. / Mme / Mlle

Nom de la personne handicapée

Prénom

domicilié(e)

Numéro / Rue ou lieudit

Commune

Code postal / Bureau distributeur

N° de C.C.P
ou
N° de compte bancaire

Centre :

Banque :
et succursale

demande à bénéficier du remboursement des frais de déplacement des personnes handicapées répondant à une convocation de la Commission technique d'orientation et de reclassement professionnel

Certifie avoir effectué :

avec réduction ☐ → montant de la réduction ☐ %

plein tarif ☐

Le(s) parcours suivant(s) :

Date	Motif de la convocation	Lieu de départ	Lieu de convocation	Moyen de transport	Somme déboursée **Francs / Euros***

Le montant du remboursement sera calculé sur la base du prix du transport par la voie la plus économique.

* rayer la mention inutile

Signature de l'interessé(e) ou de son représentant :

Reserve à l'Administration

DÉCISION

- ☐ d'accord pour le paiement de la somme de ☐

Signature du Préfet :

- ☐ de rejet

Motif du rejet :

La loi n° 78-17 du 6 janvier 1978 relative à l'informatique, aux fichiers et aux libertés publiques s'applique à ce formulaire. Elle vous donne droit d'accès et de rectification pour les données vous concernant. Votre demande doit être adressée à votre directeur départemental du travail de l'emploi et de la formation professionnelle.

Volet **1/3** destiné au **TPG**

Demande d'allocation compensatrice pour tierce personne

Vos nom, prénoms
Votre adresse
Votre numéro de téléphone
Votre adresse e-mail

Lettre recommandée avec AR

Coordonnées de votre CCAS [1]

. . . . **(lieu)**, ... **(date)**

Objet : demande d'allocation compensatrice pour tierce personne

Monsieur (ou Madame),

Âgé(e) de moins de 60 ans [2] et handicapé(e) avec un taux d'incapacité de 80 % (ou plus), comme l'atteste la photocopie de ma carte d'invalidité ci-jointe **(ou : le certificat médical ci-joint)**, j'ai besoin de l'aide d'une personne pour m'aider à . . . . **(énumérez les actes que vous ne pouvez accomplir seul(e) ; exemples : vous lever, vous habiller...)**.

J'ai donc l'honneur de vous demander le bénéfice de l'allocation compensatrice pour tierce personne.

En conséquence, auriez-vous l'obligeance de m'adresser les différents formulaires à remplir ainsi que la liste des justificatifs à fournir ?

Vous en remerciant par avance, je vous prie de croire, Monsieur **(ou Madame)**, à l'expression de mes salutations distinguées.

Votre signature

1. Centre communal d'action sociale.
2. Pour bénéficier de cette allocation, vous devez :
– être âgé d'au moins 20 ans (toutefois, vous pouvez en bénéficier dès l'âge de 16 ans si vous ne pouvez plus être considéré à charge au sens des prestations familiales) ;
– en principe, être âgé de moins de 60 ans (vous bénéficiez après 60 ans de l'allocation personnalisée d'autonomie – APA).

Déclaration d'une allocation personnalisée d'autonomie (APA) (formulaire Cerfa n° 10544*02)

http://www.urssaf.fr/images/ref_form_particulier_10544-02.pdf

Exemplaire destiné à l'URSSAF

Cerfa
N° 10544*02

DÉCLARATION D'UNE ALLOCATION PERSONNALISÉE D'AUTONOMIE

(les 3 premiers exemplaires sont à adresser au Conseil Général dans les 8 jours de l'embauche)

Identité du bénéficiaire de l'allocation personnalisée d'autonomie

Nom .... Nom d'époux(se) ....

Prénoms .... Né(e) le |__|__|____|

à .... N° de Sécurité sociale |_____________|

Adresse .... Adresse de correspondance ....

Code postal |_____| ville .... Code postal |_____| ville ....

Zone réservée au Conseil Général

Le Conseil Général d .... attribue une allocation personnalisée d'autonomie

à compter du |__|__|____| à la personne désignée ci-dessus

Fait le |__|__|____| *Cachet du Conseil Général*

Le bénéficiaire de l'allocation personnalisée d'autonomie atteste

1) ☐ L'employeur de mon aide à domicile est une association ou une entreprise agréée

Veuillez préciser ci-après les nom et adresse de cette association ou entreprise : ....

....

Si vous avez coché la case 1, vous n'avez pas à remplir le reste du formulaire. Il vous suffit de le dater et de le signer.

2) ☐ Je suis l'employeur de mon aide à domicile

3) ☐ Je suis hébergé(e) dans une famille d'accueil

Si vous avez coché la case 2 ou 3, complétez les 2 zones ci-dessous : "identité du salarié" et "mode de déclaration"

Identité du salarié

Nom .... Nom d'époux(se) ....

Prénoms .... N° de Sécurité Sociale |_____________|

Ou, à défaut, né(e) le |__|__|____| à ....

Adresse ....

Code postal |_____| Ville ....

DATE D'EMBAUCHE |__|__|____|

Ce salarié a-t-il un lien de parenté avec vous ? ☐ non ☐ oui Si oui, lequel ? ....

Mode de déclaration

Je suis l'employeur de mon aide à domicile	**Je suis hébergé(e) dans une famille d'accueil**
☐ J'utiliserai le chèque emploi service J'adhère déjà au Centre national de traitement du chèque emploi service sous le numéro : |_____________| *Si vous n'êtes pas encore immatriculé(e), vous devrez remplir, dans les meilleurs délais, une demande d'adhésion au chèque emploi service auprès de votre établissement de crédit (banque, bureau de poste, caisse d'épargne)* ☐ Je verserai les cotisations à l'URSSAF Je suis déjà immatriculé(e) à l'URSSAF sous le numéro : |_____________|	☐ Je verserai les cotisations à l'URSSAF Je suis déjà immatriculé(e) à l'URSSAF sous le numéro : |_____________|

Date |__|__|____| Signature

Modèle S 9205a

1/4

Individu

Demande de réduction de votre facture téléphonique

Si vous bénéficiez de l'allocation aux adultes handicapés, les dispositions réglementaires relatives au service universel des télécommunications vous offrent la possibilité de demander la réduction de votre facture téléphonique.

Vos nom, prénoms
Votre adresse
Votre numéro de téléphone
Votre adresse e-mail

Lettre recommandée avec AR

Coordonnées de votre CAF

. . . . **(lieu)**, ... **(date)**

Objet : demande de réduction de ma facture téléphonique [1]

Monsieur **(ou Madame)**,

Handicapé(e) avec un taux d'incapacité de . . . . %, comme l'atteste la photocopie de ma carte d'invalidité ci-jointe (ou : le certificat médical ci-joint), je perçois l'allocation aux adultes handicapés.

En conséquence, j'ai l'honneur de vous demander une réduction de ma facture téléphonique conformément aux dispositions de l'article R.20-34 du Code des postes et télécommunications [2].

Vous en remerciant par avance, je vous prie de croire, Monsieur (ou Madame), à l'expression de mes salutations distinguées.

Votre signature

1. Vous devez savoir que la réduction concerne exclusivement les communications nationales depuis votre poste fixe et en direction de postes fixes, et l'accès à des numéros non tarifés.
2. Article R.20-34 du Code des postes et télécommunications (extrait) : « Les personnes physiques qui ont droit au revenu minimum d'insertion ou qui perçoivent l'allocation de solidarité spécifique ou l'allocation aux adultes handicapés et qui ont souscrit un abonnement au service téléphonique fixe auprès de l'opérateur qui les dessert, autorisé selon les conditions fixées au III, bénéficient, sur leur demande, d'une réduction de leur facture téléphonique. À cette fin, l'organisme gestionnaire de la prestation au titre de laquelle le droit à réduction tarifaire est ouvert leur délivre chaque année une attestation. L'intéressé transmet ladite attestation accompagnée du nom de l'opérateur qui le dessert et du numéro de sa ligne téléphonique au prestataire, chargé par les opérateurs de la gestion du dispositif de réduction tarifaire, et autorise ce prestataire à communiquer les informations suivantes aux opérateurs concernés : nom, prénom, adresse et numéro de téléphone [...] ».

Demande de pension d'invalidité

Vos nom, prénoms
Votre adresse
Votre numéro de téléphone
Votre adresse e-mail

Lettre recommandée avec AR

Coordonnées de votre CPAM [1]

. . . . **(lieu)**, ... **(date)**

Objet : demande de pension d'invalidité [2]

Monsieur **(ou Madame)**,

Le . . . . **(date)**, j'ai été victime d'un accident (ou : j'ai souffert d'une grave maladie) entraînant une capacité de travail **(ou de gain)** réduite des deux tiers **(ou plus)** comme l'atteste le certificat médical ci-joint.

En conséquence, j'ai l'honneur de vous demander l'attribution d'une pension d'invalidité.

À cette fin, pourriez-vous m'adresser le formulaire à remplir ainsi que la liste des justificatifs à fournir ?

Vous en remerciant par avance, je vous prie de croire, Monsieur **(ou Madame)**, à l'expression de mes salutations distinguées.

Votre signature

1. Caisse primaire d'assurance maladie.
2. Vous devez adresser votre demande par lettre simple ou recommandée dans les douze mois qui suivent la date, selon les cas :
– de consolidation de la blessure ;
– de constatation médicale de l'invalidité ;
– d'expiration de la période légale d'attribution des prestations en espèces de l'assurance maladie.

Assurance invalidité : demande de pension (formulaire Cerfa n° 50531*02)

http://www.ameli.fr/formulaire2/S4150.pdf

1/2

cerfa

n° 11174*02

assurance invalidité

demande de pension

(art. L 341-1 à 341-6, L 371-4, R 313-5, R 322-4 et R 341-8 du Code de la sécurité sociale)

à adresser à l'organisme d'assurance maladie dont vous dépendez après l'avoir complété

IMPORTANT : lire attentivement la notice avant de compléter le formulaire

votre identité ❶

nom *(de naissance, suivi s'il y a lieu du nom d'usage)*

prénom

adresse

code postal commune

nationalité : ☐ française ☐ ressortissant de l'Espace Économique Européen ☐ autre ❶ bis

n° immatriculation date de naissance :

les renseignements administratifs vous concernant ❷

Complétez chaque rubrique correspondant à votre situation

votre situation au moment de la demande ***(cochez les cases correspondant à votre situation)***

☐ **activité salariée**

nom et adresse de votre dernier employeur :

période d'activité : du au

☐ **activité non salariée**

☐ **chômage indemnisé par les ASSEDIC**

votre maladie ou votre blessure justifiant la demande de pension résulte d'un accident causé par un tiers ***(hors accident du travail ou maladie professionnelle)***

date de l'accident

- **vous avez bénéficié ou vous bénéficiez déjà d'une pension d'invalidité**

nom et adresse de l'organisme ayant attribué cette pension :

- **vous avez été affilié(e) à un régime autre que le régime général ❸**

le(s) régime(s) concerné(s)	les nom et adresse de l'organisme dont vous dépendiez

si vous êtes titulaire d'une pension d'un de ces régimes : indiquez ci-dessous les nom et adresse des organismes qui paient ces pensions :

S 4150e

Assurance invalidité : demande de pension de veuf(ve) (formulaire Cerfa n° 50815*01)

http://www.ameli.fr/formulaire2/S4153.pdf

cerfa

n° 11791*01

assurance invalidité

demande de pension de veuf(ve)

(art L 342-1 à 342-6, R 322-4 et R 342-1 à 342-6 du Code de la securité sociale)

à adresser à l'organisme d'assurance maladie dont vous dépendez après l'avoir completé **1/3**

IMPORTANT lire attentivement la notice avant de compléter le formulaire

votre identité et celle de vos enfants à charge ❶

nom *(de naissance, suivi s'il y a lieu du nom d'usage)*

prénom

adresse

code postal commune

nationalité : ☐ française ☐ ressortissant de l'Espace Économique Européen ☐ autre ❶ bis

n° immatriculation date de naissance :

vos enfants ❷

nom	prénom	date de naissance

les autres enfants dont vous avez eu la charge PENDANT AU MOINS 9 ANS AVANT LEUR SEIZIEME ANNIVERSAIRE ❸

nom	prénom	date de naissance

les renseignements administratifs vous concernant

Complétez chaque rubrique correspondant à votre situation

votre situation au cours des deux années précédant cette demande *(cochez les cases correspondant à votre situation)*

☐ **activité salariée**

nom et adresse de vos employeurs	périodes (du au)

☐ **activité non salariée**

☐ **chômage indemnisé par les ASSEDIC** - période : du au

☐ **vous avez perçu ou percevez des indemnités journalières maladie**

nom et adresse des organismes versant ces indemnités journalières	périodes (du au)

votre maladie ou votre blessure justifiant la demande de pension résulte d'un accident causé par un tiers *(hors accident du travail ou maladie professionnelle)*

date de l'accident

S 4153a

Individu

Demande de carte d'invalidité civile

Vos nom, prénoms
Votre adresse
Votre numéro de téléphone
Votre adresse e-mail

Lettre recommandée avec AR

Coordonnées du CCAS de votre mairie[1]

. . . . **(lieu)**, ... **(date)**

Objet : demande de carte d'invalidité civile

Monsieur **(ou Madame)**,

Atteint(e) d'une incapacité permanente de 80 % (ou plus), comme l'atteste la photocopie de ma carte d'invalidité ci-jointe **(ou le certificat médical ci-joint)**, j'ai l'honneur de vous demander l'attribution d'une carte d'invalidité.

En conséquence, auriez-vous l'obligeance de m'adresser les différents formulaires à remplir ainsi que la liste des justificatifs à fournir ?

Vous en remerciant par avance, je vous prie de croire, Monsieur **(ou Madame)**, à l'expression de mes salutations distinguées.

Votre signature

1. Centre communal d'action sociale.

Santé – Couverture maladie universelle

Demande de protection de base (formulaire n° 11419*03)

http://www.ameli.fr/formulaire2/S3710.pdf

cosa
n° 11419*03

Couverture Maladie Universelle
Demande de protection de base
(art. L.161-2-1 et L.380-1 du Code de la Sécurité sociale)

Merci de remplir ce formulaire en noir, en lettres majuscules et avec les accents.

Vous-même

votre nom *(de naissance, suivi s'il y a lieu, du nom d'époux ou d'épouse)* :
Vos prénoms :
votre date de naissance :
Votre nationalité : française ☐ Espace Économique Européen* ☐ autre ☐
Votre adresse :
Code Postal : Commune : Téléphone :
Si vous n'avez pas d'adresse personnelle, nom et adresse de l'organisme auprès duquel vous avez élu domicile
(Par exemple : un Centre Communal d'Action Sociale, une association agréée) :

Code Postal : Commune :
votre n° de Sécurité sociale *(si vous en avez un)* :
Si vous êtes inscrit ou si vous avez été inscrit dans un organisme d'assurance maladie :
Nom de l'organisme :
adresse :
Code Postal : Commune :

* Voir page 4 (liste des pays membres de l'Espace Economique Européen).

Votre conjoint, votre concubin ou votre partenaire dans le cadre d'un PACS

Son nom *(de naissance, suivi s'il y a lieu, du nom d'époux ou d'épouse)* :
Ses prénoms :
Sa date de naissance :
Son n° de Sécurité sociale *(s'il en a un)* :

Les autres personnes à votre charge

Nom et prénom	Lien de parenté	Date de naissance	N° de Sécurité sociale

Si vous manquez de place, complétez cette liste sur une feuille blanche que vous joindrez à cette demande.

• Si vous bénéficiez du RMI ou si vous avez déposé une demande de RMI, vous n'avez pas à remplir la déclaration de revenus (page suivante). Il vous suffit de dater et signer ci-dessous.

Fait à : Votre signature :
Le :

Si ce formulaire est rempli par un organisme agréé, merci de mentionner le nom et les coordonnées de la personne qui l'a rempli.

Cachet de l'organisme :

Partie réservée à la caisse d'assurance maladie ▶ Date d'affiliation à la CMU de base :

S 3710 b

Individu

Demande de protection complémentaire (formulaire n° 11720*03)

http://www.ameli.fr/formulaire2/S3711.pdf

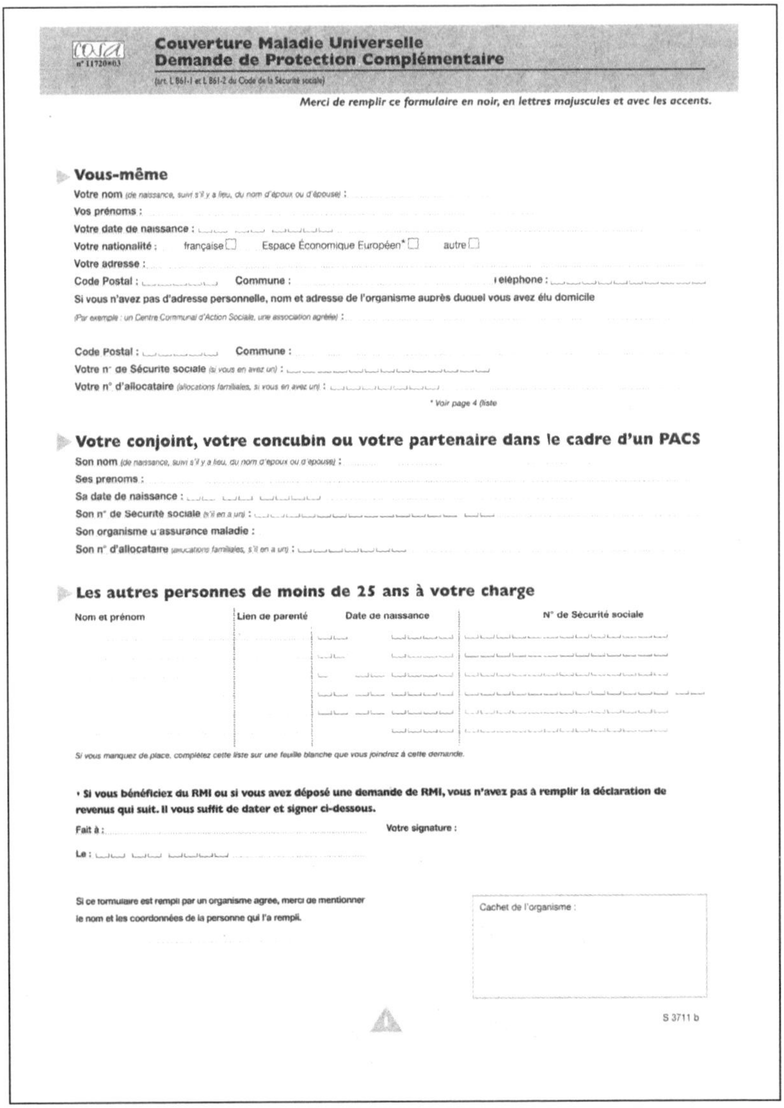

cmu
n° 11720*03

Couverture Maladie Universelle
Demande de Protection Complémentaire

(art. L 861-1 et L 861-2 du Code de la Sécurité sociale)

Merci de remplir ce formulaire en noir, en lettres majuscules et avec les accents.

Vous-même

Votre nom *(de naissance, suivi s'il y a lieu, du nom d'époux ou d'épouse)* :

Vos prénoms :

Votre date de naissance :

Votre nationalité : française ☐ Espace Économique Européen* ☐ autre ☐

Votre adresse :

Code Postal : **Commune :** **Téléphone :**

Si vous n'avez pas d'adresse personnelle, nom et adresse de l'organisme auprès duquel vous avez élu domicile

(Par exemple : un Centre Communal d'Action Sociale, une association agréée) :

Code Postal : **Commune :**

Votre n° de Sécurité sociale *(si vous en avez un)* :

Votre n° d'allocataire *(allocations familiales, si vous en avez un)* :

** Voir page 4 (liste*

Votre conjoint, votre concubin ou votre partenaire dans le cadre d'un PACS

Son nom *(de naissance, suivi s'il y a lieu, du nom d'époux ou d'épouse)* :

Ses prénoms :

Sa date de naissance :

Son n° de Sécurité sociale *(s'il en a un)* :

Son organisme d'assurance maladie :

Son n° d'allocataire *(allocations familiales, s'il en a un)* :

Les autres personnes de moins de 25 ans à votre charge

Nom et prénom	Lien de parenté	Date de naissance	N° de Sécurité sociale

Si vous manquez de place, complétez cette liste sur une feuille blanche que vous joindrez à cette demande.

• Si vous bénéficiez du RMI ou si vous avez déposé une demande de RMI, vous n'avez pas à remplir la déclaration de revenus qui suit. Il vous suffit de dater et signer ci-dessous.

Fait à : **Votre signature :**

Le :

Si ce formulaire est rempli par un organisme agréé, merci de mentionner le nom et les coordonnées de la personne qui l'a rempli.

Cachet de l'organisme :

1

S 3711 b

Protection complémentaire : choix, par le demandeur, de l'organisme chargé de la protection complémentaire en matière de santé (formulaire Cerfa n° 11421*01)

http://www.ameli.fr/formulaire2/S3712.pdf

cerfa

n° 11421*01

couverture maladie universelle - protection complémentaire

à transmettre par la caisse à l'organisme choisi par le demandeur pour la couverture complémentaire

choix, par le demandeur, de l'organisme chargé de la protection complémentaire en matière de santé

Articles L 861-4 et 5 du Code de la sécurité sociale

J'ai pris connaissance de l'offre faite par la loi de bénéficier d'une protection complémentaire en matière de santé dans les conditions décrites dans la notice. ☐

le demandeur

nom (de naissance, suivi s'il y a lieu, du nom d'usage)

prénoms — date de naissance

n° de sécurité sociale — code organisme

adresse

code postal — commune

le conjoint ou le concubin

nom (de naissance, suivi s'il y a lieu, du nom d'usage)

prénoms — date de naissance

n° de sécurité sociale — code organisme

les autres personnes âgées de moins de 25 ans à votre charge

nom et prénom	lien de parenté	date de naissance	n° de sécurité sociale	code organisme si différent du demandeur

le choix de l'organisme chargé de la couverture complémentaire en matière de santé

- j'ai pris connaissance de la liste des organismes participant à la protection complémentaire de santé prévue par la loi ☐
- je bénéficie déjà d'une protection complémentaire en matière de santé auprès d'un organisme figurant sur cette liste ☐
  Nom et adresse de l'organisme complémentaire actuel et de son représentant local :

code postal — commune

- je ne bénéficie pas d'une protection complémentaire en matière de santé ou je bénéficie d'une protection complémentaire auprès d'un organisme ne figurant pas sur la liste. Je choisis la prise en charge par
  - une mutuelle, une institution de prévoyance, une société d'assurance (voir la liste) ☐
  Nom et adresse de l'organisme complémentaire choisi dans la liste prévue par la loi et de son représentant local :

code postal — commune

  - l'Etat, par l'intermédiaire de mon organisme d'assurance maladie ☐
- Les membres de mon foyer relèvent de la même caisse et choisissent le même organisme complémentaire....... ☐
  dans la négative, remplissez autant de formulaires d'option que nécessaire

Fait à — le

signature du demandeur

droits à la protection complémentaire en matière de santé à compter du :
(à compléter par l'organisme d'assurance maladie)

cachet de l'organisme ainsi que les nom et coordonnées de la personne ayant aidé le demandeur à compléter le document

cachet de l'organisme d'assurance maladie et coordonnées du centre gérant la couverture maladie de base

La loi 78.17 du 6.1.78 relative à l'informatique, aux fichiers et aux libertés s'applique aux réponses faites sur ce formulaire. Elle garantit un droit d'accès et de rectification pour les données vous concernant auprès de l'organisme qui a traité votre demande.

S 3712

Protection complémentaire : choix, par un des membres du foyer, de l'organisme chargé de la protection complémentaire en matière de santé (formulaire Cerfa n° 11422*01)

http://www.ameli.fr/formulaire2/S3713.pdf

cerfa
n° 11422*01

couverture maladie universelle - protection complémentaire

choix, par un des membres du foyer, de l'organisme chargé de la protection complémentaire en matière de santé

à transmettre par la caisse à l'organisme choisi par le demandeur pour la couverture complémentaire

à remplir uniquement en cas de choix différent de celui de l'ouvrant droit

Articles L 861-4 et 5 du Code de la sécurité sociale

J'ai pris connaissance de l'offre faite par la loi de bénéficier d'une protection complémentaire en matière de santé dans les conditions décrites dans la notice. ☐

l'ouvrant droit

nom (de naissance, suivi s'il y a lieu, du nom d'usage)
prénoms — date de naissance
n° de sécurité sociale — code organisme
adresse
code postal — commune

le membre du foyer faisant un choix différent de l'ouvrant droit

nom (de naissance, suivi s'il y a lieu, du nom d'usage)
prénoms — date de naissance
n° de sécurité sociale — code organisme
adresse
code postal — commune

le choix de l'organisme chargé de la couverture complémentaire en matière de santé

- j'ai pris connaissance de la liste des organismes participant à la protection complémentaire de santé prévue par la loi ☐
- je bénéficie déjà d'une protection complémentaire en matière de santé auprès d'un organisme figurant sur cette liste ☐
  Nom et adresse de l'organisme complémentaire actuel et de son représentant local :

code postal — commune

- je ne bénéficie pas d'une protection complémentaire en matière de santé ou je bénéficie d'une protection complémentaire auprès d'un organisme ne figurant pas sur la liste. Je choisis la prise en charge par
  - une mutuelle, une institution de prévoyance, une société d'assurance (voir la liste) ☐
  Nom et adresse de l'organisme complémentaire choisi dans la liste prévue par la loi et de son représentant local :

code postal — commune

  - l'Etat, par l'intermédiaire de mon organisme d'assurance maladie ☐

Fait à — le

signature du demandeur

droits à la protection complémentaire en matière de santé à compter du :
(à compléter par l'organisme d'assurance maladie)

cachet de l'organisme ainsi que les nom et coordonnées de la personne ayant aidé le demandeur à compléter le document

cachet de l'organisme d'assurance maladie et coordonnées du centre gérant la couverture maladie de base

La loi 78.17 du 6.1.78 relative à l'informatique, aux fichiers et aux libertés s'applique aux réponses faites sur ce formulaire. Elle garantit un droit d'accès et de rectification pour les données vous concernant auprès de l'organisme qui a traité votre demande.

S 3713

Santé – Sécurité sociale

Cure thermale : questionnaire de prise en charge (formulaire Cerfa n° 11139*01)

http://www.ameli.fr/pdf/145.pdf

cerfa
N° 11139*01

cure thermale
questionnaire de prise en charge

à adresser à votre organisme d'affiliation

l'assuré(e) et le bénéficiaire de la cure thermale

- l'assuré(e)

n° d'immatriculation |_|_|_|_|_|_|_|_|_|_|_|_|_| |_|_| date de naissance |_|_|_|_|_|_|_|_|
nom-prénom (suivi, s'il y a lieu, du nom d'usage)
adresse

code postal |_|_|_|_|_|
s'agit-il d'un accident causé par un tiers ? oui date |_|_|_|_|_|_|_|_| non

- le bénéficiaire de la cure (s'il n'est pas l'assuré)

nom
prénom date de naissance |_|_|_|_|_|_|_|_|

- le nombre de cures déjà effectuées (facultatif - indiquer les 3 dernières)

année(s)
station(s)
orientations

[illegible]

je, soussigné, certifie que
est atteint d'une affection justifiant une cure thermale dans l'orientation thérapeutique indiquée ci-dessous

station prescrite
un traitement thermal annexe est-il justifié dans une autre orientation de la station oui non
si oui, laquelle ?

- mentions spéciales

l'état du malade justifie-t-il médicalement l'hospitalisation ? oui non
s'il s'agit d'un enfant son placement en maison d'enfants est-il demandé ? oui non

la cure est-elle prescrite dans le cadre d'une affection de longue durée (art. L 324-1) ? oui non
dans l'affirmative, cette affection est-elle exonérante (liste ou hors liste) ? oui non
est-elle en rapport avec un accident du travail ou une maladie professionnelle ? oui non
si oui, numéro de l'AT/MP ou date
est-elle en rapport avec l'affection pour laquelle le patient est pensionné de guerre ? oui non

j'atteste l'absence de toute contre-indication liée à l'état général du malade connue à ce jour

signature de l'assuré(e) signature du médecin date cachet du médecin

La loi rend passible d'amende et/ou d'emprisonnement quiconque se rend coupable de fraudes ou de fausses déclarations (art. L 377-1 du Code de la Sécurité Sociale, 441-1 du Code Pénal)

La loi "Informatique et Libertés" du 6 janvier 1978 s'applique aux réponses faites sur ce formulaire.Elle garantit un droit d'accès et de rectification pour les données vous concernant auprés de votre organisme d'assurance maladie.

S 3185a

1/2

Individu

Cure thermale : déclaration de ressources (formulaire Cerfa n° 11139*01)

http://www.ameli.fr/pdf/145.pdf

cerfa
No 11139*02

cure thermale

déclaration de ressources

Vous êtes assuré(e). Vous ou l'un de vos ayants-droit souhaitez suivre une cure thermale, veuillez compléter ce document.

identification des personnes vivant au foyer

- l'assuré(e)

Ce modèle est communiqué à titre d'information afin que vous puissiez en prendre connaissance.
Pour votre démarche, le formulaire original fourni par l'organisme d'assurance maladie doit être utilisé.

n° d'immatriculation — date de naissance
nom-prénom (suivi, s'il y a lieu, du nom d'usage)
adresse

code postal

- le bénéficiaire de la cure (s'il n'est pas l'assuré)

nom
prénom — date de naissance

- l'identité des personnes vivant au foyer

leur nom	leur prénom	vos liens de parenté	date de naissance

date de la demande de prise en charge

ressources annuelles de votre foyer *(en euros)*

- vos ressources et celles des personnes vivant au foyer pour l'année précédant la prescription de la cure

les revenus	vous	votre conjoint	autres	vos enfants	vos ascendants
salaires et autres revenus professionnels					
autres ressources					

total des ressources déclarées

- j'atteste sur l'honneur, l'exactitude des renseignements portés ci-dessus. — signature
à — le

informations concernant la déclaration de vos ressources

- elle concerne les ressources annuelles de votre foyer

Nous vous invitons à remplir cet imprimé et à le retourner à votre organisme d'assurance maladie. Si vous avez déjà connaissance que vos ressources ne vous permettent pas de bénéficier des prestations supplémentaires (transport, hébergement, indemnités journalières) ne remplissez pas la partie concernant les personnes vivant au foyer, ni celle relative aux ressources mais précisez "sans objet". Complétez simplement votre identification.
Les ressources prises en considération sont celles de l'assuré, de son conjoint ou de la personne vivant maritalement avec lui, des enfants à charge (salaire d'emploi de vacances par exemple), des ascendants, des personnes qui vivent au foyer et sont, au moins partiellement à charge.

Toutes les ressources (revenus professionnels, prestations sociales, revenus immobiliers et mobiliers...) sont à déclarer y compris celles qui ne sont pas soumises à l'impôt sur le revenu.

JOIGNEZ LES JUSTIFICATIFS.

- n'hésitez pas à nous contacter pour tout renseignement complémentaire

La loi rend passible d'amende et/ou d'emprisonnement quiconque se rend coupable de fraudes ou de fausses delarations (art. L 377-1 du Code de la Sécurité Sociale, 441-1 du Code Pénal)

La loi "Informatique et Libertés" du 6 janvier 1978 s'applique aux réponses faites sur ce formulaire. Elle garantit un droit d'accès et de rectification pour les données vous concernant auprès de votre organisme d'assurance maladie.

S 3185b

Traitements bucco-dentaires : demande d'entente préalable (formulaire Cerfa n° 10524*01)

Pour être pris en charge, certains actes ou traitements médicaux nécessitent l'accord préalable de la caisse d'assurance maladie. Il s'agit, par exemple, de séances de kinésithérapie, de transports à longue distance, de certains actes chez le dentiste...

http://www.ameli.fr/formulaire2/S3157.pdf

cerfa
N° 10524*01

TRAITEMENTS BUCCO-DENTAIRES - DEMANDE D'ENTENTE PREALABLE
MEDECIN (remplissage informatique)

DATE DE RECEPTION DE LA DEMANDE

VALABLE 6 MOIS POUR LES PROTHESES DENTAIRES (à compter de l'accord de la Caisse)

IDENTIFICATION DU MEDECIN TRAITANT OU DU CENTRE DE SOINS

- Si les soins sont dispensés à titre libéral, dans un établissement de soins, Cachet de cet établissement

- Si les soins sont dispensés par un médecin traitant salarié
NOM du médecin traitant
IDENTIFICATION

PARTIE RESERVEE AU MEDECIN TRAITANT

Indiquer le chiffre correspondant à la demande
1 - PROTHESE(S) DENTAIRE(S)
2 - AUTRE(S) ACTE(S)
3 - ASSIMILATION(S)

Références Médicales Opposables (1) R. HR.

S'agit-il d'une demande en rapport avec (1) : A.T./M.P. A.L.D.

COTATION DES ACTES

Date de la proposition
Un devis a-t-il été remis à l'assuré : OUI NON

(1) Mettre une croix dans la (ou les) case(s) concerné(e)s

IDENTIFICATION DU MEDECIN TRAITANT OU DU CENTRE DE SOINS

- Si les soins sont dispensés à titre libéral, dans un établissement de soins, Cachet de cet établissement

- Si les soins sont dispensés par un médecin traitant salarié
NOM du médecin traitant
IDENTIFICATION

NOM et PRENOM DU PATIENT
(à remplir par le praticien selon les indications de l'intéressé(e))
Date de naissance
N° immatriculation de l'assuré(e)

RENSEIGNEMENTS MEDICAUX (1)

SCHEMA DENTAIRE LORS DE LA PROPOSITION
H
D G
B

- Barrer les dents absentes non remplacées par une prothèse.
- Indiquer par une croix les dents remplacées par une prothèse
- Indiquer par une flèche les dents devant être extraites
- Préciser les dents en antagonisme par une double flèche.

Arcade(s) complète(s)

PROTHESE(S) DENTAIRE(S)

PROTHESE ADJOINTE HAUT ... dents ... Coefficient :
PROTHESE ADJOINTE BAS ... dents ... Coefficient :
SUPPLEMENT PBM ... Haut ... Bas ... Coefficient :
SUPPLEMENT CP ou DM ... N° dent(s) ... Coefficient :
COURONNE(S) ... N° dent(s) ... Coefficient :
DENT(S) à TENON ... N° dent(s) ... Coefficient :
Motif(s) :

(1) Mettre une croix dans la (ou les) case(s) concerné(e)s

AUTRE(S) ACTE(S), ASSIMILATION(S)

Nature : Siège : Coefficient :
Motif(s) (diagnostic, plan de traitement,...) :

OBSERVATION(S) EVENTUELLE(S)

Signature du praticien traitant
DATE :

S 3157

Assurance maladie : demande d'entente préalable (formulaire Cerfa n° 12040*01)

http://www.legeneraliste.fr/tlfch/admi/ententepreal.pdf

cerfa

n° 12040*01

demande d'entente préalable assurance maladie

Nomenclature générale des actes professionnels

VOLET A
à conserver
au contrôle médical

date de réception :

à compléter par l'assuré(e) *(voir notice au verso du volet B)*

nom – prénom de l'assuré(e)

n° d'immatriculation

ou à défaut date de naissance de l'assuré(e)

nom et n° du centre de paiement ou de la section mutualiste (pour les salariés) ou nom et n° de l'organisme conventionné (pour les non salariés) :

adresse de l'assuré(e):

code postal   commune :

nom – prénom du bénéficiaire des soins

date de naissance du bénéficiaire des soins (s'il n'est pas l'assuré(e))

adresse où le patient peut être visité :

code postal   commune :

à compléter par le praticien ou l'auxiliaire médical(e) qui dispense l'acte

- **son identification**

Je, soussigné(e), demande l'entente préalable en vue de dispenser *(indiquer ci-après : lettre-clé, coefficient, nombre d'actes)* :

nom du prescripteur :

(joindre la prescription médicale ou sa copie si la demande est établie par un auxiliaire médical(e)

identification du praticien ou de l'auxiliaire médical(e)

date :

signature :

- **partie confidentielle réservée à l'information du médecin conseil**

nature et motif de l'acte :

IMPORTANT – La présente demande doit être envoyée immédiatement par l'assuré(e) au médecin conseil de son organisme d'assurance maladie (voir au verso du volet B les modalités de réponse des organismes)

Ce formulaire ne doit pas être utilisé pour les soins dentaires, les prothèses dentaires et l'orthopédie dento-faciale

S 3108 c

Accident du travail/maladie professionnelle : demande d'entente préalable (formulaire Cerfa n° 12041*01)

http://www.legeneraliste.fr/tlfch/admi/ententeprealAT.pdf

cerfa

n° 12041*01

demande d'entente préalable
accident du travail/maladie professionnelle

Nomenclature générale des actes professionnels

VOLET A
à conserver au contrôle médical

date de réception :

à compléter et à envoyer par le praticien *(voir notice au verso du volet C)*

nom – prénom de l'assuré(e)

n° d'immatriculation

ou à défaut date de naissance de l'assuré(e)

nom et n° du centre de paiement ou de la section mutualiste (pour les salariés) ou nom et n° de l'organisme conventionné (pour les non salariés) :

adresse de l'assuré(e):

code postal — commune :

adresse où le patient peut être visité :

code postal — commune :

nom et adresse de l'employeur de la victime :

date et lieu de l'accident :

à compléter par le praticien ou l'auxiliaire médical(e) qui dispense l'acte

- **son identification**

Je, soussigné(e), demande l'entente préalable en vue de dispenser *(indiquer ci-après : lettre-clé, coefficient, nombre d'actes)* :

nom du prescripteur :
(joindre la prescription médicale ou sa copie si la demande est établie par un auxiliaire médical(e))

identification du praticien ou de l'auxiliaire médical(e)

date :
signature :

- **partie confidentielle réservée à l'information du médecin conseil**

nature et motif de l'acte :

IMPORTANT – La présente demande doit être envoyée immédiatement par le praticien ou l'auxiliaire médical(e) au médecin conseil de l'organisme d'assurance maladie dont dépend la victime (voir au verso du volet C les modalités de réponse des organismes)

Ce formulaire ne doit pas être utilisé pour les soins dentaires, les prothèses dentaires et l'orthopédie dento-faciale

S 6905 c

Désaccord avec la Sécurité sociale : saisine de la commission de recours amiable

Si votre différend touche votre affiliation à la Sécurité sociale (vous estimez avoir été radié de manière abusive), les cotisations que vous versez, les prestations remboursées (vous n'êtes pas d'accord avec le montant des indemnités qui vous a été alloué)... et si aucun arrangement amiable avec votre caisse d'assurance maladie n'aboutit, vous devez saisir la Commission de recours amiable (CRA), par lettre recommandée avec accusé de réception.
Vous devez joindre à cette lettre les justificatifs dont vous disposez et les doubles des correspondances échangées avec votre caisse (dont sa lettre de refus).

Vos nom, prénoms
Votre adresse
Votre numéro de téléphone
Votre adresse e-mail

Lettre recommandée avec AR [1]

M. le président de la Commission
de recours amiable de . . . . [2]
Adresse

. . . . **(lieu)**, ... **(date)**

Référence : votre numéro d'immatriculation de Sécurité sociale

Objet : recours amiable

Monsieur le président,

La caisse d'assurance maladie dont je dépends **(indiquez ses coordonnées)**, par lettre datée du . . . . et portant la référence n° . . . . , a refusé de faire droit à . . . . **(indiquez de quoi il s'agit ; exemples : refus de rembourser des frais pharmaceutiques ou médicaux, désaccord sur le montant des indemnités journalières versées...)**, au motif que . . . . **(résumez les raisons avancées par votre caisse)**.

Après plusieurs échanges téléphoniques, ma caisse ne veut pas revenir sur une décision que je considère pourtant comme erronée. En effet, ... **(expliquez votre point de vue)**.

Je sollicite donc un nouvel examen de mon dossier par la commission que vous présidez.

Vous remerciant par avance de votre bienveillance, je vous prie d'agréer, Monsieur le président, l'assurance de mes salutations distinguées.

Votre signature

P.J. : copie du courrier de la Sécurité sociale me notifiant son refus.

1. À envoyer dans les deux mois à compter de la notification de la décision de votre caisse primaire d'assurace maladie que vous contestez.
2. Pour connaître les coordonnées de la commission de recours amiable dont vous dépendez, renseignez-vous auprès de votre caisse.

Désaccord avec la Sécurité sociale : saisine du tribunal des affaires de Sécurité sociale

Si, dans le mois qui suit la saisine de la Commission de recours amiable, vous ne recevez aucune réponse (vous devez alors considérer que votre demande a été rejetée) ou si le désaccord subsiste, vous pouvez saisir le tribunal des affaires de Sécurité sociale (TASS) (directement, sans avoir besoin de l'assistance d'un avocat) par lettre recommandée avec accusé de réception dans un délai de deux mois. Indiquez le motif de la saisine, les recours que vous avez déjà tentés et joignez tous les justificatifs utiles.

Vos nom, prénoms
Votre adresse
Votre numéro de téléphone
Votre adresse e-mail

Lettre recommandée avec AR

M. le président du tribunal des affaires
de Sécurité sociale de . . . . [1]
Adresse

. . . . **(lieu)**, ... **(date)**

Référence : **votre numéro d'immatriculation de Sécurité sociale**

Objet : requête contentieuse

Monsieur le président,

Par décision rendue en date du . . . . , la Commission de recours amiable de . . . . **(ville)** a pris, à mon encontre, une décision de rejet à propos d'une réclamation que je lui avais adressée au sujet de . . . . **(indiquez de quoi il s'agit)**.

En conséquence, j'ai l'honneur de saisir votre juridiction afin qu'il soit fait droit à ma requête pour les motifs exposés ci-après : . . . . **(exposez-les le plus précisément et objectivement possible)**.

À l'appui de ma demande, vous voudrez bien trouver ci-joint une copie de ma requête initiale devant la Commission de recours amiable et une copie de la décision de cette commission.

Veuillez agréer, Monsieur le président, mes salutations distinguées.

Votre signature

P.J. : une copie de ma requête initiale devant la Commission de recours amiable et une copie de la décision de cette commission.

1. Pour connaître les coordonnées du TASS dont vous dépendez, renseignez-vous auprès de votre caisse.

Saisine du tribunal contentieux de l'incapacité (TCI)

En cas de litige relatif :
- à l'état ou au taux d'incapacité permanente après un accident du travail ou une maladie professionnelle ;
- à l'état ou au degré d'invalidité ;
- au refus d'augmenter une pension d'invalidité ou une rente d'accident du travail,

vous pouvez saisir le tribunal contentieux de l'incapacité (TCI), dans les deux mois qui suivent la notification de la décision contestée. Vous devez le saisir par lettre recommandée avec accusé de réception sans recours préalable auprès de la Commission de recours amiable (CRA). L'assistance d'un avocat n'est pas obligatoire mais conseillée, car la procédure est écrite et le formalisme de communication des pièces compliqué. Le tribunal motivera sa décision qui vous sera notifiée par lettre recommandée avec accusé de réception.

Vos nom, prénoms
Votre adresse
Votre numéro de téléphone
Votre adresse e-mail

Lettre recommandée avec AR

Secrétariat du tribunal contentieux
de l'incapacité de . . . .
Adresse

. . . . **(lieu)**, ... **(date)**

Référence : votre numéro d'immatriculation de Sécurité sociale

Monsieur **(ou Madame)**,

Par lettre en date du . . . . , la caisse primaire d'assurance maladie de . . . . vient de me notifier : . . . . **(résumez la décision contestée et joignez-en une copie à votre lettre)**.

Or, en raison de . . . . **(justifiez votre désaccord)**, j'ai, par la présente, l'honneur de saisir le tribunal contentieux de l'incapacité de . . . . **(adresse)** d'un recours contre cette décision dont je conteste le bien-fondé.

Je vous informe que le médecin qui m'assistera devant le tribunal est le docteur . . . . **(nom, prénom, adresse, téléphone)**.

Je vous prie de croire, Monsieur (ou Madame), à l'assurance de mes salutations distinguées.

Votre signature

P.J. : une copie de la décision contestée.

Demande de bilan de santé gratuit

Tous les cinq ans, vous avez droit à un examen de santé gratuit, effectué dans les centres agréés ou gérés par les caisses primaires d'assurance maladie, que vous soyez assuré ou ayant droit. Vous devez pour bénéficier de ce bilan de santé gratuit remplir un imprimé (à vous procurer dans votre caisse d'assurance maladie), tel que ci-dessous.

Numéro d'immatriculation : Sexe : F M
Nom : Prénom(s) :
Nom de jeune fille : Âge :
Date de naissance : et lieu de naissance :
Adresse complète :
Code postal : Ville :
Téléphone domicile Téléphone travail :

SI VOUS N'ÊTES PAS L'ASSURÉ, INDIQUEZ VOTRE LIEN DE PARENTÉ
Conjoint ❒ Personne vivant maritalement avec l'assuré ❒ Enfant ❒ Ascendant ❒
Autre membre ❒

SITUATION DE L'ASSURÉ
❒ Demandeur d'emploi depuis le :
❒ Bénéficiaire du R.M.I. depuis le :
❒ Retraité(e) ou préretraité(e) depuis le :
❒ Sans activité depuis le :
❒ Formation ou stage depuis le :
❒ Autre :

PRÉCISEZ LES JOURS AYANT VOTRE PRÉFÉRENCE [obligatoirement deux] :
Lundi ❒ Mardi ❒ Mercredi ❒ Jeudi ❒ Vendredi ❒
Matin ❒ Après-midi ❒
Période pendant laquelle vous ne désirez pas être convoqué(e)
Du . . . . au . . . .

INSCRIVEZ ÉGALEMENT LES MEMBRES DE VOTRE FAMILLE DÉSIRANT PASSER UN EXAMEN DE SANTÉ (enfants à partir de 7 ans)

date de naissance	Nom	Prénom	Sexe	Lien de parenté avec l'assuré	Situation sociale ou professionnelle	Numéro d'immatriculation

Je certifie qu'aucune des personnes figurant sur cette demande n'a passé un examen de santé depuis moins de cinq ans, et que les renseignements portés ci-dessus sont exacts.

Votre signature :

Santé – Divers

Dossier médical : demande de communication

La loi n° 2002-303 du 4 mars 2002 sur les droits des malades a inséré dans le Code de santé publique l'article L.1111-7, qui autorise désormais tout malade à avoir accès à l'ensemble des informations qui contribuent à son suivi médical, à son traitement ou à une action, sans passer par l'intermédiaire d'un médecin.

Vos nom, prénoms
Votre adresse
Votre numéro de téléphone
Votre adresse e-mail

Lettre recommandée avec AR

M. le Directeur de . . . .
Nom et adresse de l'établissement hospitalier
qui détient votre dossier

. . . . **(lieu)**, ... **(date)**

Objet : communication de mon dossier médical

Monsieur le Directeur,

En date du . . . . **(date d'entrée à l'hôpital)** au . . . . **(date de sortie)**, j'ai été hospitalisé(e) dans votre établissement, dans le service du professeur . . . . , pour subir l'intervention suivante : . . . . **(donnez quelques explications sur votre intervention)**.

En application de la loi du 4 mars 2002 (article L.1111-7 du Code de santé publique) [1] et de l'article premier du décret du 29 avril 2002 (2), je vous demande communication de l'intégralité de mon dossier médical.
Mon dossier médical devra comporter au moins les pièces suivantes :

Individu

– compte-rendu d'hospitalisation ;
– compte-rendu opératoire (si vous avez été opéré(e)) ;
– résultats des examens anatomo-pathologiques, bactériologiques et antibiogrammes ;
– dossiers infirmiers ;
– compte rendu de sortie.
(Précisez éventuellement les documents que vous souhaitez consulter : comptes rendus d'intervention, clichés radiologiques... et la période jusqu'à laquelle il faut remonter.)

Souhaitant pouvoir consulter mon dossier sur place et en faire des photocopies, je sollicite donc un rendez-vous.
(Ou « Je souhaite recevoir la copie de l'ensemble des documents médicaux à l'adresse indiquée ci-dessus. »)

Je vous prie de bien vouloir m'indiquer le montant des frais de reproduction de l'ensemble des documents ainsi que d'expédition par courrier.

Dans l'attente de votre réponse, veuillez agréer, Monsieur le Directeur, l'assurance de mes salutations distinguées.

Votre signature

1. Article L.1111-7 du Code de santé publique (extraits) : « Toute personne a accès à l'ensemble des informations concernant sa santé détenues par des professionnels et établissements de santé, qui sont formalisées et ont contribué à l'élaboration et au suivi du diagnostic et du traitement ou d'une action de prévention, ou ont fait l'objet d'échanges écrits entre professionnels de santé, notamment des résultats d'examen, comptes rendus de consultation, d'intervention, d'exploration ou d'hospitalisation, des protocoles et prescriptions thérapeutiques mis en œuvre, feuilles de surveillance, correspondances entre professionnels de santé, à l'exception des informations mentionnant qu'elles ont été recueillies auprès de tiers n'intervenant pas dans la prise en charge thérapeutique ou concernant un tel tiers.
« Elle peut accéder à ces informations directement ou par l'intermédiaire d'un médecin qu'elle désigne et en obtenir communication, dans des conditions définies par voie réglementaire, au plus tard dans les huit jours suivant sa demande et au plus tôt après qu'un délai de réflexion de quarante-huit heures aura été observé. Ce délai est porté à deux mois lorsque les informations médicales datent de plus de cinq ans ou lorsque la commission départementale des hospitalisations psychiatriques est saisie en application du quatrième alinéa. »
2. Article premier du décret du 29 avril 2002 : « L'accès aux informations relatives à la santé d'une personne, mentionnées à l'article L.1111-7 du Code de la santé publique et détenues par un professionnel de santé, un établissement de santé ou un hébergeur agréé en application de l'article L.1111-8 du même code, est demandé par la personne concernée, son ayant droit en cas de décès de cette personne, la personne ayant l'autorité parentale, le tuteur ou, le cas échéant, par le médecin qu'une de ces personnes a désigné comme intermédiaire. »

Refus de communication de votre dossier médical : saisine de la Commission d'accès aux documents administratifs (CADA)

Vous avez demandé à l'établissement hospitalier concerné de vous communiquer votre dossier médical.
Si vous vous êtes heurté à un refus explicite ou implicite (l'établissement ne vous répondant pas dans les deux mois suivant votre demande, le silence vaut refus), vous pouvez saisir la Commission d'accès aux documents administratifs (CADA).

Vos nom, prénoms
Votre adresse
Votre numéro de téléphone
Votre adresse e-mail

Lettre recommandée avec AR

Mme la Présidente de la Commission d'accès
aux documents administratifs
35, rue Saint-Dominique
75007 Paris

. . . . **(lieu)**, ... **(date)**

Madame la Présidente,

J'ai l'honneur de saisir votre Commission d'une demande d'avis sur le refus opposé par . . . . **(établissement hospitalier sollicité)** à ma demande de communication de mon dossier médical.

Vous trouverez, jointe à la présente lettre, la copie de la demande que j'ai adressée en vue de la communication de ce document, restée sans réponse pendant plus d'un mois.

ou

Vous trouverez, jointes à la présente lettre, la copie de la demande que j'ai adressée en vue de la communication de ce document et la lettre qui m'a été opposée par M. (ou Mme) . . . . le . . . . **(date de la réponse)**.

Dans l'attente de l'avis de votre Commission, je vous prie de croire, Madame la Présidente, à l'assurance de ma considération distinguée.

Votre signature

Commission régionale de conciliation et d'indemnisation : formulaire de demande d'indemnisation par la victime (formulaire Cosa n° 12245*01)

Victime d'un préjudice lors d'une hospitalisation (exemple : infection nosocomiale), vous voulez saisir la commission régionale de conciliation et d'indemnisation.
http://www.oniam.fr/textes/formulaires.pdf.

Commission régionale de conciliation et d'indemnisation des accidents médicaux
FORMULAIRE DE DEMANDE D'INDEMNISATION
- VICTIME -

N°12245*01

Votre état civil : ☐ Madame ☐ Monsieur

Votre nom (de naissance suivi s'il y a lieu du nom d'époux ou d'épouse) : ....

Vos prénoms : ....

Votre date de naissance : |__||__| |__||__| |__||__||__||__| Votre lieu de naissance : ....

Votre adresse : ....

Code postal : |__||__||__||__||__| Commune : ....

Votre téléphone : |__||__| |__||__| |__||__| |__||__| |__||__|

Votre organisme de sécurité sociale :

Son nom : ....

Son adresse : ....

Code postal : |__||__||__||__||__| Commune: ....

Votre numéro de sécurité sociale : |__| |__||__| |__||__| |__||__| |__||__||__| |__||__||__| |__||__|

Votre protection complémentaire santé (mutuelle, compagnie d'assurance...) :

Son nom : ....

Son adresse : ....

Code postal : |__||__||__||__||__| Commune: ....

Votre numéro de contrat le cas échéant : ....

Votre situation professionnelle :

Votre situation professionnelle au moment du dommage : ....

Votre situation professionnelle actuelle : ....

Votre demande :

Quelles sont les coordonnées du professionnel (médecin ou autre), établissement de santé (hôpital, clinique...), producteur, exploitant ou distributeur de produits de santé (médicaments, prothèses, pansements, seringues...) à l'origine du dommage subi ?

Son nom : ....

Son adresse : ....

Code postal : |__||__||__||__||__| Commune: ....

Quelle est la date des faits ayant causé votre dommage ? |__||__| |__||__| |__||__||__||__|

Quelle est la nature du dommage que vous avez subi (ex : paralysie,...) ? ....

Les démarches en cours que vous avez engagées :

Avez-vous engagé une action en justice en vue d'une indemnisation ? ☐ oui ☐ non

Si oui, à quelle date ? |__||__| |__||__| |__||__||__||__| Devant quel tribunal ? ....

Avez-vous reçu ou demandé des indemnisations au titre de ce même dommage ? ☐ oui ☐ non

Si oui, auprès de qui (assureur, employeur, magistrat administratif ou judiciaire, Oniam) ? ....

Fait à .... Le..........

Signature ....

Vous venez de remplir votre formulaire. Pour que votre dossier soit complet, vous devez fournir les pièces justificatives indiquées en page 3. Adressez votre dossier par lettre recommandée avec accusé de réception à la Commission régionale d'indemnisation de la région correspondant au lieu de survenue de l'accident ou déposez le au secrétariat de la Commission contre récépissé.

Certaines des informations contenues dans le présent document sont destinées aux fichiers de la Commission régionale ; le droit d'accès et de rectification peut être exercé auprès de la Commission (Loi 78-17 du 6 janvier 1978).

Commission régionale de conciliation et d'indemnisation : formulaire de demande d'indemnisation par les ayants droit (formulaire Cosa n° 12245*01)

Vous êtes ayant droit d'une victime décédée (conjoint, enfant...), vous pouvez saisir la commission régionale de conciliation et d'indemnisation.
http://www.oniam.fr/textes/formulaires.pdf.

Commission régionale de conciliation et d'indemnisation des accidents médicaux
FORMULAIRE DE DEMANDE D'INDEMNISATION
- AYANT DROIT -

N°12245*01

Votre état civil : ☐ Madame ☐ Monsieur
Votre nom (de naissance suivi s'il y a lieu du nom d'époux ou d'épouse) : ....
Vos prénoms : ....
Votre date de naissance : |_|_| |_|_| |_|_|_|_| Votre lieu de naissance : ....
Votre adresse : ....
Code postal : |_|_|_|_|_| Commune : ....
Votre téléphone : |_|_| |_|_| |_|_| |_|_| |_|_|

Votre organisme de sécurité sociale :
Son nom : ....
Son adresse : ....
Code postal : |_|_|_|_|_| Commune: ....
Votre numéro de sécurité sociale : |_| |_|_| |_|_| |_|_| |_|_|_| |_|_|_| |_|_|

Votre protection complémentaire santé (mutuelle, compagnie d'assurance...) :
Son nom : ....
Son adresse : ....
Code postal : |_|_|_|_|_| Commune: ....
Votre numéro de contrat le cas échéant : ....

L'état civil de la personne décédée : ☐ Madame ☐ Monsieur
Son nom (de naissance suivi s'il y a lieu du nom d'époux ou d'épouse) : ....
Ses prénoms : ....
Sa date de naissance : |_|_| |_|_| |_|_|_|_| Son lieu de naissance : ....
Sa date de décès : |_|_| |_|_| |_|_|_|_|

L'organisme de sécurité sociale de la personne décédée:
Son nom : ....
Son adresse : ....
Code postal : |_|_|_|_|_| Commune: ....
Numéro de sécurité sociale de la personne décédée : |_| |_|_| |_|_| |_|_| |_|_|_| |_|_|_| |_|_|

La protection complémentaire santé (mutuelle, compagnie d'assurances...) de la personne décédée :
Son nom : ....
Son adresse : ....
Code postal : |_|_|_|_|_| Commune: ....
Numéro de contrat de la personne décédée le cas échéant :

Votre demande :
Quelles sont les coordonnées du professionnel (médecin ou autre), établissement de santé (hôpital, clinique...), producteur, exploitant ou distributeur de produits de santé (médicaments, prothèses, pansements, seringues...) à l'origine du dommage subi ?
Son nom : ....
Son adresse : ....
Code postal : |_|_|_|_|_| Commune: ....
Quelle est la date des faits ayant causé le décès de la victime ? |_|_| |_|_| |_|_|_|_|

Les démarches en cours que vous avez engagées :
Avez-vous engagé une action en justice en vue d'une indemnisation ? ☐ oui ☐ non
Si oui, à quelle date ? |_|_| |_|_| |_|_|_|_| Devant quel tribunal ? ....
Avez-vous reçu ou demandé (vous-même ou la victime) des indemnisations au titre de ce même dommage ? ☐ oui ☐ non
Si oui, auprès de qui (assureur, employeur, magistrat administratif ou judiciaire, Oniam) ? ....

Fait à .... Le........

Signature ....

Vous venez de remplir votre formulaire. Pour que votre dossier soit complet, vous devez fournir les pièces justificatives indiquées en page 3. Adressez votre dossier par lettre recommandée avec accusé de réception à la Commission régionale d'indemnisation de la région correspondant au lieu de survenue de l'accident ou déposez le au secrétariat de la Commission contre récépissé.

Certaines des informations contenues dans le présent document sont destinées aux fichiers de la Commission régionale ; le droit d'accès et de rectification peut être exercé auprès de la Commission (Loi 78-17 du 6 janvier 1978).

Imp. SIBM - 95540 Méry-sur-Oise

Véhicule

Retard de livraison d'un véhicule neuf : mise en demeure de livrer

Vos nom, prénoms
Votre adresse
Votre numéro de téléphone
Votre adresse e-mail

Lettre recommandée avec AR

Coordonnées du garage

. . . . **(lieu)**, ... **(date)**

Monsieur **(ou Madame)**,

Le . . . . **(date)**, je vous ai passé commande d'une voiture neuve, de marque . . . . **(indiquez la marque du véhicule)**. Il était stipulé sur le bon de commande (dont je vous joins une photocopie), signé le . . . . , que la livraison s'effectuerait le . . . . **(indiquez la date de livraison)** [(1)].

Je me suis présenté ce jour à votre concession, et l'on m'a informé que mon véhicule ne pourrait être livré dans les délais. Plus de 7 jours se sont écoulés depuis la date de livraison prévue [(2)] et je n'ai toujours pas reçu ma voiture. Je vous mets donc en demeure, par la présente, de me la livrer dans les huit jours à compter de la réception de ce courrier.

À défaut de réponse de votre part dans ce délai, je considérerai, conformément aux dispositions de l'article L.114-1 du Code de la consommation [(3)], que notre contrat est annulé et vous demanderai le remboursement de la somme que je vous avais versée, à titre d'acompte, au moment de la signature.

Par ailleurs, en raison de ce retard de livraison, j'ai été contraint de louer un véhicule afin de pouvoir me rendre à mon travail. Considérant que ces frais supplémentaires sont entièrement imputables à votre négligence, je vous demanderai de me rembourser la somme de . . . . € à titre de dommages et intérêts.

Je vous prie de croire, Monsieur (ou Madame), à l'expression de mes salutations distinguées.

Votre signature

Pièce à joindre :
– photocopie du bon de commande.

1. Vous pouvez annuler votre commande pendant soixante jours à compter de la date de livraison prévue.
2. Votre lettre doit être rédigée au minimum sept jours après la date de livraison prévue. Attention, le contrat n'étant annulé qu'à partir du jour où le vendeur aura reçu votre courrier, si la livraison est intervenue entre l'envoi et la réception de votre lettre, votre commande ne sera pas annulée.
3. Article L.114-1 du Code la consommation (extraits) : « Dans tout contrat ayant pour objet la vente d'un bien meuble ou la fourniture d'une prestation de services à un consommateur, le professionnel doit, lorsque la livraison du bien ou la fourniture de la prestation n'est pas immédiate et si le prix convenu excède des seuils fixés par voie réglementaire, indiquer la date limite à laquelle il s'engage à livrer le bien ou à exécuter la prestation.
« Le consommateur peut dénoncer le contrat de vente d'un bien meuble ou de fourniture d'une prestation de services par lettre recommandée avec demande d'avis de réception en cas de dépassement de la date de livraison du bien ou d'exécution de la prestation excédant sept jours et non dû à un cas de force majeure.
« Ce contrat est, le cas échéant, considéré comme rompu à la réception, par le vendeur ou par le prestataire de services, de la lettre par laquelle le consommateur l'informe de sa décision, si la livraison n'est pas intervenue ou si la prestation n'a pas été exécutée entre l'envoi et la réception de cette lettre. Le consommateur exerce ce droit dans un délai de soixante jours ouvrés à compter de la date indiquée pour la livraison du bien ou l'exécution de la prestation.
« [...] ».

Retard de livraison d'un véhicule neuf : demande d'annulation de la commande

Vos nom, prénoms
Votre adresse
Votre numéro de téléphone
Votre adresse e-mail

Lettre recommandée avec AR

Coordonnées du garage

. . . . **(lieu)**, ... **(date)**

Monsieur (ou Madame),

Le . . . . **(date)**, je vous ai passé commande d'une voiture neuve, de marque . . . . **(indiquez la marque du véhicule)**. Il était stipulé sur le bon de commande (dont je vous joins une photocopie), signé le . . . . , que la livraison s'effectuerait le . . . . **(indiquez la date de livraison)** [(1)].

Or, n'ayant toujours pas reçu ma voiture à ce jour [2], je vous informe, par la présente, que, conformément aux dispositions de l'article L.114-1 du Code de la consommation, j'annule la commande pour non-respect des délais de livraison. Par ailleurs, je vous demande de bien vouloir me restituer, dans les plus brefs délais, la somme de . . . . € que je vous avais versée, à titre d'acompte, au moment de la signature [3]. Cette somme sera d'ailleurs majorée d'un intérêt au taux légal (3,29 % pour 2003) si vous ne me l'avez toujours pas reversée plus de trois mois après la date de commande.

Je vous prie de croire, Monsieur (ou Madame), à l'expression de mes salutations distinguées.

Votre signature

Pièce à joindre :
– photocopie du bon de commande.

1. Vous pouvez annuler votre commande pendant soixante jours à compter de la date de livraison prévue.
2. Votre lettre doit être rédigée au minimum sept jours après la date de livraison. Attention, le contrat n'étant annulé qu'à partir du jour où le vendeur aura reçu votre courrier, si la livraison est intervenue entre l'envoi et la réception de votre lettre, votre commande ne sera pas annulée.
3. Si la somme a été déposée à titre d'arrhes, le vendeur doit vous rembourser le double.

Retard de livraison d'un véhicule neuf : mise en demeure de rendre l'acompte (ou les arrhes) suite à l'annulation de la commande

Vos nom, prénoms
Votre adresse
Votre numéro de téléphone
Votre adresse e-mail

Lettre recommandée avec AR

Coordonnées du garage

. . . . **(lieu)**, ... **(date)**

Monsieur **(ou Madame)**,

Je vous rappelle que, par lettre recommandée avec accusé de réception, envoyée le . . . . , j'ai annulé ma commande de la voiture de marque . . . . **(indiquez la marque du véhicule)** pour non-respect de la date de livraison stipulée sur le bon de commande.

Or, à ce jour, vous n'avez toujours pas procédé au remboursement de la somme de . . . . € que je vous avais versée, à titre d'acompte, au moment de la signature. En conséquence, par la présente, je vous mets en demeure de me payer cette somme dans les huit jours à compter de la réception de ce courrier. À défaut de règlement de votre part dans ce délai, je me verrai dans l'obligation de saisir le tribunal compétent afin de faire procéder au recouvrement de ce que vous me devez.

Par ailleurs, plus de trois mois s'étant écoulés depuis la date de la commande, je vous informe que cette somme sera majorée d'un intérêt au taux légal (3,29 % pour 2003).

Je vous prie de croire, Monsieur **(ou Madame)**, à l'expression de mes salutations distinguées.

Votre signature

Achat d'un véhicule neuf : garantie des vices cachés

Vos nom, prénoms
Votre adresse
Votre numéro de téléphone
Votre adresse e-mail

Lettre recommandée avec AR

Coordonnées du garagiste

. . . . **(lieu)**, ... **(date)**

Monsieur **(ou Madame)**,

En date du . . . . , je vous ai acheté une voiture, de marque . . . . **(indiquez la marque du véhicule)**. Or, il s'avère que ce véhicule présente le(s) défaut(s) suivant(s) : . . . . **(décrivez en détail le ou les problèmes rencontrés)**, m'obligeant à faire procéder à de fréquentes réparations [1].

Aussi, je souhaite, conformément aux dispositions des articles 1641 et suivants du Code civil [2] (inscrivez votre choix parmi les possibilités qui suivent :)
faire annuler la vente et obtenir le remboursement du prix d'achat.
ou
conserver le véhicule et obtenir le remboursement d'une partie de son prix d'achat, soit une somme de . . . . €.
Sans réponse de votre part, je me verrai dans l'obligation de saisir le tribunal compétent.

Veuillez agréer, Monsieur **(ou Madame)**, l'expression de mes salutations distinguées.

Votre signature

Pièce(s) à joindre :
– photocopie(s) de la ou des factures de la ou des réparations effectuées.

1. Joignez à votre courrier une photocopie de la ou des factures de la ou des réparations déjà effectuées.
2. Article 1641 du Code civil : « Le vendeur est tenu de la garantie à raison des défauts cachés de la chose vendue qui la rendent impropre à l'usage auquel on la destine, ou qui diminuent tellement cet usage que l'acheteur ne l'aurait pas acquise, ou n'en aurait donné qu'un moindre prix, s'il les avait connus. »
Article 1644 du Code civil : « Dans le cas des articles 1641 et 1643, l'acheteur a le choix de rendre la chose et de se faire restituer le prix, ou de garder la chose et de se faire rendre une partie du prix, telle qu'elle sera arbitrée par experts. »

Contrat de vente d'un véhicule d'occasion de particulier à particulier

Vous voulez vendre ou acheter une voiture d'occasion à un autre particulier. Même s'il n'est pas nécessaire de rédiger un contrat, puisque le certificat de cession (remis par la préfecture) peut tenir lieu de contrat entre deux particuliers, mieux vaut, pour éviter toute mauvaise surprise, rédiger un contrat le plus précis possible. N'oubliez pas de l'établir en deux exemplaires (l'un pour vous et l'autre pour votre cocontractant).
Voici un modèle à adapter à votre situation personnelle.

ENTRE : M. **(ou Mme)** X...

ET : M. **(ou Mme)** Y...

Il a été convenu ce qui suit :

M. **(ou Mme)** X..., le vendeur, cède à M. **(ou Mme)** Y..., l'acheteur(euse), un véhicule automobile de marque . . . . , dont les caractéristiques sont les suivantes [1] :
– puissance : . . . . ;
– type : . . . . , numéro dans la série du type : . . . . ;
– date de première mise en circulation : . . . . **(jour/mois/année)** ;
– année : . . . . , modèle : . . . . ;
pour le prix de . . . . euros (rédigez le prix en lettres et en chiffres).
Ce prix a été payé par M. (ou Mme) Y... par le chèque n°. . . . . [2], tiré sur la banque . . . . , en date du . . . . **(ou en espèces, avec remise d'une quittance)** [3].

M. **(ou Mme)** X... déclare que ce véhicule a été acquis par lui neuf le . . . . ; qu'il n'a jamais été accidenté ; que le kilométrage figurant au compteur, soit . . . . kilomètres, est réel.

(Si le vendeur n'est pas en mesure de garantir le véhicule, parce qu'il l'a acheté en deuxième ou troisième main, indiquez : « Le véhicule a été acquis d'occasion le. . . . . Le kilométrage figurant au compteur est de . . . . . mais M. (ou Mme) X... n'est pas en mesure de le garantir. »)
M. **(ou Mme)** X... déclare, en outre, que ce véhicule a fait l'objet de révisions périodiques et qu'il est à sa connaissance en bon état de marche.

Après avoir examiné attentivement le véhicule **(carrosserie, pneus, moteur, intérieur...) et l'avoir conduit en présence de M. (ou Mme)** X..., l'acheteur(euse), déclare avoir constaté qu'il est en bon état extérieur et intérieur, et qu'il est en bon état de marche.
M. **(ou Mme)** X... certifiant qu'à sa connaissance, le véhicule n'est grevé d'aucun vice, l'acheteur(euse) déclare renoncer à toute action quelle qu'en soit la nature et même celle qui serait fondée sur un vice caché non connu du vendeur.

(ou « M. (ou Mme) X... garantit l'acheteur en cas de vice caché antérieur à la vente. »)

M. **(ou Mme)** Y... reconnaît avoir reçu tous les papiers nécessaires au changement d'immatriculation [4].
Il **(elle)** prend possession de ce véhicule à compter de ce jour à . . . . heures et dégage, en conséquence, M. **(ou Mme)** X... de toutes responsabilités civiles ou pénales pour les accidents, contravention ou délits qui pourraient survenir à compter de ces jour et heure.

Fait à . . . . , le . . . . à . . . . heures, en deux exemplaires.

Lu et approuvé **(mention manuscrite rédigée par chaque cocontractant)**

Signatures de M. **(ou Mme)** X...et de M. **(ou Mme)** Y...

1. Toutes ces informations figurent sur la carte grise du véhicule.
2. Préférez un chèque de banque, qui vous garantit que le compte de l'acheteur est bien approvisionné de la somme qu'il vous doit.
3. Si le véhicule a plus de 3 ans d'âge, le vendeur doit, en outre, remettre à l'acquéreur un certificat de contrôle technique.
4. Le vendeur doit remettre à l'acheteur :
– un certificat de cession ;
– la carte grise barrée à l'encre indélébile, avec mention « vendue le... » suivie de la signature du vendeur ;
– un certificat de situation (dit de « non-gage ») (ce document comprend une attestation d'absence d'inscription de gage sur le véhicule et une attestation d'absence d'opposition au transfert de la carte grise) ;
– un certificat de contrôle technique datant de moins de six mois pour les véhicules de plus de 4 ans.

Tromperie sur l'achat d'un véhicule d'occasion : demande d'annulation de la vente

Le particulier qui vous a vendu un véhicule d'occasion a omis de vous indiquer que ce dernier avait été accidenté et avait indiqué sur sa petite annonce : « bon état général ». À l'occasion d'une révision ou d'un contrôle technique, vous apprenez la vérité. Vous pouvez alors annuler la vente pour tromperie.

Vos nom, prénoms
Votre adresse
Votre numéro de téléphone
Votre adresse e-mail

Lettre recommandée avec AR

Nom du particulier vendeur
Adresse complète

. . . . **(lieu)**, ... **(date)**

Monsieur **(ou Madame)**,

Le . . . . **(date)**, je vous ai acheté votre voiture, de marque . . . . **(indiquez la marque du véhicule)**.

Or, à l'occasion du contrôle technique **(ou de la révision)** effectué le . . . ., mon garagiste m'a informé que ce véhicule avait subi un accident important et que les réparations n'avaient pas été faites selon les normes de sécurité [1].

J'estime que votre silence, à propos d'informations que je considère comme essentielles, m'a trompé(e). En conséquence, je vous demande l'annulation de la vente et vous mets en demeure de me rembourser la somme que je vous ai versée pour l'achat du véhicule ainsi que les frais que votre tromperie m'a occasionnés. Vous voudrez bien venir récupérer votre voiture dans les huit jours.

À défaut d'accord amiable, je me verrai contraint(e) de porter plainte pour tromperie sur les qualités substantielles d'un bien en application de la loi du 1er août 1905 [2].

Dans l'attente de votre réponse, je vous prie de croire, Monsieur (ou Madame), à l'expression de mes salutations distinguées.

Votre signature

1. Cela peut également être le nombre de kilomètres au compteur qui a été trafiqué...
2. La loi du 1er août 1905 sur les fraudes et tromperies permet d'appliquer des sanctions pénales à « quiconque, qu'il soit ou non partie au contrat, aura trompé ou tenté de tromper le contractant par quelque moyen que ce soit [...] sur les qualités substantielles de toutes marchandises ». L'auteur de la tromperie risque une peine d'emprisonnement de trois mois à deux ans et une amende allant de 153 € à 38 000 €.

Tromperie sur l'achat d'un véhicule d'occasion : demande de remboursement des réparations

Le particulier qui vous a vendu un véhicule d'occasion a omis de vous indiquer que ce dernier avait été accidenté et avait indiqué sur sa petite annonce : « bon état général ». À l'occasion d'une révision ou d'un contrôle technique, vous apprenez la vérité. Ayant dû faire des réparations pour que le véhicule réponde aux normes de sécurité, vous pouvez demander au vendeur le remboursement des sommes que vous avez versées pour que ces normes soient respectées.

Vos nom, prénoms
Votre adresse
Votre numéro de téléphone
Votre adresse e-mail

Lettre recommandée avec AR

Nom du particulier vendeur
Adresse complète

. . . . **(lieu)**, ... **(date)**

Monsieur **(ou Madame)**,

Le . . . . **(date)**, je vous ai acheté votre voiture, de marque . . . . **(indiquez la marque du véhicule)**.

Or, à l'occasion du contrôle technique **(ou de la révision)** effectué le . . . . , mon garagiste m'a informé que ce véhicule avait subi un accident important et que les réparations n'avaient pas été faites selon les normes de sécurité. Ayant dû faire procéder à des réparations supplémentaires afin que le véhicule réponde aux normes de sécurité, je vous demande de bien vouloir prendre à votre charge leur coût, selon la facture **(dont la photocopie vous est jointe)** et de me consentir une remise sur le prix d'achat du véhicule.
À défaut d'accord dans ce sens, et estimant que votre silence, à propos d'informations que j'estime essentielles, m'a trompé(e), je me verrai contraint(e) de porter plainte pour tromperie sur les qualités substantielles d'un bien en application de la loi du 1er août 1905.
Dans l'attente de votre réponse, je vous prie de croire, Monsieur **(ou Madame)**, à l'expression de mes salutations distinguées.

Votre signature

P.J. : photocopie de la facture

Déclaration d'achat d'un véhicule d'occasion auprès de la préfecture de.... (formulaire n° 10108*02)

cerfa

N° 10108*02

DÉCLARATION D'ACHAT D'UN VÉHICULE D'OCCASION

AUPRÈS DE LA PRÉFECTURE DE ______

(Code de la Route - Article R. 322-4 et Arrêté du 5-11-84)

VOLET **A**

À remettre au négociant

Je soussigné(e), (Nom, Prénom) ______ négociant en automobiles

domicilié(e) à ______ N° code postal |_|_|_|_|_|

Nom de la commune

détenteur dans la série W d'une carte n° .... [ ] déclare avoir acheté le ..... |_|_|_| J M A

le véhicule désigné ci-dessous (JOINDRE LA CARTE GRISE)

[ ] N° D'IMMATRICULATION

Date de délivrance de la carte grise jointe |_|_|_| J M A

|_|_|_|_|_|_|_|_|_|_|_|_|_|_|_|_|_| N° d'identification ou numéro dans la série du type

|______| MARQUE

Cachet et signature du négociant

En cas de vente de NÉGOCIANT à NÉGOCIANT, joindre en plus le volet A de la précédente déclaration d'achat. Précisez :

N° d'enregistrement à la Préfecture [ ] Date de l'achat |_|_|_| J M A

Fait à ______, le |_|_|_| J M A

CADRE RÉSERVÉ À L'ADMINISTRATION *Visa de l'autorité administrative*

N° d'enregistrement [ ] Date [ ]

CERTIFICAT DE VENTE (à remplir par l'ancien propriétaire)

Je soussigné(e), (Nom, Prénom) ______

adresse complète ______

______

certifie que le véhicule désigné ci-dessus a été vendu au négociant susnommé, le |_|_|_| J M A
et qu'il n'a pas subi de transformation notable.

À ______, le ______

Signature
Pour les sociétés, nom et qualité du signataire et cachet

Mod. **501 855** - BERGER-LEVRAULT - Tél. 03 83 23 28 28 - (a)

Certificat de cession d'un véhicule (formulaire)

CERTIFICAT DE CESSION D' UN VÉHICULE

Exemplaire destiné à l'acquéreur

(A REMPLIR PAR L' ANCIEN PROPRIÉTAIRE)

REMARQUES IMPORTANTES. - CODE DE LA ROUTE : ARTICLES R 322-4 ET R 322-9

- Avant de remettre sa carte grise au nouveau propriétaire (y compris un garagiste), l' ancien propriétaire doit y porter, d' une manière très lisible et inaltérable, la mention « **vendu le** », ou « **cédé le** » (date de la cession) suivie de sa signature.
- En cas de cession d' un véhicule déjà immatriculé, l' ancien propriétaire doit adresser **dans les 15 jours suivant la transaction**, à la Préfecture de son domicile, une **déclaration** l' informant de la vente ou de la cession et précisant l' identité et le domicile indiqués par le nouveau propriétaire.
- **En cas de remise d' un véhicule en vue de sa destruction, la déclaration visée à l' alinéa précédent doit être accompagnée de la carte grise.**

Je soussigné(e),

NOM et Prénoms ou **DENOMINATION** (en capitales) : ____________________
POUR UNE ENTREPRISE

____

Adresse complète: ____________________
Numéro, nature et nom de la voie

|_|_|_|_|_| ____________________
Code postal — Ville ou commune

Certifie avoir ✱ ☐ **vendu** ☐ **cédé à titre gratuit**

Le |_|_|_|_|_|_|_|_| (J M A)

Le véhicule immatriculé sous le numéro [ ]

|_|_|_|_|_|
Pour les exploitants agricoles Précisez votre numéro d'exploitation s'il s'agit d'un tracteur agricole

et désigné ci-dessous : (pour remplir ces rubriques, consultez le certificat de conformité ou la carte grise).

|_|_|_|_| GENRE — |_|_|_|_|_|_|_|_|_|_| MARQUE — |_|_|_|_|_|_|_|_|_|_|_|_| TYPE

|_|_|_|_|_|_|_|_|_|_|_|_|_|_|_|_|_|_|_|_| Numéro d'identification ou numéro dans la série du type — |_|_|_|_|_|_|_|_| CARROSSERIE — |_|_| PUISSANCE EN CV — |_|_|_|_|_|_| (J M A) Date de 1ère mise en circulation

à : ____________________
Nom et prénoms ou dénomination (pour une entreprise

____

Adresse complète: ____________________
Numéro, nature et nom de la voie

|_|_|_|_|_| ____________________
Code postal

Je certifie en outre (✱) ☐ **Que ce véhicule n' a pas subi de transformation notable susceptible de modifier les indications du certificat de conformité ou de l' actuelle carte grise (1).**

Si le P.T.A.C. du véhicule n' excède pas 3,5 t (décret du 4 octobre 1978), indiquez également dans ce cas: [ ] L' année modèle — [ ] Le kilométrage total parcouru pour un véhicule acquis neuf par le vendeur ou dont le kilométrage réel peut être justifié. Sinon, inscrire « n... km au compteur, non garantis ».

☐ **que ce véhicule est destiné à la destruction.**

A ____________________, le ____________

SIGNATURE :
Pour les sociétés, nom et qualité du signataire et cachet

✱ **Cocher la case correspondante.**

(1) AVIS AU NOUVEAU PROPRIÉTAIRE :
La validité de la carte grise portant la mention «vendu le » ou « cédé le » et qui vous a été remise par l' ancien propriétaire est limitée **quinze jours** à compter de la date de cession du véhicule. Passé ce délai, il vous est interdit de circuler sous peine de poursuites pénales sans être titulaire d' une carte grise à votre nom.

Certificat de situation (dit de « non-gage ») : demande

Je soussigné . . . . **(vos nom et prénoms)**
Demeurant à . . . . **(adresse complète)**

Vous remercie de bien vouloir m'envoyer un certificat de situation [1] pour le véhicule dont les caractéristiques sont les suivantes **(vous trouverez tous les renseignements nécessaires sur votre carte grise)** :
– marque : . . . .
– modèle : . . . .
– immatriculation : . . . .
– date de première mise en circulation : . . . .

Je vous joins une enveloppe timbrée à mes nom et adresse pour la réponse.

Vous en remerciant par avance, je vous prie d'agréer mes salutations distinguées.

À . . . . , le . . . .

Votre signature

Pièce à joindre :
– une enveloppe timbrée à vos nom et adresse.

1. Cette demande est à envoyer à la préfecture de votre département. Le site du ministère de l'Intérieur vous permet également d'obtenir immédiatement et gratuitement ce certificat : http://www.interieur.gouv.fr/rubriques/b/b8_teleservices/telecarte_grise

Demande de certificat d'immatriculation d'un véhicule (formulaire Cerfa n° 10672*01)

Indication du département et du service

cerfa

N° 10672*02
Modèle obligatoire

DEMANDE DE CERTIFICAT D'IMMATRICULATION D'UN VEHICULE

(Code de la Route, article R 322-1 et suivants, arrêté du 5 novembre 1984)

Cochez la case correspondante

☐ Certificat ☐ Duplicata ☐ Changement de domicile ☐ Rectification

CADRE RÉSERVÉ A L'ADMINISTRATION

Cet imprimé doit être rempli à raison d'une lettre par case, en lettres capitales, et accompagné des pièces dont le détail figure au verso .

● **DEMANDEUR** ☐ M. ☐ Mme ☐ Mlle ☐ Entreprise ☐ Garage ☐ M. & Mme ☐ M. ou Mme ☐ Autre

NOM DE NAISSANCE et PRENOM ou DENOMINATION pour une entreprise

NOM d'USAGE (facultatif), nom de l'époux(se), veuf(ve), divorcé(e), nom de l'autre parent accolé au nom de naissance

ALIAS ou 2e NOM ou NOM du LOCATAIRE si VEHICULE pris en LOCATION

Précisez en cochant la case correspondante ☐ alias ☐ Véhicule en location avec option d'achat (« leasing » ou crédit-bail) ☐ véhicule en location de longue durée

Si vous avez un **N° SIREN**, indiquez le (9 chiffres), et en cas de location, indiquez le **N° SIREN** du locataire :....................

SI NON, COCHEZ CI-DESSOUS VOTRE CATEGORIE SOCIO-PROFESSIONNELLE (en cas de location, celle du locataire) :

A6	OUVRIER	E3	CADRE SUPERIEUR INGENIEUR - PROFESSEUR	Y2	CHEF D'ENTREPRISE	M7	RETRAITE
B5	EMPLOYE	F1	AGRICULTEUR EXPLOITANT	J4	REPRESENTANT	N8	MERE AU FOYER
C4	CONTREMAITRE - AGENT DE MAITRISE	G2	TAXI (ARTSAN)	K3	PROFESSION LIBERALE	P8	SANS ACTIVITE PROFESSIONNELLE
D4	INSTITUTEUR - CADRE MOYEN	H2	ARTISAN - COMMERCANT	L8	ETUDIANT		NUMERO D'EXPLOITATION AGRICOLE (s'il y a lieu)

● **DATE ET LIEU DE NAISSANCE**

J M A ✱COMMUNE

✱ ou PAYS pour l'étranger

✱DEPARTEMENT

● **DOMICILE** (SI LOCATION, INDIQUEZ LE DOMICILE DU LOCATAIRE)

Numéro de la voie — Nature de la voie (avenue, etc) — Nom de la voie

Code postal — COMMUNE

● **VÉHICULE** (CONSULTEZ LE CERTIFICAT DE CONFORMITE OU LA PRECEDENTE CARTE GRISE)

GENRE — MARQUE — TYPE ET VERSION

Numéro d'identification ou numéro dans la série du type — CARROSSERIE

ENERGIE — Puissance en CV — PLACES assises — LARGEUR en m — SURFACE en m2

Poids total autorisé en charge (T) — Poids à vide (T) — Poids total roulant autorisé (T)

Charge utile (T) — Niveau sonore de référence [dB(A)] — Régime moteur (tr/min)

DESIGNATION COMMERCIALE DU VEHICULE

COULEUR DOMINANTE (Cochez les cases correspondantes)

Clair	0	Noir	5	Vert	
0	1	Marron	6	Bleu	
	2	Rouge	7	Beige	
Foncé	3	Orange	8	Gris	
1	4	Jaune	9	Blanc	

● **VÉHICULE D'OCCASION/DUPLICATA/CHANGEMENT DE DOMICILE/RECTIFICATION**

J M A — Date de 1re mise en circulation

J M A — Date du certificat actuel

Numéro Lettres Dépt — Numéro d'immatriculation actuel

J M A — ✱ Date d'acquisition

● **RÈGLEMENT** ☐ ESPÈCE ☐ CHÈQUE BANCAIRE ☐ CHÈQUE POSTAL ☐ MANDAT

CADRE RÉSERVÉ A L'ADMINISTRATION

PIÈCES JUSTIFICATIVES PRÉSENTÉES

✱ **IDENTITÉ :** ____________________

N°: ____________ **date :** ____________

Lieu de délivrance : ____________________

✱ **DOMICILE :** ____________________

✱ **MOTIF DU REJET DE LA DEMANDE :**

Les informations (sauf celles précédées de ✱) sont communiquées aux constructeurs et importateurs agréés par le ministère de l'industrie et aux services de police et de gendarmerie. Le droit d'accès et de rectification (loi du 06.01.1978 relative à l'informatique, aux fichiers et aux libertés) s'exerce auprès du Préfet du département ou du ministre chargé des transports – Arche de la Défense – 92055 La Défense cedex.

FAIT A ____________, LE ____________

SIGNATURE DU DEMANDEUR

(Pour les sociétés, nom, qualité du signataire et cachet)

Déclaration de perte ou de vol de certificat d'immatriculation

cerfa
N° 12096*01

DÉCLARATION
de ☐ Perte
☐ Vol

de CERTIFICAT D'IMMATRICULATION
(carte grise)
Article R 322-10 du Code de la Route

Exemplaire n°1
Destiné au déclarant
IMPORTANT
Ce document permet seulement de circuler sans carte grise pendant un délai D'UN MOIS à compter de la date de la présente déclaration.

Cadre réservé à l'Administration qui reçoit la déclaration

- Pièce justificative de l'identité du déclarant : ____________________
(Voir liste au verso de la demande de duplicata)

Numéro : ____________ Date et lieu de délivrance : ____________________

Autorité ayant délivré la pièce d'identité : ____________________

Le ____________________
Signature et cachet,

- En cas de vol préciser :procès-verbal n° : ____________

établi le ____________ par ____________

DÉCLARANT

Cadre réservé au déclarant - *A remplir au stylo à bille en lettre capitales*

☐ Monsieur ☐ Madame ☐ Mademoiselle

Nom et prénoms |_|_|_|_|_|_|_|_|_|_|_|_|_|_|_|_|_|_|_|_|_|_|_|_|_|_|_|_|_|
(pour les femmes mariées, indiquer le nom de jeune fille, éventuellement suivi du nom du conjoint)

|_|_|_|_|_|_|_|_|_|_|_|_|_|_|_|_|_|_|_|_|_|_|_|_|_|_|_|_|_|

Date et lieu de naissance |_|_|_|_|_|_| Lieu ____________________
J M A
(pour les grandes villes préciser l'arrondissement)

Domicile habituel ____________________

|_|_|_|_|_| ____________________
Code postal

Adresse actuelle ____________________

|_|_|_|_|_| ____________________
Code postal

VÉHICULE

GENRE ____________ MARQUE ____________ Puissance en CV ______

Numéro d'immatriculation ☐ **Pour les exploitants agricoles, préciser le n° d'exploitation** ☐

ÉLÉMENTS SUR LA DISPARITION DE LA CARTE GRISE

Date ____________ Lieu ____________________

Circonstances

Toute fausse déclaration est passible des peines prévues par l'article 154 du Code pénal

Fait à ____________________, le ____________________
Signature du déclarant,

Le doit d'accès et de rectification (loi du 6 janvier 1978 relative à l'informatique, aux fichiers et aux libertés) s'exerce auprès de la préfecture.

Demande de duplicata de certificat d'immatriculation (carte grise) suite à un vol ou une perte

PREFECTURE

DIRECTION :

BUREAU :

cerfa

N° 10799*02

DEMANDE DE DUPLICATA
de certificat d'immatriculation
(carte grise)

par suite de ☐ perte ☐ vol de l'original
(Article R 322-10 du Code de la Route)

IMPORTANT

Cette demande ne peut être formulée que par le titulaire de la carte grise

Cet imprimé doit être rempli en lettres capitales

● **CADRE RESERVE A L'ADMINISTRATION**

● **DEMANDEUR** ☐ MONSIEUR ☐ MADAME ☐ MADEMOISELLE ☐ ENTREPRISE

NOM et PRENOM (pour une femme MARIEE, indiquez le NOM de JEUNE FILLE) ou RAISON SOCIALE

NOM et PRENOM du CONJOINT éventuellement

ALIAS (ou 2e NOM) ou NOM du LOCATAIRE si VEHICULE pris en LOCATION
A si ALIAS (2e nom) ou B si VEHICULE en LOCATION avec option d'achat ou C si véhicule en location longue durée

● **DATE ET LIEU DE NAISSANCE**

J M A

COMMUNE

DEPARTEMENT

ou PAYS pour l'étranger

SEXE indiquez F ou M

● **DECLARATION DE DOMICILE** (SI LOCATION, INDIQUEZ LE DOMICILE DU LOCATAIRE)

Numéro de la voie — Nature de la voie (avenue, etc) — Nom de la voie

COMMUNE
Pour les grandes villes, indiquez le numéro d'arrondissement

Code postal — Bureau distributeur

● **VEHICULE**

GENRE — MARQUE — PUISSANCE CV

N° d'immatriculation — Pour les exploitants agricoles, numéro d'exploitation

● **REGLEMENT** ☐ ESPECES ☐ CHEQUE BANCAIRE ☐ CHEQUE POSTAL OU MANDAT

● **POUR LA PROVINCE :** LIEU SOUHAITE POUR LE RETRAIT DU DUPLICATA

☐ PREFECTURE de : ☐ COMMISSARIAT de :

☐ SOUS-PREFECTURE ☐ MAIRIE

***ou** à l'adresse suivante (joindre dans ce cas une enveloppe affranchie au tarif recommandé):*

● **POUR PARIS :** Le dépôt de la demande et le retrait du duplicata doivent être effectués à la préfecture de Police ou à la Mairie annexe du domicile

Justification de l'identité :

PIECE PRESENTEE ______ NUMERO ______

DATE ET LIEU DE DELIVRANCE ______

MOTIF DU REJET DE LA DEMANDE :

La loi n° 78-17 du 6 janvier 1978, relative à l'informatique, aux fichiers et aux libertés, s'applique aux réponses faites à ce formulaire par les particuliers et les entreprises individuelles. Elle garantit un droit d'accès et de rectification pour les données vous concernant, auprès de la Préfecture ci-dessus mentionnée.

Dans le cas où je rentrerais en possession de l'original de la carte grise, je m'engage à l'adresser au service qui a délivré le duplicata.

A ______, le ______

SIGNATURE DU DEMANDEUR,
(Pour les sociétés, nom, qualité du SIGNATAIRE et CACHET)

Contestation d'un procès-verbal auprès du service verbalisateur

Vous venez de recevoir un PV qui vous semble injustifié. Si vous disposez de motifs valables et suffisants, vous pouvez adresser une réclamation auprès du service indiqué au dos de l'avis de contravention, dans les délais indiqués.

Vos nom, prénoms
Votre adresse
Votre numéro de téléphone
Votre adresse e-mail

Lettre recommandée avec AR [1]

Coordonnées du service indiqué
sur le procès-verbal

. . . . **(lieu)**, ... **(date)**

Monsieur (ou Madame),

Le . . . . **(date)**, à . . . . heures, j'ai été verbalisé(e), pour le motif suivant **(exemples : stationnement interdit, ou gênant...)**, selon le procès-verbal n° . . . . que vous trouverez ci-joint [2].

Je conteste le bien-fondé de cette verbalisation, car . . . . **(indiquez le ou les motifs de votre contestation ; exemples : il n'y avait pas de panneau d'interdiction de stationner, horodateur en panne...)**

En conséquence, je vous demande de bien vouloir m'exonérer du paiement de cette contravention.

Vous remerciant par avance de bien vouloir prendre ma requête en considération, je vous prie de croire, Monsieur (ou Madame), à l'expression de ma respectueuse considération.

Votre signature

Pièce à joindre :
– le PV même, après en avoir fait une photocopie.

1. Vous disposez d'un délai de trente jours à dater de la contravention pour la contester auprès du préfet. Au terme de ce délai, vous pouvez encore adresser votre réclamation, dans les dix jours, au procureur de la République du lieu de commission de l'infraction.
2. Conservez-en une photocopie.

Contestation d'un procès-verbal auprès du procureur de la République

Vous avez contesté le PV reçu auprès du service verbalisateur. Mais votre contestation a été rejetée. Un autre avis vous est alors adressé, vous demandant de régler une amende forfaitaire dite « majorée ». Vous pouvez encore, dans les trente jours, adresser par lettre recommandée une réclamation motivée au procureur de la République (dont les coordonnées sont indiquées au dos de la contravention).

Vos nom, prénoms
Votre adresse
Votre numéro de téléphone
Votre adresse e-mail

Lettre recommandée avec AR

M. le procureur de la République
Adresse

. . . . **(lieu)**, ... **(date)**

Monsieur le procureur de la République,

J'ai l'honneur de vous informer des faits suivants :

Le . . . . **(date)**, à . . . . heures, j'ai été verbalisé(e), pour le motif suivant **(exemples : stationnement interdit, ou gênant...)**, selon le procès-verbal n° . . . . dont vous trouverez ci-joint une photocopie [1].

Par lettre recommandée avec accusé de réception envoyée le . . . . **(date) (vous trouverez ci-joint une photocopie de ce courrier)**, j'ai contesté le bien-fondé de cette verbalisation auprès du service concerné. En effet, j'estime . . . . **(indiquez le ou les motifs de votre contestation ; exemples : il n'y avait pas de panneau d'interdiction de stationner, horodateur en panne...)**.

Or, je viens de recevoir un avis d'amende majorée (que vous trouverez ci-joint) [1], ce qui signifie que ma précédente requête a été rejetée. Malgré tout, je maintiens ma contestation et vous demande de bien vouloir étudier mon dossier.

Vous en remerciant par avance, je vous prie de croire, Monsieur le procureur de la République, à l'expression de ma respectueuse considération.

Votre signature

Pièces à joindre :
– un double de la photocopie du premier PV ;
– une photocopie de votre précédente contestation ;
– l'avis même d'amende majorée, après en avoir fait une photocopie.

1. N'oubliez pas d'en conserver une photocopie.

Procès-verbal mérité : demande d'indulgence

Vous avez été verbalisé. Vous ne contestez pas le bien-fondé de la contravention mais vous demandez l'indulgence du préfet.

Vos nom, prénoms
Votre adresse
Votre numéro de téléphone
Votre adresse e-mail

Lettre recommandée avec AR [1]

M. le préfet de . . . .
Adresse complète

. . . . **(lieu)**, ... **(date)**

Monsieur **(ou Madame)** le préfet de . . . . ,

Le . . . . **(date)**, à . . . . heures, j'ai été verbalisé(e), pour le motif suivant **(exemples : stationnement interdit, ou gênant...)**, selon le procès-verbal n° . . . . que vous trouverez ci-joint [2].

Je ne conteste pas le bien-fondé de cette verbalisation, mais je sollicite une mesure de bienveillance afin d'être exonéré(e) du paiement de cette somme (expliquez votre situation ; exemple : vous venez de perdre votre emploi et, ayant des enfants à charge, le montant du PV grève lourdement votre budget).
(Expliquez également les circonstances dans lesquelles la verbalisation a eu lieu ; exemple : n'ayant pas trouvé de place de stationnement disponible, vous vous êtes garé(e) sur un emplacement réservé aux bus pour déposer vos enfants à leur cours de sport.)

En conséquence, je vous demande de bien vouloir m'exonérer du paiement de cette contravention.

Vous remerciant par avance de bien vouloir prendre ma requête en considération, je vous prie de croire, Monsieur **(ou Madame)** le préfet, à l'expression de ma respectueuse considération.

Votre signature

Pièce à joindre :
– le PV même, après en avoir fait une photocopie.

1. Vous disposez d'un délai de trente jours à dater de la contravention pour la contester auprès du préfet. Au terme de ce délai, vous pouvez encore adresser votre réclamation, dans les dix jours, au procureur de la République du lieu de commission de l'infraction.
2. Conservez-en une photocopie.

Prévision de non-présentation au tribunal de police (1re hypothèse)

Vos différents recours n'ont pas abouti et vous êtes convoqué devant le tribunal de police. Malheureusement, vous êtes dans l'impossibilité d'assister à l'audience. Mieux vaut dans ce cas envoyer une lettre d'excuse.

Vos nom, prénoms
Votre adresse
Votre numéro de téléphone
Votre adresse e-mail

Lettre recommandée avec AR

M. le président du tribunal de police de . . . .

Adresse complète

. . . . **(lieu)**, ... **(date)**

Monsieur le président du tribunal de police,

Le . . . . **(date de convocation)**, à . . . . heures, je suis convoqué(e) devant votre juridiction. Malheureusement, en raison de . . . . **(expliquez en détail ce qui motive votre absence ; exemples : raisons professionnelles, hospitalisation, enterrement d'un proche... Si cela est possible, joignez les justificatifs de ce que vous avancez)**, je ne pourrai être présent(e) à cette audience. Je vous prie de bien vouloir accepter mes excuses pour cette absence.

Je me permets de vous exposer les motifs de ma contestation : . . . . **(développez clairement et brièvement votre argumentation)**.

En conséquence, je vous demande de bien vouloir examiner avec bienveillance ma requête et vous renouvelle encore toutes mes excuses pour cette absence bien indépendante de ma volonté.

Vous en remerciant par avance, je vous prie de croire, Monsieur le président du tribunal de police, à l'expression de ma respectueuse considération.

Votre signature

Pièce(s) à joindre :
– éventuel(s) justificatif(s).

Prévision de non-présentation au tribunal de police (2e hypothèse)

Vous avez commis une infraction (exemples : excès de vitesse ou stationnement interdit) et vous êtes convoqué devant le tribunal de police. Malheureusement, vous êtes dans l'impossibilité d'assister à l'audience. Mieux vaut dans ce cas envoyer une lettre d'excuse.

Vos nom, prénoms
Votre adresse
Votre numéro de téléphone
Votre adresse e-mail

Lettre recommandée avec AR

M. le président du tribunal de police de . . . .

Adresse complète

. . . . **(lieu)**, ... **(date)**

Monsieur le président du tribunal de police,

Le . . . . **(date de convocation)**, à . . . . heures, je suis convoqué(e) devant votre juridiction. Malheureusement, en raison de . . . . **(expliquez en détail ce qui motive votre absence ; exemples : raisons professionnelles, hospitalisation, enterrement d'un proche... Si cela est possible, joignez les justificatifs de ce que vous avancez)**, je ne pourrai être présent(e) à cette audience. Je vous prie de bien vouloir accepter mes excuses pour cette absence.

Je reconnais les faits qui me sont reprochés et demande votre indulgence. En effet **(remplacez l'exemple qui suit par votre propre situation)**, averti(e) par l'école que mon fils venait d'avoir un accident, je suis venu(e) le chercher pour le conduire à l'hôpital ; et si je me suis garé(e) en double file devant l'établissement scolaire, c'est parce que je ne trouvais pas de place de stationnement disponible.

J'attire votre attention sur le fait que, titulaire du permis de conduire depuis le . . . . , je n'ai jusqu'à ce jour commis aucune infraction au Code de la route. En conséquence, je me permets de solliciter votre indulgence pour l'application de la sanction que j'encours.

Vous renouvelant encore toutes mes excuses pour cette absence bien indépendante de ma volonté, je vous prie de croire, Monsieur le président du tribunal de police, à l'expression de ma respectueuse considération.

Votre signature

Pièce(s) à joindre :
– éventuel(s) justificatif(s).

Contestation des réparations effectuées par un garagiste

Vous avez récupéré votre voiture après que des réparations ont été effectuées par un garagiste. En roulant quelques kilomètres, vous vous apercevez que les problèmes persistent.

Vos nom, prénoms
Votre adresse
Votre numéro de téléphone
Votre adresse e-mail

Lettre recommandée avec AR

Coordonnées du garagiste

. . . . **(lieu)**, ... **(date)**

Monsieur **(ou Madame)**,

Le . . . . **(date)**, je vous avais confié ma voiture, une . . . . **(indiquez la marque de votre voiture)**, immatriculée . . . . , pour que vous fassiez les réparations suivantes : . . . . **(indiquez la nature et le détail des réparations demandées)**.

Le . . . . **(date)**, j'ai récupéré mon véhicule et vous ai réglé une facture d'un montant de . . . . €.

Toutefois, à peine une semaine après, j'ai constaté que les problèmes pour lesquels je vous avais confié ma voiture se sont reproduits.

Je vous rappelle que, selon une jurisprudence constante de la Cour de cassation, vous êtes tenu à une obligation de résultat dans le cadre du contrat qui nous liait. De ce fait, je vous demande de bien vouloir reprendre ma voiture afin de procéder gratuitement aux réparations qui s'imposent **(ou, si vous avez déjà fait procéder à la nouvelle réparation ailleurs : « de bien vouloir me rembourser le prix de la réparation que j'ai déjà fait faire par le garage . . . . , comme l'atteste la facture dont je vous joins la photocopie »)**.

À défaut d'accord amiable, je me verrai dans l'obligation de saisir le tribunal compétent et de vous réclamer des dommages et intérêts.

Je vous prie de croire, Monsieur **(ou Madame)**, à l'expression de mes salutations distinguées.

Votre signature

P.J. (s'il y a lieu) : photocopie de la facture des réparations effectuées

Permis de conduire : demande de duplicata

PREFECTURE DE L'HERAULT **REPUBLIQUE FRANCAISE**

DIRECTION DE LA REGLEMENTATION ET DES LIBERTES PUBLIQUES

Bureau des Usagers de la Route

Section des Permis de Conduire
Heures d'ouverture : 8H 30 – 16H 30
Tél. : 04.67.61.61.61 Fax. : 04.67.61.84.99

DEMANDE DE DUPLICATA DE PERMIS DE CONDUIRE

DEMANDEUR MONSIEUR ☐ MADAME ☐ MADEMOISELLE ☐

Nom de naissance : ....

Prénom(s) : ....

Epoux(se) – Veuf(ve) – Divorcé(e) de : ....

Né(e) le : ....

Adresse exacte : ....

(Ecrire très visiblement votre adresse, ou à défaut, joindre un document indiquant votre domicile)

....

le permis a été égaré ☐ volé ☐ détruit ☐ en mauvais état ☐

CATEGORIE	NUMERO	DATE DE DELIVRANCE	DEPARTEMENT	NOM SOUS LEQUEL LE PERMIS A ETE OBTENU
MOTO – A1	....	....	....	....
MOTO – A	....	....	....	....
AUTO – B1	....	....	....	....
AUTO – B	....	....	....	....
POIDS LOURDS – C	....	....	....	....
TRANSPORTS EN COMMUN – DR	....	....	....	....
TRANSPORTS EN COMMUN – DNR	....	....	....	....
REMORQUE – B	....	....	....	....
REMORQUE – C	....	....	....	....
REMORQUE – D	....	....	....	....
REMORQUE – E	....	....	....	....
(I) Date et lieu du dernier contrôle médical : « C, D, E .»				

Pour les titulaires de la catégorie « D » : La justification d'avoir exercé pendant un an l'activité de conducteur affecté au transport de marchandises par véhicules dont le P.T.A.C. dépasse 3,5 tonnes et avoir effectué pendant un an au moins 5 000 Km sur des véhicules affectés au transport de voyageurs.

RENSEIGNEMENTS COMPLEMENTAIRES

LE CONDUCTEUR :	OUI	NON
Est-il sous le coup d'une suspension du permis de conduire	☐	☐
Doit-il porter des verres correcteurs ou des lentilles cornéennes	☐	☐

J'atteste sur l'honneur que les renseignements de la demande sont exacts. Je suis informée que toute fausse déclaration ou production d'attestation ou de certificat falsifié pourra entraîner des poursuites pénales, conformément aux articles L433.19 et L441.7 du code pénal.

A ...., le ....
Signature

34, PLACE DES MARTYRS DE LA RESISTANCE – 34062 MONTPELLIER CEDEX 2

Vie professionnelle

La vie professionnelle est entièrement réglementée par des codes, et notamment par le Code du travail, dont vous trouverez dans les pages qui suivent de nombreux extraits, à consulter absolument lors de la rédaction de tels courriers. Comme en matière d'argent, d'assurance ou de consommation, ne vous contentez pas de recopier les modèles proposés : écrivez des lettres parfaitement adaptées à votre situation. Tous les formulaires sont téléchargeables sur Internet.

Chômage

Chômage partiel

Ministère de l'emploi
et de la solidarité

Direction départementale du travail,
de l'emploi et de la formation professionnelle

cerfa
N° 61-2166

CP 05

DEMANDE INDIVIDUELLE D'AIDE AUX TRAVAILLEURS PARTIELLEMENT PRIVÉS DE TRAVAIL PENDANT LA FERMETURE DE L'ENTREPRISE POUR CONGÉS PAYÉS

(art. R. 351-52 du Code du travail)

formulaire à remplir par le salarié et à remettre à l'employeur qui l'adressera à la Direction départementale du travail, de l'emploi et de la formation professionnelle

nom du salarié ______ prénom ______

adresse ______ numéro ______ nom de la voie (rue, lieudit...)

______ commune

______ code postal ______ bureau distributeur

identité de l'entreprise
ou de l'établissement employeur ______

adresse ______ numéro ______ nom de la voie (rue, lieudit...)

______ commune

______ code postal ______ bureau distributeur

n° SIRET ______ date d'entrée chez l'employeur actuel ______

QUELLES ONT ÉTÉ VOS ACTIVITÉS AU COURS DE LA PÉRIODE DE RÉFÉRENCE ALLANT :

DU 1er JUIN de l'année précédente (ou du 1er avril pour le bâtiment)
À LA DATE D'ENTRÉE chez votre employeur actuel (cochez ci-dessous les cases correspondantes)

☐ autre(s) emploi(s)

DU	AU	noms et adresses de vos employeurs précédents durant cette période de référence (utilisez une ligne blanche et une ligne tramée pour chaque employeur)	nombre de jours de congés payés obtenus chez chaque employeur

nombre **total** de jours de congés payés attribués au titre du travail effectué pendant cette période ______

☐ chômage (joindre avis de prise en charge) du ______ au ______

☐ service national du ______ au ______

☐ maladie du ______ au ______

☐ maternité/accident de travail du ______ au ______

☐ études – formation professionnelle du ______ au ______

☐ autres cas (préciser) : ______

J'atteste sur l'honneur l'exactitude des renseignements portés ci-dessus sous peine des sanctions prévues par l'article L. 365-1 du Code du travail.

Fait le ______ à ______ signature du demandeur :

Effacer

IT 951 229 – CP 05 – IMPRIMERIE NATIONALE 0 000000 0 9 M7 C 8 1/2

Vie ...

ANPE : déclaration de départ en vacances

Vos nom, prénoms
Votre adresse
Votre numéro de téléphone
Votre numéro d'allocataire

Nom et coordonnées de votre agence ANPE

. . . . **(lieu)**, ... **(date)**

Objet : déclaration de départ en vacances [1]

Madame, Monsieur,

Je vous informe que je compte partir en vacances du . . . . **(date de départ)** au . . . . (date de retour), ainsi que la réglementation m'y autorise [2]. Durant cette période, je serai donc absent(e) de mon domicile. Je vous prie de bien vouloir en tenir compte pour m'éviter une convocation à votre agence durant cette absence.

Veuillez agréer, Madame, Monsieur, l'expression de mes salutations distinguées.

Votre signature

1. Toute absence supérieure à sept jours doit être déclarée à l'ANPE.
2. Les personnes inscrites sur la liste des demandeurs d'emploi sont autorisées à s'absenter au maximum 35 jours par an.

ANPE : demande de report de date de convocation

Vos nom, prénoms
Votre adresse
Votre numéro de téléphone
Votre numéro d'allocataire

Nom et coordonnées de votre agence ANPE

. . . . **(lieu)**, ... **(date)**

Objet : demande de report de date de convocation

Madame, Monsieur,

Vous m'avez envoyé une convocation à votre agence pour le . . . . **(date)** à . . . . **(heure)**.

Malheureusement, j'ai pris de longue date un rendez-vous important à cette heure-là, que je ne peux pas reporter.
Je vous prie de bien vouloir me convoquer à une autre date, convocation à laquelle je me rendrai cette fois sans faute.

Dans l'attente de votre réponse, je vous prie d'agréer, Madame, Monsieur, l'expression de mes salutations distinguées.

Votre signature

ANPE : demande d'aide à la mobilité

ANPE — Notre métier, l'emploi — Assédic

DEMANDE D'AIDE A LA MOBILITÉ GÉOGRAPHIQUE POUR LA REPRISE D'EMPLOI

Utiliser un stylo à bille

1 IDENTIFIANT DU DEMANDEUR

☐ M ☐ Mme ☐ Mlle Nom de naissance : .... Nom d'usage : ....
Prénom : .... Identifiant DE : |_|_|_|_|_|_|_|_|

Adresse : ....
....

2 IDENTIFIANT DE SON EMPLOYEUR

Code APE / NAF : |_|_|_|_|
Employeur : .... N° de Siret : |_|_|_|_|_|_|_|_|_|_|_|_|_|_|
Adresse : ....
.... N° de téléphone : |_|_| |_|_| |_|_| |_|_| |_|_|

SPÉCIMEN

3 CONDITIONS D'EMBAUCHE

Date d'embauche : |_|_| |_|_| |_|_|_|_| Nature du contrat : CDI ☐ CDD ☐ Durée du contrat en mois : |_|_| (minimum 12)
Durée période d'essai : |_|_|_| Mois ☐ Semaines ☐ Jours ☐
Horaire de travail mensuel : .... Lieu de Travail : ....

Qualification :

Cadres	A.M. Tech.	Emploi non qual.	Emploi qual.	Ouv. non qual.	Ouv. Qual.	Non précisée
☐ 30	☐ 40	☐ 51	☐ 52	☐ 61	☐ 62	☐ 90

Distance entre le lieu de travail et la résidence habituelle du demandeur : .... km (A / R)
Moyen(s) de locomotion envisagés : .... Temps de transport journalier estimé : |_|_| h

4 Transmis le : |_|_| |_|_| |_|_|_|_| à l'Assédic de : ....

Justificatifs fournis ou à fournir :

☐ Certificat d'embauche ☐ Frais de déplacement ☐ Frais de séjour ☐ Frais de déménagement
☐ Autres. Précisez : ....
☐ Avance sur devis. Précisez : ....

5 SIGNATURE DU DEMANDEUR :

Je soussigné(e) ...., certifie sur l'honneur l'exactitude de tous les renseignements fournis et m'engage à produire, à tout moment, les justificatifs que l'Assédic me demandera.
Date : *Signature*

Je délivre procuration à l'Assédic de .... pour que le paiement de cette aide soit adressé à (nom de l'organisme chargé d'assurer l'accompagnement de la mobilité) ....
(Faire précéder de la mention "BON POUR POUVOIR")
A .... le ....
signature du demandeur

6 SIGNATURE ET CACHET DE L'ANPE :

Le responsable de l'Agence locale
Date :
Signature
Cachet de l'ANPE
Observations :

7 DÉCISION DE L'ASSÉDIC

Recevabilité : ☐ oui ☐ non - Motifs :

Les informations recueillies dans ce document font l'objet d'un traitement informatisé. Conformément à la loi n° 78-17 du 6 janvier 1978 relative aux fichiers, à l'informatique et aux libertés, vous disposez d'un droit d'accès et de rectification aux données du fichier vous concernant, droit que vous pouvez exercer soit auprès de l'Assédic, soit auprès de l'ALE dont vous dépendez.

ANPE - sar n° 96/01 **EX. 1 Assédic** DAJ 423 - 07/2001

Vie ...

ANPE : demande d'entretien suite à un avis de radiation

Vos nom, prénoms
Votre adresse
Votre numéro de téléphone
Votre numéro d'allocataire

Nom et coordonnées de votre agence ANPE

. . . . **(lieu)**, ... **(date)**

Objet : avis de radiation [1]

Madame, Monsieur,

N'ayant pas pu, à plusieurs reprises, me rendre à vos convocations, j'ai reçu un avis de radiation de la liste des demandeurs d'emploi [2].

Je vous demande donc de bien vouloir m'accorder un entretien au cours duquel je justifierai les raisons pour lesquelles je n'ai pas pu répondre à vos convocations.

Dans l'attente de votre réponse, je vous prie d'agréer, Madame, Monsieur, l'expression de mes salutations distinguées.

Votre signature

1. L'ANPE contrôle la recherche d'emploi. Si elle estime les efforts de reclassement insuffisants, elle peut radier de la liste des demandeurs d'emploi.
2. Avant l'annulation de votre inscription, vous pouvez être entendu(e) à l'agence locale pour l'emploi. Vous avez le droit de vous faire accompagner d'une personne de votre choix.

Recours gracieux après une radiation auprès de la DDTEFP

Vos nom, prénoms
Votre adresse
Votre numéro de téléphone
Votre numéro d'allocataire

Nom et coordonnées de la DDTEFP [1]

. . . . **(lieu)**, ... **(date)**

Objet : recours gracieux

Madame, Monsieur,

N'ayant pas pu, à plusieurs reprises, me rendre aux convocations de mon agence ANPE, j'ai reçu un avis de radiation, suspendant mon indemnisation jusqu'à ma réinscription.

Je suis donc immédiatement venu me réinscrire. Mon inscription n'a pas posé de problème, mais durant cette radiation mes allocations chômage ont été suspendues Il s'agit d'une somme de . . . . **(inscrivez le montant des allocations chômage que vous souhaitez récupérer)** que, rétrospectivement, je n'ai pas pu récupérer [(2)].

Dans la situation dans laquelle je me trouve, vous comprendrez que je peux difficilement passer outre.
J'ai proposé par écrit à mon agence de me recevoir afin de justifier les raisons de mon absence à ses convocations. Sans réponse de sa part, je me tourne vers vos services, pour vous demander de m'accorder un entretien afin de justifier les raisons pour lesquelles je n'ai pas pu répondre à ces convocations, ce qui m'a valu cette radiation.

Dans l'attente de votre réponse, je vous prie d'agréer, Madame, Monsieur, l'expression de mes salutations distinguées.

Votre signature

1. La direction du Travail, de l'Emploi et de la Formation professionnelle (DDTEFP) est un service déconcentré du ministère de l'Emploi et de la Solidarité. Elle est située auprès de la préfecture de département. Elle est chargée, entre autres missions, de participer au contrôle de l'utilisation des fonds publics destinés à l'emploi ou à la formation professionnelle.
2. La radiation entraîne la suspension des allocations chômage versées par l'Assedic, l'inscription comme demandeur d'emploi étant une condition pour en bénéficier.

Assedic : demande d'explication d'un calcul

Vos nom, prénoms
Votre adresse
Votre numéro de téléphone
Votre numéro d'allocataire

Nom et coordonnées de votre Assedic

. . . . **(lieu)**, ... **(date)**

Objet : calcul de mon allocation chômage journalière

Madame, Monsieur,

Je viens de recevoir de vos services un avis par lequel j'apprends que je vais percevoir une indemnisation de . . . . euros par jour pendant . . . . mois. Or je m'interroge sur ce calcul, qui ne correspond pas à ce que j'avais moi-même estimé compte tenu de mon ancienneté et de ma rémunération.

En effet, ... **(expliquez succinctement votre calcul)**.

Je vous demande de bien vouloir m'éclairer sur cette question, qui, vous le comprendrez, est pour moi de la plus grande importance.

Dans l'attente de votre réponse, je vous prie d'agréer, Madame, Monsieur, l'expression de mes salutations distinguées.

Votre signature

Pièce à joindre éventuellement (l'Assedic dispose déjà de ces documents dans votre dossier) :
– une copie de l'attestation Assedic.

Assedic : demande d'explication d'un délai de carence

Vos nom, prénoms
Votre adresse
Votre numéro de téléphone
Votre numéro d'allocataire

Nom et coordonnées de votre Assedic

. . . . **(lieu)**, ... **(date)**

Objet : délai de carence

Madame, Monsieur,

Je viens de recevoir de vos services un avis par lequel j'apprends que le délai de carence qui m'est imposé sera de . . . . jours. Or je m'interroge sur ce calcul, qui ne correspond pas à ce que j'avais moi-même estimé compte tenu des sommes que j'ai perçues lors de mon licenciement.

En effet, ... **(expliquez succinctement votre calcul)**.

Je vous demande de bien vouloir m'éclairer sur cette question, qui, vous le comprendrez, est pour moi de la plus grande importance.

Dans l'attente de votre réponse, je vous prie d'agréer, Madame, Monsieur, l'expression de mes salutations distinguées.

Votre signature

Pièces à joindre éventuellement *(l'Assedic dispose déjà de ces documents dans votre dossier) :*
– une copie de l'attestation Assedic ;
– une copie du solde de tout compte.

Demande de saisine de la commission paritaire de l'Assedic [1]

Vos nom, prénoms
Votre adresse
Votre numéro de téléphone
Votre numéro d'allocataire

Nom et coordonnées de votre Assedic

. . . . **(lieu)**, ... **(date)**

Objet : demande de saisine de la commission paritaire

Madame, Monsieur,

Ayant démissionné le . . . . **(date de la démission)**, je me suis inscrit(e) à l'Assedic le . . . . **(date de l'inscription)**. Comme le règlement le prévoit, je n'ai pas pu percevoir d'allocation pendant quatre mois.

Ce délai ayant expiré, malgré une recherche active (envoi de CV, entretiens d'embauche...), je n'ai pas retrouvé d'emploi. Je vous prie donc de bien vouloir saisir en mon nom la commission paritaire, pour lui soumettre mon dossier de demande de réinscription [2].

Vous trouverez ci-joints les justificatifs de ma recherche d'emploi.

Dans l'attente de votre réponse, je vous prie d'agréer, Madame, Monsieur, l'expression de mes salutations distinguées.

Votre signature

Pièces à joindre :
– un exemplaire de CV et de lettre de motivation ;
– la liste complète des entreprises et organismes auxquels vous avez envoyé un CV et une lettre de motivation spontanément ou en réponse à une offre d'emploi ;
– la copie de leurs réponses lorsqu'elles ont répondu ;
– la liste des sites Internet où vous avez éventuellement déposé votre CV et les offres que vous avez reçues par ce biais ;
– la liste complète des entretiens d'embauche que vous avez passés, avec une courte explication des motifs de l'échec ;
– tout autre justificatif prouvant une recherche active mais infructueuse.

1. Les allocataires peuvent recourir à la commission paritaire de l'Assedic dans les cas suivants :
– examen de la situation des personnes à la recherche d'un emploi quatre mois après une démission (délibération 3, § 1 du règlement) ;
– recours contre une décision de suspension du versement des allocations (délibération 3, § 2 du règlement) ;

– exclusion du bénéfice des allocations par décision du préfet (délibération 3, § 3 du règlement) ;
– remise des prestations perçues à tort (délibération 3, § 8 du règlement).
2. Le dossier fait l'objet d'un rapport écrit par un agent de l'Assedic à partir d'informations fournies par l'allocataire. La décision de la commission paritaire doit vous être notifiée et être motivée. Si elle ne vous convient pas, seuls des éléments nouveaux non connus de la commission paritaire permettent un nouvel examen. En revanche, vous pouvez demander à consulter le rapport qui lui a été présenté.
Sur le recours au médiateur de l'Assedic, voir le chapitre « Régler tous les litiges ».

Assedic : réponse à un contrôle de recherche d'emploi

Vos nom, prénoms
Votre adresse
Votre numéro de téléphone
Votre numéro d'allocataire

Nom et coordonnées de votre Assedic

. . . . **(lieu)**, ... **(date)**

Objet : contrôle de recherche d'emploi

Madame, Monsieur,

Je viens de recevoir de vos services un avis me demandant de justifier ma recherche d'emploi. Je vous informe par la présente qu'à ce jour j'ai répondu à . . . . offres d'emploi et envoyé spontanément . . . . CV et lettres de motivation à différentes entreprises dont vous trouverez la liste en annexe.

Je n'ai malheureusement reçu que . . . . réponses, certaines négatives (copies jointes), d'autres pour me proposer un entretien auquel je me suis évidemment rendu. J'ai aussi déposé mon CV sur plusieurs sites Internet spécialisés, ... **(donnez leur nom)**.
Tout cela n'a pas, pour le moment, porté ses fruits, mais je persévère dans mes efforts de reclassement.

Souhaitant avoir été suffisamment convaincant(e), je me tiens malgré tout à votre disposition si vous souhaitez de plus amples détails.

Veuillez agréer, Madame, Monsieur, l'expression de mes salutations distinguées.

Votre signature

Pièces à joindre :
– un exemplaire de CV et de lettre de motivation ;
– la liste complète des entreprises et organismes auxquels vous avez envoyé un CV et une lettre de motivation spontanément ou en réponse à une offre d'emploi ;
– la copie de leurs réponses lorsqu'elles ont répondu ;

– la liste des sites Internet où vous avez éventuellement déposé votre CV et les offres que vous avez reçues par ce biais ;
– la liste complète des entretiens d'embauche que vous avez passés, avec une courte explication des motifs de l'échec ;
– tout autre justificatif prouvant une recherche active mais infructueuse.

Assedic : demande d'acompte

Vos nom, prénoms
Votre adresse
Votre numéro de téléphone
Votre numéro d'allocataire

Nom et coordonnées de votre Assedic

. . . . **(lieu)**, ... **(date)**

Objet : demande d'acompte [1]

Madame, Monsieur,

Je suis actuellement au chômage, indemnisé par vos soins, mais je dois faire face à une dépense imprévue **(expliquez laquelle : impôt, loyer, charges...)**.

Je vous demande donc de bien vouloir m'accorder un acompte sur le montant de mes prochaines allocations chômage, qui me permettra de payer cette créance **(ou : une partie de cette créance)**.

Dans l'attente de votre réponse, que j'espère positive, je vous prie d'agréer, Madame, Monsieur, l'expression de mes salutations distinguées.

Votre signature

Pièce à joindre :
– la copie de l'avis de paiement pour lequel vous demandez un acompte.

1. Le montant de l'acompte est retenu par l'Assedic au paiement suivant.

Remboursement de trop-perçu de l'Assedic : demande de fractionnement

Vos nom, prénoms
Votre adresse
Votre numéro de téléphone

Votre numéro d'allocataire

Nom et coordonnées de votre Assedic

. . . . **(lieu)**, ... **(date)**

Objet : demande de remboursement fractionné

Madame, Monsieur,

Je viens de recevoir un avis de vos services, me demandant de rembourser une somme perçue en trop de . . . . dans les . . . . jours.

Je ne conteste aucunement le montant de ce trop-perçu, mais, ayant déjà dépensé cet argent, je vous demande de bien vouloir m'accorder un fractionnement, de manière à me permettre de rembourser en plusieurs fois.

Dans l'attente de votre réponse, que j'espère positive, je vous prie d'agréer, Madame, Monsieur, l'expression de mes salutations distinguées.

Votre signature

Demande d'organisation d'élections par un salarié

Vos nom, prénoms
Votre adresse
Votre numéro de téléphone
Votre adresse e-mail

Lettre recommandée avec AR

Nom et coordonnées de votre employeur
ou du responsable des ressources humaines

. . . . **(lieu)**, ... **(date)**

Objet : demande d'organisation d'élections professionnelles [1]

Monsieur **(ou Madame)** . . . . ,

Dans la mesure où l'entreprise satisfait aux conditions d'effectif requises (au moins 50 salariés), j'ai l'honneur de vous demander l'organisation, dans le mois qui suit la réception de ce courrier, d'élections pour la mise en place d'un comité d'entreprise, conformément aux dispositions de l'article L.433-13, alinéa 4, du Code du travail [2].

Dans cette attente, je vous prie d'agréer, Monsieur **(ou Madame)** . . . . , l'expression de mes salutations distinguées.

Votre signature

1. Le salarié qui demande l'organisation des élections bénéficie pendant trois mois de la protection contre le licenciement des représentants du personnel.
Par ailleurs, l'employeur doit s'exécuter dans le mois qui suit la réception de la demande. S'il refuse, il est passible des peines prévues en matière de délit d'entrave.
2. Article L.433-13, alinéa 4, du Code du travail : « Dans le cas où, en l'absence de comité, l'employeur est invité à organiser des élections à la suite d'une demande émanant d'un salarié ou d'une organisation syndicale, il est tenu d'engager la procédure ci-dessus définie dans le mois suivant la réception de ladite demande. »

Demande de négociation d'un protocole d'accord préélectoral par un syndicat

Syndicat de . . . .
Adresse

Lettre recommandée avec AR

Coordonnées de l'employeur

. . . . **(lieu)**, ... **(date)**

Objet : demande de négociation d'un protocole d'accord préélectoral

Monsieur le Directeur,

Conformément aux dispositions de l'article L.433-2, alinéa 6, du Code du travail [1], nous vous demandons de bien vouloir nous accorder une entrevue pour négocier un protocole d'accord en vue des élections professionnelles qui vont avoir lieu au sein de votre entreprise.

Veuillez croire, Monsieur le Directeur, à l'expression de nos salutations distinguées.

Pour le syndicat, ...
Signature

Copie envoyée à M. l'inspecteur du travail [2]

1. Article L.433-2, alinéa 6, du Code du travail : « La répartition des sièges entre les différentes catégories et la répartition du personnel dans les collèges électoraux font l'objet d'un accord entre le chef d'entreprise ou son représentant et les organisations syndicales intéressées. »
2. L'envoi de cette copie n'est pas obligatoire mais il est néanmoins recommandé.

Désignation d'un représentant syndical au comité d'entreprise

Syndicat de . . . .
Adresse

Lettre recommandée avec AR

Nom et coordonnées de l'employeur

. . . . **(lieu)**, ... **(date)**

Monsieur le chef d'entreprise,

Conformément aux dispositions de l'article L.433-1, alinéa 4, du Code du travail [1], nous vous informons que nous désignons M. **(ou Mme, ou Mlle)** . . . . **(nom et prénoms)** comme représentant(e) syndical(e) au comité d'entreprise de . . . . [2].

Cette désignation prendra effet le . . . .

Veuillez croire, Monsieur le chef d'entreprise, à l'expression de nos salutations distinguées.

Pour le syndicat, ...
Signature

Copie envoyée à M. l'inspecteur du travail [3].

1. Article L.433-1, alinéa 4, du Code du travail : « Sous réserve des dispositions de l'article L.412-17, chaque organisation syndicale de travailleurs représentative dans l'entreprise peut désigner un représentant au comité. Il assiste aux séances avec voix consultative. Il est obligatoirement choisi parmi les membres du personnel de l'entreprise et doit remplir les conditions d'éligibilité au comité d'entreprise fixées à l'article L.433-5. »
2. Pour une entreprise de moins de 300 salariés : « ... nous vous informons que nous désignons notre délégué(e) syndical(e), M. (ou Mme, ou Mlle) . . . . (nom et prénoms) comme représentant(e) syndical(e) au comité d'entreprise de . . . . »
3. Une copie de ce courrier doit être simultanément envoyée à l'inspecteur du travail.

Lettre de candidature libre au second tour

Au premier tour du scrutin, seules les organisations syndicales représentatives dans l'entreprise sont habilitées à présenter des listes de candidats.
Au second tour, les organisations syndicales représentatives perdent leur monopole. Peuvent ainsi se présenter des candidats « libres ».

Vos nom, prénoms
Votre adresse
Votre numéro de téléphone
Votre adresse e-mail

Lettre recommandée avec AR

Nom et coordonnées de votre employeur
ou du responsable des ressources humaines

. . . . **(lieu)**, ... **(date)**

Objet : candidature aux élections professionnelles

Monsieur le Directeur,

J'ai l'honneur de vous informer de mon intention de poser ma candidature au deuxième tour de scrutin des prochaines élections pour la mise en place d'un comité d'entreprise en tant que . . . . **(titulaire ou suppléant)** du collège . . . . **(indiquez le collège correspondant à votre catégorie professionnelle ; exemples : « ouvriers et employés » ou « ingénieurs, chefs de service, techniciens, agents de maîtrise et assimilés »)**.

Je vous prie d'agréer, Monsieur le Directeur, l'expression de mes salutations distinguées.

Votre signature

Convocation à une réunion ordinaire du comité d'entreprise

Le comité d'entreprise doit se réunir régulièrement pour prendre des résolutions, émettre des avis... La périodicité de la réunion du comité d'entreprise dépend du nombre de salariés employés dans l'entreprise :

- dans les entreprises de moins de 150 salariés, le comité d'entreprise se réunit au moins une fois tous les deux mois ;
- dans les entreprises de 150 salariés et plus, les réunions ont lieu une fois par mois.

C'est le chef d'entreprise (ou son représentant) qui est chargé de convoquer tous les membres du comité d'entreprise.

Nom et adresse de l'employeur

Lettre recommandée avec AR

Nom, prénoms du membre du CE [1]
Son adresse

. . . . **(lieu)**, ... **(date)**

Objet : convocation à la réunion du comité d'entreprise [2]

Monsieur **(ou Madame)**,

Nous comptons sur votre présence à la réunion du comité d'entreprise qui aura lieu le . . . . , à . . . . heures, dans les locaux de l'entreprise, salle n° . . . . **(indiquez la salle ou le lieu précis où se tiendra la réunion)**.

Vous trouverez ci-joint l'ordre du jour de cette réunion, ainsi que le procès-verbal de la dernière réunion qui sera soumis à l'approbation du comité.

Veuillez agréer, Monsieur (ou Madame), l'expression de nos salutations distinguées.

Signature du chef d'entreprise **Signature du secrétaire du CE**

Pièces à joindre :
– ordre du jour de la réunion annoncée ;
– procès-verbal de la réunion précédente.

1. La convocation doit être adressée individuellement : aux titulaires ; aux suppléants, qui assisteront à la réunion soit en leur qualité de suppléants, soit en tant que remplaçants de titulaires absents ; aux représentants syndicaux.
2. Aucun délai n'est fixé expressément par le Code du travail pour l'envoi de la convocation. Dans la mesure où l'ordre du jour doit être communiqué aux membres du comité d'entreprise au moins trois jours avant la réunion, on peut supposer que la convocation ne peut être envoyée dans un délai inférieur.

Réunion ordinaire du comité d'entreprise : exemple d'ordre du jour

L'ordre du jour doit être conjointement « arrêté par le chef d'entreprise et le secrétaire » du comité d'entreprise, et doit énumérer toutes les questions qui seront examinées au cours de la réunion à condition qu'elles relèvent de la compétence du comité d'entreprise. L'ordre dans lequel vont être classés les thèmes à aborder est important. Ainsi, dans la mesure où le président est tenu de suivre la chronologie des questions, mieux vaut placer les questions importantes en début de séance, afin d'éviter, par exemple, qu'elles ne soient bâclées par lassitude.

Ordre du jour de la réunion ordinaire du comité d'entreprise [1]
À l'attention des membres élus, titulaires et suppléants,
et des représentants syndicaux au comité

1) Approbation du procès-verbal de la précédente réunion ci-joint.

2) Consultation et/ou information du comité par le chef d'entreprise. Les questions suivantes seront soumises à l'avis du comité :
– . . . .
– . . . .
– . . . .

Ci-joint les informations relatives à cette consultation : . . . .
(indiquez précisément la liste des documents joints).

3) Rapports et comptes rendus d'activité des différentes commissions du comité.

4) Les sujets déjà abordés précédemment mais nécessitant un approfondissement.

5) Questions diverses [2] :

Signature du président **Signature du secrétaire**

1. L'ordre du jour doit être communiqué à tous les membres du comité d'entreprise au moins trois jours (ouvrés) avant la réunion afin de leur laisser un temps suffisant de préparation.
2. Rubrique « fourre-tout » qui doit permettre l'examen de problèmes de dernière minute ou urgents. Le chef d'entreprise ne doit pas utiliser cette rubrique pour aborder en réunion des questions trop importantes qui auraient nécessité un examen préalable des membres du comité d'entreprise.

Demande d'une réunion extraordinaire par les membres élus

Quelle que soit la périodicité des réunions « ordinaires » (mensuelles ou bimestrielles) du comité d'entreprise applicable dans l'entreprise, la majorité des membres du comité d'entreprise peut demander la tenue d'une réunion exceptionnelle, entre deux réunions « ordinaires ».
La loi n'imposant aucune forme particulière, cette demande peut se faire par lettre simple ou recommandée, ou même encore par lettre remise en main propre.

Comité d'entreprise de . . . .

M. le président du comité d'entreprise
Nom et adresse de l'entreprise

. . . . **(lieu)**, ... **(date)**

Monsieur le président du comité,

Conformément à l'article L.434-3, alinéa premier, du Code du travail [1], le comité d'entreprise vous demande – à la majorité de ses membres – de bien vouloir procéder à la convocation d'une réunion extraordinaire du comité.

Nous souhaitons mettre à l'ordre du jour de cette réunion :
1) . . . .
2) . . . .
3) . . . .
...

Il serait souhaitable que la date de cette réunion soit fixée le . . . . [2]

Dans cette attente, nous vous prions de bien vouloir agréer, Monsieur le président du comité, l'expression de nos salutations distinguées.

Signatures [3]

1. Article L.434-3, alinéa premier, du Code du travail : « Dans les entreprises dont l'effectif est au moins égal à cent cinquante salariés, le comité se réunit au moins une fois par mois sur convocation du chef d'entreprise ou de son représentant. Dans les entreprises dont l'effectif est inférieur à cent cinquante salariés, et sauf dans le cas où le chef d'entreprise a opté pour l'application des dispositions de l'article L.431-1-1, le comité d'entreprise se réunit au moins

une fois tous les deux mois. Le comité peut, en outre, tenir une seconde réunion à la demande de la majorité de ses membres. »
2. L'employeur, qui ne peut refuser la tenue de la réunion extraordinaire, peut choisir la date. Il doit, cependant, l'organiser avant la date prévue pour la réunion plénière ordinaire (mensuelle ou bimestrielle).
3. Il est conseillé de faire signer la lettre par tous les membres du comité qui ont demandé la tenue de la réunion extraordinaire.

Demande de congé de formation économique par un membre du comité d'entreprise

Tout membre titulaire d'un comité d'entreprise, dès lors qu'il est élu pour la première fois, a le droit de bénéficier d'un congé de formation économique.
Cette formation est vivement recommandée pour permettre au représentant nouvellement élu de remplir au mieux ses nouvelles fonctions.

Vos nom, prénoms
Votre adresse
Votre numéro de téléphone
Votre adresse e-mail

Lettre recommandée avec AR

Nom et coordonnées de votre employeur
ou du responsable des ressources humaines

. . . . **(lieu)**, ... **(date)**

Objet : demande de congé de formation économique [1]

Monsieur le Directeur,

Élu au comité d'entreprise le . . . . (date), en tant que membre titulaire, j'ai l'honneur de vous demander l'autorisation de m'absenter en vue de participer à une formation économique, conformément aux dispositions de l'article L.434-10 du Code du travail [2].

J'envisage de prendre ce congé à compter du . . . . **(date de début)** afin de participer à un stage d'une durée de . . . . jours (maximum cinq jours), organisé par . . . . (indiquez le nom de l'organisme de formation).

Conformément à l'article R.451-4 du Code du travail [3], je vous fournirai, à mon retour, une attestation de présence au stage.

Dans l'attente de votre réponse, veuillez croire, Monsieur le Directeur, à l'expression de mes salutations distinguées.

Votre signature

1. La demande de congé doit être envoyée au moins trente jours avant la date de départ en congé.
2. Article L.434-10 du Code du travail : « Les membres titulaires du comité d'entreprise qui, à la date de promulgation de la loi n° 82-915 du 28 octobre 1982, détiennent un mandat ou seront élus pour la première fois après cette

date, bénéficient, dans les conditions et limites prévues à l'article L.451-3, d'un stage de formation économique d'une durée maximale de cinq jours dispensé soit par un organisme figurant sur une liste arrêtée par le préfet de région, après avis du comité de coordination régional de l'emploi et de la formation professionnelle, soit par un des organismes visés à l'article L.451-1. Cette formation est renouvelée lorsqu'ils ont exercé leur mandat pendant quatre ans, consécutifs ou non.
« Le temps consacré à cette formation est pris sur le temps de travail et il est rémunéré comme tel. Il n'est pas déduit du temps qui, en application de l'article L.434-1, est alloué aux membres du comité d'entreprise pour l'exercice de leurs fonctions. Il est imputé sur la durée du congé prévu au chapitre premier du titre V du livre IV du présent Code.
« Le financement de la formation instituée au présent article est pris en charge par le comité d'entreprise. »
3. Article R.451-4 du Code du travail : « L'organisme chargé des stages ou sessions doit délivrer aux travailleurs une attestation constatant la fréquentation effective de ceux-ci par l'intéressé. Cette attestation est remise à l'employeur au moment de la reprise du travail. »

Désignation d'un mandataire permanent pour représenter le comité d'entreprise

Pour gérer son patrimoine, passer des contrats, agir en justice, etc., le comité d'entreprise devra être « valablement représenté par un de ses membres délégué à cet effet » (Code du travail, art. R.432-1) et qui agira en son nom. Il peut s'agir de l'un quelconque de ses membres.
Le mandat (ou délégation) doit résulter d'une délibération du comité et d'un vote majoritaire de ses membres. Le procès-verbal de réunion doit impérativement consigner cette délégation, en préciser la date ainsi que son objet.
La délégation, qui doit être écrite, peut avoir une étendue variable. Elle peut être :
- spéciale et limitée (le comité désigne l'un de ses membres pour exercer un droit particulier : introduire en justice l'affaire X, négocier l'achat de chèques-vacances, etc.) ;
- spéciale et permanente (le comité désigne l'un de ses membres pour le représenter de manière permanente en justice) ;
- générale et permanente (le comité d'entreprise désigne l'un de ses membres pour le représenter en tous domaines).

Modèle de mandat spécial et limité (représentation du CE dans une action judiciaire précise)

Comité d'entreprise de . . . .
Son adresse

Conformément à sa délibération en date du . . . . , le comité d'entreprise de . . . . donne pouvoir à Monsieur **(ou Madame)** . . . . (nom, prénom), ... **(indiquez sa fonction au sein du comité ; exemples : secrétaire du comité, trésorier...)** [1] pour le représenter en justice dans l'action que M. (ou Mme) . . . . **(nom, prénom)** a engagée contre le CE,

devant le tribunal de . . . . **(ville, adresse complète)**, pour les raisons suivantes : . . . .
Monsieur **(ou Madame)** . . . . pourra, si nécessaire, se faire assister par Maître . . . . , avocat au barreau de . . . .

Monsieur **(ou Madame)** . . . . rendra compte au comité de l'évolution et des résultats de cette action. Le comité d'entreprise décidera des suites à donner à l'affaire.

1. Le mandat de délégation n'a pas à être forcément nominatif : la désignation du titulaire du mandat par sa fonction au sein du comité (« le secrétaire », « le trésorier »...) est tout à fait valable.

MODÈLE DE MANDAT SPECIAL ET PERMANENT (REPRESENTATION DU CE DANS TOUTES SES ACTIONS JUDICIAIRES)

Comité d'entreprise de . . . .
Son adresse

Conformément à sa délibération en date du . . . . , le comité d'entreprise de . . . . donne pouvoir à Monsieur **(ou Madame)** . . . . (nom, prénom), ... **(indiquez sa fonction au sein du comité ; exemples : secrétaire du comité, trésorier...)** pour le représenter en justice dans toutes les actions en demande ou en défense.

Monsieur **(ou Madame)** . . . . pourra, si nécessaire, être assisté par Maître . . . . , avocat au barreau de . . . .

MODÈLE DE MANDAT GÉNÉRAL ET PERMANENT (REPRÉSENTATION DU CE EN TOUS DOMAINES)

Comité d'entreprise de . . . .
Son adresse

Conformément à sa délibération en date du . . . . , le comité d'entreprise de . . . . donne pouvoir à Monsieur **(ou Madame)** . . . . **(nom, prénom)**, ... (indiquez sa fonction au sein du comité ; exemples : secrétaire du comité, trésorier...) pour le représenter de façon générale et permanente. Il (Elle) est donc habilité(e) à : . . . . **(même si la délégation est générale et permanente, le mandat devra énumérer tous les cas de représentation du comité)**.

Monsieur **(ou Madame)** . . . . rendra compte au comité de chacun de ses actes de la façon suivante : . . . .

Demande de versement de la subvention de fonctionnement

Tout comité d'entreprise dispose de deux budgets bien distincts : un budget pour les dépenses liées à son fonctionnement et un budget destiné à financer les activités sociales et culturelles proposées aux salariés.

Les ressources du comité d'entreprise, pour alimenter ces budgets, proviennent essentiellement de l'employeur : la subvention de fonctionnement, d'une part, et la contribution destinée aux activités sociales et culturelles, d'autre part.

Comité d'entreprise de . . . .

Lettre recommandée avec AR

Nom et coordonnées de l'employeur

. . . . **(lieu)**, ... **(date)**

Objet : demande de versement de la subvention de fonctionnement

Monsieur le chef d'entreprise,

L'article L.434-8 du Code du travail [(1)] vous impose de verser au comité d'entreprise une subvention de fonctionnement d'un montant annuel égal à 0,2 % de la masse salariale brute [(2)].
Or, notre trésorier vient de s'apercevoir que, pour la période du . . . . au . . . . , vous ne nous avez pas versé la somme due au titre de cette subvention.
En conséquence, nous vous demandons de bien vouloir procéder au versement de la somme due, qui s'élève à . . . . €, sur le compte bancaire du comité, avant le . . . .

(ou : « vous ne nous avez versé que . . . . € alors que ladite subvention aurait dû s'élever à . . . . €.
« En conséquence, nous vous demandons de bien vouloir procéder à un versement régularisateur d'un montant de . . . . € sur le compte bancaire du comité, avant le . . . .)

À défaut de réponse de votre part, nous serons au regret de saisir le tribunal compétent pour vous contraindre à l'exécution de votre obligation.

Veuillez croire, Monsieur le chef d'entreprise, à l'expression de nos salutations distinguées.

Le secrétaire du comité d'entreprise
Signature

1. Article L.434-8 du Code du travail (extrait) : « Le chef d'entreprise verse au comité une subvention de fonctionnement d'un montant annuel équivalent à 0,2 p. 100 de la masse salariale brute ».
2. Du montant de cette subvention, le chef d'entreprise peut déduire les moyens matériels (exemples : ordinateur, fax...) et/ou en personnel (exemple : secrétaire) qu'il a mis à disposition du comité.

Demande de versement de la subvention des activités sociales et culturelles

Comité d'entreprise de . . . .

Lettre recommandée avec AR

Nom et coordonnées de l'employeur

. . . . **(lieu)**, ... **(date)**

Objet : demande de versement de la subvention des activités sociales et culturelles

Monsieur le chef d'entreprise,

L'article L.432-9 du Code du travail [1] vous impose de verser au comité d'entreprise une subvention au titre de ses activités sociales et culturelles.

Or, même si la loi ne prévoit pas (comme pour le budget de fonctionnement) de taux minimum précis pour ce budget, elle impose cependant deux limites :
– un minimum exprimé en valeur : ainsi, le montant annuel de la contribution versée par l'employeur ne doit pas être inférieur ni « au total le plus élevé des sommes affectées aux dépenses sociales de l'entreprise atteint au cours des trois dernières années précédant la prise en charge des activités sociales et culturelles par le comité d'entreprise », ni « au total le plus élevé des sommes affectées aux dépenses sociales précitées de l'entreprise atteint au cours de l'une des trois dernières années » ;
– un minimum exprimé en pourcentage : le rapport de cette contribution au montant global de la masse salariale (c'est-à-dire des salaires payés) ne peut être inférieur au même pourcentage ayant existé au cours de l'année de référence.

Nous estimons donc que, pour l'année 20..., le montant de cette subvention s'élève à . . . . €.

Or, notre trésorier vient de s'apercevoir que, pour l'année 20..., vous ne nous avez pas versé la somme due au titre de cette subvention.

En conséquence, nous vous demandons de bien vouloir procéder au versement de la somme due, qui s'élève à . . . . €, sur le compte bancaire du comité, avant le . . . .

(ou : « vous ne nous avez versé que . . . .€ alors que ladite subvention aurait dû s'élever à . . . . €.
« En conséquence, nous vous demandons de bien vouloir procéder à un versement régularisateur d'un montant de . . . . € sur le compte bancaire du comité, avant le . . . .)

Veuillez croire, Monsieur le chef d'entreprise, à l'expression de nos salutations distinguées.

Le secrétaire du comité d'entreprise

Signature

1. Article L.432-9 du Code du travail : « La contribution versée chaque année par l'employeur pour financer des institutions sociales du comité d'entreprise ne peut, en aucun cas, être inférieure au total le plus élevé des sommes affectées aux dépenses sociales de l'entreprise atteint au cours des trois dernières années précédant la prise en charge des activités sociales et culturelles par le comité d'entreprise, à l'exclusion des dépenses temporaires lorsque les besoins correspondants ont disparu.
« Le rapport de cette contribution au montant global des salaires payés ne peut non plus être inférieur au même rapport existant pour l'année de référence définie à l'alinéa précédent. »

Lettre de démission d'un membre du comité d'entreprise

Vos nom, prénoms
Membre titulaire (ou suppléant) du comité d'entreprise
Votre adresse
Votre numéro de téléphone
Votre adresse e-mail

Lettre recommandée avec AR

Nom et coordonnées de votre employeur (1)

. . . . **(lieu)**, ... **(date)**

Objet : démission du mandat

Monsieur le président,

Élu au comité d'entreprise depuis le . . . . **(date)** en tant que membre titulaire, j'ai le regret de vous présenter ma démission de mon mandat de membre de ce comité. Je vous informe que je cesserai mes fonctions à partir du . . . .

Je vous prie donc de bien vouloir prendre acte de cette démission et de procéder à mon remplacement.

Veuillez croire, Monsieur le président, à l'expression de mes salutations distinguées.

Votre signature

1. Vous envoyez votre courrier à votre employeur, qui est également le président du comité d'entreprise.

Licenciement pour motif personnel d'un membre du comité d'entreprise : demande d'autorisation à l'inspecteur du travail

Dès lors qu'il envisage le licenciement (quel qu'en soit le motif : personnel ou économique) d'un membre du comité d'entreprise (membre élu, titulaire ou suppléant ; représentant syndical), salarié dit « protégé », l'employeur doit suivre une procédure précise. Notamment, il doit solliciter l'autorisation de l'inspecteur du travail.

Nom et adresse de l'employeur

Lettre recommandée avec AR

M. **(ou Mme) . . . .**
Inspecteur(trice) du travail [1]
Son adresse

. . . . **(lieu)**, ... **(date)**

Objet : demande d'autorisation de licenciement d'un membre du CE [2]

Monsieur l'inspecteur **(ou Madame l'inspectrice)**,

Nous sommes au regret de devoir envisager le licenciement de M. (ou Mme) . . . .

Employé dans notre entreprise depuis le . . . . , où il occupe les fonctions de . . . . , il est également membre titulaire **(ou suppléant)** du comité d'entreprise de notre établissement.

Les motifs de son licenciement sont les suivants : . . . . **(les motifs doivent être indiqués de manière complète et précise ; exemples : faute grave, suppression du poste, modification du contrat de travail refusée par le salarié...)**.

Le comité d'entreprise, consulté sur ce projet de licenciement, lors de la réunion du . . . . , a émis un avis favorable **(ou défavorable)**. En conséquence, nous vous demandons de bien vouloir autoriser le licenciement de M. (ou Mme) . . . .

Vous trouverez ci-joint, conformément à l'article R.436-3 du Code du travail [3], le procès-verbal de cette réunion.

Nous sommes à votre disposition pour tout renseignement complémentaire et, dans l'attente de votre décision, nous vous prions d'agréer, Monsieur l'inspecteur **(ou Madame l'inspectrice)**, l'expression de notre respectueuse considération.

Signature

P.J. : procès-verbal de consultation du CE

1. La demande d'autorisation de licenciement doit être envoyée à l'inspecteur du travail dont dépend l'établissement où est employé le salarié que l'employeur souhaite licencier.
2. La demande d'autorisation de licenciement – accompagnée du procès-verbal de la réunion du comité d'entreprise – doit être adressée à l'inspecteur du travail dans les quinze jours qui suivent la délibération du comité d'entreprise.
3. Article R.436-3 du Code du travail : « La demande d'autorisation de licenciement est adressée par lettre recommandée avec demande d'avis de réception à l'inspecteur du travail dont dépend l'établissement où est employé l'intéressé.
« Cette demande énonce les motifs du licenciement envisagé ; elle est accompagnée du procès-verbal de la réunion du comité d'entreprise. Sauf dans le cas de mise à pied, elle est présentée au plus tard dans les quinze jours suivant la délibération du comité d'entreprise. »

Licenciement d'un membre du comité d'entreprise : recours hiérarchique exercé devant le ministre du Travail

Vos nom, prénoms
Votre adresse
Votre numéro de téléphone
Votre adresse e-mail

Lettre recommandée avec AR

Ministère de l'Emploi et de la Solidarité
Direction des relations du travail
Adresse

. . . . **(lieu)**, ... **(date)**

Monsieur le ministre,

Par lettre datée du . . . . , dont vous trouverez ci-jointe une copie en plus du dossier de pièces que je vous adresse **(procès-verbal de l'avis du CE, lettre du syndicat à l'inspecteur du travail, témoignages de collègues...)**, M. **(ou Mme)** . . . . **(nom)**, inspecteur du travail de . . . . , a autorisé mon employeur, M. . . . . **(ou la société . . . .)**, à procéder à mon licenciement.

En application de l'article R.436-6 du Code du travail [1], j'ai l'honneur d'exercer devant vous un recours hiérarchique en annulation de cette décision d'autorisation de licenciement me concernant.

Employé dans l'entreprise depuis le . . . . , où j'occupe les fonctions de . . . . , je suis en outre membre titulaire **(ou suppléant)** du comité d'entreprise de l'établissement.

Voici les raisons pour lesquelles je vous demande de bien vouloir annuler la décision d'autorisation de licenciement me concernant : . . . . **(exposez clairement vos arguments)**.

En conséquence, je vous demande respectueusement d'annuler la décision de l'inspecteur ainsi que mon licenciement.

Me tenant à votre disposition pour tout renseignement complémentaire, je vous prie d'agréer, Monsieur le ministre, l'expression de ma haute considération.

Votre signature

Pièces à joindre :
– copie de la lettre de l'inspecteur du travail ;
– dossier mentionné dans la lettre.

1. Article R.436-6 du Code du travail : « Le ministre compétent peut annuler ou réformer la décision de l'inspecteur du travail sur le recours de l'employeur, du salarié ou du syndicat que ce salarié représente ou auquel il a donné mandat à cet effet.
« Ce recours doit être introduit dans un délai de deux mois à compter de la notification de la décision de l'inspecteur.
« Le silence gardé pendant plus de quatre mois sur ce recours vaut décision de rejet.
« Le silence gardé pendant plus de quatre mois par le ministre compétent, saisi d'un recours hiérarchique sur une décision prise par l'inspecteur du travail ou l'autorité qui en tient lieu dans le cadre de l'article L.627-5 du Code de commerce ou de l'article 29 de la loi nº 83-675 du 26 juillet 1983 relative à la démocratisation du secteur public, vaut décision de rejet. »

Membre du CE licencié irrégulièrement : demande de réintégration (1re hypothèse)

L'employeur qui ne sollicite pas l'autorisation de licenciement à l'inspecteur du travail ou qui passe outre sa décision refusant d'autoriser le licenciement s'expose à des sanctions civiles (nullité du licenciement, réintégration du salarié) et même pénales (délit d'entrave).

Vos nom, prénoms
Votre adresse
Votre numéro de téléphone
Votre adresse e-mail

Lettre recommandée avec AR

Nom et coordonnées de votre employeur

. . . . **(lieu)**, ... **(date)**

Objet : demande de réintégration

Monsieur **(ou Madame)**,

Par courrier daté du . . . . , vous m'avez notifié mon licenciement pour le(s) motif(s) suivant(s) : . . . . **(indiquez le ou les motifs allégués par votre employeur)**.

Or, vous n'ignorez pas qu'en raison de ma qualité de membre élu au comité d'entreprise de votre établissement, mon licenciement aurait nécessité l'obtention d'une autorisation préalable auprès de l'inspecteur du travail, tel que cela est prévu à l'article R.436-3 du Code du travail [1], ce qui n'a pas été le cas.

Cette décision de licenciement prise à mon égard étant, de ce fait, nulle, je vous demande de bien vouloir me réintégrer dans l'emploi que j'occupais avant mon licenciement.

Je vous demande, en outre, de me verser les salaires qui me sont dus depuis le . . . . , jour de mon licenciement, jusqu'au jour de ma réintégration effective au sein de l'entreprise.

Veuillez agréer, Monsieur (ou Madame), l'expression de mes salutations distinguées.

Votre signature

1. Article R.436-3 du Code du travail : « La demande d'autorisation de licenciement est adressée par lettre recommandée avec demande d'avis de réception à l'inspecteur du travail dont dépend l'établissement où est employé l'intéressé.
« Cette demande énonce les motifs du licenciement envisagé ; elle est accompagnée du procès-verbal de la réunion du comité d'entreprise. Sauf dans le cas de mise à pied, elle est présentée au plus tard dans les quinze jours suivant la délibération du comité d'entreprise. »

Membre du CE licencié irrégulièrement : demande de réintégration (2e hypothèse)

Si la décision de l'inspecteur du travail autorisant le licenciement est annulée soit par décision du ministre (recours hiérarchique), soit par décision du juge administratif, le salarié doit être réintégré dans son emploi ou dans un emploi équivalent.

Vos nom, prénoms
Votre adresse
Votre numéro de téléphone
Votre adresse e-mail

Lettre recommandée avec AR

Nom et coordonnées de votre employeur

. . . . **(lieu)**, ... **(date)**

Objet : demande de réintégration (1)

Monsieur **(ou Madame)**,

Par courrier daté du . . . . , vous m'avez notifié mon licenciement pour le(s) motif(s) suivant(s) : . . . . **(indiquez le ou les motifs allégués par votre employeur)**.

Or, vous n'ignorez pas que le ministre du Travail (ou le tribunal administratif de . . . ou le Conseil d'État) a annulé, en date du . . . . , l'autorisation de licenciement que vous avait accordée l'inspecteur du travail.

La décision de licenciement que vous avez prise à mon égard est, de ce fait, nulle. Aussi, je vous demande, conformément aux dispositions de l'article L.436-3 du Code du travail [2], de bien vouloir me réintégrer dans l'emploi que j'occupais avant mon licenciement ou dans un emploi équivalent.

Je vous demande, en outre, de me verser les salaires qui me sont dus depuis le . . . . , jour de mon licenciement, jusqu'au jour de ma réintégration effective au sein de l'entreprise.

Veuillez agréer, Monsieur **(ou Madame)**, l'expression de mes salutations distinguées.

Votre signature

Copie est envoyée à M. **(ou Mme)** l'inspecteur(trice) du travail.

1. Attention ! Votre demande doit impérativement intervenir dans un délai de deux mois à compter de la notification de la décision de licenciement. Passé ce délai, vous ne pourrez plus demander votre réintégration.
2. Article L.436-3 du Code du travail : « L'annulation, sur recours hiérarchique, par le ministre compétent d'une décision de l'inspecteur du travail autorisant le licenciement d'un salarié mentionné aux articles L.436-1 et L.436-2 emporte, pour le salarié concerné et s'il le demande dans un délai de deux mois à compter de la notification de la décision, droit à réintégration dans son emploi ou dans un emploi équivalent.
« Il en est de même dans le cas où, sauf sursis à exécution ordonné par le Conseil d'État, le juge administratif a annulé une décision de l'inspecteur du travail ou du ministre compétent autorisant un tel licenciement.
« Le salarié concerné est réintégré dans son mandat si l'institution n'a pas été renouvelée. Dans le cas contraire, il bénéficie pendant une durée de six mois, à compter du jour où il retrouve sa place dans l'entreprise, de la procédure prévue à l'article L.436-1.
« Lorsque l'annulation de la décision d'autorisation est devenue définitive, le salarié concerné a droit au paiement d'une indemnité correspondant à la totalité du préjudice subi au cours de la période qui s'est écoulée entre son licenciement et sa réintégration s'il l'a demandée dans le délai, prévu au premier alinéa, ou l'expiration de ce délai dans le cas contraire. Ce paiement s'accompagne du versement des cotisations afférentes à ladite indemnité, qui constitue un complément de salaire. »

Membre du CE licencié irrégulièrement : demande d'indemnisation

Vos nom, prénoms
Votre adresse
Votre numéro de téléphone
Votre adresse e-mail

Lettre recommandée avec AR

Nom et coordonnées de votre employeur

. . . . **(lieu)**, ... **(date)**

Objet : demande d'indemnisation

Monsieur **(ou Madame)**,

Par courrier daté du . . . . , vous m'avez notifié mon licenciement pour le(s) motif(s) suivant(s) : . . . . **(indiquez le ou les motifs allégués par votre employeur)**.

Or, vous n'ignorez pas qu'en raison de ma qualité de membre élu au comité d'entreprise de votre établissement, mon licenciement aurait nécessité l'obtention d'une autorisation préalable auprès de l'inspecteur du travail, tel que cela est prévu à l'article R.436-3 du Code du travail, ce qui n'a pas été le cas.

Cette décision de licenciement prise à mon égard est donc, de ce fait, nulle. Toutefois, je n'envisage pas d'exiger, comme je serais en droit de le faire, que vous procédiez à ma réintégration dans l'emploi que j'occupais avant mon licenciement.

En revanche, je vous demande de me verser une indemnité compensatrice égale au montant de la rémunération que j'aurais dû percevoir depuis le . . . . , date de mon licenciement, jusqu'à la fin de ma période de protection, soit jusqu'au . . . . [1].

En outre, je vous demande de me verser une indemnité destinée à réparer l'intégralité du préjudice résultant du caractère illicite de mon licenciement et que la jurisprudence [2] estime devoir être au moins égale à celle prévue par l'article L.122-14-4 du Code du travail [3].

Veuillez agréer, Monsieur **(ou Madame)**, l'expression de mes salutations distinguées.

Votre signature

1. Cette période de protection s'achève à l'expiration du délai de six mois qui suit la fin de votre mandat.
2. Cass. soc., 12-6-2001, n° 99-41.695, Peccoud c/ Les provinciales.
3. Soit au moins égale à six mois de salaires. Article L.122-14-4 : « [...] si ce licenciement survient pour une cause qui n'est pas réelle et sérieuse, le tribunal peut proposer la réintégration du salarié dans l'entreprise [...] ; en cas de refus par l'une ou l'autre des parties, le tribunal octroie au salarié une indemnité. Cette indemnité, qui ne peut être inférieure aux salaires des six derniers mois... ».

Congés

Congé de solidarité familiale

La loi portant réforme des retraites du 21 août 2003 vient de créer un congé (qui remplace le congé d'accompagnement d'une personne en fin de vie qui avait été créé en 1999) destiné aux salariés qui souhaitent s'absenter ou passer à temps partiel pour assister un de leurs proches souffrant d'une pathologie mettant sa vie en danger (exemple : cancer en phase terminale) ou ayant été victime d'un accident grave.
Sont considérés comme faisant partie de vos proches : vos ascendants (parents, grands-parents...), vos descendants (enfants, petits-enfants...) ou encore les personnes partageant votre domicile.

Vos nom, prénoms
Votre adresse
Votre numéro de téléphone
Votre adresse e-mail

Lettre recommandée avec AR

Nom et coordonnées de votre employeur
ou du responsable des ressources humaines

. . . . **(lieu)**, ... **(date)**

Objet : demande de congé de solidarité familiale [1]

Monsieur **(ou Madame)** . . . . ,

Je vous informe que mon père, ... **(ses nom, prénoms)**, étant atteint d'un cancer en phase terminale, je souhaite, en vertu de l'article L.225-15 du Code du travail [2], bénéficier d'un congé de solidarité familiale à compter du . . . . **(date de départ)** et pour une durée de . . . . **(précisez)** [3].

Je vous joins un certificat médical attestant que mon père souffre d'un cancer mettant en jeu son pronostic vital.

Veuillez agréer, Monsieur **(ou Madame)** . . . . , l'expression de mes salutations distinguées.

Votre signature

Pièce à joindre :
– le certificat médical attestant que la personne à assister souffre d'une pathologie mettant sa vie en danger.

1. Vous devez adresser votre demande à votre employeur quinze jours au moins avant le début du congé. En cas d'urgence absolue (attestée par le certificat médical), votre congé débute dès que votre employeur reçoit votre lettre.
2. Article L.225-15 du Code du travail : « Tout salarié dont un ascendant, descendant ou une personne partageant son domicile souffre d'une pathologie mettant en jeu le pronostic vital a le droit de bénéficier d'un congé de solidarité familiale, dans des conditions définies par décret.
« Il peut, avec l'accord de son employeur, transformer ce congé en période d'activité à temps partiel.
« Le congé de solidarité familiale a une durée maximale de trois mois, renouvelable une fois. Il prend fin soit à l'expiration de cette période, soit dans les trois jours qui suivent le décès de la personne assistée, sans préjudice du bénéfice des dispositions relatives aux congés pour événements personnels et aux congés pour événements familiaux, soit à une date antérieure. Dans tous les cas, le salarié informe son employeur de la date prévisible de son retour avec un préavis de trois jours francs.
« Le salarié doit adresser à son employeur, au moins quinze jours avant le début du congé, une lettre recommandée avec demande d'avis de réception l'informant de sa volonté de bénéficier du congé de solidarité familiale, ainsi qu'un certificat médical attestant que la personne assistée souffre effectivement de la pathologie susmentionnée.
« En cas d'urgence absolue constatée par écrit par le médecin qui établit le certificat médical visé à l'alinéa précédent, le congé de solidarité familiale débute sans délai à la date de réception par l'employeur de la lettre du salarié. »
3. Le congé est d'une durée de trois mois maximum, renouvelable une fois pour la même durée. Il prend fin à l'expiration de cette période ou dans les trois jours suivant le décès de la personne assistée. Vous devez informer l'employeur de la date de votre retour au moins trois jours avant.

Congé de bilan de compétences : demande d'autorisation d'absence

Vos nom, prénoms
Votre adresse
Votre numéro de téléphone
Votre adresse e-mail

Lettre recommandée avec AR

Nom et coordonnées de votre employeur
ou du responsable des ressources humaines

. . . . **(lieu)**, ... **(date)**

Objet : demande de congé de bilan de compétences [1]

Monsieur **(ou Madame)** . . . . ,

Ayant l'ancienneté requise par l'article L.931-21 du Code du travail [2] pour pouvoir suivre un bilan de compétences dans le cadre d'un congé du même nom, je vous demande de bien vouloir m'accorder l'autorisation d'absence nécessaire.

Ce congé, d'une durée totale de . . . . **(indiquez le nombre d'heures)** [3], me permettra de suivre le bilan organisé par . . . . **(indiquez le nom de l'organisme qui doit réaliser ce bilan de compétences)**, et qui doit commencer le . . . . **(date du début du bilan)** et se terminer le . . . . **(date de fin du bilan)**.

Dans l'attente de votre réponse [4], je vous prie de croire, Monsieur **(ou Madame)** . . . . , à l'assurance de mes salutations distinguées.

Votre signature

1. Votre demande doit parvenir à votre employeur au plus tard soixante jours avant la date à laquelle doit débuter le bilan. En cas de non-respect de ce délai, votre employeur peut refuser de vous accorder l'autorisation de vous absenter.
2. Article L.931-21 du Code du travail : « [...] Pour bénéficier de ce congé [de bilan de compétences], les travailleurs doivent justifier d'une ancienneté en qualité de salarié d'au moins cinq ans, consécutifs ou non, quelle qu'ait été la nature des contrats de travail successifs, dont douze mois dans l'entreprise. »
3. La durée du bilan de compétences ne peut excéder 24 heures de temps de travail, consécutives ou non.
4. L'employeur doit vous répondre dans les trente jours suivant la réception de votre demande. À défaut, son silence vaut autorisation d'absence.

Congé de bilan de compétences : demande de prise en charge financière

Ayant obtenu l'autorisation par votre employeur de prendre un congé de bilan de compétences, vous pouvez en demander le financement par l'organisme paritaire agréé (OPACIF) auquel cotise votre employeur.

Vos nom, prénoms
Votre adresse
Votre numéro de téléphone
Votre adresse e-mail

Lettre recommandée avec AR

Nom et coordonnées de votre employeur
ou du responsable des ressources humaines

. . . . **(lieu)**, ... **(date)**

Objet : demande de financement d'un congé de bilan de compétences

Monsieur **(ou Madame)** . . . . ,

Je désire suivre le bilan de compétences organisé par . . . . **(indiquez les nom et adresse de l'organisme qui doit réaliser ce bilan)**, afin de . . . . **(indiquez vos motivations)**. Ce bilan doit commencer le . . . . (date du début du bilan) et se terminer le . . . . **(date de fin du bilan).**

Ayant obtenu l'autorisation d'absence nécessaire auprès de mon employeur **(joignez une copie de cette autorisation)**, je désirerais bénéficier d'une prise en charge financière. À cette fin, je vous serais reconnaissant(e) de bien vouloir me faire parvenir votre formulaire de demande de prise en charge prévue par l'article L.931-24 du Code du travail [1].

Dans cette attente, je vous prie de croire, Monsieur **(ou Madame)** . . . . ,
à l'assurance de mes salutations distinguées.

Votre signature

P.J. : photocopie de l'autorisation d'absence accordée par mon employeur

1. Article L.931-24 du Code du travail (extrait) : « Le salarié bénéficiaire d'un congé de bilan de compétences peut présenter une demande de prise en charge des dépenses afférentes à ce congé à l'organisme mentionné à l'article L. 951-3 auquel l'employeur verse la contribution destinée au financement des congés individuels de formation. [...]
« Les organismes paritaires mentionnés à l'article L. 951-3 peuvent refuser de prendre en charge le bénéficiaire du congé uniquement lorsque sa demande n'est pas susceptible de se rattacher à une action permettant de réaliser le bilan de compétences mentionné à l'article L. 900-2 du présent Code, lorsque les demandes de prise en charge ne peuvent être toutes simultanément satisfaites ou lorsque l'organisme chargé de la réalisation de ce bilan de compétences ne figure pas sur la liste arrêtée par l'organisme paritaire. »

Demande de congé individuel de formation à temps complet

Vous avez envie de changer de profession ? Vous voulez acquérir de nouvelles compétences, enrichir vos connaissances ? Sachez que vous bénéficiez d'un véritable « droit d'absence » pour suivre la formation de votre choix : c'est le congé individuel de formation (CIF), pendant lequel votre contrat de travail ne sera pas rompu mais suspendu. Une fois le stage terminé, votre retour dans l'entreprise est donc garanti.
Après avoir élaboré votre projet professionnel et choisi votre formation, vous devez formuler, par lettre recommandée avec accusé de réception, une demande d'autorisation d'absence auprès de votre employeur. Si vous la lui remettez en main propre, faites-lui signer un récépissé.

Vos nom, prénoms
Votre adresse
Votre numéro de téléphone
Votre adresse e-mail

Lettre recommandée avec AR

Nom et coordonnées de votre employeur
ou du responsable des ressources humaines

. . . . **(lieu)**, ... **(date)**

Objet : demande de congé individuel de formation à temps complet [1]

Monsieur **(ou Madame)** . . . . ,

Remplissant les conditions d'ancienneté exigées par la loi, puisque je travaille depuis le . . . . **(date)**, dont . . . . mois dans votre entreprise, je souhaite bénéficier, conformément aux dispositions des articles L.931-1 et L.931-2 du Code du travail [2], d'un congé individuel de formation, afin de suivre une formation de . . . . **(nom de la formation)** organisé par . . . . **(nom et adresse de l'organisme formateur)**.

Cette formation se déroulera, à temps complet, du . . . . **(indiquez la date de début du stage)** au . . . . **(indiquez la date de fin du stage)**, à raison de . . . . heures par semaine.

Dans l'attente de votre accord, qui me permettra de transmettre une demande de prise en charge financière de ma rémunération et des frais de formation à . . . . **(indiquez le nom du fonds paritaire auquel votre employeur a versé sa participation)**, je vous prie de croire, Monsieur **(ou Madame)** . . . . , à l'expression de mes salutations distinguées.

Votre signature

1. Vous devez notifier votre demande à votre employeur :
– au moins 120 jours avant le début de la formation lorsque cette dernière a une durée supérieure ou égale à six mois et qu'elle s'effectue à temps complet ;
– au moins 60 jours à l'avance si la formation a une durée inférieure à six mois, si elle s'effectue à temps partiel ou sur plusieurs périodes ou encore si elle concerne la préparation ou le passage d'un examen.
2. Article L.931-1 du Code du travail : « Le congé de formation a pour objet de permettre à tout travailleur, au cours de sa vie professionnelle, de suivre à son initiative, et à titre individuel, des actions de formation, indépendamment de sa participation aux stages compris dans le plan de formation de l'entreprise dans laquelle il exerce son activité.
« Ces actions de formation doivent permettre aux travailleurs d'accéder à un niveau supérieur de qualification, de changer d'activité ou de profession et de s'ouvrir plus largement à la culture, à la vie sociale et à l'exercice des responsabilités associatives bénévoles. Elles s'accomplissent en tout ou partie pendant le temps de travail.
« Le congé visé au premier alinéa peut également être accordé à un salarié pour préparer et pour passer un examen pour l'obtention d'un titre ou diplôme au sens de l'article 8 de la loi nº 71-577 du 16 juillet 1971 d'orientation sur l'enseignement technologique. »
Article L.931-2 du Code du travail : « Pour bénéficier de ce congé, les travailleurs doivent justifier d'une ancienneté en qualité de salarié, d'au moins vingt-quatre mois consécutifs ou non, quelle qu'ait été la nature des contrats de travail successifs, dont douze mois dans l'entreprise.
« Toutefois, les travailleurs d'entreprises artisanales de moins de dix salariés doivent justifier d'une ancienneté en qualité de salarié, d'au moins trente-six mois consécutifs ou non, quelle qu'ait été la nature des contrats de travail successifs, dont douze mois dans l'entreprise.
« La condition d'ancienneté n'est pas exigée des salariés qui ont changé d'emploi à la suite d'un licenciement pour motif économique et qui n'ont pas suivi un stage de formation entre le moment de leur licenciement et celui de leur réemploi ».

Demande de congé individuel de formation à temps partiel

Vos nom, prénoms
Votre adresse
Votre numéro de téléphone
Votre adresse e-mail

Lettre recommandée avec AR

Nom et coordonnées de votre employeur
ou du responsable des ressources humaines

. . . . **(lieu)**, ... **(date)**

Objet : demande de congé individuel de formation à temps partiel [1]

Monsieur **(ou Madame)** . . . . ,

Remplissant les conditions d'ancienneté exigées par la loi, puisque je travaille depuis le . . . . **(date)**, dont . . . . mois dans votre entreprise, je souhaite bénéficier, conformément aux dispositions des articles L.931-1 et L.931-2 du Code du travail, d'un congé individuel de formation, afin de suivre une formation de . . . . (nom de la formation) organisé par . . . . (nom et adresse de l'organisme formateur).

Ce stage se déroulera du . . . . **(date)** au . . . . **(date)**, dans le cadre d'un temps partiel, soit . . . . heures, réparties de la façon suivante :
Lundi . . . . **(date)** de . . . . heures à . . . . heures
Mardi . . . . **(date)** de . . . . heures à . . . . heures
(Etc.)

Dans l'attente de votre accord, qui me permettra de transmettre une demande de prise en charge financière de ma rémunération et des frais de formation à . . . . **(inscrivez le nom du fonds paritaire auquel votre employeur a versé sa participation)**, je vous prie de croire, Monsieur (ou Madame) . . . . , à l'expression de mes salutations distinguées.

Votre signature

1. Vous devez notifier votre demande à votre employeur :
– au moins 120 jours avant le début de la formation lorsque cette dernière a une durée supérieure ou égale à six mois et qu'elle s'effectue à temps complet ;
– au moins 60 jours à l'avance si la formation a une durée inférieure à six mois, si elle s'effectue à temps partiel ou sur plusieurs périodes ou encore si elle concerne la préparation ou le passage d'un examen.

Congé individuel de formation : accord de l'employeur

En principe, l'employeur ne peut refuser un CIF dès lors que le salarié qui en fait la demande remplit les conditions pour en bénéficier (ancienneté, délai de prévenance, délai de franchise s'il a déjà bénéficié d'un CIF dans l'entreprise...) et s'il formule sa demande dans les délais légaux impartis.

Nom et coordonnées de l'employeur
ou du responsable des ressources humaines

Lettre recommandée avec AR

Nom, prénoms de l'employé
Son adresse

. . . . **(lieu)**, ... **(date)**

Objet : acceptation d'un congé individuel de formation [1]

Monsieur **(ou Madame)** . . . . ,

J'accuse réception de votre lettre datée du . . . . par laquelle vous sollicitez un congé individuel de formation, pour une durée de . . . . , à compter du . . . .

J'ai le plaisir de vous informer de mon accord. Vous pourrez donc vous absenter de l'entreprise du . . . . **(date de début du congé)** au . . . . **(date de fin du congé)**.

Je vous prie de croire, Monsieur **(ou Madame)** . . . . , à l'expression de mes salutations distinguées.

Votre signature

1. L'employeur doit répondre à la requête du salarié dans les trente jours suivant sa réception. À défaut, le congé est réputé accepté.

Congé individuel de formation : report par l'employeur

Si l'employeur ne peut refuser l'octroi d'un CIF, il a toutefois la possibilité de différer son autorisation d'absence dans deux hypothèses :
- si l'absence du salarié est préjudiciable à la bonne marche de l'entreprise. L'employeur peut alors, à condition de motiver sa décision et après avoir consulté le comité d'entreprise (ou, à défaut, les délégués du personnel), reporter sa demande de neuf mois maximum ;
- afin de limiter le nombre des salariés simultanément absents au titre du CIF. Ce nombre peut atteindre au maximum 2 % des effectifs lorsque l'établissement compte au moins 200 salariés ; 2 % du nombre total des heures de travail effectuées dans l'année pour les autres établissements ; dans les entreprises de moins de 10 salariés, l'employeur peut différer une demande de CIF lorsqu'un salarié est déjà en CIF, car deux salariés ne peuvent être simultanément absents.

Nom et coordonnées de l'employeur
ou du responsable des ressources humaines

Lettre recommandée avec AR

Nom, prénoms de l'employé
Son adresse

. . . . **(lieu)**, ... **(date)**

Objet : report d'un congé individuel de formation

Monsieur **(ou Madame)** . . . . ,

J'accuse réception de votre lettre datée du . . . . par laquelle vous sollicitez un congé individuel de formation, pour une durée de . . . . , à compter du . . . .

Je suis désolé de vous apprendre que je ne peux vous autoriser à vous absenter de l'entreprise, dans le cadre de ce congé, avant le . . . .

En effet, jusqu'à cette date, votre absence serait préjudiciable à la bonne marche de l'entreprise **(indiquez précisément en quoi cette absence serait préjudiciable)**.

Je vous prie de croire, Monsieur **(ou Madame)** . . . . , à l'expression de mes salutations distinguées.

Votre signature

Congé individuel de formation : demande de prise en charge financière

Une fois l'autorisation d'absence obtenue, vous devez adresser – le plus tôt possible, le délai de réponse de l'organisme étant en moyenne de deux mois – une demande de prise en charge financière de votre congé auprès d'un OPACIF (organisme paritaire agréé de gestion du congé individuel de formation).
L'OPACIF peut refuser :
- si le stage n'entre pas dans la catégorie des stages de formation professionnelle ;
- s'il n'a pas suffisamment de moyens financiers.

Vos nom, prénoms
Votre adresse
Votre numéro de téléphone
Votre adresse e-mail

Lettre recommandée avec AR

Nom et coordonnées de
l'organisme paritaire agréé

. . . . **(lieu)**, ... **(date)**

Objet : demande de financement d'un congé individuel de formation

Monsieur **(ou Madame)** . . . . ,

Je désire suivre un stage de formation organisé par . . . . **(indiquez les nom et adresse de l'organisme qui doit réaliser ce stage)**, afin de . . . . **(indiquez vos**

motivations). Cette formation doit commencer le . . . . **(date du début de la formation)** et se terminer le . . . . **(date de fin de la formation)**.

Ayant obtenu l'autorisation d'absence nécessaire auprès de mon employeur **(joignez une copie de cette autorisation)**, je désirerais bénéficier d'une prise en charge financière. À cette fin, je vous serais reconnaissant(e) de bien vouloir me faire parvenir votre formulaire de demande de prise en charge prévue par l'article L.931-8-2 du Code du travail [1].

Dans cette attente, je vous prie de croire, Monsieur (ou Madame) . . .., à l'assurance de mes salutations distinguées.

Votre signature

P.J. : photocopie de l'autorisation d'absence de mon employeur

1. Article L.931-8-2 du Code du travail (extrait) : « Les salariés bénéficiaires d'un congé de formation ont droit, dès lors qu'ils ont obtenu l'accord de l'un des organismes mentionnés à l'article L. 951-3 pour la prise en charge de leur formation, à une rémunération déterminée dans les conditions fixées par le présent article.
« Les organismes paritaires mentionnés à l'article L. 951-3 peuvent refuser de prendre en charge le bénéficiaire du congé uniquement lorsque sa demande n'est pas susceptible de se rattacher à une action de formation au sens de l'article L. 900-2 du présent Code ou bien lorsque les demandes de prise en charge présentées à un organisme paritaire ne peuvent être toutes simultanément satisfaites. [...]
« Les salariés bénéficiaires d'un congé de formation ont droit, dès lors qu'ils ont obtenu l'accord de l'un des organismes mentionnés à l'article L. 951-3 pour la prise en charge de leur formation, à une rémunération égale à un pourcentage, fixé par décret, du salaire qu'ils auraient reçu s'ils étaient restés à leur poste de travail sauf dispositions conventionnelles plus favorables concernant les salariés à temps partiel et prévues dans le cadre d'un accord national interprofessionnel étendu, ou le cas échéant, d'une convention ou d'un accord collectif de branche étendu. Toutefois, l'application de ce pourcentage ne doit pas conduire à l'attribution d'une rémunération inférieure à un montant fixé par décret ou au salaire antérieur lorsqu'il est lui-même inférieur à ce montant. Ce décret peut déterminer les cas et les conditions dans lesquels la rémunération versée à un salarié en congé de formation est ou non plafonnée ».

Demandes de congé pour événements familiaux

En plus de vos congés payés annuels, la loi vous accorde des jours de congés supplémentaires lorsque surviennent certains événements liés à votre vie de famille ou concernant vos proches. Ainsi, vous avez droit :
- lorsque vous vous mariez (ou remariez), à quatre jours ;
- lors de la naissance de chacun de vos enfants, à trois jours ;
- à l'occasion du mariage (ou remariage) de chacun de vos enfants (il doit s'agir de votre propre enfant et non de l'enfant de votre conjoint), à un jour ;
- en cas de décès de votre conjoint (le partenaire d'un PACS est assimilé au conjoint) ou de l'un de vos enfants, à deux jours ;
- pour le décès de votre père ou de votre mère, de vos beaux-parents ou de vos frères et sœurs, à un jour.

Demande de congé à l'occasion de votre mariage

Vos nom, prénoms
Votre adresse
Votre numéro de téléphone
Votre adresse e-mail

Lettre recommandée avec AR

Nom et coordonnées de votre employeur
ou du responsable des ressources humaines

. . . . **(lieu)**, ... **(date)**

Objet : demande de congé à l'occasion de mon mariage

Monsieur **(ou Madame)** . . . . ,

J'ai l'honneur de vous annoncer que la date de mon mariage a été prévue pour le . . . .

En conséquence, je souhaite, en vertu de l'article L.226-1 du Code du travail [1] **(ou citez le passage de votre convention collective, si elle prévoit un plus grand nombre de jours que le Code du travail)**, bénéficier de quatre **(ou plus)** jours de congé [2], à partir du . . . . **(précisez la date)**.

Veuillez agréer, Monsieur **(ou Madame)** . . . . , l'expression de ma considération distinguée.

Votre signature

1. Article L.226-1 du Code du travail : « Tout salarié bénéficie, sur justification et à l'occasion de certains événements familiaux, d'une autorisation exceptionnelle d'absence de :
« – quatre jours pour le mariage du salarié ;
« – deux jours pour le décès d'un conjoint ou d'un enfant ;
« – un jour pour le mariage d'un enfant ;
« – un jour pour le décès du père ou de la mère.
« Ces jours d'absence n'entraînent pas de réduction de la rémunération. Ils sont assimilés à des jours de travail effectif pour la détermination de la durée du congé annuel ;
« – Trois jours pour chaque naissance survenue à son foyer ou pour l'arrivée d'un enfant placé en vue de son adoption ; ces jours d'absence ne peuvent se cumuler avec les congés accordés pour ce même enfant dans le cadre du congé de maternité prévu au premier alinéa de l'article L.122-26 ».
2. Le nombre de jours prévu par le Code du travail n'est qu'un minimum légal. La convention collective dont vous dépendez peut prévoir un nombre de jours supérieur à celui prévu par le Code du travail. N'hésitez donc pas à la consulter.

DEMANDE DE CONGÉ À L'OCCASION DE LA NAISSANCE D'UN ENFANT

Vos nom, prénoms
Votre adresse
Votre numéro de téléphone
Votre adresse e-mail

Lettre recommandée avec AR

Nom et coordonnées de votre employeur
ou du responsable des ressources humaines

. . . . **(lieu)**, ... **(date)**

Objet : demande de congé à l'occasion de la naissance de mon enfant

Monsieur **(ou Madame)** . . . . ,

J'ai l'honneur de vous annoncer la naissance de mon enfant . . . . **(nom, prénom)**, en date du . . . .

Je souhaite donc, en vertu de l'article L.226-1 du Code du travail (ou citez le passage de votre convention collective, si elle prévoit un plus grand nombre de jours que le Code du travail), bénéficier de trois **(ou plus)** jours de congé, à compter du . . . . **(précisez la date)**.

Veuillez agréer, Monsieur **(ou Madame)** . . . . , l'expression de ma considération distinguée.

Votre signature

DEMANDE DE CONGÉ À L'OCCASION DU MARIAGE DE VOTRE ENFANT

Vos nom, prénoms
Votre adresse
Votre numéro de téléphone
Votre adresse e-mail

Lettre recommandée avec AR

Nom et coordonnées de votre employeur
ou du responsable des ressources humaines

. . . . **(lieu)**, ... **(date)**

Objet : demande de congé à l'occasion du mariage de mon enfant

Monsieur **(ou Madame)** . . . . ,

J'ai l'honneur de vous annoncer que le . . . . **(date)** mon enfant . . . . **(nom, prénom)** se marie.

Je souhaite donc, en vertu de l'article L.226-1 du Code du travail (ou citez le passage de votre convention collective, si elle prévoit un plus grand nombre de jours que le Code du travail), bénéficier d'un **(ou plus)** jour(s) de congé, à compter du . . . . **(précisez la date)**.

Veuillez agréer, Monsieur **(ou Madame)** . . . . , l'expression de ma considération distinguée.

Votre signature

Demande de congé à l'occasion du décès de votre conjoint

Vos nom, prénoms
Votre adresse
Votre numéro de téléphone
Votre adresse e-mail

Lettre recommandée avec AR

Nom et coordonnées de votre employeur
ou du responsable des ressources humaines

. . . . **(lieu)**, ... **(date)**

Objet : demande de congé à l'occasion du décès de mon conjoint

Monsieur **(ou Madame)** . . . . ,

J'ai la douleur de vous annoncer que le . . . . **(date)**, mon époux (ou épouse) est décédé(e).

Je souhaite donc, en vertu de l'article L.226-1 du Code du travail **(ou citez le passage de votre convention collective, si elle prévoit un plus grand nombre de jours que le Code du travail)**, bénéficier de deux (ou plus) jours de congé, à compter du . . . . **(précisez la date)**.

Veuillez agréer, Monsieur **(ou Madame)** . . . . , l'expression de ma considération distinguée.

Votre signature

Demande de congé à l'occasion du décès de l'un de vos parents

Vos nom, prénoms
Votre adresse
Votre numéro de téléphone
Votre adresse e-mail

Lettre recommandée avec AR

Nom et coordonnées de votre employeur
ou du responsable des ressources humaines

. . . . **(lieu)**, ... **(date)**

Objet : demande de congé à l'occasion du décès de mon père

Monsieur **(ou Madame)** . . . . ,

J'ai la douleur de vous annoncer que le . . . . **(date)** mon père, ... **(nom, prénom)**, est décédé.

Je souhaite donc, en vertu de l'article L.226-1 du Code du travail (ou citez le passage de votre convention collective, si elle prévoit un plus grand nombre de jours que le Code du travail), bénéficier d'un (ou plus) jour(s) de congé, à compter du . . . . **(précisez la date)**.

Veuillez agréer, Monsieur **(ou Madame)** . . . . , l'expression de ma considération distinguée.

Votre signature

Congé pour événement familial : contestation du refus de votre employeur

Votre fils se marie et, conformément à la loi, vous désirez prendre le jour de congé auquel vous avez droit pour l'occasion. Or, ne travaillant pas le samedi, jour dudit mariage, vous désirez prendre ce congé le lundi, ce que vous refuse votre employeur qui estime que le jour de congé doit être pris le jour même du mariage. Cependant, dans un arrêt du 16 décembre 1998, la Cour de cassation a estimé qu'il n'est pas indispensable que l'absence du salarié coïncide avec le jour de l'événement en cause. Le jour de congé doit être accordé au cours d'une « période raisonnable » ; ce qui laisse à penser que le salarié puisse prendre son jour de congé lors des journées « entourant » l'événement.

Vos nom, prénoms
Votre adresse
Votre numéro de téléphone
Votre adresse e-mail

Lettre recommandée avec AR

Nom et coordonnées de votre employeur
ou du responsable des ressources humaines
. . . . **(lieu)**, ... **(date)**

Monsieur **(ou Madame)** . . . . ,

Mon fils se mariant le . . . . , je vous ai indiqué que je souhaitais (conformément aux dispositions de l'article L.226-1 du Code du travail) **(ou citez le passage de votre convention collective, si elle prévoit un plus grand nombre de jours que le Code du travail)** bénéficier d'un (ou plus) jour(s) de congé, à compter du lundi . . . . **(précisez la date)**.
Vous m'avez répondu que l'événement ouvrant droit au congé tombant un samedi, c'est ce jour-là qui est concerné par le droit au congé, et que si je tiens à m'absenter le lundi, cela sera décompté sur mes congés payés.
Or, je tiens à vous informer d'un arrêt rendu par la Cour de cassation en date du 16 décembre 1998 indiquant qu'il n'est pas indispensable que l'absence du salarié coïncide avec le jour de l'événement en cause dès lors qu'il est accordé au cours d'une « période raisonnable ».
En conséquence, j'estime être dans mon bon droit en posant un jour de congé le surlendemain du mariage de mon fils.

Veuillez croire, Monsieur **(ou Madame)** . . . . , à l'expression de mes salutations distinguées.

Votre signature

Congé maternité : déclaration de grossesse à l'employeur

Vous devez avertir votre employeur en lui envoyant une lettre recommandée avec accusé de réception. N'oubliez pas de joindre à votre courrier un certificat médical attestant de votre grossesse ainsi que la date présumée de votre accouchement.

Vos nom, prénoms
Votre adresse
Votre numéro de téléphone
Votre adresse e-mail

Lettre recommandée avec AR

Nom et adresse de votre employeur
ou du responsable des ressources humaines

. . . . **(lieu)**, ... **(date)**

Objet : déclaration de grossesse

Monsieur **(ou Madame)** . . . . ,

J'ai l'honneur de vous informer, par la présente, que je suis enceinte et que le médecin a fixé la date présumée de mon accouchement au . . . .
Je souhaite donc, en vertu de l'article L.122-26 du Code du travail [1], bénéficier d'un congé de maternité à partir du . . . . **(date de départ)** et jusqu'au . . . . **(date de fin de congé)**, date à laquelle je reprendrai mon travail.
Vous trouverez ci-joint un certificat médical attestant de mon état de grossesse et indiquant la date présumée de l'accouchement.

Veuillez agréer, Monsieur **(ou Madame)** . . . . , l'expression de mes salutations distinguées.

Votre signature

P.J. : certificat médical

1. Article L.122-26 du Code du travail (extraits) : « La salariée a le droit de suspendre le contrat de travail pendant une période qui commence six semaines avant la date présumée de l'accouchement et se termine dix semaines après la date de celui-ci. Lorsque des naissances multiples sont prévues, cette période commence douze semaines avant la date présumée de l'accouchement, vingt-quatre semaines en cas de naissance de plus de deux enfants et se termine vingt-deux semaines après la date de l'accouchement. [...]
« Le père ou la mère avertit l'employeur du motif de son absence et de la date à laquelle il ou elle entend mettre fin à la suspension de son contrat de travail. »

Demande de congé de paternité pour enfant à naître

Vous allez devenir papa et vous voulez profiter au maximum de votre bébé. Or, les trois jours accordés habituellement par le Code du travail vous semblent insuffisants...
Bonne nouvelle : depuis le 1er janvier 2002, tous les pères ont désormais droit à un congé paternité de onze jours consécutifs (samedis, dimanches et jours fériés compris) non fractionnables que vous pouvez (mais ce n'est pas obligatoire, il suffit que le congé débute dans les quatre mois qui suivent la naissance de l'enfant) ajouter aux trois jours légaux. Vous avez eu des jumeaux ou des triplés : le congé est porté à dix-huit jours.

Vos nom, prénoms
Votre adresse
Votre numéro de téléphone
Votre adresse e-mail

Lettre recommandée avec AR [1]

Nom et coordonnées de votre employeur
ou du responsable des ressources humaines

. . . . **(lieu)**, ... **(date)**

Objet : demande de congé de paternité

Monsieur **(ou Madame)** . . . . ,

Je vous informe, par la présente, que mon enfant . . . . **(ses nom, prénoms)** devrait naître le . . . . **(indiquez sa date présumée de naissance)**.
Je souhaite donc, en vertu de l'article L.122-25-4 du Code du travail [(2)], bénéficier d'un congé de paternité à partir du . . . . (date de départ) et jusqu'au . . . . **(date de fin de congé)** inclus.
Vous trouverez ci-joint le certificat médical attestant de la date présumée de la naissance.

Veuillez agréer, Monsieur **(ou Madame)** . . . . , l'expression de ma considération distinguée.

Votre signature

P.J. : certificat médical

1. Pour obtenir ce congé, vous devez, dans les quatre mois qui suivent la naissance de votre enfant (ou son retour à votre domicile, s'il a dû être hospitalisé), adresser votre demande à votre employeur, par lettre recommandée avec accusé de réception, au moins un mois avant la date choisie de début du congé.
2. Article L.122-25-4 du Code du travail : « Après la naissance de son enfant et dans un délai fixé par décret, le père salarié bénéficie d'un congé de paternité de onze jours consécutifs ou de dix-huit jours consécutifs en cas de naissances multiples entraînant la suspension de son contrat de travail. Le salarié qui souhaite bénéficier du congé de paternité doit avertir son employeur au moins un mois avant la date à laquelle il entend prendre son congé, en précisant la date à laquelle il entend mettre fin à la suspension de son contrat de travail. »

Congé paternité : demande de report en raison d'une naissance de l'enfant à une date différente de celle qui était présumée

Vos nom, prénoms
Votre adresse
Votre numéro de téléphone
Votre adresse e-mail

Lettre recommandée avec AR

Nom et coordonnées de votre employeur
ou du responsable des ressources humaines

. . . . **(lieu)**, ... **(date)**

Objet : demande de report du congé de paternité

Monsieur **(ou Madame)** . . . . ,

Par lettre datée du . . . . , je vous avais informé de ma volonté de prendre un congé de paternité à compter de la date de naissance de mon enfant présumée par le médecin qui suit mon épouse, soit le . . . . **(indiquez la date présumée de naissance)**.

Or, il s'avère que mon enfant, ... **(indiquez ses nom et prénoms)**, est né plus tôt (ou plus tard) que prévu, comme l'atteste la photocopie de mon livret de famille **(ou de l'extrait d'acte de naissance)** jointe à ce courrier.
En conséquence, je vous informe que je souhaite décaler mon congé de paternité à la date du . . . . **(date de départ)** et jusqu'au . . . . **(date de fin de congé)**.
Veuillez agréer, Monsieur **(ou Madame)** . . . . , l'expression de ma considération distinguée.

Votre signature

P.J. : photocopie du livret de famille **(ou de l'extrait d'acte de naissance)**

Demande de congé de paternité pour la naissance (récente) d'un enfant

Vos nom, prénoms
Votre adresse
Votre numéro de téléphone
Votre adresse e-mail

Lettre recommandée avec AR

Nom et coordonnées de votre employeur
ou du responsable des ressources humaines

. . . . **(lieu)**, ... **(date)**

Objet : demande de congé de paternité

Monsieur **(ou Madame)** . . . . ,

Je vous informe, par la présente, que mon enfant . . . . **(ses nom, prénoms)** est né le . . . . **(date de naissance)**.

Je souhaite donc, en vertu de l'article L.122-25-4 du Code du travail, bénéficier d'un congé de paternité à partir du . . . . **(date de départ)** et jusqu'au . . . . **(date de fin de congé)**.

Vous trouverez ci-jointe la photocopie du livret de famille (ou de l'extrait d'acte de naissance) attestant de la date de la naissance de mon enfant.

Veuillez agréer, Monsieur **(ou Madame)** . . . . , l'expression de ma considération distinguée.

Votre signature

P.J. : photocopie du livret de famille **(ou de l'extrait d'acte de naissance)**

Demande de congé de paternité pour l'adoption d'un enfant

Vos nom, prénoms
Votre adresse
Votre numéro de téléphone
Votre adresse e-mail

Lettre recommandée avec AR

Nom et coordonnées de votre employeur
ou du responsable des ressources humaines

. . . . **(lieu)**, ... **(date)**

Objet : demande de congé de paternité pour adoption

Monsieur **(ou Madame)** . . . . ,

Je vous informe par la présente que, conformément à l'article L.122-25-4 du Code du travail, je souhaite bénéficier d'un congé de paternité en raison de l'adoption de mon enfant . . . . **(ses nom, prénoms)**, intervenue le . . . . **(date d'accueil de l'enfant à votre foyer)**, et ce à partir du . . . . **(date de départ)** et jusqu'au . . . . **(date de fin de congé)**.

Vous trouverez ci-jointe la photocopie du livret de famille attestant l'adoption de cet enfant.

Veuillez agréer, Monsieur **(ou Madame)** . . . . , l'expression de ma considération distinguée.

Votre signature

P.J. : photocopie du livret de famille

Congé d'adoption : demande

Vous venez d'adopter un enfant. Sachez que vous avez droit à un congé d'adoption. Celui-ci peut être pris soit par l'un des parents, soit être réparti entre la mère et le père. Pour en bénéficier, vous devez le demander à votre employeur par lettre recommandée avec accusé de réception.

Vos nom, prénoms
Votre adresse
Votre numéro de téléphone
Votre adresse e-mail

Lettre recommandée avec AR

Nom et adresse de votre employeur
ou du responsable des ressources humaines
. . . . **(lieu)**, ... **(date)**

Monsieur **(ou Madame)**,

Conformément aux dispositions de l'article L.122-26, alinéa 5, du Code du travail [1], j'ai l'honneur de vous informer que je souhaite bénéficier d'un congé du fait de l'adoption d'un enfant.

L'arrivée de cet enfant étant prévue pour le . . . . **(indiquer la date exacte)**, mon congé débutera à cette date et aura une durée de . . . . semaines [2]. Je reprendrai donc mon activité le . . . .

Je vous prie de croire, Monsieur **(ou Madame)**, à l'expression de mes salutations distinguées.

Votre signature

1. Article L.122-26 alinéa 5 du Code du travail : « Tout salarié à qui un service départemental d'aide sociale à l'enfance ou un organisme autorisé pour l'adoption confie un enfant en vue de son adoption a le droit de suspendre le contrat de travail pendant une période de dix semaines au plus à dater de l'arrivée de l'enfant au foyer, vingt-deux semaines en cas d'adoptions multiples. Cette période est fixée à dix-huit semaines si l'adoption a pour effet de porter à trois ou plus le nombre d'enfants dont le salarié ou le ménage assume la charge dans les conditions prévues aux articles L. 512-3 et suivants et L. 521-1 du Code de la sécurité sociale. La suspension du contrat de travail peut précéder de sept jours calendaires, au plus, l'arrivée de l'enfant au foyer. Les parents salariés bénéficient alors de la protection instituée à l'article L. 122-25-2 du présent Code. L'adoption d'un enfant par un couple de parents salariés ouvre droit à onze jours supplémentaires ou, en cas d'adoptions multiples, à dix-huit jours supplémentaires de congé d'adoption à la condition que la durée de celui-ci soit répartie entre les deux parents. En ce cas, la durée du congé ne peut être fractionnée en plus de deux périodes, dont la plus courte ne saurait être inférieure à onze jours. Ces deux périodes peuvent être simultanées. »
2. La durée du congé d'adoption varie selon le nombre d'enfants que l'employé adopte et selon le nombre d'enfants qui étaient déjà à sa charge. Il est donc de : dix semaines au plus, à compter de l'arrivée de l'enfant au foyer ; dix-huit semaines si l'adoption porte à trois le nombre d'enfants à charge ; vingt-deux semaines en cas d'adoptions multiples.

Allocation d'adoption (formulaire n° 11423*03)

Vous n'avez pas de demande particulière à remplir si vous recevez déjà des prestations familiales.
En revanche, si vous ne percevez pas de prestation familiale, vous devez remplir une déclaration de situation au moyen du formulaire n° 11423*03.
Vous devez l'adresser, dûment complété et signé et accompagné des pièces justificatives, à la caisse chargée du versement de l'allocation.

Vous pouvez télécharger le formulaire n° 11423*03 à l'adresse internet : http://www.caf.fr/formulaires

Congé parental d'éducation : demande

Tout salarié, homme ou femme, qui a un an d'ancienneté dans l'entreprise peut demander un congé parental d'éducation à la naissance (ou l'adoption) d'un enfant.

Vous devez en informer votre employeur en respectant scrupuleusement les délais légaux. Ceux-ci varient :

- si vous souhaitez enchaîner congé maternité et congé parental, votre demande doit parvenir à votre employeur au moins un mois avant le terme du congé de maternité ;
- si vous souhaitez prendre le congé parental plus tard, vous pouvez le faire à tout moment jusqu'au troisième anniversaire de votre enfant. Votre demande doit alors être faite deux mois au moins avant le début du congé parental.

Attention ! Si vous ne respectez pas ces délais, votre employeur peut refuser de vous accorder le congé pour la date demandée. Il ne vous restera plus qu'à réitérer votre demande en respectant, cette fois, le délai requis.

Vos nom, prénoms
Votre adresse
Votre numéro de téléphone
Votre adresse e-mail

Lettre recommandée avec AR

Nom et coordonnées de votre employeur
ou du responsable des ressources humaines

. . . . **(lieu)**, ... **(date)**

Objet : demande de congé parental d'éducation

Monsieur **(ou Madame)** . . . . ,

Conformément aux dispositions de l'article L.122-28-1, alinéa premier, du Code du travail (1), je souhaite bénéficier d'un congé parental d'éducation pour m'occuper de mon enfant né le . . . . (ou adopté le...).

Mon congé, d'une durée de . . . . mois (2), débutera le . . . . et se terminera le . . . . inclus.

Je joins, à cet effet, la photocopie du livret de famille.

Je vous prie de croire, Monsieur **(ou Madame)** . . . . , à l'expression de mes salutations distinguées.

Votre signature

P.J. : photocopie du livret de famille

1. Article L.122-28-1, alinéa premier, du Code du travail : « Pendant la période qui suit l'expiration du congé de maternité ou d'adoption prévu par l'article L. 122-26 ou par une convention ou un accord collectif, tout salarié qui justifie d'une ancienneté minimale d'une année à la date de naissance de son enfant ou de l'arrivée au foyer d'un enfant qui n'a pas encore atteint l'âge de la fin de l'obligation scolaire adopté ou confié en vue de son adoption a le droit soit de bénéficier d'un congé parental d'éducation durant lequel le contrat de travail est suspendu, soit de réduire sa durée de travail d'au moins un cinquième de celle qui est applicable à l'établissement sans que cette activité à temps partiel puisse être inférieure à seize heures hebdomadaires ».
2. La durée initiale du congé parental ne peut être supérieure à un an. Le congé peut, cependant, être prolongé deux fois au maximum jusqu'au troisième anniversaire de votre enfant (ou, en cas d'adoption, de sa date d'arrivée dans votre foyer).

Congé parental : demande d'activité à temps partiel dans le cadre de ce congé

Vos nom, prénoms
Votre adresse
Votre numéro de téléphone
Votre adresse e-mail

Lettre recommandée avec AR

Nom et coordonnées de votre employeur
ou du responsable des ressources humaines

. . . . **(lieu)**, ... **(date)**

Objet : demande de temps partiel dans le cadre d'un congé parental d'éducation

Monsieur **(ou Madame)** . . . . ,

J'ai l'honneur de vous annoncer la naissance de mon enfant, le . . . .

Conformément aux dispositions de l'article L.122-28-1, alinéa premier, du Code du travail, je vous informe que je souhaite bénéficier, dans le cadre d'un congé parental d'éducation, d'une réduction de mon temps de travail à compter du . . . . et jusqu'au . . . . inclus [1].

Mon horaire hebdomadaire serait de . . . . heures [2]. Il pourrait être effectué selon la répartition suivante [3] :
Lundi : . . . . heures à . . . . heures
Mardi : . . . . heures à . . . . heures
Mercredi : . . . . heures à . . . . heures
(Etc.)

Dans l'attente de votre accord, je vous prie de croire, Monsieur **(ou Madame)** . . . . , à l'expression de mes salutations distinguées.

Votre signature

1. La durée initiale du congé parental ne peut être supérieure à un an. Le congé peut, cependant, être prolongé deux fois au maximum jusqu'au troisième anniversaire de votre enfant (ou, en cas d'adoption, de sa date d'arrivée dans votre foyer).

2. La durée hebdomadaire de ce temps partiel ne peut être inférieure à seize heures sans toutefois excéder un rapport de 4/5 (soit vingt-huit heures hebdomadaires par rapport à la durée légale de trente-cinq heures).
3. Si vous pouvez librement choisir la durée de votre temps partiel, la répartition des heures reste la prérogative de votre employeur. N'hésitez cependant pas à proposer une répartition afin d'établir les bases d'une négociation. Sachez que la jurisprudence estime que les horaires fixés doivent être en conformité avec la finalité du congé, qui est de vous permettre de vous consacrer à votre enfant. Ainsi la Cour de cassation a sanctionné un employeur qui, tout en acceptant le principe du travail à mi-temps de son employée, lui demandait de venir travailler une semaine sur deux à plein temps, ce qui apparaissait incompatible avec la finalité du congé (Cass. soc., 21-11-1990, pourvoi n° 88-40.763).

Contestation du refus de congé parental par l'employeur

Dès lors que vous remplissez la condition d'ancienneté requise et que vous avez respecté les délais de prévenance, votre employeur n'a pas le droit de vous refuser de partir en congé parental.

Vos nom, prénoms
Votre adresse
Votre numéro de téléphone
Votre adresse e-mail

Lettre recommandée avec AR

Nom et adresse de votre employeur
ou du responsable des ressources humaines

. . . . **(lieu)**, ... **(date)**

Objet : contestation du refus de ma demande de congé parental d'éducation

Monsieur **(ou Madame)** . . . . ,

Conformément aux dispositions de l'article L.122-28-1 du Code du travail, je vous ai adressé une demande de congé parental d'éducation, le . . . .

Par une lettre datée du . . . . , vous m'indiquez que vous refusez de donner suite à ma demande, au motif que mon absence aurait des conséquences préjudiciables à la production et à la bonne marche de l'entreprise.

Or, les conditions relatives à l'ancienneté (indiquez votre date d'entrée dans l'entreprise et vérifiez que cela fait plus d'un an) et à l'âge de mon enfant étant remplies, et ma demande ayant été faite dans les délais légaux impartis, votre refus n'est pas justifié.

En conséquence, je vous confirme que je partirai en congé parental d'éducation à compter du . . . . jusqu'au . . . . inclus.

Je vous prie de croire, Monsieur **(ou Madame)** . . . . , à l'expression de mes salutations distinguées.

Votre signature

Congé parental : demande de prolongation

Si, au terme de la durée initiale de votre congé parental, vous désirez le prolonger, vous devez en avertir votre employeur.
Pour cela, vous devez lui adresser une lettre recommandée avec accusé de réception au moins un mois avant la fin du congé initial.

Vos nom, prénoms
Votre adresse
Votre numéro de téléphone
Votre adresse e-mail

Lettre recommandée avec AR

Nom et adresse de votre employeur
ou du responsable des ressources humaines

. . . . **(lieu)**, ... **(date)**

Monsieur **(ou Madame)** . . . . ,

Le congé parental d'éducation dont je bénéficie depuis le . . . . se termine le . . . . Toutefois, conformément aux dispositions de l'article L.122-28-1 du Code du travail, je vous informe que je souhaite prolonger ce congé.

Cette prolongation [1], d'une durée de . . . . mois (indiquez-en le nombre), a pour effet de reconduire le terme de mon congé au . . . .

Je vous prie de croire, Monsieur **(ou Madame)** . . . . , à l'expression de mes salutations distinguées.

Votre signature

1. Le congé parental d'éducation pourra être renouvelé deux fois au maximum jusqu'au troisième anniversaire de votre enfant, pour la durée de votre choix.

Congé parental : demande de transformation du congé en temps partiel

Au terme de votre congé initial, vous pouvez désirer non pas le prolonger en l'état, mais le transformer en activité à temps partiel. Vous devez alors en avertir votre employeur par lettre recommandée avec accusé de réception un mois avant la fin du congé.

Vos nom, prénoms
Votre adresse
Votre numéro de téléphone
Votre adresse e-mail

Lettre recommandée avec AR

Nom et coordonnées de votre employeur
ou du responsable des ressources humaines

. . . . **(lieu),** . . . . **(date)**

Objet : demande de transformation d'un congé parental en temps partiel

Monsieur **(ou Madame)** . . . . ,

Le congé parental d'éducation dont je bénéficie depuis le . . . . doit prendre fin le . . . .

Toutefois, conformément aux dispositions de l'article L.122-28-1 du Code du travail, je vous informe que je souhaite prolonger ce congé sous forme d'une activité à temps partiel à compter du . . . . et jusqu'au . . . . [1].

Mon horaire hebdomadaire serait de . . . . heures [2]. Il pourrait être effectué selon la répartition suivante [3] :
Lundi : . . . . heures à . . . . heures
Mardi : . . . . heures à . . . . heures
Mercredi : . . . . heures à . . . . heures
(Etc.)

Dans l'attente de votre accord, je vous prie de croire, Monsieur (ou Madame) . . . . , à l'expression de mes salutations distinguées.

Votre signature

1. N'oubliez pas que, même sous sa forme de temps partiel, le congé parental d'éducation ne peut être renouvelé que deux fois au maximum jusqu'au troisième anniversaire de votre enfant, pour la durée de votre choix.
2. La durée hebdomadaire de ce temps partiel ne peut être inférieure à seize heures sans toutefois excéder un rapport de 4/5 (soit vingt-huit heures hebdomadaires par rapport à la durée légale de trente-cinq heures).
3. Si vous pouvez librement choisir la durée de votre temps partiel, la répartition des heures reste la prérogative de votre employeur. N'hésitez cependant pas à proposer une répartition afin d'établir les bases d'une négociation. Sachez que la jurisprudence estime que les horaires fixés doivent être en conformité avec la finalité du congé, qui est de vous permettre de vous consacrer à votre enfant. Ainsi la Cour de cassation a sanctionné un employeur qui, tout en acceptant le principe du travail à mi-temps de son employée, lui demandait de venir travailler une semaine sur deux à plein temps, ce qui apparaissait incompatible avec la finalité du congé (Cass. soc., 21 novembre 1990, pourvoi n° 88-40.763).

Congé parental : demande de retour anticipé

En principe, une fois votre congé parental obtenu, vous devez aller jusqu'au bout de la durée que vous avez choisie. Cependant, l'article L. 122-28-2 du Code du travail a prévu deux hypothèses de reprise anticipée du travail : le décès de l'enfant, et la diminution importante des ressources du ménage (exemple : votre conjoint perd son emploi).
Dans ce cas, vous devez adresser votre demande motivée de reprise à votre employeur par lettre recommandée avec accusé de réception un mois au moins avant la date à laquelle vous désirez reprendre votre travail.

Vos nom, prénoms
Votre adresse
Votre numéro de téléphone
Votre adresse e-mail

Lettre recommandée avec AR

Nom et coordonnées de votre employeur
ou du responsable des ressources humaines

. . . . **(lieu)**, ... **(date)**

Objet : demande de retour anticipé d'un congé parental d'éducation

Monsieur **(ou Madame)** . . . . ,

Le congé parental d'éducation dont je bénéficie depuis le . . . . devait se terminer le . . . .

Toutefois, conformément aux dispositions de l'article L.122-28-2 du Code du travail [(1)], je vous informe que je souhaite réintégrer mon emploi à compter du . . . . , pour les raisons suivantes : . . . . [(2)].

Je vous prie de croire, Monsieur **(ou Madame)** . . . . , à l'expression de mes salutations distinguées.

Votre signature

1. Article L.122-28-2 du Code du travail : « En cas de décès de l'enfant ou de diminution importante des ressources du ménage :
« 1º Le salarié bénéficiaire du congé parental d'éducation a le droit soit de reprendre son activité initiale, soit d'exercer son activité à temps partiel dans la limite de la durée prévue par le contrat de travail initial ;
« 2º Le salarié exerçant à temps partiel pour élever un enfant a le droit de reprendre son activité initiale et peut, avec l'accord de l'employeur, en modifier la durée.
« Le salarié doit adresser une demande motivée à l'employeur par lettre recommandée avec demande d'avis de réception, un mois au moins avant la date à laquelle il entend bénéficier des dispositions du présent article. »
2. En cas de diminution de vos ressources, vous devez justifier cette baisse ; en cas de décès de votre enfant, joignez un certificat de décès.

Demande d'allocation parentale d'éducation (formulaire n° 11384*03)

Pendant la durée du congé parental d'éducation, vous ne percevez, en principe, aucune rémunération, sauf si votre convention collective le prévoit (n'hésitez donc pas à la consulter). Cependant, si le bébé pour lequel vous avez pris votre congé porte à deux le nombre de vos enfants à charge et si vous avez exercé une activité professionnelle d'au moins deux ans dans les cinq ans qui précèdent sa naissance (ou son adoption), vous pouvez demander à votre caisse d'allocations familiales (CAF), à bénéficier d'une allocation parentale d'éducation (APE) jusqu'aux 3 ans de votre deuxième enfant.

Vous pouvez télécharger le formulaire n° 11384*03 à l'adresse :
http://www.caf.fr/formulaires

Demande de congé de présence parentale à temps complet

Tout comme pour le congé parental d'éducation, vous pouvez vous arrêter totalement ou opter pour un mi-temps ou un temps partiel.

Vos nom, prénoms
Votre adresse
Votre numéro de téléphone
Votre adresse e-mail

Lettre recommandée avec AR

Nom et coordonnées de votre employeur
ou du responsable des ressources humaines

. . . . **(lieu)**, ... **(date)**

Objet : demande de congé de présence parentale à temps complet [1]

Monsieur **(ou Madame)** . . . . ,

Je vous informe que mon enfant . . . . **(ses nom, prénoms)** étant victime de . . . . **(citez la maladie, ou l'accident, ou le handicap graves)**, je souhaite, en vertu de l'article L.122-28-9 du Code du travail [2], bénéficier d'un congé de présence parentale à temps complet à compter du . . . . (date de départ) et pour une durée de . . . . **(précisez)** [3].

Je vous joins un certificat médical attestant de la gravité de l'état de santé de mon enfant et de la nécessité de ma présence auprès de lui (joignez l'attestation signée par un médecin).

Veuillez agréer, Monsieur **(ou Madame)** . . . . , l'expression de mes salutations distinguées.

Votre signature

P.J. : certificat médical

1. Vous devez adresser cette lettre recommandée avec accusé de réception au moins quinze jours avant le début souhaité du congé.
2. Article L.122-28-9 du Code du travail : « Tout salarié dont l'enfant à charge [...] est victime d'une maladie, d'un accident ou d'un handicap graves, appréciés selon des modalités définies par décret en Conseil d'État, et nécessitant la présence d'une personne à ses côtés, a le droit soit de travailler à temps partiel, soit de bénéficier d'un congé de présence parentale entraînant la suspension de son contrat de travail.
« [...]
« À l'issue du congé de présence parentale ou de la période d'exercice de son activité à temps partiel, le salarié retrouve son précédent emploi ou un emploi similaire assorti d'une rémunération au moins équivalente.
« Toutefois, en cas de décès de l'enfant ou de diminution importante des ressources du ménage, le salarié retrouve également son précédent emploi ou un emploi similaire assorti d'une rémunération au moins équivalente, s'il a accompli les formalités prévues à l'article L. 122-28-2 ».
3. Ce congé, d'une durée initiale de quatre mois maximum, est renouvelable deux fois dans la limite d'une durée totale de douze mois.

Demande de congé de présence parentale à temps partiel

Cette lettre doit être adressée en recommandé avec accusé de réception à votre employeur au moins quinze jours avant le début du congé.

Vos nom, prénoms
Votre adresse
Votre numéro de téléphone
Votre adresse e-mail

Lettre recommandée avec AR

Nom et coordonnées de votre employeur
ou du responsable des ressources humaines

. . . . **(lieu)**, ... **(date)**

Objet : demande de congé de présence parentale à temps partiel

Monsieur **(ou Madame)** . . . . ,

Je vous informe que, mon enfant . . . . **(ses nom, prénoms)** étant victime de . . . . **(citez la maladie, ou l'accident, ou le handicap graves)**, je souhaite, en vertu de l'article L.122-28-9 du Code du travail, bénéficier d'un congé de présence parentale à temps partiel [1] à compter du . . . . **(date de départ)** et pour une durée de . . . . **(précisez)**.

Pendant cette période, mon horaire hebdomadaire serait de . . . . heures. Il pourrait être effectué selon la répartition suivante :
Lundi : . . . . heures à . . . . heures
Mardi : . . . . heures à . . . . heures
Mercredi : . . . . heures à . . . . heures
(Etc.)

Je vous joins un certificat médical attestant de la gravité de l'état de santé de mon enfant et de la nécessité de ma présence auprès de lui **(joignez l'attestation signée par un médecin)**.

Veuillez agréer, Monsieur **(ou Madame)** . . . . , l'expression de mes salutations distinguées.

Votre signature

P.J. : certificat médical

1. Dans ce cas, précisez s'il s'agit d'un passage à 50 % ou à 80 %.

Modèle d'attestation médicale nécessaire à l'obtention d'un congé de présence parentale

Ce document doit être joint à votre demande de congé de présence parentale.

Nom du médecin : . . . .

Identification : . . . .

Adresse : . . . .

Tél. : . . . .

(En cas de maladie ou d'accident de l'enfant :)

Je certifie que . . . . **(nom, prénoms de votre enfant)**, né(e) le . . . . , à . . . . ,

fils/fille de M./Mme . . . ., est gravement malade **(ou accidenté)** et que son état de santé rend nécessaire la présence d'une personne auprès de lui/d'elle pendant . . . . mois à compter d'aujourd'hui ; soit du . . . . au . . . .

Fait à . . . . , le . . . .

Cachet et signature :
(En cas de handicap de l'enfant :)

Je certifie que le handicap de . . . . **(nom, prénoms de votre enfant)**, né(e) le . . . . , à . . . .

fils/fille de M./Mme . . . . , ouvre droit à l'allocation d'éducation spéciale prévue à l'article L.541-1 du Code de la sécurité sociale, et que son état de santé rend nécessaire la présence d'une personne auprès de lui/d'elle pendant . . . . mois à compter d'aujourd'hui ; soit du . . . . au . . . .

Fait à . . . . , le . . . .

Cachet et signature :

Congé de présence parentale : demande de prolongation

Si, au terme de la durée initiale de votre congé de présence parentale (de quatre mois au maximum) ou de votre temps partiel, vous désirez le prolonger, vous devez avertir dans les mêmes formes (par lettre recommandée avec accusé de réception) votre employeur, au moins un mois avant la fin du congé initial.
Sachez que vous pouvez transformer le congé en temps partiel ou l'inverse, à condition d'en informer votre employeur.

Vos nom, prénoms
Votre adresse
Votre numéro de téléphone
Votre adresse e-mail

Lettre recommandée avec AR

Nom et adresse de votre employeur
ou du responsable des ressources humaines

. . . . **(lieu)**, ... **(date)**

Objet : demande de prolongation d'un congé de présence parentale

Monsieur **(ou Madame)** . . . . ,

Le congé parental d'éducation dont je bénéficie depuis le . . . . se termine le . . . . Toutefois, conformément aux dispositions de l'article L.122-28-9, alinéa 4,du Code du travail [(1)], je vous informe que je souhaite prolonger ce congé.

Cette prolongation [(2)], d'une durée de . . . . mois **(indiquez-en le nombre)**, a pour effet de reconduire le terme de mon congé au . . . .

Je vous prie de croire, Monsieur **(ou Madame)** . . . . , à l'expression de mes salutations distinguées.

Votre signature

1. Article L.122-28-9, alinéa 4, du Code du travail : « Lorsque le salarié entend prolonger son congé ou son activité à temps partiel, il doit avertir l'employeur de cette prolongation, par lettre recommandée avec demande d'avis de réception, au moins quinze jours avant le terme initialement prévu et l'informer, le cas échéant, de son intention soit de transformer le congé de présence parentale en activité à temps partiel, soit de transformer l'activité à temps partiel en congé de présence parentale. Toutefois, pendant la période d'activité à temps partiel ou à l'occasion des pro-

longations de celle-ci, le salarié ne peut pas modifier la durée du travail initialement choisie sauf accord de l'employeur ou si une convention ou un accord collectif de travail le prévoit expressément. »
2. Le congé parental d'éducation pourra être renouvelé deux fois au maximum jusqu'au troisième anniversaire de votre enfant, pour la durée de votre choix.

Demande d'allocation de présence parentale (formulaire Cosa n° 12039*01)

Votre enfant est gravement malade, handicapé ou accidenté, et votre présence à ses côtés est nécessaire, vous avez donc décidé de prendre un congé de présence parentale. Sachez que vous pouvez bénéficier d'une allocation de présence parentale (APP).
Le droit à l'APP est soumis à un avis favorable du contrôle médical de l'assurance maladie dont dépend votre enfant.
Un formulaire de demande est disponible à votre caisse d'allocations familiales (vous pouvez aussi le télécharger et l'imprimer sur le site www.caf.fr). Vous devez le retourner à votre CAF accompagné d'un certificat médical détaillé, rempli par le médecin, attestant la nécessité de votre présence pendant une durée minimale de quatre mois (deux mois pour les grands prématurés), sous pli cacheté.
Versée pour une durée initiale de quatre mois, l'APP est renouvelable deux fois, soit douze mois en tout.

Vous pouvez télécharger le formulaire Cosa n° 12039*01à l'adresse :
http://www.caf.fr/formulaires

Congé pour aider les victimes de catastrophes naturelles

Lors de la terrible tempête de décembre 1999, vous auriez bien apporté votre aide à vos voisins. Mais vous ne vouliez pas prendre sur vos congés payés (ni solliciter un congé sans solde). Or, sachez qu'il existe un congé bien spécifique, instauré par la loi n° 82-600 du 13 juillet 1982.

Vos nom, prénoms
Votre adresse
Votre numéro de téléphone
Votre adresse e-mail

Lettre recommandée avec AR

Nom et adresse de votre employeur
ou du responsable des ressources humaines

. . . . **(lieu)**, ... **(date)**

Monsieur **(ou Madame)**,

Conformément aux dispositions de l'article 5 de la loi n° 82-600 du 13 juillet 1982 [1], j'ai l'honneur de vous informer que je souhaite bénéficier d'un congé pour cause de catastrophe naturelle.

Ce congé débutera le . . . . et aura une durée de . . . . jours [2]. Je reprendrai donc mon activité le . . . .

Je vous prie de croire, Monsieur **(ou Madame)**, à l'expression de mes salutations distinguées.

Votre signature

1. Article 5 de la loi n° 82-600 du 13 juillet 1982 : « les salariés résidant ou habituellement employés dans une zone touchée par une catastrophe naturelle peuvent bénéficier d'un congé maximum de vingt jours non rémunérés, pris en une ou plusieurs fois, à leur demande, pour participer aux activités d'organismes apportant une aide aux victimes de catastrophes naturelles ».
2. Ce congé a une durée maximale de vingt jours.

Congé de solidarité internationale

Dès lors que vous justifiez d'une ancienneté dans l'entreprise d'au moins douze mois, vous avez droit à un congé non rémunéré de six mois maximum pour participer à une mission hors de France pour le compte d'une association à objet humanitaire ou pour le compte d'une organisation internationale dont la France est membre.

Vos nom, prénoms
Votre adresse
Votre numéro de téléphone
Votre adresse e-mail

Lettre recommandée avec AR

Nom et adresse de votre employeur
ou du responsable des ressources humaines

. . . . **(lieu)**, ... **(date)**

Objet : demande de congé de solidarité internationale [1]

Monsieur **(ou Madame)**,

Conformément aux dispositions de l'article L.225-9 du Code du travail [2], j'ai l'honneur de vous informer que je souhaite bénéficier d'un congé de solidarité internationale. En effet, je souhaiterais participer à une mission internationale pour le compte de . . . . [3].

Ce congé débutera le . . . . et aura une durée de . . . . jours ou . . . . mois [4]. Je reprendrai donc mon emploi le . . . .

À l'issue de ce congé, je vous remettrai, comme l'exige la loi, une attestation « constatant l'accomplissement de la mission », délivrée par l'association concernée.

Je vous prie de croire, Monsieur **(ou Madame)**, à l'expression de mes salutations distinguées.

Votre signature

1. Vous devez informer votre employeur, par lettre recommandée avec accusé de réception expédiée au moins un mois à l'avance, de votre date de départ et de la durée de l'absence envisagée, en précisant le nom de l'association pour le compte de laquelle la mission sera effectuée. L'employeur doit vous faire connaître sa réponse dans les quinze jours. À défaut, son accord est réputé acquis.
2. Article L.225-9 du Code du travail : « Le salarié a droit, sous réserve qu'il justifie d'une ancienneté dans l'entreprise d'au moins douze mois, consécutifs ou non, à un congé de solidarité internationale pour participer à une mission hors de France pour le compte d'une association à objet humanitaire déclarée en application de la loi du 1er juillet 1901 relative au contrat d'association ou inscrite au registre des associations en application de la loi du 19 avril 1908 applicable au contrat d'association dans les départements du Bas-Rhin, du Haut-Rhin et de la Moselle, ou pour le compte d'une organisation internationale dont la France est membre.
« La durée de ce congé, pendant lequel le contrat de travail est suspendu, et la durée cumulée de plusieurs congés de solidarité internationale pris de façon continue ne peuvent excéder six mois.
« La liste des associations mentionnées au premier alinéa du présent article est fixée par arrêté interministériel ».
3. Vous devez préciser le nom de l'association pour le compte de laquelle vous effectuerez la mission. Cette dernière doit figurer sur la liste établie par l'arrêté du 16 juillet 1996 paru au JO du 30 juillet 1996.
4. Dans la limite de six mois.

Congé d'enseignement, ou de recherche et d'innovation, à temps complet

Ce congé peut vous permettre, dès lors que vous justifiez d'au moins un an de présence dans l'entreprise, de quitter momentanément votre emploi pour dispenser un enseignement ou pour vous consacrer à une activité de recherche et d'innovation.

Vos nom, prénoms
Votre adresse
Votre numéro de téléphone
Votre adresse e-mail

Lettre recommandée avec AR

Nom et adresse de votre employeur
ou du responsable des ressources humaines

. . . . **(lieu)**, ... **(date)**

Objet : demande de congé d'enseignement (ou de recherche et d'innovation) [1]
Monsieur **(ou Madame)**,

Conformément aux dispositions de l'article L.931-28-1 du Code du travail [2], j'ai l'honneur de vous informer que je souhaite bénéficier d'un congé d'enseignement **(ou de recherche et d'innovation)**. En effet, cela me permettra d'assurer des cours de . . . . **(ou cela me permettra de mener des recherches dans le domaine de...)** auprès de . . . . **(indiquez le nom et l'adresse de l'organisme d'accueil)**.

Ce congé débutera le . . . . et aura une durée de . . . . [3]. Je reprendrai donc mon emploi le . . . .

Je vous prie de croire, Monsieur (ou Madame), à l'expression de mes salutations distinguées.

Votre signature

1. Vous devez présenter votre demande écrite d'autorisation d'absence au moins cent vingt jours à l'avance pour une interruption continue de travail d'au moins six mois ; soixante jours à l'avance pour participer à une activité d'enseignement ou de recherche-innovation inférieure à six mois.

2. Article L.931-28-1 du Code du travail : « Sous réserve de dispositions contractuelles plus favorables, les salariés [...] qui justifient d'une ancienneté d'un an dans leur entreprise ont droit à une autorisation d'absence, d'une durée maximale d'un an, en vue de dispenser à temps plein ou à temps partiel un enseignement technologique ou professionnel en formation initiale ou continue dans l'un des organismes mentionnés aux articles L. 920-2 et L. 920-3. La durée de ce congé peut toutefois dépasser un an par accord entre l'entreprise et le centre de formation.
« Le congé visé au premier alinéa est également accordé au salarié qui souhaite se livrer à une activité de recherche et d'innovation dans un établissement public de recherche, une entreprise publique ou privée. »

3. La durée maximale de ce congé est en principe fixée à un an, sauf accord contractuel plus favorable passé avec votre employeur.

Congé d'enseignement ou de recherche-innovation à temps partiel

Vos nom, prénoms
Votre adresse
Votre numéro de téléphone
Votre adresse e-mail

Lettre recommandée avec AR

Nom et adresse de votre employeur
ou du responsable des ressources humaines

. . . . **(lieu)**, ... **(date)**

Objet : demande de congé d'enseignement (ou de recherche et d'innovation) [1]

Monsieur (ou Madame),

Conformément aux dispositions de l'article L.931-28-1 du Code du travail j'ai l'honneur de vous informer que je souhaite bénéficier d'un congé d'enseignement **(ou de recherche et d'innovation)**. En effet, cela me permettra d'assurer des cours de . . . . **(ou cela me permettra de mener des recherches dans le domaine de...)** auprès de . . . . (indiquez le nom et l'adresse de l'organisme d'accueil).

Ce congé débutera le . . . . et aura une durée de . . . . [2].

Je reprendrai donc mon emploi le . . . .

Mon activité d'enseignement **(ou de recherche et d'innovation)** s'organisera de la manière suivante : . . . . [3].

Je vous prie de croire, Monsieur **(ou Madame)**, à l'expression de mes salutations distinguées.

Votre signature

1. Vous devez présenter votre demande écrite d'autorisation d'absence au moins soixante jours à l'avance.
2. La durée maximale de ce congé est en principe fixée à un an, sauf accord contractuel plus favorable passé avec votre employeur.
3. Si vous préférez exercer ces activités à temps partiel, votre absence ne doit pas excéder huit heures par semaine ou quarante heures par mois.

Congé d'examen

Si vous justifiez d'une ancienneté d'au moins vingt-quatre mois (consécutifs ou non), dont au moins douze mois dans votre entreprise, vous pouvez demander à bénéficier d'un congé d'examen.

Vos nom, prénoms
Votre adresse
Votre numéro de téléphone
Votre adresse e-mail

Lettre recommandée avec AR

Nom et adresse de votre employeur
ou du responsable des ressources humaines

. . . . **(lieu)**, ... **(date)**

Objet : demande de congé pour préparer et passer un examen [1]

Monsieur **(ou Madame)**,

Conformément aux dispositions de l'article L.931-1, alinéa 3, du Code du travail [2], j'ai l'honneur de vous informer que je souhaite bénéficier d'un congé pour préparer et passer un examen. En effet, cela me permettra de prendre des cours de . . . . **(ou cela me permettra de mener des recherches dans le domaine de...)** auprès de . . . . **(indiquez le nom et l'adresse de l'organisme d'accueil)**.

Ce congé, qui débutera le . . . . et aura une durée de .. . . [3], me permettra de préparer l'examen suivant : . . . . , que je passerai en date du . . . .

Vous trouverez ci-joint une attestation d'inscription à cet examen.

Je vous prie de croire, Monsieur **(ou Madame)**, à l'expression de mes salutations distinguées.

Votre signature

Pièce à joindre :
– attestation d'inscription à l'examen visé.

1. Vous devez adresser votre demande à votre employeur au moins soixante jours à l'avance.
2. Article L.931-1, alinéa 3, du Code du travail : « Le congé visé au premier alinéa peut également être accordé à un salarié pour préparer et pour passer un examen pour l'obtention d'un titre ou diplôme au sens de l'article 8 de la loi n° 71-577 du 16 juillet 1971 d'orientation sur l'enseignement technologique. »
3. La durée du ou des congés destinés à la préparation d'examens ne peut dépasser vingt-quatre heures du temps de travail par année. Si vous prenez ce congé en plusieurs fois, indiquez les dates de chaque période de congé.

Congés payés : demande de report suite à une maladie

Vos nom, prénoms
Votre adresse
Votre numéro de téléphone
Votre adresse e-mail

Lettre recommandée avec AR

Nom et adresse de votre employeur
ou du responsable des ressources humaines

. . . . **(lieu)**, ... **(date)**

Objet : demande de report de mes congés payés

Monsieur **(ou Madame)** . . . . ,

Conformément à ce qui avait été initialement prévu, je devais bénéficier de mes congés annuels à compter du . . . . **(date)**.

Cependant, comme l'indique l'avis d'arrêt de travail ci-joint (joignez l'arrêt de travail signé par le médecin), je serai encore à cette date en arrêt maladie, et ce jusqu'au . . . . **(date)**.

C'est pourquoi je vous demande de bien vouloir accepter de reporter le début de mes congés à la date du . . . . **(indiquez la date du lendemain de votre dernier jour d'arrêt maladie)**.

Vous remerciant par avance de l'attention que vous voudrez apporter à ma requête, je vous prie de croire, Monsieur (ou Madame) . . . . , à l'expression de mes salutations distinguées.

Votre signature

P.J. : arrêt de travail du . . . . au . . . .

Demande de report du solde de vos congés payés suite à une maladie pendant les congés

La maladie pendant les congés est, en principe, sans incidence sur leur durée, sauf accord de votre employeur ou dispositions plus favorables dans votre convention collective. Cela signifie que vous ne pouvez ni prolonger vos congés, ni en demander le report à une date ultérieure, sauf si la convention collective le prévoit (auquel cas vous en rappellerez les termes dans votre lettre) ou si par exception votre employeur vous l'accorde.

Vos nom, prénoms
Votre adresse
Votre numéro de téléphone
Votre adresse e-mail

Lettre recommandée avec AR

Nom et adresse de votre employeur
ou du responsable des ressources humaines

. . . . **(lieu)**, ... **(date)**

Objet : demande de report du solde de mes congés payés

Monsieur **(ou Madame)** . . . . ,

Conformément à ce qui avait été initialement prévu, je suis parti(e) en vacances le . . . . **(date)**.

Cependant, comme l'indique l'avis d'arrêt de travail ci-joint (joignez l'arrêt de travail signé par le médecin), je suis tombé(e) malade **(ou j'ai eu un accident)** le . . . . **(date de début de l'arrêt maladie)**. Or, à cette date, il me restait encore . . . . jours de congés à prendre.

C'est pourquoi je vous demande de bien vouloir accepter de reporter le solde de mes congés et m'autoriser à reprendre le travail à la date du . . . .

Vous remerciant par avance de l'attention que vous voudrez apporter à ma requête, je vous prie de croire, Monsieur (ou Madame) . . . . , à l'expression de mes salutations distinguées.

Votre signature

P.J. : arrêt de travail du . . . . au . . . .

Congés payés : réclamation

Votre décompte du nombre de jours de congés payés restants ne correspond pas à celui de votre employeur ; vous faites une réclamation.

Vos nom, prénoms
Votre adresse
Votre numéro de téléphone
Votre adresse e-mail

Lettre recommandée avec AR

Nom et adresse de votre employeur
ou du responsable des ressources humaines

. . . . **(lieu)**, ... **(date)**

Monsieur **(ou Madame)** . . . . ,

En date du . . . . , je vous ai communiqué les dates auxquelles je prendrai le solde de mes congés payés.

Or, vous m'avez indiqué que selon vos calculs il ne me restait que . . . . jours de congés à prendre et qu'en conséquence, pour pouvoir partir sur la période demandée, je devrai prendre . . . . jours de congés sans solde.

Sauf erreur de ma part, il me semble que cela est inexact. En effet, lors de mon dernier départ en congé, je n'ai pris que . . . . jours. Il me reste donc . . . . jours de congés à prendre.

En conséquence, je vous informe que je partirai bien en congé à la date du . . . . et jusqu'au . . . . inclus.

Je vous prie de croire, Monsieur **(ou Madame)** . . . . , à l'expression de mes salutations distinguées.

Votre signature

Congé pour création d'entreprise : demande

Si vous êtes salarié depuis au moins trente-six mois (consécutifs ou non) dans l'entreprise, vous avez droit à un congé d'une durée d'un an en vue de créer ou de reprendre une entreprise.

Vos nom, prénoms
Votre adresse
Votre numéro de téléphone
Votre adresse e-mail

Lettre recommandée avec AR

Nom et adresse de votre employeur
ou du responsable des ressources humaines

. . . . **(lieu)**, ... **(date)**

Objet : demande de congé pour création d'entreprise [1]

Monsieur **(ou Madame)** . . . . ,

Répondant aux conditions d'ancienneté requise par l'article L.122-32-13 du Code du travail [2] – puisque je travaille au sein de l'entreprise depuis le . . . . **(date)** –, j'ai l'honneur de solliciter le bénéfice d'un congé pour la création d'une entreprise à compter du . . . . (date de début) et pour une durée de . . . . [3].

L'activité de l'entreprise que j'envisage de créer (ou de reprendre) et dont j'exercerai le contrôle effectif est la suivante : . . . . **(soyez le plus précis possible dans la description de l'activité de l'entreprise que vous souhaitez créer ou reprendre)** [4].

Pendant la durée de ce congé, je m'engage à respecter les obligations de loyauté et de discrétion attachées à mon contrat de travail [5].

Veuillez agréer, Monsieur **(ou Madame)** . . . . , l'expression de mes salutations distinguées.

Votre signature

1. Vous devez informer votre employeur par lettre recommandée avec accusé de réception au moins trois mois avant votre départ.
2. Article L.122-32-13 du Code du travail : « Le droit au congé ou à une période de travail à temps partiel pour création ou reprise d'entreprise est ouvert au salarié qui, à la date de prise d'effet de ce droit, justifie d'une ancienneté dans l'entreprise d'au moins vingt-quatre mois, consécutifs ou non.
« Ce droit ne pourra être exercé pour une nouvelle création ou reprise d'entreprise intervenant moins de trois ans après la précédente. »
3. Ce congé a une durée maximale d'un an.
4. Vous devez impérativement spécifier l'activité de l'entreprise que vous comptez créer ou reprendre. À défaut de cette précision, votre employeur peut refuser de vous accorder le congé.
5. Si votre contrat comporte une clause de non-concurrence, vous écrirez : « Pendant ce congé, je m'engage à respecter les obligations de loyauté, de discrétion et de non-concurrence attachées à mon contrat de travail. »

Congé pour création d'entreprise : acceptation par l'employeur

Nom et adresse de l'employeur

Lettre recommandée avec AR

Nom, prénoms et adresse du salarié

. . . . **(lieu)**, ... **(date)**

Objet : acceptation du congé pour création d'entreprise [1]
Monsieur **(ou Madame)** . . . . ,

J'accuse réception de votre lettre datée du . . . . par laquelle vous sollicitez un congé pour création d'entreprise, pour une durée de . . . . , à compter du . . . .

J'ai le plaisir de vous informer de mon accord. Vous pourrez donc vous absenter de l'entreprise du . . . . **(date de début du congé)** au . . . . **(date de fin du congé)**.

N'oubliez pas que si vous souhaitez renouveler ce congé, vous devez m'en informer trois mois avant la fin de la première année de votre congé.

Je vous prie de croire, Monsieur **(ou Madame)** . . . . , à l'expression de mes salutations distinguées.

Votre signature

1. L'employeur doit faire part au salarié de sa décision, dans un délai de trente jours à compter de la présentation de la lettre de demande, par lettre soit remise en main propre contre décharge, soit envoyée par courrier recommandé avec accusé de réception. À défaut de réponse dans ce délai, l'autorisation est réputée avoir été accordée.

Congé pour création d'entreprise : report par l'employeur

Nom et adresse de l'employeur

Lettre recommandée avec AR

Nom, prénoms et adresse du salarié

. . . . **(lieu)**, ... **(date)**

Objet : report du congé pour création d'entreprise

Monsieur **(ou Madame)** . . . . ,

J'accuse réception de votre lettre datée du . . . . par laquelle vous sollicitez un congé pour création d'entreprise, pour une durée de . . . . , à compter du . . . .

J'ai le plaisir de vous informer de mon accord. Toutefois, en raison de . . . . [(1)], je me vois dans l'obligation de devoir reporter la date de votre départ.

Votre congé ne pourra donc commencer qu'à compter du . . . .
Je vous prie de croire, Monsieur **(ou Madame)** . . . . , à l'expression de mes salutations distinguées.

Votre signature

1. L'employeur peut reporter le départ en congé pour création d'entreprise, sans avoir à faire état d'un motif particulier, dans la limite de six mois à compter de la présentation de la lettre recommandée du salarié.
L'employeur a également la possibilité de différer la date de départ en congé de son salarié, dans les entreprises de 200 salariés et plus, tant que le nombre de salariés simultanément en congé sabbatique et en congé pour la création d'entreprise dépasse 2 % de l'effectif ; ou encore, en ce qui concerne les entreprises de moins de 200 salariés, afin que le nombre de jours d'absence au titre des congés (sabbatique et pour création d'entreprise) ne dépasse pas 2 % du nombre de jours travaillés dans les douze mois précédant le départ en congé.

Congé pour création d'entreprise : refus de l'employeur

Nom et adresse de l'employeur

Lettre recommandée avec AR

Nom, prénoms et adresse du salarié

. . . . **(lieu)**, ... **(date)**

Objet : refus d'une demande de congé pour création d'entreprise

Monsieur **(ou Madame)** . . . . ,

J'accuse réception de votre lettre datée du . . . . par laquelle vous sollicitez un congé pour création d'entreprise, pour une durée de . . . . , à compter du . . . .

J'ai le regret de vous informer que votre demande a été refusée. En effet, en raison de . . . . [1], je me vois dans l'obligation de ne pas y donner suite.

Vous avez, toutefois, la possibilité de renouveler ultérieurement votre demande.

Je vous prie de croire, Monsieur **(ou Madame)** . . . . , à l'expression de mes salutations distinguées.

Votre signature

1. L'employeur doit énoncer, à peine de nullité de sa décision, les raisons de son refus de congé, qui peut être motivé par les conséquences préjudiciables à la marche de l'entreprise ou à la production, induites par l'absence du salarié dans l'entreprise, ou par le fait que le salarié a une ancienneté inférieure à trente-six mois.

Congé pour création d'entreprise : demande de renouvellement

À l'issue du congé pour création d'entreprise, vous pouvez demander à renouveler votre congé pour une deuxième (et ultime) année.

Vos nom, prénoms
Votre adresse
Votre numéro de téléphone
Votre adresse e-mail

Lettre recommandée avec AR

Nom et adresse de votre employeur
ou du responsable des ressources humaines

. . . . **(lieu)**, ... **(date)**

Objet : demande de renouvellement du congé pour création d'entreprise [1]

Monsieur **(ou Madame)** . . . . ,

Le congé pour création d'entreprise dont je bénéficie depuis le . . . . se termine le . . . . Toutefois, conformément aux dispositions de l'article L.122-32-14, alinéa 3 du Code du travail [2], je vous informe que je souhaite prolonger ce congé, pour une nouvelle année.

Cette prolongation d'une durée d'un an aura donc pour effet de reconduire le terme de mon congé au . . . .

Je vous prie de croire, Monsieur **(ou Madame)** . . . . , à l'expression de mes salutations distinguées.

Votre signature

1. Vous devez informer votre employeur de votre souhait de renouvellement du congé, par lettre recommandée avec accusé de réception, au moins trois mois avant le terme de la première année.
2. Article L.122-32-14, alinéa 3, du Code du travail : « Toute demande de prolongation d'un congé ou d'une période de travail à temps partiel précédemment accordés fait l'objet d'une information à l'employeur dans les mêmes conditions, deux mois avant son terme. »

Congé pour création d'entreprise : demande de réintégration

À l'issue du congé pour création d'entreprise, vous pouvez demander votre réintégration au sein de l'entreprise.
Vous retrouverez alors soit votre précédent emploi, soit un emploi similaire assorti d'une rémunération au moins équivalente.

Vos nom, prénoms
Votre adresse
Votre numéro de téléphone
Votre adresse e-mail

Lettre recommandée avec AR

Nom et adresse de votre employeur
ou du responsable des ressources humaines

. . . . **(lieu)**, ... **(date)**

Objet : demande de réintégration à la suite d'un congé pour création d'entreprise [1]

Monsieur **(ou Madame)** . . . . ,

Le congé pour création d'entreprise dont je bénéficie depuis le . . . . **(date)** prend fin le . . . . **(date)**.

Conformément aux dispositions de l'article L.122-32-16, alinéa premier, du Code du travail [2], je souhaite réintégrer mon ancien emploi aux mêmes conditions qu'antérieurement.

Veuillez agréer, Monsieur **(ou Madame)** . . . . , l'expression de mes salutations distinguées.

Votre signature

1. Cette lettre doit être envoyée au moins trois mois avant la fin du congé.
2. Article L.122-32-16, alinéa premier, du Code du travail : « À l'issue du congé, le salarié retrouve son précédent emploi ou un emploi similaire assorti d'une rémunération au moins équivalente. Le salarié ne peut invoquer aucun droit à être réemployé avant l'expiration du congé. »

Congé pour création d'entreprise : démission

À l'issue du congé pour création d'entreprise, vous pouvez rompre, de votre propre initiative, votre contrat de travail.

Vos nom, prénoms
Votre adresse
Votre numéro de téléphone
Votre adresse e-mail

Lettre recommandée avec AR

Nom et adresse de votre employeur
ou du responsable des ressources humaines

. . . . **(lieu)**, ... **(date)**

Objet : démission

Monsieur **(ou Madame)** . . . . ,

Le congé pour création d'entreprise dont je bénéficie depuis le . . . . **(date de début)** se termine le . . . . **(date de fin du congé)** [1].

Je vous informe, par la présente, qu'à l'issue de ce congé je ne réintégrerai pas mon poste. En conséquence, je vous prie de bien vouloir prendre acte de la rupture de mon contrat de travail à compter du . . . . **(date de rupture du contrat)**.

Je vous rappelle que, conformément à la loi, je n'aurai pas à effectuer de préavis ni à vous verser d'indemnité.

Veuillez agréer, Monsieur **(ou Madame)** . . . . , l'expression de mes salutations distinguées.

Votre signature

1. Cette lettre doit être envoyée au moins trois mois avant la fin de votre congé.

Congé sabbatique : demande

Pour bénéficier d'un congé sabbatique, vous devez justifier d'au moins trois ans d'ancienneté - consécutifs ou non - dans votre entreprise (ou plusieurs du même groupe) et avoir au moins six ans d'activité professionnelle.
Dès réception de votre demande, votre employeur dispose d'un délai de trente jours pour y répondre, par lettre remise contre décharge ou envoyée en recommandé avec accusé de réception. Passé ce délai et sans réponse de sa part, son accord est considéré comme acquis.

Vos nom, prénoms
Votre adresse
Votre numéro de téléphone
Votre adresse e-mail

Lettre recommandée avec AR

Nom et adresse de votre employeur
ou du responsable des ressources humaines

. . . . **(lieu)**, ... **(date)**

Objet : demande de congé sabbatique [1]

Monsieur **(ou Madame)** . . . . ,

Remplissant les conditions d'ancienneté requises par l'article L.122-32-18 du Code du travail – puisque je travaille au sein de votre entreprise depuis le . . . . **(date)** et que je possède une expérience professionnelle de . . . . années –, j'ai l'honneur de vous informer que je souhaite bénéficier d'un congé sabbatique prévu par les articles L.122-32-17 et suivants du Code du travail [2].

J'envisage de prendre ce congé à compter du . . . . **(date de début)** pour une durée de . . . . mois [3].

Si, pendant ce congé, j'exerce une activité professionnelle, je m'engage à respecter les obligations de loyauté et de discrétion attachées à mon contrat de travail [4].

Veuillez agréer, Monsieur **(ou Madame)** . . . . , l'expression de mes salutations distinguées.

Votre signature

1. Vous devez avertir votre employeur trois mois au moins avant la date de départ choisie, par lettre recommandée avec accusé de réception, de votre intention de prendre un congé sabbatique.
2. Article L.122-32-17 du Code du travail : « Le salarié a droit, dans les conditions prévues à la présente section, à un congé sabbatique, d'une durée minimale de six mois et d'une durée maximale de onze mois, pendant lequel son contrat de travail est suspendu. »
Article L.122-32-18 : « Le droit au congé sabbatique est ouvert au salarié qui, à la date de départ en congé, justifie d'une ancienneté dans l'entreprise d'au moins trente-six mois, consécutifs ou non, ainsi que de six années d'activité professionnelle, et qu'il n'a pas bénéficié, au cours des six années précédentes dans l'entreprise, d'un congé sabbatique, d'un congé pour création d'entreprise ou d'un congé de formation d'une durée d'au moins six mois au titre de l'article L.932-1 du présent Code. »
3. Il est impératif que vous fassiez figurer la date de votre départ ainsi que la durée de votre congé (entre six mois mimimum et onze mois maximum). Par contre, vous n'avez pas à évoquer ce qui motive votre demande de congé sabbatique. Que ce soit pour des raisons personnelles ou des projets professionnels, votre employeur n'a pas à connaître la raison de votre absence.
4. Si votre contrat comporte une clause de non-concurrence, vous écrirez : « Si, pendant ce congé, j'exerce une activité professionnelle, je ne manquerai pas de vous en informer aussitôt et je m'engage à respecter les obligations de loyauté, de discrétion et de non-concurrence attachées à mon contrat de travail. »

Congé sabbatique : acceptation par l'employeur

Nom et adresse de l'employeur

Lettre recommandée avec AR

Nom, prénoms et adresse du salarié

. . . . **(lieu)**, ... **(date)**

Objet : acceptation du congé sabbatique [1]

Monsieur **(ou Madame)** . . . . ,

J'accuse réception de votre lettre datée du . . . . par laquelle vous sollicitez un congé sabbatique, pour une durée de . . . . , à compter du . . . .

J'ai le plaisir de vous informer que votre demande a été acceptée. Vous pourrez donc vous absenter de l'entreprise du . . . . **(date de début du congé)** au . . . . **(date de fin du congé)**.

Je vous prie de croire, Monsieur **(ou Madame)** . . . . , à l'expression de mes salutations distinguées.

Votre signature

1. Dès réception de la demande du salarié, l'employeur dispose d'un délai de trente jours pour y répondre, par lettre remise contre décharge ou envoyée en recommandé avec accusé de réception. Passé ce délai et sans réponse de sa part, son accord est considéré comme acquis.

Congé sabbatique : report par l'employeur

Nom et adresse de l'employeur

Lettre recommandée avec AR

Nom, prénoms et adresse du salarié

. . . . **(lieu)**, ... **(date)**

Objet : report du congé sabbatique

Monsieur **(ou Madame)** . . . . ,

J'accuse réception de votre lettre datée du . . . . par laquelle vous sollicitez un congé sabbatique, pour une durée de . . . . , à compter du . . . .

J'ai le plaisir de vous informer que votre requête a été acceptée. Toutefois, en raison de . . . . [1], je me vois dans l'obligation de reporter la date de votre départ.

Votre congé ne pourra donc commencer qu'à compter du . . . .

Au cas où cette date ne vous conviendrait pas, n'hésitez pas à prendre contact avec nos services.

Je vous prie de croire, Monsieur **(ou Madame)** . . . . , à l'expression de mes salutations distinguées.

Votre signature

1. L'employeur a la possibilité – de manière discrétionnaire – de différer la date de départ de son employé de six mois (neuf mois dans les entreprises de moins de 200 salariés).
Dans les entreprises de 200 salariés et plus, l'employeur peut également différer le départ de l'employé si le nombre de salariés simultanément en congé sabbatique et congé pour création d'entreprise dépasse 2 % de l'effectif en activité dans l'entreprise.
Dans les entreprises de moins de 200 salariés, l'employeur peut encore différer le départ de l'employé si le nombre de jours d'absence prévu au titre des congés ne dépasse pas 2 % du nombre total des jours de travail effectués dans les douze mois précédant le départ en congé.

Congé sabbatique : refus de l'employeur

Nom et adresse de l'employeur

Lettre recommandée avec AR

Nom, prénoms et adresse du salarié

. . . . **(lieu)**, ... **(date)**

Objet : refus d'une demande de congé sabbatique [1]

Monsieur **(ou Madame)** . . . . ,

J'accuse réception de votre lettre datée du . . . . par laquelle vous sollicitez un congé sabbatique, pour une durée de . . . . , à compter du . . . .

J'ai le regret de vous informer que votre demande a été refusée. En effet, en raison de . . . . [2], je me vois dans l'obligation de ne pas y donner suite.

Vous avez, toutefois, la possibilité de renouveler ultérieurement votre demande.

Je vous prie de croire, Monsieur **(ou Madame)** . . . . , à l'expression de mes salutations distinguées.

Votre signature

1. Dès réception de la demande de son salarié, l'employeur dispose d'un délai de trente jours pour y répondre, par lettre remise contre décharge ou envoyée en recommandé avec accusé de réception. Passé ce délai et sans réponse de sa part, son accord est considéré comme acquis.
2. L'employeur peut refuser d'accorder un congé sabbatique si l'une des conditions énumérées ci-après n'est pas remplie : demande faite hors délai, pas d'ancienneté suffisante, congé inférieur à six mois ou supérieur à onze mois. Par ailleurs, si l'entreprise compte moins de 200 salariés, l'employeur peut, après avis du comité d'entreprise (ou à défaut des délégués du personnel), refuser la demande de congé s'il estime que l'absence du salarié peut avoir des conséquences préjudiciables à la bonne marche de l'entreprise. Le refus doit néanmoins être motivé.

Congé sans solde : demande

Aucun texte de loi ne réglemente ce congé. Il ne peut donc intervenir qu'après accord de votre employeur, sauf si votre convention collective le prévoit. Vous devrez vous entendre sur sa durée et ses modalités.

Vos nom, prénoms
Votre adresse
Votre numéro de téléphone
Votre adresse e-mail

Lettre recommandée avec AR

Nom et adresse de votre employeur
ou du responsable des ressources humaines

. . . . **(lieu)**, ... **(date)**

Objet : demande de congé sans solde [1]

Monsieur **(ou Madame)** . . . . ,

Travaillant au sein de votre entreprise depuis . . . . années, j'ai l'honneur de solliciter le bénéfice d'un congé sans solde pour . . . . **(indiquez vos raisons de prendre un tel congé)**.

J'envisage de prendre ce congé à compter du . . . . **(date de début)** pour une durée de . . . . Je réintégrerai donc mon emploi le . . . .

Dans l'attente de votre accord, je vous prie d'agréer, Monsieur **(ou Madame)** . . . . , l'expression de mes salutations distinguées.

Votre signature

1. Si les dispositions de votre convention collective prévoit et régit les modalités d'un congé sans solde, indiquez les articles concernés : « conformément à l'article . . . . (ou aux articles...) de la Convention collective de . . . . , j'ai l'honneur de solliciter... ».

Congé sans solde : acceptation par l'employeur

Nom et adresse de l'employeur

Lettre recommandée avec AR

Nom, prénoms et adresse du salarié

. . . . **(lieu)**, ... **(date)**

Objet : acceptation du congé sans solde

Monsieur **(ou Madame)** . . . . ,

J'accuse réception de votre lettre datée du . . . . par laquelle vous avez sollicité un congé sans solde, pour une durée de . . . . , à compter du . . . . et jusqu'au . . . . inclus.

J'ai le plaisir de vous informer que je vous accorde ce congé pour la période que vous demandez. Vous pourrez donc vous absenter de l'entreprise du . . . . **(date de début du congé)** au . . . . inclus **(date de fin du congé)**.

Je vous rappelle que ces jours de congé ne vous seront pas rémunérés et ne seront pas assimilés à du temps de travail effectif.

Je vous prie de croire, Monsieur **(ou Madame)** . . . . , à l'expression de mes salutations distinguées.

Votre signature

Congé sans solde : refus de l'employeur

Nom et adresse de l'employeur

Lettre recommandée avec AR

Nom, prénoms et adresse du salarié

. . . . **(lieu)**, ... **(date)**

Objet : refus d'une demande de congé sans solde

Monsieur **(ou Madame)** . . . . ,

J'accuse réception de votre lettre datée du . . . . par laquelle vous avez sollicité un congé sans solde, pour une durée de . . . . , à compter du . . . . et jusqu'au . . . . inclus.

J'ai le regret de vous informer que votre demande a été refusée. En effet, pour des raisons liées à . . . . **(citez les motifs)**, je me vois dans l'obligation de ne pas y donner suite.

Vous avez, toutefois, la possibilité de renouveler ultérieurement votre demande.

Je vous prie de croire, Monsieur **(ou Madame)** . . . . , à l'expression de mes salutations distinguées.

Votre signature

Contrat

Contrat d'orientation

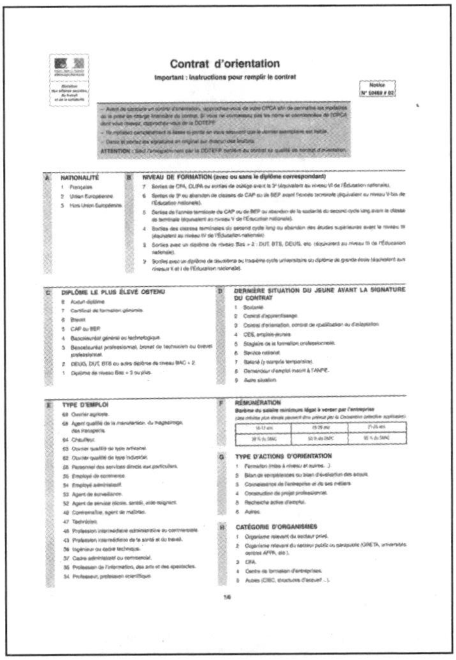
Contrat d'orientation

Important : Instructions pour remplir le contrat

A NATIONALITÉ
1 Française
2 Union Européenne
3 Hors Union Européenne

B NIVEAU DE FORMATION (avec ou sans le diplôme correspondant)

C DIPLÔME LE PLUS ÉLEVÉ OBTENU

D DERNIÈRE SITUATION DU JEUNE AVANT LA SIGNATURE DU CONTRAT

E TYPE D'EMPLOI

F RÉMUNÉRATION

G TYPE D'ACTIONS D'ORIENTATION

H CATÉGORIE D'ORGANISMES

1/6

Contrat de qualification (jeunes)

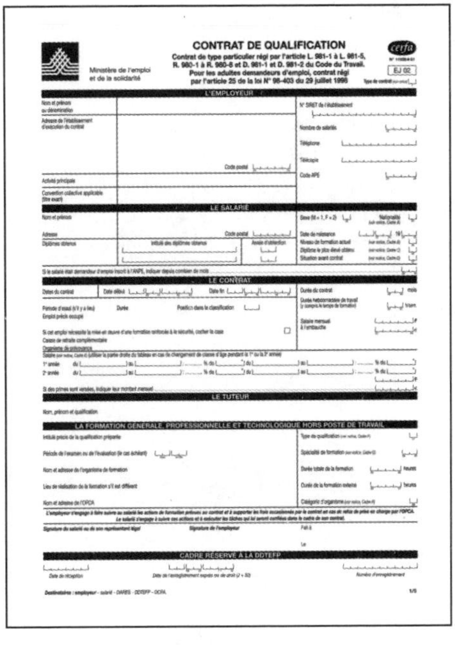
CONTRAT DE QUALIFICATION

Ministère de l'emploi et de la solidarité

Contrat de type particulier régi par l'article L. 981-1 à L. 981-5, R. 980-1 à R. 980-8 et D. 981-1 et D. 981-2 du Code du Travail. Pour les adultes demandeurs d'emploi, contrat régi par l'article 25 de la loi N° 98-403 du 29 juillet 1998

EJ 02

L'EMPLOYEUR

LE SALARIÉ

LE CONTRAT

LE TUTEUR

LA FORMATION GÉNÉRALE, PROFESSIONNELLE ET TECHNOLOGIQUE HORS POSTE DE TRAVAIL

CADRE RÉSERVÉ À LA DDTEFP

1/5

Contrat de qualification (adultes)

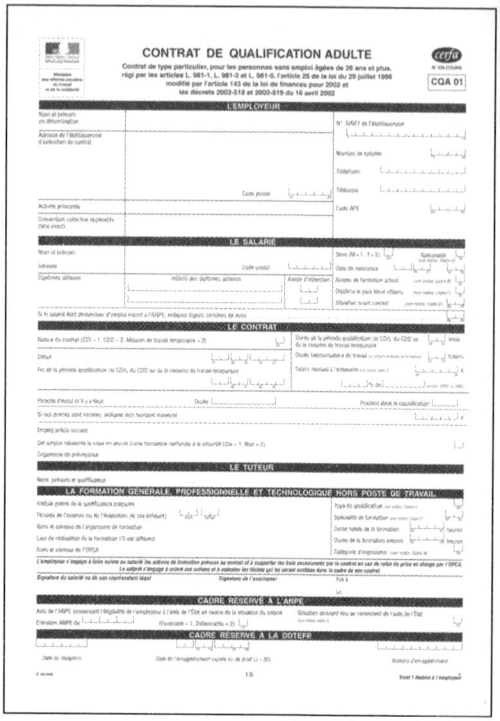

Contrat d'adaptation

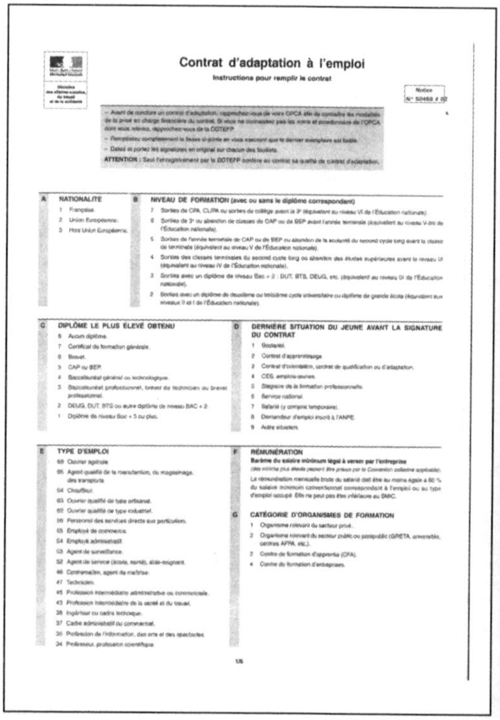

Contrat d'apprentissage

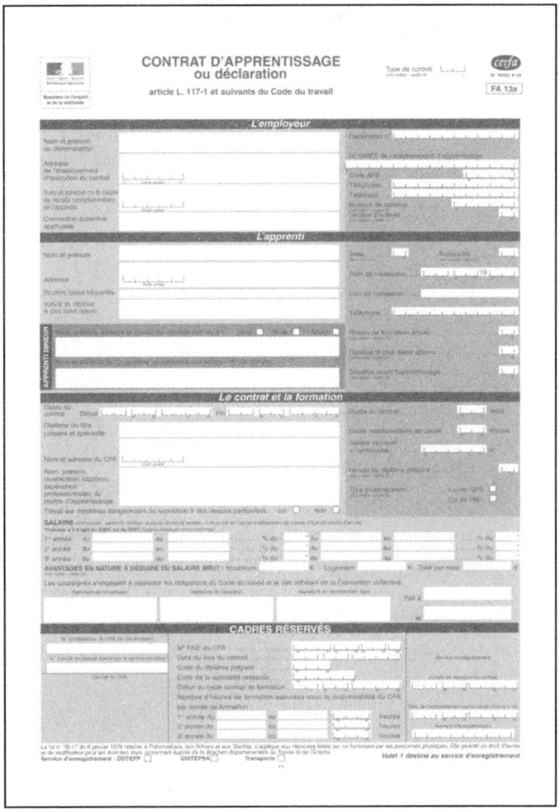
CONTRAT D'APPRENTISSAGE
ou déclaration
article L. 117-1 et suivants du Code du travail
FA 13a

L'employeur

L'apprenti

Le contrat et la formation

CADRES RÉSERVÉS

Modèle de CDD

CONTRAT DE TRAVAIL À DURÉE DÉTERMINÉE [1]

Entre les soussignés
La société . . . . **(nom de l'entreprise)**
Représentée par . . . .
Agissant en qualité de . . . .

D'une part,
Et

M. **(ou Mme, ou Mlle)** . . . . **(nom et prénom du salarié)**

Il est convenu comme suit :

Article 1 – Engagement
La société . . . . engage M. **(ou Mme, ou Mlle)** . . . . en qualité de . . . . , dans le cadre d'un contrat à durée déterminée à compter du . . . .

Article 2 – Motif
Le contrat de travail est conclu pour un durée déterminée pour remplacer Mme . . . . ., durant son congé maternité [2].

Article 3 – Durée du contrat
L'engagement est conclu pour la durée de l'absence de Mme . . . . et pour une durée minimale de . . . . mois. Il prendra automatiquement fin soit à l'issue de cette durée minimale, soit à la date du retour de Mme . . . . , si elle est postérieure.

Article 4 – Poste de travail
M. **(ou Mme, ou Mlle)** . . . . effectuera l'ensemble des fonctions de Mme . . . .

Article 5 – Rémunération
M. **(ou Mme, ou Mlle)** . . . . percevra une rémunération brute mensuelle de . . . . € pour une durée de travail effectif de . . . . heures hebdomadaires. Il (ou elle) bénéficiera des primes et avantages prévus par les dispositions conventionnelles **(ou l'usage dans l'entreprise)**.

Article 6 – Période d'essai
Le contrat ne sera définitif qu'à l'issue d'une période d'essai de . . . . mois **(ou semaines)** au cours de laquelle chacune des parties pourra rompre le contrat sans préavis ni indemnité.

Article 7 – Horaire de travail
M. **(ou Mme, ou Mlle)** . . . . effectuera les horaires actuellement en vigueur dans l'entreprise, soit . . . . heures par semaine, du lundi au vendredi de . . . . heures à . . . . heures et de . . . . heures à . . . . heures.

Article 8 – Fin du contrat
À la fin du contrat, et conformément à l'article L.122-3-4 du Code du travail, M. **(ou Mme, ou Mlle)** . . . . percevra une indemnité de fin de contrat égale à 10 % de sa rémunération totale brute (3).

Article 9 – Convention collective
Le présent contrat est soumis aux dispositions de la convention collective de . . . ., en vigueur dans l'entreprise.

Article 10 – Protection sociale
M. (ou Mme, ou Mlle) . . . . bénéficiera des avantages retraite et prévoyance de la caisse . . . .

Fait à . . . . , le . . . . (4)

Signatures

1. Article L.122-3-1 du Code du travail : « Le contrat de travail à durée déterminée doit être établi par écrit et comporter la définition précise de son motif ; à défaut, il est réputé conclu pour une durée indéterminée. Il doit, notamment, comporter :
« – le nom et la qualification du salarié remplacé lorsqu'il est conclu au titre du 1º de l'article L.122-1-1 ;
« – la date d'échéance du terme et, le cas échéant, une clause de renouvellement lorsqu'il comporte un terme précis ;
« – la durée minimale pour laquelle il est conclu lorsqu'il ne comporte pas de terme précis ;
« – la désignation du poste de travail [...] ;
« – l'intitulé de la convention collective applicable ;
« – la durée de la période d'essai éventuellement prévue ;

« – le montant de la rémunération et de ses différentes composantes, y compris, s'il en existe, les primes et accessoires de salaire ;
« – le nom et l'adresse de la caisse de retraite complémentaire ainsi que, le cas échéant, ceux de l'organisme de prévoyance. »
Les autres clauses inscrites dans le contrat de travail sont facultatives.
2. Article L.122-1-1 du Code du travail : « Le contrat de travail ne peut être conclu pour une durée déterminée que dans les cas suivants :
« 1º Remplacement d'un salarié en cas d'absence, de passage provisoire à temps partiel, conclu par avenant à son contrat de travail ou par échange écrit entre ce salarié et son employeur, de suspension de son contrat de travail, de départ définitif précédant la suppression de son poste de travail ayant fait l'objet d'une saisine du comité d'entreprise ou, à défaut, des délégués du personnel, s'il en existe, ou en cas d'attente de l'entrée en service effective du salarié recruté par contrat à durée indéterminée appelé à le remplacer ;
« 2º Accroissement temporaire de l'activité de l'entreprise ;
« 3º Emplois à caractère saisonnier ou pour lesquels, dans certains secteurs d'activité définis par décret ou par voie de convention ou d'accord collectif étendu, il est d'usage constant de ne pas recourir au contrat de travail à durée indéterminée en raison de la nature de l'activité exercée et du caractère par nature temporaire de ces emplois ;
« 4º Remplacement d'un pharmacien titulaire d'officine dans les cas prévus aux premier et troisième alinéas de l'article L.5125-21 du Code de la santé publique ou remplacement d'un directeur de laboratoire d'analyses de biologie médicale tel que prévu à l'article L.6221-11 du même code ;
« 5º Remplacement d'un chef d'exploitation agricole ou d'entreprise tels que définis aux 1º à 4º de l'article L.722-1 du Code rural, d'un aide familial, d'un associé d'exploitation, ou de leur conjoint visé à l'article L.722-10 du même code dès lors qu'il participe effectivement à l'activité de l'entreprise ou de l'exploitation agricole. »
3. La loi de modernisation sociale du 17 janvier 2002 a porté la prime de précarité de 6 % à 10 %. Cette prime n'est pas due en cas de rupture anticipée du CDD, en cas de faute grave ou de force majeure ou lorsque, à l'issue du CDD, un CDI à emploi et rémunération équivalents est proposé au salarié, même si ce dernier le refuse. Elle n'est pas due non plus en cas d'emploi saisonniers ou de travaux pour lesquels le CDD est d'usage, ni pour les contrats aidés ou complémentaires d'une formation professionnelle.
4. Le contrat de travail doit être transmis au salarié, au plus tard dans les deux jours suivant l'embauche (article L.122-3-1 du Code du travail).

Avenant de renouvellement de CDD (1)

Entre les soussignés
La société . . . . **(nom de l'entreprise)**
Représentée par . . . .
Agissant en qualité de . . . .

D'une part,
Et

M. **(ou Mme, ou Mlle)** . . . . **(nom et prénom du salarié)**

Il est convenu comme suit :

Article 1
M. **(ou Mme, ou Mlle)** . . . . a été engagé dans le cadre d'un contrat à durée déterminée pour . . . . **(motif du CDD)**. La durée initiale de ce contrat était de . . . . Elle a pris effet le . . . . et s'est achevée le . . . . .
Cependant, à cette date, le motif pour lequel ledit contrat a été conclu n'a pas cessé. De ce fait, d'un commun accord entre les parties, le contrat de M. **(ou Mme, ou Mlle)** . . . . est renouvelé pour une durée de . . . . , à compter

du . . . . et jusqu'au . . . . **(dates de début et de fin du nouveau CDD)**, sans changement des termes et des conditions prévues par le contrat initial.

Article 2
À la fin du contrat, et conformément à l'article L.122-3-4 du Code du travail, M. (ou Mme, ou Mlle) . . . . percevra une indemnité de fin de contrat égale à 10 % de sa rémunération totale brute.

Fait à . . . . , le . . . .

Signatures (2)

1. Seuls les CDD conclus de date à date peuvent être renouvelés une fois, même si le renouvellement n'a pas été prévu par le contrat initial.
2. Lorsque le CDD se prolonge sans que l'avenant ait été signé, le CDD est automatiquement requalifié en CDI.

Modèle de CDI

Pour les clauses à ajouter au contrat, voir les modèles suivants.

CONTRAT DE TRAVAIL À DURÉE INDÉTERMINÉE

Entre les soussignés
La société . . . . (nom de l'entreprise)
Représentée par . . . .
Agissant en qualité de . . . .

D'une part,
Et

M. (ou Mme, ou Mlle) . . . . (nom et prénom du salarié)

Il est convenu comme suit :

Article 1 – Engagement
La société . . . . engage M. (ou Mme, ou Mlle) . . . . en qualité de . . . . , dans le cadre d'un contrat à durée indéterminée à compter du . . . . .

Article 2 – Poste de travail
M. (ou Mme, ou Mlle) . . . . exercera les fonctions de . . . . (description du poste). Son coefficient hiérarchique sera de . . . .

Article 3 – Rémunération et durée du travail
M. (ou Mme, ou Mlle) . . . . percevra une rémunération brute mensuelle de . . . . € pour une durée de travail effectif de . . . . heures hebdomadaires. Il (ou elle) bénéficiera des primes et avantages prévus par les dispositions conventionnelles (ou l'usage dans l'entreprise).

Article 4 – Convention collective
Le présent contrat est soumis aux dispositions de la convention collective de . . . . , en vigueur dans l'entreprise (1).

Article 5 – Horaire de travail
L'horaire de travail de M. **(ou Mme, ou Mlle)** . . . . est fixé comme suit : du lundi au vendredi de . . . . heures à . . . . heures et de . . . . heures à . . . . heures.

Article 6 – Lieu de travail
Le lieu de travail de M. **(ou Mme, ou Mlle)** . . . . est fixé à . . . . [2].

Article 7 – Congés payés
M. (ou Mme, ou Mlle) . . . . bénéficiera de congés payés prévus aux articles L.223-1 et suivants du Code du travail [3] et aux dispositions conventionnelles en vigueur dans l'entreprise.

Article 8 – Protection sociale
M. (ou Mme, ou Mlle) . . . . bénéficiera des avantages retraite et prévoyance accordés par la caisse . . . .

Article 9 – Période d'essai
Le présent engagement ne sera conclu qu'à l'issue d'une période d'essai de . . . . mois, au cours de laquelle chacune des parties pourra rompre le contrat sans préavis ni indemnité.
La période d'essai pourra être renouvelée une fois d'un commun accord, pour une durée équivalente. Ce renouvellement fera l'objet d'une confirmation écrite des deux parties [4].

Article 10 – Préavis
En cas de rupture du présent contrat, les parties observeront un préavis de . . . . mois.

Fait à . . . . , le . . . . [5]

Signatures

1. Dans les entreprises dotées d'un règlement intérieur, précisez le lieu d'affichage du règlement.
2. Ajoutez des précisions en cas de clause de mobilité, ou de lieux d'affectation multiples.
3. Article L.223-1 du Code du travail : « Tout ouvrier, employé ou apprenti des établissements industriels, commerciaux, artisanaux, agricoles, même s'ils ont la forme coopérative, et tout salarié des professions libérales, des offices ministériels, des syndicats professionnels, des sociétés civiles, associations et groupements de quelque nature que ce soit, a droit chaque année à un congé payé à la charge de l'employeur dans les conditions fixées par les articles suivants. »
4. Voir les modèles page 650.
5. Le contrat de travail doit être transmis au salarié, au plus tard dans les deux jours suivant l'embauche (article L. 122-3-1 du Code du travail).

Clauses pouvant être ajoutées au CDI

Clause de mobilité : déplacements

(Article à insérer dans le contrat de travail.)

M. **(ou Mme, ou Mlle)** . . . . est affecté(e) à . . . .
Toutefois, les fonctions de M. **(ou Mme, ou Mlle)** . . . . impliquant de nombreux déplacements, celui-ci **(ou celle-ci)** s'engage expressément à effectuer tous déplacements nécessaires à l'exercice de ses fonctions, qui pourraient lui être demandés par son employeur.

Clause de mobilité : mutation

(Article à insérer dans le contrat de travail.)

> Le lieu de travail de M. **(ou Mme, ou Mlle)** . . . . est fixé à . . . . Pour des raisons liées au bon fonctionnement de l'entreprise, M. **(ou Mme, ou Mlle)** . . . . pourra être muté(e) dans un autre établissement de la société, situé dans les zones géographiques . . . . **(préciser le département, la région)**.
>
> (En cas d'expatriation, on prévoira un paragraphe spécial :)
>
> M. **(ou Mme, ou Mlle)** . . . . sera informé(e) dans un délai de . . . . avant la prise d'effet de sa mutation.
> L'entreprise prendra en charge les frais de déménagement comprenant . . . .

Clause de confidentialité

(Article à insérer dans le contrat de travail.)

> Pendant la durée du contrat et après sa cessation, M. (ou Mme, ou Mlle) . . . . s'engage à observer une discrétion absolue sur les informations de toute nature concernant les activités et le fonctionnement de la société . . . . d'une part, et les clients de ladite société d'autre part.
> Sauf autorisation expresse de l'employeur, il (ou elle) s'engage à ne sortir de la société aucun document, disquette ou tout autre support qui ne lui soit pas personnel, à ne communiquer à des tiers aucune indication sur . . . . (les procédés, les méthodes, les inventions...) de la société . . . . qui pourraient être portés à sa connaissance, à ne jamais divulguer les informations qu'il pourrait recueillir du fait de ses fonctions.

Clause d'exclusivité

(Article à insérer dans le contrat de travail.)

> Pendant la durée du contrat, M. **(ou Mme, ou Mlle)** . . . . s'engage à n'exercer aucune activité professionnelle quelle que soit sa durée, qu'elle soit concurrente ou non à l'entreprise. Le non-respect de cette interdiction pourra entraîner le licenciement du salarié pour faute grave.

Clause de non-concurrence

(Article à insérer dans le contrat de travail.)

> Lorsqu'il quittera l'entreprise pour quelque cause que ce soit à l'expiration de la période d'essai, M. **(ou Mme, ou Mlle)** . . . . s'engage à ne pas exercer les

activités suivantes : . . . . en qualité de salarié ou de non-salarié pour une entreprise concurrente de la société . . . .
Cette interdiction prendra effet dès la cessation effective du travail pendant une durée de . . . . et sur le territoire suivant : . . . .
Toute infraction à cette interdiction entraînera automatiquement le versement par M. **(ou Mme, ou Mlle)** . . . . à la société . . . . d'une indemnité dont le montant sera déterminé en fonction du préjudice subi.
En contrepartie de cette obligation, au moment de la cessation de son contrat de travail, M. **(ou Mme, ou Mlle)** . . . . percevra une indemnité compensatrice de . . . . €, sauf en cas de démission ou de licenciement pour faute grave.

Clause d'objectifs

(Article à insérer dans le contrat de travail.)

M. **(ou Mme, ou Mlle)** . . . . s'engage à réaliser pour l'année . . . . **(ou le semestre, ou le trimestre ou chaque année)** un chiffre d'affaires minimum de . . . . €.
Ce montant pourra être renégocié chaque année (ou plus souvent) en fonction de la conjoncture économique et des objectifs de l'entreprise.
Une prime d'un montant de . . . . € sera versée à M. **(ou Mme, ou Mlle)** . . . . en cas d'atteinte des objectifs fixés ci-dessus.
En cas de réalisation partielle, la prime lui sera versée proportionnellement au niveau des objectifs atteints.
ou
Il est convenu que si M. **(ou Mme, ou Mlle)** . . . . n'atteint pas lesdits objectifs, il pourra être mis fin à ce contrat, sans que le licenciement puisse être jugé abusif.

Astreinte

(Article à insérer dans le contrat de travail.)

M. **(ou Mme, ou Mlle)** . . . . sera amené(e) à se tenir à son domicile ou à proximité immédiate le . . . . **(jour d'astreinte)** toutes les . . . . semaines.
Durant cette période, il **(ou elle)** sera à la disposition de la société . . . . pour pouvoir intervenir en cas de nécessité.
Au cours des astreintes, les temps d'attente seront indemnisés . . . . € de l'heure et les interventions rémunérées . . . . € l'heure.

Convention de forfait

(Texte à insérer dans l'article sur la rémunération et la durée du travail.)

M. (ou Mme, ou Mlle) . . . . percevra une rémunération brute forfaitaire de . . . . €. Ladite rémunération couvre les heures supplémentaires effectuées au-delà de la durée légale de travail, dans la limite de . . . . heures hebdomadaires.

Les heures effectuées au-delà de ce forfait donneront lieu à majoration et repos compensateur conformément aux dispositions légales (ou conventionnelles).
M. (ou Mme, ou Mlle) . . . . s'engage à ne pas effectuer d'heures au-delà de ce forfait sans autorisation préalable de la direction.

Clause de mise à disposition d'un véhicule de fonction

(Article à insérer dans le contrat de travail.)

Dans le cadre de ses fonctions, M. **(ou Mme, ou Mlle)** . . . . disposera d'un véhicule de fonction [1]. Il (ou elle) est (ou n'est pas) autorisé(e) à l'utiliser à des fins personnelles.
La société . . . . prend à sa charge la police d'assurance responsabilité civile et professionnelle du véhicule ainsi que l'assurance des personnes transportées.
Les frais d'essence et d'entretien du véhicule seront aussi à la charge de la société . . . . , sur présentation des factures par M. **(ou Mme, ou Mlle)** . . . . , dans la limite des déplacements professionnels.
M. **(ou Mme, ou Mlle)** . . . . s'engage à prévenir la société . . . . dans les meilleurs délais de tout incident ou accident survenant à ce véhicule.

1. Cet usage constitue un avantage en nature assujetti à cotisations de Sécurité sociale. Il est évalué à l'aide du barème fiscal indicatif des indemnités kilométriques établi en fonction de la puissance du véhicule.

Clause d'utilisation par le salarié de son véhicule personnel

(Article à insérer dans le contrat de travail.)

Dans le cadre de son contrat, M. **(ou Mme, ou Mlle)** . . . . est autorisé(e) à utiliser son véhicule personnel pour tous déplacements nécessaires à l'exercice de ses fonctions, qui pourraient lui être demandés par son employeur, c'est-à-dire . . . . **(précisez au mieux les déplacements et les conditions d'utilisation du véhicule à des fins professionnelles)**.
En conséquence, la société . . . . souscrit une police d'assurance responsabilité civile et professionnelle du véhicule ainsi que l'assurance des personnes transportées.
En outre, M. **(ou Mme, ou Mlle)** . . . . percevra une indemnité forfaitaire de . . . . € par mois, destinée à compenser l'utilisation de son véhicule.
Les frais d'essence et d'entretien dudit véhicule seront aussi à la charge de la société . . . . , sur présentation des factures par M. **(ou Mme, ou Mlle)** . . . . , dans la limite des déplacements professionnels.
M. **(ou Mme, ou Mlle)** . . . . s'engage à prévenir la société . . . . dans les meilleurs délais de tout incident ou accident survenant à son véhicule.

Clause de dédit-formation

(Article à insérer dans le contrat de travail.)

Dans le cadre du présent contrat, M. **(ou Mme, ou Mlle)** . . . . suivra une formation d'une durée de . . . . heures, dispensée par . . . . , qui lui permettra d'acquérir la qualification de . . . .

Cette formation n'est pas comprise dans le plan de formation et les frais correspondants excèdent les obligations légales (ou conventionnelles) de l'entreprise en matière de formation professionnelle.
La société . . . . s'engage néanmoins à prendre en charge la somme nécessaire, soit . . . . €, ainsi que les frais de déplacement selon le barème en vigueur.
En outre, le salaire de M. **(ou Mme, ou Mlle)** . . . . sera intégralement maintenu pendant toute la durée de sa formation.
En contrepartie, M. **(ou Mme, ou Mlle)** . . . . s'engage à rester au service de la société . . . . pendant une durée minimale de . . . . ans à compter de la fin du stage.
En conséquence, si M. **(ou Mme, ou Mlle)** . . . . vient à quitter l'entreprise de sa propre initiative avant la fin du délai susmentionné, il s'engage à rembourser une somme proportionnelle au nombre de mois restant à courir jusqu'à l'expiration de ce délai.

Reprise d'ancienneté

(Article à insérer dans le contrat de travail.)

M. **(ou Mme, ou Mlle)** . . . . est engagé(e) à compter du . . . .
Cependant, d'un commun accord, les parties conviennent d'une reprise d'ancienneté de M. **(ou Mme, ou Mlle)** . . . . à compter du . . . . . .
En conséquence, pour toutes dispositions conventionnelles ou légales se référant à une condition d'ancienneté, il sera tenu compte de ladite reprise d'ancienneté.

Bulletin de salaire

Mentions obligatoires

Renseignements sur l'employeur :
– nom et adresse de l'employeur ou raison sociale de l'établissement et son adresse ;
– référence de l'organisme auquel l'employeur verse les cotisations de Sécurité sociale, la CSG et la CRDS ;
– numéro d'immatriculation à cet organisme ;
– numéro du code de l'activité principale de l'entreprise (code APE, attribué par l'INSEE) ;
– numéro SIRET ;
– convention collective applicable dans l'entreprise [1] ou, à défaut, références du Code du travail relatives à la durée des congés payés et des délais de préavis en cas de cessation de la relation de travail.

Renseignements sur le salarié :
– nom et prénom du salarié ;
– dénomination de son emploi dans l'entreprise ;
– classification de la convention collective **(échelon ou coefficient)**.

Renseignements sur la période travaillée :
– période de travail et nombre d'heures auxquels se rapporte la rémunération ;

– nature et volume du forfait auquel se rapporte le salaire, pour les salariés dont la rémunération est déterminée sur la base d'un forfait (hebdomadaire, mensuel, annuel en heures ou en jours) ;
– nature de la base de calcul du salaire lorsque celle-ci n'est pas la durée du travail ;
– montant du complément différentiel de salaire pour les entreprises ayant conclu un accord sur les 35 heures ;
– date de paiement du salaire ;
– heures travaillées selon leur nature **(heures normales, heures supplémentaires...)** ;
– heures supplémentaires et heures majorées pour d'autres causes ainsi que les taux de majoration [2] ;
– dates de congés comprises dans la période de paie et montant de l'indemnité correspondante quand une période de congé annuel est comprise dans la période de paie.

Éléments de la rémunération :
– montant de la rémunération brute [3] ;
– nature et montant des accessoires de salaire soumis à cotisations **(primes)** ;
– nature et montant des sommes s'ajoutant à la rémunération non soumises à cotisations (frais professionnels) ;
– montant de l'indemnité de congés payés, si des congés ont été pris pendant la période de paie considérée ;
– nature et montant des cotisations sociales salariales : maladie, maternité, invalidité, décès, chômage ;
– retraites complémentaires non-cadres et cadres ;
– CSG déductible [4] ;
– CRDS non déductible et CSG non déductible [5] ;
– montant du salaire net imposable : salaire net imposable = salaire net à payer + CSG non déductible [6] ;
– montant du salaire net à payer : salaire net à payer = salaire brut – charges sociales salariales [7].
incitant le salarié à conserver le bulletin de paie sans limitation de durée.

Mentions facultatives

Les cotisations patronales de Sécurité sociale.
Toutefois, lorsque cette mention ne figure pas sur le bulletin de paie, l'employeur est tenu de remettre au salarié, en fin d'année civile ou au début de l'année suivante, un récapitulatif annuel du montant des cotisations sociales patronales acquittées.

Récapitulatif annuel.
Le récapitulatif peut figurer sur le bulletin de paie ou sur un document distinct.
En cas de départ de l'entreprise en cours d'année, le récapitulatif peut être remis lors du départ du salarié.

Mentions interdites

Le bulletin de paie ne doit pas indiquer l'exercice du droit de grève ni des fonctions de représentant du personnel.

1. S'il n'existe pas de convention collective dans l'entreprise, il est obligatoire d'indiquer certains articles du Code du travail, notamment ceux concernant la réglementation sur la durée des congés.

2. Les heures supplémentaires donnant lieu à un repos compensateur doivent être indiquées en annexe au bulletin.
3. Salaire de base + primes = somme due au salarié avant le prélèvement des charges sociales.
4. Le calcul de la CSG se fait sur la base de 95 % du salaire brut. Taux : 5,1 %.
5. Le calcul de la CRDS se fait sur la base de 95 % du salaire brut. Taux : 0,5 %. Taux de la CSG non déductible : 2,4 %.
6. Revenu déclaré aux impôts.
7. Rémunération touchée par le salarié.

Période d'essai : rupture par l'employeur

(Sur une feuille à en-tête de l'entreprise)

M. **(Mme, Mlle)** . . . .
(prénom et nom du salarié)
Son adresse complète

Lettre recommandée avec AR ou remise contre décharge

. . . . **(lieu)**, ... **(date)**

Monsieur **(ou Madame, ou Mademoiselle)**,

Je vous informe par la présente de ma décision de mettre fin à votre période d'essai, dès réception de cette lettre [1].

Je vous prie d'agréer, Monsieur **(ou Madame, ou Mademoiselle)**, l'expression de mes salutations distinguées.

Votre signature

1. La période d'essai peut être rompue à tout moment par l'employeur ou par le salarié, sans que l'un ou l'autre ait à donner de motif et sans préavis à respecter, sauf si le contrat ou la convention collective en prévoient un (article L.122-4-2 du Code du Travail).

Période d'essai : rupture par le salarié

Vos nom, prénoms
Votre adresse

Nom de l'employeur
ou du responsable des ressources humaines
Nom et adresse de l'entreprise

Lettre recommandée avec AR ou remise contre décharge

. . . . **(lieu)**, ... **(date)**

Monsieur **(ou Madame)**,

Je vous informe par la présente de ma décision de mettre fin à ma période d'essai dès réception de cette lettre [1].

Je vous prie d'agréer, Monsieur **(ou Madame)**, l'expression de mes salutations distinguées.

Votre signature

1. Voir note 1 du modèle précédent.

Période d'essai : renouvellement par l'employeur

(Rédigé sur une feuille à en-tête de l'entreprise.)

M. (Mme, Mlle) . . . .
(prénom et nom du salarié)
Son adresse complète

Lettre recommandée avec AR ou remise en main propre contre décharge

. . . . **(lieu)**, ... **(date)**

Monsieur **(ou Madame, ou Mademoiselle)**,

Je vous informe par la présente de ma décision de renouveler votre période d'essai de . . . . mois.
À cet effet, je vous propose de signer ci-joint un avenant à votre contrat de travail.
Très sincèrement.

Votre signature

P.J. : avenant de renouvellement de période d'essai [1].

1. Voir modèle suivant.

Avenant de renouvellement de période d'essai

Entre les soussignés
La société . . . . **(nom de l'entreprise)**
Représentée par . . . .
Agissant en qualité de . . . .

D'une part,
Et

M. (ou Mme, ou Mlle) . . . . **(nom et prénom du salarié)**

Il est convenu comme suit :

Article 1
M. **(ou Mme, ou Mlle)** . . . . a été engagé(e) dans le cadre d'un contrat à durée indéterminée dont la période d'essai prenait effet à compter du . . . . , pour s'achever le . . . .
Conformément à l'article 9 dudit contrat, d'un commun accord entre les parties, la période d'essai de M. **(ou Mme, ou Mlle)** . . . . est renouvelée pour une

durée de . . . . , à compter du . . . . et jusqu'au . . . . **(dates de début et de fin de la nouvelle période d'essai)**.

Article 2
M. (ou Mme, ou Mlle) . . . . ne sera engagé(e) qu'à l'issue de cette nouvelle période d'essai, au cours de laquelle chacune des parties pourra rompre le contrat sans préavis ni indemnité.

Fait à . . . . , le . . . .

Signatures

Période d'essai : refus de renouvellement par le salarié

Vos nom, prénoms
Votre adresse

Nom de l'employeur
ou du responsable des ressources humaines
Nom et adresse de l'entreprise

Lettre recommandée avec AR ou remise contre décharge
. . . . **(lieu)**, ... **(date)**

Monsieur **(ou Madame)**,

Je vous informe par la présente de ma décision de refuser le renouvellement de ma période d'essai.
En effet, j'estime que le délai qui s'est écoulé entre mon embauche et la fin de ma période d'essai a amplement suffi à vous permettre de juger de mes compétences et de mon efficacité.

Je vous demande donc de bien vouloir renoncer à ce renouvellement.

Dans l'attente de votre réponse, que j'espère favorable, je vous prie de croire, Monsieur **(ou Madame)**, à l'assurance de ma considération.

Votre signature

Modèle de règlement intérieur

Article 1 – Objet
Conformément à la loi, le présent règlement fixe les règles applicables en matière de discipline et de procédure disciplinaire en rappelant les garanties qui y sont attachées, et en matière d'hygiène et de sécurité [1].

Article 2 – Champ d'application
Le présent règlement s'applique dans l'ensemble de l'entreprise. Il s'applique à l'ensemble des personnels présents dans l'entreprise, y compris, pour ce qui concerne la discipline, l'hygiène et la sécurité, aux stagiaires, intérimaires, salariés d'entreprises extérieures intervenant à quelque titre que ce soit [2].

Article 3 – Embauche

Tout nouveau salarié se soumettra à la visite médicale obligatoire de la médecine du travail lors de son embauche et à toute visite légalement obligatoire de la médecine du travail en cours de contrat.

Article 4 – Horaire et durée du travail

Les salariés devront respecter l'horaire de travail fixé pas la Direction conformément à la réglementation en vigueur et affichée dans les lieux de travail.
En cas d'absence, les salariés doivent prévenir leur responsable hiérarchique.

Article 5 – Discipline et comportement

Dans l'exécution de son travail, le personnel est tenu de respecter les instructions de ses supérieurs hiérarchiques, ainsi que l'ensemble des instructions diffusées par voies de notes de service et d'affichage. Tout acte contraire à la discipline est passible de sanctions.
Il doit adopter dans l'exercice de ses fonctions une tenue, un comportement et des attitudes qui respectent la liberté et la dignité de chacun.

Article 6 – Concurrence et discrétion

L'ensemble des documents et matériels détenus par le personnel dans l'exercice de ses fonctions est confidentiel et ne peut être divulgué. Ces documents et matériels doivent être restitués sur simple demande de la société en cas de modification ou de cessation du contrat de travail pour quelque cause que ce soit.
Les salariés sont tenus de faire preuve de la plus grande discrétion vis-à-vis de l'extérieur sur l'ensemble des éléments techniques, financiers ou autres dont ils pourraient avoir connaissance à l'occasion de leur travail, sous peine de sanctions disciplinaires, sans préjudice d'éventuelles poursuites pénales.

Article 7 – Usage des biens et matériels et des locaux

Les salariés sont tenus de conserver en bon état tout ce qui leur a été confié (matériels, machines, ouvrages, documents...) par l'entreprise pour l'accomplissement de leur travail (sans pouvoir en faire d'autre usage, à des fins personnelles en particulier).
Il est interdit d'effectuer, dans les locaux de l'entreprise, sans autorisation, des collectes, distributions et affichages à l'exception de ceux liés à l'exercice d'un mandat syndical ou de représentant du personnel et dans les limites fixées par la loi.
Il est interdit de provoquer des réunions pendant les heures et sur les lieux de travail, sous réserve de l'exercice du droit de grève et d'expression et des droits des représentants du personnel.

Article 6 – Hygiène et sécurité

Il est obligatoire de mettre en œuvre toutes les mesures de sécurité et de protection individuelles ou collectives existantes et de respecter scrupuleusement les instructions sur ce point.
Il est obligatoire de maintenir le matériel en parfait état de propreté et de l'entretenir, d'aviser les responsables des services généraux de toute défaillance ou défectuosité qui pourrait être constatée.
Toute violation de ces dispositions constitue une faute passible de sanctions.

Article 7 – Sanctions

Tout comportement violant les dispositions du présent règlement sera passible d'une sanction disciplinaire.
Les sanctions sont les suivantes :

• Avertissement : lettre reprochant le comportement fautif et avertissant le salarié de l'éventualité de nouvelles sanctions en cas de faute ultérieure.
• Mise à pied : suspension temporaire des fonctions avec suspension de la rémunération pendant une durée maximum de six jours.
• Licenciement avec ou sans préavis et indemnité de licenciement suivant la gravité de la faute commise. Une mise à pied conservatoire à effet immédiat et sans durée maximum peut être prononcée afin de suivre la procédure engagée par ailleurs pour prendre une sanction définitive.

Article 8 – Garanties du salarié
(Citez ici les articles du Code du travail sur le droit de la défense : L.122-41, R.122-17, R.122-18 et R.122-19.)

Article 9 – Publicité et entrée en vigueur
Le présent règlement a été déposé au secrétariat du greffe du conseil des prud'hommes de . . . . et affiché conformément aux dispositions des article R.122-12 et R.122-13 du Code du travail. Il entre en vigueur à compter du . . . .
Il est communiqué à tout salarié lors de sa prise de fonction [3].

Fait à . . . . , le . . . .

Signature de l'employeur :

1. Le règlement intérieur est obligatoire dans les entreprises dont l'effectif est supérieur ou égal à 20 salariés. Il est facultatif pour les entreprises de moins de 20 salariés.
2. Le règlement intérieur s'impose à tous les salariés de l'entreprise même s'ils ont été embauchés avant sa mise en application.
3. Le règlement intérieur doit être affiché sur le lieu de travail.

Lettre d'avertissement

(Rédigée sur une feuille à en-tête de l'entreprise.)

M. (Mme, Mlle) . . . .
(prénom et nom du salarié)
Son adresse complète

Lettre recommandée avec AR ou remise contre décharge [1]

. . . . **(lieu)**, ... **(date)**

Monsieur **(ou Madame, ou Mademoiselle)**,

En date du . . . . , vous avez . . . . **(énoncez l'origine de la sanction disciplinaire)**.
Cette attitude constitue un manquement à la discipline prévue dans le règlement intérieur de notre société **(citez l'article)**.

En application des dispositions des articles L.122-40 et suivants du Code du travail vous devez considérer cette lettre comme un avertissement.

Espérant ne pas avoir à renouveler ce rappel à la discipline [2], veuillez agréer, Monsieur **(ou Madame, ou Mademoiselle)**, l'expression de mes salutations distinguées.

Votre signature

1. Article L.122-41-1 : « Aucune sanction ne peut être infligée au salarié sans que celui-ci soit informé dans le même temps et par écrit des griefs retenus contre lui. »
2. Après l'avertissement, les différentes sanctions sont : la mutation, la rétrogradation ou le déclassement disciplinaire, au-delà la mise à pied puis le licenciement, qui est la sanction disciplinaire la plus grave.

Modification du contrat de travail par l'employeur pour un motif économique

(Rédigée sur une feuille à en-tête de l'entreprise.)

M. (Mme, Mlle) . . . .
(prénom et nom du salarié)
Son adresse complète

Lettre recommandée avec AR

. . . . **(lieu)**, ... **(date)**

Monsieur **(ou Madame, ou Mademoiselle)**,

Par des raisons d'ordre économique : . . . . (expliquez), je me vois dans l'obligation de modifier votre contrat de travail.
Il s'agit de . . . . , à compter du . . . .

Vous trouverez ci-joint un avenant à votre contrat de travail.

En application des dispositions de l'article L.321-1-2 du Code du travail, je vous informe que vous avez un mois à compter de la date de réception de ce courrier pour me faire savoir par écrit si vous acceptez ou refusez cette modification.
Si vous l'acceptez, vous voudrez bien me retourner l'avenant signé. Si vous la refusez, je me verrai contraint de procéder à votre licenciement pour motif économique.

Croyez que cette modification n'a rien à voir avec vos compétences, qui restent à mes yeux parfaitement satisfaisantes.

Très sincèrement.

Votre signature

P.J. : avenant au contrat de travail.

Modification du contrat de travail : refus du salarié

Vos nom, prénoms
Votre adresse

Nom de l'employeur
ou du responsable des ressources humaines

Nom et adresse de l'entreprise

Lettre recommandée avec AR

. . . . **(lieu)**, ... **(date)**

Monsieur **(ou Madame)**,

Je vous informe par la présente que je m'oppose au projet de modification de mon contrat de travail, que vous m'avez soumis.

En effet, je considère que . . . . **(expliquez vos raisons)**.
Je préfère donc que vous procédiez à mon licenciement économique.

Veuillez agréer, Monsieur **(ou Madame)**, l'expression de mes salutations distinguées.

Votre signature

Demande de passage à temps partiel

Vos nom, prénoms
Votre adresse

Nom de l'employeur
ou du responsable des ressources humaines
Nom et adresse de l'entreprise

Lettre recommandée avec AR [1]

. . . . **(lieu)**, ... **(date)**

Monsieur **(ou Madame)**,

Afin de mieux concilier ma vie professionnelle et ma vie familiale, je demande à bénéficier, ainsi que la réglementation m'y autorise, d'une réduction de mon temps de travail, sous la forme de . . . . **(expliquez les nouveaux horaires)**.

Je souhaiterais appliquer ce nouvel horaire à compter du . . . .

Je vous prie de bien vouloir accorder toute votre attention à ma demande.

Dans l'attente de votre réponse, veuillez agréer, Monsieur (ou Madame), l'expression de mes salutations distinguées.

Votre signature

1. Les conditions de mise en place des nouveaux horaires sont en principe définies par la convention collective. À défaut, le salarié doit adresser sa demande par lettre recommandée avec accusé de réception, six mois au moins avant la date envisagée de passage à temps partiel.

Temps partiel : réponse de l'employeur

(Rédigée sur une feuille à en-tête de l'entreprise.)

M. **(Mme, Mlle)** . . . .
(prénom et nom du salarié)
Son adresse complète

Lettre recommandée avec AR [1]

. . . . **(lieu)**, ... **(date)**

Monsieur **(ou Madame, ou Mademoiselle)**,

Je vous informe par la présente que je prends note [2] de votre demande de passage à temps partiel, dans les conditions que vous m'avez indiquées.

Je vous propose ci-joint un avenant à votre contrat de travail, que vous voudrez bien lire attentivement puis me renvoyer signé avant le . . . .

Je souhaite que cet aménagement de votre temps de travail profite au mieux à votre vie familiale.

Sincèrement,

Votre signature

P.J. : avenant à un CDI à temps partiel [3].

1. L'employeur doit répondre sous la même forme dans les trois mois qui suivent la réception de la demande.
2. Une demande de passage à temps partiel pour raison familiale est un droit qu'un employeur ne peut pas refuser.
3. Voir modèle suivant.

Avenant à un CDI à temps partiel

Entre les soussignés
La société . . . . **(nom de l'entreprise)**
Représentée par . . . .
Agissant en qualité de . . . .

D'une part,
Et

M. **(ou Mme, ou Mlle)** . . . . **(nom et prénom du salarié)**

Il est convenu comme suit :

Article 1 – Durée du travail
La durée de travail effectif de M. **(ou Mme, ou Mlle)** . . . . est désormais fixée à . . . . heures par semaine **(ou par mois)**, réparties comme suit : . . . . **(détaillez la répartition des heures sur la journée, la semaine ou le mois)**. La répartition des horaires de travail mentionnée ci-dessus pourra éventuellement être modifiée en cas de . . . . et dans les limites suivantes : . . . . [1].
M. **(ou Mme, ou Mlle)** . . . . devra être informé(e) de toute modification dans un délai de 7 jours [2]. Cette modification pourra conduire à répartir les horaires comme suit : . . . .

Article 2 – Rémunération
M. **(ou Mme, ou Mlle)** . . . . percevra une rémunération brute mensuelle de . . . . €, comportant les éléments suivants : . . . . **(salaire de base, primes...)**

Article 3 – Heures complémentaires
Conformément à l'article L.212-4-3 du Code du travail, il est convenu que M. **(ou Mme, ou Mlle)** . . . . pourra être amené(e) à effectuer des heures complémentaires à la durée du travail prévue à l'article 1, au cours d'une semaine (ou d'un mois), dans la limite d'un dixième de la durée hebdomadaire **(ou mensuelle)** prévue au contrat [3]. Ces heures seront rémunérées au taux normal, en complément du salaire mensuel habituel.

Article 4 – Droits et avantages
M. **(ou Mme, ou Mlle)** . . . . bénéficiera des mêmes droits et avantages que les salariés à temps plein de l'entreprise, résultant du Code du travail, de la convention collective (ou de l'accord d'entreprise, ou des usages) au prorata de son temps de travail.

Fait à . . . . , le . . . .

Signatures

1. Les possibilités de modification de la répartition des heures de travail doivent être définies dans le contrat.
2. Le délai de prévenance peut être abaissé à trois jours par convention ou accord de branche étendu. Le point de départ de ce préavis est la notification au salarié de la modification envisagée. Le salarié peut s'y opposer si ce délai n'est pas respecté ou si le nouvel horaire n'est pas compatible avec des obligations familiales impérieuses, le suivi d'un enseignement scolaire ou supérieur, un autre emploi ou une activité non salariée.
3. Le recours aux heures complémentaires ne doit pas avoir pour effet de porter la durée du travail au-delà de la durée légale ou conventionnelle.

Avis de détachement à l'étranger (inférieur à trois mois)

SECURITÉ SOCIALE
cerfa
N° 60-3551

AVIS DE MISSION PROFESSIONNELLE A L'ÉTRANGER
(DÉTACHEMENT INFERIEUR A TROIS MOIS)
(Articles L. 761-1 et R. 761-2 du Code de la Sécurité Sociale)

N.B. Le présent avis, établi par l'employeur, doit être adressé **dans les vingt-quatre heures** à la Caisse primaire.

RENSEIGNEMENTS CONCERNANT LE TRAVAILLEUR

NOM (en capitales d'imprimerie) ____________
(Pour les femmes mariées, indiquer le nom de jeune fille suivi, le cas échéant, de épouse X..., veuve X...).
Prénom : ____________ Nationalité : ____________
Adresse en France : n° ______ rue ____________
Localité : ____________
Code postal : ______ Bureau distributeur : ____________
Adresse dans le pays de détachement (si celle-ci est connue) : ____________
Localité : ____________
Pays : ____________
Profession : ____________
Numéro d'immatriculation à la Sécurité sociale : ____________

IDENTIFICATION DE L'EMPLOYEUR

Nom ou raison sociale : ____________
N° d'identification : ____________
Adresse de l'entreprise : ____________

Désignation du ou des pays où le travailleur est envoyé en mission professionnelle : ____________

Point de départ de la mission professionnelle : |____|____|____| (jour / mois / an)

Par le présent avis, l'employeur s'engage à s'acquitter de l'intégralité des cotisations dues pour toute la durée de la mission professionnelle.

A ____________ , le ____________

Timbre de l'Entreprise

Signature de l'Employeur ou de son Représentant

S 9203

Avis de détachement d'urgence à l'étranger (supérieur à trois mois)

SÉCURITÉ SOCIALE
cerfa
N° 60-3550

AVIS DE DÉTACHEMENT D'URGENCE A L'ÉTRANGER
(DÉTACHEMENT SUPÉRIEUR A TROIS MOIS)
(Articles L. 761-1 et R. 761-2 du Code de la Sécurité Sociale)

N.B. Le présent avis, établi par l'employeur, doit être adressé **dans les vingt-quatre heures** à la Caisse primaire.

RENSEIGNEMENT CONCERNANT LE TRAVAILLEUR

NOM (en capitales d'imprimerie) ____________________
(Pour les femmes mariées, indiquer le nom de jeune fille suivi, le cas échéant, de épouse X..., veuve X...).

Prénom : ____________________ Nationalité : ____________________

Adresse en France : n° ________ rue ____________________

Localité : ____________________

Code postal : ________ Bureau distributeur : ____________________

Adresse dans le pays de détachement (si celle-ci est connue) : ____________________

____

Localité : ____________________

Pays : ____________________

Profession : ____________________

Numéro d'immatriculation à la Sécurité sociale : |________|___|___|

IDENTIFICATION DE L'EMPLOYEUR

Nom ou raison sociale : ____________________

N° d'identification : |________|________|________|

Adresse de l'entreprise : ____________________

Désignation du ou des pays où le travailleur est détaché : ____________________

____

Durée prévisible du détachement : ____________________

Point de départ du détachement : |____|____|____|
jour mois an

Par le présent avis, l'employeur s'engage à s'acquitter de l'intégralité des cotisations dues pour toute la durée du détachement.

A ____________________, le ____________________

Timbre de l'Entreprise

Signature de l'Employeur
ou de son Représentant

S 9202

Attestation de détachement à l'étranger

SÉCURITÉ SOCIALE
cerfa
N° 60-3549

ATTESTATION DE DÉTACHEMENT A L'ÉTRANGER 1/3

(Articles L. 761-1 et R. 761-2 du Code de la Sécurité Sociale)

N.B. La présente attestation est établie en triple exemplaire.
Un exemplaire est remis au travailleur détaché, le second est remis à l'employeur et le troisième est conservé par la Caisse Primaire d'Assurance Maladie.

1. RENSEIGNEMENTS CONCERNANT LE TRAVAILLEUR

NOM (en capitales d'imprimerie) ____________________
(Pour les femmes mariées, indiquer le nom de jeune fille suivi, le cas échéant, de épouse X..., veuve X...).

Prénom : ____________________ Nationalité : ____________________

Adresse en France : n° ________ rue ____________________

Localité : ____________________

Code postal : ________ Bureau distributeur : ____________________

Adresse dans le pays de détachement (si celle-ci est connue) : ____________________

____

Localité : ____________________

Pays : ____________________

Profession : ____________________

Numéro d'immatriculation à la Sécurité sociale : ____________________

2. RENSEIGNEMENTS CONCERNANT LES MEMBRES DE SA FAMILLE
(qui l'accompagnent ou le rejoindront à compter du)

NOM	PRÉNOM	DATE DE NAISSANCE	LIEN DE PARENTÉ

S. 9201

Délégués du personnel

Demande d'organisation d'élections par un salarié

Vos nom, prénoms
Votre adresse
Votre numéro de téléphone
Votre adresse e-mail

Lettre recommandée avec AR

Nom et coordonnées de votre employeur
ou du responsable des ressources humaines

. . . . **(lieu)**, ... **(date)**

Objet : demande d'organisation d'élections professionnelles

Monsieur **(ou Madame)**,

En l'absence de toute représentation du personnel dans l'entreprise et dans la mesure où les conditions d'effectif requises par l'article L.421-1 du Code du travail [1] (au moins 11 salariés) sont satisfaites, j'ai l'honneur de vous demander l'organisation d'élections professionnelles. En effet, ces dispositions prévoient la mise en place de délégués du personnel dans les entreprises occupant au moins 11 salariés.

Dans cette attente, je vous prie d'agréer, Monsieur (ou Madame), l'expression de mes salutations distinguées.

Votre signature

1. Article L.421-1 du Code du travail (extraits) : « Le personnel élit des délégués dans tous les établissements industriels, commerciaux ou agricoles, les offices publics et ministériels, les professions libérales, les sociétés civiles, les syndicats professionnels, les sociétés mutualistes, les organismes de sécurité sociale, à l'exception de ceux qui ont le caractère d'établissement public administratif, et les associations ou tout organisme de droit privé, quels que soient leur forme et leur objet, où sont occupés au moins onze salariés.
« La mise en place des délégués du personnel n'est obligatoire que si l'effectif d'au moins onze salariés est atteint pendant douze mois, consécutifs ou non, au cours des trois années précédentes. »

Demande d'organisation d'élections par un salarié et présentation de sa candidature

Vos nom, prénoms
Votre adresse
Votre numéro de téléphone
Votre adresse e-mail

Lettre recommandée avec AR

Nom et coordonnées de votre employeur
ou du responsable des ressources humaines

. . . . **(lieu)**, ... **(date)**

Objet : demande d'organisation d'élections professionnelles

Monsieur **(ou Madame)** . . . . ,

En l'absence de toute représentation du personnel dans l'entreprise et dans la mesure où les conditions d'effectif requises par l'article L.421-1 du Code du travail (au moins 11 salariés) sont satisfaites, j'ai l'honneur de vous demander l'organisation d'élections professionnelles. En effet, ces dispositions prévoient la mise en place de délégués du personnel dans les entreprises occupant au moins 11 salariés.

Par ailleurs, je vous annonce également que je me porterai candidat(e) [1] en tant que . . . . (titulaire ou suppléant) du collège . . . . **(ouvriers, employés, cadres...)**.

Dans l'attente de ces élections, je vous prie d'agréer, Monsieur **(ou Madame)** . . . . , l'expression de mes salutations distinguées.

Votre signature

1. Pour être candidat, il faut être salarié de l'entreprise, n'avoir encouru aucune condamnation privative du droit de vote politique, avoir au moins 18 ans à la date du premier tour de scrutin et ne pas avoir de lien de parenté avec le chef d'entreprise. Enfin, le premier tour est réservé aux candidats syndiqués. Sur la candidature libre pour le second tour, voir le modèle suivant.

Lettre de candidature libre au deuxième tour

Au premier tour du scrutin, seules les organisations syndicales représentatives dans l'entreprise sont habilitées à présenter des listes de candidats. Au second tour, les organisations syndicales représentatives perdent leur monopole. Peuvent ainsi se présenter des candidats « libres ».

Vos nom, prénoms
Votre adresse
Votre numéro de téléphone
Votre adresse e-mail
Lettre recommandée avec AR

Nom et coordonnées de votre employeur
ou du responsable des ressources humaines

. . . . **(lieu)**, ... **(date)**

Objet : candidature aux élections professionnelles

Monsieur le Directeur,

Je vous informe par la présente de ma décision de poser ma candidature au deuxième tour de scrutin des prochaines élections de délégués du personnel en tant que . . . . **(titulaire ou suppléant)** du collège . . . . **(indiquez le collège correspondant à votre catégorie professionnelle ; exemples : « ouvriers et employés », « ingénieurs, chefs de service, techniciens, agents de maîtrise et assimilés »)**.

Je vous prie d'agréer, Monsieur le Directeur, l'expression de mes salutations distinguées.

Votre signature

Demande de réunion exceptionnelle

Vos nom, prénoms
Votre adresse
Votre numéro de téléphone
Votre adresse e-mail

Nom de l'employeur
Nom et adresse de l'entreprise

. . . . **(lieu)**, ... **(date)**

Objet : demande de réunion exceptionnelle

Monsieur **(ou Madame)**,

Compte tenu de la situation d'urgence résultant de . . . . **(rappelez brièvement les faits)**, nous vous demandons de bien vouloir nous recevoir dans le cadre d'une réunion exceptionnelle.

Dans cette attente, je vous prie de croire, Monsieur **(ou Madame)**, à l'assurance de ma considération.

Votre signature

Licenciement pour motif personnel d'un délégué du personnel : demande d'autorisation à l'inspecteur du travail

Dès lors qu'il envisage le licenciement (quel qu'en soit le motif : personnel ou économique) d'un délégué, salarié dit « protégé », l'employeur doit suivre une procédure précise. Notamment, il doit solliciter l'autorisation de l'inspecteur du travail.

Nom et adresse de l'employeur

Lettre recommandée avec AR

M. (ou Mme) . . . .
Inspecteur(trice) du travail [1]
Adresse

. . . . **(lieu)**, ... **(date)**

Objet : demande d'autorisation de licenciement d'un délégué du personnel

Monsieur l'inspecteur **(ou Madame...)**,

Nous sommes au regret de devoir envisager le licenciement de M. **(ou Mme)** . . . .

Employé dans notre entreprise depuis le . . . . , où il occupe les fonctions de . . . . , il est également délégué du personnel dans notre établissement.

Les motifs de son licenciement sont les suivants : . . . . **(les motifs doivent être indiqués de manière complète et précise ; exemples : faute grave, suppression du poste, modification du contrat de travail refusée par le salarié...)**.

Le comité d'entreprise, consulté sur ce projet de licenciement lors de la réunion du . . . . , a émis un avis favorable (ou défavorable) [2]. En conséquence, nous vous demandons de bien vouloir autoriser le licenciement de M. **(ou Mme)** . . . .

Nous sommes à votre disposition pour tout renseignement complémentaire et, dans l'attente de votre décision, nous vous prions d'agréer, Monsieur l'inspecteur (ou Madame...), l'expression de notre respectueuse considération.

Signature

P.J. : procès-verbal de la réunion du CE

1. La demande d'autorisation de licenciement doit être envoyée à l'inspecteur du travail dont dépend l'établissement où est employé le salarié que l'employeur souhaite licencier.
2. En l'absence de comité d'entreprise, l'inspecteur du travail est saisi directement.

Licenciement d'un délégué du personnel : recours hiérarchique exercé devant le ministre du Travail

Vos nom, prénoms
Votre adresse
Votre numéro de téléphone
Votre adresse e-mail

Lettre recommandée avec AR

Ministère de l'Emploi et de la Solidarité
Direction des relations du travail
Adresse

. . . . **(lieu)**, ... **(date)**

Monsieur le ministre,

Par lettre datée du . . . . , dont vous trouverez ci-joint une copie en plus du dossier de pièces que je vous adresse **(procès-verbal de l'avis du CE, lettre du syndicat à l'inspecteur du travail, témoignages de collègues...)**, M. **(ou Mme)** . . . . **(nom)**, inspecteur du travail de . . . . , a autorisé mon employeur, M. . . . . **(ou la société . . . .)**, à procéder à mon licenciement.

En application de l'article R.436-6 du Code du travail [1], j'ai l'honneur d'exercer devant vous un recours hiérarchique en annulation de cette décision d'autorisation de licenciement me concernant.

Employé dans l'entreprise depuis le . . . . , où j'occupe les fonctions de . . . . , je suis en outre délégué du personnel au sein de cet établissement.

Voici les raisons pour lesquelles je vous demande de bien vouloir annuler la décision que je conteste : . . . . **(exposez clairement vos arguments)**.

En conséquence, je vous demande respectueusement d'annuler la décision de l'inspecteur ainsi que mon licenciement.

Me tenant à votre disposition pour tout renseignement complémentaire, je vous prie d'agréer, Monsieur le ministre, l'expression de ma haute considération.

Votre signature

1. Article R.436-6 du Code du travail : « Le ministre compétent peut annuler ou réformer la décision de l'inspecteur du travail sur le recours de l'employeur, du salarié ou du syndicat que ce salarié représente ou auquel il a donné mandat à cet effet.
« Ce recours doit être introduit dans un délai de deux mois à compter de la notification de la décision de l'inspecteur.
« Le silence gardé pendant plus de quatre mois sur ce recours vaut décision de rejet.
« Le silence gardé pendant plus de quatre mois par le ministre compétent, saisi d'un recours hiérarchique sur une décision prise par l'inspecteur du travail ou l'autorité qui en tient lieu dans le cadre de l'article L.627-5 du Code de commerce ou de l'article 29 de la loi nº 83-675 du 26 juillet 1983 relative à la démocratisation du secteur public, vaut décision de rejet. »

Délégué du personnel licencié irrégulièrement : demande de réintégration (1re hypothèse)

L'employeur qui ne sollicite pas l'autorisation de licenciement de l'inspecteur du travail ou qui passe outre sa décision refusant d'autoriser le licenciement s'expose à des sanctions civiles (nullité du licenciement, réintégration du salarié) et même pénales (délit d'entrave).

Vos nom, prénoms
Votre adresse
Votre numéro de téléphone
Votre adresse e-mail

Lettre recommandée avec AR

Nom et coordonnées de votre employeur

. . . . **(lieu)**, ... **(date)**

Objet : demande de réintégration

Monsieur **(ou Madame)**,

Par courrier daté du . . . . , vous m'avez notifié mon licenciement pour le(s) motif(s) suivant(s) : . . . . **(indiquez le ou les motifs allégués par votre employeur)**.

Or, vous n'ignorez pas qu'en raison de ma qualité de délégué du personnel au sein de votre établissement, mon licenciement nécessite l'obtention d'une autorisation préalable auprès de l'inspecteur du travail, tel que cela est prévu à l'article R.436-3 du Code du travail [1], ce qui n'a pas été le cas.

Cette décision de licenciement prise à mon égard étant, de ce fait, nulle, je vous demande de bien vouloir me réintégrer dans l'emploi que j'occupais avant mon licenciement.

Je vous demande, en outre, de me verser les salaires qui me sont dus depuis le . . . . , jour de mon licenciement, jusqu'au jour de ma réintégration effective au sein de l'entreprise.

Veuillez agréer, Monsieur **(ou Madame)**, l'expression de mes salutations distinguées.

Votre signature

1. Article R.436-3 du Code du travail : « La demande d'autorisation de licenciement est adressée par lettre recommandée avec demande d'avis de réception à l'inspecteur du travail dont dépend l'établissement où est employé l'intéressé.
« Cette demande énonce les motifs du licenciement envisagé ; elle est accompagnée du procès-verbal de la réunion du comité d'entreprise. Sauf dans le cas de mise à pied, elle est présentée au plus tard dans les quinze jours suivant la délibération du comité d'entreprise. »

Délégué du personnel licencié irrégulièrement : demande de réintégration (2e hypothèse)

Si la décision de l'inspecteur du travail autorisant le licenciement est annulée soit par décision du ministre (recours hiérarchique), soit par décision du juge administratif, le salarié doit être réintégré dans son emploi ou dans un emploi équivalent.

Vos nom, prénoms
Votre adresse
Votre numéro de téléphone
Votre adresse e-mail

Lettre recommandée avec AR

Nom et coordonnées de votre employeur

. . . . **(lieu)**, ... **(date)**

Objet : demande de réintégration [1]

Monsieur **(ou Madame)**,

Par courrier daté du . . . . , vous m'avez notifié mon licenciement pour le(s) motif(s) suivant(s) : . . . . (indiquez le ou les motifs allégués par votre employeur).

Or, vous n'ignorez pas que le ministre du Travail **(ou le tribunal administratif de . . . . ou le Conseil d'État)** a annulé, en date du . . . . , l'autorisation de licenciement que vous avait accordée l'inspecteur du travail.

La décision de licenciement que vous avez prise à mon égard est, de ce fait, nulle. Aussi, je vous demande, conformément aux dispositions de l'article L.425-3 du Code du travail [2], de bien vouloir me réintégrer dans l'emploi que j'occupais avant d'être licencié ou dans un emploi équivalent.

Je vous demande, en outre, de me verser les salaires qui me sont dus depuis le . . . . , jour de mon licenciement, jusqu'au jour de ma réintégration effective au sein de l'entreprise.

Veuillez agréer, Monsieur **(ou Madame)**, l'expression de mes salutations distinguées.

Votre signature

Copie est envoyée à M. **(ou Mme)** l'inspecteur(trice) du travail.

1. Attention ! Votre demande doit impérativement intervenir dans un délai de deux mois à compter de la notification de la décision de licenciement. Passé ce délai, vous ne pourrez plus demander votre réintégration.
2. Article L.425-3 du Code du travail : « L'annulation sur recours hiérarchique par le ministre compétent d'une décision de l'inspecteur du travail autorisant le licenciement d'un salarié mentionné aux articles L.425-1 et L.425-2 emporte, pour le salarié concerné et s'il le demande dans un délai de deux mois à compter de la notification de la décision, droit à réintégration dans son emploi ou dans un emploi équivalent.
« Il en est de même dans le cas où, sauf sursis à exécution ordonné par le Conseil d'État, le juge administratif a annulé une décision de l'inspecteur du travail ou du ministre compétent autorisant un tel licenciement.
« Le salarié concerné est rétabli dans ses fonctions de délégué si l'institution n'a pas été renouvelée. Dans le cas contraire, il bénéficie pendant une durée de six mois, à compter du jour où il retrouve sa place dans l'entreprise, de la procédure prévue à l'article L.425-1.
« Lorsque l'annulation de la décision d'autorisation est devenue définitive, le délégué du personnel a droit au paiement d'une indemnité correspondant à la totalité du préjudice subi au cours de la période qui s'est écoulée entre son licenciement et sa réintégration s'il l'a demandée dans le délai prévu au premier alinéa, ou l'expiration de ce délai dans le cas contraire. Ce paiement s'accompagne du versement des cotisations afférentes à ladite indemnité, qui constitue un complément de salaire. »

Démission

Lettre de démission

Vos nom, prénoms
Votre adresse

Nom de l'employeur
ou du responsable des ressources humaines
Nom et adresse de l'entreprise

Lettre recommandée avec AR

. . . . **(lieu)**, ... **(date)**

Monsieur **(ou Madame)**,

Je vous informe **(ou « Je vous confirme » si vous avez déjà prévenu de vive voix)** par la présente de ma décision de démissionner.

(Si vous l'estimez nécessaire, vous pouvez expliquer brièvement vos raisons : reprise d'un autre emploi, départ à l'étranger, problème interne à l'entreprise...)

Compte tenu du délai de préavis de . . . . mois prévu par mon contrat de travail **(ou : par ma convention collective)**, j'assumerai mes fonctions jusqu'à la date du . . . . **(dernier jour du préavis)**.

Par ailleurs, je vous prie de bien vouloir tenir à ma disposition les documents attestant mon emploi dans l'entreprise et la fin de mon contrat.

Veuillez agréer, Monsieur **(ou Madame)**, l'expression de mes salutations distinguées.

Votre signature

Lettre de démission et demande de dispense de préavis

Vos nom, prénoms
Votre adresse

Nom de l'employeur
ou du responsable des ressources humaines
Nom et adresse de l'entreprise

Lettre recommandée avec AR

. . . . **(lieu)**, ... **(date)**

Monsieur **(ou Madame)**,

Je vous informe (ou « Je vous confirme » si vous avez déjà prévenu de vive voix) par la présente de ma décision de démissionner.

(Si vous l'estimez nécessaire, vous pouvez expliquer brièvement vos raisons : reprise d'un autre emploi, départ à l'étranger, problème interne à l'entreprise...)

Par ailleurs, le délai de préavis prévu par mon contrat de travail **(ou : par ma convention collective) étant de . . . . mois, je vous remercie de bien vouloir accepter de me dispenser de l'effectuer (expliquez vos raisons)** [1].

Je me tiens aussi à votre disposition pour venir retirer les documents attestant mon emploi dans l'entreprise et la fin de mon contrat.

Dans l'attente de votre réponse, que j'espère favorable, je vous prie d'agréer, Monsieur **(ou Madame)**, l'expression de mes salutations distinguées.

Votre signature

1. Lorsque le salarié demande à être dispensé de son préavis, l'employeur n'est pas tenu de lui verser d'indemnité. En revanche, ce dernier est tenu de le faire lorsque de son propre chef il dispense le salarié d'effectuer son préavis.

Lettre de démission et demande de dispense partielle de préavis

Vos nom, prénoms
Votre adresse

Nom de l'employeur
ou du responsable des ressources humaines
Nom et adresse de l'entreprise

Lettre recommandée avec AR

. . . . **(lieu)**, ... **(date)**

Monsieur **(ou Madame)**,

Je vous informe **(ou « Je vous confirme » si vous avez déjà prévenu de vive voix)** par la présente de ma décision de démissionner.

(Si vous l'estimez nécessaire, vous pouvez expliquer brièvement vos raisons : reprise d'un autre emploi, départ à l'étranger, problème interne à l'entreprise...)

Par ailleurs, le délai de préavis prévu par mon contrat de travail **(ou : par ma convention collective)** étant de . . . . mois, je vous demande de bien vouloir accepter de me dispenser d'effectuer . . . ., soit du . . . . **(date)** au . . . . **(date)** [1].

(Expliquez vos raisons.)

Je me tiens aussi à votre disposition pour venir retirer les documents attestant mon emploi dans l'entreprise et la fin de mon contrat.
Dans l'attente de votre réponse, que j'espère favorable, je vous prie d'agréer, Monsieur **(ou Madame)**, l'expression de mes respectueuses salutations.

Votre signature

1. Lorsque le salarié demande à être dispensé de son préavis, l'employeur n'est pas tenu de lui verser d'indemnité. En revanche, ce dernier est tenu de le faire lorsque de son propre chef il dispense le salarié d'effectuer son préavis.

Entreprise (création d'une –)

Modèle de promesse de société [1]

Les soussignés, M. **(ou Mme, ou Mlle)** . . . . **(nom et prénom)**, demeurant. . . . . **(adresse)**, exerçant la profession de . . . .
et
M. **(ou Mme, ou Mlle)** . . . . **(nom et prénom)**, demeurant . . . . **(adresse)**, exerçant la profession de . . . .
et
. . . . **(s'il y a d'autres associés)**
Ci-après dénommés les associés, décident de créer entre eux une société . . . . **(SA, SARL, SNC...)** et définissent ci-après les principales modalités de la future société.

Article 1
Les sus-nommés associés s'engagent mutuellement à créer entre eux une société . . . . , dont l'objet est . . . . , pour une durée de . . . . ans.
Sa dénomination sociale sera . . . .
Son siège social sera fixé à . . . .

Article 2
Les apports constitutifs du capital social seront ainsi répartis :
M. **(ou Mme, ou Mlle)** . . . . **(nom et prénom)** apportera . . . .
M. **(ou Mme, ou Mlle)** . . . . **(nom et prénom)** apportera . . . .
M. **(ou Mme, ou Mlle)** . . . . **(nom et prénom)** apportera . . . .

Article 3
Les modalités de gestion seront déterminées dans les statuts. Il est d'ores et déjà décidé que la société sera administrée par un . . . . **(conseil d'administration, directoire...)**.

Article 4
L'exercice social correspond à l'année civile. Par exception, le premier exercice social débutera à une date différente qui sera fixée dans les statuts.

Article 5
La répartition des bénéfices se fera conformément aux statuts.

Article 6
La présente promesse de société devra se réaliser dans un délai de . .. .
Passé ce délai, la promesse deviendra nulle et non avenue.

Fait à . . . . , le . . . . , en . . . . exemplaires.

Lu et approuvé
Signatures

1. Cf. Le Grand Livre des modèles de lettres commerciales et des contrats, de F. Delacourt, C. Périer et A. Mouthier aux Éditions De Vecchi.

Rappel des formalités de création d'une société

• Un dossier à retirer au Centre de formalité des entreprises (CFE) dans le ressort duquel sera installé le siège social de la société.
• La rédaction des statuts en quatre exemplaires minimum, plus un exemplaire pour chaque associé. Attention, c'est un acte fondamental pour une société, car ils réglementent toute l'organisation de l'entreprise et entraînent donc d'importantes conséquences juridiques. De ce fait, il est indispensable de prendre conseil auprès d'un juriste, y compris lorsque l'on utilise des statuts types.
• Le dépôt du capital sur un compte bloqué, chez un notaire ou auprès de la Caisse des dépôts et consignations : au minimum 20 % au départ, le solde dans les cinq ans.
• La signature des statuts au cours du mois qui précède leur enregistrement : les associés apposent leurs initiales sur chacune des pages et en fin d'acte font figurer leur signature précédée de la mention « Lu et approuvé ». Les statuts doivent être accompagnés d'un état des actes accomplis pour le compte de la société (conclusion d'un bail, embauche du personnel, etc.) et d'une « déclaration de conformité » dans laquelle figurent les opérations effectuées en vue de la constitution de la société. Ces deux actes doivent aussi être signés par tous les associés.
• L'enregistrement des statuts au bureau d'enregistrement du centre des impôts du siège social ou du domicile d'un des associés dans un délai maximum d'un mois après signature des statuts.
• La parution de l'annonce légale (coût : environ 152 €).
• Le dépôt des actes au CFE [1], accompagné de tous les documents demandés pour permettre l'immatriculation de la société au Registre du commerce et des sociétés, qui elle-même est demandée par le CFE (coût : environ 60 €).

1. Pour les commerçants-artisans qui doivent être inscrits simultanément au Registre du commerce et des sociétés et au Répertoire des métiers, c'est le CFE de la Chambre de métiers qui se charge de recevoir les déclarations.

Modèle de pouvoir [1]

Je soussigné(e) . . . .
représentant légal de l'entreprise en création . . . .
demeurant à . . . .
donne pouvoir à . . . .
demeurant à . . . .
à l'effet :
– d'effectuer toutes les démarches nécessaires à l'immatriculation de cette entreprise, notamment la formalité auprès :
– du Registre du commerce et des sociétés,

– du Répertoire des métiers,
– de l'URSSAF (CFE),
– de signer tout document ou pièce nécessaire à cet effet ;
– et, d'une façon générale, de faire tout ce qui sera nécessaire pour l'exécution des présentes.

Fait à . . . . , le . . . .

Signature

1. Pour les entrepreneurs qui n'effectuent pas eux-mêmes les formalités.

Choix d'un statut de société [1]

Voir tableau page suivante

1. Cf. *Choisir un statut de société*, par Laurence de Percin, Éditions De Vecchi.

Vérification d'un nom auprès de l'INPI

Nom, prénoms de l'entrepreneur ou d'un associé
Son adresse

Institut national de la propriété industrielle
Adresse [1]

. . . . **(lieu)**, ... **(date)**

Objet : vérification d'un nom

Madame, Monsieur

Je souhaiterais vérifier si les dénominations sociales suivantes sont utilisées par des entreprises inscrites au Registre du commerce.
. . . . (liste des dénominations retenues)

Vous trouverez ci-joint un chèque de . . . . € [1], correspondant aux frais de recherche.

Dans l'attente de votre réponse, je vous prie d'agréer, Madame, Monsieur, l'expression de mes salutations distinguées.

Votre signature

1. Consultez le site Internet de l'INPI, www.inpi.fr.

	Entreprise individuelle	**EURL**	**SARL**	**SA**
Nombre d'associés	Entrepreneur individuel seul	Un seul associé (personne physique ou morale)	Minimum 2, maximum 50 (personnes physiques ou morales	Mimimum 7 (personnes physiques ou morales)
Montant du capital	Pas de notion de capital	7 500 € 20 % versés lors de la constitution, le solde dans les cinq ans	7 500 € 20 % versés lors de la constitution, le solde dans les cinq ans	37 000 € 50 % versés lors de la constitution, le solde dans les cinq ans
Dirigeants	Entrepreneur individuel	Gérant : obligatoirement une personne physique (l'associé unique ou un tiers)	Gérant(s) : obligatoirement personne(s) physique(s) (associé(s) ou tiers)	Conseil d'administration dont un président (obligatoirement une personne physique)
Responsabilité sur les biens	Totale et indéfinie	Limitée aux apports	Limitée aux apports	Limitée aux apports
Responsabilité civile et pénale des dirigeants	Oui	Oui	Oui	Oui
Régime fiscal (BIC ou BNC)	Impôt sur le revenu si non associé (salarié)	BIN ou BNC, sauf Minorotaire : salarié	Majoritaire : BIC	Président : salarié du dirigeant
Régime social du dirigeant	Non-salarié Retraite : Organic, Cancava, ou CNAVLP selon l'activité Maladie et maternité : Canam Assurance chômage privée facultative	Associé unique : non-salarié Gérant non associé : assimilé salarié	Majoritaire : non-salarié Égalitaire ou minoritaire : assimilé salarié	Président : assimilé salarié

Régime social des associés			Salariés (si contrat de travail)	Salariés (si contrat de travail)
Imposition des bénéfices	Impôt sur le revenu (BIC /BNC)	Impôt sur le revenu (BIC/ BNC) Possibilité d'opter pour l'impôt sur les sociétés	Impôt sur les sociétés SARL de famille : possibilité d'opter pour l'impôt sur le revenu	Impôt sur les sociétés
Déduction rémunération dirigeant	Non	En principe non (sauf option pour l'IS ou gérant extérieur)	Oui	Oui
Commissaire aux comptes	Non	Non, sauf si trois conditions sont remplies : • bilan>1 550 000 € • CA>3 100 000 € • plus de 50 salariés	Non, sauf si trois conditions sont remplies : • bilan>1 550 000 € • CA>3 100 000 € • plus de 50 salariés	Oui
Transmission de l'entreprise	Cession du fonds Apport en société Location gérance	Cession libre des parts	Cession libre des parts entre associés Tiers : agrément	Cession libre sauf statuts contraires

Modèle de statut de SARL [1]

Société à responsabilité limitée
Au capital de . . . .
Siège social . . . .

Les soussignés :
M. **(ou Mme, ou Mlle)** . . . . **(nom et prénom)**, né(e) le . . . . , de nationalité . . . . , demeurant . . . .
Marié(e) sous le régime de . . . . avec Mme **(ou M.)** . . . . , né(e) le . . . . , de nationalité . . . . , exerçant la profession de . . . .
(ou célibataire)
et
M. **(ou Mme, ou Mlle)** . . . . **(nom et prénom)**, né(e) le . . . . , de nationalité . . . . , demeurant . . . .
Marié(e) sous le régime de . . . . avec Mme **(ou M.)** . . . . , né(e) le . . . . , de nationalité . . . . , exerçant la profession de . . . . (ou célibataire)
et
M. **(ou Mme, ou Mlle)** . . . . **(nom et prénom)**, né(e) le . . . . , de nationalité . . . . , demeurant . . . .
Marié(e) sous le régime de . . . . avec Mme **(ou M.)** . . . . , né(e) le . . . . , de nationalité . . . . , exerçant la profession de . . . .
(ou célibataire)
et... (s'il y a d'autres associés)

TITRE I – FORME, OBJET, DÉNOMINATION, DURÉE, EXERCICE SOCIAL, SIÈGE

Article 1 – Forme
La société est une société à responsabilité limitée.

Article 2 – Objet
La société a pour objet, en France et dans tous les pays : . . . .
Et plus généralement . . . .

Article 3 – Dénomination
La dénomination de la société est . . . .

Article 4 – Durée de la société, exercice social
La durée de la société est fixée à . . . . **(maximum 99 ans),** sauf prolongation ou dissolution anticipée.
L'année sociale commence le . . . . et finit le . . . .
Exceptionnellement, le premier exercice social comprend le temps écoulé depuis l'immatriculation de la société au Registre du commerce et des sociétés jusqu'au . . . .
En outre, les actes accomplis pour son compte pendant la période de formation et repris par la société seront attachés à cet exercice.

Article 5 – Siège social
Le siège social de la société . . . . est fixé à . . . .
Il peut être transféré en vertu d'une décision collective extraordinaire des associés.
La gérance peut créer des succursales partout où elle le juge utile.

Article 6 – Apports

Les associés font un apport à la société, à savoir :

Apports en numéraire

M. . . . . **(nom et prénom)** apportera . . . . €

Mme . . . . **(nom et prénom)** apportera . . . . €

Soit ensemble la somme de . . . . €

Cette somme de . . . . € a été, dès avant ce jour, déposée sur un compte ouvert au nom de la société en formation sous le numéro . . . .

Elle sera retirée par la gérance sur présentation du certificat du greffe du tribunal de commerce attestant l'immatriculation de la société au Registre du commerce et des sociétés.

Apports en nature

M. . . . . et Mme . . . . apportent à la société, en s'obligeant à toutes les garanties ordinaires et de droit, le fonds de commerce dont la désignation suit.

Désignation : . . . .

Modalité de l'apport : . . . .

Article 7 – Capital

Le capital de la société est fixé à . . . . **(minimum 7 500 €)**, divisé en . . . . parts de . . . . € chacune, entièrement libérées, souscrites en totalité par les associés, numérotées de 1 à . . . . . . et attribuées à chacun d'eux en proportion des apports respectifs, à savoir :

M. . . . . à concurrence de . . . . parts, numéro . . . . à . . . . .

Mme . . . . à concurrence de . . . . parts, numéro . . . . à . . . . .

Article 8 – Augmentation et réduction de capital

Toute modification du capital social sera décidée et réalisée dans les conditions et avec les conséquences prévues à cet effet par les dispositions législatives et réglementaires en vigueur.

Article 9 – Droits attachés aux parts sociales

1 – La propriété des parts résulte simplement des présents statuts, des actes ultérieurs qui pourraient modifier le capital social, et des cessions et attributions qui seraient régulièrement réalisées.

2 – Chaque part sociale confère à son propriétaire un droit légal dans les bénéfices de la société et dans tout l'actif social. Elle donne droit à une voix dans tous les votes et délibérations.

La propriété d'une part emporte de plein droit l'adhésion aux présents statuts et aux décisions collectives des associés.

3 – La réunion de toutes les parts sociales en une seule main n'entraîne pas la dissolution de la société, qui continue d'exister avec un associé unique. Dans ce cas, l'associé unique exerce les pouvoirs dévolus à l'assemblée des associés.

Article 10 – Cession et transmission des parts sociales

1. Forme

. . . . **(acte authentique, signatures privées...)**

2. Cession à des tiers

. . . . **(consentement des associés)**

3. Cession entre associés
La cession entre associés est libre.

4. Cession entre conjoints, ascendants et descendants
La cession entre conjoints, ascendants et descendants est libre.

5. Transmission par décès ou liquidation de la communauté
Les parts sociales sont librement transmissibles par voie de succession ou en cas de liquidation de la communauté de biens entre époux.

TITRE III – ADMINISTRATION, CONTRÔLE

Article 11 – Gérance
La société est gérée par une ou plusieurs personnes physiques, choisies parmi les associés ou en dehors d'eux. Elles sont nommées en cours de vie sociale sur décision des associés prise à la majorité des parts.
Le premier gérant de la société est M. . . . . , qui déclare accepter la fonction qui lui est confiée et affirme n'être frappé d'aucune incompatibilité ou interdiction s'opposant à l'exercice de cette mission.

Article 12 – Pouvoir et rémunération du gérant
. . . . (signature sociale, rapport avec les associés, pouvoir d'opposition, possibilité de consentir des emprunts, rémunération...)

Article 13 – Responsabilité du gérant
Le gérant est responsable individuellement ou solidairement en cas de . . . .

Article 14 – Décès, démission, révocation du gérant
La mission de gérant prend fin par son décès, sa démission, sa révocation ou son incapacité légale ou physique le mettant dans l'impossibilité d'exercer son mandat.
Révocation : . . . . **(modalités de la décision des associés)**.
Démission : . . . . **(délai de prévenance des associés)**.
En cas de cessation de fonction du gérant pour un motif quelconque, les associés auront à nommer un autre gérant, à la diligence d'un des associés, et aux conditions prévues par la loi.

TITRE IV – DÉCISIONS DES ASSOCIÉS

Article 15 – Mode de consultation des associés
. . . . **(assemblée générale, consultation écrite)**.

Article 16 – Convocation
. . . . **(mode de convocation de l'assemblée générale)**.

Article 17 – Consultation écrite des associés
. . . . **(modalités du courrier demandant la consultation des associés, délai de réponse des associés, absence de réponse)**.

Article 18 – Vote et représentation des associés
. . . . **(nombre de voix par rapport au nombre de parts, représentation par des tiers aux votes...).**

Article 19 – Quorum et majorité
. . . . **(modalités de majorité pour chaque décision, modalités lorsque la majorité n'est pas atteinte...).**

TITRE V – AFFECTATIONS DE RÉSULTATS, RÉPARTITION DES BÉNÉFICES

Article 20 – Arrêté des comptes sociaux
À la clôture de chaque exercice, il est dressé par les soins de la gérance un inventaire de l'actif et du passif de la société et des comptes annuels.
La gérance établit un rapport de gestion sur la situation de la société et l'activité de celle-ci pendant l'exercice écoulé.
Chaque année, dans les six mois de la clôture de l'exercice, les associés sont réunis par la gérance pour statuer sur les comptes dudit exercice et l'affectation des résultats.

Article 21 – Affectation et répartition des bénéfices
Les produits nets de l'exercice, déduction faite des frais généraux et autres charges de la société, y compris tous amortissements et provisions, constituent le bénéfice.
Sur ce bénéfice, diminué des pertes antérieures, sont prélevées les sommes à porter en réserve en application de la loi des statuts.
Le bénéfice est réparti entre tous les associés, proportionnellement au nombre de parts appartenant à chacun d'eux.
Les pertes, s'il en existe, sont imputées sur les bénéfices reportés des exercices antérieurs ou reportées de nouveau.

TITRE VI – TRANSFORMATION, DISSOLUTION, LIQUIDATION

Article 22 – Transformation
La société peut être transformée en une société d'une autre forme par décision collective des associés statuant aux conditions prévue à l'article 19 des présents statuts.
. . . .
. . . . **(dispositions particulières selon les types de sociétés prévus)**
À défaut d'approbation expresse des associés, mentionnée au procès-verbal, la transformation est nulle.

Article 23 – Dissolution, liquidation
La société est dissoute à l'arrivée à son terme – sauf prorogation – par la perte totale de son objet, par l'effet d'un jugement ordonnant la liquidation judiciaire ou la cessation totale des actifs, par décision judiciaire pour justes motifs.

TITRE VII – PERSONNALITÉ MORALE, FORMALITÉS DE CONSTITUTION

Article 24 — Personnalité morale
1 – La société jouira de la personnalité morale à dater de son immatriculation au Registre du commerce et des sociétés.
2 – Toutefois, les associés approuvent les actes accomplis avant ce jour, pour le

compte de la société en formation, par M. . . . . , tels que ces actes sont relatés dans l'état ci-annexé avec précision des engagements suivants qui en sont la conséquence.
M. . . . . est expressément autorisé à passer et à souscrire, pour le compte de la société en formation, les actes et engagements suivants entrant dans l'objet social et conformes à l'intérêt social : . . . .
Toutes les opérations et engagements en résultant seront réputés avoir été faits et souscrits dès l'origine par la société qui les reprendra à son compte par le seul fait de son immatriculation au Registre du commerce et des sociétés.
3 – La gérance est expressément habilitée à passer et à souscrire dès ce jour, pour le compte de la société en formation, les actes et engagements suivants entrant dans l'objet social et conformes à l'intérêt social, à l'exclusion de ceux pour lesquels il est requis, pendant le cours de la vie sociale et dans les rapports entre associés, une autorisation de la collectivité des associés.
Ces actes et engagements en résultant seront réputés avoir été faits et souscrits dès l'origine par la société, avec vérification de l'assemblée des associés postérieurement à l'immatriculation au Registre du commerce et des sociétés, de leur conformité avec le mandat ci-dessus défini, et au plus tard à l'approbation des comptes du premier exercice social.

Article 26 – Publicité, pouvoirs
Tous pouvoirs sont donnés à M. . . . . à l'effet d'accomplir toutes les formalités prescrites par la loi, et notamment à l'effet de faire insérer l'avis de constitution au journal habilité à publier des annonces légales dans le département du siège social.

Fait à . . . . , le . . . . , en quatre exemplaires originaux dont un pour être déposé au siège social et les autres pour l'exécution des formalités.

1. Cf. Le Grand Livre des modèles de lettres commerciales et des contrats, de F. Delacourt, C. Périer et A. Mouthier aux Éditions De Vecchi, ouvrage dans lequel vous trouverez également des modèles de statuts d'autres formes de sociétés.

Modèle d'avis à faire paraître dans un journal d'annonces légales (SARL – EURL)

Toutes les mentions énumérées ci-dessous sont obligatoires.

- Dénomination sociale, suivie le cas échéant de son sigle ;
- forme sociale (SARL, EURL) ;
- montant du capital social ;
- adresse du siège social ;
- objet social (indiqué sommairement) ;
- durée de la société ;
- noms, prénoms et adresses des dirigeants et des personnes ayant le pouvoir d'engager la société envers les tiers ;
- registre du commerce et des sociétés auprès duquel la société sera immatriculée.

Signature [1]

1. Cet avis doit être signé par l'un des fondateurs ou des premiers associés, sous réserve qu'ils aient reçu un pouvoir spécial à cet effet.

Modèle de déclaration de non-condamnation

Je soussigné(e), ... **(nom et prénom, nom de jeune fille suivi du nom d'épouse pour les femmes mariées)**.

Demeurant à . . . .

Né(e) le . . . . à . . . .

Fils (fille) de : . . . . **(nom et prénoms du père)**

Et de : . . . . **(nom de jeune fille et prénoms de la mère)**

Déclare sur l'honneur, conformément à l'article 17 de l'arrêté du 9 février 1988 relatif au Registre du commerce et des sociétés, n'avoir fait l'objet d'aucune condamnation pénale, ni de sanction civile ou administrative de nature à m'interdire de gérer, d'administrer ou de diriger une personne morale ou d'exercer une activité commerciale ou artisanale.

Fait à . . . . , le . . . .

Signature :

État des actes accomplis pour le compte d'une société en formation

Je soussigné, ... **(nom, prénoms)**, demeurant . . . . (adresse), agissant en qualité de . . . . **(associé fondateur, gérant, etc.)** de la société dénommée . . . . **(nom de la société)** au capital de . . . . € et dont le siège social est fixé . . . . **(adresse du siège)**, déclare avoir passé pour le compte de la société en cours de constitution les actes et engagements détaillés dans l'état qui suit :
. . . . **(listes des actes avec leur date d'accomplissement)**.

Conformément à l'article 5 de la loi du 24 juillet 1966 et à l'article 26 du décret du 23 mars 1967, cet état a été présenté aux associés préalablement à la signature des statuts.

Il est annexé aux statuts, dont la signature par les associés fondateurs emportera reprise de ces actes au compte de la société au moment de son immatriculation au Registre du commerce et des sociétés.

Fait à . . . . , le . . . .

Signature de tous les associés :

Convocation des associés (SARL)

(Rédigée sur une feuille à en-tête de la société.)

Nom, prénoms de l'associé
Son adresse

LAR [1]

. . . . **(lieu)**, ... **(date)**

Objet : convocation à l'assemblée générale ordinaire du . . . .

Monsieur **(ou Madame)**,

J'ai l'honneur de porter à votre connaissance que la prochaine réunion des associés en assemblée générale ordinaire est prévue le . . . . à . . . . heures au siège social de notre société.
Je vous prie de bien vouloir vous y joindre.

L'ordre du jour cette assemblée sera le suivant :
- approbation des comptes de l'exercice clos le . . . . ;
- affectation des résultats et quitus à la gérance ;
- approbation de la rémunération du gérant ;
- pouvoir pour formalités.

En application des dispositions légales et réglementaires, je joins à la présente :
- le rapport de la gérance sur la situation et l'activité de la société au cours de l'exercice ;
- le compte de résultat, l'annexe et le bilan relatif à cet exercice ;
- le texte des résolutions proposées à l'assemblée.

Sachez aussi qu'à compter de ce jour les documents ci-dessus et l'inventaire sont aussi tenus à votre disposition au siège social.

Si vous ne pouvez pas vous joindre à cette assemblée, je vous prie de bien vouloir vous faire représenter par un autre associé, en remplissant le pouvoir ci-joint [2] et en le lui remettant signé. Vous pouvez aussi envoyer ce pouvoir à notre siège.

Dans cette attente, je vous prie d'agréer, Monsieur **(ou Madame)**, l'expression de mes salutations distinguées.

Signature :
Le gérant

1. Le courrier doit être adressé aux associés quinze jours au moins avant la date de l'assemblée générale.
2. Voir modèle suivant.

Modèle de pouvoir

Je soussigné(e), ...
demeurant à . . . .
possédant des parts de la société . . . .
donne pouvoir à . . . .
demeurant à . . . .

à l'effet de me représenter à l'assemblée générale ordinaire du . . . .
Par suite, examiner tous les documents, intervenir dans tous les débats, prendre part à tous les votes et plus généralement, faire le nécessaire.

Fait à . . . . , le . . . .

Bon pour pouvoir

Votre signature

Convocation des actionnaires (SA)

(Rédigée sur une feuille à en-tête de la société.)

Nom, prénoms de l'actionnaire
Son adresse

LAR [1]

. . . . **(lieu)**, ... **(date)**

Objet : convocation à l'assemblée générale ordinaire

Monsieur **(ou Madame)**,

Nous avons l'honneur de porter à votre connaissance que la prochaine réunion des actionnaires en assemblée générale ordinaire est prévue le . . . . à . . . . heures au siège social de notre société.
Nous vous prions de bien vouloir vous y joindre.

L'ordre du jour cette assemblée sera le suivant :
– présentation des comptes de l'exercice clos le . . . . ;
– lecture du rapport de gestion du conseil ;
– lecture du rapport général et du rapport spécial du commissaire aux comptes ;
– approbation des comptes et quitus des administrateurs ;
– affectation des résultats de l'exercice ;
– renouvellement du mandat d'un administrateur ;
– renouvellement du mandat des commissaires aux comptes ;
– pouvoir pour formalités.

En application des dispositions légales et réglementaires, nous joignons à la présente :
– le rapport de la gérance sur la situation et l'activité de la société au cours de l'exercice ;
– le compte de résultat, l'annexe et le bilan relatif à cet exercice ;
– le texte des résolutions proposées à l'assemblée.

Si vous ne pouvez pas assister personnellement à cette assemblée, nous pouvons vous adresser, sur votre demande, une formule de procuration qui vous permettra de vous faire représenter par un mandataire. Dans ce cas, votre demande doit nous parvenir par lettre recommandée avec accusé de réception, dans les six jours au moins avant la date prévue pour la réunion de l'assemblée.

Dans cette attente, nous vous prions d'agréer, Monsieur **(ou Madame)**, l'expression de nos salutations distinguées.

Signature du conseil d'administration

1. Le courrier doit être adressé aux actionnaires quinze jours au moins avant la date de l'assemblée générale.

Débit de boissons à consommer sur place : déclaration (formulaire Cerfa n° 11542*02)

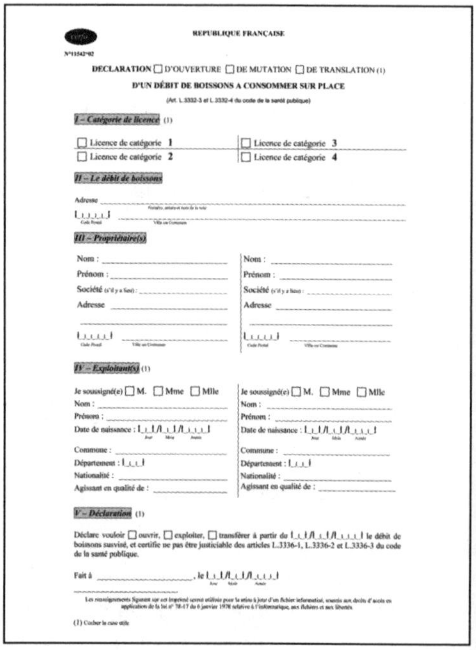

N°11542*02

REPUBLIQUE FRANÇAISE

DECLARATION ☐ D'OUVERTURE ☐ DE MUTATION ☐ DE TRANSLATION (1)

D'UN DÉBIT DE BOISSONS A CONSOMMER SUR PLACE

(Art. L.3332-3 et L.3332-4 du code de la santé publique)

I – Catégorie de licence (1)

☐ Licence de catégorie **1** ☐ Licence de catégorie **3**
☐ Licence de catégorie **2** ☐ Licence de catégorie **4**

II – Le débit de boissons

Adresse

Code Postal – Ville ou Commune

III – Propriétaire(s)

Nom :	Nom :
Prénom :	Prénom :
Société (s'il y a lieu) :	Société (s'il y a lieu) :
Adresse	Adresse
Code Postal – Ville ou Commune	Code Postal – Ville ou Commune

IV – Exploitant(s) (1)

Je soussigné(e) ☐ M. ☐ Mme ☐ Mlle	Je soussigné(e) ☐ M. ☐ Mme ☐ Mlle
Nom :	Nom :
Prénom :	Prénom :
Date de naissance : __/__/____ (Jour Mois Année)	Date de naissance : __/__/____ (Jour Mois Année)
Commune :	Commune :
Département :	Département :
Nationalité :	Nationalité :
Agissant en qualité de :	Agissant en qualité de :

V – Déclaration (1)

Déclare vouloir ☐ ouvrir, ☐ exploiter, ☐ transférer à partir du __/__/____ le débit de boissons susvisé, et certifie ne pas être justiciable des articles L.3336-1, L.3336-2 et L.3336-3 du code de la santé publique.

Fait à ________, le __/__/____ (Jour Mois Année)

Les renseignements figurant sur cet imprimé seront utilisés pour la mise à jour d'un fichier informatisé, soumis aux droits d'accès en application de la loi n° 78-17 du 6 janvier 1978 relative à l'informatique, aux fichiers et aux libertés.

(1) Cocher la case utile

Débit de boissons à consommer sur place : récépissé de déclaration

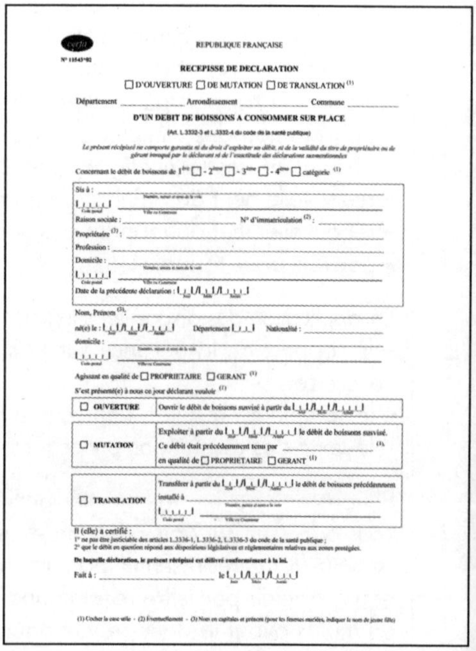

N° 11543*02

REPUBLIQUE FRANÇAISE

RECEPISSE DE DECLARATION

☐ D'OUVERTURE ☐ DE MUTATION ☐ DE TRANSLATION (1)

Département ____ Arrondissement ____ Commune ____

D'UN DEBIT DE BOISSONS A CONSOMMER SUR PLACE

(Art. L.3332-3 et L.3332-4 du code de la santé publique)

Le présent récépissé ne comporte garantie ni du droit d'exploiter un débit, ni de la validité du titre de propriétaire ou de gérant invoqué par le déclarant ni de l'exactitude des déclarations susmentionnées

Concernant le débit de boissons de 1ère ☐ - 2ème ☐ - 3ème ☐ - 4ème ☐ catégorie (1)

Sis à :

Code postal – Ville ou Commune

Raison sociale : ____ N° d'immatriculation (2) :

Propriétaire (3) :

Profession :

Domicile :

Code postal – Ville ou Commune

Date de la précédente déclaration : __/__/____

Nom, Prénom (3) :

né(e) le : __/__/____ Département ___ Nationalité :

domicile :

Code postal – Ville ou Commune

Agissant en qualité de ☐ PROPRIETAIRE ☐ GERANT (1)

S'est présenté(e) à nous ce jour déclarant vouloir (1)

☐ **OUVERTURE**	Ouvrir le débit de boissons susvisé à partir du __/__/____
☐ **MUTATION**	Exploiter à partir du __/__/____ le débit de boissons susvisé. Ce débit était précédemment tenu par ____ (3), en qualité de ☐ PROPRIETAIRE ☐ GERANT (1)
☐ **TRANSLATION**	Transférer à partir du __/__/____ le débit de boissons précédemment installé à ____ Code postal – Ville ou Commune

Il (elle) a certifié :
1° ne pas être justiciable des articles L.3336-1, L.3336-2, L.3336-3 du code de la santé publique ;
2° que le débit en question répond aux dispositions législatives et réglementaires relatives aux zones protégées.

De laquelle déclaration, le présent récépissé est délivré conformément à la loi.

Fait à : ____ le __/__/____

(1) Cocher la case utile - (2) Éventuellement - (3) Nom en capitales et prénoms (pour les femmes mariées, indiquer le nom de jeune fille)

Loterie : demande d'autorisation (formulaire Cerfa n° 11823*02)

cerfa
N° 11823*02

MINISTERE DE L'INTERIEUR

DEMANDE D'AUTORISATION DE LOTERIE

ACTES DE BIENFAISANCE – ENCOURAGEMENT DES ARTS
FINANCEMENT D'ACTIVITES SPORTIVES A BUT NON LUCRATIF
(Loi du 21 mai 1836 – Décret n° 87-430 du 19 juin 1987)

RENSEIGNEMENTS RELATIFS AU GROUPEMENT DEMANDEUR

Nom de l'association ☐ ou du groupement ☐ (*): ______

Adresse du siège social : ______

Code Postal ______ Ville ou Commune

Régime général : ______

Date du décret de reconnaissance d'utilité publique (le cas échéant) : __/__/____ (Jour Mois Année)

But statutaire : ______

Nombre d'adhérents : ______ Montant annuel de la cotisation : ______

Subventions éventuellement reçues au cours des deux dernières années : ______

Principales actions menées au cours des deux dernières années : ______

LOTERIES PRECEDEMMENT AUTORISEES AU BENEFICE DU GROUPEMENT

Date des arrêtés d'autorisation : __/__/____ (Jour Mois Année)

Capital de la dernière loterie autorisée : ______

Résultats financiers :

- Montant des billets placés : ______
- Frais : ______
- Bénéfices : ______

Affectation donnée aux sommes recueillies : ______

(*) Cocher la case utile

1/2

Revendeur d'objets mobiliers : demande d'inscription (formulaire Cerfa n° 11733*01)

Cerfa
n° 11733*01

Liberté • Égalité • Fraternité
RÉPUBLIQUE FRANÇAISE

MINISTERE DE L'INTERIEUR

DEMANDE D'INSCRIPTION SUR LE REGISTRE DES REVENDEURS D'OBJETS MOBILIERS

(Article R.321-1 et suivants du code pénal)

Je, soussigné(e),
Nom : ______
Prénom(s) : ______
de nationalité : ______
Né(e) le : __/__/____ (Jour Mois Année) à ______
Domicilié(e) : ______ (Numéro, nature et nom de la voie)

Code Postal ______ Ville ou Commune

agissant pour le compte de la société : ______
dont le statut est : ______
dont le siège social est établi à : ______
dont le lieu d'exercice habituel est situé : ______
dont les établissements secondaires sont situés : ______
sollicite l'inscription sur le registre des revendeurs d'objets mobiliers.

Fait à : ______, le ______
Signature du déclarant :

PIECES A JOINDRE AU DOSSIER :

• Pour les nationaux et les ressortissants communautaires :
- Une photocopie de la carte nationale d'identité ou d'un passeport ou d'un acte de naissance ou d'un livret de famille ou d'un permis de conduire
- Une attestation d'immatriculation au registre du commerce et des sociétés ou une attestation d'inscription au répertoire des métiers

• Pour les ressortissants étrangers n'appartenant pas à un Etat membre de la communauté européenne
- Une photocopie de la carte de séjour
- Une photocopie de la carte spéciale de commerçant ambulant

La loi n° 78-17 du 6 janvier 1978 relative aux fichiers nominatifs garantit un droit d'accès et de rectification des données auprès des organismes destinataires du formulaire

Demande de carte professionnelle (transactions et gestion immobilières, prestations de services en transaction ou en gestion) (formulaire Cerfa n° 11555*02)

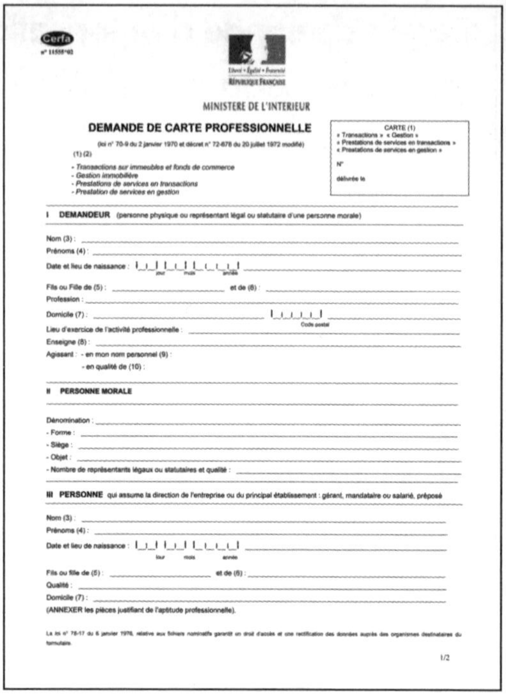

Cerfa
n° 11555*02

Liberté • Égalité • Fraternité
RÉPUBLIQUE FRANÇAISE

MINISTERE DE L'INTERIEUR

DEMANDE DE CARTE PROFESSIONNELLE

(loi n° 70-9 du 2 janvier 1970 et décret n° 72-678 du 20 juillet 1972 modifié)

(1) (2)

- *Transactions sur immeubles et fonds de commerce*
- *Gestion immobilière*
- *Prestations de services en transactions*
- *Prestation de services en gestion*

CARTE (1)
« Transactions » « Gestion »
« Prestations de services en transactions »
« Prestations de services en gestion »

N°

délivrée le

I DEMANDEUR (personne physique ou représentant légal ou statutaire d'une personne morale)

Nom (3) :
Prénoms (4) :
Date et lieu de naissance : jour mois année
Fils ou Fille de (5) : et de (6) :
Profession :
Domicile (7) : Code postal
Lieu d'exercice de l'activité professionnelle :
Enseigne (8) :
Agissant : - en mon nom personnel (9) :
- en qualité de (10) :

II PERSONNE MORALE

Dénomination :
- Forme :
- Siège :
- Objet :
- Nombre de représentants légaux ou statutaires et qualité :

III PERSONNE qui assume la direction de l'entreprise ou du principal établissement : gérant, mandataire ou salarié, préposé

Nom (3) :
Prénoms (4) :
Date et lieu de naissance : jour mois année
Fils ou fille de (5) : et de (6) :
Qualité :
Domicile (7) :
(ANNEXER les pièces justifiant de l'aptitude professionnelle).

La loi n° 78-17 du 6 janvier 1978, relative aux fichiers nominatifs garantit un droit d'accès et une rectification des données auprès des organismes destinataires du formulaire.

1/2

Entreprise non sédentaire : formulaire de déclaration (Cerfa n° 20-3238)

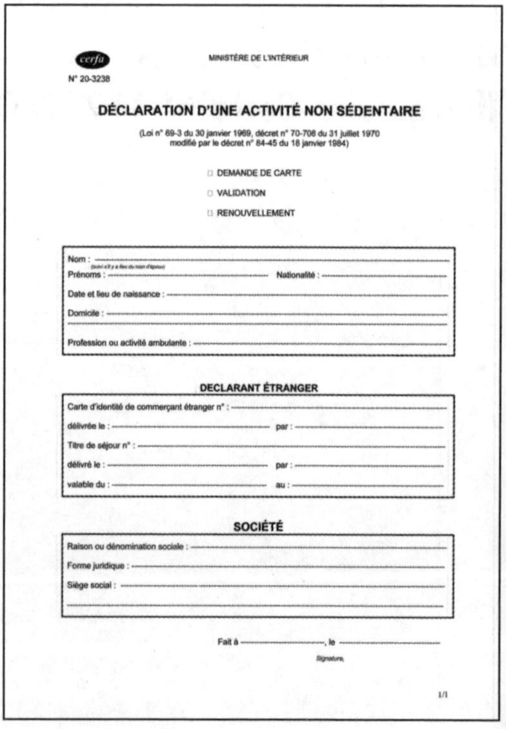

cerfa
N° 20-3238

MINISTÈRE DE L'INTÉRIEUR

DÉCLARATION D'UNE ACTIVITÉ NON SÉDENTAIRE

(Loi n° 69-3 du 30 janvier 1969, décret n° 70-708 du 31 juillet 1970 modifié par le décret n° 84-45 du 18 janvier 1984)

☐ DEMANDE DE CARTE
☐ VALIDATION
☐ RENOUVELLEMENT

Nom :
Prénoms : Nationalité :
Date et lieu de naissance :
Domicile :
Profession ou activité ambulante :

DECLARANT ÉTRANGER

Carte d'identité de commerçant étranger n° :
délivrée le : par :
Titre de séjour n° :
délivré le : par :
valable du : au :

SOCIÉTÉ

Raison ou dénomination sociale :
Forme juridique :
Siège social :

Fait à , le
Signature,

1/1

Entreprise individuelle (création d'une –)

Dossier d'enregistrement d'une entreprise individuelle

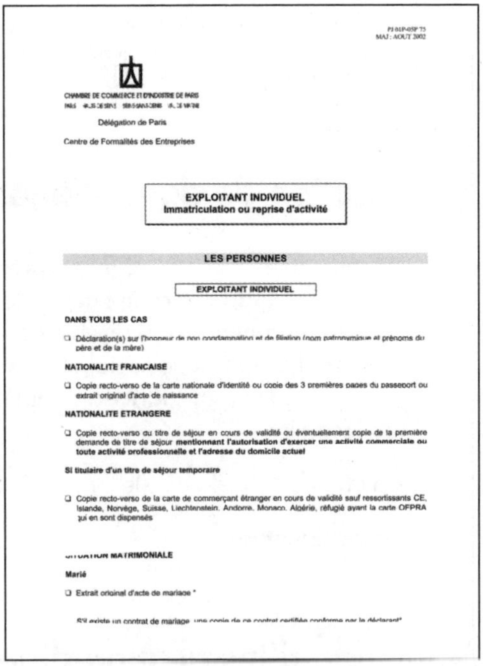

PI 01P-05P 75
MAJ : AOUT 2002

CHAMBRE DE COMMERCE ET D'INDUSTRIE DE PARIS

Délégation de Paris

Centre de Formalités des Entreprises

EXPLOITANT INDIVIDUEL
Immatriculation ou reprise d'activité

LES PERSONNES

EXPLOITANT INDIVIDUEL

DANS TOUS LES CAS

❑ Déclaration(s) sur l'honneur de non condamnation et de filiation (nom patronymique et prénoms du père et de la mère)

NATIONALITE FRANCAISE

❑ Copie recto-verso de la carte nationale d'identité ou copie des 3 premières pages du passeport ou extrait original d'acte de naissance

NATIONALITE ETRANGERE

❑ Copie recto-verso du titre de séjour en cours de validité ou éventuellement copie de la première demande de titre de séjour **mentionnant l'autorisation d'exercer une activité commerciale ou toute activité professionnelle et l'adresse du domicile actuel**

Si titulaire d'un titre de séjour temporaire

❑ Copie recto-verso de la carte de commerçant étranger en cours de validité sauf ressortissants CE, Islande, Norvège, Suisse, Liechtenstein, Andorre, Monaco, Algérie, réfugié ayant la carte OFPRA qui en sont dispensés

SITUATION MATRIMONIALE

Marié

❑ Extrait original d'acte de mariage *

S'il existe un contrat de mariage, une copie de ce contrat certifiée conforme par le déclarant*

Demande d'installation d'une entreprise individuelle au propriétaire du domicile loué

Vos nom, prénoms
Votre adresse
Votre téléphone

Nom du propriétaire du logement (1)
Adresse

LAR

. . . . **(lieu)**, ... **(date)**

Monsieur (ou Madame),

Je suis sur le point de créer une entreprise individuelle dont l'activité est . . . .
Cette activité ne provoquera aucune gêne pour mes voisins, puisque je n'ai aucune marchandise à envoyer ou à me faire livrer, ni coursier à recevoir.

Mon contrat de bail ne faisant nulle mention de la possibilité d'exercer une activité professionnelle dans le logement que je vous loue, je vous demande par la présente de bien vouloir m'y autoriser officiellement.

Dans cette attente, je vous prie d'agréer, Monsieur (ou Madame), l'expression de mes salutations distinguées.

Votre signature

1. Une entreprise individuelle peut être installée chez soi. En cas de location, l'entrepreneur doit demander à son propriétaire l'autorisation d'exercer son activité professionnelle à domicile. Parfois, cette éventualité est prévue dans le contrat de bail

Autorisation de domiciliation par le propriétaire

Je soussigné . . . . **(nom, prénom)**, propriétaire demeurant à . . . . **(adresse complète)**, autorise M. **(ou Mme, ou Mlle)** . . . . **(nom de l'entrepreneur)**, responsable de l'entreprise . . . . **(nom de l'entreprise)**, à domicilier son siège social et à exercer son activité dans le logement situé . . . . **(adresse complète)** dont je suis propriétaire et dont il **(ou elle)** est locataire.

Fait à . . . . , le . . . .

Votre signature

Demande d'installation d'une entreprise individuelle au conseil syndical d'une copropriété

Vos nom, prénoms
Votre adresse
Votre numéro de téléphone

Nom du syndic de copropriété [1]
Adresse

LAR

. . . . **(lieu)**, ... **(date)**

Monsieur **(ou Madame)** le syndic,

Je suis sur le point de créer une entreprise individuelle dont l'activité est . . . .
Cette activité ne provoque aucune gêne pour mes voisins, puisque je n'ai aucune marchandise à envoyer ou à me faire livrer, ni coursier à recevoir.
Conformément au règlement de copropriété, je vous demande de bien vouloir

solliciter les autres copropriétaires pour qu'ils m'autorisent à domicilier cette entreprise dans mon logement.

Dans cette attente, je vous prie d'agréer, Monsieur (ou Madame), l'expression de mes salutations distinguées.

Votre signature

1. Lorsque le logement est en copropriété, l'accord des autres copropriétaires est obligatoire. Parfois, cette éventualité est prévue dans le règlement de copropriété.

Autorisation de domiciliation par la copropriété

Je soussigné . . . . **(nom, prénom du président)**, président du conseil syndical de la copropriété sise à . . . . **(adresse complète)**, autorise M. **(ou Mme, ou Mlle)** . . . . **(nom de l'entrepreneur)**, responsable de l'entreprise . . . . **(nom de l'entreprise)**, à domicilier son siège social et à exercer son activité dans le logement dont il est . . . . **(propriétaire ou locataire)**.

Fait à . . . . , le . . . .

Signature du président du conseil syndical

Entreprise – Activité

Demande de devis

(Rédigée sur papier à en-tête de l'entreprise.)

Nom du fournisseur
Adresse

. . . . **(lieu)**, ... **(date)**

Monsieur **(ou Madame)**,

Je vous serais reconnaissant de bien vouloir m'adresser un devis pour . . . . **(objet de la commande éventuelle, avec tous les détails permettant d'établir le devis : nombre, dimension, couleur...)**.

Je vous remercie de m'indiquer les prix hors taxes et toutes taxes comprises, ainsi que les possibilités de remise pour une commande en grand nombre.

Dans cette attente, je vous prie d'agréer, Monsieur **(ou Madame)**, l'expression de mes salutations distinguées.

Signature

Envoi d'un devis

(Rédigé sur papier à en-tête de l'entreprise.)

Nom du client
Adresse

. . . . **(lieu)**, ... **(date)**

Monsieur **(ou Madame)**,

Nous accusons réception de votre courrier du . . . . courant, et nous vous remercions de l'intérêt que vous portez à nos produits.

Après étude précise de votre demande, nous vous adressons le devis ci-joint, pour . . . . **(objet de la commande éventuelle)**.
(Au besoin) Nous attirons votre attention sur . . . . **(un bon rapport qualité/prix, une promotion...)**.

Vous pourrez prendre connaissance de nos conditions générales de vente au verso du devis.

Espérant que notre offre retiendra votre attention, nous vous prions de croire, Monsieur **(ou Madame)**, à l'assurance de notre sincère considération.

Signature

Bon de commande

(Rédigé sur papier à en-tête de l'entreprise.)

Bon de commande n° . . . . **Date :** . . . .

Client : . . . . **(nom)** sis . . . . **(adresse)**

Vous avez commandé ce jour . . . .
Produit : . . . .
Caractéristiques : . . . .
Quantité : . . . .
Prix unitaire HT : . . . . €
Remise : . . . .
Montant net HT : . . . . €
TVA . . . . %, soit . . . . €

Montant total HT : . . . . €
Montant total TVA : . . . . €
Montant total TTC : . . . . €

Acompte : . . . .
Montant total restant à payer : . . . . €

Date de livraison souhaitée : . . . .
Adresse de livraison : . . . .
Arrhes versées : . . . . €
Paiement du solde de . . . . € à la livraison.

Le client reconnaît avoir pris connaissance des conditions générales figurant sur le document joint.

Bon pour commande

Signature (précédée de la mention « lu et approuvé ») :

Modification de la commande par le fournisseur

(Rédigée sur une feuille à en-tête de l'entreprise.)

Nom du client
Adresse

. . . . **(lieu)**, ... **(date)**

Monsieur **(ou Madame)**,

Nous vous remercions de votre commande du . . . . **(date)** concernant . . . . . .

Nous ne sommes pas en mesure de vous livrer à la date que vous indiquez, ... **(date de livraison souhaitée)**. En effet, à la suite de demandes importantes, notre stock est épuisé et notre approvisionnement n'interviendra que le . . . . . prochain.

S'il ne vous est pas possible d'attendre jusque-là, nous vous proposons en remplacement un modèle approchant : . . . . , que nous pourrons vous fournir immédiatement et dans la quantité que vous souhaitez. Pour vous permettre de faire votre choix en toute connaissance de cause, vous trouverez ci-joint un échantillon **(ou : un descriptif détaillé avec photo)**.

Son prix étant plus élevé, nous vous proposons néanmoins ce produit de remplacement au prix de celui que vous avez commandé.

Si cette offre vous intéresse, nous vous prions de bien vouloir nous le faire savoir sous huitaine. Sans réponse de votre part, nous considérerons que vous l'acceptez et nous vous livrerons comme prévu le . . . . la commande ainsi modifiée.

Avec nos excuses, veuillez croire, Monsieur **(ou Madame)**, à l'assurance de notre sincère considération.

Signature

Demande d'annulation de la commande par l'acheteur

(Rédigée sur une feuille à en-tête de l'entreprise.)

Nom du fournisseur
Adresse

. . . . **(lieu)**, ... **(date)**

Monsieur **(ou Madame)**,

Le . . . . **(date)**, nous vous avons commandé . . . . **(objet de la commande)** pour . . . . **(motif de la commande)**.
Or notre client, pour lequel nous devions travailler, vient de nous faire défaut, pour raison de . . . . **(par exemple, redressement ou liquidation judiciaire)**.

N'ayant pu obtenir aucune assurance quant à une reprise de son activité, nous vous demandons de bien vouloir accepter d'annuler cette commande.

Dans l'espoir qu'il vous sera possible de nous donner satisfaction, nous vous prions de croire, Monsieur **(ou Madame)**, à l'assurance de notre sincère considération.

Signature

Facture

(Rédigée sur papier à en-tête de l'entreprise.)

Facture n° . . . . Date : . . . .

Commande du . . . . n° . . . .
Produit : . . . .
Caractéristiques : . . . .
Quantité : . . . .
Prix unitaire HT : . . . . €
Remise : . . . .
Montant net HT : . . . . €
TVA . . . . %, soit . . . . €

Montant total HT : . . . . €
Montant total TVA : . . . . €
Montant total TTC : . . . . €

Acompte : . . . .
Montant total restant à payer : . . . . €

En votre aimable règlement dès le . . . .

Lettre de rappel

(Rédigée sur papier à en-tête de l'entreprise.)

Nom du client
Adresse

. . . . **(lieu)**, ... **(date)**

Objet : lettre de rappel

Monsieur **(ou Madame)**,

Sauf erreur de notre part, le règlement de notre facture n° . . . . établie le . . . . à la suite de votre dernière commande ne nous est pas encore parvenu.
Pourtant cette facture était payable au . . . .
Nous vous saurions gré de bien vouloir nous l'adresser sans délai.

Dans le cas où nos courriers se seraient croisés, veuillez ne pas tenir compte de ce rappel.

Nous vous prions d'agréer, Monsieur **(ou Madame)**, l'expression de nos salutations distinguées.

Signature

Mise en demeure de payer

(Rédigée sur papier à en-tête de l'entreprise)

Nom du client
Adresse

LAR

. . . . **(lieu)**, ... **(date)**

Monsieur **(ou Madame)**,

Malgré nos différents rappels, votre règlement de la facture n° . . . . du . . . . ne nous est toujours pas parvenu.

Ce retard nous est gravement préjudiciable. C'est la raison pour laquelle, par la présente, nous vous mettons ce jour en demeure de nous adresser sans délai la somme de . . . . €, à défaut de quoi nous serions contraints de saisir la justice.

Veuillez agréer, Monsieur **(ou Madame)**, l'expression de nos salutations distinguées.

Signature

Mise en demeure de livrer

(Rédigée sur papier à en-tête de l'entreprise.)

Nom du fournisseur
Adresse

LAR

. . . . **(lieu)**, ... **(date)**

Monsieur **(ou Madame)**,

D'après le bon de commande établi par vos soins le . . . . , la livraison de . . . . devait intervenir au plus tard le . . . . Or, à ce jour, aucune marchandise ne nous a encore été livrée.
Ce retard nous cause un grave préjudice. C'est la raison pour laquelle, par la présente, nous vous mettons ce jour en demeure de nous livrer sous huit jours, à défaut de quoi nous serions obligés de saisir la justice [1].

Veuillez agréer, Monsieur **(ou Madame)**, l'expression de nos salutations distinguées.

Signature

1. Lorsque le bon de commande ou le contrat de vente prévoient une clause résolutoire, un manquement tel que le défaut de livraison permet d'annuler le contrat sans recourir à la justice (voir modèle plus loin).

Demande en injonction de payer

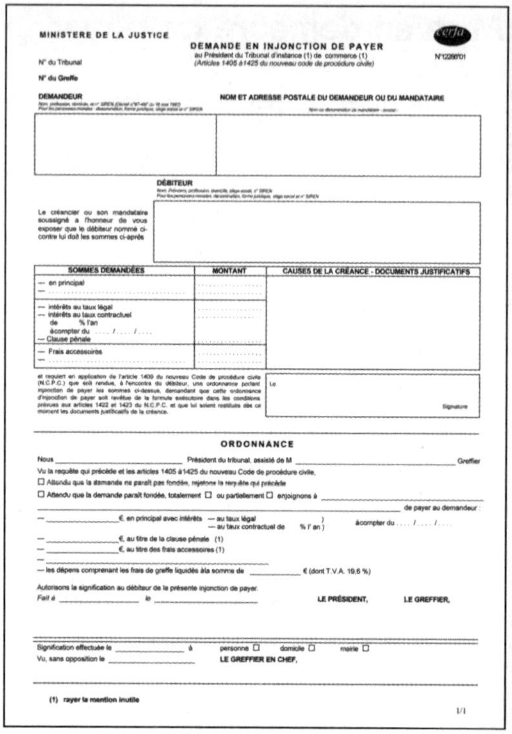

MINISTERE DE LA JUSTICE

DEMANDE EN INJONCTION DE PAYER
au Président du Tribunal d'instance (1) de commerce (1)
(Articles 1405 à1425 du nouveau code de procédure civile)

N°12286*01

N° du Tribunal

N° du Greffe

DEMANDEUR

NOM ET ADRESSE POSTALE DU DEMANDEUR OU DU MANDATAIRE

DÉBITEUR

Le créancier ou son mandataire soussigné a l'honneur de vous exposer que le débiteur nommé ci-contre lui doit les sommes ci-après

SOMMES DEMANDÉES	MONTANT	CAUSES DE LA CRÉANCE - DOCUMENTS JUSTIFICATIFS
— en principal —	....	
— intérêts au taux légal — intérêts au taux contractuel de % l'an àcompter du .... /.... /.... — Clause pénale	....	
— Frais accessoires —	....	

et requiert en application de l'article 1409 du nouveau Code de procédure civile (N.C.P.C.) que soit rendue, à l'encontre du débiteur, une ordonnance portant injonction de payer les sommes ci-dessus, demandant que cette ordonnance d'injonction de payer soit revêtue de la formule exécutoire dans les conditions prévues aux articles 1422 et 1423 du N.C.P.C. et que lui soient restitués dès ce moment les documents justificatifs de la créance.

Le

Signature

ORDONNANCE

Nous ______ Président du tribunal, assisté de M ______ Greffier

Vu la requête qui précède et les articles 1405 à1425 du nouveau Code de procédure civile,

☐ Attendu que la demande ne paraît pas fondée, rejetons la requête qui précède

☐ Attendu que la demande paraît fondée, totalement ☐ ou partiellement ☐ enjoignons à ______

______ de payer au demandeur :

— ______€, en principal avec intérêts — au taux légal — au taux contractuel de % l' an) àcompter du .... /.... /....

— ______€, au titre de la clause pénale (1)

— ______€, au titre des frais accessoires (1)

— ______

— les dépens comprenant les frais de greffe liquidés àla somme de ______ € (dont T.V.A. 19,6 %)

Autorisons la signification au débiteur de la présente injonction de payer.

Fait à ______ *le* ______ **LE PRÉSIDENT,** **LE GREFFIER,**

Signification effectuée le ______ à personne ☐ domicile ☐ mairie ☐

Vu, sans opposition le ______ **LE GREFFIER EN CHEF,**

(1) rayer la mention inutile

1/1

Demande en injonction de faire

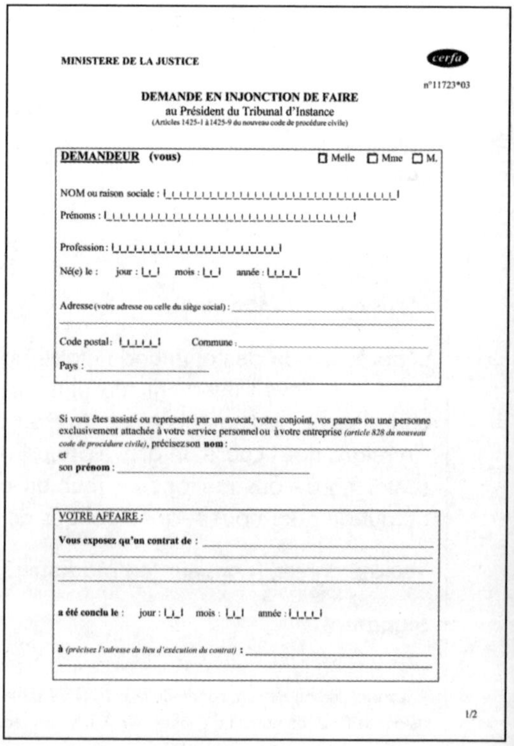

MINISTERE DE LA JUSTICE

n°11723*03

DEMANDE EN INJONCTION DE FAIRE
au Président du Tribunal d'Instance
(Articles 1425-1 à1425-9 du nouveau code de procédure civile)

DEMANDEUR (vous) ☐ Melle ☐ Mme ☐ M.

NOM ou raison sociale :

Prénoms :

Profession :

Né(e) le : jour : mois : année :

Adresse (votre adresse ou celle du siège social) : ______

Code postal : Commune : ______

Pays : ______

Si vous êtes assisté ou représenté par un avocat, votre conjoint, vos parents ou une personne exclusivement attachée à votre service personnel ou à votre entreprise *(article 828 du nouveau code de procédure civile)*, précisez son **nom** : ______
et
son **prénom** : ______

VOTRE AFFAIRE :

Vous exposez qu'un contrat de : ______

a été conclu le : jour : mois : année :

à *(précisez l'adresse du lieu d'exécution du contrat)* : ______

1/2

Annulation de la commande pour défaut de livraison

(Rédigée sur papier à en-tête de l'entreprise.)

Nom du fournisseur
Adresse

LAR

. . . . **(lieu)**, ... **(date)**

Monsieur **(ou Madame)**,

En référence au contrat de vente du . . . . concernant . . . . , nous vous rappelons que notre commande devait être livrée au plus tard le . . . .

Or cette livraison n'a toujours pas eu lieu, y compris après nos différents rappels **(courriers du . . . . et du . . . .)** et notre mise en demeure du . . . .

Conformément à l'article . . . . dudit contrat, nous vous informons par la présente que nous souhaitons la mise en application de plein droit de la clause résolutoire n° . . . .
En conséquence, notre commande est annulée.

Par ailleurs, nous vous mettons en demeure de rembourser l'acompte versé le . . . . , augmenté de la pénalité de . . . . prévue par la même clause.

À défaut de règlement, nous nous verrons contraints de saisir la justice.

Veuillez agréer, Monsieur **(ou Madame)**, l'expression de nos salutations distinguées.

Signature

Proposition de service

(Rédigée sur papier à en-tête de l'entreprise.)

Nom du prospect
Adresse

. . . . **(lieu)**, ... **(date)**

Madame, Monsieur,

Nous travaillons régulièrement dans votre ville pour . . . . **(détaillez l'activité)**.

Notre entreprise se tient à votre disposition pour vous conseiller, résoudre vos problèmes et vous aider à réaliser vos projets de . . . .

Vous pouvez nous joindre du . . . . au . . . . de . . . . heures à . . . . heures **(jours et horaires)** au . . . . **(numéro de téléphone fixe et/ou portable)**. Pour toute demande, nous vous proposons un devis gratuit.

Espérant que notre offre de service retiendra votre attention, nous vous prions de croire, Madame, Monsieur, à l'assurance de notre sincère considération.

Signature

Relance d'un ancien client

(Rédigée sur une feuille à en-tête de l'entreprise.)

Nom du client
Adresse

. . . . **(lieu)**, ... **(date)**

Monsieur **(ou Madame)**,

Nous remarquons que vous ne nous avez plus passé commande depuis . . . . **(plusieurs semaines, mois, années...)**. Nous nous permettons donc de vous adresser notre nouveau catalogue, dans lequel, nous en sommes certains, vous découvrirez de nouveaux produits **(ou services)** susceptibles de vous intéresser.

Vous constaterez sûrement la qualité toujours constante de nos offres et la stabilité de nos prix.
De plus, si vous commandez dans les . . . . jours, nous aurons le plaisir de vous faire une remise de . . . . % sur le montant de votre commande.

Espérant que notre offre retiendra votre attention, nous vous prions de croire, Monsieur **(ou Madame)**, à l'assurance de notre sincère considération.

Signature

Formation professionnelle

Bilan de compétences : convention type pour un bilan pris en charge par l'employeur dans le cadre d'un plan de formation

Concernant la demande de congé pour effectuer un bilan de compétences, voir le chapitre « Congés ».

Entre les soussignés
M. **(ou Mme, ou Mlle)** . . . . **(nom et prénom du bénéficiaire)**
Salarié de l'entreprise . . . .
Ci-dessous désigné « le bénéficiaire »

D'une part,
Et

L'entreprise . . . . **(nom de l'entreprise)**
Représentée par . . . .
Ci-dessous désigné « l'employeur »

D'autre part
Et

L'organisme prestataire . . . . **(nom de l'organisme)**
Représenté par . . . .
Ci-dessous désigné « le prestataire »

Il est convenu comme suit :

Article 1 – Objet de la convention
L'employeur désigné ci-dessus prend en charge les frais afférents au bilan de compétences professionnelles et personnelles effectuées à la demande de M. **(ou Mme, ou Mlle)** . . . . **(nom et prénom du bénéficiaire)**, et réalisé par le prestataire mentionné ci-dessus.

Article 2 – Conditions de réalisation du bilan de compétences
Objectif poursuivi par l'employeur : . . . .
Le bénéficiaire atteste du caractère volontaire de sa démarche. Il s'engage à fournir toute information utile à une mise en œuvre efficace du bilan de compétences.
Le prestataire est tenu d'informer le bénéficiaire des moyens matériels et humains dont il dispose pour la réalisation du bilan de compétences.
Il s'engage à lui proposer une prestation conforme aux dispositions des articles R.900-1 à R.900-7 du Code du travail, dont des extraits figurent au verso de la présente convention.

Il assurera auprès du bénéficiaire le suivi de son intervention en lui proposant une rencontre six mois après la fin du bilan de compétences pour faire avec lui le point sur sa situation.

L'employeur ne peut exiger du bénéficiaire la communication du document de synthèse élaboré pendant la phase de restitution du bilan de compétences. Seul ce dernier peut décider de la transmettre ou non. Le cas échéant, l'employeur s'engage à ne pas communiquer à des tiers les informations qui auront été portées à sa connaissance

Article 3 – Transmission du document de synthèse
(Précisez les conditions dans lesquelles l'employeur demandera un exemplaire du document de synthèse au salarié bénéficiaire du bilan de compétences.)
Le cas échéant, l'employeur s'engage à ne pas communiquer à des tiers les informations qui auront été portées à sa connaissance.
La décision de transmission du document de synthèse appartient au bénéficiaire.

Fait à . . . . , le . . . .

L'employeur **Le prestataire** **Le bénéficiaire**

Bilan de compétences : document de synthèse

Le document de synthèse ne peut être remis qu'au bénéficiaire du bilan. Aucune copie ne peut être délivrée à quiconque sauf accord du salarié.

Nom de l'organisme prestataire

. . . .

Origine et motivations de la demande de bilan de compétences

. . . .

Conditions de réalisation du bilan de compétences

. . . .

Déroulement du bilan de compétences

. . . .
. . . .

Compétences recensées

. . . . **(avec rappel des mesures obtenues).**

Compétences et aptitudes particulières

. . . .

(compétences supplémentaires qui peuvent aider le salarié à atteindre son objectif professionnel).

Projet professionnel du salarié

. . . .

Programme de réalisation du projet professionnel

. . . .

Commentaires

. . . .

Fait à . . . . , **le** . . . .

Signature

Bilan de compétences : convention type pour un bilan pris en charge par un organisme paritaire au titre du congé individuel de formation [1]

Entre les soussignés
M. **(ou Mme, ou Mlle)** . . . . **(nom et prénom du bénéficiaire)**
Salarié de l'entreprise . . . .
Ci-dessous désigné « le bénéficiaire »

D'une part,
Et

L'organisme paritaire agréé au titre du congé individuel de formation . . . .
(nom de l'organisme)
Représenté par . . . .
Ci-dessous désigné « le financeur »

D'autre part,
Et

L'organisme prestataire . . . . **(nom de l'organisme)**
Représenté par . . . .
Ci-dessous désigné « le prestataire »

Il est convenu comme suit :

Article 1 – Objet de la convention
Le financeur désigné ci-dessus prend en charge dans les conditions définies à l'article 3 de la présente convention les frais afférents au bilan de compétences professionnelles et personnelles effectuées à la demande de M. (ou Mme, ou Mlle) . . . . **(nom et prénom du bénéficiaire)**, et réalisé par le prestataire mentionné ci-dessus.

Article 2 – Conditions de réalisation du bilan de compétences
Le bénéficiaire atteste du caractère volontaire de sa démarche. Il s'engage à fournir toute information utile à une mise en œuvre efficace du bilan de compétences.
Le prestataire est tenu d'informer le bénéficiaire des moyens matériels et humains dont il dispose pour la réalisation du bilan de compétences.
Il s'engage à lui proposer une prestation conforme aux dispositions des article R.900-1 à R.900-7 du Code du travail, dont des extraits figurent au verso de la présente convention.
Il assurera auprès du bénéficiaire le suivi de son intervention en lui proposant une rencontre six mois après la fin du bilan de compétences pour faire avec lui le point sur sa situation.

Le financeur ne peut exiger du bénéficiaire la communication du document de synthèse élaboré pendant la phase de restitution du bilan de compétences. Seul ce dernier peut décider de la transmettre ou non. Le cas échéant, le financeur s'engage à ne pas communiquer à des tiers les informations qui auront été portées à sa connaissance.

Article 3 – Coût de la prestation
(Précisez le coût de la prestation, les conditions d'intervention de l'organisme paritaire et les modalités du règlement de la prestation.)

Fait à . . . . , le . . . .

Le financeur **Le prestataire** **Le bénéficiaire**

1. Cf. Le Bilan de compétences, de Thierry Carabin et Jacques Quénet, Éditions De Vecchi, Annexe 2, pages 139 et 140.

Dossier d'évaluation de compétences [1]

• Compétences en assertivité. Savoir :
– communiquer avec confiance ;
– résister à la manipulation ;
– dominer ses émotions ;
– gérer l'environnement ;
– émettre des demandes ;
– établir des priorités ;
– donner du « feed-back » ;
– offrir des solutions ;
– apporter de l'aide ;
– être à l'écoute ;
– offrir un service sans faille ;
– montrer de l'empathie ;
– garder son sang-froid...
• Compétences en gestion du temps. Savoir :
– faire un planning quotidien ;
– déterminer les priorités ;
– s'allouer du temps ;
– être organisé ;
– éviter l'atermoiement ;
– finir ce qui est commencé ;
– dire non ;
– contrôler les interruptions ;
– gérer les conflits ;
– déléguer ;
– être à l'écoute en permanence ;
– être ponctuel ;
– se focaliser sur les résultats...
• Compétences en vente. Savoir :
– comprendre le marché ;
– connaître l'entreprise ;
– connaître les produits ;

– être motivé pour réussir ;
– gérer son temps ;
– être relationnel ;
– être à l'écoute ;
– questionner efficacement ;
– écouter attentivement ;
– satisfaire les besoins du client ;
– traiter les objections ;
– conclure ;
– maximiser les achats...

1. Cf. Le Bilan de compétences, de Thierry Carabin et Jacques Quénet, Éditions De Vecchi, Annexe 5, pages 147 à 149. Aperçu de trois cahiers sur seize, liste non exhaustive.

Demande de rémunération

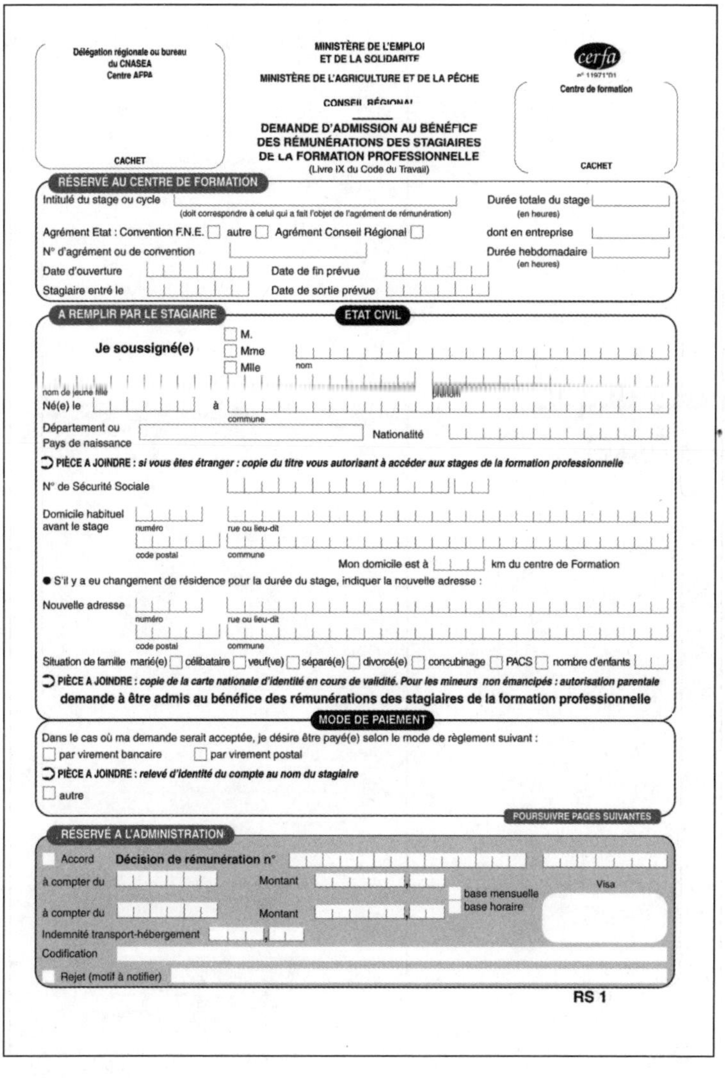

Délégation régionale ou bureau du CNASEA
Centre AFPA
CACHET

MINISTÈRE DE L'EMPLOI ET DE LA SOLIDARITÉ
MINISTÈRE DE L'AGRICULTURE ET DE LA PÊCHE
CONSEIL RÉGIONAL

DEMANDE D'ADMISSION AU BÉNÉFICE DES RÉMUNÉRATIONS DES STAGIAIRES DE LA FORMATION PROFESSIONNELLE
(Livre IX du Code du Travail)

cerfa n° 11971*01
Centre de formation
CACHET

RÉSERVÉ AU CENTRE DE FORMATION

Intitulé du stage ou cycle (doit correspondre à celui qui a fait l'objet de l'agrément de rémunération)
Durée totale du stage (en heures)
Agrément Etat : Convention F.N.E. ☐ autre ☐ Agrément Conseil Régional ☐
dont en entreprise
N° d'agrément ou de convention
Durée hebdomadaire (en heures)
Date d'ouverture — Date de fin prévue
Stagiaire entré le — Date de sortie prévue

A REMPLIR PAR LE STAGIAIRE — **ETAT CIVIL**

Je soussigné(e) ☐ M. ☐ Mme ☐ Mlle — nom
nom de jeune fille — prénom
Né(e) le — à — commune
Département ou Pays de naissance — Nationalité
➲ **PIÈCE A JOINDRE :** *si vous êtes étranger : copie du titre vous autorisant à accéder aux stages de la formation professionnelle*
N° de Sécurité Sociale
Domicile habituel avant le stage — numéro — rue ou lieu-dit
code postal — commune
Mon domicile est à … km du centre de Formation
● S'il y a eu changement de résidence pour la durée du stage, indiquer la nouvelle adresse :
Nouvelle adresse — numéro — rue ou lieu-dit
code postal — commune
Situation de famille marié(e) ☐ célibataire ☐ veuf(ve) ☐ séparé(e) ☐ divorcé(e) ☐ concubinage ☐ PACS ☐ nombre d'enfants
➲ **PIÈCE A JOINDRE :** *copie de la carte nationale d'identité en cours de validité. Pour les mineurs non émancipés : autorisation parentale*
demande à être admis au bénéfice des rémunérations des stagiaires de la formation professionnelle

MODE DE PAIEMENT

Dans le cas où ma demande serait acceptée, je désire être payé(e) selon le mode de règlement suivant :
☐ par virement bancaire ☐ par virement postal
➲ **PIÈCE A JOINDRE :** *relevé d'identité du compte au nom du stagiaire*
☐ autre

POURSUIVRE PAGES SUIVANTES

RÉSERVÉ A L'ADMINISTRATION

☐ Accord **Décision de rémunération n°**
à compter du — Montant — ☐ base mensuelle ☐ base horaire — Visa
à compter du — Montant
Indemnité transport-hébergement
Codification
☐ Rejet (motif à notifier)

RS 1

Demande de remboursement de frais de transport

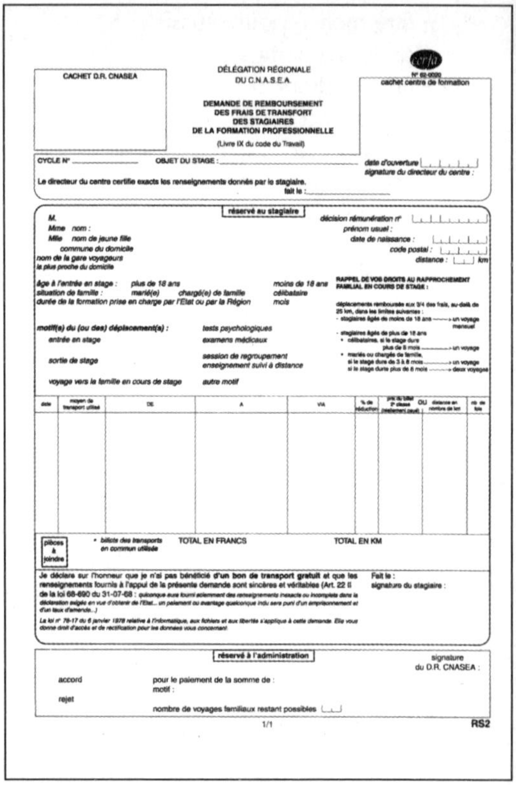

CACHET D.R. CNASEA

DÉLÉGATION RÉGIONALE
DU C.N.A.S.E.A.

cerfa
N° 62-0020
cachet centre de formation

**DEMANDE DE REMBOURSEMENT
DES FRAIS DE TRANSFORT
DES STAGIAIRES
DE LA FORMATION PROFESSIONNELLE**

(Livre IX du code du Travail)

CYCLE N° ______ OBJET DU STAGE : ______ *date d'ouverture* |_|_|_|_|_|_|
signature du directeur du centre :

Le directeur du centre certifie exacts les renseignements donnés par le stagiaire.
fait le : ______

réservé au stagiaire

M.
Mme nom :
Mlle nom de jeune fille
commune du domicile
nom de la gare voyageurs
la plus proche du domicile

décision rémunération n° |_|_|_|_|_|_|_|_|_|
prénom usuel :
date de naissance : |_|_|_|_|_|_|
code postal : |_|_|_|_|_|
distance : |_|_| *km*

âge à l'entrée en stage : plus de 18 ans moins de 18 ans
situation de famille : marié(e) chargé(e) de famille célibataire
durée de la formation prise en charge par l'Etat ou par la Région mois

RAPPEL DE VOS DROITS AU RAPPROCHEMENT FAMILIAL EN COURS DE STAGE :

déplacements remboursés aux 3/4 des frais, au-delà de 25 km, dans les limites suivantes :
- stagiaires âgés de moins de 18 ans → un voyage mensuel
- stagiaires âgés de plus de 18 ans
  - célibataires, si le stage dure plus de 8 mois → un voyage
  - mariés ou chargés de famille, si le stage dure de 3 à 8 mois → un voyage; si le stage durte plus de 8 mois → deux voyages

motif(s) du (ou des) déplacement(s) :
entrée en stage
sortie de stage
voyage vers la famille en cours de stage
tests psychologiques
examens médicaux
session de regroupement
enseignement suivi à distance
autre motif

date	moyen de transport utilisé	DE	A	VIA	% de réduction	prix du billet 2e classe (réellement payé) OU	distance en nombre de km	nb de fois

pièces à joindre
- *billets des transports en commun utilisés*

TOTAL EN FRANCS
TOTAL EN KM

Je déclare sur l'honneur que je n'ai pas bénéficié **d'un bon de transport gratuit** et que les renseignements fournis à l'appui de la présente demande sont sincères et véritables (Art. 22 II de la loi 68-690 du 31-07-68 : *quiconque aura fourni sciemment des renseignements inexacts ou incomplets dans la déclaration exigée en vue d'obtenir de l'Etat... un paiement ou avantage quelconque indu sera puni d'un emprisonnement et d'un taux d'amende...)*

La loi n° 78-17 du 6 janvier 1978 relative à l'informatique, aux fichiers et aux libertés s'applique à cette demande. Elle vous donne droit d'accès et de rectification pour les données vous concernant.

Fait le :
signature du stagiaire :

réservé à l'administration

accord
rejet
pour le paiement de la somme de :
motif :
nombre de voyages familiaux restant possibles |_|_|

signature
du D.R. CNASEA :

1/1 RS2

Demande de validation des acquis de l'expérience (VAE)

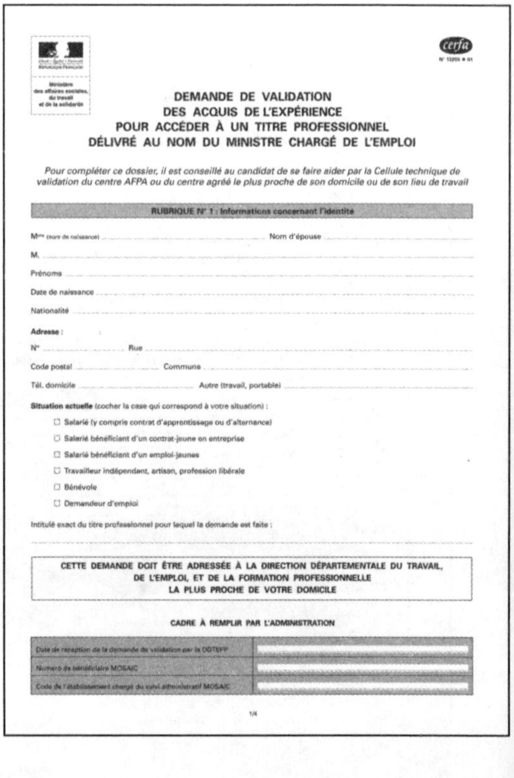

Ministère des affaires sociales, du travail et de la solidarité

cerfa
N° 12250 * 01

**DEMANDE DE VALIDATION
DES ACQUIS DE L'EXPÉRIENCE
POUR ACCÉDER À UN TITRE PROFESSIONNEL
DÉLIVRÉ AU NOM DU MINISTRE CHARGÉ DE L'EMPLOI**

Pour compléter ce dossier, il est conseillé au candidat de se faire aider par la Cellule technique de validation du centre AFPA ou du centre agréé le plus proche de son domicile ou de son lieu de travail

RUBRIQUE N° 1 : Informations concernant l'identité

Mme (nom de naissance) ______ Nom d'épouse ______
M. ______
Prénoms ______
Date de naissance ______
Nationalité ______

Adresse :
N° ______ Rue ______
Code postal ______ Commune ______
Tél. domicile ______ Autre (travail, portable) ______

Situation actuelle (cocher la case qui correspond à votre situation) :

- ☐ Salarié (y compris contrat d'apprentissage ou d'alternance)
- ☐ Salarié bénéficiant d'un contrat-jeune en entreprise
- ☐ Salarié bénéficiant d'un emploi-jeunes
- ☐ Travailleur indépendant, artisan, profession libérale
- ☐ Bénévole
- ☐ Demandeur d'emploi

Intitulé exact du titre professionnel pour lequel la demande est faite :
______

CETTE DEMANDE DOIT ÊTRE ADRESSÉE À LA DIRECTION DÉPARTEMENTALE DU TRAVAIL, DE L'EMPLOI, ET DE LA FORMATION PROFESSIONNELLE LA PLUS PROCHE DE VOTRE DOMICILE

CADRE À REMPLIR PAR L'ADMINISTRATION

Date de réception de la demande de validation par la DDTEFP	
Numéro de bénéficiaire MOSAIC	
Code de l'établissement chargé du suivi administratif MOSAIC	

1/4

Formation d'apprentis : déclaration (formulaire)

Ministère de l'emploi et de la solidarité

Déclaration en vue de la formation d'apprentis

art. L 117-5 du Code du Travail

cerfa N° 10101*02

FA 12a

N° SIRET de l'établissement d'apprentissage

Code APE | Effectifs

Activité principale de l'entreprise

Régime social de l'entreprise URSSAF ☐ MSA ☐

Secteur d'activité *(cocher la case correspondante)*

☐ Entreprise inscrite uniquement au registre du commerce et des sociétés

☐ Entreprise inscrite au répertoire des métiers ou au registre des entreprises pour l'Alsace-Moselle

☐ Entreprise agricole

☐ Entreprise de transport ☐ Autres

Entreprise ou Établissement

Nom et prénom ou dénomination, adresse

CODE POSTAL

Tél. | Fax

Nom du chef d'entreprise ou d'établissement

Numéro précédent de déclaration (ou d'agrément)

Formations prévues dans l'entreprise

Indiquer ci-dessous les diplômes ou titres susceptibles d'être préparés dans votre entreprise avec leur intitulé exact : CAP Coiffure, MC Pâtis. spécialisé, BTS Electronique... Ne remplir qu'un diplôme par case.

A	E
B	F
C	G
D	H

Le(s) maître(s) d'apprentissage

Nom, prénoms (suivi s'il y a lieu du nom de l'époux) et date de naissance	Diplômes ou titres obtenus (1)	Durée d'exercice du métier (2)	Formation(s) affectée(s) (3)

(1) **Joindre à la déclaration** copie des titres ou diplômes du maître d'apprentissage.
(2) Indiquer la durée de l'expérience professionnelle dans l'activité en relation avec la qualification recherchée et joindre les justificatifs correspondants (certificats de travail, attestation d'emploi).
(3) Porter la ou les lettres correspondant aux formations prévues selon le tableau ci-dessus.

Je certifie l'exactitude des renseignements fournis et atteste que l'équipement de l'entreprise, les techniques d'exploitation et les conditions d'emploi de la main-d'œuvre sont de nature à permettre la formation d'apprentis dans des conditions satisfaisantes.

Je m'engage à confier la formation des apprentis à des salariés présentant des garanties de moralité et de compétences pédagogiques et professionnelles.

Je m'engage à informer l'administration compétente de tout changement concernant le ou les maîtres d'apprentissage et à joindre à cette information les justificatifs nécessaires.

Date et cachet du service d'enregistrement

Fait à | le

Signature de l'employeur

N° d'enregistrement *(à remplir par l'administration)*

La loi n° 78-17 du 6 janvier 1978 relative à l'informatique, aux fichiers et aux libertés, s'applique aux réponses faites sur ce formulaire par les personnes physiques. Elle garantit un droit d'accès et de rectification pour les données vous concernant auprès de la direction départementale du Travail et de l'Emploi.

Service de contrôle : DDTEFP ☐ SDITEPSA ☐ TRANSPORTS ☐ Volet - Récépissé à retourner à l'employeur

Page 1/3

Licenciement et rupture de CDD

Licenciement économique : reclassement

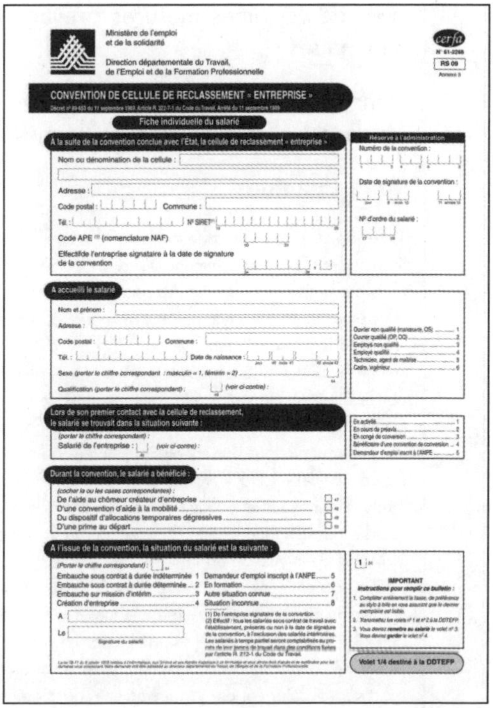

Ministère de l'emploi
et de la solidarité

Direction départementale du Travail,
de l'Emploi et de la Formation Professionnelle

cerfa
N° 61-2288
RS 09
Annexe 5

CONVENTION DE CELLULE DE RECLASSEMENT « ENTREPRISE »

Fiche individuelle du salarié

À la suite de la convention conclue avec l'État, la cellule de reclassement « entreprise »

Nom ou dénomination de la cellule :

Adresse :

Code postal : Commune :

Tél. : N° SIRET[1]

Code APE [1] (nomenclature NAF)

Effectif de l'entreprise signataire à la date de signature de la convention

Réservé à l'administration

Numéro de la convention :

Date de signature de la convention :

N° d'ordre du salarié :

A accueilli le salarié

Nom et prénom :

Adresse :

Code postal : Commune :

Tél. : Date de naissance :

Sexe (porter le chiffre correspondant : masculin = 1, féminin = 2)

Qualification (porter le chiffre correspondant) : (voir ci-contre) :

Ouvrier non qualifié (manœuvre, OS) 1
Ouvrier qualifié (OP, OQ) 2
Employé non qualifié 3
Employé qualifié 4
Technicien, agent de maîtrise 5
Cadre, ingénieur 6

Lors de son premier contact avec la cellule de reclassement, le salarié se trouvait dans la situation suivante :

(porter le chiffre correspondant) :
Salarié de l'entreprise : *(voir ci-contre) :*

En activité 1
En cours de préavis 2
En congé de conversion 3
Bénéficiaire d'une convention de conversion 4
Demandeur d'emploi inscrit à l'ANPE 5

Durant la convention, le salarié a bénéficié :

(cocher la ou les cases correspondantes) :
De l'aide au chômeur créateur d'entreprise .... ☐ 47
D'une convention d'aide à la mobilité .... ☐ 48
Du dispositif d'allocations temporaires dégressives .... ☐ 49
D'une prime au départ .... ☐ 50

A l'issue de la convention, la situation du salarié est la suivante :

(Porter le chiffre correspondant) :
Embauche sous contrat à durée indéterminée 1
Embauche sous contrat à durée déterminée 2
Embauche sur mission d'intérim 3
Création d'entreprise 4
Demandeur d'emploi inscrit à l'ANPE 5
En formation 6
Autre situation connue 7
Situation inconnue 8

A
Le
Signature du salarié

(1) De l'entreprise signataire de la convention.
(2) Effectif : tous les salariés sous contrat de travail avec l'établissement, présents ou non à la date de signature de la convention, à l'exclusion des salariés intérimaires. Les salariés à temps partiel seront comptabilisés au prorata de leur temps de travail dans des conditions fixées par l'article R. 212-1 du Code du Travail.

IMPORTANT
Instructions pour remplir ce bulletin :
1. *Compléter entièrement la liasse, de préférence au stylo à bille en vous assurant que le dernier exemplaire est lisible.*
2. *Transmettez les volets n° 1 et n° 2 à la DDTEFP.*
3. *Vous devez **remettre au salarié** le volet n° 3. Vous devez **garder** le volet n° 4.*

Volet 1/4 destiné à la DDTEFP

Licenciement économique : convocation à l'entretien préalable

(Rédigée sur une feuille à en-tête de l'entreprise.)

M. (Mme, Mlle) . . . .
(prénom et nom du salarié)
Son adresse complète

Lettre recommandée avec AR ou remise contre décharge

. . . . **(lieu)**, ... **(date)**

Monsieur **(ou Madame, ou Mademoiselle)**,

Je suis au regret de vous informer que j'envisage votre licenciement économique.

En application de l'article L.122-14 du Code du travail, je vous prie de bien vouloir vous présenter le . . . . à . . . . heures, à . . . . **(date, heure et lieu de l'entretien préalable)**.

Vie...

Conformément aux articles D. 122-1 et suivants du Code du travail [1], **vous avez la possibilité de vous faire assister d'une personne de votre choix, soit parmi le personnel de l'entreprise, soit sur une liste dressée par le préfet du département de . . . . , consultable à la mairie de . . . .** [2] **ou à l'Inspection du travail, située . . . . (donnez obligatoirement l'adresse)**.

Par ailleurs, au cours de cet entretien, je vous remettrai les documents concernant le « PARE anticipé », qui permet aux salariés concernés par un projet de licenciement économique d'accélérer leur retour à l'emploi en bénéficiant, dès leur préavis, de certaines mesures prévues par le PARE pour les demandeurs d'emploi indemnisés [3].

Dans l'attente de cet entretien, je vous prie d'agréer, Monsieur **(ou Madame, ou Mademoiselle)**, l'expression de mes salutations distinguées.

Votre signature

1. Article D. 122-1 du Code du travail : « Le salarié qui souhaite se faire assister lors de l'entretien préalable à son licenciement [...] doit communiquer à la personne qu'il aura choisie sur la liste établie pour le département la date, l'heure et le lieu de l'entretien. La personne sollicitée confirme sa venue au salarié ou lui fait connaître immédiatement et par tous moyens qu'elle ne peut se rendre à l'entretien.
« Le salarié informe l'employeur de sa démarche. »
Article D. 122-3 : « Les listes de personnes qui peuvent assister les salariés sont préparées pour chaque département par le directeur départemental du travail et de l'emploi après consultation des organisations de salariés et d'employeurs les plus représentatives sur le plan national siégeant à la Commission nationale de la négociation collective, dont les observations doivent être présentées dans le délai d'un mois. Ces personnes sont choisies en fonction de leur expérience des relations professionnelles et de leurs connaissances du droit social. Chaque liste est arrêtée par le préfet du département et publiée au recueil des actes administratifs du département. Elle est tenue à la disposition des salariés dans chaque section d'inspection du travail et dans chaque mairie. »
2. Mairie de la ville où est installée l'entreprise.
3. Dans les entreprises de moins de 1 000 salariés, l'employeur est tenu de proposer au salarié dont il envisage le licenciement le bénéfice anticipé des mesures d'évaluation des compétences professionnelles et d'accompagnement du PARE. Est concerné : tout salarié lié par un contrat de travail à durée indéterminée licencié pour motif économique ou licencié à la suite de la cessation totale d'activité de l'entreprise. Le salarié doit justifier de six mois ou 910 heures d'activité salariée, dans la même entreprise ou non, au cours des vingt-deux mois qui précèdent la fin du contrat de travail et être apte à exercer un emploi.

Lettre de licenciement économique

(Rédigée sur une feuille à en-tête de l'entreprise.)

M. (Mme, Mlle) . . . .
(prénom et nom du salarié)
Son adresse complète

Lettre recommandée avec AR [1]

. . . . **(lieu)**, ... **(date)**

Monsieur **(ou Madame, ou Mademoiselle)**,

À la suite de l'entretien que nous avons eu le . . . . , je suis au regret de vous confirmer votre licenciement économique pour cause de . . . . **(expliquez**

précisément) (2). Votre licenciement prendra effet à la fin de la période de préavis de . . . . mois prévue par votre contrat de travail, dont le délai court à compter de la première présentation de cette lettre.

Toutefois, conformément à l'article L.321-14 du Code du travail, vous disposez d'une priorité de réembauchage pendant un an à compter de la date de rupture de votre contrat de travail. Pour la faire valoir, vous devez me le faire savoir par écrit dans un délai de quatre mois à compter de la même date.

Par ailleurs, au cours de notre entretien, je vous ai remis des documents concernant le « PARE anticipé ». Je vous rappelle que vous disposez de huit jours à compter de la date de notification de cette lettre pour me faire savoir si vous l'acceptez ou le refusez. Ce délai ne peut être ni interrompu ni prolongé. Si vous ne manifestez pas vos intentions dans ce délai imparti, l'absence de réponse de votre part sera assimilée à un refus.

Si vous l'acceptez, vous devrez vous présenter dans le même délai à l'agence Assedic dont dépend votre domicile avec le dossier d'acceptation que je vous ai remis, ainsi que les documents attestant la fin de votre contrat de travail, que je tiens d'ores et déjà à votre disposition.

Le dernier jour de votre préavis, vous voudrez bien vous présenter à . . . . (bureau, service) pour signer le reçu pour solde de tout compte.

Veuillez agréer, Monsieur **(ou Madame, ou Mademoiselle)**, l'expression de mes salutations distinguées.

Votre signature

1. Article L122-14-1 du Code du travail : « L'employeur qui décide de licencier un salarié doit notifier le licenciement par lettre recommandée avec demande d'avis de réception ; la date de présentation de la lettre recommandée fixe le point de départ du délai-congé. [...] Si le salarié est licencié individuellement pour un motif d'ordre économique ou s'il est inclus dans un licenciement collectif d'ordre économique concernant moins de dix salariés dans une même période de trente jours, la lettre [...] ne peut lui être adressée moins de sept jours à compter de la date pour laquelle le salarié a été convoqué en application de l'article L.122-14. Ce délai est de quinze jours en cas de licenciement individuel d'un membre du personnel d'encadrement tel que défini au troisième alinéa de l'article L.513-1.
« En l'absence d'institutions représentatives du personnel dans l'entreprise, les délais visés à l'alinéa précédent sont respectivement de quatre jours et de douze jours.
« Les dispositions des deux alinéas précédents ne sont pas applicables en cas de redressement ou de liquidation judiciaires [...]. »
2. Article L122-14-2 : « L'employeur est tenu d'énoncer le ou les motifs du licenciement dans la lettre de licenciement mentionnée à l'article L.122-14-1. Lorsque le licenciement est prononcé pour un motif économique, la lettre de licenciement doit énoncer les motifs économiques ou de changement technologique invoqués par l'employeur. En outre, l'employeur est tenu, à la demande écrite du salarié, de lui indiquer par écrit les critères retenus en application de l'article L. 321-1-1.
« Lorsque le licenciement est prononcé pour un motif économique, mention doit être faite dans la lettre de licenciement de la priorité de réembauchage prévue par l'article L.321-14 et de ses conditions de mise en œuvre. »

Licenciement économique : demande de priorité de réembauche

Vos nom, prénoms
Votre adresse

Nom de l'employeur

ou du responsable des ressources humaines
Nom et adresse de l'entreprise

Lettre recommandée avec AR

. . . . **(lieu)**, ... **(date)**

Monsieur **(ou Madame)**,

Conformément à l'article L.321-14 du Code du travail et comme vous me l'avez signifié dans votre lettre de licenciement du . . . . , je vous informe par la présente de ma décision de bénéficier de la priorité de réembauchage pendant un an à compter de la date de rupture de mon contrat de travail, qui a eu lieu le . . . . .

Veuillez agréer, Monsieur **(ou Madame)**, l'expression de mes salutations distinguées.

Votre signature

Licenciement pour motif personnel : convocation à l'entretien préalable

(Rédigée sur une feuille à en-tête de l'entreprise.)

Ce licenciement peut se négocier ; voir le modèle d'accord transactionnel page 714.

M. (Mme, Mlle) . . . .
(prénom et nom du salarié)
Son adresse complète

Lettre recommandée avec AR ou remise contre décharge

. . . . **(lieu)**, ... **(date)**

Monsieur **(ou Madame, ou Mademoiselle)**,

À la suite de . . . . **(expliquez précisément les événements qui ont conduit à la procédure de licenciement)**, je suis au regret de vous informer de ma décision de procéder à votre licenciement pour . . . . **(donnez le motif)** [(1)].

En application de l'article L.122-14 du Code du travail, je vous prie de bien vouloir vous présenter le . . . . à . . . . heures, à . . . . **(date, heure et lieu de l'entretien préalable)**.

Conformément aux articles D. 122-1 et suivants du Code du travail, vous avez la possibilité de vous faire assister d'une personne de votre choix, soit parmi le personnel de l'entreprise, soit sur une liste dressée par le préfet du département de . . . . , consultable à la mairie de . . . . ou à l'Inspection du travail, située . . . . **(donnez obligatoirement l'adresse)**.

Veuillez agréer, Monsieur **(ou Madame, ou Mademoiselle)**, l'expression de mes salutations distinguées.

Votre signature

1. Le licenciement individuel pour motif personnel est possible pour une raison disciplinaire (faute du salarié) ou non disciplinaire (exemple : inaptitude professionnelle, perte de confiance, refus d'une modification substantielle du contrat de travail). Dans tous les cas, la cause doit être « réelle et sérieuse », c'est-à-dire exister réellement dans les faits, être précise et vérifiable, et être suffisamment importante pour justifier la rupture du contrat de travail.

Lettre de licenciement pour motif personnel

(Rédigée sur une feuille à en-tête de l'entreprise.)

Sur la négociation du licenciement, voir le modèle d'accord transactionnel.

M. (Mme, Mlle) . . . .
(prénom et nom du salarié)
Son adresse complète

Lettre recommandée avec AR [1]

. . . . **(lieu)**, ... **(date)**

Monsieur **(ou Madame, ou Mademoiselle)**,

À la suite de l'entretien que nous avons eu le . . . . , je suis au regret de vous informer que, malgré vos explications, j'ai pris la décision de procéder à votre licenciement pour le motif . . . . **(énoncez précisément)** [2].

Je crois en effet que . . . . **(explicitez vos raisons)**, ce qui constitue une cause réelle et sérieuse de licenciement.

Celui-ci prendra effet à la fin de la période de préavis de . . . . mois prévue par votre contrat de travail, dont le délai court à compter de la première présentation de cette lettre.

Le dernier jour de votre préavis, vous voudrez bien vous présenter à . . . . **(bureau, service)** pour signer le reçu pour solde de tout compte et recevoir les documents attestant votre emploi et la fin de votre contrat de travail.

Veuillez agréer, Monsieur **(ou Madame, ou Mademoiselle)**, l'expression de mes salutations distinguées.

Votre signature

1. Le licenciement doit être notifié après un délai d'un jour franc à compter de la date de l'entretien pour un licenciement non disciplinaire ou de la date de l'entretien pour un licenciement disciplinaire.
2. L'employeur doit procéder par lettre recommandée avec accusé de réception, laquelle doit énoncer avec précision le ou les motifs du licenciement.

Demande de dispense de préavis

Vos nom, prénoms
Votre adresse

Nom de l'employeur
ou du responsable des ressources humaines
Nom et adresse de l'entreprise

. . . . **(lieu)**, ... **(date)**

Monsieur **(ou Madame)**,

Licencié à compter du . . . . **(date du licenciement)**, je dois, selon mon contrat de travail (ou ma convention collective), effectuer un préavis d'une durée de . . . . mois. Par la présente, je vous demande de bien vouloir accepter de me dispenser de l'effectuer [1].

(Expliquez vos raisons.)

Dans l'attente de votre réponse, que j'espère favorable, je vous prie d'agréer, Monsieur **(ou Madame)**, l'expression de mes salutations distinguées.

Votre signature

1. Lorsque le salarié demande à être dispensé de son préavis, l'employeur n'est pas tenu de lui verser d'indemnité. En revanche, ce dernier est tenu de le faire lorsque, de son propre chef, il dispense le salarié d'effectuer son préavis.

Lettre de licenciement pour faute

(Rédigée sur une feuille à en-tête de l'entreprise.)

M. (Mme, Mlle) . . . .
(prénom et nom du salarié)
Son adresse complète

Lettre recommandée avec AR

. . . . **(lieu)**, ... **(date)**

Monsieur **(ou Madame, ou Mademoiselle)**,

À la suite de l'entretien que nous avons eu le . . . . , je suis au regret de vous informer que, malgré vos explications, j'ai pris la décision de procéder à votre licenciement pour faute grave [1].

Je considère en effet que . . . . **(explicitez vos raisons)**.

Compte tenu du motif de votre licenciement, conformément à la réglementation, vous n'effectuerez pas de préavis et ne percevrez pas d'indemnité de licenciement [2].

Dès réception de cette lettre, je vous prie de bien vouloir vous présenter à . . . . **(bureau, service)** pour signer le reçu pour solde de tout compte et recevoir les documents attestant votre emploi et la fin de votre contrat de travail.

Veuillez agréer, Monsieur **(ou Madame, ou Mademoiselle)**, l'expression de mes salutations distinguées.

Votre signature

1. La faute d'un salarié constitutive d'un motif réel et sérieux à son licenciement est fondée par un acte positif ou une abstention volontaire violant l'application du lien contractuel l'unissant à son employeur d'une telle manière que la continuité de ce lien s'avère impossible. Exemples de fautes graves : une absence injustifiée, un refus d'effectuer une tâche de travail correspondant au contrat, un refus de porter des équipements de protection, des injures envers l'employeur ou d'autres salariés, un vol de bien ou d'argent... Si la faute grave est commise par le salarié avec l'intention de nuire, celle-ci prend la dénomination de faute lourde.
Attention : la notion de faute grave s'apprécie souvent au regard d'un fait unique mais inacceptable. Il est donc possible d'être licencié pour faute grave sans avoir jamais reçu d'avertissement (voir modèle page 653) au préalable.
2. Ce qui caractérise la faute grave est le fait que le comportement fautif du salarié est d'une gravité telle que l'exécution du préavis s'avère impossible. L'employeur est donc en droit de licencier le salarié sans préavis ni indemnité de licenciement. En cas de faute lourde, l'employeur est en droit de licencier le salarié sans préavis ni indemnité de licenciement et aussi sans aucune indemnité de congés payés.

Lettre de licenciement pour faute lourde

(Rédigée sur une feuille à en-tête de l'entreprise.)

M. (Mme, Mlle) . . . .
(prénom et nom du salarié)
Son adresse complète

Lettre recommandée avec AR

. . . . **(lieu)**, ... **(date)**

Monsieur **(ou Madame, ou Mademoiselle)**,

À la suite de l'entretien que nous avons eu le . . . . , je suis au regret de vous informer que, malgré vos explications, j'ai pris la décision de procéder à votre licenciement pour faute lourde [1].

Je considère en effet que . . . . **(explicitez vos raisons)**.

Compte tenu du motif de votre licenciement, conformément à la réglementation, vous n'effectuerez pas de préavis et ne percevrez ni indemnité de licenciement ni indemnité de congés payés [2].

Dès réception de cette lettre, je vous prie de bien vouloir vous présenter à . . . . **(bureau, service)** pour signer le reçu pour solde de tout compte et recevoir les documents attestant votre emploi et la fin de votre contrat de travail.

Veuillez agréer, Monsieur **(ou Madame, ou Mademoiselle)**, l'expression de mes salutations distinguées.

Votre signature

1. Lorsque la faute grave est commise par le salarié avec l'intention de nuire, celle-ci prend la dénomination de faute lourde.
2. En cas de faute lourde, l'employeur est en droit de licencier le salarié sans préavis ni indemnité de licenciement et aussi sans aucune indemnité de congés payés.

Rupture de CDD de la part du salarié pour prendre un CDI

Vos nom, prénoms
Votre adresse

Nom de l'employeur
ou du responsable des ressources humaines
Nom et adresse de l'entreprise

Lettre recommandée avec AR

. . . . **(lieu)**, ... **(date)**

Monsieur **(ou Madame)**,

Je vous informe **(ou « Je vous confirme » si vous avez déjà prévenu de vive voix)** par la présente que j'ai trouvé un autre emploi en CDI à compter du . . . . **(date)**. Ainsi que la réglementation m'y autorise [1], j'ai donc le droit de mettre fin prématurément à mon CDD au sein de votre entreprise.

Compte tenu de la durée de mon CDD, mon préavis est de . . . . jours [2]. Je quitterai donc l'entreprise à compter du . . . . **(date)**.

Par ailleurs, je me tiens à votre disposition pour venir retirer les documents attestant mon emploi dans l'entreprise et la fin de mon contrat.

Dans cette attente, veuillez agréer, Monsieur **(ou Madame)**, l'expression de mes salutations distinguées.

Votre signature

1. Un salarié a le droit de rompre un CDD avant son terme lorsqu'il justifie d'une embauche à durée indéterminée (article L.122-3-8 du Code du travail).
2. En cas de rupture de CDD comportant un terme précis, le délai de préavis est fixé à un jour par semaine, compte tenu du nombre de semaines prévu pour l'ensemble du CDD. Pour un CDD sans terme précis, il est fixé à un jour par semaine, compte tenu du nombre de semaines déjà effectuées.

Rupture de CDD de la part du salarié pour un autre motif

Vos nom, prénoms
Votre adresse

Nom de l'employeur
ou du responsable des ressources humaines
Nom et adresse de l'entreprise

Lettre recommandée avec AR

. . . . **(lieu)**, ... **(date)**

Monsieur **(ou Madame)**,

Je vous informe **(ou « je vous confirme » si vous avez déjà prévenu de vive voix)** par la présente de ma décision de mettre fin prématurément à mon CDD au sein de votre entreprise.
Je sais que la réglementation ne m'autorise pas à démissionner [1], mais . . . . **(exposez précisément vos raisons)**.

Comptant sur votre compréhension, je vous prie d'agréer, Monsieur **(ou Madame)**, l'expression de mes respectueuses salutations.

Votre signature

1. L'article L.122-3-8 du Code du travail stipule que, excepté durant la période d'essai, ni l'employeur ni le salarié ne peuvent rompre un CDD sauf cas de force majeure, faute grave, ou si le salarié justifie d'une embauche à durée indéterminée (voir modèle page précédente). Un salarié qui démissionne d'un CDD sans motif valable peut être condamné à verser des dommages et intérêts à l'employeur à hauteur du préjudice subi. Il en est de même lorsque c'est l'employeur qui rompt prématurément le CDD pour une autre raison qu'un cas de force majeure ou une faute grave.

Rupture de CDD : réponse de l'employeur

(Rédigée sur une feuille à en-tête de l'entreprise.)

M. (Mme, Mlle) . . . .
(prénom et nom du salarié)
Son adresse complète

Lettre recommandée avec AR

. . . . **(lieu)**, ... **(date)**

Monsieur (ou Madame, ou Mademoiselle),

Par votre lettre du . . . . **(date de la lettre du salarié)** courant, vous m'avez fait part de votre décision de mettre fin prématurément à votre CDD au sein de . . . . **(nom de l'entreprise)**.

Cette décision n'est en rien conforme à la législation du travail qui précise (article L.122-3-8 du Code du travail) qu'en aucun cas un CDD ne peut être rompu avant son terme, sauf cas de force majeure, faute grave, ou si vous pouvez justifier d'une embauche à durée indéterminée.

Or vous ne justifiez d'aucun de ces motifs, ce qui ne vous autorise donc nullement à quitter votre emploi avant la date normale du . . . . **(date officielle de fin du CDD)**.

Je vous propose d'en discuter avec vous de vive voix, le . . . . **(date)** à . . . . heures [1].
Ayez l'amabilité de me confirmer si ce rendez-vous vous convient.

Votre signature

1. Un CDD peut être rompu avant son terme lorsque l'employeur et le salarié en sont tous deux d'accord.

Rupture de CDD : accord transactionnel

TRANSACTION [1]

Entre les soussignés
La société . . . . **(nom de l'entreprise)**
Représentée par . . . .
Agissant en qualité de . . . .

D'une part,
Et

M. **(ou Mme, ou Mlle)** . . . . **(nom et prénom du salarié)**

Il est convenu comme suit :
Article 1 – Objet
Le présent accord a pour objet de régler le différend survenu entre les parties à l'occasion de la rupture de contrat de M. **(ou Mme, ou Mlle)** . . . .

Article 2 – Rupture de contrat
Le contrat de travail de M. **(ou Mme, ou Mlle)** . . . . a été rompu le . . . . . **(date)** pour . . . . **(motif)**.

Article 3 – Litige
Le contrat de travail de M. **(ou Mme, ou Mlle)** . . . . étant un contrat à durée déterminée, conformément à l'article L.122-3-8 du Code du travail, celui-ci ne peut y mettre fin prématurément qu'à la condition de pouvoir justifier d'une embauche à durée indéterminée.

Article 4 – Transaction
Pour mettre fin à ce litige, il a été décidé que chaque partie consent :
Pour M. **(ou Mme, ou Mlle)** . . . . , à . . . .
Pour la société . . . . , à . . . .

Article 5 – Engagements

En compensation, les parties souscrivent ce qui suit :

Pour M. **(ou Mme, ou Mlle)** . . . . , ...

Pour la société . . . . , ...

Article 6 – Effet

En application des articles 2044 et suivants du Code civil [2], la présente transaction règle définitivement le différend intervenu entre les parties, en étant revêtu de l'autorité de la chose jugée.

Article 7 – Application

En cas d'inexécution par l'une des parties des engagements prévus à l'article 5, il pourra en être demandé l'exécution forcée ou la résolution. En outre, la partie défaillante sera redevable d'une indemnité contractuelle de . . . . €.

Fait à . . . . , le . . . .

Signatures

1. Document à établir en deux exemplaires et à remettre à chacune des parties après signature.
2. Ce n'est pas le Code du travail mais le Code civil qui réglemente les transactions entre les personnes : titre XV, articles 2044 à 2058.

Documents à remettre après rupture du contrat de travail

Certificat de travail

L'employeur doit tenir le certificat de travail à la disposition du salarié dans l'entreprise, il n'est pas tenu de le lui envoyer.
Je certifie que la société . . . . a employé M. **(ou Mme, ou Mlle)** . . . . , demeurant à . . . .
Du . . . .
Au . . . .
En qualité de . . . . [1]

M. **(ou Mme, ou Mlle)** . . . . quitte son poste ce jour, libre de tout engagement.

Fait à . . . . , le . . . .

Signature

1. Article L.122-16 du Code du travail : « L'employeur doit, à l'expiration du contrat de travail, délivrer au travailleur un certificat contenant exclusivement la date de son entrée et celle de sa sortie et la nature de l'emploi ou, le cas échéant, des emplois successivement occupés ainsi que les périodes pendant lesquelles ces emplois ont été tenus. » Toute mention susceptible de nuire au salarié est interdite.

Reçu pour solde de tout compte

Je soussigné(e), ... **(vos nom, prénoms)** demeurant . . . . **(votre adresse)**, employé(e) dans la société . . . . **(nom et adresse de l'entreprise)** jusqu'au . . . . **(date du dernier jour du contrat)**, reconnais avoir reçu la somme de . . . . €, par chèque n° . . . ., pour solde de tout compte.

Le présent reçu pour solde concerne . . . . **(énumérez les différents éléments qui composent la somme : dernière rémunération, remboursements de frais, primes, indemnité de congés payés...)**.

Je déclare connaître les dispositions de l'article L.122-17 du Code du travail qui m'autorise à dénoncer le présent reçu pour solde de tout compte à peine de forclusion dans les deux mois à compter de ce jour [1].

Passé ce délai, je ne pourrai plus le contester.

Pour solde de tout compte [2]

Votre signature

1. Voir le modèle page suivante.
2. Reçu à établir en deux exemplaires, dont un est remis au salarié (article R.122-5 du Code du travail).

Dénonciation du reçu pour solde de tout compte

Vos nom, prénoms
Votre adresse

Nom de l'employeur
ou du responsable des ressources humaines
Nom et adresse de l'entreprise

Lettre recommandée avec AR

. . . . **(lieu)**, ... **(date)**

Monsieur **(ou Madame)**,

Je vous informe que je dénonce le reçu pour solde de tout compte de la somme de . . . . € que j'ai signé le . . . . , comme l'article L.122-17 du Code du travail m'y autorise [1].

En effet, ... **(expliquez précisément vos raisons)**.

Je compte sur votre reconnaissance du bien-fondé de ma demande, à défaut de quoi je serai contraint de saisir le conseil des prud'hommes pour obtenir ce qui m'est dû.

Dans l'attente de votre réponse, je vous prie d'agréer, Monsieur **(ou Madame)**, l'expression de mes salutations distinguées.

Votre signature

1. Article L.122-17 du Code du travail : « Lorsqu'un reçu pour solde de tout compte est délivré et signé par le salarié à l'employeur à l'occasion de la résiliation ou de l'expiration de son contrat, il n'a que la valeur d'un simple reçu des sommes qui y figurent. »

Attestation Assedic

Le site www.assedic.fr propose désormais aux employeurs la possibilité de remplir directement et gratuitement une attestation Assedic sur son « Service attestation Assedic », au moyen d'une connexion sécurisée.

Maladie et accident du travail

Déclaration de maladie professionnelle ou demande motivée de reconnaissance de maladie professionnelle (formulaire n° 60-3950)

Vous pouvez télécharger le formulaire n° 60-3950 à l'adresse :
http://www.ameli.fr/formulaire2/S6100.pdf

Demande d'allocation des travailleurs de l'amiante – salariés et anciens salariés des établissements de fabrication ou de traitement de l'amiante (formulaire n° 11687*02)

Vous pouvez télécharger le formulaire n° 11687*02 à l'adresse :
http://www.ameli.fr/formulaire2/S6112.pdf

Demande d'allocation des travailleurs de l'amiante – ouvriers dockers professionnels (formulaire n° 11688*02)

Vous pouvez télécharger le formulaire n° 11688*02 à l'adresse :
http://www.ameli.fr/formulaire2/S6113.pdf

Demande d'allocation des travailleurs de l'amiante – salariés et anciens salariés des activités de construction et réparation navales (formulaire n° 11689*02)

Vous pouvez télécharger le formulaire n° 11689*02 à l'adresse :
http://www.ameli.fr/formulaire2/S6114.pdf

Demande d'allocation des travailleurs de l'amiante – salariés atteints d'une maladie professionnelle (formulaire n° 11690*02)

Vous pouvez télécharger le formulaire n° 11690*02 à l'adresse :
http://www.ameli.fr/formulaire2/S6115.pdf

Accident du travail

Vous pouvez télécharger le formulaire Cerfa n° 60-3628 à l'adresse :
http://www.ameli.fr/formulaire2/S6200.pdf

Accident du travail d'un intérimaire : information préalable

Vous pouvez télécharger le formulaire Cerfa n° 60-3741 à l'adresse : http://www.ameli.fr/formulaire2/S6209.pdf

Attestation de salaire (accident de travail ou maladie professionnelle)

Vous pouvez télécharger le formulaire Cerfa n° 60-3741 à l'adresse : http://www.ameli.fr/formulaire2/S6209.pdf

Demande de pension d'invalidité

Vous pouvez télécharger le formulaire Cerfa n° 11174*02 à l'adresse : http://www.ameli.fr/formulaire2/S4150.pdf

Demande de pension d'invalidité des salariés agricoles

Vous pouvez télécharger le formulaire Cerfa n° 11980*01 à l'adresse : http://www.cerfa.gouv.fr/

Demande de reconnaissance ou déclaration de maladie professionnelle

Vous pouvez télécharger le formulaire Cerfa n° 60-3950 à l'adresse : http://www.les formulaires.cerfa.gouv.fr/

Questionnaire accident de la Caisse nationale militaire de sécurité sociale

Vous pouvez télécharger le formulaire Cerfa n° 60-3950 à l'adresse : http://www.les formulaires.cerfa.gouv.fr/

Déclaration à la Caisse nationale militaire de sécurité sociale

Vous pouvez télécharger le formulaire Cerfa n° 11358*02 à l'adresse : http://www.defense.gouv.fr/

Feuille de soins dispensés à l'étranger

Vous pouvez télécharger le formulaire Cerfa n° 10602*01 à l'adresse : http://www.ameli.fr/formulaire2/S3124.pdf

Recherche d'emploi

Curriculum vitae anti-chronologique

C'est l'une des formes de CV les plus courantes aujourd'hui - celle à laquelle les recruteurs sont habitués. Elle commence par la dernière expérience professionnelle en date et remonte dans le temps, pour souligner l'acquisition de compétences.

Vos nom, prénoms
Votre adresse
Vos numéros de téléphone
(fixe et portable)
Votre adresse e-mail

(Photo facultative)

Date de naissance
Situation matrimoniale
Nombre d'enfants
Autre renseignement éventuel

PROFESSION [1]

Objectif [2]
Apporter mon expérience à . . . .
Disponibilité immédiate

Expérience professionnelle [3]
(Par exemple)
2000-2003 : comptable au service administratif de . . . . *(nom de l'entreprise, puis énumération concise des différentes tâches effectuées dans le cadre de ce poste)*
1999-2000 : aide comptable de . . . . *(nom de l'entreprise, puis énumération concise des différentes tâches)*
1994-1999 : secrétaire commercial(e) de . . . . *(nom de l'entreprise, puis énumération concise des différentes tâches)*
. . . . *(ainsi de suite jusqu'au premier emploi)*

FORMATION
(Dates et diplômes, en commençant au choix par le premier ou par le dernier.)

STAGES
(Énoncez les stages de formation s'ils sont intéressants dans le parcours professionnel.)

Langue(s)
. . . . lu, écrit, parlé
. . . . lu, écrit, parlé
(Éventuellement :) Notions de . . . .

Autres activités *(ou : Centres d'intérêt)* [4]
(Par exemple)
Trésorier d'une associations sportive.
Membre de la chorale de . . . .
Membre du club de canoë-kayak de . . . .

1. Choisissez un terme clair et précis : attaché commercial, assistante de direction, conducteur de travaux, diététicien...
2. Rubrique facultative, intéressante si l'on veut montrer une certaine motivation pour un poste.
3. Énumération des postes et des emplois en commençant par le dernier en date et en remontant le temps jusqu'au premier emploi.
4. Pratique d'un sport ou d'un loisir culturel précis qui montrent une compétence ou une capacité supplémentaire (dynamisme, culture, endurance, motivation, responsabilité...). N'en mettez pas trop pour ne pas paraître dilettante.

Curriculum vitae thématique

Ce type de CV met l'accent sur une expérience professionnelle particulière dans différents domaines d'activité. Il est intéressant pour les personnes qui ont un parcours atypique, ou encore qui veulent gommer une succession d'emplois précaires ou des périodes longues de chômage ou d'inactivité.

Vos nom, prénoms
Votre adresse
Vos numéros de téléphone
fixe et portable)
Votre adresse e-mail

PROFESSION [1]

Date de naissance
Situation matrimoniale
Nombre d'enfants
Autre renseignement éventuel

PROFESSION [1]

Objectif [2]**)**
Apporter mon expérience à . . . .
Disponibilité immédiate

Compétences
Domaine professionnel *(gestion administrative, ressources humaines, juridique, vente, médical...)*
Aptitudes *(à exercer telle ou telle fonction : gestion, conseil, création, communication...)*
Pratique supplémentaire *(encadrement d'une équipe, informatique, langue, tenue d'un registre, installations techniques, contrôles particuliers...)*

Parcours [3]
(Voir modèle précédent, rubrique « Expérience professionnelle ».)

Formation [4]
(Dates et diplômes, en commençant au choix par le premier ou par le dernier.)

Langue(s)
. . . . lu, écrit, parlé
. . . . lu, écrit, parlé
(Éventuellement :) Notions de . . . .

Autres activités (ou : Divers)
(Voir modèle page précédente.)

1. Choisissez un terme clair et précis
2. Rubrique facultative, intéressante si l'on veut montrer une certaine motivation pour un poste.
3. Énumérez les différents postes et emplois que vous avez eus, en commençant par le dernier en date. Indiquez rapidement pour chacun les tâches effectuées.
4. Si vous voulez donner une plus grande importance à cette rubrique, vous pouvez la placer avant le parcours professionnel.

Curriculum vitae chronologique

C'est le CV le plus traditionnel, voire désuet, le CV anti-chronologique apparaissant plus efficace aux recruteurs. Il est donc souvent déconseillé. Le CV chronologique peut néanmoins être envisageable en tout début de carrière.

Vos nom, prénoms **(Photo facultative)**
Votre adresse
Vos numéros de téléphone
(fixe et portable)
Votre adresse e-mail

Date de naissance
Situation matrimoniale
Nombre d'enfants
Autre renseignement
éventuel

PROFESSION [1]

Formation
(Dates et diplômes en commençant par le premier et en énonçant les suivants chronologiquement.)

Stages
(Énoncez les stages de formation dans l'ordre chronologique.)

Expérience professionnelle
(Énoncez chronologiquement les dates et les postes, en commençant par le plus ancien. Énumérez rapidement pour chacun les tâches effectuées.)

Langue(s)
. . . . lu, écrit, parlé
. . . . lu, écrit, parlé
(Éventuellement :) Notions de . . . .

Autres compétences
(Pour ajouter une ou plusieurs compétences particulières comme la connaissance de logiciels informatiques, le permis de conduire...)

Divers (ou : Autres activités)
(Voir modèle page précédente.)

Curriculum vitae pour un premier emploi

(Cf. le guide de Denis Bon *CV du premier emploi,* paru aux Éditions De Vecchi.)

Vos nom, prénoms (Photo facultative)
Votre adresse
Vos numéros de téléphone
(fixe et portable)
Votre adresse e-mail

Date de naissance
Situation matrimoniale
Nombre d'enfants
Autre renseignement éventuel

(Métier auquel on se destine, ou compétence, ou spécialisation, par exemple : BTS force de vente, Secrétaire bureautique)

Objectif professionnel (1)
(Par exemple)
Recherche en sciences humaines
Mettre au service d'une grande entreprise mes compétences intellectuelles, dont mes connaissances en sciences humaines.

(Autre exemple)
Responsable de zone export
Aider l'entreprise à développer ses ventes à l'étranger et à s'implanter sur de nouveaux marchés.

Formation (2)
(Diplômes, du plus récent au plus ancien.)

Expérience professionnelle
(Énoncez les dates et les postes en commençant au choix par le plus ancien ou le plus récent selon les emplois les plus valorisants par rapport à l'objectif professionnel. Énumérez aussi les stages et les petits boulots intéressants s'ils sont liés à votre futur métier.)

Langue(s)
. . . . lu, écrit, parlé

. . . . lu, écrit, parlé
(Éventuellement :) Notions de . . . .

Autres expériences (ou : Autres compétences)
(Pour ajouter une ou plusieurs expériences particulières même si elles n'ont pas encore abouti : écriture d'un scénario, connaissance de logiciels informatiques...)

Divers
(Activité sportive ou culturelle, permis de conduire...)

1. Vision à long terme de votre projet professionnel par rapport à l'entreprise ou au monde professionnel.
2. Rubrique à ne placer là que si la formation est valorisante par rapport à la recherche d'emploi. Sinon, placez-la plus loin. Idem après trois ou quatre année d'expérience professionnelle : dans ce cas la rubrique « Formation » doit être plus réduite et placée après l'expérience professionnelle.

Curriculum vitae d'un ancien chef d'entreprise

Vos nom, prénoms
Votre adresse
Vos numéros de téléphone
(fixe et portable)
Votre adresse e-mail

(Photo facultative)

Date de naissance
Situation matrimoniale
Nombre d'enfants
Autre renseignement éventuel

Objectif professionnel
(Exemple : Participer au développement d'une PME-PMI en lui apportant mon aptitude à encadrer une équipe, mes compétences dans la gestion d'entreprise et mon sens du commerce)

Expérience professionnelle

199... -2004	Création et gestion de la société . . . . *(citez le nombre d'employés, l'activité, le chiffre d'affaires)* Développement et gestion de l'entreprise Gestion de la production *(citez le nombre de fournisseurs)* Marketing et démarches commerciales (*citez le nombre de clients)* Gestion comptable et administrative, relation avec les partenaires administratifs et financiers.

(Ensuite, développez les précédentes expériences professionnelles en remontant le temps, comme dans un CV anti-chronologique.)

Autres compétences
. . . .

Formation
(Diplômes)

Langue(s)
. . . . lu, écrit, parlé
. . . . lu, écrit, parlé
(Éventuellement :) Notions de . . . .

Divers
(Activité sportive, culturelle...)

Curriculum vitae après une formation professionnelle

Vos nom, prénoms
Votre adresse
Vos numéros de téléphone
(fixe et portable)
Votre adresse e-mail

(Photo facultative)

Date de naissance
Situation matrimoniale
Nombre d'enfants
Autre renseignement
éventuel

Objectif professionnel
Valider ma formation de . . . . au sein d'une entreprise disposant de . . . .

Formation professionnelle
. . . . .-2004 Formation de . . . . (métier) à . . . . *(nom de l'organisme de formation)* dans le cadre de . . . . *(VAE, CIF...)*

J'y ai acquis les connaissances suivantes :
– . . . .
– . . . .
– . . . .
(Énoncez concrètement et précisément vos nouvelles compétences.)

Expérience professionnelle
(Voir le modèle de CV anti-chronologique page 721.)

Autres compétences
(Énoncez ici les formations antérieures et les autres expériences qui peuvent être intéressantes pour le poste visé.)

Langue(s)
. . . . lu, écrit, parlé
. . . . lu, écrit, parlé
(Éventuellement :) Notions de . . . .

Divers
(Activité sportive, culturelle...)

Lettre de motivation : candidature spontanée

Vos nom, prénoms
Votre adresse
Vos numéros de téléphone fixe et portable
Votre adresse e-mail

Nom de l'employeur ou du responsable des ressources humaines [1]
Nom et adresse de l'entreprise

. . . . **(lieu)**, ... **(date)**

Monsieur **(ou Madame)** [2],

Mes . . . . années d'expérience dans le domaine de . . . . et mon vif intérêt pour le secteur de . . . . me permettent aujourd'hui d'espérer rejoindre votre équipe.

Au cours de mes différentes activités : . . . . , j'ai appris à . . . . et à . . . . , ce qui m'a permis de . . . .
Je suis par ailleurs . . . . **(soulignez une autre compétence, acquise par exemple au cours d'une activité de loisir si cela permet d'appuyer votre candidature)**.

C'est pourquoi je souhaite aujourd'hui . . . . **(exposez votre projet professionnel dans cette entreprise)**.

Afin de mieux vous exposer ma motivation, je suis prêt à vous rencontrer prochainement.

Dans l'attente de cet entretien, je vous prie d'agréer, Monsieur **(ou Madame)**, l'expression de mes respectueuses salutations.

Votre signature [3]

P.J. : un CV

1. Renseignez-vous bien : n'écrivez pas à une personne qui a quitté l'entreprise depuis longtemps ou qui a eu une promotion et qui n'est plus au poste où vous lui écrivez.
2. Là aussi, renseignez-vous : ce peut être « Monsieur le Président », « Monsieur le Directeur », « Madame la Présidente »... mieux vaut le savoir pour tomber juste.
3. Ne mettez jamais de post-scriptum. Si vous avez oublié une information qui vous semble importante, recommencez votre lettre.

Lettre de motivation : réponse à une annonce

Vos nom, prénoms
Votre adresse
Vos numéros de téléphone fixe et portable
Votre adresse e-mail

Nom de l'employeur
ou du responsable des ressources humaines
Nom et adresse de l'entreprise

Référence de l'annonce [1] : . . . .

. . . . **(lieu)**, ... **(date)**

Monsieur **(ou Madame)**,

J'ai relevé votre annonce concernant . . . .

J'ai moi-même . . . . **(reprenez les termes de l'annonce un par un et faites-les correspondre chaque fois avec votre propre expérience)**.

Comme vous pourrez le constater sur le CV que je joins à cette lettre, ... **(développez ici les compétences qui peuvent être intéressantes pour le poste à pourvoir : votre connaissance d'une langue, possession du permis de conduire, pratique d'un loisir, connaissance d'une région...)**.

Diplômé de . . . . et . . . . **(énoncez brièvement mais précisément votre formation)**, j'ai aussi acquis une bonne expérience dans le domaine de . . . . , ce qui m'a permis de découvrir . . . . **(expliquez votre parcours professionnel)**.

Disponible immédiatement, je vous propose de vous exposer ce projet de vive voix lors d'un entretien dont vous voudrez bien me fixer la date.

Dans l'attente de cet entretien, je vous prie d'agréer, Monsieur **(ou Madame)**, l'expression de mes respectueuses salutations.

Votre signature

1. Inscrire la référence en en-tête permet de ne pas avoir à la rappeler au début de la lettre.

Lettre de motivation : premier emploi

Vos nom, prénoms
Votre adresse
Vos numéros de téléphone fixe et portable
Votre adresse e-mail

Nom de l'employeur
ou du responsable des ressources humaines
Nom et adresse de l'entreprise

. . . . **(lieu)**, ... **(date)**

Référence de l'annonce : . . . .

Monsieur **(ou Madame)**,

Diplômé(e) de . . . . , en réponse à l'annonce parue . . . . , je souhaite vous proposer ma collaboration.

Votre société cherche en effet à . . . . [1], ce qui m'intéresse particulièrement, car je possède moi-même la capacité de . . . . pour exercer la fonction de . . . .

Au cours de ma formation j'ai acquis différentes compétences : . . . . **(développez en restant précis et concret)**, que j'ai pu approfondir au cours de différents stages : . . . .

Je souhaite à présent . . . . **(proposez un projet professionnel adapté au poste recherché par l'entreprise)**.

Je joins mon CV à cette lettre et je reste à votre entière disposition pour vous rencontrer prochainement.

Dans l'attente de cet entretien, je vous prie d'agréer, Monsieur **(ou Madame)**, l'expression de mes respectueuses salutations.

Votre signature

1. Reprenez point par point les termes de l'annonce (voir le modèle page précédente).

Lettre de motivation : contrat de qualification

Vos nom, prénoms
Votre adresse
Vos numéros de téléphone fixe et portable
Votre adresse e-mail

Nom de l'employeur
ou du responsable des ressources humaines
Nom et adresse de l'entreprise

. . . . **(lieu)**, ... **(date)**

Référence de l'annonce : . . . .

Monsieur **(ou Madame)**,

J'ai relevé dans . . . . votre proposition de contrat de qualification pour . . . .

Cette offre a particulièrement retenu mon attention, car je suis moi-même très intéressé par le secteur de . . . .

J'ai quitté l'école à . . . . **(âge)** après la classe de . . . . , car j'ai dû . . . . **(expliquez rapidement votre situation)**.

À présent, un contrat de qualification me permettra d'acquérir des connaissances plus précises dans le domaine de . . . . que je connais déjà un peu pour avoir . . . . **(expériences professionnelles et compétences déjà acquises par ailleurs, en rapport avec le contrat)**.

Je vous remercie de l'attention que vous voudrez bien porter à ma candidature et je me tiens à votre entière disposition pour venir vous exposer de vive voix ma motivation.

Dans cette attente, je vous prie d'agréer, Monsieur (ou Madame), l'expression de mes respectueuses salutations.

Votre signature

Lettre de motivation : recherche de stage

Vos nom, prénoms
Votre adresse
Vos numéros de téléphone fixe et portable
Votre adresse e-mail

Nom de l'employeur
ou du responsable des ressources humaines
Nom et adresse de l'entreprise

. . . . **(lieu)**, ... **(date)**

Monsieur **(ou Madame)**,

Actuellement en formation de . . . . , je suis à la recherche d'un stage qui me permettrait d'approfondir mes connaissances en . . . . , en vue de . . . .

Votre entreprise dispose de . . . . , ce qui me permettrait de découvrir un secteur que je ne connais pas encore bien mais qui m'intéresse particulièrement.

Je vous remercie de l'attention que vous voudrez bien porter à ma candidature et je me tiens à votre entière disposition pour venir vous exposer de vive voix ma motivation lors d'un entretien que vous voudrez m'accorder.

Dans cette attente, je vous prie d'agréer, Monsieur **(ou Madame)**, l'expression de mes respectueuses salutations.

Votre signature

Candidature par e-mail

Adresse e-mail du recruteur
Objet : candidature au poste de . . . .
Pièce jointe : un CV

Référence de l'annonce : . . . . **(adresse du site Internet, nom et date du journal...)**

Monsieur **(ou Madame)**,

J'ai relevé votre annonce concernant . . . .
J'ai moi-même . . . . **(reprenez les termes de l'annonce un par un et faites-les correspondre chaque fois avec votre propre expérience)**.

Comme vous pourrez le constater sur le CV que je joins à ce message, ... **(développez les compétences qui peuvent être intéressantes pour le poste à pourvoir : votre connaissance d'une langue, possession du permis de conduire, pratique d'un loisir, connaissance d'une région...)**.

Disponible immédiatement, je vous propose de vous exposer ce projet de vive voix lors d'un entretien dont vous voudrez bien me fixer la date.

Dans l'attente de cet entretien, je vous prie d'agréer, Monsieur **(ou Madame)**, l'expression de mes respectueuses salutations.

Signature

Vos nom, prénoms
Votre adresse e-mail
Vos numéros de téléphone fixe et portable
Votre adresse postale

Convocation à un entretien d'embauche

(Rédigée sur une feuille à en-tête de l'entreprise.)

M. (Mme, Mlle) . . . .
(prénom et nom du candidat)
Son adresse complète

. . . . **(lieu)**, ... **(date)**

Monsieur **(ou Madame, ou Mademoiselle)**,

Votre candidature a retenu notre attention.

Nous vous prions de bien vouloir vous présenter le . . . . . . à . . . . , à . . . . **(date, heure et lieu de l'entretien)**.
Dans l'hypothèse où cette date ne vous conviendrait pas, ou si vous n'êtes plus candidat, veuillez nous le faire savoir dans les meilleurs délais.

Veuillez agréer, Monsieur **(ou Madame, ou Mademoiselle)**, l'expression de nos salutations distinguées.

Votre signature

Réponse positive à une convocation

Vos nom, prénoms
Votre adresse
Vos numéros de téléphone fixe et portable
Votre adresse e-mail

Nom de l'employeur
ou du responsable des ressources humaines
Nom et adresse de l'entreprise

. . . . **(lieu)**, ... **(date)**

Monsieur **(ou Madame)**,

C'est avec la plus grande motivation que je me rendrai à l'entretien que vous m'avez fixé le . . . .

Je vous remercie de m'accorder cette entrevue, qui me permettra de vous montrer combien je souhaite intégrer votre équipe.

Dans cette attente, je vous prie d'agréer, Monsieur **(ou Madame)**, l'expression de mes respectueuses salutations.

Votre signature

Réponse négative à une convocation

Vos nom, prénoms
Votre adresse
Vos numéros de téléphone fixe et portable
Votre adresse e-mail

Nom de l'employeur
ou du responsable des ressources humaines
Nom et adresse de l'entreprise

. . . . **(lieu)**, ... **(date)**

Monsieur **(ou Madame)**,

Je vous remercie d'avoir bien voulu retenir ma candidature au poste de . . . . . . , mais, ayant retrouvé un autre emploi, je suis au regret de vous informer que je n'y suis plus candidat.

Espérant que vous trouverez rapidement la personne que vous recherchez, je vous prie d'agréer, Monsieur **(ou Madame)**, l'expression de mes respectueuses salutations.

Votre signature

Remerciement après un entretien d'embauche

Vos nom, prénoms
Votre adresse
Vos numéros de téléphone fixe et portable
Votre adresse e-mail

Nom de l'employeur
ou du responsable des ressources humaines
Nom et adresse de l'entreprise

. . . . **(lieu)**, ... **(date)**

Monsieur **(ou Madame)**,

Je tiens à vous remercier de l'entretien que vous avez bien voulu m'accorder le . . . . , et à vous redire combien je souhaite intégrer votre équipe.

Comme je vous l'ai dit, je reste à votre disposition si vous souhaitez me revoir ou me faire rencontrer le responsable du service . . . . **(celui du poste convoité)**.

Dans cette attente, je vous prie d'agréer, Monsieur **(ou Madame)**, l'expression de mes respectueuses salutations.

Votre signature

Promesse d'embauche

(Rédigée sur une feuille à en-tête de l'entreprise.)

Je soussigné(e), ... **(nom de l'employeur ou de la personne chargée du recrutement)** de la société . . . . **(nom de l'entreprise)**, m'engage par la présente à embaucher M. **(ou Mme, ou Mlle)** . . . . à compter du . . . . en contrat à durée indéterminée **(ou déterminée)**, en qualité de . . . . **(dénomination du poste)**, à . . . . **(lieu de travail)**.
La rémunération brute mensuelle sera de . . . . € pour une durée de travail de . . . . heures par semaine.

Fait à . . . . , le . . . .

Signature

Lettre d'engagement

(Rédigée sur une feuille à en-tête de l'entreprise.)

M. (Mme, Mlle) . . . .
(prénom et nom du salarié)
Son adresse complète

. . . . **(lieu)**, ... **(date)**

Monsieur **(ou Madame, ou Mademoiselle)**,

J'ai le plaisir de vous confirmer votre engagement dans notre société en qualité de . . . . **(dénomination du poste)**, pour une durée indéterminée **(ou : pour une durée de . . . . mois)** à compter du . . . . **(date du premier jour de travail)**.

Cet engagement est conclu sous réserve d'une période d'essai de . . . . mois, soit jusqu'au . . . . **(date du dernier jour de la période d'essai)**. Au cours de cette période, le contrat pourra être rompu par l'une ou l'autre des parties sans indemnité et sans préavis. Après la période d'essai, en cas de rupture du contrat de travail par vous ou par la société, la durée du préavis est fixée à . . . . mois.

Vous exercerez les fonctions de . . . . **(description du poste)**, à . . . . **(lieu de travail)** (1).
Votre convention collective est . . . . et votre coefficient hiérarchique est de . . . . (2).
La durée hebdomadaire de travail dans l'entreprise est fixée à . . . . heures.
Votre rémunération brute mensuelle sera de . . . . €.

Je vous prie de bien vouloir retourner un exemplaire (3) de cette lettre revêtu de votre signature précédée de la mention « Lu et approuvé ».

Signatures :

1. Ajoutez des précisions en cas de clause de mobilité, ou de lieux d'affectation multiples.
2. Dans les entreprises dotées d'un règlement intérieur, précisez le lieu d'affichage du règlement.
3. La lettre doit être établie en deux exemplaires datés et signés par l'employeur et le salarié.

Demande de relevé de carrière

Vos nom, prénoms
Votre adresse
Votre numéro de Sécurité sociale

Caisse d'assurance vieillesse [1]
Adresse

. . . . **(lieu)**, ... **(date)**

Monsieur **(ou Madame)**,

Je vous prie de bien vouloir m'adresser un relevé de compte individuel.
Nom : . . . .
Prénom : . . . .
Numéro de Sécurité sociale : . . . .
Né(e) le : . . . .
À : . . . .
Nationalité : . . . .

Avec mes remerciements, veuillez agréer, Monsieur **(ou Madame)**, l'expression de mes salutations distinguées.

Votre signature

1. Si vous avez été salarié, commencez par vous adresser à la caisse d'assurance vieillesse des travailleurs salariés (CRAM en province, CNAV en Île-de-France, CRAV en Alsace-Moselle). Ensuite, si vous avez appartenu à d'autres régimes de retraite, demandez un relevé à la caisse de chaque régime. Certaines caisses envoient d'elles-mêmes un relevé annuel. À conserver précieusement.

Contestation d'un relevé de carrière

Vos nom, prénoms
Votre adresse
Votre numéro de Sécurité sociale

Caisse de retraite
Adresse

LAR

. . . . **(lieu)**, ... **(date)**

Monsieur **(ou Madame)**,

J'ai reçu mon relevé de compte individuel, et je me suis aperçu(e) qu'il comportait une erreur **(ou omission)**.

Ainsi pour la période du . . . . au . . . . , j'ai . . . .
(expliquez votre situation : chômage, maladie, expatriation...).
Je joins une copie des documents attestant que durant cette période j'étais affilié(e) à votre régime et que j'ai versé des cotisations d'assurance vieillesse, qui devraient me permettre de valider plusieurs trimestres supplémentaires **(ou points, ou annuités)**, non reportés sur le relevé.

Je vous remercie de bien vouloir rectifier cette erreur, et reste à votre disposition si vous souhaitez plus amples renseignements.

Dans cette attente, je vous prie d'agréer, Monsieur **(ou Madame)**, l'expression de mes salutations distinguées.

Votre signature

Pièces à joindre :
– bulletins de salaire, appels de cotisation, relevés de points, ou tout document permettant de justifier le versement d'une cotisation.

Recherche d'une caisse de retraite complémentaire

Vos nom, prénoms
Votre adresse
Votre numéro de Sécurité sociale

Nom de l'entreprise
Direction du personnel
Adresse

. . . . **(lieu)**, ... **(date)**

Monsieur **(ou Madame)**,

Je prépare actuellement mon dossier de retraite. Je suis donc en train de reconstituer ma carrière. Ayant travaillé dans votre société en tant que . . . . **(poste)** du . . . . au . . . . , je ne retrouve pas trace des points de retraite complémentaire que j'ai acquis à l'époque.
Je m'adresse donc à vous pour connaître le nom et l'adresse de la caisse de retraite complémentaire dont je dépendais, de manière à pouvoir l'interroger.

Dans l'attente de votre réponse, je vous prie d'agréer, Monsieur **(ou Madame)**, l'expression de mes salutations distinguées.

Votre signature

Recherche d'un ancien employeur

Vos nom, prénoms
Votre adresse
Votre numéro de Sécurité sociale

Chambre consulaire [1]
Adresse régionale

. . . . **(lieu)**, ... **(date)**

Monsieur **(ou Madame)**,

Je prépare actuellement mon dossier de retraite. Je suis donc en train de reconstituer ma carrière. Ayant travaillé dans la société . . . . en tant que . . . . **(poste)** du. . . . . . . au . . . . , je ne retrouve pas trace des trimestres de retraite **(et/ou des points de retraite complémentaire)** que j'ai acquis à l'époque.

Or la société en question n'est plus installée à l'adresse où je travaillais à l'époque, et je ne trouve pas d'autre adresse à ce nom.

Je me tourne donc vers vos services pour savoir si cette société existe toujours et connaître ses coordonnées, de manière à pouvoir l'interroger sur le versement effectif de mes cotisations.

Dans l'attente de votre réponse et avec mes remerciements, veuillez agréer, Monsieur (ou Madame), l'expression de mes salutations distinguées.

Votre signature

1. Chambre de commerce et d'industrie, Répertoire des métiers, Chambre d'agriculture, Ordre professionnel, Commission de carte professionnelle...

Demande de certificat de travail

Vos nom, prénoms
Votre adresse
Votre numéro de Sécurité sociale

Nom de l'entreprise
Direction du personnel
Adresse

. . . . **(lieu)**, ... **(date)**

Monsieur **(ou Madame)**,

Je prépare actuellement mon dossier de retraite. Je suis donc en train de reconstituer ma carrière. Ayant travaillé dans votre société en tant que . . . . **(poste)** du . . . . au . . . . , je ne retrouve pas trace des bulletins de salaire que j'ai reçus à l'époque, et attestant le versement régulier de cotisations de retraite.

Auriez-vous l'obligeance, si vous les détenez toujours, de m'en faire une copie, ou à défaut de m'établir un certificat de travail justifiant de ma période d'activité dans votre société et du versement de cotisations de retraite, si possible accompagné des coordonnées des différentes caisses de retraite ?

Dans l'attente de votre réponse et avec mes remerciements, veuillez agréer, Monsieur **(ou Madame)**, l'expression de mes salutations distinguées.

Votre signature

Demande de retraite personnelle

Le formulaire Cosa 10916*02 est téléchargeable à l'adresse : http://www.cerfa.gouv.fr/

Attestation de cessation d'activité salariée

Le formulaire Cerfa n° 11004*01 à remplir par l'employeur est téléchargeable à l'adresse : http://www.lesformulaires.cerfa.gouv.fr

Déclaration de ressources

Le formulaire Cerfa n° 50637*01 est téléchargeable à l'adresse : http://www.lesformulaires.cerfa.gouv.fr

Demande d'évaluation de la retraite complémentaire ARRCO

Le formulaire de demande d'évaluation de la retraite complémentaire Arrco est téléchargeable à l'adresse : http://wwww.arrco.fr

Demande de retraite complémentaire ARRCO

Le formulaire de demande de retraite complémentaire Arrco est téléchargeable à l'adresse : http://www.arrco.fr

Demande de retraite complémentaire AGIRC

Le formulaire de demande de retraite complémentaire AGIRC est téléchargeable à l'adresse : http//www.arrco.fr

Demande de retraite complémentaire AGIRC tranche C

Le formulaire de demande de retraite complémentaire AGIRC tranche C est téléchargeable à l'adresse : http://www.arrco.fr

Mise à la retraite de la part de l'employeur : convocation préalable

(Rédigée sur une feuille à en-tête de l'entreprise.)

M. (ou Mme, ou Mlle) . . . . (prénoms et nom du salarié)
Son adresse complète

LAR ou remise contre décharge

. . . . **(lieu)**, ... **(date)**

Monsieur **(ou Madame, ou Mademoiselle)**,

Comme je vous en ai parlé récemment, compte tenu de votre âge [1], du nombre de trimestres que vous avez déjà acquis pour le calcul de votre retraite, et de la situation délicate que traverse aujourd'hui l'entreprise, au lieu de vous licencier économiquement, j'envisage de vous mettre en retraite prochainement.

En la matière, aucune procédure formelle ne nous est imposée ni à vous ni à moi [2]. Je propose que nous commencions par nous rencontrer pour aborder d'abord la question de vive voix, ne serait-ce que pour vérifier que vous remplissez bien les conditions d'un calcul à taux plein de votre pension [3].
Si c'est le cas, nous fixerons ensemble le point de départ de votre préavis [4].
Je vous propose le . . . . à . . . . heures, à . . . . **(date, heure et lieu du rendez-vous)**.

Croyez que je suis désolé de devoir prendre une telle décision qui n'a, bien sûr, rien à voir avec votre compétence, mais qui est liée à une conjoncture difficile.
Dans l'attente de cet entretien, je vous prie d'agréer, Monsieur **(ou Madame, ou Mademoiselle)**, l'expression de mes sentiments les meilleurs.

Votre signature

Demande d'affiliation à la Caisse nationale militaire de sécurité sociale en tant que militaire retraité

Le formulaire Cerfa n° 11359*02 est téléchargeable à l'adresse : http://www.cerfa.gouv.fr/

Demande d'affiliation à la Caisse nationale militaire de sécurité sociale en tant que veuve de militaire retraité

Le formulaire Cerfa n° 10074*02 est téléchargeable à l'adresse : http://www.cerfa.gouv.fr/

Notification de mise à la retraite par l'employeur

(Rédigée sur une feuille à en-tête de l'entreprise.)

M. (ou Mme, ou Mlle) . . . . (prénoms et nom du salarié)
Son adresse complète

LAR ou remise contre décharge

. . . . **(lieu)**, ... **(date)**

Monsieur **(ou Madame, ou Mademoiselle)**,

À la suite de l'entretien que nous avons eu le . . . . , je suis au regret de vous confirmer ma décision de vous mettre en retraite.

Comme nous en sommes tombés d'accord, celle-ci prendra effet à la fin de la période de préavis de . . . . mois prévue par votre contrat de travail, dont le délai court à compter de la première présentation de cette lettre.

Le dernier jour de votre préavis, je vous remercie bien vouloir vous présenter à . . . . **(bureau, service)** pour signer le reçu pour solde de tout compte [1].

Avec mes remerciements pour le travail sans faille que vous avez accompli dans cette entreprise, et pour votre compétence qui va nous manquer à tous, je vous souhaite une très bonne retraite et vous prie de croire, Monsieur **(ou Madame, ou Mademoiselle)**, à l'expression de mon très sincère et très cordial souvenir.

Votre signature

1. Le salarié mis en retraite bénéficie d'une indemnité de départ égale au minimum à l'indemnité de licenciement, à moins que la convention collective n'en prévoie une plus importante. Elle varie selon son ancienneté.

Demande de retraite progressive

Le formulaire Cerfa n° 10647*01 est téléchargeable sur le site www.arrco.fr à l'adresse : http://www.lesformulaires.cerfa.gouv.fr/

Déclaration de reprise d'activité à votre caisse de retraite

Vos nom, prénoms
Votre adresse
Votre numéro de Sécurité sociale

Caisse de retraite
Adresse

. . . . **(lieu)**, ... **(date)**

Monsieur **(ou Madame)**,

Je soussigné, ... , numéro de dossier . . . . , déclare reprendre une activité salariée **(ou non salariée)** en qualité de . . . . , pour la société . . . . [1].
Ma rémunération est fixée à . . . . par mois.

Veuillez agréer, Monsieur **(ou Madame)**, l'expression de mes salutations distinguées.

Votre signature

P.J. : – un exemplaire de mon contrat de travail ;
– une copie de mon premier bulletin de salaire.

1. Depuis le 1er janvier 2004, une reprise d'activité chez l'ancien employeur est autorisée à condition que le total « salaire + pension de retraite » reste inférieur au dernier salaire d'avant le départ en retraite.

Demande de retraite de réversion (salariés, commerçants et artisans)

Le formulaire Cerfa n° 11380*01 est téléchargeable à l'adresse : http://www.lesformulaires.cerfa.gouv.fr/

Demande de retraite de réversion ARRCO (veuves)

Le formulaire est téléchargeable à l'adresse : http://www.arrco.frf

Demande de retraite de réversion ARRCO (orphelins)

Vous pouvez télécharger le formulaire de retraite de réversion ARRCO sur le site : http://www.arrco.fr

Demande de retraite de réversion AGIRC

Vous pouvez télécharger le formulaire de retraite de réversion ARGIC sur le site : http://www.arrco.fr

Demande d'assurance volontaire au régime des exploitants agricoles

Vous pouvez télécharger le formulaire de demande d'assurance volontaire au régime des exploitants agricoles sur le site : http://www.cerfa.gouv.fr

Demande de retraite des exploitants agricoles

Formulaire Cosa 10-916*02
Vous pouvez télécharger le formulaire de demande de retraite des exploitants agricoles sur le site : http://www.cerfa.gouv.fr

Fonctionnaires non titulaires : attestation de cessation de cotisations IRCANTEC

Le formulaire peut être commandé par l'employeur sur le site : http://www.ircantec.fr/employeur/commande.htm

IRCANTEC : demande de validation

Le formulaire peut être commandé par l'employeur sur le site : http://www.ircantec.fr/employeur/commande.htm

IRCANTEC : demande d'état de services

Le formulaire peut être commandé par l'employeur sur le site : http://www.ircantec.fr/employeur/commande.htm

IRCANTEC : demande de retraite

Le formulaire peut être commandé par l'employeur sur le site :
http://www.ircantec.fr/employeur/commande.htm

IRCANTEC : demande de réversion

Le formulaire peut être commandé par l'employeur sur le site :
http://www.ircantec.fr/employeur/commande.htm

Retraite du combattant

Le formulaire Cerfa 10860*01 peut être téléchargé sur le site :
http://www.lesformulaires.cerfa.gouv.fr/

Régler tous les litiges

Résultant le plus souvent d'une mauvaise communication, ils peuvent s'emballer vite et aboutir à des procédures judiciaires, où les « parties » vont perdre, en stress, en frais d'avocats, ce qu'elles auraient pu économiser en s'entendant. Puisque selon l'adage « mieux vaut un mauvais accord qu'une bonne procédure », vous trouverez ici des lettres déjà préparées qui vous permettront d'éviter des procès. Et, au cas où votre interlocuteur refuse d'engager le dialogue ou de procéder à une transaction amiable, vous trouverez un « pas-à-pas » pour aller aux tribunaux de proximité, d'instance, de grande instance, aux prud'hommes, ainsi que pour gérer vos relations avec les avocats.

Saisine des différents médiateurs [1]

1. Merci à Maurice Mouthier, auteur de *La Conciliation et la Médiation* (Éditions De Vecchi, Paris, 2003), pour la plupart de ces informations.

Demande d'intervention du médiateur de la République

Vos nom, prénoms
Votre adresse

Nom et coordonnées du parlementaire

LAR

. . . . **(lieu)**, ... **(date)**

Objet : demande de saisine du médiateur de la République

Monsieur **(ou Madame)** le (la) député(e) **(ou sénateur)**,

Je vous serais obligé(e) de bien vouloir transmettre au médiateur de la République une requête relative au différend qui m'oppose à . . . . **(nommez l'administration concernée)**, qui refuse . . . . **(énoncez brièvement l'objet du litige)**.

Mes différents courriers et mes démarches n'ayant pas abouti à un règlement amiable de cette affaire, je souhaite à présent saisir le médiateur de la République pour qu'une solution non contentieuse soit rapidement trouvée.
Vous trouverez ci-joint copie de mes lettres et des réponses qui y ont été faites et qui ne me satisfont aucunement.

Je vous remercie de bien vouloir m'informer des suites que vous voudrez bien apporter à ma demande, et vous prie d'agréer, Monsieur (ou Madame) le député **(ou sénateur)**, l'expression de mes salutations distinguées.

Votre signature

Pièces à joindre :
– les copies des courriers mentionnés.

Demande d'intervention du délégué du médiateur de la République

Vos nom, prénoms
Votre adresse

Préfecture du . . . . (département)
Nom et coordonnées du délégué
du médiateur de la République

LAR

. . . . (lieu), ... (date)

Objet : demande de saisine du délégué du médiateur de la République

Monsieur **(ou Madame)**,

Un différend m'oppose à . . . . **(nommez l'administration concernée)**, qui refuse . . . . **(énoncez brièvement l'objet du litige)**.

Mes différents courriers et mes démarches n'ayant pas abouti à un règlement amiable de cette affaire, je vous saisis à présent pour qu'une solution soit rapidement trouvée. Vous trouverez ci-joint copie de mes lettres et des réponses qui y ont été faites et qui ne me satisfont aucunement.

Je vous remercie de bien vouloir m'informer des suites que vous voudrez bien apporter à ma demande, et vous prie d'agréer, Monsieur **(ou Madame)**, l'expression de mes salutations distinguées.

Votre signature

Pièces à joindre :
– les copies des courriers mentionnés.

Demande d'intervention d'un médiateur familial

DEMANDE DE COORDONNÉES D'UN MÉDIATEUR FAMILIAL

Vos nom, prénoms
Votre adresse

Association pour la médiation familiale (APMF)
11, rue Beccaria
75012 Paris

. . . . (lieu), ... (date)

Madame, Monsieur,

Des problèmes familiaux me font souhaiter rencontrer un médiateur familial, membre de votre association, qui soit le plus proche de mon domicile, situé à . . . . **(nom de la ville et du quartier, ou du village)**.

En vous remerciant par avance, je vous prie d'agréer, Madame, Monsieur, l'expression de mes salutations distinguées.

Votre signature

Demande de rendez-vous avec le médiateur familial

Vos nom, prénoms
Votre adresse

Nom du médiateur
Adresse du médiateur

. . . . **(lieu)**, ... **(date)**

Monsieur **(ou Madame)**,

En raison de problèmes familiaux, je souhaiterais vous rencontrer afin de vous présenter mon point de vue et engager une procédure de dialogue et de résolution douce du conflit dans lequel je me trouve actuellement.
Je suis à votre disposition au . . . . **(donnez votre numéro de téléphone)**.

En vous remerciant par avance, je vous prie d'agréer, Monsieur **(ou Madame)**, l'expression de mes salutations distinguées.

Votre signature

Demande de désignation d'un médiateur familial

Vos nom, prénoms
Votre adresse

Nom et coordonnées du juge aux affaires familiales du tribunal de grande instance

LAR

. . . . **(lieu)**, ... **(date)**

Objet : demande de médiation dans une affaire familiale

Monsieur **(ou Madame)** le (la) juge,

J'ai divorcé le . . . . . . **(date)** par jugement rendu au tribunal de grande instance de . . . . **(lieu)**, dont vous trouverez ci-joint copie. Or, de nombreux problèmes surviennent dans l'exécution de ce jugement :
– . . . . **(exposez ces problèmes. Exemple 1 : mes enfants me disent souffrir des excès verbaux du parent qui en a la garde et avoir de plus en plus**

de difficultés pour rentrer chez celui-ci le dimanche soir. Exemple 2 : ma pension alimentaire ne m'a pas été versée par mon ancien conjoint depuis trois mois et je ne veux pas faire appel à la caisse d'allocations familiales, car celle-ci engagerait une action contentieuse).

Je ne souhaite pas engager de procédure, qui aggraverait la situation par la souffrance qu'elle causerait à l'enfant **(ou aux enfants)**. Il me semble donc qu'une médiation pourrait avoir lieu.
En vous remerciant par avance, je vous prie d'agréer, Monsieur **(ou Madame)** le (la) juge, l'expression de mes salutations respectueuses.

Votre signature

Demande d'intervention du défenseur des enfants

Vos nom, prénoms
Votre adresse

Défenseur des enfants
85, boulevard du Montparnasse
75006 Paris

LAR

. . . . **(lieu)**, ... **(date)**

Monsieur **(ou Madame)**,

Je me permets de vous signaler, concernant . . . . **(nom et prénom de l'enfant)**, la situation préoccupante dans laquelle celui-ci semble se trouver :
– . . . . (exposez les faits. Exemple 1 : j'ai vu les parents de l'enfant, alors qu'ils s'apprêtaient à entrer dans leur domicile, se mettre à l'insulter et son père lui asséner une très violente gifle. Exemple 2 : **le petit, qui est mon élève en classe de CM2, semble souffrir de malnutrition. Exemple 3 : ses éducateurs semblent le délaisser**).

Vous trouverez ci-joint diverses pièces qui vous éclaireront sur le contexte **(si nécessaire)**.
Je ne peux dire si ces faits sont avérés, mais ils me semblent appeler une certaine attention.

Je vous prie d'agréer, Monsieur **(ou Madame)**, l'expression de mes salutations respectueuses.

Votre signature

Demande d'intervention du médiateur du ministère de l'Économie

Vos nom, prénoms
Votre adresse

Médiateur du ministère de l'Économie,
des Finances et de l'Industrie
Télédoc 215
139, rue de Bercy
75572 Paris Cedex 12

LAR

. . . . **(lieu)**, ... **(date)**

Monsieur **(ou Madame)**,

Un différend m'oppose à . . . . **(nommez l'administration concernée)**, qui refuse . . . . **(énoncez brièvement l'objet du litige)**.
Mes différents courriers et mes démarches n'ayant pas abouti à un règlement amiable de cette affaire, je vous saisis à présent pour qu'une solution soit rapidement trouvée.

Vous trouverez ci-joint copie de mes lettres et des réponses qui y ont été faites et qui ne me satisfont aucunement.

Je vous remercie de bien vouloir m'informer des suites que vous voudrez bien apporter à ma demande, et vous prie d'agréer, Monsieur **(ou Madame)**, l'expression de mes salutations distinguées.

Votre signature

Pièces à joindre :
– les copies des courriers mentionnés.

Demande d'intervention du médiateur de l'Éducation nationale

Vos nom, prénoms
Votre adresse

Nom et adresse du médiateur concerné

LAR

. . . . **(lieu)**, ... **(date)**

Monsieur **(ou Madame)**,

Un différend m'oppose à . . . . **(nommez l'établissement ou le service concerné)**, qui refuse . . . . **(énoncez brièvement l'objet du litige)**.
Mes différents courriers et mes démarches n'ayant pas abouti à un règlement amiable de cette affaire, je vous saisis à présent pour qu'une solution soit rapidement trouvée.

Vous trouverez ci-joint copie de mes lettres et des réponses qui y ont été faites et qui ne me satisfont aucunement.

Je vous remercie de bien vouloir m'informer des suites que vous voudrez bien apporter à ma demande, et vous prie d'agréer, Monsieur **(ou Madame)**, l'expression de mes salutations distinguées.

Votre signature

Pièces à joindre :
– les copies des courriers mentionnés.

Demande d'intervention du médiateur des assurances

Un problème avec votre assureur ? Il convient de vous adresser tout d'abord à lui.

1° Tentative d'entente avec votre assureur

Vos nom, prénoms
Votre adresse

Nom et adresse de votre assureur

LAR

. . . . **(lieu)**, ... **(date)**

Monsieur **(ou Madame)**,

Mon numéro de contrat est le . . . . **(références)**.
Le numéro du sinistre pour lequel je vous écris est le . . . . **(références)**.

Permettez-moi tout d'abord de vous exposer les faits :
– . . . . **(exposez brièvement les faits. Exemple : mon véhicule a heurté…)**.
Je suis malheureusement en désaccord avec votre appréciation de cette affaire :
– . . . . **(exposez la teneur du désaccord. Exemple : le motocycliste, dont j'ai renversé la moto indûment stationnée sur un passage clouté, ne peut prétendre avoir subi ces dégâts…)**.

Aussi je souhaiterais que :
– . . . . **(donnez la nature de votre réclamation)**.
Vous trouverez ci-joint copie des documents qui, je pense, attestent de ma bonne foi.

Je vous remercie par avance de faire droit à ma demande, et vous prie d'agréer, Monsieur **(ou Madame)**, l'expression de mes salutations distinguées.

Votre signature

2° Réclamation auprès du service consommateurs

Vos nom, prénoms
Votre adresse

Nom de la compagnie d'assurances
Service consommateurs
Adresse de la compagnie

LAR

. . . . **(lieu)**, ... **(date)**

Monsieur **(ou Madame)**,

Mon numéro de contrat est le . . . . **(références)**.
Le numéro du sinistre pour lequel je vous écris est le . . . . **(références)**.

Je vous écris car mon assureur, ... **(nom)**, installé au . . . . **(adresse)**, refuse de donner droit à ma demande :
– . . . . **(exposez brièvement les faits. Exemple : mon véhicule a heurté...)**.
Je suis malheureusement en désaccord avec son appréciation :
– . . . . **(exposez la teneur du désaccord. Exemple : le motocycliste, dont j'ai renversé la moto indûment stationnée sur un passage clouté, ne peut prétendre avoir subi ces dégâts...)**.

Vous trouverez ci-joint copie des documents qui, je pense, attestent de ma bonne foi, et notamment les courriers que j'ai échangés avec lui.

Aussi je souhaiterais que :
– . . . . **(donnez la nature de votre réclamation)**.

Je vous remercie par avance de faire droit à ma demande, et vous prie d'agréer, Monsieur **(ou Madame)**, l'expression de mes salutations distinguées.

Votre signature

3° Requête auprès du médiateur des assurances

Vos nom, prénoms
Votre adresse

Nom du groupement d'assurances
M. le médiateur des assurances
Adresse du groupement d'assurances

LAR

. . . . **(lieu)**, ... **(date)**

Monsieur **(ou Madame)**,

Mon numéro de contrat que j'ai avec la . . . . **(nom de la compagnie d'assurance)** est le . . . . **(références)**.
Le numéro du sinistre pour lequel je vous écris est le . . . . **(références)**.

Je vous écris car mon assureur, puis le service consommateurs de ma compagnie d'assurance, refusent de donner droit à ma demande :

– . . . . **(exposez brièvement les faits. Exemple : mon véhicule a heurté…)**.
Je suis malheureusement en désaccord avec leurs appréciations de cette affaire :
– . . . . **(exposez la teneur du désaccord. Exemple : le motocycliste, dont j'ai renversé la moto indûment stationnée sur un passage clouté, ne peut prétendre avoir subi ces dégâts…)**.

Mon assureur m'a alors indiqué que :
– . . . . **(reprenez l'argumentation de votre assureur)**.
Puis le service consommateurs de ma compagnie d'assurance a indiqué que :
– . . . . **(reprenez l'argumentation de votre compagnie d'assurance)**.

Vous trouverez ci-joint copie des documents qui, je pense, attestent de ma bonne foi, et, notamment, les courriers que j'ai échangés à la fois avec mon assureur et le service consommateur.

Je suis disponible au . . . . **(donnez votre numéro de téléphone)** de . . . . à . . . . **(indiquez les heures, dans la journée)**.
Aussi je souhaiterais que :
– . . . . **(donnez la nature de votre réclamation)**.

En vous remerciant par avance pour votre attention, je vous prie d'agréer, Monsieur **(ou Madame)**, l'expression de mes salutations distinguées.

Votre signature

Demande d'intervention du médiateur des banques

Vos nom, prénoms
Votre adresse

Nom de l'établissement bancaire
Médiateur bancaire
Adresse de l'établissement bancaire

LAR

. . . . **(lieu)**, ... **(date)**

Monsieur **(ou Madame)**,

Mon numéro de compte est le . . . .

Je vous écris à propos de l'affaire suivante :
– . . . . **(exposez les faits. Exemple : ma banque a prélevé une commission sur chacun des chèques que j'ai émis…)**.
J'ai exposé ce problème à mon chargé d'affaires :
– . . . . **(exposez le résultat de cet entretien. Exemple : il a reconnu l'erreur, mais rien n'a été fait depuis…)**.

Aussi je souhaiterais que :
– . . . . **(donnez la nature de votre réclamation)**.
Vous trouverez ci-joint copie des documents qui, je pense, attestent de ma bonne foi.

Je vous remercie par avance de faire droit à ma demande, et vous prie d'agréer, Monsieur **(ou Madame)**, l'expression de mes salutations distinguées.

Votre signature

Demande d'intervention du médiateur d'EDF-GDF

Vos nom, prénoms
Votre adresse

Médiateur EDF
TSA 50026
75864 Paris Cedex 08

LAR

. . . . **(lieu)**, ... **(date)**

Monsieur,

Je vous écris à propos de l'affaire suivante :
– . . . . **(exposez les faits. Exemple : ma quittance EDF ne correspond pas à la réalité de ma consommation...)**.
J'ai exposé ce problème à mon agence, située au . . . . **(précisez les coordonnées du service concerné)** :
– . . . . **(exposez le résultat de cet entretien. Exemple : elle a reconnu l'erreur, mais rien n'a été fait depuis...)**.

Aussi je souhaiterais que :
– . . . . **(donnez la nature de votre réclamation)**.

Vous trouverez ci-joint copie des divers courriers qui, je pense, attestent de ma bonne foi.
Mon numéro de téléphone est le . . . .

En vous remerciant par avance, je vous prie d'agréer, Monsieur, l'expression de mes salutations distinguées.

Votre signature

Demande d'intervention du médiateur SNCF

Vos nom, prénoms
Votre adresse

Nom de l'association agréée
Adresse de l'association agréée

LAR

. . . . **(lieu)**, ... **(date)**

Monsieur **(ou Madame)**,

Je vous écris à propos de l'affaire suivante :
– . . . . **(exposez les faits. Exemple : plusieurs fois par semaine, mon train de banlieue a plus de 25 minutes de retard et je n'arrive pas à me faire rembourser...)**.
Aussi je souhaiterais que :
– . . . . **(donnez la nature de votre réclamation)**.

Pour cela, pourriez-vous saisir le médiateur de la SNCF ?
En effet, à ce jour, aucune réponse satisfaisante ne m'a été donnée par les services concernés.

Vous trouverez ci-joint copie des divers courriers que j'ai adressés à la SNCF, ainsi que divers documents qui, je pense, attestent de ma bonne foi.

En vous remerciant par avance, je vous prie d'agréer, Monsieur **(ou Madame)**, l'expression de mes salutations distinguées.

Votre signature

Demande d'intervention du médiateur de la téléphonie

Vos nom, prénoms
Votre adresse

Le médiateur de la téléphonie
BP 999
75829 Paris Cedex 17

LAR

. . . . **(lieu)**, ... **(date)**

Monsieur,

Je vous écris à propos de l'affaire suivante :
– . . . . **(exposez les faits. Exemple : mon opérateur téléphonique refuse d'annuler mon abonnement...)**.
Aussi je souhaiterais que :
– . . . . **(donnez la nature de votre réclamation)**.
À ce jour, aucune réponse satisfaisante ne m'a été donnée par les services concernés.

Vous trouverez ci-joint copie des divers courriers que je leur ai adressés et qu'ils m'ont envoyés et qui, je pense, attestent de ma bonne foi.

En vous remerciant par avance, je vous prie d'agréer, Monsieur, l'expression de mes salutations distinguées.

Votre signature

Justice de proximité

Saisine de la commission départementale de conciliation pour les litiges locatifs

Loyer trop cher, qui augmente trop vite, appartement vétuste, locataire qui pose des problèmes, il est possible pour les locataires et les propriétaires de saisir cette commission, gratuitement, afin de ne pas avoir à engager une procédure judiciaire.

MODÈLE N° 1 : LETTRE DU LOCATAIRE

Vos nom, prénoms
Votre adresse

Direction départementale de l'Équipement
Commission départementale de conciliation
pour les litiges locatifs
Adresse

LAR

. . . . **(lieu)**, ... **(date)**

Madame, Monsieur,

Je suis locataire au . . . . **(adresse)**, d'un appartement (ou d'une maison) composé de . . . . **(description sommaire)**.
J'ai signé avec M. (ou Mme) . . . . **(nom du propriétaire)**, résidant à . . . . **(adresse du propriétaire)**, un bail le . . . . **(date de l'entrée dans les lieux)**, renouvelé le . . . . . . **(date du renouvellement, si tel est le cas)**.
Or, il se trouve que :
– . . . . **(exposez le litige. Exemple : mon propriétaire refuse de faire remplacer l'installation électrique, qui est vétuste)**.
Vous trouverez ci-joint copie de mon bail, de mes trois dernières quittances de loyer, et des documents qui attestent la réalité des faits que je vous expose **(exemple : les photos de l'installation électrique)**.

Je souhaiterais résoudre ce problème de manière non contentieuse et c'est pourquoi je m'adresse à vous. Je suis à votre disposition pour venir en personne à la commission, ou m'y faire représenter.

En vous remerciant par avance, je vous prie d'agréer, Madame, Monsieur, l'expression de mes salutations distinguées.

Votre signature

Modèle n° 2 : lettre du propriétaire

Vos nom, prénoms
Votre adresse

Direction départementale de l'Équipement
Commission départementale de conciliation
pour les litiges locatifs
Adresse

LAR

. . . . **(lieu)**, ... **(date)**

Madame, Monsieur,

Je suis propriétaire au . . . . **(adresse)**, d'un appartement **(ou d'une maison)** composé de . . . . **(description sommaire)**.
J'ai signé avec M. **(ou Mme)** . . . . **(nom du locataire)**, un bail le . . . . **(date de l'entrée dans les lieux)**, renouvelé le . . . . **(date du renouvellement, si tel est le cas)**.
Or, il se trouve que :
– . . . . **(exposez le litige. Exemple : mon locataire refuse de payer l'augmentation de son loyer)**.
Vous trouverez ci-joint copie du bail, des trois dernières quittances de loyer, et des documents qui attestent la réalité des faits que je vous expose **(si nécessaire. Exemple : la lettre de refus du locataire)**.

Je souhaiterais résoudre ce problème de manière non contentieuse et c'est pourquoi je m'adresse à vous. Je suis à votre disposition pour venir en personne à la commission, ou m'y faire représenter.

En vous remerciant par avance, je vous prie d'agréer, Madame, Monsieur, l'expression de mes salutations distinguées.

Votre signature

Demande d'indemnisation à la commission d'indemnisation des victimes d'infraction

Lettre d'introduction

Vos nom, prénoms
Votre adresse

Tribunal de grande instance
Commission d'indemnisation des victimes d'infraction
Adresse

LAR

. . . . **(lieu)**, ... **(date)**

Madame, Monsieur,

Veuillez trouver ci-joint le fichier, dûment rempli, de ma requête en indemnisation pour les faits dont j'ai été victime.
Vous trouverez également l'ensemble des documents demandés par ledit formulaire.
Je vous prie d'agréer, Madame, Monsieur, l'expression de mes salutations distinguées.

Votre signature

Requête d'indemnisation des victimes d'infraction

Vous pouvez télécharger le modèle de requête fourni par le ministère de la justice sur le site : http://www.justice.gouv.fr

Avocats

Demande d'aide juridictionnelle

Pour payer les honoraires d'avocat, les frais de justice, etc., il est possible de demander à bénéficier d'une aide juridictionnelle. Cette aide peut être partielle ou totale ; elle est accordée à la condition suspensive d'un plafond de ressources **(830 euros par mois pour l'aide juridictionnelle totale, 1 244 euros par mois pour l'aide juridictionnelle totale)**. Vous vous procurerez le formulaire de demande auprès du bureau d'aide juridictionnelle, généralement au tribunal de grande instance le plus proche de votre domicile. Renvoyez-le dûment rempli, en y joignant la lettre suivante.

Lettre d'introduction

Vos nom, prénoms
Votre adresse

Tribunal de grande instance
Bureau d'aide juridictionnelle
Adresse

LAR

. . . . **(lieu)**, ... **(date)**

Madame, Monsieur,

Veuillez trouver ci-joint le formulaire, dûment rempli, de ma demande d'aide juridictionnelle.
Vous trouverez également l'ensemble des documents demandés par ledit formulaire.

Je vous prie d'agréer, Madame, Monsieur, l'expression de mes salutations distinguées.

Votre signature

Formulaire de demande d'aide juridictionnelle

A télécharger sur le site du tribunal juridictionnel de votre département

Demande d'avocat d'office

LETTRE D'INTRODUCTION
Vos nom, prénoms
Votre adresse

Tribunal de grande instance
Ordre des avocats
Adresse

LAR

. . . . (lieu), ... (date)

Madame, Monsieur,

Veuillez trouver ci-jointe ma demande d'avocat d'office.
Vous trouverez également l'ensemble des documents demandés par ledit formulaire.

Je vous prie d'agréer, Madame, Monsieur, l'expression de mes salutations distinguées.

Votre signature

Formulaire de demande d'avocat commis d'office

A réclamer auprès du tribunal de grande instance de votre département.

Ouverture de relations avec un conseil juridique (avocat, notaire, etc.)

Vos nom, prénoms
Votre adresse

Nom du conseil
Adresse

. . . . **(lieu)**, ... **(date)**

Maître,

Je souhaiterais solliciter votre conseil :
– en effet, ... **(exposez votre demande. Exemple : je souhaite nouer un Pacs et voudrais connaître la destination de mes biens en cas de rupture)**.

Aussi, pourriez-vous m'adresser un devis d'honoraires précis ?

En vous remerciant par avance, je vous prie d'agréer, Maître, l'expression de mes salutations distinguées.

Votre signature

Ouverture de relations avec un avocat

Vos nom, prénoms
Votre adresse

Nom de l'avocat
Son adresse

. . . . **(lieu)**, ... **(date)**

Maître,

Je souhaiterais vous confier l'affaire qui m'oppose à . . . . **(nom de la personne ou de l'organisme concerné)**.
Auparavant, je souhaiterais cependant avoir un devis d'honoraires, étape par étape, et connaître le coût ou les honoraires des experts, avoués, etc., qui pourraient être sollicités au cours de la procédure.

Je vous prie d'agréer, Maître, l'expression de mes salutations distinguées.

Votre signature

Demande d'échelonnement des honoraires de votre avocat

Vos nom, prénoms
Votre adresse

Nom de l'avocat
Son adresse

. . . . **(lieu)**, ... **(date)**

Maître,

Je vous remercie de la convention d'honoraires que vous venez de m'adresser.
Malheureusement, je ne puis les régler en une seule fois et je vous demande s'il est possible d'en échelonner le paiement, à raison de . . . . euros tous les . . . . **(indiquez la périodicité)**.

En vous remerciant par avance, je vous prie d'agréer, Maître, l'expression de mes salutations distinguées.

Votre signature

Relance d'un avocat

Vos nom, prénoms
Votre adresse

Nom de l'avocat
Son adresse

. . . . **(lieu)**, ... **(date)**

Maître,

Je souhaiterais à présent disposer . . . . **(de vos conclusions, de votre avis, de votre diagnostic, etc.)**, car la date de l'audience approche et il nous faut conserver du temps si des corrections sont nécessaires **(éventuellement)**.

En vous remerciant, je vous prie d'agréer, Maître, l'expression de mes salutations distinguées.

Votre signature

Contestations des conclusions, conseils, etc., de votre avocat

Vos nom, prénoms
Votre adresse

Nom de l'avocat
Son adresse

. . . . **(lieu)**, ... **(date)**

Maître,

Je ne puis hélas accepter les . . . . **(conclusions, conseils, etc.)** que vous m'avez soumis.
Aussi, je vous demande de me les resoumettre rapidement, la date de l'audience approchant **(par exemple)**.

En vous remerciant par avance, je vous prie d'agréer, Maître, l'expression de mes salutations distinguées.

Votre signature

Annonce de votre séparation à votre avocat et demande de transfert de votre dossier à un nouvel avocat

Vos nom, prénoms
Votre adresse

Nom de l'avocat
Son adresse

LAR

. . . . **(lieu)**, ... **(date)**

Maître,

Je ne puis hélas continuer à travailler avec vous, car je crois que nos vues sont trop divergentes.
En conséquence, je vous prie de communiquer au plus vite mon dossier à Maître . . . . (nom), au . . . . (adresse) et de m'adresser votre note d'honoraires.

En vous remerciant par avance, je vous prie d'agréer, Maître, l'expression de mes salutations distinguées.

Votre signature

Paiement des honoraires d'un avocat

Vos nom, prénoms
Votre adresse

Nom de l'avocat ou de l'avoué
Son adresse

. . . . **(lieu)**, ... **(date)**

Maître,

Veuillez trouver ci-joint le chèque correspondant à votre note d'honoraires.

Je vous prie d'agréer, Maître, l'expression de mes salutations distinguées.

Votre signature

Contestation des honoraires d'un avocat

Vos nom, prénoms
Votre adresse

Nom de l'avocat ou de l'avoué
Son adresse

LAR

. . . . **(lieu)**, ... **(date)**

Maître,

C'est avec un grand étonnement que j'ai reçu votre note d'honoraires.
En effet :
– elle ne correspond nullement à votre devis d'honoraires **(si c'est le cas)** ;
– jamais il n'avait été mentionné par vous que vos honoraires étaient assujettis à la TVA (par exemple) ;
– jamais vous n'aviez mentionné ces coûts **(autre exemple)** ;
– ces honoraires ne correspondent pas à la prestation que vous m'aviez exposée lors de notre premier rendez-vous **(ou : annoncée par écrit)**.
Persuadé(e) qu'il s'agit d'une erreur, je vous prie de recalculer ces honoraires.
En vous remerciant par avance, je vous prie d'agréer, Maître, l'expression de mes salutations distinguées.

Votre signature

Demande d'arbitrage au bâtonnier pour un litige avec votre avocat

Vos nom, prénoms
Votre adresse

M. le Bâtonnier de l'ordre départemental
des avocats
Adresse

LAR

. . . . **(lieu)**, ... **(date)**

Monsieur le Bâtonnier,

Je me permets de solliciter votre arbitrage pour un litige que j'ai avec mon avocat, Maître . . . . **(nom)**, dont le cabinet est situé à . . . . **(adresse)**.
J'ai sollicité mon avocat pour :
– . . . . **(exposez l'affaire. Exemple 1 : pour recouvrer une créance d'un montant de... Exemple 2 : pour une affaire familiale concernant un divorce)**.
Or, un problème majeur est survenu :
– . . . . **(exposez le problème. Exemple 1 : l'avocat a laissé passer la date d'audience sans m'en informer. Exemple 2 : mon avocat n'a pas déposé ses conclusions, me l'a caché, et m'a poussé(e) à un accord transactionnel désastreux pour moi)**.
C'est pourquoi je sollicite votre intervention et vous demande :
– . . . . **(indiquez votre demande. Exemple 1 : des dommages et intérêts couvrant ma perte financière. Exemple 2 : le remboursement des honoraires)**.
Vous trouverez ci-joint l'ensemble des documents relatifs à cette affaire et qui, j'espère, attestent de ma bonne foi.
En vous remerciant par avance pour votre attention, je vous prie d'agréer, Monsieur le Bâtonnier, l'expression de mes salutations distinguées.

Votre signature

Demande d'arbitrage au premier président de la cour d'appel pour un litige avec votre avocat

Vos nom, prénoms
Votre adresse

M. le premier président
de la cour d'appel
Adresse de la cour d'appel

LAR

. . . . **(lieu)**, ... **(date)**

Monsieur le Premier Président,

Je me permets de solliciter votre arbitrage pour un litige que j'ai avec mon avocat, Maître . . . . **(nom)**, dont le cabinet est situé à . . . . **(adresse)**, et pour lequel M. le bâtonnier a refusé de me suivre.

J'ai initialement sollicité mon avocat pour :
– . . . . **(exposez l'affaire. Exemple 1 : pour recouvrer une créance d'un montant de... Exemple 2 : pour une affaire familiale concernant un divorce)**.
Or, un problème majeur est survenu :
– . . . . **(exposez le problème. Exemple 1 : l'avocat a laissé passer la date d'audience sans m'en informer. Exemple 2 : mon avocat n'a pas déposé ses conclusions, me l'a caché, et m'a poussé(e) à un accord transactionnel désastreux pour moi)**.
C'est pourquoi je sollicite votre intervention et vous demande :
– . . . . **(indiquez votre demande. Exemple 1 : des dommages et intérêts couvrant ma perte financière. Exemple 2 : le remboursement des honoraires)**.
En effet, M. le bâtonnier a, quant à lui, estimé que :
– . . . . **(rapoortez les motifs du bâtonnier)**.

Vous trouverez ci-joint l'ensemble des documents relatifs à cette affaire et qui, j'espère, attestent de ma bonne foi.

En vous remerciant par avance pour votre attention, je vous prie d'agréer, Monsieur le Premier Président, l'expression de mes salutations distinguées.

Votre signature

Tribunal de proximité : la procédure ordinaire

1° Avant toute procédure : mise en demeure de votre adversaire

Avant de lancer toute procédure, il faut commencer par signifier à votre adversaire une mise en demeure. Vous devez pour cela passer par l'intermédiaire d'un huissier.

Vos nom, prénoms
Votre adresse

Maître . . . . (nom de l'huissier)
Son adresse

LAR

. . . . **(lieu)**, ... **(date)**

Maître,

Je demande votre intervention pour signifier à M. **(ou Mme)** . . . . **(nom de votre adversaire)** une mise en demeure à la suite de l'affaire qui m'oppose à lui (ou elle). Je souhaiterais l'assigner auprès du tribunal de proximité. En effet :
– . . . . **(exposez le problème. Exemple : cette personne, mon propriétaire, refuse de me rendre ma caution)**.
Vous trouverez ci-joint l'ensemble des documents, contrats, lettres, etc., relatifs à ce litige.

Pourriez-vous me transmettre au plus vite votre devis d'honoraires ?

En vous remerciant par avance, je vous prie d'agréer, Maître, l'expression de mes salutations distinguées.

Votre signature

2° Commencer une procédure : la demande (déclaration au greffe)

Lettre d'introduction de la demande

Vos nom, prénoms
Votre adresse

Tribunal de proximité de . . . . [1]
Greffe
Adresse

LAR

. . . . **(lieu)**, ... **(date)**

Madame, Monsieur,

Veuillez trouver ci-joint le formulaire de déclaration au greffe, par lequel je sollicite l'intervention du tribunal de proximité pour régler un litige qui m'oppose à M. **(ou Mme)** . . . . **(nom de votre adversaire)**.

En vous remerciant par avance de faire suivre ce dossier, je vous prie d'agréer, Madame, Monsieur, l'expression de mes salutations distinguées.

Votre signature

1. Tribunal du ressort dans lequel est situé le lieu de résidence de votre adversaire, parfois le tribunal d'instance.

Formulaire de déclaration au greffe

A retirer au tribunal d'instance.

Tribunal de proximité : l'injonction de faire

2° La demande

Lettre d'introduction de la demande

Vos nom, prénoms
Votre adresse

Tribunal de proximité de . . . . (1)
Greffe
Adresse

LAR

. . . . **(lieu)**, ... **(date)**

Madame, Monsieur,

Veuillez trouver ci-joint un formulaire d'injonction de faire, par lequel je sollicite l'intervention du tribunal de proximité pour régler un litige qui m'oppose à M. **(ou Mme)** . . . . **(nom de votre adversaire)**.

En vous remerciant par avance de faire suivre ce dossier, je vous prie d'agréer, Madame, Monsieur, l'expression de mes salutations distinguées.

Votre signature

1. Tribunal du ressort du lieu de résidence de votre adversaire, parfois le tribunal d'instance.

Formulaire d'injonction de faire

A retirer au tribunal d'instance.

2° Signification par un huissier d'une ordonnance d'injonction de faire

Lettre à l'huissier sollicitant son intervention

Vos nom, prénoms
Votre adresse

Maître . . . . (nom de l'huissier)
Adresse

LAR

. . . . **(lieu)**, ... **(date)**

Maître,

Je demande votre intervention pour signifier à M. **(ou Mme)** . . . . **(nom de votre adversaire)** l'ordonnance rendue par le juge d'instance à la suite de l'injonction de faire que j'ai demandée au tribunal de proximité **(voir documents ci-joints)**.

Pourriez-vous me transmettre au plus vite votre devis d'honoraires ?

En vous remerciant par avance, je vous prie d'agréer, Maître, l'expression de mes salutations distinguées.

Votre signature

3° Opposition du débiteur à une injonction de faire du tribunal de proximité

Lettre d'opposition

Vos nom, prénoms
Votre adresse

Tribunal d'instance de . . . . [1]
Greffe
Adresse

LAR

. . . . **(lieu)**, ... **(date)**

Madame, Monsieur le Juge,

Je suis dans l'obligation de faire opposition à l'injonction de faire que j'ai reçue le . . . . **(date)**, émanant de M. **(ou Mme)** . . . . **(nom de la personne)**. Vous en trouverez ci-joint la photocopie.

En vous remerciant par avance de votre attention pour ce dossier, je vous prie d'agréer, Madame, Monsieur le Juge, l'expression de mes salutations distinguées.

Votre signature

1. Tribunal du ressort dans lequel est situé le lieu de résidence de votre adversaire.

Tribunal de proximité : l'injonction de payer

1° La demande

Lettre d'introduction de la demande

Vos nom, prénoms
Votre adresse

Tribunal de proximité de . . . . [1]
Greffe
Adresse

LAR

. . . . **(lieu)**, ... **(date)**

Madame, Monsieur,

Veuillez trouver ci-joint un formulaire d'injonction de payer, par lequel je sollicite l'intervention du tribunal de proximité pour régler un litige qui m'oppose à M. **(ou Mme)** . . . . **(nom de votre adversaire)**.

En vous remerciant par avance de faire suivre ce dossier, je vous prie d'agréer, Madame, Monsieur, l'expression de mes salutations distinguées.

Votre signature

1. Tribunal du ressort dans lequel est situé le lieu de résidence de votre adversaire, parfois le tribunal d'instance.

Formulaire d'injonction de payer

A réclamer auprès du tribunal d'instance de votre département.

2° Signification par un huissier d'une ordonnance d'injonction de payer

Vos nom, prénoms
Votre adresse

Maître . . . . **(nom de l'huissier)**
Adresse

LAR

. . . . **(lieu)**, ... **(date)**

Maître,

Je demande votre intervention pour signifier à M. **(ou Mme)** . . . . **(nom de votre adversaire)** l'ordonnance rendue par le juge d'instance à la suite de l'injonction de payer que j'ai demandée au tribunal d'instance **(voir documents ci-joints)**.

Pourriez-vous me transmettre au plus vite votre devis d'honoraires ?

En vous remerciant par avance, je vous prie d'agréer, Maître, l'expression de mes salutations distinguées.

Votre signature

3° OPPOSITION DU DÉBITEUR À UNE INJONCTION DE FAIRE OU DE PAYER DU TRIBUNAL DE PROXIMITÉ

LETTRE D'OPPOSITION

Vos nom, prénoms
Votre adresse

Tribunal d'instance de . . . . [1]
Greffe
Adresse

LAR

. . . . **(lieu)**, ... **(date)**

Madame, Monsieur le Juge,

Je suis dans l'obligation de faire opposition à l'injonction de payer que j'ai reçue le . . . . **(date),** émanant de M. **(ou Mme)** . . . . **(nom de la personne)**. Vous en trouverez ci-joint la photocopie.

En vous remerciant par avance de votre attention pour ce dossier, je vous prie d'agréer, Madame, Monsieur le Juge, l'expression de mes salutations distinguées.

Votre signature

1. Tribunal du ressort dans lequel est situé le lieu de résidence de votre adversaire.

Saisine des différentes juridictions

Dépôt de plainte auprès du procureur de la République

Vos nom, prénoms
Votre adresse

M. le Procureur
Tribunal de grande instance de . . . . [1]
Adresse du tribunal

LAR

. . . . **(lieu)**, ... **(date)**

Monsieur le Procureur,

J'ai été victime d'une infraction à . . . . **(lieu)** le . . . . **(date)**.
Celle-ci a pris la forme suivante :
– . . . . **(exposez les faits. Exemple 1 : j'ai été frappé violemment dans la rue par une personne inconnue. Exemple 2 : mon ancienne femme refuse de me laisser voir mes enfants)**.
Des personnes ont été témoins de cette infraction. Il s'agit de :
– . . . . **(nom et prénoms des témoins), qui résident à . . . . (leurs adresses)**.
L'auteur de cette infraction est :
– . . . . **(nom)**, résidant à . . . . **(adresse)**.

(Ou, s'il n'y a pas de témoins :)
Divers documents attestent de la matérialité des faits et de leur auteur **(éventuellement)** :
– . . . . **(exemple : vous trouverez ci-joints le certificat du médecin et une lettre d'insultes et de menaces, signée, que j'ai reçue)**.

(Si nécessaire :)
À la suite de cet événement, j'ai subi un dommage évalué à . . . . euros **(montant en chiffres)**, calculé sur la base suivante :
– . . . . **(donnez la base d'évaluation. Exemple 1 : les factures du garagiste chiffrant la destruction de mon véhicule. Exemple 2 : 30 jours d'arrêt de travail, représentant un manque à gagner de...)**.
Je porte donc plainte auprès de vous.

Je vous prie d'agréer, Monsieur le Procureur, l'expression de mes salutations distinguées.

Votre signature

1. Tribunal du ressort dans lequel se trouve la ville où a eu lieu l'infraction.

Dépôt de plainte avec constitution de partie civile

Vos nom, prénoms
Votre adresse

Maître . . . . (nom de votre avocat)
Adresse

LAR

. . . . **(lieu)**, ... **(date)**

Maître,

J'ai été victime d'une infraction à . . . . **(lieu)** le . . . . **(date)**.
Celle-ci a pris la forme suivante :
– . . . . **(exposez les faits. Exemple 1 : j'ai été frappé violemment dans la rue par une personne inconnue. Exemple 2 : mon ancienne femme refuse de me laisser voir mes enfants)**.
Des personnes ont été témoins de cette infraction. Il s'agit de :
– . . . . **(nom et prénoms des témoins)**, qui résident à . . . . **(leurs adresses)**.
L'auteur de cette infraction est :
– . . . . **(nom)**, résidant à . . . . **(adresse)**.

(Ou, s'il n'y a pas de témoins :)
Divers documents attestent de la matérialité des faits et de leur auteur **(éventuellement)** :
– . . . . **(exemple : vous trouverez ci-joints le certificat du médecin et une lettre d'insultes et de menaces, signée, que j'ai reçue)**.

(Si nécessaire :)
À la suite de cet événement, j'ai subi un dommage évalué à . . . . euros (en chiffres), calculé sur la base suivante :
– . . . . **(donnez la base d'évaluation. Exemple 1 : les factures du garagiste chiffrant la destruction de mon véhicule. Exemple 2 : 30 jours d'arrêt de travail, représentant un manque à gagner de...)**.

Je souhaite porter plainte avec constitution de partie civile auprès du doyen des juges d'instruction du tribunal du lieu de l'infraction.
Pour cela, je souhaiterais vous confier cette affaire mais, auparavant, je souhaiterais que vous m'adressiez votre devis d'honoraires.

Je vous prie d'agréer, Maître, l'expression de mes salutations distinguées.

Votre signature

Attestation de témoin

ATTESTATION [1]

Je soussigné : . . . .
Nom : . . . .
Prénoms : . . . .
Date et lieu de naissance : . . . .
Profession : . . . .
Adresse : . . . .

Lien de parenté ou d'alliance avec les parties : . . . .
Lien de subordinantion à leur égard, de collaboration ou de communauté d'intérêt avec les parties : . . . .

Connaissance prise des articles 200, 201, 202 et 203 du Nouveau Code de procédure civile, atteste les faits ci-dessous relatés pour les avoir personnellement constatés :

. . . .
. . . .
.
. . . . **(décrivez les faits de manière claire).**

La présente attestation peut être produite en justice : son auteur a connaissance qu'une fausse attestation de sa part l'expose à des sanctions.

Fait à . . . . , le . . . .

Votre signature

P.J. : photocopie de ma carte nationale d'identité **(ou de tout autre document officiel justifiant de votre identité et comportant votre signature).**

1. L'entière attestation doit être écrite, datée et signée de la main de son auteur.

Tribunal d'instance : la procédure ordinaire

1° Avant toute procédure : mise en demeure de votre adversaire

Avant de lancer toute procédure, il faut commencer par signifier à votre adversaire une mise en demeure. Vous devez pour cela passer par l'intermédiaire d'un huissier.

Vos nom, prénoms
Votre adresse

Maître . . . . **(nom de l'huissier)**
Son adresse

LAR

. . . . **(lieu)**, ... **(date)**

Maître,

Je demande votre intervention pour signifier à M. **(ou Mme)** . . . . **(nom de votre adversaire)** une mise en demeure à la suite de l'affaire qui m'oppose à lui (ou elle). Je souhaiterais l'assigner auprès du tribunal d'instance. En effet :
– . . . . **(exposez le problème. Exemple : cette personne, mon propriétaire, refuse de me rendre ma caution)**.
Vous trouverez ci-joint l'ensemble des documents, contrats, lettres, etc., relatifs à ce litige.
Pourriez-vous me transmettre au plus vite votre devis d'honoraires ?

En vous remerciant par avance, je vous prie d'agréer, Maître, l'expression de mes salutations distinguées.

Votre signature

2° Commencer une procédure : la demande (déclaration au greffe)

Lettre d'introduction de la demande

Vos nom, prénoms
Votre adresse

Tribunal d'instance de . . . . (1)
Greffe
Adresse

LAR

. . . . **(lieu)**, ... **(date)**

Madame, Monsieur,

Veuillez trouver ci-joint le formulaire de déclaration au greffe, par lequel je sollicite l'intervention du tribunal d'instance pour régler un litige qui m'oppose à M. **(ou Mme)** . . . . **(nom de votre adversaire)**.

En vous remerciant par avance de faire suivre ce dossier, je vous prie d'agréer, Madame, Monsieur, l'expression de mes salutations distinguées.

Votre signature

1. Tribunal du ressort dans lequel se trouve le lieu de résidence de votre adversaire.

Formulaire de déclaration au greffe

A retirer au tribunal d'instance.

3° Le cas échéant, assignation de votre adversaire par un huissier

LETTRE À L'HUISSIER SOLLICITANT SON INTERVENTION

Vos nom, prénoms
Votre adresse

Maître . . . . (nom de l'huissier)
Adresse

LAR

. . . . **(lieu)**, ... **(date)**

Maître,

Je demande votre intervention pour assigner M. **(ou Mme)** . . . . **(nom de votre adversaire)**.
Veuillez trouver ci-joint le formulaire de déclaration au greffe, par lequel j'ai sollicité l'intervention du tribunal d'instance pour régler le litige qui m'oppose à cette personne.
Or, la lettre en recommandé que le greffe lui a adressée m'a été retournée par la poste.

Pourriez-vous me transmettre au plus vite votre devis d'honoraires ?

En vous remerciant par avance, je vous prie d'agréer, Maître, l'expression de mes salutations distinguées.

Votre signature

4° Communication à votre adversaire des photocopies du dossier remis au juge

Vos nom, prénoms
Votre adresse

M. (Mme) . . . . . (nom de votre adversaire)
Adresse

LAR

. . . . **(lieu)**, ... **(date)**

Monsieur **(ou Madame)**,

J'ai, comme vous le savez, demandé à la justice d'intervenir dans le litige qui, hélas, nous oppose.
Vous trouverez donc ci-joint copie du dossier que j'ai remis au juge.

En restant toujours ouvert à un accord amiable, je vous prie d'agréer, Monsieur **(ou Madame)**, l'expression de mes salutations distinguées.

Votre signature

Tribunal d'instance : l'injonction de faire

1° La demande

LETTRE D'INTRODUCTION DE LA DEMANDE

Vos nom, prénoms
Votre adresse

Tribunal d'instance de . . . . [1]
Greffe
Adresse

LAR

. . . . **(lieu)**, ... **(date)**

Madame, Monsieur,

Veuillez trouver ci-joint un formulaire d'injonction de faire, par lequel je sollicite l'intervention du tribunal d'instance pour régler un litige qui m'oppose à... **(nom de votre adversaire)**.
En vous remerciant par avance de faire suivre ce dossier, je vous prie d'agréer, Madame, Monsieur, l'expression de mes salutations distinguées.

Votre signature

1. Tribunal du ressort dans lequel est situé le lieu de résidence de votre adversaire.

Formulaire d'injonction de faire

A retirer au tribunal d'instance.

2° Signification par un huissier d'une ordonnance d'injonction de faire

Lettre à l'huissier sollicitant son intervention

Vos nom, prénoms
Votre adresse

Maître . . . . **(nom de l'huissier)**
Adresse

LAR

. . . . **(lieu)**, ... **(date)**

Maître,

Je demande votre intervention pour signifier à M. **(ou Mme)** . . . . **(nom de votre adversaire)** l'ordonnance rendue par le juge d'instance à la suite de l'injonction de faire que j'ai demandée au tribunal d'instance **(voir documents ci-joints)**.

Pourriez-vous me transmettre au plus vite votre devis d'honoraires ?

En vous remerciant par avance, je vous prie d'agréer, Maître, l'expression de mes salutations distinguées.

Votre signature

3° Opposition du débiteur à une injonction de faire du tribunal d'instance

Lettre d'opposition
Vos nom, prénoms
Votre adresse

Tribunal d'instance de . . . . [1]
Greffe
Adresse

LAR

. . . . **(lieu)**, ... **(date)**

Madame, Monsieur le Juge,

Je suis dans l'obligation de faire opposition à l'injonction de faire que j'ai reçue le . . . . **(date)**, émanant de M. **(ou Mme)** . . . . **(nom de la personne)**. Vous en trouverez ci-joint la photocopie.

En vous remerciant par avance de votre attention pour ce dossier, je vous prie d'agréer, Madame, Monsieur le Juge, l'expression de mes salutations distinguées.

Votre signature

1. Tribunal du ressort dans lequel se trouve le lieu de résidence de votre adversaire.

Tribunal d'instance : l'injonction de payer

1° La demande

Lettre d'introduction de la demande

Vos nom, prénoms
Votre adresse

Tribunal d'instance de . . . . [1]
Greffe
Adresse

LAR

. . . . **(lieu)**, ... **(date)**

Madame, Monsieur,

Veuillez trouver ci-joint un formulaire d'injonction de payer, par lequel je sollicite l'intervention du tribunal d'instance pour régler un litige qui m'oppose à M. **(ou Mme)** . . . . **(nom de votre adversaire)**.

En vous remerciant par avance de faire suivre ce dossier, je vous prie d'agréer, Madame, Monsieur, l'expression de mes salutations distinguées.

Votre signature

1. Tribunal du ressort dans lequel est situé le lieu de résidence de votre adversaire.

Formulaire d'injonction de payer

A télécharger sur le site www.greffes.com.

2° Signification par un huissier d'une ordonnance d'injonction de payer

Vos nom, prénoms
Votre adresse

Maître . . . . (nom de l'huissier)
Adresse

LAR

. . . . **(lieu)**, ... **(date)**

Maître,

Je demande votre intervention pour signifier à M. **(ou Mme)** . . . . **(nom de votre adversaire)** l'ordonnance rendue par le juge d'instance à la suite de l'injonction de payer que j'ai demandée au tribunal d'instance **(voir documents ci-joints)**.

Pourriez-vous me transmettre au plus vite votre devis d'honoraires ?

En vous remerciant par avance, je vous prie d'agréer, Maître, l'expression de mes salutations distinguées.

Votre signature

3° Opposition du débiteur à une injonction de payer du tribunal d'instance

Lettre d'opposition

Vos nom, prénoms
Votre adresse

Tribunal d'instance de . . . . [1]
Greffe
Adresse

LAR

. . . . **(lieu)**, ... **(date)**

Madame, Monsieur le Juge,

Je suis dans l'obligation de faire opposition à l'injonction de payer que j'ai reçue le . . . . **(date),** émanant de M. **(ou Mme)** . . . . **(nom de la personne)**. Vous en trouverez ci-joint la photocopie.

En vous remerciant par avance de votre attention pour ce dossier, je vous prie d'agréer, Madame, Monsieur le Juge, l'expression de mes salutations distinguées.

Votre signature

1. Tribunal du ressort dans lequel est situé le lieu de résidence de votre adversaire.

Problèmes administratifs et justice administrative

L'attribution d'un marché public vous semble suspecte ? Le maire vous refuse un permis de construire ? L'organisme HLM auquel vous louez un appartement a pris une décision négative à votre encontre ? On veut vous exproprier pour cause d'utilité publique, on interdit la réunion de votre association... Pour tout cela, vous pouvez avoir recours à la justice administrative, qu'il y ait une décision explicite (lettre, arrêté, etc.) ou implicite (on ne vous répond pas). Mais, dans le cas du silence, il faudra aller directement devant le juge administratif...

1° Le recours gracieux

Vos nom, prénoms
Votre adresse

Nom de l'administration
Nom du fonctionnaire concerné
Adresse

LAR

. . . . **(lieu)**, ... **(date)**

Monsieur **(ou Madame)**,

Vous avez pris récemment la décision suivante :
– . . . . **(exposez les faits. Exemple 1 : vous avez refusé le permis de construire que j'ai déposé auprès de vous le... Exemple 2 : vous m'avez refusé l'inscription au concours de... Exemple 3 : je n'ai toujours pas reçu de confirmation au sujet du renouvellement de mon bail)**.
Or, il se trouve que :
– . . . . **(exposez votre argumentation. Exemple 1 : la direction départementale de l'Équipement, l'architecte des bâtiments de France, le chef du votre propre service de l'urbanisme ont, par écrit ou par oral, accepté ce permis auquel il ne manque plus que votre signature – dans ce cas, vous écrivez au maire adjoint qui a signé le rejet du permis)**.

C'est pourquoi je vous demande, dans les plus brefs délais, de revoir votre décision.

Je vous prie d'agréer, Monsieur **(ou Madame)**, l'expression de mes salutations distinguées.

Votre signature

2° Le recours hiérarchique

Vos nom, prénoms
Votre adresse

Nom de l'administration
Nom du supérieur hiérarchique
du fonctionnaire concerné
Adresse

LAR

. . . . **(lieu)**, ... **(date)**

Monsieur **(ou Madame)**,

Le service que vous dirigez a pris récemment la décision suivante **(éventuellement : références)** :
– . . . . **(exposez les faits. Exemple 1 : il a refusé le permis de construire que j'ai déposé auprès de lui le... Exemple 2 : il m'a refusé l'inscription au concours de... Exemple 3 : je n'ai toujours pas reçu de confirmation concernant le renouvellement de mon bail)**.
Or, il se trouve que :
– . . . . **(exposez votre argumentation. Exemple 1 : la direction départementale de l'Équipement, l'architecte des bâtiments de France, le chef du votre propre service de l'urbanisme ont, par écrit et par oral, accepté ce permis auquel il ne manque plus que votre signature – dans ce cas, vous écrivez au maire dont dépend le maire adjoint qui a signé le rejet du permis)**.

C'est pourquoi je vous demande, dans les plus brefs délais, de revoir cette décision.

Je vous prie d'agréer, Monsieur **(ou Madame)**, l'expression de mes salutations distinguées.

Votre signature

3° Le recours contentieux

Lettre à un avocat

Vos nom, prénoms
Votre adresse

Maître . . . . (nom de votre avocat)
Son adresse

LAR

. . . . **(lieu)**, ... **(date)**

Maître,

Je souhaite que vous preniez en charge le contentieux que j'ai actuellement avec l'administration . . . . **(nom)**, au . . . . **(adresse, téléphone)**, pour une décision prise par M. **(ou Mme)** . . . . **(si vous avez le nom)**.

Récemment, cette administration a pris la décision suivante à mon encontre (. . . . .) **(éventuellement : références)** :
– . . . . **(exposez les faits. Exemple 1 : elle a refusé le permis de construire que j'ai déposé auprès d'elle le... Exemple 2 : elle m'a refusé l'inscription au concours de... Exemple 3 : je n'ai toujours pas reçu de confirmation concernant le renouvellement de mon bail)**.

Or, il se trouve que :
– . . . . **(exposez votre argumentation. Exemple 1 : la direction départementale de l'Équipement, l'architecte des bâtiments de France, le chef du service de l'urbanisme de la ville concernée ont, par écrit ou par oral, accepté ce permis auquel il ne manque plus que la signature du maire adjoint chargé de l'urbanisme)**.
Même si j'ai exploré, à travers un recours non contentieux, les voies d'une résolution douce du problème, je souhaiterais que vous saisissiez à présent la justice administrative, tout en laissant une porte ouverte entre mes interlocuteurs et moi-même, afin de nous laisser toujours la possibilité de résoudre ce problème avec le minimum de conflits.

Je vous demanderai enfin de m'adresser rapidement votre devis d'honoraires détaillé, en envisageant l'ensemble des divers coûts que j'aurai à supporter lors de cette première instance, et éventuellement en cas d'appel ou de cassation.

Vous trouverez ci-joint l'ensemble des courriers, justificatifs, etc., relatifs à cette affaire.

Je vous prie d'agréer, Maître, l'expression de mes salutations distinguées.

Votre signature

4° Le référé-suspension

Lettre à votre avocat

Vos nom, prénoms
Votre adresse

Maître . . . . (nom de votre avocat)
Son adresse

LAR

. . . . **(lieu)**, ... **(date)**

Maître,

Je vous remercie d'avoir pris en charge le contentieux que j'ai actuellement avec l'Administration.
Comme vous le savez, la décision qu'elle a prise à mon encontre a pour moi d'importantes conséquences et je souhaiterais que vous saisissiez en urgence le juge des référés pour en obtenir la suspension. En effet :
– . . . . **(exposez les conséquences de la décision. Exemple : la procédure d'expropriation publique va me conduire à fermer mon commerce dès le mois d'avril et représenter une perte majeure de chiffre d'affaires)**.
Vous trouverez ci-joint l'ensemble des documents qui attestent, je crois, de la réalité des dommages que me causerait l'application de cette décision.

Je vous demanderai également de m'adresser rapidement votre devis d'honoraires détaillé, en envisageant l'ensemble des divers coûts spécifiquement liés à cette procédure.

Je vous prie d'agréer, Maître, l'expression de mes salutations distinguées.

Votre signature

Contentieux avec la Sécurité sociale

1° Saisine de la commission de recours amiable de la Sécurite sociale

Vos nom, prénoms
Votre adresse

Commission de recours amiable
de la Sécurité sociale
Adresse

LAR

. . . . **(lieu)**, ... **(date)**

Madame, Monsieur,

Ma caisse de Sécurité sociale a pris récemment la décision suivante :
– . . . . **(exposez cette décision. Exemple : elle a refusé ma réinscription)**.
Or, il se trouve que :
– . . . . **(exposez votre argumentation. Exemple : après une période à l'étranger, je suis revenu(e) en France et j'ai constaté que je n'étais plus affilié(e)...)**.

Je me permets de vous joindre mes propres courriers et ceux que j'ai reçus de ma caisse.
Aujourd'hui, je m'adresse à vous pour que cette décision soit revue :
– . . . . (exposez votre demande. Exemple : je demande à être réinscrit(e)...).

Je vous prie d'agréer, Madame, Monsieur, l'expression de mes salutations distinguées.

Votre signature

2° Saisine du tribunal de la Sécurité sociale

Vos nom, prénoms
Votre adresse

Tribunal de grande instance de . . . . **(ville)**
Secrétariat du tribunal de la Sécurité sociale

Adresse

LAR

. . . . **(lieu)**, ... **(date)**

Madame, Monsieur,

Ma caisse de Sécurité sociale a pris récemment la décision suivante :
– . . . . **(exposez la décision. Exemple : elle a refusé ma réinscription)**.
Or, il se trouve que :
– . . . . **(exposez votre argumentation. Exemple : après une période à l'étranger, je suis revenu(e) en France et j'ai constaté que je n'étais plus affilié(e)...)**.
La commission de recours amiable a confirmé cette décision.
Aujourd'hui, je m'adresse donc au tribunal de la Sécurité sociale pour qu'elle soit revue :
– . . . . **(exposez votre demande. Exemple : je demande à être réinscrit(e)...)**.

Je me permets de vous joindre mes propres courriers et ceux que j'ai reçus de ma caisse, ainsi que l'avis de la commission de conciliation (si nécessaire).

Je vous prie d'agréer, Madame, Monsieur, l'expression de mes salutations distinguées.

Votre signature

Conseil des prud'hommes : litige avec un employeur

Lettre à votre employeur

Vos nom, prénoms
Votre adresse

Nom de la société vous employant
Nom de votre employeur
Adresse de la société

LAR

. . . . **(lieu)**, ... **(date)**

Monsieur **(ou Madame)**,

Vous avez pris récemment la décision suivante à mon encontre :
– . . . . **(exposez la décision. Exemple 1 : j'ai reçu une lettre de licenciement pour faute grave. Exemple 2 : vous avez refusé de me rémunérer pour les heures supplémentaires que j'ai accomplies. Exemple 3 : comme je le craignais, je n'ai plus de bureau et de poste de travail)**.

Je ne peux accepter cette situation :
– . . . . **(exposez votre argumentation. Exemple 1 : la direction américaine, qui a exigé ce licenciement, prétend que j'ai envoyé un e-mail à caractère pornographique, alors qu'il s'agit d'une caricature venant du journal Le Monde et adressée par erreur à... Exemple 3 : la convention du travail, dont vous trouverez ci-joint l'extrait, stipule que ces horaires de travail sont rémunérés en heures supplémentaires...)**.
Aussi je vous demande de revenir sur votre décision :
– . . . . **(exposez votre demande. Exemple 1 : je demande à être réintégré(e)... Exemple 2 : je demande à recevoir la somme brute de...)**.

Je vous prie d'agréer, Monsieur **(ou Madame)**, l'expression de mes salutations distinguées.

Votre signature

Démarches Administratives

Recherche dans l'intérêt des familles

Vous pouvez télécharger le formulaire Cerfa n° 30-3229 à l'adresse :
http://www.interieur.gouv.fr

Demande de permis de conduire (formulaire)

Vous pouvez télécharger le formulaire Cerfa n° 11246 à l'adresse :
http://www.equipement.gouv.fr/formulaires

Demande de délivrance de permis de conduire (formulaire)

Vous pouvez télécharger le formulaire Cerfa n° 11247 à l'adresse :
http://www.equipement.gouv.fr/formulaires

Déclaration de destruction de véhicule (formulaire)

Vous pouvez télécharger le formulaire Cerfa n° 12095*02 à l'adresse :
http://www.equipement.gouv.fr/formulaires

Demande d'autorisation de chasser accompagné

Vous pouvez télécharger le formulaire Cerfa n° 11847*02 à l'adresse :
http://www.cerfa.gouv.fr

Demande d'inscription à l'examen du permis de chasser

Vous pouvez télécharger le formulaire Cerfa n° 10654*04 à l'adresse :
http://www.les formulaires.cerfa.gouv.fr

Demande de permis de chasser

Vous pouvez télécharger le formulaire Cerfa n° 10801*03 à l'adresse : http://www.cerfa.gouv.fr

Validation du permis de chasser

Vous pouvez télécharger le formulaire Cerfa n° 10803*04 à l'adresse : http://www.oncfs.gouv.fr

Demande de duplicata d'un permis de chasser

Vous pouvez télécharger le formulaire Cerfa n° 10802*03 à l'adresse : http://www.cerfa.gouv.fr

Demande d'inscription à une formation pour la chasse à l'arc

Vous pouvez télécharger le formulaire Cerfa n° 10804*01 à l'adresse : http://www.environnement.gouv.fr

Journée d'appel de préparation à la défense : choix d'une date (coupon-réponse)

Vous pouvez télécharger le formulaire Cerfa n° 12015*01 à l'adresse : http://www.cerfa.gouv.fr

Demande d'inscription d'un expatrié sur la liste électorale d'une commune de France

Vous pouvez télécharger le formulaire Cerfa n° 50376*01 à l'adresse : http://www.france.diplomatie.gouv.fr

Certificat de vie

Vous pouvez télécharger le formulaire Cerfa n° 11753*02 à l'adresse : http://www.cerfa.gouv.fr

Demande de consultation d'un document administratif

Vos nom, prénoms
Votre adresse
Votre numéro de téléphone (fixe et portable)

Nom et coordonnées de l'administration [1]

LAR

. . . . **(lieu)**, ... **(date)**

Objet : demande de consultation d'un document administratif

Madame, Monsieur,

Je souhaiterais instamment avoir accès à . . . . **(citez le document)**, afin de pouvoir le consulter pour . . . . **(exposez vos motifs)**.

Vous voudrez bien me faire savoir de quelle manière vous pourrez accéder à ma demande.

Je reste à votre disposition pour que nous puissions convenir d'un rendez-vous dans les plus brefs délais.

Dans l'attente de votre réponse que j'espère favorable, veuillez agréer, Madame, Monsieur, l'expression de mes salutations distinguées.

Votre signature

1. Faites votre demande auprès de l'autorité qui détient le document que vous désirez consulter.

Demande de copie d'un document administratif

Vos nom, prénoms
Votre adresse
Votre numéro de téléphone (fixe et portable)

Nom et coordonnées de l'administration [1]

LAR

. . . . **(lieu)**, ... **(date)**

Objet : demande de copie d'un document administratif

Madame, Monsieur,

Je souhaiterais instamment obtenir une copie de . . . . **(citez le document)**, pour . . . . **(exposez vos motifs)**.
Vous voudrez bien me faire savoir quel est le prix de cette demande.

Dans l'attente de votre réponse que j'espère favorable, veuillez agréer, Madame, Monsieur, l'expression de mes salutations distinguées.

Votre signature

1. Faites votre demande auprès de l'autorité qui détient le document que vous désirez obtenir.

Saisine de la Commission d'accès aux documents administratifs (CADA)

Vos nom, prénoms
Votre adresse
Votre numéro de téléphone (fixe et portable)

Commission d'accès aux documents administratifs
Adresse

LAR

. . . . **(lieu)**, ... **(date)**

Objet : demande d'intervention

Madame, Monsieur,

J'ai procédé par courrier du . . . . à la demande de consultation **(ou de copie)** de . . . . **(nommez le document)** auprès de . . . . **(nom de l'administration concernée)**.

Celle-ci m'a opposé un refus catégorique au motif que . . . .

Je souhaiterais pourtant avoir accès à . . . . **(citez le document)**, afin de pouvoir le consulter pour . . . . **(exposez vos motifs)**.
Ou
Je souhaiterais pourtant obtenir une copie de . . . . **(citez le document)**, pour . . . . **(exposez vos motifs)**.

Je vous demande donc de bien vouloir intervenir auprès de cette administration afin qu'elle accède à ma demande.

Dans l'attente de votre réponse que j'espère favorable, veuillez agréer, Madame, Monsieur, l'expression de mes salutations distinguées.

Votre signature

Divers

Candidature spontanée

Messieurs,

Je travaille à l'étranger depuis maintenant 4 ans, et je projette de m'installer à nouveau en Grande-Bretagne dans les prochains mois. La recherche d'un emploi sera tout naturellement l'une de mes priorités, et c'est dans cette perspective que je me permets de vous écrire.

J'ai séjourné pendant un peu plus de trois ans en France, et j'y retourne régulièrement. J'y ai acquis une bonne connaissance de la langue parlée dans le monde du travail, et j'ai beaucoup apprécié tant les gens que le pays lui-même et sa culture. Je souhaite vivement pouvoir trouver un emploi en Angleterre dans un secteur qui soit en rapport étroit avec la France.

Je considère que ma formation comme mon expérience professionnelle acquises au cours des dernières années pourraient s'avérer très appréciables pour votre société.

J'espère sincèrement que vous prendrez ma candidature en considération si un emploi venait à se libérer dans votre société. Je joins à cette lettre mon curriculum vitæ qui, je l'espère, retiendra votre attention. Je me tiens à votre entière disposition pour répondre aux questions que vous pourriez vous poser à mon sujet. Je peux être jointe à l'adresse suivante : 135 Applebury Rd., Enfield, Middlesex, ENI 3HF. Je serai en Angleterre entre le 31 mars et le 10 avril.

Je vous serais très reconnaissante de me donner une idée des possibilités futures d'emploi au sein de votre société.

En vous remerciant d'avance, je vous prie de croire, Messieurs, à l'assurance de mes sentiments dévoués.

Dear Sir or Madam,

I have been working abroad for some four years now, but I am planning to return to the U.K within the next few months. Naturally finding work will be one of my first priorities, and it is with this in mind that I am writing to you.

I spent just over three years in Italy, and am still a frequent visitor there. I have acquired a working knowledge of the language and a deep love for the people, the country and the culture. I very much hope to find work in England in a field that is closely related to Italy.

I feel that both my education and my work over the past years have given me a wealth of experience which could prove invaluable to you. I sincerely hope that you will consider me for any vacancies which might occur within your organisation. I have enclosed a detailed curriculum vitæ which I hope you will take time to read, and I would be happy to answer any questions you may have. I can be contacted at the above address or at my parent's home – 135, Applebury Rd., Enfield, Middlesex, ENI 3HF. I shall be in England from March 3lst till April 10th.

I would be most grateful if you,could give me at least somme indication of the possibilities of future employment with you, and I thank you in anticipation for all your trouble.

Yours faithfully,

Spettabile ditta,

Lavoro all'estero da 4 anni e sono intenzionato a tornare in Italia nei prossimi mesi.La ricerca di un posto di lavoro sarà ovviamente una delle mie priorità ed è in tale prospettiva che mi permetto di scriverVi.
Ho soggiornato in Francia per più di tre anni e vi torno regolarmente. Ho acquisito una buona conoscenza della lingua parlata nel mondo del lavoro ed ho molto apprezzato la gente, il paese stesso e la sua cultura. Spero di poter trovare un posto di lavoro in Italia in un settore che sia in stretto rapporto con la Francia.
Ritengo che la mia esperienza professionale, durante questi ultimi anni, possa essere molto utile per la Vostra ditta.
Spero sinceramente che la mia candidatura sarà presa in considerazione se si liberasse un posto di lavoro nella Vostra ditta. Troverete in allegato alla mia lettera il mio Curriculum Vitae che spero possa suscitare il vostro interesse. Sono a vostra intera disposizione per rispondere ad eventuali domande a proposito del mio percorso professionale. Mi potrete contattare all'indirizzo seguente : Via Risorgimento, 135, 20127 Milano. Sarò in Italia tra in 31 marzo ed il 10 aprile.
Vi sarei molto grato se mi poteste dare informazioni riguardo alle possibilità di lavoro nella Vostra ditta.

RingraziandoVi anticipatamente colgo l'occasione per porgere cordiali saluti.

Confirmation d'un rendez-vous

Madame, Monsieur,

Je serai très heureux de recevoir Mademoiselle Oliver dans mon magasin lors de son voyage en France en juin prochain. Je me permets de lui suggérer d'arriver vers 9 heures le 8 juin, car j'ai un certain nombre de points à voir avec elle concernant les conditions et les dates de livraison.

Salutations dévouées

Dear Mrs Jones,

With regard to Miss Oliver's trip to France in June, I shall be very pleased to see her in my shop. May I suggest she arrives at about 9.00 on 8th June, as I have quite a few points to clear up about methods and dates of delivery.
Yours faithfully,

Egregio Signor Leonardi,

Sarò molto lieto di ricevere la Signorina Oliver nel mio negozio durante il suo viaggio in Italia a giugno. Mi permetto di suggerirle di arrivare verso le 9 di mattina l'8 di giugno perchè ho vari punti da esaminare con lei a proposito delle condizioni e delle date di consegna.

Cordiali saluti

Félicitations

Cher John,

C'est avec grand plaisir que nous avons appris votre nomination comme président du conseil d'administration, et nous sommes persuadés que personne n'est mieux qualifié que vous pour ce poste.
Nous sommes sûrs que votre nomination contribuera à maintenir l'excellente qualité de nos relations d'affaires, et nous vous adressons nos meilleurs vœux de réussite pour l'avenir.
Avec nos meilleurs sentiments.

Dear John,
It was with great pleasure that we learned of your appointement as Chairman of the Board, and we should like to say that we feel no man could be better suited for the position.
We are sure that your nomination will contribue to the even smoother working of our business relationship, and we want to send you our very good wishes for your future work.
Yours sincerely,

Caro Bruno,

Siamo stati molti lieti di apprendere la Sua nomina quale presidente del Consiglio di Amministrazione e siamo convinti che nessuno più di Lei meriti questo posto.
Siamo sicuri che la Sua nomina contribuirà a mantenere l'ottima qualità delle nostre relazioni commerciali e Le auguriamo un grande successo in futuro.

Réserver une chambre d'hôtel

Messieurs,

Je vous serais reconnaissant de bien vouloir réserver une chambre à un lit avec salle de bains au nom de notre directeur général, M. Anthony Jameson, pour la nuit du 25 juin 2... M. Jameson dînera et prendra son petit déjeuner dans votre hôtel, et souhaiterait une chambre calme.

Dear Sirs,

I should be grateful il you would book a single room with bathroom for our Managing Director, Mr Anthony Jameson, for the night of 25th June, 20..., Mr Jameson will require dinner and breakfast in your hotel, and would be grateful for a quiet, undisturbed room.
We await your confirmation.
Yours sincerely.

Egregio Signor Paolini,

Le sarei grato se volesse prenotare una camera singola con bagno per conto del nostro direttore generale, il Signor Antonio Giacometti per la notte del 25 giugno 20... Il Signor Giacometti ha deciso di cenare e di fare collazione nel Vostro Hotel e desidera una camera tranquilla.

Réserver un trajet en avion

Monsieur,

Notre responsable de région, M. Jones, souhaite rendre visite à des clients à Madrid les 12, 13 et 14 avril et à Séville les 16, 17 et 18 avril, et revenir à Londres le 19 avril. Nous vous serions reconnaissants de bien vouloir réserver les vols nécessaires, en classe Affaires, selon les conditions habituelles.
Salutations dévouées.

Dear Mr. Siprionou,

Our Area Manager, Mr Jones, wishes to visit clients in Madrid on 12-13-14 April and others in Seville on 16-17-18 April, returning to London on 19 April. We should be grateful if you would book the necessary flights for him, Business Class as usual.
Yours sincerely.

Egregio Signor Rossi,

Il nostro responsabile regionale, il Signor Giacometti deve visitare clienti a Madrid i 12, 13 e 14 aprile e a Seviglia i 16, 17 e 18 aprile e tornare a Roma il 19 aprile. Le saremmo grati se volesse prenotare i voli necessari, in Business Class, alle condizioni usuali.
Distinti saluti

Réserver un trajet en train

Monsieur,

Nous vous serions reconnaissants de bien vouloir réserver 2 places assises et 2 couchettes dans l'express Londres-Édimbourg le 9 mai au soir aux noms de M. Francis et de M. Appleby.
Nous attendons votre confirmation et les détails.
Salutations dévouées.

Dear Mr. Siprionou,

We should be glad if you would book two first class seats and sleeping arrangements on the express train from London to Edinburgh on the evening of 9th May for Mr. Francis and Mr. Appleby.
We look forward to receiving your confirmation with details.
Yours sincerely.

Egregio Signor Negri,

Le saremmo grati se volesse prenotare 2 cuccette in prima classe nell'Espresso Bari-Milano della notte, per il 9 maggio, per conto del Signor Franco e del Signor Appleby.
Aspettiamo la sua conferma e i dati sul viaggio.
Distinti saluti

Invitation

LE PRÉSIDENT ET LE COMITÉ
DE L'ASSOCIATION MÉDICALE
auront le plaisir de vous recevoir à dîner au Starlight Hotel,
Regent Street, Cornwall,
à 20 h 30, le jeudi 23 septembre 20...
Tenue de soirée
R.S.V.P. au secrétaire

THE CHAIRMAN AND COMMITTEE
OF THE MEDICAL ASSOCIATION
request the pleasure of your company at a dinner
to be held at the Starlight Hotel, Regent Street,
Cornwall, at 8.30 p.m. on Thuesday,
23 September, 20...
Evening dress R.S.V.P.
to the Secretary

IL PRESIDENTE E IL COMITATO
DELL'ASSOCIAZIONE MEDICA
hanno il piacere di invitarVi a cena
al Starlight Hotel
Via del Regente; San Lucca
alle ore 20.30, il giovedì 23 settembre 20...
Cravatta nera RSVP al segretario

Le Docteur et Madame ...... remercient le président et le comité de l'Association médicale de leur aimable invitation au dîner qui se tiendra au Starlight Hotel, Regent Street, Cornwall, à 20 h 30 le jeudi 23 septembre 20..., invitation qu'ils ont le plaisir d'accepter.

Dr. And Mrs. ...... thank the Chairman and Comittee of the Medical Association for their kind invitation to a dinner to be held at the Starlight hotel, Regent Street, Cornwall, at 8.30 p.m. on Thuesday , 23 September, 20..., wich they have much pleasure in accepting.

Il Dottore e Signora ... ringraziano il presidente e il comitato dell'associazione per il gentile invito alla cena che si terrà al Starlight Hotel, Via del Regente a San Lucca alle ore 20.30, il giovedì 23 settembre 20..., e hanno il piacere di accettare tale invito.

Décliner une invitation

Le Docteur et Madame ...... remercient le président et le comité de l'Association médicale de leur aimable invitation ai dîner qui se tiendra au Starlight Hotel, Regent Street, Cornwall, à 20 h 30 le jeudi 23 septembre 20..., mais regrettent de ne pouvoir accepter, en raison d'engagements antérieurs.

Dr. And Mrs. ...... thank the Chairman and Comittee of the Medical Association for their kind invitation to a dinner to be held et the Starlight hotel, Regent Street, Cornwall, at 8.30 p.m. on Thuesday , 23 September, 20..., but regret they are unable to accept owing to a previous engagement on that evening.

Il Dottore e Signora ... ringraziano il presidente e il comitato dell'associazione per il gentile invito alla cena che si terrà al Starlight Hotel, Via del Regente a San Lucca alle ore 20.30, il giovedì 23 settembre 20 .... Con grande rammarico non potranno parteciparvi a causa di un precedente impegno.

Billets doux

Chéri(e),
Faisons la paix, veux-tu ?
Ne me tiens plus rigueur du tort que j'ai eu.
Tu vois bien que je ne sais rien faire d'autre que
t'avouer ma culpabilité, alors pardonne-moi,
pour ne penser qu'à l'amour que j'ai pour toi.

J'ai tant de pardons à te demander,
mon cœur, d'avoir soupçonné ton amour,
ton amitié...
Désormais, quoi que tu fasses, jamais
plus je ne me fâcherais, je te le promets.
Mon amour,
Ne m'en veux pas de ma mauvaise
humeur d'hier.
Tu me connais et, tu le sais, mes paroles
ne sont pas toujours aussi douces que les sentiments qui habitent le plus profond
de mon cœur.
Et, les êtres que j'aime le plus font malheureusement les frais de mon caractère.
Pardonne-moi et que ces fleurs te rappellent
que je t'aime.

C'est l'amour, avant tout, plutôt que la coutume, mon ange, qui m'engage à te souhaiter une merveilleuse nouvelle année. M'intéressant à ton bonheur, je formule les vœux que tu sais pour que nous nous retrouvions le plus vite possible...

Je te souhaite, mon cœur, pour cette nouvelle année, tout ce qui peut t'apporter bonheur, joie, et je souhaite surtout participer activement à ce programme, près de toi et pour toujours...

Les années, en se renouvelant, ne font qu'ajouter un anneau de plus à mon amour pour toi. Je n'ai rien à te souhaiter car, pour moi, tu as déjà tout, la beauté, le charme, l'intelligence... Je désire seulement que les années qui vont suivre celle-ci soient aussi riches en bonheur pour toi qu'elles l'ont été pour moi

---

Sources et remerciements

- Les documents à télécharger ainsi que les formulaires Cerfa sont issus des sites suivants :

www.afif.asso.fr
www.ameli.fr
www.caf.fr
www.cerfa.gouv.fr
www.defenseurdesenfants.fr
www.edf.fr.
www.environnement.gouv.fr
www.equipement.gouv.fr
www.ffsa.fr (sociétés d'assurance)
www.finances.gouv.fr
www.france.diplomatie.fr
www.gema.fr (mutuelles d'assurance)
www.impots.gouv.fr
www.inpi.fr
www.insee.fr
www.interieur.gouv.fr
www.legeneraliste.fr
www.lesformulaires.cerfa.gouv.fr
www.mediationfamiliale.asso.fr
www.oncfs.gouv.fr (forêts)
www.oniam (médiation)
www.retraite.cnav.fr
www.securiteconso.org
www.urssaf.fr

- Certains courriers et lettres sont extraits des ouvrages suivants parus aux éditions De Vecchi et nous remercions leurs auteurs pour leur aimable autorisation de reproduction :

– Guide juridique et pratique de la copropriété, de Me J. Duchet-Nespoux
– Guide juridique et pratique de la médiation et de la conciliation, de Me M. Mouthier
– Guide juridique et pratique des démarches administratives, de Me M. Mouthier
– Guide juridique et pratique du licenciement, Me M. Mouthier
– Choisir un statut de société, de L. de Percin
– Comment rédiger un contrat, de D. Bourgeois
– Formation et apprentissage, de M.-D. Dubrac
– L'Adoption, de Me J. Duchet-Nespoux
– L'Encyclopédie de l'emploi, de M. Nuq
– La Protection des personnes, de Me Michot
– Le Comité d'entreprise, de G. Aubourg
– Le CV du premier emploi, de D. Bon
– Le Divorce, de Me Chenevier et Me Pokora

– Le droit bancaire, de Me Genty-Laurent
– Le Mariage, de Me Chenevier et Me Pokora
– Le PACS, de L. de Percin
– Les CDD et les stages, de Me M.-C. Halpern
– Les CDI, de G. Aubourg et H. De Moura
– Les Congés payés, de G. Aubourg et H. De Moura
– Les Droits du citoyen, de Me Mouthier
– Les Droits sociaux, de B. Desmarais
– Les Représentants du personnel, de G. Aubourg et H. De Moura
– Les Testaments, de B. Desmarais

Table des matières

Achevé d'imprimer en mars 2004
à Milan, Italie,
sur les presses de Grafiche Ortolan

Dépôt légal : mars 2004
Numéro d'éditeur : 8459